Inhaltsverzeichnis

Statt eines Vorworts – P.A.U.L. D. von A–Z 11

Wenn das Vertraute fremd wird – Fantastisches 15

Vorüberlegungen zur Einheit 15

Didaktische Aufbereitung der Unterkapitel 16

Otfried Preußler: Krabat 16
Edgar Allan Poe: Die Maske des Roten Todes 20
Heinrich von Kleist: Das Bettelweib von Locarno 22
Johann Wolfgang von Goethe: Der Totentanz 23

Arbeitsblatt 1: Eine fantastische Erzählung schreiben 25
Arbeitsblatt 2: Einen fantastischen Erzählausschnitt bearbeiten 26
Lösung (AB 2) 28
Arbeitsblatt 3: Einen Sachtext untersuchen 29
Lösung (AB 3) 30
Arbeitsblatt 4: Eine Traumerzählung untersuchen 31
Bewertungsbogen zur Leistungsüberprüfung/Klassenarbeit (AB 4) 33
Arbeitsblatt 5: Eine Theaterszene erschließen und einen Brief aus der Sicht einer Figur verfassen 35
Bewertungsbogen zur Leistungsüberprüfung/Klassenarbeit (AB 5) 37

Leistungsüberprüfung – Selbstevaluation – Klassenarbeit 39

Wünsche, Träume und Gefühle suchen Worte – Gedichte 40

Vorüberlegungen zur Einheit 40

Didaktische Aufbereitung der Unterkapitel 42

Ich möchte mal ... – Was wäre eine Sprache ohne Flügel? 42
Wie der Regen tropft ... – Ein Gedicht genau untersuchen 52
Es war, als hätt' der Himmel ... – Den Augenblick mit Bildern und Worten einfangen 55

Arbeitsblatt 1: Sich mithilfe eines Lexikonartikels informieren 63
Lösung (AB 1) 64
Arbeitsblatt 2: Einen Prosatext in ein modernes Gedicht umformen 65
Arbeitsblatt 3: Ein Gedicht ergänzen, beschreiben und deuten 66
Bewertungsbogen zur Leistungsüberprüfung/Klassenarbeit (AB 3) 67
Arbeitsblatt 4: Ein Gegengedicht beschreiben, untersuchen und mit dem Original vergleichen 70
Bewertungsbogen zur Leistungsüberprüfung/Klassenarbeit (AB 4) 71
Arbeitsblatt 5: Ein Gedicht beschreiben und deuten (1) 74
Bewertungsbogen zur Leistungsüberprüfung/Klassenarbeit (AB 5) 75
Arbeitsblatt 6: Ein Gedicht beschreiben und deuten (2) 77
Bewertungsbogen zur Leistungsüberprüfung/Klassenarbeit (AB 6) 78
Arbeitsblatt 7: Ein Gedicht beschreiben und deuten (3) 80
Bewertungsbogen zur Leistungsüberprüfung/Klassenarbeit (AB 7) 81
Arbeitsblatt 8: Einen Tagebucheintrag zu einem Gedicht verfassen 83
Bewertungsbogen zur Leistungsüberprüfung/Klassenarbeit (AB 8) 84

Leistungsüberprüfung – Selbstevaluation – Klassenarbeit 86

Bewertungsbogen zur Leistungsüberprüfung/Klassenarbeit 9 87

In Bildern sprechen – Metaphorischer Sprachgebrauch 89

Vorüberlegungen zur Einheit 89

Didaktische Aufbereitung der Unterkapitel 90

1. „Die Mannschaft blühte erst am Ende auf ..." – Bildhafter Sprachgebrauch im Sport und in Alltagssituationen 90
2. „Einen Zahn zulegen ..." – Redewendungen und ihre Herkunft 93

Arbeitsblatt 1: Bildhafte Ausdrücke und Redewendungen 95
Lösung (AB 1) 96

Leistungsüberprüfung – Selbstevaluation – Klassenarbeit 97

Von Hexen und Heilerinnen – Menschen und ihre Geschichte(n) verstehen 98

Vorüberlegungen zur Einheit 98

Didaktische Aufbereitung der Unterkapitel 99

Eintauchen in eine andere Zeit – Sachtexten, Abbildungen und literarischen Texten Informationen entnehmen 99
„Die Hexe soll sterben!" – Literarische Texte durch Umgestalten und Weitererzählen besser verstehen 102

Arbeitsblatt 1: Einem Sachtext Informationen entnehmen 108
Arbeitsblatt 2: Literarische Texte besser verstehen: eine Leerstelle füllen 109
Arbeitsblatt 3: Einem literarischen Text Informationen entnehmen 110
Bewertungsbogen zur Leistungsüberprüfung/Klassenarbeit (AB 3) 112
Arbeitsblatt 4: Einen inneren Monolog verfassen 113
Bewertungsbogen zur Leistungsüberprüfung/Klassenarbeit (AB 4) 114
Arbeitsblatt 5: Eine Erzählung zu einem Bild schreiben 115
Bewertungsbogen zur Leistungsüberprüfung/Klassenarbeit (AB 5) 116

Leistungsüberprüfung – Selbstevaluation – Klassenarbeit 117

Historische Abenteuerromane von Rainer M. Schröder – „Das blinde Fenster zum Gestern aufstoßen" 118

Vorüberlegungen zur Einheit 118

Didaktische Aufbereitung der Unterkapitel 119

Wir stellen Romane von Rainer M. Schröder vor 119
Das Geheimnis der weißen Mönche 120
Abby Lynn – Verbannt ans Ende der Welt 126
Die wundersame Weltreise des Jonathan Blum 131
Der Autor Rainer M. Schröder 134

Arbeitsblatt 1: Die Romane Rainer M. Schröders – Sich einen Überblick verschaffen 136
Arbeitsblatt 2: Beurteilungsbogen für die Buchvorstellung 138
Arbeitsblatt 3: Zwei Rezensionen untersuchen 139
Lösung (AB 3) 141
Arbeitsblatt 4: Einen „Spickzettel" zu einem Sachtext untersuchen und beurteilen 142
Arbeitsblatt 5: Ein Interview mit Rainer M. Schröder untersuchen 143
Lösung (AB 5) 145

Leistungsüberprüfung – Selbstevaluation – Klassenarbeit 146

Bewertungsbogen zur Leistungsüberprüfung/Klassenarbeit 6 148
Bewertungsbogen zur Leistungsüberprüfung/Klassenarbeit 7 150
Bewertungsbogen zur Leistungsüberprüfung/Klassenarbeit 8 152
Bewertungsbogen zur Leistungsüberprüfung/Klassenarbeit 9 154
Bewertungsbogen zur Leistungsüberprüfung/Klassenarbeit 10 156
Bewertungsbogen zur Leistungsüberprüfung/Klassenarbeit 11 158

Das Lernen lernen: Umgang mit Sachtexten – Personen und Persönlichkeiten 160

Vorüberlegungen zur Einheit 160

Didaktische Aufbereitung der Unterkapitel 161

1. Wolfgang Amadeus Mozart – Einen Überblick über die wichtigsten Informationen eines Sachtextes gewinnen 161
2. Marie Curie – Den Aufbau eines Sachtextes erkennen 164
3. Leonardo da Vinci – Mehreren Sachtexten und Abbildungen zu einem Thema Informationen entnehmen und diese ordnen 166
4. Malala Yousafzai – Methoden des Umgangs mit Sachtexten selbstständig anwenden 167

Arbeitsblatt 1: Zu einem Sachtext die richtige Reihenfolge der Abschnitte ermitteln, Abbildungen zuordnen und ein Kurzporträt erstellen 168
Lösung (AB 1) 170
Bewertungsbogen zur Leistungsüberprüfung/Klassenarbeit (AB 1) 172
Arbeitsblatt 2: Auf der Grundlage von Material ein Persönlichkeitsporträt von Albert Schweitzer verfassen 173
Bewertungsbogen zur Leistungsüberprüfung/Klassenarbeit (AB 2) 175

Leistungsüberprüfung – Selbstevaluation – Klassenarbeit 176

Der Untergang der Nibelungen: Gier – Verrat – Rache 177

Vorüberlegungen zur Einheit 177

Didaktische Aufbereitung der Unterkapitel 179

Das Nibelungenlied – Die Handlung 179
Wie haben die Menschen um 1200 n. Chr. gesprochen? 180
Die zentralen Personen des Geschehens 180
Die Zuspitzung des Konflikts 185
Siegfrieds Tod und die Rache Kriemhilds an ihren Brüdern und Hagen 186
Der Untergang der Nibelungen 187
Warum immer wieder die Nibelungen-Sage? 189

Arbeitsblatt 1: Einen Auszug aus der Nibelungen-Sage bearbeiten 190
Lösung (AB 1) 192
Arbeitsblatt 2: Ein Foto beschreiben 194
Lösung (AB 2) 195
Arbeitsblatt 3: Ein Buchcover gestalten und einen Klappentext schreiben 196
Arbeitsblatt 4: Elf Fragen – Das Nibelungen-Quiz 197
Arbeitsblatt 5: Aus einer Vorlage eine Erzählung verfassen 198
Bewertungsbogen zur Leistungsüberprüfung/Klassenarbeit (AB 5) 199

Leistungsüberprüfung – Selbstevaluation – Klassenarbeit 200

Bewertungsbogen zur Leistungsüberprüfung/Klassenarbeit 6 201
Bewertungsbogen zur Leistungsüberprüfung/Klassenarbeit 7 202

Länder, Völker, Abenteuer – Menschen begegnen einer fremden Kultur 203

Vorüberlegungen zur Einheit 203

Didaktische Aufbereitung des Kapitels 204

Begegnungen mit den Indianern Nordamerikas 204

Arbeitsblatt 1: Ein Bild beschreiben 210
Lösung (AB 1) 211
Arbeitsblatt 2: Einen Sachtext zum Thema „Indianer" untersuchen und vergleichen 212
Lösung (AB 2) 214
Arbeitsblatt 3: Einem Sachtext Informationen entnehmen und diese vergleichen 216
Lösung (AB 3) 218
Arbeitsblatt 4: Einem Sachtext Informationen entnehmen 220
Lösung (AB 4) 222
Arbeitsblatt 5: Einen Sachtext untersuchen 223
Lösung (AB 5) 224
Arbeitsblatt 6: Einem Sachtext Informationen entnehmen und diese bewerten 225
Bewertungsbogen zur Leistungsüberprüfung/Klassenarbeit (AB 6) 226
Arbeitsblatt 7: Einen Sachtext untersuchen und bewerten (1) 228
Bewertungsbogen zur Leistungsüberprüfung/Klassenarbeit (AB 7) 229
Arbeitsblatt 8: Einen Sachtext untersuchen und bewerten (2) 231
Bewertungsbogen zur Leistungsüberprüfung/Klassenarbeit (AB 8) 232

Leistungsüberprüfung – Selbstevaluation – Klassenarbeit 234

Bänkelsänger, Moritaten und Balladen 235

Vorüberlegungen zur Einheit 235

Didaktische Aufbereitung der Unterkapitel 236

Moritat und Bänkelsang 236
„Tand, Tand ist das Gebilde ..." – Historische Balladen 237
„O schaurig ist's ..." – Schauerballaden 244

Arbeitsblatt 1: Merkmale einer Moritat/eines Bänkellieds an einem modernen Erzählgedicht nachweisen 250
Lösung (AB 1) 251
Arbeitsblatt 2: Die Strophen einer Ballade in die richtige Reihenfolge bringen 252
Arbeitsblatt 3: Genau zuhören und Fragen zu einer Ballade beantworten 254
Lösung (AB 3) 255
Arbeitsblatt 4: Eine Inhaltsangabe zu einer Ballade überarbeiten 256
Bewertungsbogen zur Leistungsüberprüfung/Klassenarbeit (AB 4) 257
Arbeitsblatt 5: Den Inhalt einer Ballade zusammenfassen und sprachliche Mittel untersuchen 258
Bewertungsbogen zur Leistungsüberprüfung/Klassenarbeit (AB 5) 259

Leistungsüberprüfung – Selbstevaluation – Klassenarbeit 261

Bewertungsbogen zur Leistungsüberprüfung/Klassenarbeit 6 262

Bewertungsbogen zur Leistungsüberprüfung/Klassenarbeit 7 264
Bewertungsbogen zur Leistungsüberprüfung/Klassenarbeit 8 266
Bewertungsbogen zur Leistungsüberprüfung/Klassenarbeit 9 268
Bewertungsbogen zur Leistungsüberprüfung/Klassenarbeit 10 270
Bewertungsbogen zur Leistungsüberprüfung/Klassenarbeit 11 272

Den Inhalt wiedergeben 274

Vorüberlegungen zur Einheit 274

Didaktische Aufbereitung der Unterkapitel 274

1. Den Inhalt einer Erzählung wiedergeben 274
2. Den Inhalt eines Buches vorstellen 278
3. Den Inhalt eines Filmes wiedergeben 279
4. Die indirekte Rede 279

Arbeitsblatt 1: Die Inhaltsangabe zu einer Ballade überarbeiten 284
Lösung (AB 1) 286
Arbeitsblatt 2: Eine Inhaltsangabe zu einer Erzählung verfassen (1) 287
Lösung (AB 2) 289
Arbeitsblatt 3: Eine Inhaltsangabe zu einer Erzählung verfassen (2) 291
Lösung (AB 3) 293
Arbeitsblatt 4: Zu einer Ballade eine Inhaltsangabe verfassen 295
Lösung (AB 4) 296
Arbeitsblatt 5: Direkte und indirekte Rede 297
Lösung (AB 5) 299
Arbeitsblatt 6: Die indirekte Rede (1) 300
Lösung (AB 6) 301
Arbeitsblatt 7: Die indirekte Rede (2) 302
Lösung (AB 7) 304
Arbeitsblatt 8: Eine Inhaltsangabe verfassen 305
Bewertungsbogen zur Leistungsüberprüfung/Klassenarbeit (AB 8) 307
Arbeitsblatt 9: Direkte Rede in die indirekte Rede umformen und den Inhalt einer Fabel wiedergeben 309
Bewertungsbogen zur Leistungsüberprüfung/Klassenarbeit (AB 9) 310

Leistungsüberprüfung – Selbstevaluation – Klassenarbeit 312

Richtig zu schreiben kann man lernen 313

Vorüberlegungen zur Einheit 313

Didaktische Aufbereitung der Unterkapitel 313

1. Mit dem Wörterbuch arbeiten 313
2. Merkwörter 314
3. Die Schreibweise erklären 315
4. Deutlich sprechen und genau hinhören 316
5. Regeln und grammatisches Wissen anwenden 316
6. Die Rechtschreibhilfe eines Textverarbeitungsprogramms nutzen 317
7. An Fehlerschwerpunkten arbeiten 318

Leistungsüberprüfung – Selbstevaluation – Klassenarbeit 320

Experimente beschreiben, mal so, mal so – Aktiv und Passiv 321

Vorüberlegungen zur Einheit 321

Didaktische Aufbereitung der Unterkapitel 322

1. Spannende Experimente, verblüffende Tricks – Vorgänge beschreiben 322
2. Beschreiben, mal so, mal so – Aktiv und Passiv 322

Arbeitsblatt 1: Aktiv oder Passiv? 324
Lösung (AB 1) 325
Arbeitsblatt 2: Die Tempusformen des Passivs 326
Lösung (AB 2) 328
Arbeitsblatt 3: Passivformen erkennen und ihre Zeitstufe bestimmen 329
Lösung (AB 3) 330
Arbeitsblatt 4: Eine Vorgangsbeschreibung überarbeiten 331
Lösung (AB 4) 332

Leistungsüberprüfung – Selbstevaluation – Klassenarbeit 333

Darüber möchte ich gern sprechen: Mut machen – beschwichtigen – argumentieren 334

Vorüberlegungen zur Einheit 334

Didaktische Aufbereitung der Unterkapitel 335

1. „Muss das gerade heute sein?" – Eine Problemsituation erleben 335
2. „Das kriegen wir bestimmt hin!" – Trösten und Mut machen 336
3. „Ich sag's lieber gleich!" – Eine unangenehme Situation entlasten 338
4. „Ich bin der Meinung, dass ..." – Argumentieren 339

Arbeitsblatt 1: Jemanden in einem Brief trösten 342
Bewertungsbogen zur Leistungsüberprüfung/Klassenarbeit (AB 1) 343

Leistungsüberprüfung – Selbstevaluation – Klassenarbeit 345

Bewertungsbogen zur Leistungsüberprüfung/Klassenarbeit 2 346
Bewertungsbogen zur Leistungsüberprüfung/Klassenarbeit 3 348
Bewertungsbogen zur Leistungsüberprüfung/Klassenarbeit 4 350
Bewertungsbogen zur Leistungsüberprüfung/Klassenarbeit 5 352

Wir sprechen und spielen Theater – Theater erleben, gestern und heute 354

Vorüberlegungen zur Einheit 354

Didaktische Aufbereitung der Unterkapitel 355

1. Vorhang auf! Theatergeschichte(n) 355
2. Kaspar Hauser – Ein Theaterstück schreiben, inszenieren und aufführen 359
3. Komisches und Nachdenkliches – Theaterszenen 363

Arbeitsblatt 1: Teste dein Wissen: Theatergeschichte – Theaterberufe 366
Lösung (AB 1) 368
Arbeitsblatt 2: Kaspar Hauser – Einen Lexikonartikel verfassen 369
Bewertungsbogen zur Leistungsüberprüfung/Klassenarbeit (AB 2) 371
Arbeitsblatt 3: Reinhard Mey: Kaspar – Eine Inhaltsangabe überarbeiten 372

Bewertungsbogen zur Leistungsüberprüfung/Klassenarbeit (AB 3) 373
Arbeitsblatt 4: Loriot: Das Ei – Komische Elemente in einer Szene untersuchen 374
Bewertungsbogen zur Leistungsüberprüfung/Klassenarbeit (AB 4) 376

Leistungsüberprüfung – Selbstevaluation – Klassenarbeit 378

Bewertungsbogen zur Leistungsüberprüfung/Klassenarbeit 5 379
Bewertungsbogen zur Leistungsüberprüfung/Klassenarbeit 6 381
Bewertungsbogen zur Leistungsüberprüfung/Klassenarbeit 7 383
Bewertungsbogen zur Leistungsüberprüfung/Klassenarbeit 8 385

Informiere mich, berichte davon, beschreib es mir … – Mit Gliedsätzen/Nebensätzen arbeiten 386

Vorüberlegungen zur Einheit 386

Didaktische Aufbereitung der Unterkapitel 387

1. „…, weil wir da ohne Lehrer wohnen." – Adverbialsätze 387
2. „Dass sie das darf, …" – Subjekt- und Objektsätze 390
3. „…, der ein zotteliges Fell hat, …" – Attributsätze und andere Attributformen 391
4. … und die Zeichensetzung 392

Arbeitsblatt 1: Adverbialsätze 396
Lösung (AB 1) 399
Arbeitsblatt 2: Relativsätze/Attributsätze 400
Lösung (AB 2) 401
Arbeitsblatt 3: Gliedsätze/Nebensätze erkennen und bestimmen (1) 402
Lösung (AB 3) 405
Bewertungsbogen zur Leistungsüberprüfung/Klassenarbeit (AB 3) 407
Arbeitsblatt 4: Gliedsätze/Nebensätze erkennen und bestimmen (2) 409
Lösung (AB 4) 410
Arbeitsblatt 5: Gliedsätze/Nebensätze erkennen und bestimmen (3) 411
Lösung (AB 5) 412
Arbeitsblatt 6: Die Zeichensetzung bei Infinitivgruppen 413
Lösung (AB 6) 415
Arbeitsblatt 7: Die Zeichensetzung in Satzgefügen und bei Infinitivgruppen (1) 417
Lösung (AB 7) 419
Arbeitsblatt 8: Die Zeichensetzung in Satzgefügen und bei Infinitivgruppen (2) 420
Lösung (AB 8) 421
Arbeitsblatt 9: Eine Inhaltsangabe mithilfe von Satzgefügen überarbeiten 422
Lösung (AB 9) 423
Bewertungsbogen zur Leistungsüberprüfung/Klassenarbeit (AB 9) 424

Leistungsüberprüfung – Selbstevaluation – Klassenarbeit 425

Wenn ihr nicht hören könntet ... – Der Spielfilm „Jenseits der Stille“ als Fenster zu einer fremden Welt 426

Vorüberlegungen zur Einheit 426

Didaktische Aufbereitung der Unterkapitel 427

1. Eine Welt ohne Geräusche? – Von Hörenden und Nichthörenden 427
2. Zaubersprache Zeichensprache? – Lara als Vermittlerin zwischen der hörenden und der gehörlosen Welt 428
3. Lara entdeckt eine neue Welt – Von den Schwierigkeiten des Erwachsenwerdens 431
4. Daumen rauf oder runter? – Die Rezension eines Buches oder eines Films 436

Arbeitsblatt 1: Einen Sachtext untersuchen 437
Bewertungsbogen zur Leistungsüberprüfung/Klassenarbeit (AB 1) 439
Arbeitsblatt 2: Ein Standbild analysieren 441
Bewertungsbogen zur Leistungsüberprüfung/Klassenarbeit (AB 2) 442

Leistungsüberprüfung – Selbstevaluation – Klassenarbeit 444

Üben, wiederholen und mehr ... 445

Vorüberlegungen zur Einheit 445

Didaktische Aufbereitung der Unterkapitel 446

1. Den Inhalt eines Textes wiedergeben 446
2. Wortarten, Satzglieder und mehr ... 448
3. Groß- und Kleinschreibung 454
4. Zusammen- und Getrenntschreibung 458
5. s-Laute 460
6. Lang gesprochene Vokale 463
7. Kurz gesprochene Vokale 466

Statt eines Vorworts – P.A.U.L. D. von A – Z

Auftaktseite

Die einzelnen Einheiten beginnen fast ausnahmslos mit einer Doppelseite, die neben Illustrationen und Arbeitsaufträgen auch einen Einstiegstext enthalten, der unmittelbar an die Schülerinnen und Schüler gerichtet ist. Dieser Einstiegstext informiert über die thematischen Schwerpunkte, die zu erwerbenden Kompetenzen und das Ziel der Arbeit. Auf diesem Weg soll die Motivation der Lernenden geweckt und eine didaktisch gewünschte Transparenz geschaffen werden. Die Aufträge knüpfen an die Schülererfahrungen an und leiten unmittelbar in den Erarbeitungsprozess ein, indem z. B. auf das abgedruckte Bildmaterial Bezug genommen wird.

Arbeitsaufträge

Die den Texten zugeordneten Arbeitsfragen spiegeln den konkreten didaktischen Prozess innerhalb einer Stunde wider. Sie bieten die Möglichkeit, selbst initiierte Lernprozesse zu gestalten, und erleichtern der Lehrerin und dem Lehrer die Vorbereitung. Ein deutliches Gewicht liegt dabei auf textanalytischen Zugriffsweisen, darüber hinaus werden immer wieder handlungs- und produktionsorientierte Aufträge angeboten, die den Verstehensprozess initiieren, begleiten und absichern sollen (s. auch „Fordern und fördern").

Arbeitsheft

Zu jedem Schülerband gehört ein Arbeitsheft mit ausführlichem Übungs- und Differenzierungsmaterial. Zugunsten der Übungsdichte sind die Arbeitshefte zurückhaltend illustriert. Sie enthalten ein eingelegtes Lösungsheft zur individuellen Kontrolle.

Bebilderung – grafische Gestaltung

Dem Buch liegt eine ruhige, ästhetische Seitengestaltung zugrunde. Die Abbildungen sind so ausgewählt worden, dass sie die Vorstellungsbildung der Lernenden nicht behindern. Zahlreiche Abbildungen werden mithilfe der Arbeitsaufträge funktionalisiert und so in den Lernprozess integriert, dass sie zum Verstehen beitragen. Dort, wo es angemessen erscheint, werden auch Originalbebilderungen aus Primärtexten übernommen.

CD-ROM

Die diesem Kommentarband beigelegte CD-ROM enthält alle Arbeitsblätter, Lösungsblätter und zahlreiche Vorschläge für Klassenarbeiten mit den entsprechenden Beurteilungsbögen in einem Format, das eine individuelle Gestaltung und damit auch eine problemlose Anpassung an die jeweilige Lerngruppe und die gewünschte Lernsituation ermöglicht (s. auch „Lehrerkommentar").

Fordern und fördern

Die im Schülerband aufbereiteten Themen erfordern und fördern bei allen Beteiligten eine gewünschte Anstrengungskultur. Die Fülle an Lern- und Übungsmaterial ermöglicht es der Lehrkraft, im Hinblick auf ihre konkrete Lerngruppe auszuwählen und Prozesse individueller Förderung zu initiieren. Ausgangspunkt der Erarbeitung ist dabei jedoch immer die systematische Vermittlung eines Basiswissens. Dabei wurde bewusst auf eine Qualifizierung der Aufgabenformate im Sinne von „schwer – weniger schwer – leicht" verzichtet, weil dies der Individualität von Lerngruppen nicht gerecht würde. Das Aufgabenformat „Durchstarten! So könnt ihr weiterarbeiten", das immer wieder auftaucht, kommt der Tatsache entgegen, dass manche Schülerinnen und Schüler schneller arbeiten und Zusatzmaterial benötigen, um den Lernprozess im Hinblick auf ihre Voraussetzungen zu intensivieren.

Die didaktische Aufbereitung der einzelnen Kapitel ist zudem immer wieder so angelegt, dass die Schülerinnen und Schüler sich z. B. in kooperativen Lernformen und in Tischgruppenarbeit einzelne Lerngegenstände selbstständig erschließen. Fast alle Einheiten enden mit „Kleine(n) Übungen zur Lernkontrolle“, die eine entsprechende Selbstevaluation ermöglichen.

Inhaltsverzeichnis

Das Inhaltsverzeichnis des Schülerbandes besitzt eine Doppelstruktur. Links finden die Schülerinnen und Schüler jeweils die thematische Ausrichtung der Einheiten mit den entsprechenden Unterkapiteln. Rechts sind die Kompetenzen aufgelistet, die im Verlauf des Erarbeitungsprozesses erworben werden können. Fett gedruckte Formulierungen verweisen auf solche Kompetenzen, die in besonderer Weise akzentuiert werden.

Lehrerkommentar

Der Lehrerkommentar führt zunächst in die Einheiten ein und nennt noch einmal dezidiert die Kompetenzen, die jeweils vermittelt werden. Daran schließt sich die didaktische Aufbereitung der Unterkapitel mit entsprechenden Lösungen der Aufgaben an. Eingefügt sind zahlreiche Tafelbilder, die im Verlauf der Erarbeitung erstellt werden können und den Lernerfolg dauerhaft sichern sollen. Es folgen in der Regel kopierfähige Arbeitsblätter, und den Abschluss bilden Vorschläge zur Selbstevaluation und zur Leistungsüberprüfung mit entsprechenden Beurteilungsbögen (s. auch „CD-ROM“).

Leuchtturm

Farblich unterlegte Kästen, die mit dem Symbol „Leuchtturm“ versehen sind, bündeln erworbenes Wissen aus den unterschiedlichen Aufgabenbereichen des Faches Deutsch in systematischer Weise.

Medien

Insgesamt kommt ein weiter Medienbegriff zum Tragen. Das Leitmedium des Faches Deutsch – das Buch – wird ausführlich thematisiert. Gleichzeitig lernen die Schülerinnen und Schüler, mit modernen Medien wie dem Internet umzugehen und dieses kritisch und qualifizierend zur Recherche einzusetzen. Umfassend werden die Schüler zudem in die Filmanalyse eingeführt.

Methoden/Methodenkästen

Die Schülerbände legen ein besonderes Gewicht auf die Vermittlung methodischer Kompetenzen, die in besonderer Weise das selbstständige, individuelle Lernen ermöglichen. Pro Band wird eine Einheit angeboten, die sich unmittelbar mit dem Thema „Das Lernen lernen“ beschäftigt und vielfältige Kompetenzen auf unterschiedlichen Gebieten vermittelt. Darüber hinaus sind zahlreiche Methodenkästen – farblich hervorgehoben und durch ein Symbol (Werkzeugkasten) gekennzeichnet – abgedruckt, die unterschiedliche Ausrichtungen haben. In den Methodenkästen werden z. B. Umgehensweisen mit Medien und Sachtexten thematisiert, textanalytische Zugriffsweisen beschrieben, Hilfen zur Textproduktion und -überarbeitung gegeben und vieles mehr.

Projekte

Innerhalb der Bände werden keine ausgearbeiteten Projekte vorgestellt, welche die Lehrpersonen und die Lerngruppen sehr stark festlegen würden. Vielmehr enden stattdessen zahlreiche Einheiten mit Projektideen, die im Wesentlichen von den Schülerinnen und Schülern selbstständig umgesetzt werden können.

Rechtschreibung

Jeder Schülerband enthält eine ausgewiesene Einheit, in der den Schülerinnen und Schülern Lösungsstrategien im Bereich der Rechtschreibung vermittelt werden. Darüber hinaus werden ausgewählte Rechtschreibprobleme gesondert thematisiert. Die Auswahl der Übungen orientiert sich dabei an unterschiedlichen Strategien und Lernertypen. Der

Umfang der Übungen ermöglicht zudem eine Differenzierung und Individualisierung innerhalb des Lern- und Übungsprozesses.
Zu den Übungen gehören auch zahlreiche Diktate, die – auch in Anknüpfung an die Grundschule – auf unterschiedliche Weise eingesetzt werden können: als Blockdiktat, als Partnerdiktat, als Dosen-, Schleich- oder Fächerdiktat.

Reflexion über Sprache

In besonders systematischer Weise werden grammatische Phänomene vermittelt, wobei immer wieder deutlich Möglichkeiten des entdeckenden Lernens eröffnet werden. Der Bereich „Reflexion über Sprache" wird darüber hinaus im Sinne einer integrativen Didaktik mit anderen Aufgabenbereichen des Faches Deutsch dort verknüpft, wo dieses funktional ist und dem Anspruch nach systematischem Lernen nicht im Wege steht. Zahlreiche Übungen helfen, das Gelernte zu sichern.

BiBox – Digitale Lehrermaterialien

In der digitalen Version des Lehrerbandes sind die Materialien den Seiten und Kapiteln des Lehrwerks zugeordnet, sodass auf einen Blick alle vorhandenen Lehrerband-Materialien (Arbeitsblätter, Lösungen, Bewertungsbogen zur Leistungsüberprüfung/Klassenarbeit) zu einer Lehrwerkeinheit zu sehen sind.

Sachtexte

Neben den literarischen Texten stellen Sachtexte einen weiteren Schwerpunkt in der Textauswahl dar. Auch in der Auseinandersetzung mit ihnen wird dezidiert das Leseverstehen der Schülerinnen und Schüler geschult, indem unterschiedliche Methoden im Umgang mit diesen Texten erlernt werden. Mindestens eine Einheit pro Band hat den Umgang mit Sachtexten explizit zum Thema. Dabei werden auch diskontinuierliche Texte einbezogen.

Spiralcurriculum

Die Schülerbände sind in der Gesamtheit so konzipiert, dass bestimmte Curriculumelemente immer wieder aufgegriffen und erweitert werden. Jeder Band enthält

- eine Lyrikeinheit mit Schwerpunkten im Bereich methodischer Zugänge und dem Sprechen,
- eine Einheit, in der ein Autor oder eine Autorin vorgestellt wird,
- eine Einheit zum Thema „Theater",
- eine oder mehrere Einheiten, in denen explizit Textarten erarbeitet werden,
- eine Einheit, in der Zugänge zu Sachtexten vermittelt werden,
- eine Einheit zum Bereich „Miteinander sprechen/argumentieren",
- eine Einheit zum Thema „Das Lernen lernen" und
- eine Methodeneinheit zur Rechtschreibung.

Textauswahl

Die Schülerbände enthalten zum einen ein umfassendes Repertoire traditioneller, bewährter Texte. Darüber hinaus sind auch zahlreiche moderne Texte aufgenommen worden, die unmittelbar dem Leseverhalten und -interesse der Schülerinnen und Schüler entstammen. Die abgedruckten und didaktisierten Auszüge aus Kinder- und Jugendbüchern sollen zum Lesen motivieren. Darüber hinaus werden immer wieder weitergehende Lesehinweise gegeben, die zum thematischen Kontext passen.
Die Einheiten sind zum Teil thematisch ausgerichtet, immer wieder werden jedoch auch unmittelbar Textarten in den Mittelpunkt gerückt, um ein fachspezifisches Wissen zu vermitteln.

Whiteboard-Software

Whiteboards gewinnen im Unterricht zunehmend an Bedeutung. Für jeden Schülerband gibt es daher eine Software, die speziell auf dieses Medium zugeschnitten wurde. Besonderer Wert wurde dabei auf eine intuitive Bedienbarkeit gelegt. Im Mittelpunkt stehen interaktive Tafelbilder und systematische Zugänge, die auf den Inhalten des Schülerbandes basieren und durch einen didaktischen Kommentar ergänzt werden. Zusammen mit den jederzeit einblendbaren Lernboxen des Schülerbandes ermöglichen sie eine vielseitige und zeitgemäße Unterrichtsgestaltung. Kapitel, zu denen die Software Materialien anbietet, sind im Lehrerband mit einem Verweis gekennzeichnet: →WB.

Zuhören

Zu jedem Schülerband gibt es eine Doppel-CD mit einer Auswahl der im Buch enthaltenen Texte, schülergerecht aufbereitet und attraktiv vorgetragen von professionellen Schauspielern. Im konkreten Unterrichtsgeschehen können die gesprochenen Texte als motivierender Einstieg eingesetzt werden, um anschließend im Sinne einer rezeptionsästhetischen Didaktikkonzeption das erste Verständnis zu erfragen und daraus Erarbeitungsschwerpunkte abzuleiten. Möglich ist es natürlich auch, die gesprochenen Texte ins Zentrum einer Stunde zu stellen, um mithilfe von Stichwortkonzepten die wahrgenommenen Informationen festzuhalten, diese, z. B. in Form einer Mindmap, zu systematisieren und in mündlichen Vorträgen zu präsentieren – eine Kompetenz, die im Unterricht verschiedenster Fächer von großer Bedeutung ist.

Wenn das Vertraute fremd wird – Fantastisches (S. 18–45)

Vorüberlegungen zur Einheit

Die Einheit soll die Schülerinnen und Schüler mit fantastischer Literatur vertraut machen. Die in der Einheit vorkommenden Texte (ein Jugendbuch, zwei Erzählungen, eine Ballade) sind nicht schon deswegen fantastisch, weil sie eine fiktive Welt vorstellen, sondern weil ihre Figuren und Motive von der Erfahrungswirklichkeit abweichen. Unmögliches erscheint dabei als möglich, die Grenzen unserer Wirklichkeit werden überschritten. Es gibt aber auch Figuren, Ereignisse und Motive, die durchaus real sind. So sind die Texte vor allem durch das Zusammentreffen zweier Welten bestimmt: einer alltäglichen, realistischen und einer fantastischen, die unvermittelt in die reale einbricht. Mögliches und Unmögliches stehen scheinbar problemlos nebeneinander, sind wie selbstverständlich miteinander verflochten. Auf Jugendliche üben solche Texte einen großen Reiz aus, da sie z. B. einen Freiraum in einer von Zwecken bestimmten Welt bieten können. Die in ihnen geschaffene „Gegenwelt“ bietet Platz zum Träumen. Die großen Erfolge fantastischer Bücher und Filme (z. B.: „Herr der Ringe“, „Harry Potter“ u. a.) machen das deutlich.

Zentrale Kompetenzen, die mit dieser Einheit erworben werden, sind:
- sprachliche Merkmale fantastischen Erzählens erkennen,
- literarische Figuren charakterisieren,
- die Wirkung sprachlicher Mittel in fantastischen Texten untersuchen,
- einen längeren Text gliedern,
- einen Erzählausschnitt aus anderer Perspektive/aus einem anderen Erzählanlass wiedergeben,
- Figuren verschiedener Erzählungen miteinander vergleichen,
- den Inhalt einer Ballade wiedergeben,
- einen wirkungsvollen Balladenvortrag erarbeiten,
- eine Ballade in eine fantastische Erzählung umformen,
- einem Sachtext Informationen entnehmen.

Die **Auftaktdoppelseite** (S. 18–19) soll bereits ein Bewusstsein dafür wecken, dass in fantastischer Literatur Mögliches und Unmögliches nebeneinanderstehen. So sind die Raben und Teile der männlichen Figur durchaus real, während der große Vogel mit menschlichem Kopf und das Unterteil der menschlichen Figur der Welt der Fantasie und Fantastik angehören (vgl. Aufgabe 2).

Didaktische Aufbereitung der Unterkapitel

→WB

Otfried Preußler: Krabat (S. 20–29)

Die Mühle im Koselbruch (S. 20–23)

Aufgabe 1
S. 21

Der Leser erfährt, dass Krabat 14 Jahre alt ist, in der Gegend von Hoyerswerda lebt und sich zusammen mit anderen Jungen mit Betteln durchschlagen muss. Ob er überhaupt ein Zuhause hat, bleibt offen, die dritte Nacht verbringt er auf dem Heuboden einer Schmiede, niemand scheint ihn zu vermissen.

Aufgabe 2
S. 21

Hoyerswerda (Z. 11), Schwarzkollm (Z. 49), Leippe (Z. 69), Maukendorf (Z. 14) und Petershain (Z. 37) sind reale Orte – wie auch andere, später im Roman auftauchende Dörfer und Städte. Sie liegen alle in der Nähe von Hoyerswerda. Preußler gibt dem Geschehen durch diese reale Verortung einen höheren Wahrheitsgehalt.
Die folgende Übersicht kann zur Veranschaulichung eingesetzt werden:

Krabat – Reale Handlungsorte

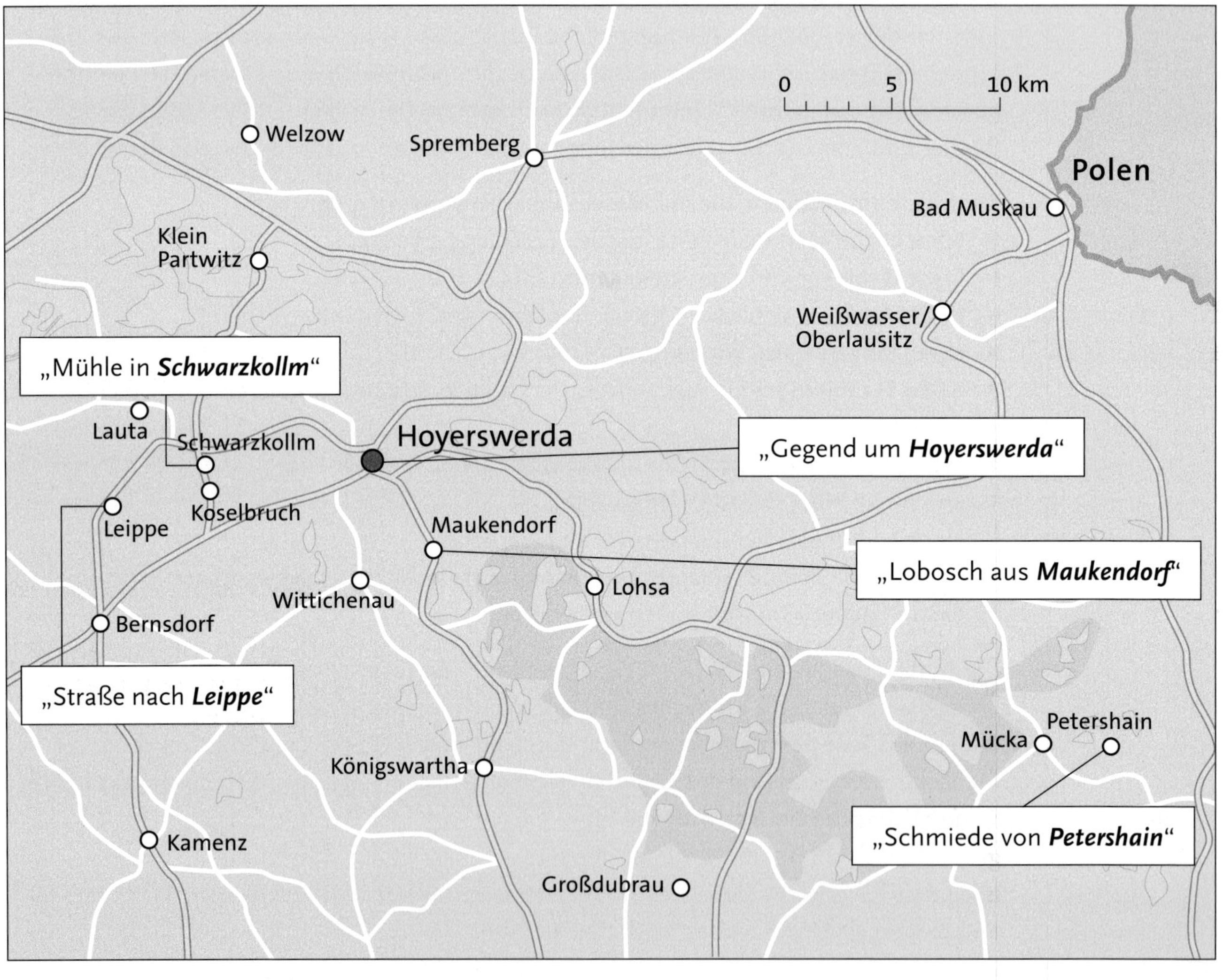

Aufgabe 3
S. 21

Hier sollte erarbeitet werden, dass Krabat, der immer dasselbe träumt, zunächst seinen Traum gar nicht ernst nimmt. Beim zweiten Mal macht er sich allerdings schon Gedanken und erkundigt sich nach der Mühle; beim dritten Mal beschließt er, dem Lockruf zu folgen. Er wird also fast magisch von der Stimme des Meisters angezogen.

Die Ergebnisse können in folgendem **Tafelbild** gesichert werden:

Krabats Träume

Inhalt der Träume (vgl. Z. 36–53):

- Elf Raben sitzen auf einer Stange und blicken Krabat an.
- Ein Platz ist leer.
- Krabat wird von einer heiseren Stimme gerufen: *„Komm nach Schwarzkollm in die Mühle [...]! Gehorche der Stimme des Meisters [...]!“*

	Krabats Reaktion
1. Traum ⟶	Krabat bleibt gleichgültig und gelassen „Was man nicht alles zusammenträumt!“ (Z. 54–55)
2. Traum ⟶	Krabat macht sich Gedanken und erkundigt sich nach dem Dorf „Schwarzkollm“ (vgl. Z. 62 ff.).
3. Traum ⟶	Krabat beschließt, der Stimme zu folgen (vgl. Z. 75 ff.). ➔ Er wird scheinbar magisch angezogen.

TAFELBILD

Aufgabe 1 S. 22 An der ängstlichen Reaktion des alten Mannes erkennt der Leser, dass die Mühle etwas Bedrohliches auszustrahlen scheint. Dazu passt auch die Lage der Mühle am „Schwarzen Wasser“.

Die Ergebnisse können an der **Tafel** zusammengefasst werden:

Die Mühle bei Schwarzkollm

- liegt „[i]m Koselbruch hinten, am Schwarzen Wasser“ (Z. 103 f.)
- scheint einen besonderen Ruf zu haben: „Wenn du *die* meinst ...“ (Z. 101)
- strahlt etwas Unheimliches und Bedrohliches aus: „ängstliche Miene“ (Z. 113) des alten Mannes
  ➔ Warnung des alten Mannes: „Meide [...] die Mühle [...], es ist nicht geheuer dort ...“ (Z. 114–116)

➔ ***Mit der Mühle scheint etwas nicht zu stimmen.***

TAFELBILD

Aufgabe 2 S. 22 Der Alte rät Krabat, die Mühle zu meiden, da es „nicht geheuer dort“ (Z. 116) sei. Dennoch scheint Krabats Neugier zu überwiegen: „Ansehen kostet nichts“ (Z. 126–127). Der Junge beweist damit großen Mut und er möchte sich mögliche Angst auch nicht eingestehen: „Bin ich ein kleiner Junge?“ (Z. 126).

Aufgabe 1 S. 23 Bevor Krabat die Mühle sieht, reißen die Wolken auf und alles wird in ein kaltes Licht getaucht (Z. 130 ff.) Die Mühle selbst wird mit einem wilden Tier verglichen, das bösartig ist und auf Beute lauert (Z. 135 ff.). Trotz der unheimlichen Atmosphäre kehrt Krabat nicht um, er wird auch hier wieder magisch angezogen.

Aufgabe 2 S. 23 Der Arbeitsauftrag, die Mühle zu malen, erfordert noch einmal, die Beschreibung der Mühle genau zu lesen.

Aufgabe 3 S. 23 Ebenso unheimlich wirkt auch der Meister auf Krabat. Bevor er ihn sieht, spürt er die Kälte, die von ihm ausgeht, und er hört seine heisere Stimme (Z. 175 ff.). Krabat ist sofort in seinem Bann, er kann keine eigenständige Entscheidung mehr treffen.

Aufgabe 4
S. 23

Krabat hört dieselbe heisere Stimme und er trifft auf den Meister, der ihn schon im Traum gerufen hat.

Aufgabe 5
S. 23

Verschiedene Hinweise im Text legen nahe, dass der Meister hier die Zauberkunst anspricht. Der Totenschädel mit der Kerze darauf, das auf dem Tisch liegende Buch, der durchdringende Blick des Meisters und seine Fähigkeit, für Krabat unsichtbar seinen Standort zu verändern, führen in das Reich der Magie.

Aufgabe 6
S. 23

Die Mühle setzt sich wieder in Gang, als Krabat einschlägt und damit den Pakt besiegelt. Die Schülerinnen und Schüler können an dieser Stelle nur mutmaßen, warum sie genau in diesem Augenblick wieder einsetzt. Später wird deutlich, dass Krabat der zwölfte Mühlknappe ist, der dafür notwendig war.

Aufgabe 7
S. 23

Bei der Umsetzung in eine kurze Hörspielszene sollte deutlich werden, dass im Hintergrund gespenstische Stille herrscht, während die heisere Stimme des Meisters zu hören ist. Nach dem Handschlag setzen dann die verschiedenen Geräusche (dumpfes Rumoren, Tosen) und das Rufen des Meisters ein. Auch Krabats Angstschreie könnten zu hören sein.

Wenn dieser Arbeitsauftrag ausführlicher bearbeitet werden soll, empfiehlt es sich, die Text- und Geräuschabfolgen als Regiebuch genau festzulegen:

Sprecher	Text	Geräusche
…	…	…

Elf und einer/Der mit der Hahnenfeder (S. 23–25)

Aufgabe 1
S. 26

Krabat sieht und hört Dinge, die er nicht versteht, die ihm fremd sind. Vor allem durch die beschriebenen Geräusche wirkt das Ereignis unheimlich und geheimnisvoll. Hinzu kommt, dass jetzt der sonst nicht benutzte Mahlgang, der Tote Gang, einsetzt.

Aufgabe 2 bis 5
S. 26

In dem fiktiven Dialog könnte Krabat sich darauf beschränken, nur einige Fakten wiederzugeben:
„Hast du eine schlechte Nacht gehabt?“, fragte Tonda. „Wie man’s nimmt“, sagte Krabat, „ich konnte nicht schlafen und da hab’ ich eine ganze Menge beobachtet.“ „Was hast du denn gesehen?“, fragte Tonda. „Auf dem Vorplatz stand ein Fuhrwerk mit sechs schwarzen Pferden und auf dem Kutschbock saß ein Mann mit hochgeschlagenem Mantelkragen und einer langen, roten Feder am Hut. Und ich habe gesehen, dass ihr viele Säcke vom Wagen abgeladen und in die Mahlstube geschleppt habt. Aber dann bin ich wieder eingeschlafen.“
Im Vergleich mit der Erzählung wird deutlich, dass Preußler diese Episode besonders anschaulich mithilfe von Vergleichen, sprachlichen Bildern und Personifizierungen (z. B. Z. 29 ff.) gestaltet. Die große Eile beim Verlassen der Stube wird durch den elliptischen Satzbau anschaulich beschrieben (Z. 11 ff.).
Krabat nimmt beim Einschießen des Wassers in den Mühlgraben eine Vielzahl von Geräuschen wahr, die – wie auch die oben erwähnten Stilmittel – sehr anschaulich wirken:

- ein lärmendes Rattern und Schnarren
- ein hässliches Quietschen
- ein hohles, die Ohren marterndes Jaulen

Aufgabe 6
S. 26

Ähnlich wie der Planwagen in dem Textauszug im Schülerbuch scheint der „Geisterkarren“ keine Spuren zu hinterlassen. Die Form des Karrens neigt ferner dazu, mit der im Hintergrund liegenden Stadt zu verschmelzen. Diese künstlerische Doppeldeutigkeit – auch „Mehrfachbild“ genannt – bildet ein typisches Stilelement des Surrealisten Dalí.

Beim genaueren Hinsehen erscheint es dann auch nicht mehr sicher, dass das Bild überhaupt einen Pferdwagen abbildet. Statt eines Kutschers zeigt sich dann ein Kirchturm in der Mitte des Bildes; die ohnehin sehr schiefen Wagenräder werden zu Stäben, die aus dem Boden ragen usw. Der Künstler spielt somit mit der menschlichen Wahrnehmung, bewegt sich auf der Grenze zwischen Realität und Fantasie und erzeugt somit Verunsicherung beim Rezipienten, weshalb sich dieses Bild sehr gut als kreativer Impuls für eine kurze fantastische Erzählung eignet. Alternativ zu dem Vorschlag im Schülerbuch können die Schülerinnen und Schüler auch eigene Textanfänge formulieren.

Otfried Preußler: Zur Entstehungsgeschichte meines Buches „Krabat“ (S. 27–28)

Aufgabe 1
S. 28

Die Erarbeitung des Sachtextes stellt an die Schüler hohe Anforderungen. Hilfen erhalten sie auf S. 148 im Schülerbuch.
Besonders ergiebig, aber auch anspruchsvoll ist es, die Schüler den Entstehungsprozess des Buches stichwortartig nachvollziehen zu lassen. Dabei sollten folgende Informationen berücksichtigt werden:

- Preußlers erste Bekanntschaft mit dem Stoff im Alter von 12 Jahren durch das Buch „Sagen aus der Lausitz“ aus dem Bücherschrank seines Vaters
- 20 Jahre später Wiederbegegnung mit dem Stoff durch das Buch „Mistr Krabat“ von Martin Nowak-Neumann in der Internationalen Jugendbibliothek in München
- Entschluss, den Stoff zum Gegenstand einer eigenen Erzählung zu machen
- 1959/60 Beginn mit der Arbeit am Buch
- Abbruch der Arbeit; Zweifel am Konzept
- Ermutigung durch Heinz Pleticha, die Arbeit fortzusetzen
- Studium eines Mühlenbuches aus dem 17. Jahrhundert
- Beschäftigung mit der Landschafts- und Volkskunde der Lausitzer Wenden
- Kenntnisse im Mühlenwesen durch Michel Jaksch
- Rückgriff auf volkstümliche Überlieferungen seiner engeren Heimat im Isar- und Riesengebirge
- 1970 endgültige Niederschrift

Die wichtigsten Fakten zur Entstehungsgeschichte des Buches können sprachlich reduziert auch in einem Strukturbild (z. B. Zeitstrahl, Flussdiagramm, Mindmap) zusammengetragen und gesichert werden:

Otfried Preußler: „Krabat – Entstehungsgeschichte

ca. 1924/25: „Sagen aus der Lausitz“ → erste Begegnung mit der wendischen Krabat-Sage	→	**1958:** „Mistr Krabat“ → Übersetzung der Krabat-Sage aus dem Sorbischen	→	**1959/60:** Beginn mit der Arbeit an „Krabat“
				↓
Frühjahr 1970: endgültige Niederschrift	←	**neue Anregungen:** (historische) Einblicke in Müllerskunst und Schwarze Schule; Beschäftigung mit Landschafts- und Volkskunde	←	*anfängliche Schwierigkeiten beim Schreiben; vorläufiges Scheitern, ohne den Stoff ganz aufzugeben*

TAFELBILD

Weniger komplex ist die Aufgabe, aus dem Text die Quellen herauszusuchen, auf die Preußler zurückgreift. Auch hier können die Ergebnisse an der **Tafel** festgehalten werden:

„Krabat" – Quellen, auf die sich Otfried Preußler gestützt hat

- Sagen aus der Lausitz
- „Mistr Krabat"
- Mühlenbuch aus dem 17. Jahrhundert
- Landschafts- und Volkskunde der Lausitzer Wenden
- volkstümliche Überlieferungen

→ ***Preußler verwendet viele authentische (d. h.: echte, originale) Quellen und wandelt diese im Sinne seines Grundkonzeptes (vgl. Z. 81 ff.) ab.***

TAFELBILD

Otfried Preußler – Eine Kurzbiografie (S. 28–29)

Aufgabe 2
S. 29

Die wichtigsten Fakten des Lexikonartikels, die mithilfe der Fragemethode erschlossen werden können, sind:

- 1923 geboren
- pädagogisch-literarisch geprägtes Elternhaus
- beginnt schon mit 12 Jahren, kleine Geschichten zu schreiben
- Kriegsdienst nach dem Abitur
- von 1944 bis 1949 in russischer Kriegsgefangenschaft
- von 1953 bis 1970 als Lehrer tätig
- 1956 erscheint sein erstes Buch
- schreibt insgesamt 25 Bücher
- Gesamtauflage seiner Bücher: 45 Millionen Exemplare
- „Krabat" sein einziges Jugendbuch

Aufgabe 3
S. 29

Die Schülerinnen und Schüler erhalten hier weitere Anregungen, um sich mit der Thematik vertiefend auseinanderzusetzen.

Da die Schülerinnen und Schüler in dieser Unterrichtseinheit nur die ersten Kapitel des Romans kennenlernen, ist es natürlich schwierig, einen Vergleich mit dem Film vorzunehmen. Oft gibt es aber Mitschülerinnen und Mitschüler, die bereits den gesamten Roman kennen und so Hilfestellung geben können.
Auffällige Unterschiede:

- die Romanhandlung (3 Jahre) wurde im Film auf 2 Jahre gekürzt
- der Film spielt zur Zeit des Dreißigjährigen Krieges und nicht – wie der Roman – während des Nordischen Krieges
- die Drehorte sind nicht die Originalschauplätze des Buches
- Episoden wurden weggelassen bzw. hinzugefügt, so z. B. ein Überfall auf Schwarzkollm, bei dem die Mühlknappen die Einwohner retten
- im Film hat die Kantorka dunkle Haare, im Buch helle

Die Frage, ob die Schülerinnen und Schüler Änderungen für gelungen halten, kann auch allgemeiner formuliert werden: Habt ihr euch beim Lesen des Buches die Figuren so vorgestellt wie sie der Film zeigt?

Edgar Allan Poe: Die Maske des Roten Todes (S. 30–34)

Aufgabe 1
S. 34

Es bleibt etwas unklar, was genau mit dem „Roten Tod" gemeint ist. Auf jeden Fall scheint es sich um eine verheerende Epidemie zu handeln. Viele Anzeichen deuten auf die große europäische Pest-Pandemie von 1347 bis 1353 hin (das Wort „Pest“ taucht mehrfach im Text auf), die schätzungsweise 25 Millionen Todesopfer forderte, was einem Drittel der damaligen europäischen Bevölkerung entspricht. Allerdings wird diese normalerweise als „Schwarzer Tod“ bezeichnet. Vermutlich hat sich Poe eines Zeitungsartikels über die Cholera-Epidemie in Paris bedient. Entscheidend ist, dass die Schüler erkennen, dass die Krankheit grausam wütet und bei den Opfern zu einem qualvollen und schnellen Tod führt.

Aufgabe 2
S. 34

Die Gliederung sollte deutlich machen, dass der eigentlichen Erzählung eine kurze Vorbemerkung zum „Roten Tod“ vorangestellt ist, worauf die Beschreibung Prinz Prosperos und seiner Gesellschaft folgt. Danach beginnt mit den Ereignissen auf dem Maskenball der eigentliche Hauptteil, der natürlich weiter gegliedert werden kann.

Edgar Allan Poe: Die Maske des Roten Todes – Textgliederung

1)	Z. 1–14	Der Rote Tod
2)	Z. 15–44	Prinz Prospero und seine Gesellschaft
3)	Z. 45–332	Der Maskenball
	Z. 45–102	Anordnung und Ausstattung der Zimmer
	Z. 102–142	Das schwarze Zimmer und die mysteriöse Standuhr
	Z. 142–202	Die Maskerade
	Z. 203–229	Die Stunde der Mitternacht
	Z. 230–255	Das Erscheinen des Roten Todes
	Z. 255–312	Prosperos Reaktion und sein Todeskampf
	Z. 313–332	Der Untergang der Festgesellschaft

Aufgabe 3
S. 34

Während die Menschen außerhalb der Abtei von der Epidemie dahingerafft werden und in „wütende[r] Verzweiflung“ (Z. 30) alleingelassen werden, zieht sich Prinz Prospero mit seiner Gesellschaft in die stille Abgeschiedenheit eines prächtigen Baus zurück (vgl. Z. 16–21) und feiert ausschweifende Feste, ohne dass ihn das Schicksal der draußen Sterbenden kümmert („Die Welt da draußen mochte für sich selbst sorgen!“, Z. 36–37). Die Ergebnisse können auch in Form eines **Tafelbildes** gesichert werden:

E. A. Poe: Die Maske des Roten Todes –
Das Leben des Prinzen Prospero und seiner Gesellschaft

Die befestigte Abtei **➔ Prospero und seine Gesellschaft**	**Die Welt „draußen“** **➔ Die Pestkranken**
Leben, Lust, Feierlichkeiten, Vergnügen, Verschwendung, Überfluss, Prunk, Genuss …	*Tod, „Pest“, Hilflosigkeit, Verzweiflung, Hoffnungslosigkeit, Wut, Leiden, Krankheit …*
• Die Gesellschaft **grenzt** sich von der Welt außerhalb der Abtei und den Menschen dort **ab**. • Sie zeigt **kein Mitgefühl** für das Schicksal der Todgeweihten.	**„Charakterisierung“ der Gesellschaft:** • Egoismus • Überheblichkeit • Gleichgültigkeit • Kaltherzigkeit • …

TAFELBILD

Aufgabe 4
S. 34

Die Aufgabe, die Beschreibung der Zimmeranordnung in eine Skizze umzusetzen, ist reizvoll, aber mit Schwierigkeiten verbunden, da die Erläuterungen des Erzählers nicht ganz eindeutig sind. Unterschiedliche Lösungen oder auch ein Scheitern beim Lösen dieser Aufgabe könnten zu der Erkenntnis führen, dass es Poe gar nicht auf eine realistische, sondern auf eine geheimnisvolle, fantastische Darstellung ankam.

Aufgabe 5
S. 34

Mehrfach wird das Rot des Zimmers mit dem Wort „Blut“ in Verbindung gebracht (Z. 89, 104–105). Vergleiche und Metaphern veranschaulichen die gespenstische Stimmung.

Aufgabe 6
S. 34

Die Musikanten des Orchesters unterbrechen ihr Spiel, der Tanz setzt aus und eine Missstimmung legt sich auf die Gesellschaft. Traumbilder und unliebsame Gedanken beschleichen die Gäste (Z. 113–142). Die Erzählung selbst gibt keine Erklärung für diese sonderbaren Ereignisse, der Leser spürt aber das herannahende Unheil.

Aufgabe 7
S. 34

Die Anwesenden sind dermaßen vom Grauen erfasst, dass sie zunächst unfähig sind zu reagieren. Erst nach einer gewissen Zeit folgt Prinz Prospero, „rasend vor Zorn und Scham“ (Z. 298–299), der unbekannten Erscheinung.

Aufgabe 9
S. 34

Der Rote Tod kann als Strafe gesehen werden, weil der Prinz und seine Gesellschaft nur ihr eigenes Vergnügen im Sinn haben. Statt sich um das leidende Land zu kümmern, feiern sie einen aufwendigen Maskenball. Der Prinz sieht nur sich, seine eigenen Wünsche und Bedürfnisse, nicht aber die des Landes und der Bevölkerung. Seine Überheblichkeit und Gleichgültigkeit dem Leid gegenüber beschwören die Katastrophe herauf.

Aufgabe 10
S. 34

Die erste Stelle (Z. 179–202) gewinnt ihre Anschaulichkeit und Spannung vor allem durch die metaphorischen Ausdrücke und die Personifizierungen.
Die zweite Stelle (Z. 275–332) bezieht die Spannung aus der Aufzählung der einzelnen Zimmer, durch die der Eindringling schreitet, bis es im letzten Zimmer zum tödlichen Kampf kommt, und durch die anaphorische Reihung in den letzten Sätzen.

Heinrich von Kleist: Das Bettelweib von Locarno (S. 35–37)

Aufgabe 1
S. 37

Kleist wählt als Schauplatz einen realen Ort und beschreibt das Schloss so, als existiere es wirklich. Es gehört damit in die alltäglich-realistische Welt, während das Spukgeschehen selbst dem Bereich des Fantastischen und Unheimlichen angehört. In diesem Sinne findet eine Verschmelzung von realer und fantastischer Welt ganz im Sinne des Genres statt. Hier lässt sich auch eine deutliche Parallele zu „Krabat“ erkennen.

Aufgabe 2
S. 37

Während die Marquise Mitleid zeigt und der alten Frau ein Lager aus Stroh bereitet, reagiert der Marchese sehr unwillig und barsch.
Der Marchese selbst sieht zwischen dem durch ihn verursachten Tod der alten Frau und dem Spukgeschehen keinen Zusammenhang, der Leser könnte darin eine Bestrafung des Marchese für sein mitleidloses Handeln sehen.

Aufgabe 3
S. 37

Der Text kann z. B. wie folgt gegliedert werden:

Heinrich von Kleist: Das Bettelweib von Locarno – Textgliederung

1)	Z. 1–23	Ort des Geschehens und Vorfall mit der alten Frau
2)	Z. 24–130	Das Spukgeschehen
	Z. 24–52	Spukerlebnis des florentinischen Ritters

	Z. 53–81	Untersuchung des Spukes durch den Marchese
	Z. 82–91	Spukerlebnis des Ehepaares in Gegenwart des Dieners
	Z. 91–130	Spukerlebnis im Beisein des Hundes
3)	Z. 131–141	Katastrophe

Aufgabe 4
S. 37

Heinrich von Kleist: Das Bettelweib von Locarno – Spannungssteigerung

	1. Spuk	**2. Spuk**	**3. Spuk**	**4. Spuk**
Reaktionen auf den Spuk	Ehepaar ist betreten (Z. 33); Marchese ist erschrocken, lacht den Ritter aus (Z. 44–46); will die Sache selbst untersuchen.	Marchese ist erschüttert (Z. 66); scheue, ungewisse Blicke (Z. 75); Marquise erschrickt wie noch nie (Z. 77–78); möchte eine kaltblütige Prüfung (Z. 80–81).	Sie werden von Entsetzen ergriffen (Z. 87–88).	Der Hund spitzt die Ohren, knurrt und bellt (Z. 116–118); der Marquise sträuben sich die Haare (Z. 121); der Marchese gleicht einem Rasenden und steckt das Schloss an, bringt sich um (Z. 131 ff.).
Spannungs-kurve	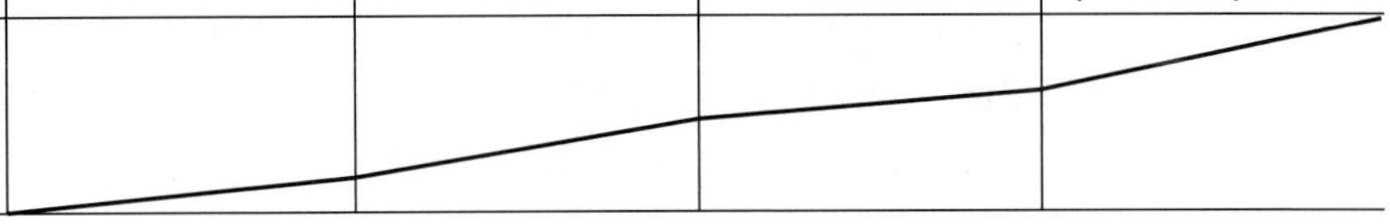			

Aufgabe 5
S. 37

Im Augenblick höchster Spannung, in der 4. Spukszene, wechselt das Tempus vom Präteritum zum Präsens (ab Z. 104); dadurch wird die Spannung zusätzlich gesteigert.

Aufgabe 6
S. 37

Wie bereits in Aufgabe 1 angedeutet, integriert Kleist mit der Einleitung und dem Schluss der Erzählung, die auf einen angeblich real existierenden Ort verweisen, die fantastische Spukgeschichte in scheinbar reale Zusammenhänge und verschafft dem Erzählten somit mehr Glaubhaftigkeit.

Aufgabe 7
S. 37

Wie Prinz Prospero ist auch der Marchese unfähig, einen Zusammenhang zwischen seinem Verhalten und dem Lauf des Schicksals zu erkennen. In beiden Fällen erscheint die Katastrophe als eine Art Bestrafung für das überhebliche, mitleidlose Verhalten der Hauptperson.

Johann Wolfgang von Goethe: Der Totentanz (S. 38–42)

Aufgaben 2 und 3
S. 40

Gruselig wirken Zeit, Ort und Geschehen: Zu mitternächtlicher Stunde steigen die Toten aus ihren Gräbern und beginnen auf dem Friedhof zu tanzen (vor allem Strophe I und II). Trotzdem wirkt die Szenerie auch komisch, wenn erzählt wird, wie die Gerippe ihre Totenhemden abstreifen und mit ihren merkwürdigen Verrenkungen beginnen. Insofern handelt es sich hier um Situationskomik.
Sprachlich zeigt sich die Komik vor allem in den (lautmalerischen) Verben, die zur Beschreibung der Fortbewegung benutzt werden: wackeln, klippern, klappern (Strophe III),

trippeln, tappen, grapsen (Strophe V), hinanrucken (Strophe VI). Weitere Informationen zur literarischen Komik erhalten die Schülerinnen und Schüler im Werkzeugkasten auf S. 307.

Aufgabe 4
S. 40

Der Türmer handelt nicht bösartig, sondern folgt einer schalkhaften Eingebung (III, V. 6–7). Mit den Schwierigkeiten, die dann folgen, hat er gewiss nicht gerechnet, und so würde er das Laken auch liebend gern zurückgeben, wenn es sich nicht an einem Zacken verhakt hätte. Gerettet wird er nicht durch eigenes Handeln (er sieht sein Ende bereits gekommen), sondern durch die vorgerückte Stunde: Es schlägt eins – die Geisterstunde ist zu Ende.

Aufgabe 5
S. 40

Die Spannung steigt langsam an, ein erster Höhepunkt liegt am Ende der 3. Strophe, als der Türmer beschließt, sich ein Totenhemd zu stehlen. Danach steigt die Spannung kontinuierlich an, bis zum Erzählhöhepunkt in Strophe VII.

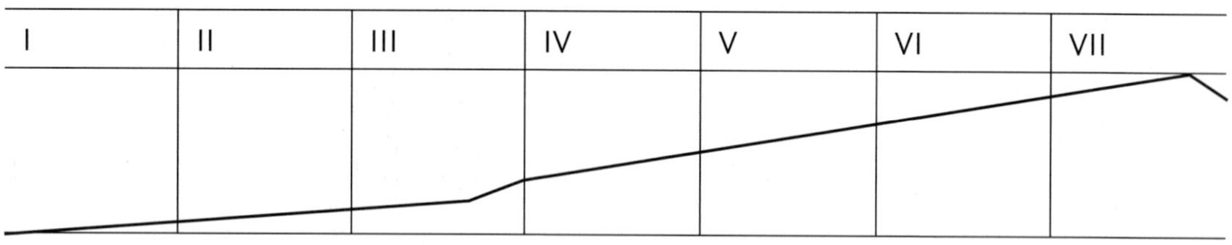

Aufgabe 6
S. 40

Die Abbildung hält den Moment des Tanzes fest. Einige Tote tragen noch ihre Totenhemdchen und entsteigen gerade dem Grab, andere haben sich dieser schon entledigt und beginnen ihren skurrilen Tanz. Ein Vergleich mit den ersten drei Strophen bietet sich also besonders an. Möglich ist es auch, weitere Illustrationen von den Schülerinnen und Schülern zeichnen zu lassen.

Carsten Linnhoff: Mit eisernem Willen in luftiger Höhe (S. 40–41)

Aufgabe 1
S. 41

Der Beruf des Türmers ist mit einem gewissen Ansehen und vor allem viel Tradition verbunden. Rein finanziell lohnt sich die Arbeit nicht. Martje Salje nennt vor allem die Verbundenheit zur Stadt Münster und die „Einsamkeit und Stille“ (Z. 27) als Beweggründe für ihre Entscheidung, dieser außergewöhnlichen Arbeit nachzugehen.

Aufgabe 2
S. 41

Der Zeitungsartikel gibt nur wenige Informationen über die Aufgaben eines Türmers (vgl. Z. 41–45), sodass die Schülerinnen und Schüler evtl. weitere Informationen recherchieren müssen. Im Mittelalter bestand die eigentliche Aufgabe des Türmers darin, über die Stadt zu wachen und die Menschen vor feindlichen Truppen oder Feuer zu warnen.

Aufgabe 3
S. 41

Unsere modernen Sicherheitssysteme machen einen Türmer an sich überflüssig. Die Aufgabe der Türmerin besteht heute eher darin, eine Attraktion für Touristen zu sein. Dazu passt, dass Martje Salje mehrere Sprachen spricht, was für die Vertreterin der Stadt perfekt ins Anforderungsprofil eines Türmers bzw. einer Türmerin passt (vgl. Z. 55–57).

Aufgabe 4
S. 41–42

Die Aufgaben beinhalten Ideen zur vertiefenden Arbeit und für ein fächerverbindendes Lernen (Aufgabe a). Sie eignen sich auch zur Binnendifferenzierung. Die Schreibaufgabe (Aufgabe b) dient vor allem der Sicherung des Erarbeiteten. Bei der Planung ihrer Erzählungen sollten die Schülerinnen und Schüler die Informationen auf S. 42 zur Kenntnis nehmen und überlegen, wie sie eine Verunsicherung des Lesers – ein zentrales Merkmal fantastischer Literatur – erzeugen können.

Die Lösungen zu den **Übungen zur Lernkontrolle** (S. 43–45) befinden sich im Anhang des Schülerbandes auf den Seiten 386–387.

Eine fantastische Erzählung schreiben

Erfinde zu der Abbildung eine fantastische Erzählung. Versuche dabei, Unwirkliches und Wirkliches zu vermischen.

Einen fantastischen Erzählausschnitt bearbeiten

Otfried Preußler (geb. 1923 – 2013)
Husch, auf die Stange!

Karfreitag, am frühen Abend, über dem Koselbruch hing ein fahler, aufgedunsener Mond. Die Mühlknappen saßen in der Gesindestube beisammen, Krabat lag müde auf seiner Pritsche und wollte schlafen. Auch heute hatten sie arbeiten müssen. Wie gut, dass es endlich Abend geworden war, dass er nun seine Ruhe hatte ...

Mit einem Mal hörte er seinen Namen rufen, wie damals im Traum, in der Schmiede von Petershain – nur dass die Stimme, die heisere, die aus den Lüften zu kommen schien, ihm jetzt nicht mehr fremd war.

Er setzte sich auf und lauschte, zum zweiten Mal rief es: „Krabat!" Da griff er nach seinen Kleidern und zog sich an.

Als er fertig war, rief ihn der Meister zum dritten Mal.

Krabat beeilte sich, tappte zur Bodentür, öffnete. Licht drang von unten herauf, im Hausflur hörte er Stimmen, das Klappern von Holzschuhen. Unruhe überkam ihn, er zögerte, hielt den Atem an – doch dann gab er sich einen Ruck, und drei Stufen auf einmal nehmend, lief er hinunter.

Am Ende des Flures standen die elf Gesellen. Die Tür zu der Schwarzen Kammer stand offen, der Meister saß hinter dem Tisch. Wie damals, bei Krabats Ankunft, lag wieder das dicke, in Leder eingebundene Buch vor ihm; es fehlte auch nicht der Totenkopf mit der brennenden roten Kerze; nur dass der Meister jetzt nicht mehr bleich im Gesicht war, das hatte sich in der Zwischenzeit längst gegeben.

„Tritt näher, Krabat!"

Der Junge trat vor, an die Schwelle der Schwarzen Kammer. Er war nicht mehr müde, er spürte auch keine Benommenheit mehr im Kopf und kein Herzklopfen.

Eine Weile betrachtete ihn der Meister, dann hob er die Klinke und wandte sich den Gesellen zu, die im Flur standen.

„Husch, auf die Stange!"

Mit Krächzen und Flügelschlagen strichen elf Raben an Krabat vorbei, durch die Kammertür. Als er sich umschaute, waren die Müllerburschen verschwunden. Die Raben ließen sich in der hinteren linken Ecke des Raumes auf einer Stange nieder und blickten ihn an.

Der Meister erhob sich, sein Schatten fiel auf den Jungen.

„Seit einem Vierteljahr", sagte er, „bist du nun auf der Mühle, Krabat. Die Probezeit ist bestanden, du bist kein gewöhnlicher Lehrjunge mehr – du sollst fortan mein Schüler sein."

Damit trat er auf Krabat zu und berührte ihn mit der linken Hand an der linken Schulter. Ein Schauder durchrieselte Krabat, er spürte, wie er zu schrumpfen anfing: Sein Leib wurde klein und kleiner, es wuchsen ihm Rabenfedern, ein Schnabel und Krallen. Zu Füßen des Meisters hockte er auf der Schwelle, er wagte nicht aufzublicken.

Der Müller besah ihn sich eine Zeit lang, dann klatschte er in die Hände, rief: „Husch!" Krabat, der Rabe Krabat, breitete folgsam die Schwingen aus und erhob sich zum Flug.

Ungelenk flatternd durchmaß er die Kammer, umschwirrte den Tisch, streifte Buch und Totenschädel. Dann ließ er sich bei den anderen Raben nieder und krallte sich an der Stange fest.

Der Meister belehrte ihn: „Du musst wissen, Krabat, dass du in einer Schwarzen Schule bist. Man lernt hier nicht Lesen und Schreiben und Rechnen – hier lernt man die Kunst der Künste. Das Buch, das da angekettet vor mir auf dem Tisch liegt, ist der Koraktor, der Höllenzwang. Wie du siehst, hat es schwarze Seiten, die Schrift ist weiß. Es enthält alle Zaubersprüche der Welt. Ich allein darf sie lesen, weil ich der Meister bin. Euch aber, dir und den anderen Schülern, ist es verboten, darin zu lesen, das merke dir! Und versuche nicht, mich zu hintergehen, das würde dir schlecht bekommen! Du hast mich verstanden, Krabat?“

„Verstanden, krächzte der Junge, erstaunt, dass er sprechen konnte: mit heiserer Stimme zwar, aber deutlich und ohne dass es ihn im Geringsten anstrengte.

(Aus: Otfried Preußler. Krabat © 1981 by Thienemann Verlag (Thienemann Verlag GmbH), Stuttgart – Wien)

1 Fasse den Text kurz mit eigenen Worten zusammen.

2 Welche Elemente dieses Textauszuges stammen aus dem Bereich des Märchenhaften/Fantastischen, welche könnten wirklich sein?

3 Kurz vor dem Schlafen denkt Krabat noch einmal über die zurückliegenden Ereignisse nach und schreibt seine Gedanken und Gefühle in sein Tagebuch. Verfasse diesen Tagebucheintrag.

Einen fantastischen Erzählausschnitt bearbeiten

Aufgabe 1

In dem Erzählausschnitt „Husch, auf die Stange!" aus dem Roman „Krabat" von Otfried Preußler wird erzählt, wie Krabat vom Meister in einen Raben verwandelt wird und wie ihm ausdrücklich verboten wird, im Koraktor, dem Zauberbuch, zu lesen.
Am Karfreitag liegt Krabat, müde von der anstrengenden Arbeit, auf seiner Pritsche, um sich auszuruhen. Kurz bevor er einschläft, hört er den Ruf des Meisters, dem er unmittelbar folgt. Der Meister sitzt an einem Tisch in der schwarzen Kammer, vor sich das in Leder eingebundene Zauberbuch und der Totenkopf mit der Kerze. Mit einem einzigen Befehl verwandelt er die elf wartenden Gesellen in Raben und lässt sie auf eine Stange in der Ecke des Zimmers fliegen. Dann teilt er Krabat mit, dass dessen Probezeit vorbei und er nun sein Schüler sei. Daraufhin verwandelt er auch Krabat in einen Raben und macht ihm klar, dass er von nun an in einer Schwarzen Schule sei und die Kunst der Zauberei erlerne. Unter Androhung von Strafe verbietet er ihm, im Koraktor zu lesen.

Aufgabe 2

Der erste Teil des Erzählausschnittes (Z. 1–7) hat noch reale Züge: Krabat liegt auf seiner Pritsche und will sich von der Arbeit ausruhen. Aber schon mit dem Ruf des Meisters, der Krabat merkwürdig vertraut vorkommt (Z. 5–10), bricht das Fantastische in die Erzählung ein. Auch die Beschreibung des am Tisch sitzenden Meisters verstärkt die fantastische Atmosphäre. Die Verwandlung der elf Mühlknappen in Raben, wie auch später die Verwandlung Krabats, tragen stark märchenhafte Züge. Dazu trägt auch bei, dass die Verwandelten mit menschlichen Stimmen sprechen können. Der Schluss des Erzählausschnittes (ab Z. 43) ist – abgesehen von Krabats Rabengestalt – wieder realistischer.

Aufgabe 3

„Ich mache mir große Sorgen. Jetzt bin ich kein gewöhnlicher Lehrjunge mehr, sondern besuche die Schwarze Schule des Meisters. Aber was bedeutet das. Ich habe gespürt, welche Macht der Meister über mich hat. Mit einem einzigen Befehl hat er mich in einen Raben verwandelt. Ich kann mich seinem Einfluss überhaupt nicht entziehen und ich wage auch nicht, ihm zu widersprechen. Andererseits lerne ich jetzt vielleicht selbst die Kunst der Zauberei. Kann ich dann auch Macht über andere Menschen ausüben oder bekomme ich übernatürliche Kräfte? Das ist verlockend, aber es macht mir auch Angst. Vielleicht sollte ich versuchen zu fliehen und mich so dem Einfluss des Meisters zu entziehen. Aber kann ich die anderen Mühlknappen im Stich lassen? Ich will erst einmal abwarten, was in den nächsten Tagen passiert."

Einen Sachtext untersuchen

Die Funktion einer Wassermühle

Schon im frühen Mittelalter, also ab dem 5. Jahrhundert, nutzte der Mensch zum ersten Mal die Wasserkraft. Damals entwickelten sich die Wassermühlen, die das von Bauern gelieferte Getreide mahlen sollten. Eine Wassermühle bestand aus einem Mahlwerk und einem Wasserrad.
Das Wasserrad wurde in drei Arten unterteilt, je nachdem wie das Wasser auf das Mühlrad floss. Beim oberschlächtigen Wasserrad fiel das Wasser von oben auf das Rad und brachte es so in Bewegung. Beim mittelschlächtigen Rad floss das Wasser auf halber Höhe in Schaufeln, die am Wasserrad angebracht waren, und setzte es so in Gang. Das unterschlächtige Rad drehte sich, weil das Wasser unter dem Rad entlangfloss. Wenn das Wasserrad erst einmal in Bewegung war, übertrug sich die Kraft auf den Mühlstein und er fing an zu mahlen.
Die Achse des Mühlrades leitete die Drehbewegung in das Mühlengebäude und setzte hier das Mahlwerk in Bewegung. Es bestand im Wesentlichen aus einer (abnehmbaren) Mahltrommel. In ihr lag unten der unbewegliche Bodenstein („Lieger"), darauf der drehende Stein („Läufer").
Das Mahlgut wurde in einen Trichter („Rumpf") geschüttet und durch die Bewegung des „Rüttelschuhs" zwischen die Mahlsteine gebracht. Das Mehl fiel nach unten durch die „Sackpfeife", an deren Ende der Mehlsack gebunden war.
Als im 13. Jahrhundert Brot zum Grundnahrungsmittel wurde, stieg die Nachfrage nach gemahlenem Getreide enorm an. Wasser- und Windmühlen waren ungeheuer wichtig, um die Versorgung der Menschen zu sichern.

(Autorentext)

Bearbeite den Sachtext über die Funktion einer Wassermühle.

- Verschaffe dir zunächst einen Überblick und schlage unbekannte Wörter im Lexikon nach.
- Markiere Oberbegriffe mit einem farbigen Stift und weitere wichtige Informationen mit einer anderen Farbe.
- Ordne die Informationen in einem Schaubild oder einer Mindmap an.

Einen Sachtext untersuchen

Die Funktion einer Wassermühle

Schon im frühen Mittelalter, also ab dem 5. Jahrhundert, nutzte der Mensch zum ersten Mal die Wasserkraft. Damals entwickelten sich die Wassermühlen, die das von Bauern gelieferte Getreide mahlen sollten. Eine Wassermühle bestand aus einem Mahlwerk und einem Wasserrad.
Das Wasserrad wurde in drei Arten unterteilt, je nachdem wie das Wasser auf das Mühlrad floss. Beim oberschlächtigen Wasserrad fiel das Wasser von oben auf das Rad und brachte es so in Bewegung. Beim mittelschlächtigen Rad floss das Wasser auf halber Höhe in Schaufeln, die am Wasserrad angebracht waren, und setzte es so in Gang. Das unterschlächtige Rad drehte sich, weil das Wasser unter dem Rad entlangfloss. Wenn das Wasserrad erst einmal in Bewegung war, übertrug sich die Kraft auf den Mühlstein und er fing an zu mahlen.
Die Achse des Mühlrades leitete die Drehbewegung in das Mühlengebäude und setzte hier das Mahlwerk in Bewegung. Es bestand im Wesentlichen aus einer (abnehmbaren) Mahltrommel. In ihr lag unten der unbewegliche Bodenstein („Lieger"), darauf der drehende Stein („Läufer").
Das Mahlgut wurde in einen Trichter (Rumpf) geschüttet und durch die Bewegung des „Rüttelschuhs" zwischen die Mahlsteine gebracht. Das Mehl fiel nach unten durch die „Sackpfeife", an deren Ende der Mehlsack gebunden war.
Als im 13. Jahrhundert Brot zum Grundnahrungsmittel wurde, stieg die Nachfrage nach gemahlenem Getreide enorm an. Wasser- und Windmühlen waren ungeheuer wichtig, um die Versorgung der Menschen zu sichern.

(Autorentext)

Schaubild/Mindmap

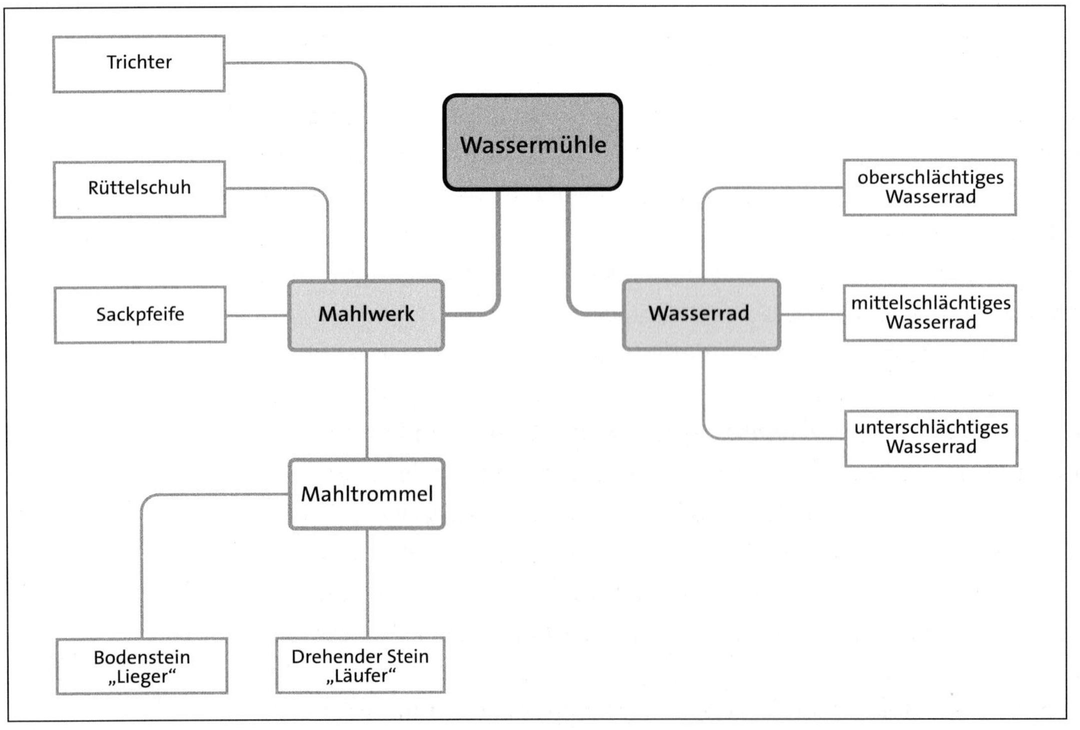

Eine Traumerzählung untersuchen

Otfried Preußler (geb. 1923–2013)
Krabats Traum

Kurz nach dem Einschlafen hat Krabat folgenden Traum:

Es ist Sommer, die Wiesen blühen, das Korn stäubt, im Mühlenweiher schnalzen die Fische. Krabat hat Streit mit dem Meister gehabt: Er hat sich, statt Säcke zu schleppen, im Schatten der Mühle ins Gras gelegt und ist eingeschlafen; der Meister hat ihn dabei ertappt und ihm eins mit dem Knotenstock übergezogen.

„Dir werd ich's austreiben, Bürschlein – am helllichten Tag zu faulenzen!"

Braucht Krabat sich das gefallen zu lassen?

Im Winter vielleicht, als der Eiswind über die Heide fauchte, da hätte er kuschen müssen. Der Meister hat wohl vergessen, dass Sommer ist!

Krabats Entschluss steht fest. Keinen Tag länger bleibt er in dieser Mühle! Er stiehlt sich ins Haus, holt vom Dachboden Rock und Mütze, dann schleicht er davon. Niemand sieht ihn. Der Meister hat sich in seine Stube zurückgezogen, die Fenster sind wegen der Hitze mit Tüchern verhängt; die Mühlknappen arbeiten auf dem Speicher und an den Mahlgängen, selbst Lyschko hat keine Zeit, sich um Krabat zu scheren. Und dennoch fühlt sich der Junge heimlich beobachtet.

Wie er sich umblickt, bemerkt er, dass auf dem Dach des Holzschuppens jemand sitzt und ihn anstarrt: ein struppiger schwarzer Kater, fremd hier – und einäugig.

Krabat bückt sich, er wirft einen Stein nach ihm, scheucht ihn fort. Dann eilt er im Schutz der Weidenbüsche zum Mühlenweiher. Zufällig sieht er, dass nahe dem Ufer ein feister Karpfen im Wasser steht: Einäugig glotzt er zu Krabat empor.

Dem Jungen wird unbehaglich, er hebt einen Stein auf, er schleudert ihn nach dem Fisch. Der Karpfen taucht weg, in die grüne Tiefe hinab.

Nun folgt Krabat dem Schwarzen Wasser bis zu der Stelle im Koselbruch, die sie den Wüsten Plan nennen; dort verweilt er für ein paar Augenblicke an Tondas Grab. Er erinnert sich dunkel, dass sie den Freund eines Wintertages hier draußen begraben mussten.

Er denkt an den Toten und plötzlich, es trifft ihn so unerwartet, dass ihm das Herz stockt: ein heiseres Krächzen. Auf einer verkrüppelten Föhre am Rand des Planes hockt reglos ein fetter Rabe. Sein Blick ist auf Krabat gerichtet – auch ihm fehlt, der Junge sieht es mit Schaudern, das linke Auge.

Krabat weiß nun, woran er ist. Er besinnt sich nicht lange, er rennt davon: rennt, was die Sohlen halten, am Schwarzen Wasser entlang, bachaufwärts.

Wie er das erste Mal anhalten muss, weil er außer Atem ist, schlängelt sich eine Natter durchs Heidekraut, richtet sich zischelnd auf, blickt ihn an – sie ist einäugig! Einäugig ist auch der Fuchs, der ihm aus dem Dickicht entgegenspäht. Krabat rennt und verschnauft eine Weile, er rennt und verschnauft. Gegen Abend erreicht er das obere Ende des Koselbruchs. Wenn er ins Freie hinaustritt, so hofft er, wird er dem Zugriff des Meisters entronnen sein. Flüchtig taucht er die Hände ins Wasser, netzt Stirn und Schläfen. Dann steckt er das Hemd in die Hosen, es ist ihm beim Laufen herausgerutscht, zieht den Gürtel stramm, bringt die letzten paar Schritte hinter sich – und erschrickt:

Statt, wie erhofft, auf die freie Heide, tritt er auf eine Lichtung hinaus; und mitten auf dieser Lichtung, friedlich im Abendschein, liegt die Mühle. Der Meister erwartet ihn vor der Haustür. „Na, Krabat“, begrüßt er ihn spöttisch. „Ich wollte schon nach dir suchen lassen.“

(Aus: Otfried Preußler. Krabat © 1981 by Thienemann Verlag (Thienemann Verlag GmbH), Stuttgart – Wien)

1 Beantworte die folgenden Fragen in vollständigen Sätzen:

a) Warum hatte Krabat eine Auseinandersetzung mit dem Meister?
b) Wie hat der Meister ihn bestraft?
c) Wie reagierte Krabat auf diese Bestrafung?
d) Notiere die Orte, die in dem Textauszug erwähnt werden, und die Tiere, die Krabat dort antrifft.
e) Welches Merkmal haben alle Tiere gemeinsam?
f) Erkläre die Bedeutung dieses Merkmals.
g) Erkläre die Bedeutung des gesamten Traums.

2 Krabat erwacht schweißgebadet und kann nicht wieder einschlafen. Versetze dich in Krabat hinein und schreibe einen inneren Monolog des Jungen, in dem seine Befürchtungen und Hoffnungen deutlich werden.

Bewertungsbogen zur Leistungsüberprüfung/Klassenarbeit

Name:	
Schulhalbjahr/Datum:	
Klasse:	
Fachlehrer/in:	
Thema der Unterrichtsreihe:	Wenn das Vertraute fremd wird – Fantastisches
Thema der Klassenarbeit:	Eine Traumerzählung untersuchen
Aufgaben:	s. Arbeitsblatt 4

A Inhaltliche Leistungen

Aufgabe 1

	Du beantwortest die folgenden Fragen richtig und in vollständigen Sätzen.	**maximale Punktzahl**	**erreichte Punktzahl**
a	Krabat hatte eine Auseinandersetzung mit dem Meister, weil er sich in den Schatten der Mühle gelegt hatte und eingeschlafen war.	3	
b	Der Meister bestrafte Krabat, indem er ihm eins mit dem Knotenstock überzog und ihn beschimpfte.	3	
c	Krabat reagierte auf diese Bestrafung, indem er beschloss, wegzulaufen.	3	
d	Mühle-Kater; Mühlenweiher-Karpfen; Wüster Plan-Rabe; Schwarzes Wasser-Natter und Fuchs	3	
e	Alle Tiere haben nur ein Auge.	3	
f	Auch der Meister hat nur ein Auge, deshalb erinnern die Tiere Krabat an den Meister. Scheinbar hat sich der Meister in die Tiere verwandelt.	4	
g	Der Traum macht Krabat deutlich, dass er dem Meister nicht entkommen kann.	6	
	Gesamtpunktzahl für Aufgabe 1	**25**	

Aufgabe 2

	Du hast einen passenden inneren Monolog verfasst.	**maximale Punktzahl**	**erreichte Punktzahl**
1	Du beziehst dich sinnvoll auf den Textauszug (z. B. Bedeutung des Traums/ Bedrohung durch den Meister/Fluchtwunsch ...).	6	
2	Du gibst an, was Krabat denkt und fühlt.	8	
	Gesamtpunktzahl für Aufgabe 2	**14**	

A	**Gesamtpunktzahl**	**39**	

B Darstellungsleistungen

		maximale Punktzahl	erreichte Punktzahl
1	Dein Text ist nachvollziehbar, schlüssig und verständlich.	3	
2	Rechtschreibung, Grammatik und Zeichensetzung sind fehlerfrei.	8	
3	Dein Satzbau ist sicher und variabel.	2	
4	Du formulierst genau, anschaulich und verständlich.	3	
5	Du benutzt beim inneren Monolog durchgehend die Ich-Form und das Präsens.	4	
B	**Gesamtpunktzahl**	**20**	
	Gesamtpunktzahl A und B	**59**	

Die Klassenarbeit wird mit der Note

bewertet.

Datum Unterschrift

Zuordnung der Punkte zu den Notenstufen

Note	Punkte
sehr gut	59–55
gut	54–46
befriedigend	45–36
ausreichend	35–26
mangelhaft	25–13
ungenügend	12–0

Eine Theaterszene erschließen und einen Brief aus der Sicht einer Figur verfassen

Gabriele Maute
Das Gespenst von Canterville

Ein Theaterstück nach Oscar Wilde

Während der Führung durch das Schloss Canterville erfährt Mr Otis, Botschafter der USA in England, dass es dort spukt. Sir Simon de Canterville hatte im Schloss 1575 seine Frau erstochen und war dann unter geheimnisvollen Umständen verschwunden. Seitdem belästigt er als Gespenst die Schlossbewohner. Ein Blutfleck in der Bibliothek, der nicht beseitigt werden kann, bezeugt bis heute den Mord. Der Schlossbesitzer, Lord Canterville, ist den Spuk so leid, dass er sein Schloss samt Gespenst verkaufen möchte. Mr Otis, ein moderner, nüchterner Amerikaner, ist begeistert und greift zu. Mit seiner Frau, seinem ältesten Sohn Washington, seiner Tochter Virginia und den Zwillingen Tom und Jerry zieht er nach kurzer Zeit ein.

Szene 4

Erster Auftritt des Gespenstes

Die Bibliothek. Das Gespenst tritt knarrend, scheppernd, quietschend ein. Es führt Veränderungen an den neuen amerikanischen Dingen durch, lacht scheußlich und zufrieden.

Sir Simon Endlich wieder Leben im Haus. Zuerst werde ich diesen aufgeblasenen Botschafter zu Tode erschrecken! (*Betrachtet den Blutfleck*) Wieder weg! Das soll euch leid tun! Naive Bande! (*Lacht scheußlich auf, lärmt*)

Mr Otis (*Er tritt im Morgenmantel auf, mit Taschenlampe.*) Ist da jemand? Bist du das, mein Schatz? (*Das Gespenst lacht dreckig.*) Wer ist hier? Hallo! – (*Sieht das Gespenst*) Ach! Sieh mal einer an, also doch. (*Das Gespenst heult schrecklich auf.*) – Keine Angst, ich tue Ihnen nichts. Aber ich muss Sie schon bitten, ein bisschen leiser zu wandeln. Die Geräusche, die Sie verursachen, rauben einem den Schlaf. – An Ihnen quietscht und rasselt alles, Ihre Ketten, Ihre Gelenke. Das ist, da Sie so alt sind, nicht verwunderlich. Aber dagegen kann man etwas tun! Ich habe Ihnen ein gutes Spray mitgebracht: ANTIKAL. ANTIKAL wird auf Kalkverkrustungen und Rost aufgesprüht. Kurz einwirken lassen, fertig. Es soll bereits bei einmaliger Anwendung wirken. Der Rost geht, Glanz entsteht. – Hier, bitte.

Mr Otis ab. Das Gespenst geht ihm drohend, wütend, schnaubend nach. Schließlich jammert es trotzig.

Sir Simon ANTIKAL – Frechheit! In meinem 451sten Jahr! ANTIKAL. Was für ekelhafte Menschen es gibt! (*Jammernd*) Das tut weh!

Mrs Otis Mein Mann meint, dass ich mich um Sie kümmern müsste. Sie sehen nicht sehr glücklich aus. Geht es Ihnen so schlecht? (*Das Gespenst heult auf.*) Sie Ärmster, das tut mir aber leid. Das wird Ihnen helfen: BIRAL FORTE, ein pflanzliches Beruhigungsmittel. BIRAL FORTE wirkt vorzüglich gegen Nervosität und Gereiztheit. Das sind Dragees, wenn sie BIRAL FORTE lieber flüssig wollen, besorge ich es Ihnen gerne – kein Problem. – Noch was: Zu Risiken und Nebenwirkungen lesen Sie die Packungsbeilage und fragen Sie Ihren Arzt oder Apotheker.

Washington (*kommt mit Fotoapparat*) Halt, Mum, ich mache ein Foto von dir und dem Gespenst. (*Blitzt mehrfach*)

Mrs Otis Das reicht! Sir Simon geht es nicht gut, da lässt man sich nicht gern fotografieren.

Washington Die Fotos schicken wir unseren Freunden in Amerika, dass sie sehen, was es in der Alten Welt noch alles gibt.

Mrs Otis Ich hoffe, Sie bald in besserer Verfassung zu sehen, Sir! (*Beide ab*)

Das Gespenst setzt sich niedergeschlagen.

Sir Simon ANTIKAL, BIRAL! Die sind nicht normal! – Wie schafft der junge Spund das Geblitze nur? (*Rafft sich auf*) Wartet's ab! Ihr werdet zittern! Erstarren werdet ihr, erbeben, erschauern! Oh ja! (*Lacht grauenvoll*) Simon de Canterville fordert Respekt! Simon de Canterville fordert Tribut!

(Aus: Gabriele Maute: Das Gespenst von Canterville. Ein Theaterstück nach Oscar Wilde, Textausgabe mit Materialien, hg. von Volker Frederking und Peter Bekes, Schroedel Verlag, Braunschweig 2007)

1 Ordne die Figuren der Theaterszene der wirklichen bzw. der fantastischen Welt zu.

Zur wirklichen Welt gehören: ______________________________

____

Zur fantastischen Welt gehört: ______________________________

2 Gib an, was Mr und Mrs Otis an Sir Simon auffällt und womit sie ihm helfen wollen.

3 Welche Erwartungen hat ein Leser von einer Gespenstergeschichte normalerweise und inwiefern werden sie in diesem Stück nicht erfüllt?

4 Washington will die Fotos, die er von Sir Simon und seiner Mutter gemacht hat, an seinen Freund Bill nach Amerika schicken. Verfasse einen Brief, in dem Washington von seinem neuen Zuhause in England, von dem Gespenst allgemein, von dem Zustandekommen des Fotos und von seinen Erwartungen erzählt.

Bewertungsbogen zur Leistungsüberprüfung/Klassenarbeit

Name:	
Schulhalbjahr/Datum:	
Klasse:	
Fachlehrer/in:	
Thema der Unterrichtsreihe:	Wenn das Vertraute fremd wird – Fantastisches
Thema der Klassenarbeit:	Eine Theaterszene erschließen und einen Brief aus der Sicht einer Figur verfassen
Aufgaben:	s. Arbeitsblatt 5

A Inhaltliche Leistungen

Aufgabe 1

	Du hast die Figuren richtig zur wirklichen und zur fantastischen Welt zugeordnet.	**maximale Punktzahl**	**erreichte Punktzahl**
1	Wirkliche Welt: Mr Otis, Mrs Otis, Washington	3	
2	Fantastische Welt: Sir Simon	1	
	Gesamtpunktzahl für Aufgabe 1	**4**	

Aufgabe 2

	Du hast zutreffend angegeben, was Mrs und Mr Otis an Sir Simon auffällt und wie sie ihm helfen möchten.	**maximale Punktzahl**	**erreichte Punktzahl**
1	Mr Otis fällt auf, dass die Ketten und Gelenke des Gespenstes alt und rostig sind, dass sie quietschen und rasseln. Dagegen bietet er das Spray ANTIKAL gegen Kalkverkrustungen und Rost an.	4	
2	Mrs Otis fällt auf, dass das Gespenst heult und schlecht aussieht. Dagegen bietet sie BIRAL FORTE gegen Nervosität und Gereiztheit an.	4	
	Gesamtpunktzahl für Aufgabe 2	**8**	

Aufgabe 3

	Du hast zutreffend dargelegt, welche Erwartungen ein Leser normalerweise von einer Gespenstergeschichte hat und inwiefern diese hier nicht erfüllt werden.	**maximale Punktzahl**	**erreichte Punktzahl**
1	Der Leser von Gespenstergeschichten erwartet, dass sie spannend und unheimlich sind und dass die Gespenster gruselig dargestellt werden.	4	
2	Die Erwartungen werden hier nicht erfüllt, weil das Gespenst der Familie unterlegen ist. Die Familie hat keine Angst vor ihm und behandelt es wie einen hilfsbedürftigen alten Mann. Dadurch entsteht Komik.	4	
	Gesamtpunktzahl für Aufgabe 3	**8**	

Aufgabe 4

	Du hast einen passenden Brief Washingtons verfasst.	**maximale Punktzahl**	**erreichte Punktzahl**
1	Du erwähnst Schloss Canterville und die Familienmitglieder.	2	
2	Du verweist auf die Ermordung der Frau im Jahr 1575 durch Sir Simon, seinen Spuk und den Blutfleck.	4	
3	Du beschreibst den nächtlichen Spuk, die Reaktion der Eltern darauf und das Zustandekommen des Fotos.	8	
4	Du gibst an, dass Washington weitere Erlebnisse mit dem Gespenst erwartet.	3	
	Gesamtpunktzahl für Aufgabe 4	**17**	

A	**Gesamtpunktzahl**	**37**	

B Darstellungsleistungen

		maximale Punktzahl	**erreichte Punktzahl**
1	Du strukturierst deinen Text schlüssig und gedanklich klar.	4	
2	Du schreibst hinsichtlich Rechtschreibung, Zeichensetzung und Grammatik fehlerfrei.	8	
3	Du formulierst syntaktisch angemessen. Dein Satzbau ist sicher und variabel.	3	
4	Du formulierst abwechslungsreich, genau und angemessen.	3	
5	Du beachtest die Briefform (Datum, Anrede, Grußformel, Unterschrift).	3	

B	**Gesamtpunktzahl**	**21**	

Gesamtpunktzahl A und B		**58**

Die Klassenarbeit wird mit der Note

bewertet.

Datum Unterschrift

Zuordnung der Punkte zu den Notenstufen

Note	**Punkte**
sehr gut	58–54
gut	53–45
befriedigend	44–36
ausreichend	35–26
mangelhaft	25–13
ungenügend	12–0

Leistungsüberprüfung – Selbstevaluation – Klassenarbeit

1. **Eine Traumerzählung untersuchen**
   (Arbeitsblatt 4, S. 31 f., Bewertungsbogen 4, S. 33 f.)

2. **Eine Theaterszene erschließen und einen Brief aus der Sicht einer Figur verfassen**
   (Arbeitsblatt 5, S. 35 f., Bewertungsbogen 5, S. 37 f.)

Wünsche, Träume und Gefühle suchen Worte – Gedichte (S. 46–69)

Vorüberlegungen zur Einheit

Lyrische Texte gelten als die subjektivste Art der Literatur. Viele Schülerinnen und Schüler erwarten von Gedichten, dass in ihnen Fantasien, Stimmungen und Gefühle ausgedrückt und nachvollziehbar gemacht werden. An dieses Vorverständnis knüpft die Einheit inhaltlich an. Die Schüler können in den einzelnen Gedichten Träume, Gefühle, Fantasien und Wünsche, die ihnen bekannt sind, wiedererkennen. Zugleich begegnen ihnen diese aber in einer Sprache, die kunstvoll, verdichtet und nicht alltäglich ist. Diese Besonderheiten von lyrischen Texten stellen für Schüler einerseits einen affektiven Anreiz dar, sich mit Gedichten zu befassen, andererseits sind sie dafür verantwortlich, dass viele Jugendliche die Analyse von Gedichten im schulischen Kontext als schwierig empfinden.
Das Kapitel führt die Schüler deshalb schrittweise von Versuchen, eigene Gefühle auszudrücken, über die Beschäftigung mit einfachen Gedichten (z. B. „Wenn ich ein Vöglein wär") hin zur Analyse von Gedichten des traditionellen Kanons wie z. B. von Eichendorffs „Mondnacht". Die textanalytischen Aufgabenstellungen bzw. Methoden werden im Laufe der Einheit Schritt für Schritt komplexer und verlangen ein immer selbstständigeres Vorgehen der Schülerinnen und Schüler. Sie werden durchgehend durch produktionsorientierte Aufgaben zu den Gedichten ergänzt. Dies gewährleistet, dass die Schülerinnen und Schüler lyrische Sprache erfahrungsbezogen als besonders genau, kreativ und fantasievoll begreifen lernen. Die Auswahl an Gedichten und Aufgabenstellungen ist so vielfältig angelegt, dass jeder Lehrer oder jede Lehrerin die Gedichte und Zugänge auswählen kann, die dem Leistungsniveau der jeweiligen Lerngruppe entsprechen.
Im **ersten Teil der Einheit „Ich möchte mal ..." (S. 48–57)** werden für die Schüler erfahrungsgemäß eher leicht zugängliche Gedichte angeboten. Inhaltlich geht es um verschiedene Wunschträume und Fantasien, die für Schüler leicht nachzuvollziehen sind (wie z. B. die Sehnsucht nach Frieden oder der Wunsch, etwas Unmögliches zu tun). Die in P.A.U.L. D. 5 und 6 eingeführten Methoden und Fachbegriffe der Gedichtanalyse werden wiederholt (die Form bestimmen, Gedichte vortragen, das Metrum und sprachliche Bilder kennzeichnen und deuten). Bei dem Gedichtvortrag werden weitere, über die Jahrgänge 5/6 hinausgehende Methoden vorgestellt, z. B. wie man ein Gedicht wirkungsvoll einem Publikum präsentieren kann. Neu wird die Untersuchung der sprachlichen Gestalt eines Gedichtes mit den entsprechenden Fachbegriffen (z. B. Anapher oder Alliteration) eingeführt und geübt. Integrativ wird der Konjunktiv II als das sprachliche Mittel, mit dem ein Sprecher z. B. Gewünschtes oder Unwirkliches ausdrückt, behandelt. Die Funktionen dieser grammatischen Form werden anhand der Gedichte induktiv erarbeitet und es wird die Bildung der Konjunktiv-Formen geübt.
Die zuvor einzeln behandelten methodischen Schritte werden im **zweiten Teil „Wie der Regen tropft ..." (S. 58–60)** an einem Gedicht durchgeführt. In diesem Zusammenhang wird auf die Verschriftlichung einer Beschreibung und Deutung eines Gedichtes hingearbeitet. Die Schülerinnen und Schüler lernen die Inhalte und den Aufbau einer Gedichtanalyse kennen und werden angeleitet, ihre eigenen Ergebnisse in einem strukturierten Text festzuhalten. Abschließend werden die zuvor eingeführten und geübten Methoden zur Beschreibung und Untersuchung von Gedichten im **dritten Teil „Es war, als hätt' der**

Himmel ...“ (S. 61–67) an mehreren Beispielen gefestigt. Die Gedichte in diesem Teil sind anspruchsvoller und literarischer, sodass eine Lernprogression in Bezug auf die in dieser Einheit vermittelten methodischen Kompetenzen gegeben ist.
Um den Lernenden den Zusammenhang von bildender Kunst als Abbildung von Wirklichkeitswahrnehmungen und lyrischem Sprechen als Ausdruck von Wahrnehmungen in Form von bildhaftem Sprechen vor Augen zu führen, wird die Bildbeschreibung in diesem Teilkapitel eingeführt. Dabei liegen die Schwerpunkte darauf, Bilder genau zu beschreiben und zu untersuchen, Bilder und Gedichte miteinander zu vergleichen und Bilder als Impulse zum eigenen Schreiben zu nutzen. Weiter werden in diesem Teilkapitel die Gemeinsamkeiten und Unterschiede zwischen traditionellen und modernen Gedichten an Einzelbeispielen verdeutlicht und es wird der Umgang mit modernen Gedichten – auch über das eigene Schreiben – geübt.
Je nach zur Verfügung stehender Zeit oder dem Leistungsstand der Lerngruppe können die einzelnen Teile der Einheit unabhängig voneinander behandelt werden. Sie kann auch dazu genutzt werden, die Bildbeschreibung allein zum Unterrichtsthema zu machen.

Zentrale Kompetenzen, die mit dieser Einheit erworben werden, sind:
- eine zuhörergerechte Sprechweise entwickeln,
- sprechgestaltende Mittel funktional einsetzen,
- Texte sinngebend vortragen,
- eigenen Erfahrungen und Gefühlen Ausdruck verleihen,
- Fragen zu Texten und ihrer Gestaltung beantworten,
- Fachbegriffe verwenden und Textbelege angeben,
- mit Texten experimentieren und handlungsorientiert umgehen,
- Strategien und Techniken des Textverstehens beherrschen,
- spezifische Merkmale lyrischer Texte und ihre Wirkungsweise erfassen,
- grundlegende Fachbegriffe der Gedichtanalyse beherrschen,
- lyrische Formen und deren Merkmale und Funktionen untersuchen,
- literarische Texte im Hinblick auf die Zusammenhänge zwischen Inhalt, Sprache und Form untersuchen.

Der Einstieg in die Einheit kann über das eigene Schreiben zu den Bildern auf der **Einstiegsdoppelseite (S. 46–47)** erfolgen. Die Bilder und Satzanfänge geben den Schülerinnen und Schülern Anregungen, Stimmungen und Gefühle auszudrücken und über die so entstandenen Texte ins Gespräch zu kommen. Dieser Zugang soll ihnen die Scheu vor Gefühlsäußerungen nehmen und den Blick darauf lenken, mit welchen sprachlichen Mitteln Stimmungen und Gefühle genau und nachvollziehbar ausgedrückt werden können (vgl. Aufgabe 4, S. 47).
Alternativ wäre denkbar, dass die Schüler die Aufgabe erhalten, zu einem der Bilder ein Gedicht zu suchen, das sie als besonders passend empfinden. Die Schüler tragen ihr Gedicht vor und die anderen Schüler ordnen dem Gedicht begründet ein Bild zu. Danach erklärt der Schüler, zu welchem Bild er aus welchen Gründen sein Gedicht ausgewählt hat. Allerdings müssten dazu in der Schülerbibliothek mehrere Gedichtanthologien zur Verfügung stehen oder der Lehrer müsste der Klasse entsprechendes Material zur Verfügung stellen. Dieser Einstieg ließe sich damit verbinden, dass die Schüler die Internetseite www.lyrikline.org (2014) besuchen. Hier finden sie eine Vielzahl von Gedichten deutscher Autorinnen und Autoren. Das Besondere dabei ist, dass nicht nur die Texte der Gedichte angeboten werden, sondern auch Originalvorträge der Gedichte durch die Autorinnen und Autoren. Der Lehrer sollte die Seite aber vorher besuchen, um den Schülerinnen und Schülern im Vorfeld einige Hinweise zum Aufbau und den Inhalten des Projekts geben zu können.

Didaktische Aufbereitung der Unterkapitel

Ich möchte mal … – Was wäre eine Sprache ohne Flügel? (S. 48–57)

In diesem Kapitel werden die in P.A.U.L. D. 5 und 6 eingeführten Methoden und Fachbegriffe wiederholt und geübt (Form und Metrum von Gedichten bestimmen, Gedichte vortragen, sprachliche Gestalt und Bilder untersuchen). Dabei wird das Fachvokabular in Bezug auf die Beschreibung der sprachlichen Gestalt gegenüber den vorhergehenden Jahrgängen erweitert. Integrativ werden die Bildung und die Funktionen des Konjunktiv II thematisiert. Inhaltlich sind die Gedichte im ersten Teil dadurch verklammert, dass es in ihnen um Fantasien, Wünsche, nur Vorgestelltes oder Erträumtes geht.

Wenn ich ein Vöglein wär (S. 48)
Das Gedicht (Volkslied mit unbekannter Herkunft) kann der Klasse per Lehrervortrag vorgestellt werden. Nach dem freien Austausch über die ersten Eindrücke werden dann die Aufgaben bearbeitet. Möglich, aber etwas aufwendig ist es auch, der Klasse Vertonungen vorzuspielen. Die Schülerinnen und Schüler können sich dann dazu äußern, inwieweit sie die Musik und den Text als zueinander passend empfinden.

Aufgabe 1 S. 48

Das lyrische Ich spricht zu seinem geliebten Partner, von dem es getrennt ist. Es besitzt keine Möglichkeit, mit dem Geliebten bzw. der Geliebten zusammen sein zu können (V. 5). Es sehnt sich aber danach, leidet unter der Trennung (V. 9 u. 10) und träumt nachts von der geliebten Person. Im Traum fühlt es sich ihr nahe. Wenn es dann erwacht, kann es vor Sehnsucht oft nicht mehr schlafen und erinnert sich zum Trost an die Liebesschwüre und -versprechen, die es früher von dem/der Vermissten erhalten hat. So wird der Schmerz über die Trennung in der ersten Strophe am Ende durch die Erinnerung gemildert. Die Vergewisserung, dass die geliebte Person das lyrische Ich genauso vermisst und liebt, führt dazu, dass die Verzweiflung und Unruhe des lyrischen Ichs nachlässt.

Aufgabe 2 S. 48

Die Trennung und die Sehnsucht erlebt das lyrische Ich in der Realität. Es stellt sich vor, wie es wäre, wenn es sich in einen Vogel verwandeln könnte. Dann würde es zu der geliebten Person fliegen und mit ihr zusammen sein. Der Gegensatz von Realität und Wunsch wird durch die Verwendung des Konjunktiv II in den ersten drei Versen (V. 1: „wär"/V. 2: „hätt"/V. 3: „Flög") und des Indikativ Präsens in den letzten beiden Versen der Strophe (V. 4: „nicht kann sein"/V. 5: „Bleib") ausgedrückt. Die Schülerinnen und Schüler werden hier erkennen, dass der Konjunktiv II auf das verweist, was für das lyrische Ich nicht wirklich ist, während der Indikativ zeigt, wie es tatsächlich ist. Der Lehrer kann an dieser Stelle den Begriff Modus (= Aussageweise des Verbs) einführen. Dazu können die Schüler die Informationen auf S. 234 lesen und auf die erste Strophe des Gedichts beziehen.
Die Ergebnisse dieser Untersuchung der ersten Strophe können in folgendem **Tafelbild** festgehalten werden:

Wenn ich ein Vöglein wär (Volkslied) – Die Verbmodi in der ersten Strophe	
in der Fantasie des lyrischen Ichs:	**in der Wirklichkeit:**
– Verwandlung in einen Vogel – Zusammensein/Treffen mit der geliebten Person – ... ↓ **Konjunktiv II** (z. B. V. 1: „wär") als Modus (= Aussageweise) für nur Vorgestelltes und Gewünschtes	– Trennung von der geliebten Person – Sehnsucht nach ihr – Unmöglichkeit, sie zu treffen – ... ↓ **Indikativ** (z. B. V. 4: „nicht kann sein") als Modus für das Wirkliche

TAFELBILD

Aufgabe 3
S. 48

Nach einer kurzen Partnerarbeit werden im anschließenden Unterrichtsgespräch die Gedanken und Gefühle des lyrischen Ichs zusammengetragen. Es stellt fest, dass die Trennung nicht aufgehoben werden kann (V. 6). Nachts aber ist es im „Schlaf" (V. 7) bzw. im Traum wieder mit der geliebten Person zusammen und redet mit ihr (V. 8). Wenn es dann wieder erwacht, sind das Gefühl des Alleinseins und der Trennungsschmerz ihm umso bewusster.

Die ganze Nacht hindurch muss das lyrische Ich an den geliebten Partner denken. Nur der Gedanke daran, dass die geliebte Person es genauso liebt, mag es etwas beruhigen und den Schmerz lindern (V. 11–15). In der Erinnerung an die damaligen Liebesversprechen spürt das lyrische Ich die Gegenwart und Nähe der vermissten Person.

Aufgabe 4
S. 48

Mithilfe des Werkzeugkastens auf S. 49 sollten die Schülerinnen und Schüler die Form des Gedichtes folgendermaßen bestimmen:

- Der Autor des Gedichtes ist unbekannt, weil es ein Volkslied ist. In dem Gedicht spricht ein lyrisches Ich zu seinem geliebten Partner, von dem es getrennt ist. Eventuell kann der Lehrer hier den Begriff „lyrisches Du" (= Figur, die in einem Gedicht angeredet wird) einführen.
- Es besteht aus drei ähnlich aufgebauten Strophen mit jeweils fünf Versen.
- Die Verse sind durch Endreime miteinander verbunden. Dabei sind die ersten beiden Verse der ersten und dritten Strophe mit einem (zum Teil unreinen) Paar- und der dritte und letzte Vers mit einem unvollständigen Kreuzreim verbunden. Der vierte Vers in jeder Strophe bleibt reimlos (vgl. den unvollständigen Kreuzreim). Die zweite Strophe enthält dieses Reimschema nur noch in Ansätzen. Statt des Paarreims wird das letzte Wort „dir" des ersten Verses am Ende des zweiten einfach nur wiederholt. Auch der Kreuzreim wird dann nicht realisiert. Wie bei den anderen Strophen bleibt der vierte Vers reimlos.

Zentral in diesem Volkslied ist somit nicht die ausgestaltete lyrische Form, sondern die gefühlsbetonte Aussage.

Aufgabe 5
S. 48

Diese Aufgabe kann auch zusammen mit Aufgabe 4 von den Schülern bearbeitet werden. Die Lehrkraft sollte die Schüler vorher darüber informieren, dass Volkslieder durch das einfache Volk mündlich überliefert und weitergegeben worden sind. Wer den Gattungsaspekt vertiefen möchte, kann dazu **Arbeitsblatt 1, S. 63**, einsetzen. Das Arbeitsblatt kann auch als Grundlage für einen kleinen Vortrag an einen Schüler ausgeteilt werden. Bei der Untersuchung sollten die Schüler besonders auf Merkmale achten, die sich auf die mündliche Überlieferung des Liedes zurückführen lassen. Dabei können sie folgende Punkte nennen:

- die Unregelmäßigkeiten des Reimschemas (s. Aufgabe 4),
- die einfache Wortwahl und leicht erschließbare Bildlichkeit (z. B. „Herz"),
- umgangssprachliche Wendungen wie z. B. „ich erwachen tu" (V. 9) oder die Häufung von Elisionen wie z. B. „wär" (V. 1) oder „red" (V. 8),
- die allgemeine Thematik „Liebe und Leid" und der Ausdruck zeitloser Gefühle in recht allgemeiner Form wie Sehnsucht nach dem geliebten Partner, Trennungsschmerz und Trost durch Erinnerung an vergangenes Liebesglück.

Aufgabe 6
S. 48

Um die Beschäftigung mit dem Volkslied abzuschließen, erhalten die Schüler Gelegenheit, eigene Parallelgedichte zu schreiben. Bei der Vorstellung und Besprechung der Schülerarbeiten sollte vertiefend darauf eingegangen werden, mit welchen sprachlichen Mitteln ein Sprecher anzeigen kann, dass etwas nur vorgestellt oder gewünscht wird. An Beispielen kann hier schon die Wirkung der unterschiedlichen Konjunktivbildungen besprochen werden.

→WB

James Krüss: Ich möchte mal auf einem Seepferd reiten (S. 50)
Das lyrische Ich stellt sich in diesem Gedicht vor, dass es auf einem Seepferd durch die Meere reiten würde. Dabei träumt es davon, den unterschiedlichsten Meeresbewohnern zu begegnen. Es trifft in seiner Fantasie verschiedene reale Lebewesen wie auch Gestalten aus der Mythologie. Das Gedicht lässt den Leser die Freude des lyrischen Ichs über das Auskundschaften der aufregenden Unterwasserwelt und der während des Seepferdrittes empfundenen Freiheit nachempfinden. Die letzten beiden Verse sind reflexiver angelegt. Das lyrische Ich verdeutlicht, dass es diese Freiheit und Lebensfreude nur in seiner Fantasie erfahren kann. Das, was wir real nicht können, ermöglicht uns die Fantasie. Diese Erweiterung der realen Erfahrungen wiederum wird durch den Konjunktiv ermöglicht. Er ist das sprachliche Hilfsmittel, mit dem solche an sich unmöglichen „Seepferdritte" im Raum der Fantasie möglich werden.
Unter Umständen ist es günstig, den Schülern den Begriff „Seepferd" z. B. mithilfe einer Abbildung zu erläutern. Als Einstieg kann man die Schüler nach der Nennung des Titels selbst fantasieren lassen, was man bei einem solchen Ritt alles erleben könnte.

Aufgabe 1
S. 50

Damit die Schülerinnen und Schüler die einzelnen Bilder und die Stimmung des Gedichtes genau wahrnehmen, erarbeiten sie einen zum Gedicht passenden Gedichtvortrag. Dazu sollte die Werkzeugkiste auf S. 51 gemeinsam gelesen und besprochen werden.

Aufgabe 2
S. 51

Die Schüler sollten hier auf den Wechsel der Modi eingehen. Das Modalverb „möchte" in den ersten beiden Versen steht zwar im Indikativ, signalisiert aber durch seine spezifische semantische Füllung, dass das lyrische Ich sich etwas wünscht. Die Verben der folgenden Strophen stehen im Konjunktiv II. Dies zeigt dem Leser an, dass die einzelnen Begegnungen unter Wasser und der Ritt durch die Meere nur in der Vorstellung des lyrischen Ichs geschehen. In den letzten beiden Versen wechselt der Modus wieder in den Indikativ. Hier sind der Tagtraum und die Fantasiereise zu Ende.

Aufgabe 3
S. 51

Die Schüler nehmen die Zusammenfassung auf S. 57 zur Kenntnis und beziehen die dort gegebenen Informationen auf die letzte Strophe bzw. den letzten Vers. Um die inhaltliche Beschäftigung mit dem Gedicht abzuschließen, könnten die Schüler ihr Verständnis verschriftlichen. Dies wäre eine erste Hinführung auf die schriftliche Lyrikanalyse. Eine mögliche Aufgabenstellung dazu könnte lauten:
- Auch die anderen Klassen beschäftigen sich mit verschiedenen Gedichten. Sie kennen das Gedicht „Ich möchte mal auf einem Seepferd reiten" von James Krüss noch nicht. – Stelle anderen das Gedicht vor.

– Schreibe ihnen, worum es inhaltlich geht und was das lyrische Ich erlebt.
– Erkläre dabei auch mit deinen Worten, was die letzten beiden Verse bedeuten.

Aufgabe 4
S. 52

Infinitiv	Indikativ Präsens/1. Person Singular	Indikativ Präteritum/1. Person Singular	Konjunktiv II/ 1. Person Singular
reiten	ich reite	ich ritt	ich ritte
sehen	ich sehe	ich sah	ich sähe
können	ich kann	ich konnte	ich könnte
nehmen	ich nehme	ich nahm	ich nähme
schwatzen	ich schwatze	ich schwatzte	ich schwätzte
mögen (möchten)	ich mag (ich möchte)	ich mochte	ich möchte
werden	ich werde	ich wurde	ich würde

Aufgabe 5
S. 52

Sollen sich die Schülerinnen und Schüler die Bildung und Funktionen des Konjunktiv II induktiv erschließen, müssen Aufgabe 4 und 5 Aufgabe 3 vorgezogen werden. Ansonsten dienen die Aufgaben der Übung und Vertiefung dessen, was die Schüler in der Zusammenfassung auf S. 57 über den Konjunktiv II gelesen haben. Sie arbeiten anhand der Tabelle heraus, dass der Konjunktiv II vom Indikativ Präteritum abgeleitet wird, indem an den Präteritumstamm in der 1. Person die Personalendung -e angefügt wird. Bei umlautfähigen Stammvokalen wird dabei der Stammvokal umgelautet. Die Schüler sollten darauf hingewiesen werden, dass dies auch für die 3. Person gilt. Als Gemeinsamkeit der Verben stellen die Schüler fest, dass bei diesen Verben sich der Stamm während der Konjugation verändert. Der Begriff der „unregelmäßigen/starken Verben“ kann in diesem Zusammenhang eingeführt bzw. wiederholt werden.

Aufgabe 6
S. 52

Eventuell sollte das erste Beispiel „ich würde lenken“ gemeinsam besprochen werden. Bei der Auswertung der Tabelle werden die Lernenden erkennen, dass sich bei diesen Verben der Stamm durch die Konjugation nicht verändert. Der Konjunktiv II wird auch hier wieder vom Präteritumstamm gebildet. Allerdings sind die Formen Indikativ Präteritum und Konjunktiv II bei diesen Verben nicht zu unterscheiden. Der entsprechende Fachbegriff „regelmaßige/schwache Verben“ kann eingeführt und seine Bedeutung besprochen werden. Weiter sollten die Schüler die Funktion der Ersatzformen von „würden + Infinitiv“ erklären. Bei den schwachen Verben können sie gebildet werden, um die Konjunktiv II-Formen eindeutig von den Indikativ-Präteritum-Formen zu unterscheiden. Bei den starken Verben werden sie häufig aus stilistischen Gründen gewählt.

Infinitiv	Indikativ Präsens/1. Person Singular	Indikativ Präteritum/1. Person Singular	Konjunktiv II/ 1. Person Singular
lenken	ich lenke	ich lenkte	ich lenkte
rasten	ich raste	ich rastete	ich rastete
ankern	ich ankere	ich ankerte	ich ankerte
drehen	ich drehe	ich drehte	ich drehte
winken	ich winke	ich winkte	ich winkte
blinzeln	ich blinzele	ich blinzelte	ich blinzelte

Aufgabe 7
S. 52

Die Schülerinnen und Schüler wiederholen mithilfe der Informationen im Werkzeugkasten auf S. 52 ihr Wissen über das Metrum. Sie lesen den Text und erklären die dort aufgeführten Fachbegriffe mit ihren Worten. Dann bestimmen sie die Form des Gedichts. Auf folgende Punkte sollten sie dabei eingehen:

- Das Gedicht besitzt neun fast durchgehend gleich gebaute Strophen mit je vier Versen.
- Alle Strophen besitzen einen Kreuzreim. Dieses Reimschema wird nicht unterbrochen (abab, cdcd ...).
- Die Verse sind durchgängig jambisch. Die meisten Verse sind fünfhebig. Der steigende Versfuß und das alternierende Metrum besitzen ein lebendig-schwungvolles Element und verdeutlichen dem Leser die Heiterkeit und Freude des lyrischen Ichs.
- Um den Kreuzreim zu erhalten, wählt Krüss in V. 5 und V. 15 die Ersatzform. An anderer Stelle wählt er sie, um den Fünftakt der Verse zu bewahren (z. B. V. 17 u. V. 19). Aus diesem Grund greift der Autor z. B. in den V. 21–23 zu den einfachen Konjunktiv II-Formen. Zudem wird durch die einfachen Konjunktiv II-Formen vermieden, dass einzelne Strophen durch die Wiederholung der Wortgruppe „ich würde" unpassend zum Inhalt monoton wirken.

Yvan Goll: Ich möchte diese Birke sein (S. 53)

Bei diesem Liebesgedicht stellt sich das lyrische Ich vor, sich in eine Birke zu verwandeln. Es wünscht sich, das geliebte lyrische Du zu schützen, zu streicheln, es zu wecken und zu trösten. Dies wird mithilfe der Personifizierung und der Baummetaphorik beschrieben, die dem Leser die Liebe des lyrischen Ichs verdeutlichen. Die Schülerinnen und Schüler lernen hier ein modernes Gedicht kennen, bei dem traditionelle Merkmale lyrischer Texte wie Reim und festes Metrum fehlen. Sie wiederholen das bisher über die Untersuchung von lyrischen Texten Gelernte. Erweitert wird die bisherige Gedichtanalyse um die Untersuchung der sprachlichen Gestalt (z. B. Wortwahl oder Wiederholungen) und der Bildhaftigkeit (z. B. Personifikation oder Metapher).

Aufgabe 1
S. 53

Eine andere Möglichkeit, die Schüler dazu anzuregen, über das Gedicht in ein Gespräch zu kommen, besteht darin, verschiedene Titel vorzugeben. Die Schülerinnen und Schüler wählen einen Titel aus, den sie als besonders passend empfinden. Sie begründen ihre Wahl und erklären, warum sie andere als nicht so passend beurteilen. Folgende Titel könnten zur Auswahl gestellt werden:

- Hundert Arme/sanfte Hände
- Traumliebe
- Sehnsucht
- Das Versprechen
- Unerfüllte Wünsche
- ...

Aufgabe 2
S. 53

Die Schüler werden die Abweichungen dieses Gedichts gegenüber traditionellen Gedichten herausstellen. Dazu gehören fehlende Reime, keine Anordnung in Strophen und kein festes Metrum. An dieser Stelle ließe sich ein erstes Gespräch darüber führen, warum dieser Text trotz dieser fehlenden Merkmale ein Gedicht ist (vgl. die Versanordnung und die damit verbundene sprachliche Verdichtung).

Aufgabe 3
S. 53

Nach dem Einstieg untersuchen die Schüler das Gedicht in Partnerarbeit oder in Kleingruppen näher. Dabei orientieren sie sich an den in der Aufgabe genannten Punkten und halten ihre Ergebnisse in Stichworten fest. Zur Untersuchung der sprachlichen Gestalt und Bilder arbeiten die Schüler mit den Werkzeugkästen auf S. 54 und 55. Folgende Ergebnisse könnten die Schüler präsentieren:

- **Wünsche und Gefühle des lyrischen Ichs**

Das lyrische Ich möchte sich in eine Birke, die das lyrische Du besonders liebt, verwandeln. Es liebt das lyrische Du sehr, möchte mit ihm zusammen sein (V. 7–8), es „streicheln" (V. 5) und „trösten" (V. 8), wenn es traurig ist (auch V. 11–12). Das Ziel des lyrischen Ichs ist, dass es der geliebten Person gut geht und sie glücklich ist.

- **Sprachliche Bilder und ihre Bedeutung**

Die „[h]undert Arme" (V. 3) und „grüne[n] [...] Hände" (V. 4) sind die personifizierten Zweige der Birke. Sie zeigen metaphorisch, wie geborgen und geliebt sich das lyrische Du bei dem lyrischen Ich fühlen kann. „[D]ie besten Vögel der Welt" (V. 6), mit denen das lyrische Ich die geliebte Person wecken möchte, sind eine Metapher für die positiven Gedanken und Wünsche des lyrischen Ichs für den geliebten Partner. Sie sollen ihn begleiten oder wenn nötig trösten. Die „Stunden des Sommers" (V. 9) stehen für eine sorgenfreie Zeit. In solchen Zeiten möchte das lyrische Ich das Glück des geliebten Partners noch mehr vergrößern. Dies wird durch die Metapher deutlich, dass es das lyrische Du „[u]nter Blumenblättern aus Sonne verschütten" (V. 10) wird. Wenn das lyrische Du Sorgen oder Probleme hat, will das lyrische Ich es schützen und ihm seine Ängste nehmen. Diese Zeiten werden metaphorisch durch die „Nacht" (V. 11) benannt. Der Wunsch des lyrischen Ichs, das geliebte Du in diesen Zeiten zu trösten und zu schützen, wird durch die folgende Metapher „[i]n meinen Schatten hüllte [...] deine ängstlichen Träume" (V. 11–12) ausgedrückt.

- **Anschauliche und ausdrucksstarke Adjektive und Verben**

Die Tätigkeitsverben „schützen" (V. 3), „streicheln" (V. 5), „trösten" (V. 8), „verschütten" (V. 10) und „hüllte" (V. 11) verdeutlichen die Hinwendung des lyrischen Ichs zu der geliebten Person. Es sind Tätigkeiten, die assoziativ mit Sanftheit, Zärtlichkeit und Geborgenheit verbunden sind. Das Zahladjektiv „[h]undert" und dessen Wiederholung in den V. 3 und 4 zeigen, wie groß die Liebe des lyrischen Ichs ist. Auch die Adjektive „grün[.]" und „sanft[.]" sind positiv konnotiert und verdeutlichen die Zuneigung des lyrischen Ichs. Durch diese Wortwahl wird eine idyllisch-romantische Stimmung erzeugt. Dazu trägt auch die Metapher „Blumenblättern aus Sonne" (V. 10) bei.

- **Wort- und Lautwiederholungen**

Die harmonisch-idyllische Stimmung wird dadurch unterstützt, dass das Gedicht durch Anaphern (z. B. V. 3 u. 4: „Hundert"), Alliterationen (z. B. V. 2: „Die du") und Lautwiederholungen innerhalb der Verse (z. B. V. 10: „Blumenblätter[.]") und an den Versanfängen (z. B. V. 7 u. 8: „Um"/„Und") klanglich zusammengehalten wird. Die Wirkung dieser Lautwiederholungen wird durch die Dominanz der weich gesprochenen Konsonanten bzw. Lautverbindungen (z. B. „sch", „d" oder „b") und der dunklen Vokale unterstützt.

- **Konjunktiv II-Formen**

Die Konjunktiv II-Formen „hätt" (V. 3), „hätte" (V. 6) und „hüllte" (V. 11) signalisieren dem Leser, dass das lyrische Ich sich die Verwandlung in die Birke und die beschriebenen Erlebnisse mit dem lyrischen Du nur vorstellt.

Aufgabe 4
S. 53

Die Schülerinnen und Schüler schreiben Gedichte nach den Mustern von Krüss und Goll. Um ihnen das Schreiben zu erleichtern, sammeln sie vor dem Verfassen ihrer Gedichte gemeinsam Schreibideen und besprechen diese.

Peter Härtling: Wenn jeder ... (S. 54)

In dem Gedicht stellt der Sprecher Forderungen, die erfüllt sein müssten, damit unsere Welt und unser Zusammenleben menschenwürdiger und freundlicher werden. Dabei werden Egoismus und Unmenschlichkeit kritisiert. Nach dem Vortrag des Gedichts äußern sich die Schülerinnen und Schüler im freien Gespräch über das Gedicht. Dabei können alle Aspekte wie Wirkung, Aussage, Inhalt und Sprache angesprochen werden. Der Vortrag kann von einigen Schülern übernommen werden, die ihn zu Hause vorbereiten.

Aufgabe 1
S. 54

Die Schülerinnen und Schüler arbeiten die Forderungen und die Kritik am Text heraus. Dazu können sie sich eine entsprechende Tabelle anlegen. Vorher sollte an einzelnen Beispielen besprochen werden, dass sie die in dem Gedicht genannten Tätigkeiten nicht einfach übernehmen, sondern deuten sollten. Alternativ kann man die Schüler die Forderungen und die Kritik mit zwei Farben unterstreichen lassen. Im Klassengespräch erfolgt dann eine Deutung der einzelnen Tätigkeiten wie z. B. „eine Blume pflanzen" als Forderung nach einem sorgsameren Umgang mit der Natur. Das Ergebnis dieses Gesprächs kann mit folgendem **Tafelbild** gesichert werden:

Peter Härtling: Wenn jeder ...

geforderte Verhaltensweisen ☺	**kritisierte Verhaltensweisen** ☹
– die Natur erhalten (V. 1: „eine Blume pflanzte") – fröhlich/unbeschwert sein (V. 3: „tanzte") – freundlich miteinander umgehen (V. 4: „mit Lächeln zahlte") – gegenseitige Hilfe leisten (V. 5: „jeder einen andern wärmte") – Erwachsene sollen wie „Kinder" (V. 9) offener füreinander sein und sich gegenseitig helfen (V. 10: „sich teilten in den Bürden").	– Gewalt ausüben (V. 3: „schießen" und V. 7: „schlüge") – Geld als das Wichtigste ansehen (vgl. V. 4) – lügen und sich gegenseitig betrügen (vgl. V. 8) – egoistisch gegenüber den anderen sein (vgl. V. 6–7) – seine eigene „Stärke" (V. 6) gegen andere rücksichtslos einsetzen
Respekt gegenüber Mitmenschen und Natur führt zu friedlicherem und glücklicherem Zusammenleben	**Egoismus, Gewalt und Respektlosigkeit führen zu Streit, Krieg und Unglück**

TAFELBILD

Aufgabe 2
S. 54

Die Schüler werden erkennen, dass das Zusammenleben friedlicher, menschenfreundlicher und angstfreier wäre, wenn jeder die kritisierten Verhaltensweisen unterließe und die Forderungen des Sprechers des Gedichts erfüllte. „Streit und Krieg" (V. 14) wären dann beseitigt. Die Welt wäre für jeden menschenwürdiger. Vertieft werden sollte im Unterrichtsgespräch die Frage, warum die Welt dann „noch lang kein Paradies" (V. 12) wäre. Härtling fordert, dass die Menschen alles unterlassen, was zu Bedrohung, Gewalt und Angst führt. Darüber hinaus gibt es Leid, dessen Beseitigung nicht in der Macht der Menschen liegt, wie Tod, Krankheit, Naturkatastrophen u. v. a. Das Gedicht führt dem Leser nicht nur eine Utopie menschenwürdigen Zusammenlebens vor Augen, sondern weist auch auf die Grenzen des vom Menschen Machbaren hin.

Aufgabe 3
S. 55

Die Schüler wiederholen das bisher zur Form und Sprache von Gedichten Erlernte und wenden es bei der Untersuchung des Gedichtes an. Sie arbeiten dabei zur Festigung der Methoden und Fachtermini noch einmal mit den Werkzeugkästen auf den S. 49, 52, 54 und 55. Die Arbeit am Text sollte in Partnerarbeit oder Kleingruppen erfolgen. Die Schüler sichern ihre Ergebnisse mithilfe von Stichworten, dabei orientieren sie sich an den in der

Aufgabe vorgegebenen Aspekten. Anschließend werden die Ergebnisse im Klassengespräch gesammelt und evtl. ergänzt. Folgendes könnten die Schülerinnen und Schüler zu den einzelnen Unterpunkten herausarbeiten:

- **Form und Metrum**

Das Gedicht besteht aus 14 Versen und besitzt keine Einteilung der Verse in Strophen. Es lässt sich aber in zwei Abschnitte unterteilen. Im ersten Teil (V. 1–10) werden Missstände, z. B. Egoismus, kritisiert und Verhaltensweisen wie Mitmenschlichkeit gefordert. Der zweite Teil (V. 11–14) beschreibt den Zustand des Zusammenlebens, der sich ergibt, wenn die im ersten Teil aufgeführten Bedingungen erfüllt sind. Das Gedicht reimt sich durchgängig, das Reimschema ist aber unregelmäßig. Dem einleitenden Kreuzreim (abab) folgen fünf Paarreime.

- **Konjunktiv II-Formen**

Alle Verben stehen im Konjunktiv II. Dies zeigt, dass die beschriebenen Zustände wünschenswert und nicht wirklich sind. Das utopische Moment des Gedichts wird dadurch besonders betont. Härtling verwendet durchgehend die einfachen Konjunktiv II-Formen. Dadurch wirkt das Gedicht stilistisch elegant und hochsprachlich. Dieser Stil entspricht der Moralität der Forderungen und der Kritik und passt zu dem utopischen Inhalt. Die Schüler können die Wirkung der einfachen Formen ausprobieren, indem sie sie durch die Ersatzformen mit „würde" ersetzen. Sie werden feststellen, dass dies umgangssprachlicher und monotoner wirkt.

- **Wortwiederholungen**

Besonders häufig wird die Konjunktion „wenn" wiederholt. Damit wird herausgestellt, dass die „Menschenzeit" (V. 13) nur kommen kann, wenn die in dem Gedicht erhobenen Forderungen erfüllt und die kritisierten Missstände beseitigt sind. Dass dies die Aufgabe eines jeden Einzelnen ist, wird durch die Anapher „keiner" (V. 6–8) verdeutlicht.

- **Rechtschreibung und Zeichensetzung**

Die Großschreibung des Wortes „WENN" (V. 11) fasst alle Forderungen zusammen und hebt sie abschließend hervor, bevor die Folgen der Erfüllung dieses „WENNS" beschrieben werden. Der Gedankenstrich am Ende von V. 4 ist als Aufforderung an den Leser zu verstehen, darüber nachzudenken, was im Sinne der ersten vier Verse noch zu tun ist. Am Ende von V. 12 hebt der Gedankenstrich die Einschränkung, dass die Welt noch kein „Paradies" (V. 12) wäre, wenn alle Forderungen erfüllt wären, besonders hervor. Weiter fällt auf, dass das Gedicht aus einem einzigen Satzgefüge besteht. Dies betont den Zusammenhang zwischen den geforderten Verhaltensweisen und dem sich daraus ergebenden menschenwürdigeren Weltzustand.

- **Sprachliche Bilder**

Das Gedicht enthält verschiedene Metaphern. Die Forderung nach einem warmherzigeren Umgang miteinander wird durch die Metapher „mit Lächeln zahl[en]" (V. 4) ausgedrückt. Die Metapher, sich „in der Lüge" (V. 8) zu verstricken, verweist darauf, dass die Menschen sich durch ihr auf den eigenen Vorteil bedachtes Verhalten letztlich selbst schaden. Die positiven Folgen des neuen Verhaltens werden in der Metapher „Menschenzeit" (V. 13) ins Bild gesetzt. Die Zeit, die dann herrscht, wäre eine menschlichere, eine, in der die Menschen mit ihren Bedürfnissen nach Moral, Solidarität und Liebe zu ihrem Recht kämen – ein Zustand, der aufgrund der bisherigen Konflikte und der Gewalt in Vergessenheit zu geraten droht (V. 14).

Aufgabe 4
S. 55

Die Beschäftigung mit dem Gedicht kann damit abgeschlossen werden, dass die Schüler wieder Parallelgedichte schreiben. Als Hilfestellung erhalten sie Satzanfänge, die ihr Gedicht strukturieren.

Albert Janetschek: Verteidigung des Konjunktivs (S. 56)

Dieses Gedicht ist eher für leistungsstarke Lerngruppen geeignet, da es von den Schülern relativ abstrakte sprachreflexive Überlegungen verlangt.

Aufgabe 1
S. 56

Die Schülerinnen und Schüler werden feststellen, dass das Gedicht eine Pro-Contra-Struktur besitzt. In den Strophen 1 und 2 werden Argumente für die Abschaffung des Konjunktivs genannt. Darauf wird in den Strophen 3 und 4 diese Forderung infrage gestellt und indirekt die Beibehaltung des Konjunktivs gefordert.

Die Lernenden arbeiten am Text heraus, dass die Abschaffung des Konjunktivs mit drei Argumenten begründet wird: Er sei a) „überflüssig" (V. 3), b) „veraltet" (V. 4) und c) seine Bildung sei zu schwierig (vgl. V. 8). Die Schwierigkeiten der Bildung kann an einzelnen Beispielen aus den vorherigen Gedichten thematisiert werden. Die Frage, wer eine solche Haltung vertreten könnte, werden die Schüler im Rahmen ihres Erfahrungshorizontes beantworten und dabei auf Jugendliche, Radiomoderatoren, ihnen bekannte Prominente u. a. verweisen.

Weiter untersuchen die Schüler das Gedicht in Bezug auf das, was zur Verteidigung des Konjunktivs gesagt wird. Der Konjunktiv ermöglicht es im Deutschen, in besonderer Weise „Wünsche" (V. 11) auszudrücken. Er ist das sprachliche Mittel, das es uns ermöglicht, uns im Raum der Fantasie zu bewegen, uns aus der Wirklichkeit herauszunehmen, Gegenwelten zur Realität zu entwickeln und Nichtwirkliches – Mögliches und Unmögliches – in Gedanken durchzuspielen. Der Sprecher erhält mit der Benutzung des Konjunktivs ein Stück Freiheit gegenüber der Realität. Der Konjunktiv ist der „Flügel" (V. 15) der Sprache, mit dem der Sprecher vom faktisch Gegebenen „abheben" kann. Diese Argumente beziehen die Schüler auf die vorher im Unterricht behandelten Gedichte von Krüss, Goll und Härtling. Janetschek weist indirekt darauf hin, dass viele Formulierungen im „Indikativ" (V. 12) z. B. bei dem Ausdruck von „Wünsche[n]" (V. 11) umständlich und schwierig werden würden, wenn man den Konjunktiv abschaffte. Auf diesen Aspekt sollten die Schüler hingewiesen werden und er sollte an einigen Beispielen erläutert werden. Dazu könnte man einzelne Verse des Gedichtes von Härtling indikativisch umformulieren.

Die Textarbeit kann in folgendem **Tafelbild** gesichert werden:

Albert Janetschek: Verteidigung des Konjunktivs

Soll der Konjunktiv II abgeschafft werden?

Dafür spricht, dass der Konjunktiv ...	**Dagegen** spricht, dass der Konjunktiv ...
– „überflüssig" (V. 3) sei – „veraltet" (V. 4) sei – schwierig zu bilden sei (vgl. V. 8)	– uns „Wünsche" (V. 11) aussprechen lässt – nicht einfach durch den „Indikativ" (V. 12) ersetzt werden kann – Fantasien entwickeln hilft – uns Vorstellungen über alles Mögliche und Unmögliche ermöglicht – ...

TAFELBILD

Aufgabe 2
S. 56

Ausgehend von dem obigen Tafelbild diskutieren die Schüler die Berechtigung der einzelnen Argumente. Sie können z. B. dazu Stellung beziehen, ob die Bildung des Konjunktivs wirklich so schwierig ist, wie behauptet wird, oder ob wir wirklich auf den Konjunktiv angewiesen sind, um uns etwas zu wünschen oder zu fantasieren. Die Beschäftigung mit dem Gedicht kann abgeschlossen werden, indem die Schülerinnen und Schüler im Stile eines Rechts- oder Staatsanwalts ein Plädoyer für oder gegen die Abschaffung des Konjunktivs schriftlich verfassen.

Eugen Roth: Der eingebildete Kranke (S. 56)

In dem Gedicht geht es um einen Menschen, der sich gegen alle Vernunft aus Griesgrämigkeit (V. 1) für todkrank hält und sich vor den mit der eingebildeten Krankheit zusammenhängenden Lebenseinschränkungen, Schmerzen und Leiden ängstigt. Der Sprecher des Gedichts beurteilt den eingebildeten Kranken sehr negativ. Er könnte glücklich sein, wenn er seine Einbildungen aufgäbe. Dies allerdings passt nicht zur griesgrämigen Lebenshaltung des eingebildeten Kranken. Er „mag" (V. 14) einfach nicht glauben, dass ihm nichts fehlt. Letztlich will er aus Verdrossenheit gegenüber dem Leben einfach nicht „glücklich" (V. 12) sein. Die Einbildungen des Griesgrams werden als solche durch den Text in den Klammern entlarvt. Der Gegensatz von Einbildung und Realität wird auch dadurch gekennzeichnet, dass die Einbildungen des Kranken im Konjunktiv stehen, während die Halbverse in den Klammern im Indikativ formuliert sind. Die Schüler üben hier noch einmal die Formbildung des Konjunktivs und beschäftigen sich vertiefend mit den Funktionen der Verbmodi.

Aufgabe 1 S. 57

Die Lücken müssen folgendermaßen vervollständigt werden:
V. 2: wäre/V. 3: müsste/V. 5: hätte/V. 11: könnt/V. 13: Möcht'

Aufgabe 2 S. 57

Die Schülerinnen und Schüler beschreiben die Situation des eingebildeten Kranken und deuten die Hinweise, die in V. 1 und V. 14 gegeben werden, warum dieser sich so verhält. Eventuell ist es notwendig, die Schüler aufzufordern, das Gedicht genau unter der Fragestellung zu betrachten, welche Textsignale auf mögliche Gründe des eingebildeten Kranken für sein Verhalten hinweisen. Weiter erläutern sie die inhaltlichen Gegensätze von eingebildeter Krankheit und tatsächlicher Gesundheit sowie eingeredeten Einschränkungen und der realen Möglichkeit, ein normales Leben zu führen. Sie erklären dabei die Funktion der Halbverse, die in Klammern gesetzt sind, und den Wechsel der Verbmodi in den entsprechenden Versen. Mit stärkeren Lerngruppen kann die Frage besprochen werden, warum Roth hier für die indirekte Rede nicht den Konjunktiv I benutzt. Die Konjunktiv II-Formen verdeutlichen dem Leser die Grundlosigkeit der Krankheitszustände und der Lebenseinschränkungen des Griesgrams in einem besonderen Maß.

Aufgabe 3 S. 57

Die Schüler schreiben eigene Verse, die zu dem Gedicht passen. Besonders achten sie dabei darauf, dass sie nur die einfachen Konjunktiv II-Formen verwenden und sie diese richtig bilden. Sie können anschließend in Gruppen aus ihren Versen eigene Gedichte mit dem Titel „Der eingebildete Kranke" zusammenstellen.

Manfred Schlüter: Allein (S. 57)

Dieses Gedicht ist aufgrund seiner Einfachheit besonders geeignet für die selbstständige Beschreibung und Untersuchung durch die Schüler. Sie wenden dabei noch einmal die bisher geübten Methoden der Gedichtanalyse an und wiederholen sie. Als Einstieg bietet es sich an, die Schüler mithilfe des Werkzeugkastens auf S. 51 einen angemessenen Vortrag gestalten zu lassen. Einige Schüler oder Gruppen stellen der Klasse ihren Vortrag vor. Zusammen wird dann die Passung der Vorträge zum Gedicht besprochen.

Aufgabe 1 S. 57

Die Schülerinnen und Schüler beschreiben die Situation, die Gefühle und die Gedanken des lyrischen Ichs. Es stellt sich vor, allein auf einer Insel zu sein. Das Inselleben wird kaum ausgemalt, scheint aber durch Sorglosigkeit geprägt zu sein. Das Einzige, was das lyrische Ich dort benötigt, sind „ein weißes Blatt Papier" (V. 5), Farben (vgl. V. 3) und „ein[en] Pinsel" (V. 2). Der letzte Vers verdeutlicht, dass dem lyrischen Ich dann aber klar wird, wie wenig es dieses Leben auf dem Inselparadies ohne das geliebte Du genießen kann und wie sehr ihm die geliebte Person fehlen wird. Deshalb wünscht es sich in seiner Gedankenreise am Ende schnell wieder fort von der Insel und hin zu seinem geliebten Partner: Ich „malte mich ganz schnell zu dir" (V. 6).

Aufgabe 2
S. 57

Die Schüler lesen die entsprechenden Werkzeugkästen und untersuchen das Gedicht mit deren Hilfe in Partner- oder Kleingruppenarbeit. Folgende Ergebnisse erarbeiten sie dabei, die dann im Klassengespräch gesammelt werden:

- **Form und Metrum**

Das Gedicht besteht aus einer Strophe mit sechs Versen. Jeweils zwei Verse bilden einen Paarreim.
Das Reimschema ist: aabbcc. Das Metrum ist durchgehend jambisch. Sowohl die einfache Reimstruktur wie auch das steigende, alternierende Metrum geben dem Gedicht eine unbeschwerte und fröhliche Stimmung.

- **Sprachliche Gestaltung**

Die Sorglosigkeit des Insellebens wird durch die Farbnomen verdeutlicht (V. 3). Die Konjunktiv II-Formen zeigen dem Leser, dass die ganze Situation nur in der Fantasie des lyrischen Ichs durchgespielt wird. Der Gedankenstrich am Ende vom Vers unterbricht die Schilderung des Insellebens. Er markiert die Pause, in der das lyrische Ich bemerkt, dass es in dieser Inselidylle von seinem geliebten Partner getrennt wäre, und in der es sich wieder zurückwünscht.

- **Sprachliche Bilder**

Das Verb „malte" (V. 6) ist eine Metapher für die Rückkehr zu der geliebten Person. Wie sich das lyrische Ich mit seiner Fantasie auf die Insel „gewünscht" hat, so fantasiert es sich dann mithilfe seiner Malerei wieder zu dem geliebten Partner zurück.

Aufgabe 3
S. 57

Nach den obigen Vorarbeiten lesen die Schüler den Werkzeugkasten auf S. 60. Sie tragen danach zusammen, was man in der Einleitung, dem Hauptteil und dem Schluss einer Gedichtbeschreibung und -deutung zu Schlüters Gedicht jeweils beachten muss und schreiben könnte. Anschließend verfassen die Schüler eine eigene Gedichtanalyse. Diese können sie in kleinen Gruppen vorlesen und besprechen. Jede Gruppe sollte der Klasse eine gute Lösung der Aufgabe vorlesen und erklären, was sie daran besonders gelungen findet. Zur weiteren Übung oder als Leistungsüberprüfung kann das **Arbeitsblatt 3, S. 66**, eingesetzt werden.

Wie der Regen tropft … – Ein Gedicht genau untersuchen (S. 58–60)

Anhand eines modernen Naturgedichts lernen die Schülerinnen und Schüler in diesem Unterkapitel, eine Gedichtbeschreibung und -deutung Schritt für Schritt genau durchzuführen und am Ende ihre Ergebnisse angemessen zu verschriftlichen.

Georg Britting: Fröhlicher Regen (S. 58)
Brittings Gedicht besitzt noch viele traditionelle formale Merkmale (z. B. Stropheneinteilung, festes Metrum, Reime). Es beschreibt ein Regenunwetter. Dieses Naturereignis wird oft mit Bedrohung und Unannehmlichkeiten assoziiert. In diesem Naturgedicht geht es aber darum, dem Leser die elementare Lebendigkeit und Schönheit dieses Geschehens bewusst zu machen und vor Augen zu führen.

Aufgabe 1, S. 59

Mithilfe des Werkzeugkastens auf S. 51 bereiten die Schüler einen Vortrag des Gedichtes vor. Ein angemessener Vortrag gibt vor allem die schon im Titel herausgehobene Fröhlichkeit, mit der das Regenereignis in dem Gedicht beschrieben wird, wieder.

Aufgabe 2
S. 59

Auf DIN-A5-Kärtchen können die Schüler (evtl. zu zweit) die vorgegebenen Sätze ergänzen. Die Kärtchen werden ausgehängt. Jeder Schüler erhält drei Klebepunkte und klebt sie auf die Kärtchen mit den seiner Meinung nach angemessensten Lösungen. Im anschließenden Auswertungsgespräch werden Begründungen dafür entwickelt, warum einige Antworten besonders viel Zuspruch erfahren haben und andere nicht.

Aufgabe 3
S. 59

- Die Schülerinnen und Schüler bestimmen Strophenanzahl und Verseinteilung des Gedichts. Dabei sollte ihnen auffallen, dass mit Zunahme des Regens die Verse immer länger werden und der Satzbau immer komplexer wird. So entspricht die Versgestaltung dem Inhalt.
- Die Reimordnung des Gedichts lautet: aaa/bbcdcd/efegeg/hiiji/kk. Dem stürmischen Fließen des Wassers entspricht der unregelmäßige Wechsel von Haufen-, Paar- und Kreuzreimen.
- Das Gedicht ist durchgehend trochäisch. Der Trochäus bildet als fallender Versfuß sozusagen den Vorgang des Regnens ab. Zudem gibt er den Versen, dem Inhalt des Gedichts entsprechend, „einen schnellen, eilende[n] Gang, Lebhaftigkeit und Beweglichkeit“ (von Wilpert).

Während dieser Erarbeitung benutzen die Schüler wieder die Werkzeugkästen auf den S. 49 und 52.

Aufgabe 4
S. 59

Die Schüler arbeiten heraus, dass der Sprecher des Gedichts beschreibt, wie der Regen immer stärker wird. Der Regen setzt leicht ein, einzelne Tropfen „tropf[en]“ (V. 1) und „klopf[en]“ (V. 2). Dann regnet es immer stärker. Der „Regen springt“ (V. 4) und das Wasser bildet kleinere Wasserbahnen im „Gras“ (V. 7–9). Daraufhin steigert sich der Regenguss derartig, dass das „stürmische Wasser“ vom Himmel „schießt“ (V. 10) und die „Regentonne“ (V. 11) überlaufen lässt. Der Regen steigert sich immer weiter. Er ergießt sich mit immer ungeheurerer Wucht und in immer größer werdenden Wassermassen, sodass die „Bäume“ (V. 19) von dem „herrlich vielen Wasser“ (V. 20) geschüttelt werden. Am Ende steht das Bild des über allem thronenden fröhlichen „Regenriese[ns]“ (V. 16). Der Sprecher des Gedichts legt dem Leser nahe, die lebendige Macht der Natur, die sich in dem Regen zeigt, zu genießen und zu bewundern. Deshalb ist der Regen ein „fröhlicher“. Die Schüler stellen diese Entwicklung und Dynamik des Regens in Form von Spannungskurven oder Tabellen dar. Dabei beschriften sie diese mit Textzitaten. Alternativ können sie das Naturgeschehen in einer Bilderfolge festhalten. Diese Bilder erläutern sie dann mithilfe entsprechender Textbelege.

Spannungskurve:

Strophe I	Strophe II	Strophe III	Strophe IV	Strophe V
Regen „tropft“(V. 1) und „klopft“ (V. 2)	„springt“ (V. 4) „singt“ (V. 5) „läuft“ (V. 7)	„stürmische[s] Wasser“ (V. 10) „überfließt“ (V. 12) „in breitem Schwall“ (V. 13)	„Regenriese“ (V. 16) „Lustvoll schnaubend“ (V. 20) „herrlich vielen Wasser“ (V. 20)	„lacht“ (V. 21)

Aufgabe 5
S. 59

Die Schülerinnen und Schüler wiederholen mithilfe des Werkzeugkastens auf S. 54 die entsprechenden Fachbegriffe und untersuchen die sprachlichen Bilder des Gedichts. Dabei können sie zu folgenden Ergebnissen kommen:

- Der Regen wird durchgängig personifiziert. Er „klopft" (V. 2), „springt" (V. 4), „singt" (V. 5), „fasst [...] in der Bäume Mähnen" (V. 19), niest (vgl. V. 19), schnaubt lustvoll (vgl. V. 20) und „lacht" (V. 21). Diese Personifizierungen verdeutlichen die Lebendigkeit des Geschehens.
- Mit einem Vergleich aus der Tierwelt wird beschrieben, wie der Regen sich langsam immer weiter ausbreitet. Der Regen verteilt sich über das Gras und sammelt sich dort. Das Wasser beginnt sich in kleineren Rinnsalen zu verteilen. Diese sehen aus wie „eine Schneckenspur" (V. 8) und wie ein „Streifen weiß beträuft" (V. 9).
- Auffällig sind die verschiedenen Metaphern, mit denen der Regen beschrieben wird: „Silberuhr" (V. 6), „Regenriese" (V. 16), „Blauhimmelhasser" (V. 17) und „Silbertropfenprasser" (V. 18). Sie stellen alle die Mächtigkeit, Dynamik und Schönheit des Regens heraus.

Aufgabe 6
S. 59

- Das Gedicht setzt mit lautmalerischen Elementen ein: „Wie der Regen tropft, Regen tropft/An die Scheiben klopft" (V. 1–2). Der Klang der Verben ähnelt dem mit einzelnen Tropfen einsetzenden Regen. Das unregelmäßige Prasseln einzelner Tropfen wird im ersten Vers lautmalerisch durch die Wiederholung der Verbform „tropft" und das Aufeinanderfolgen von zwei Hebungen wiedergegeben: Règen tròpft/Règen tròpft" (V. 1). Eine Möglichkeit, die lautmalerischen Elemente des Gedichts zu verdeutlichen, ist z. B., die Schüler die Verse 1–6 chorisch sprechen und den Takt klopfen, stampfen oder klatschen zu lassen. In der ersten Strophe dominieren die Plosivlaute g, t, b, k und die Affrikate pf. Die Schüler können diese Laute überdeutlich sprechen, damit sie erkennen, wie die lautliche Ebene des Gedichts hier der inhaltlichen entspricht.
- Darüber hinaus arbeiten sie mithilfe des Werkzeugkastens auf S. 55 heraus, mit welchen weiteren sprachlichen Gestaltungsmitteln die fröhliche Stimmung des Gedichtes erzeugt wird. Es werden helle Farben genannt: Silber (V. 6 u. 18), Weiß (V. 9 u. 21) und Himmelblau (V. 17). Zudem vollführt der personifizierte Regen Tätigkeiten, die eine ausgesprochene Ausgelassenheit und Fröhlichkeit verdeutlichen: springen (V. 4), singen (V. 5) und lachen (V. 21). Aber nicht nur die Farbwörter und die Wahl der Verben unterstützen die lebendig-fröhliche Stimmung, sondern auch die Attribute, mit denen einzelne Tätigkeiten beschrieben werden: Der Regen lacht mit „fröhlich weißen Zähnen" (V. 21) und „kugelrunden, nassen Freudentränen" (V. 22), schnaubt „[l]ustvoll" (V. 20) und fasst in die „herrlich vielen Wasser" (V. 20).

Aufgaben 7
und 8
S. 59

Auf der Grundlage der vorherigen Textarbeit formulieren die Schüler zentrale Aussagen und mögliche Wirkungsabsichten des Gedichts. Dazu kann man ihnen folgende Satzanfänge vorgeben:

- Zusammenfassend lässt sich sagen, ...
- Das Gedicht soll meiner Meinung nach dem Leser zeigen/darauf hinweisen, ...
- Wenn man die Ergebnisse der Gedichtuntersuchung betrachtet, sieht man meiner Meinung nach, ...
- Meiner Meinung nach geht es in dem Gedicht um folgende Aussagen: ...
- Das Gedicht besitzt aus meiner Sicht die Wirkungsabsicht, ...
- ...

Die Schüler stellen ihre Deutungen vor und diskutieren darüber, inwieweit sie angemessen sind. Abschließend tauschen sie sich darüber aus, wie sie das Gedicht beurteilen. Deutlich sollte in diesem Gespräch werden, dass Britting dem Leser neue und ungewohnte Naturerfahrungen eröffnen möchte. Ein Unwetter mit Sturm und Regen wird meistens als unangenehm erlebt. Das Gedicht richtet den Blick auf die Lebendigkeit und Schönheit eines solchen Naturgeschehens.

Aufgabe 9
S. 59

Der Werkzeugkasten auf S. 60 wird von den Schülern gelesen. Der Aufbau und die Inhalte einer schriftlichen Gedichtbeschreibung und -deutung werden geklärt. Dann verfassen die Schüler eine schriftliche Gesamtanalyse. Besonders gelungene Beispiele sollten der Klasse vorgestellt werden.

Als Leistungskontrolle oder zur weiteren Übung der Deutung von derartigen Naturgedichten können die **Arbeitsblätter 4 und 5, S. 70 und 74**, eingesetzt werden.

Es war, als hätt' der Himmel ... – Den Augenblick mit Bildern und Worten einfangen (S. 61 – 67)

In diesem Unterkapitel werden die Schüler angeleitet, Gedichte zunehmend selbstständiger zu analysieren. Die zu behandelnden Gedichte sind Naturgedichte. In ihnen geht es aber nicht nur, wie zuvor bei dem Gedicht „Fröhlicher Regen", um die Darstellung eines Naturgeschehens. Darüber hinaus bilden die Beobachtungen in diesen Naturgedichten eine Folie bzw. einen Spiegel der Empfindungen und der Situation des lyrischen Ichs. Neben der Gedichtanalyse liegt der zweite Schwerpunkt auf der Einführung und Übung der Bildbeschreibung.

→WB

Abendstimmungen – ein Bild und ein Gedicht untersuchen und vergleichen (S. 61 – 64)

Caspar David Friedrich: Zwei Männer bei der Betrachtung des Mondes (S. 61)
Wie Britting in seinem Gedicht geht es auch Caspar David Friedrich in seinen Natur- und Landschaftsdarstellungen darum, die Schönheit der Natur zu zeigen. Dabei sind bei ihm die Naturschönheiten ein Symbol für etwas Unfassbares und Metaphysisches. Der Einzelne begreift sich im andächtigen Betrachten der Natur als ein zu einem höheren Ganzen zugehöriges Wesen. Die Nähe zwischen bildender Kunst und Lyrik ist in der Romantik besonders deutlich. Das, was Friedrich in seinen Gemälden zeigt, „malt" Eichendorff in seinem Gedicht „Mondnacht" (S. 64) mit Worten aus. Um den Schülern diese Parallelen zu verdeutlichen, folgt die Behandlung des eichendorffschen Gedichts direkt nach der Beschreibung des Gemäldes von Caspar David Friedrich. Bei der Auseinandersetzung mit dem Gemälde werden die Schüler angeleitet, ein Bild Schritt für Schritt genau zu beschreiben. Am Ende erhalten sie Hilfen, ihre Bildbeschreibungen in eine angemessene schriftliche Form zu bringen.

Aufgabe 1
S. 61

Die Schülerinnen und Schüler beschreiben die dargestellte Situation (zwei Männer betrachten zusammen andächtig den Mond) und charakterisieren ihre Stimmung (friedvoll, harmonisch, schön traurig, andächtig ...). Sie tauschen sich frei über ihre Eindrücke, Gedanken und Gefühle zu dem Bild aus und erzählen von ähnlichen Situationen, die sie selbst erlebt haben (z. B.: am Meer sitzen, einen Sonnenuntergang beobachten, von einem Berg in das Tal blicken, den Sternenhimmel ansehen ...). Gemeinsam überlegen sie, warum solche Naturereignisse den Menschen so tief beeindrucken können (z. B.: Bewusstsein der eigenen „Kleinheit"; das Gefühl, das Meer/der Himmel seien unendlich ...).

Aufgabe 2
S. 62

Aus den vorgeschlagenen Schreibmöglichkeiten wählen die Schüler eine aus. Bei der Vorstellung der Ergebnisse liegt der Schwerpunkt auf der Situation der beiden Männer. Die Deutungen, die die Schüler in ihren Arbeiten vornehmen, können in folgendem **Tafelbild** gesammelt werden:

C. D. Friedrich: Zwei Männer bei der Betrachtung des Mondes (1819) – Die Situation, Gedanken und Gefühle der beiden Männer

innerer Monolog	Gedankenblasen	eigene Gedichte
↓	↓	↓

Die beiden Männer ...
- sind überwältigt von der Schönheit der Natur.
- genießen den Frieden.
- fühlen sich eins mit der Natur.
- freuen sich über den besonderen Anblick.
- fühlen sich einander nahe, weil sie das Gleiche erleben und fühlen.
- schweigen andächtig.
- haben alles andere (ihren Alltag) vergessen.
- ...

TAFELBILD

Aufgabe 3
S. 62

Der Werkzeugkasten auf S. 63 wird von den Schülern gelesen. Sie unterstreichen die wichtigsten Informationen zum Inhalt, zur Sprache und zum Aufbau einer Bildbeschreibung oder halten diese in einer Stichwortsammlung oder einer Mindmap in ihrem Heft fest. Danach untersuchen sie das Bild mithilfe des Werkzeugkastens und der in der Aufgabe vorgegebenen Gesichtspunkte. Die Ergebnisse halten sie in Stichworten fest. Folgende Stichwortsammlung könnten die Schüler dabei erstellen:

- **Künstler:** Caspar David Friedrich/**Titel des Bildes:** Zwei Männer bei der Betrachtung des Mondes/**Entstehungsjahr:** 1819/**Art des Bildes:** Ölgemälde
- **Überblick über den Bildinhalt:** Zwei Männer stehen einsam auf einem Hang und betrachten den Mond; sie sind von hinten zu sehen und stehen eng beieinander; der Mond bildet den Mittelpunkt des Bildes; ...
- **Wirkung des Bildes/Aussageabsichten:** friedvoll-harmonische und andächtige Stimmung; Schönheit der Natur zeigen; ...
- **Standpunkt des Betrachters:** Sein Standpunkt ist etwas weiter weg vom Geschehen; sein Blick ist auf die Bildmitte gerichtet; die Männer stehen mit dem Rücken zu ihm links von ihm; wie die Männer betrachtet er den Mond; ...
- **Aufbau des Bildes:** Der Mond ist das Zentrum des Bildes; er befindet sich in der Bildmitte und im Hintergrund; den Vordergrund bildet der Hang mit Felsbrocken, der in der unteren Bildhälfte zu sehen ist; die Männer zwischen den Bäumen befinden sich im Mittelgrund in der linken Bildhälfte; die Bäume am linken Bildrand und der Baum auf der rechten oberen Bildhälfte, deren Zweige die obere Bildhälfte bestimmen, bilden einen Rahmen um die beiden Männer mit dem Mond; ...
- **Haltung der Figuren:** Der eine Mann hat dem anderen die rechte Hand auf dessen linke Schulter gelegt; sie wirken isoliert, gebannt, ergriffen und überwältigt; ...
- **Farbgestaltung:** Zwischen dem Mond einerseits und der Natur und den Männern andererseits herrscht ein Hell-Dunkel-Kontrast; die dunklen, warmen Farben bewirken eine ruhige und melancholische Stimmung; ...

Aufgabe 4
S. 62

Die Schüler sortieren die genannten Adjektive danach, ob sie die Stimmung des Bildes zutreffend oder unzutreffend beschreiben. Sie können sie dazu unterstreichen oder in eine entsprechende Tabelle einordnen. Bei der Auswertung begründen sie ihre Entscheidungen und versuchen, noch weitere Adjektive zu finden, die die Wirkung und Stimmung des Bildes angemessen wiedergeben (z. B.: andächtig, etwas schwermütig, melancholisch, idyllisch ...).

Aufgaben 5 und 6
S. 62

Auf der Grundlage der zu den Aufgaben 1–4 erarbeiteten Ergebnisse formulieren die Schülerinnen und Schüler mögliche Aussagen und Wirkungsabsichten des Bildes wie z. B.: dem Betrachter die Schönheit, Größe und Besonderheit der Natur vor Augen zu führen oder ihm zu zeigen, dass eine solche Begegnung mit der Natur die Menschen für einen Moment von ihrem Alltag befreit und sie in eine andere Welt versetzt. Anschließend beurteilen sie das Bild und erklären, was ihnen daran gefällt bzw. nicht gefällt.

Aufgabe 7
S. 62

Die Schüler verfassen eine schriftliche Bildbeschreibung zu dem Gemälde. Dabei arbeiten sie wieder mit dem Werkzeugkasten auf S. 63. An den Bildbeschreibungen kann folgendermaßen weitergearbeitet werden: Die Schüler arbeiten in Kleingruppen und erhalten den Auftrag, ihre Bildbeschreibungen zu einer einzigen zusammenzufassen.

Joseph von Eichendorff: Mondnacht (S. 64)

In dem Gedicht erlebt das lyrische Ich die Natur in der Mondnacht als beglückend. Für einen Moment erlebt es sich in der Fantasie eins mit der Natur, fühlt sich in ihr geborgen, ruhig und harmonisch. Diese Deutungen können die Schüler entwickeln. Die religiösen Bezüge des Gedichts (Vorahnung eines ewigen Friedens bei Gott/Teilhabe des lyrischen Ichs an der Alleinheit eines pantheistisch gedachten Kosmos) liegen dagegen eher außerhalb der Verstehensmöglichkeiten der meisten Schülerinnen und Schüler.

Aufgabe 1
S. 64

Den Gedichtvortrag bereiten die Schüler in Kleingruppen mithilfe des Werkzeugkastens auf S. 51 vor. Sie einigen sich darauf, welche Stellen besonders betont werden, wie einzelne Passagen gesprochen werden sollen, und probieren verschiedene Sprechweisen aus. Einzelne Gedichtvorträge werden der ganzen Klasse vorgestellt. Alternativ kann die Lehrperson der Klasse zum Einstieg die Vertonung von Robert Schumann vorspielen. Eine andere Möglichkeit wäre, die Schüler Musik mitbringen zu lassen, die ihrer Meinung nach zu dem Gedicht passt. Im Unterrichtsgespräch tauschen sie sich dann darüber aus, inwieweit und warum ihrer Meinung nach das jeweilige Musikstück zur Untermalung des Gedichts geeignet ist.

Aufgabe 2
S. 64

Die Schülerinnen und Schüler arbeiten zu den in der Aufgabe genannten Punkten an dem Gedicht. Folgende Ergebnisse können sie dabei entwickeln:

- Die Natur wird als paradiesisch, idyllisch, friedlich und harmonisch beschrieben. Diese Wirkung der Natur wird hervorgerufen:
  a) durch die Personifizierungen des die Erde küssenden Himmels (V. 1–2) und der vom Himmel träumenden Erde (V. 3–4) und
  b) durch die Naturbeschreibungen, die die Sanftheit der Geräusche und Bewegungen betonen (V. 2: „still geküsst“; V. 6: „wogten sacht“; V. 7: „rauschten leis“) und
  c) mithilfe der Bilder „Mondnacht“, „sternklar war die Nacht“ (V. 8) und der metaphorischen Wortneuschöpfung „im Blütenschimmer“ (V. 3). Die Nacht ist nicht dunkel, sondern sie besitzt durch das Licht des Mondes, das Schimmern der Blüten und das Strahlen der Sterne eine traum- und zauberhaft wirkende Helligkeit.
- Diese besonderen Naturerlebnisse bewirken beim lyrischen Ich ein Gefühl der inneren Befreiung und des inneren Friedens. Dies wird deutlich in der Personifikation der

„Seele" (V. 9), die „[w]eit ihre Flügel" ausspannt (V. 10) und durch die „stillen Lande" (V. 11) gleitet. Im letzten Vers erfolgt ein Vergleich. Das lyrische Ich sagt, dass dieser Zustand, den die Naturerfahrungen bei ihm ausgelöst haben, so sei, als ob seine Seele „nach Haus" (Z. 12) fliegen würde. Die Metapher der Heimkehr der Seele werden die Schüler als besonders gesteigertes Glücksgefühl deuten.

- Der Wechsel der Modi strukturiert das Gedicht. Die wirklichen Naturerlebnisse (V. 5–8) und inneren Erfahrungen (V. 9–11) des lyrischen Ichs werden eingerahmt von vergleichenden irrealen Bildern (V. 1–4 und V. 12), mit denen das Geheimnisvolle und Übernatürliche an den Erfahrungen des lyrischen Ichs zum Ausdruck gebracht wird. Im ersten Vergleich empfindet das lyrische Ich eine unmögliche Harmonie der natürlichen Welt. Der Konjunktiv „als hätt'" (V. 1) zeigt an, dass sich diese absolute Harmonie nicht in der Natur, sondern in der Vorstellung des lyrischen Ichs vollzieht. Die Verse 5–11 stehen im Indikativ. Sie beschreiben die in der Wirklichkeit erlebten Erfahrungen des lyrischen Ichs. Der Konjunktiv des letzten Verses signalisiert dann, dass die Heimkehr der Seele ebenfalls nicht wirklich, sondern nur in der sehnsuchtsvollen Fantasie des lyrischen Ichs geschieht.

Die Ergebnisse der Gedichtuntersuchung und -besprechung können mithilfe des folgenden **Tafelbildes** festgehalten werden:

Joseph von Eichendorff: Mondnacht

Situation des lyrischen Ichs:
Es ist in einer Mondnacht im Sommer oder Frühjahr allein draußen in der Natur.

Strophe 1: <u>nicht wirkliche Vorstellungen</u> des lyrischen Ichs (= Vergleich: „als"/Konj. II „hätt'"):
- „Himmel" und „Erde" vereinigen sich
- alles ist harmonisch, idyllisch („Blütenschimmer"), paradiesisch

Strophe 2: <u>wirkliche Naturerfahrungen</u> des lyrischen Ichs (= Indikativ):
- laue Sommernacht (= Adjektive: „sacht", „leis", „sternklar"/Verben: „wogten", „rauschten")

Strophe 3: <u>wirkliche Erlebnisse</u> des lyrischen Ichs (= Indikativ):
V. 9–11 • innere Ruhe, Entspannung, Gefühl von Freiheit, ...
V. 12 <u>nicht wirkliche Vorstellung</u> des lyrischen Ichs (= Vergleich: „als"/Konj. II „flöge"):
- **Heimkehr der Seele** (= Personifizierung: „als flöge sie nach Haus")
  Deutung des Bildes:
  - Einssein mit der Natur
  - Erfahrung von besonderem Frieden und Glück
  - Vorahnung eines paradiesischen Zustands
  - ...

TAFELBILD

Aufgabe 3
S. 64

Die Schülerinnen und Schüler reflektieren die Arbeitsergebnisse zu Eichendorffs Gedicht und Friedrichs Gemälde. Folgende Parallelen können dabei z. B. herausgestellt werden:
- die harmonische Darstellung einer idyllischen Naturszenerie
- positive Naturerfahrungen des Individuums
- die Natur als Spiegel der Seele, Harmonie zwischen Mensch und Natur
- der Einzelne als ein zu einem höheren Ganzen zugehöriges Wesen ...
- Das, was Friedrich in seinen Gemälden zeigt, „malt" Eichendorff in seinem Gedicht „Mondnacht" mit Worten aus.

Die Ergebnisse können in einem **Tafelbild** gesichert werden:

C. D. Friedrichs „Zwei Männer bei der Betrachtung des Mondes" und J. von Eichendorffs „Mondnacht" – Gemeinsamkeiten zwischen Bild und Gedicht

C. D. Friedrich: Zwei Männer bei der Betrachtung des Mondes	**J. von Eichendorff: Mondnacht**
Stimmung: – friedvoll-harmonisch – andächtig – melancholisch – …	Stimmung: – friedlich – traumhaft – ruhig – …
Naturdarstellung: – wunderschön – überwältigend – idyllisch	Naturdarstellung: – wunderschön, „sanft" – paradiesisch – idyllisch
Verhältnis Natur – Mensch/Naturerlebnis: – Geborgenheit – Harmonie – …	Verhältnis Natur – Mensch/Naturerlebnis: – Harmonie – Gefühl der inneren Befreiung/des inneren Friedens – …

Das, was Friedrich in seinen Gemälden zeigt, „malt" Eichendorff in seinem Gedicht „Mondnacht" mit Worten.

TAFELBILD

Am Fenster – ein Bild beschreiben (S. 65)

Gustave Caillebotte: Junger Mann am Fenster (S. 65)
Die Schüler üben und wiederholen an diesem Beispiel selbstständig die Bildbeschreibung.

Aufgaben 1 und 2 S. 65

Anders als das Gemälde zuvor zeigt Caillebottes Darstellung eine Stadtszenerie und fungiert somit als Kontrapunkt. Dabei blickt der Betrachter der im Zentrum des Bildes stehenden Person über die Schulter und kann folglich seine Empfindungen miterleben und nachfühlen. Auch hier wird quasi – ganz im Sinne der Zwischenüberschrift – ein Augenblick in Bildern eingefangen. Nach einer Phase des spontanen Austausches über die ersten Eindrücke beschreiben und untersuchen die Schüler in kleinen Gruppen mithilfe des Werkzeugkastens auf S. 63 und der Leitfragen von Aufgabe 3–7 auf S. 62 das Gemälde selbstständig. Es empfiehlt sich, dass die Schüler das Bild länger aus einiger Entfernung betrachten. Sie können z. B. auf folgende Punkte eingehen:

- **Bildaufbau:** Zweiteilung ➔ Vordergrund: Mann, der in einem Zimmer steht und aus dem Fenster schaut ➔ Hintergrund: Blick auf einen Boulevard, der umgeben ist von mehrstöckigen Gebäuden und einigen Bäumen …
- **Farbgebung:** Hell-Dunkel-Kontrast: das Zimmer und die Person sind in dunklen Farben gehalten (purpur, schwarz, dunkelblau); der Boulevard und die Häuser leuchten dagegen hell, hier dominieren die Farben weiß, beige, hellblau und grün; …
- **Figuren:** ein Mann befindet sich im Zentrum des Bildes; er trägt einen Anzug; er steht mit dem Rücken zum Betrachter und blickt aus dem Fenster; die Haltung wirkt selbstbewusst, die Beine sind leicht gespreizt, die Hände in den Sakkotaschen; auf der Straße befinden sich eine Frau sowie zwei Kutschen mit Kutscher; …

- **mögliche Wirkungs- und Aussageabsichten:** Darstellung einer idyllischen, schönen Stadtszenerie; die Häuserschluchten werden nicht als Bedrohung oder Bedrückung wahrgenommen; Ausdruck von Modernität – Darstellung einer (für die Zeit) modernen Großstadt; Harmonie zwischen Stadt und Mensch (Darstellung eines modernen, selbstbewussten Stadtmenschen); ...

„Einsam das Haus ...“ – Moderne Gedichte beschreiben und deuten (S. 66–67)

Arno Holz: Draußen die Düne (S. 66)

Mit diesem Gedicht werden die Schüler an die Auseinandersetzung mit moderner Lyrik herangeführt, die sich bewusst von traditionellen Vorstellungen darüber, was ein Gedicht sei, absetzt. Das Gedicht besteht aus assoziativ aneinandergereihten Eindrücken des lyrischen Ichs und erinnert in seiner Gestaltung an die Gedankenstromtechnik.

Aufgaben 1 und 2 S. 66

Es werden der Klasse einige, möglichst unterschiedliche, Gedichtvorträge vorgestellt und besprochen. Die Schüler beschreiben die Stimmung, die Gefühle und die Situation. Dabei können sie auf folgende Punkte eingehen:

- Das lyrische Ich befindet sich in einem „Haus“ (V. 1) am Meer und schaut durch ein Fenster auf eine Düne und das dahinterliegende Meer. Draußen regnet es. Der Himmel ist stark bewölkt und die See ist dunkel. Die ganze Natur wirkt düster und „grau“ (V. 13).
- Genauso schlecht wie das Wetter draußen ist, fühlt sich das lyrische Ich. Es fühlt sich allein und „[e]insam“ (V. 1). Alles erscheint ihm „eintönig“ (V. 1) und sinnlos: „Nichts./ Alles vorbei“ (V. 9–10). Die Entsprechung zwischen Natur und Stimmung des lyrischen Ichs wird verdeutlicht, indem das Farbadjektiv „grau“, das Trostlosigkeit symbolisiert, sowohl auf die Natur als auch auf das lyrische Ich bezogen wird: „Grau der Himmel,/grau die See/und grau/das Herz.“ (V. 11–14) Wie in dem vorherigen Gedicht steht das „Herz“ (V. 14) hier metaphorisch für das Innere des lyrischen Ichs. Die Eintönigkeit und Monotonie, die das lyrische Ich empfindet, spiegelt sich sowohl in der Beschreibung der Natur als auch auf der Ebene der sprachlichen Gestaltung in der Wortwiederholung und dem elliptisch-parataktischen Satzbau wider.

Aufgabe 3 S. 66

Bei dem Vergleich mit dem Gedicht „Mondnacht“ von Eichendorff benennen die Schüler zunächst die Unterschiede auf der formalen Ebene:

- kein festes Metrum und Reimschema,
- keine feste Strophenform.

Gemessen an solch traditionellen Formmerkmalen ist der Text von Holz aus der Sicht der Schüler möglicherweise zunächst kein Gedicht. Dann sammeln sie Merkmale, die die beiden Texte zu Gedichten machen. Gemeinsam ist beiden eine höchst kunstvolle und gefühlvolle Sprache, die durch die Verwendung von Metaphern, Vergleichen, Alliterationen, anschaulichen Beschreibungen u. a. Mitteln charakterisiert ist. Durch diese besondere Sprache werden in beiden Gedichten die subjektiven Empfindungen, Stimmungen und Erlebnisse des lyrischen Ichs verdichtet und für den Leser nachvollziehbar gemacht. Wenn man Ge-**dichte** als Texte definiert, in denen subjektive Erfahrungen mithilfe einer besonders kunstvoll gestalteten und bildlichen Sprache ver**dichtet** werden, sind beide Texte Gedichte. Beide Gedichte haben zudem die Gemeinsamkeit, dass sie die besondere Verbundenheit des Menschen mit der Natur thematisieren und verdeutlichen. In den Naturerlebnissen spiegeln sich in beiden Gedichten in Versform die inneren Zustände des lyrischen Ichs wider. Bei Eichendorff dominieren dabei positive Empfindungen, die mit der entsprechenden Naturdarstellung korrespondieren. Bei Holz korrespondieren dagegen Eintönigkeit und Farblosigkeit der Natur mit der bedrückten Stimmung des lyrischen Ichs.

Aufgabe 4
S. 66

Beim Schreiben der Gegengedichte orientieren sich die Schüler an der Zeilengestaltung von Arno Holz. Sie verändern die von Holz vorgegebenen Bilder, Eindrücke bzw. Wörter und Wortgruppen so, dass eine positive Stimmung zum Ausdruck kommt. Mithilfe des **Arbeitsblattes 2, S. 65**, können die Schüler nach dem Verfahren, das sie bei den Gedichten von Arno Holz kennengelernt haben, weitere eigene Gedichte schreiben.

Bertolt Brecht: Der Rauch (S. 67)

Wie bei Arno Holz setzt das Gedicht mit assoziativ wirkenden Wahrnehmungen des Sprechers des Gedichts ein. Er sieht ein kleines „Haus unter Bäumen am See" (V. 1). Weiter fällt ihm auf, dass „Rauch" (V. 2) aus dem Schornstein aufsteigt. Das Haus ist offensichtlich bewohnt, die Menschen haben es dort warm und sind in ihm geborgen. Darüber reflektiert der Sprecher im letzten Satz. Er stellt sich vor, dass der Rauch in dem zuvor evozierten Bild „[f]ehlte" (V. 3). Dann wäre dies ein Zeichen, dass das Haus verlassen wäre. Keine Menschen wären dort anzutreffen. In seinem Gedankenexperiment wird sich der Sprecher darüber bewusst, dass erst die Anwesenheit der Menschen das Haus und seine Umgebung zu einem tröstlichen Lebensraum macht. Ohne den Rauch wäre der Ort „trostlos" (V. 4). Der Rauch wird zum Symbol für Zuflucht, menschliche Wärme, Heimat, Sicherheit und Geborgenheit.

Aufgabe 1
S. 67

Die Schülerinnen und Schüler bestimmen die Form des Verbs und klären, dass der Konjunktiv II darauf hinweist, dass der Sprecher des Gedichts sich etwas vorstellt. Dann beschreiben sie, dass er sich das Haus ohne Rauch vorstellt, und klären, was dem Sprecher dadurch bewusst wird. Die Ergebnisse dieser Deutungen können in folgendem **Tafelbild** gesichert werden:

Bertolt Brecht: Der Rauch

Haus mit Rauch (V. 1–2) = Symbol für ...	Haus ohne Rauch (V. 3–4) = Symbol für ...
• Geborgenheit • Wärme • Gemeinschaft • Heimat • nach Hause kommen • ...	• Trostlosigkeit • Einsamkeit • Verlassenheit • sich fremd fühlen • ...

Der Sprecher stellt sich etwas anderes vor, als er sieht (V 3: „[f]ehlte" der Rauch = Konj. II). So erkennt er, wie wichtig es für ihn ist, dass Menschen an diesem Ort leben.

TAFELBILD

Aufgabe 2
S. 67

Die Erfahrungen des Sprechers sind von Brecht auf das Äußerste verdichtet worden. Der abschließende Auftrag, aus der Sicht des Sprechers einen Tagebucheintrag oder einen Brief über den Anblick des Hauses zu schreiben, fordert die Schüler auf, möglichst vieles von dem, was zwischen den Zeilen gesagt wird, zu erläutern.

Hermann Hesse: Blauer Schmetterling (S. 67)

Das lyrische Ich beschreibt einen blauen Falter, dessen Farben im Sonnenlicht glitzern und flimmern. Der Schmetterling bleibt nur kurz im Sichtfeld des lyrischen Ichs. Seine Schönheit erfüllt das lyrische Ich aber so sehr, dass der Falter zum Symbol für das Glück wird. Wie der Schmetterling, so ist auch dieses Glück immer nur für Augenblicke zugänglich. Es lässt sich nicht auf Dauer halten, sondern kommt „geweht" (V. 2), „flimmert" (V. 4) für einen Moment im Leben und vergeht.

Aufgabe 1
S. 67

Das Gedicht muss folgendermaßen vervollständigt werden:
V. 2: „Falter"/V. 3: „Schauer"/V. 4: „vergeht"/V. 7: „Glück"/V. 7: „winken"/V. 8: „flimmern"

Aufgabe 2
S. 67

Die Schüler erläutern, dass das lyrische Ich von der Schönheit des Schmetterlings überwältigt ist. Für einen kurzen Moment gibt es für das lyrische Ich nichts anderes mehr als das blinkende Farbenspiel der Schmetterlingsflügel. Die Gemeinsamkeit des Glücks mit dem Schmetterling sieht das lyrische Ich in der Schönheit und Flüchtigkeit (vgl. V. 4 und 8).

Aufgabe 3
S. 67

An dem Gedicht werden die einzelnen Methoden der Gedichtanalyse noch einmal geübt. Dabei arbeiten die Schüler selbstständig mithilfe der Werkzeugkästen in diesem Kapitel. Die Untersuchungsergebnisse der Schülerinnen und Schüler können folgende Punkte umfassen:

- **Form und Metrum:** Daktylen und Trochäen bestimmen das Gedicht metrisch. Es besitzt keine voneinander abgesetzten Strophen. Es lässt sich aber in zwei ähnlich gebaute Sinnabschnitte zu je vier Versen einteilen. Im ersten Teil (V. 1–4) beschreibt das lyrische Ich den Anblick des Falters. Im zweiten Teil erfolgt die Deutung dieses Anblicks als Glücksmoment (V. 5–8). Die Reimordnung besteht durchgehend aus Kreuzreimen. Die regelmäßige Form entspricht der in dem Gedicht beschriebenen Schönheit des Falters und des Glücks.
- **Sprachliche Gestalt:** Die Vielzahl von Alliterationen und Anaphern hat ebenfalls eine harmonische Wirkung. Die Schönheit des Schmetterlings und des Glücks werden durch anschauliche Verben (glitzern/flimmern) und Adjektive (blau/perlmuttern) sowie Wortneuschöpfungen (flügelt/Augenblicksblinken) verdeutlicht. Die Metapher „Augenblicksblinken" (V. 5) stellt wie die Beschreibung „[s]o im Vorüberwehn" (V. 6), die Wiederholung des Verbs „vergehen" (V. 4 und 8) und die Erwähnung des „Wind[es]" (V. 2) die Flüchtigkeit des Glücksmoments heraus.
- **Sprachliche Bilder:** Auffällig ist die Personifizierung des Glücks (vgl. V. 7). Sie drückt aus, dass das Glück eine Macht ist, die den Menschen ergreift. Es bestimmt, wann und wem es winkt.

Die Ergebnisse der Gedichtuntersuchung werden vorgestellt. Abschließend formulieren die Schüler mögliche Aussage- und Wirkungsabsichten und beurteilen das Gedicht.

Als Leistungsüberprüfung oder zur weiteren Übung können die **Arbeitsblätter 6 bis 8, S. 77, 80 und 83**, eingesetzt werden.

Die Lösungen zu den **Übungen zur Lernkontrolle** (S. 68–69) befinden sich im Anhang des Schülerbandes auf den Seiten 387–388.

Sich mithilfe eines Lexikonartikels informieren

Volkslied

Der Name „Volkslied“ erscheint zum ersten Mal in der 2. Hälfte des 18. Jahrhunderts. Geprägt wurde er von dem deutschen Dichter Johann Gottfried Herder (1744–1803). Zunächst bezeichnete man damit Lieder und Gedichte, die im Volk mündlich überliefert wurden. Herder glaubte wie andere Gelehrte und Dichter auch, dass sich der Charakter eines Volkes in solchen Liedern am reinsten zeige. Er sammelte deshalb Volkslieder in vielen Sprachen, übersetzte sie und gab sie heraus.
Nach dem Tod Herders nahm eine Gruppe von Dichtern, die Romantiker, die Gedanken Herders auf und führte sein Werk fort. Sie sammelten ebenfalls Volkslieder und veröffentlichten sie. Die bekannteste Volksliedsammlung, die damals entstand, wurde von Achim von Arnim und seinem Freund Clemens Brentano herausgegeben. Sie trägt den Titel „Des Knaben Wunderhorn“ (1805/08). Die romantischen Dichter ahmten die Form der Volkslieder nach und schrieben Gedichte im Stile dieser Volkslieder. Einige dieser Gedichte wurden dann wieder zu Volksliedern (z. B. „Wem Gott will rechte Gunst erweisen“ von Joseph von Eichendorff oder „Der Mond ist aufgegangen“ von Matthias Claudius).
Gegen Ende des 19. Jahrhunderts verloren die Volkslieder an Bedeutung. Die Kinder lernten sie zwar oft noch in der Schule, aber in der Literatur spielten sie keine Rolle mehr. Zunehmend wurden sie durch den Schlager ersetzt.
Das entscheidende Merkmal der Volkslieder ist die mündliche Überlieferung. Im Gegensatz zum Schlager können ihre Herkunft und ihre Verfasser nicht geklärt werden. Außer der mündlichen Überlieferung und ihrer volkstümlich-schlichten Sprache besitzen Volkslieder nur wenige Gemeinsamkeiten. Die Form von Volksliedern kann sehr unterschiedlich sein. Oft besitzen sie Strophen, meist sind sie gereimt und häufig haben sie einen Refrain. Sie enthalten auffällig oft unreine Reime (z. B.: Haus – schaust/fließen – grüßen), und das Metrum ist oft unregelmäßig. In den meisten Volksliedern steht das Aussprechen von elementaren Gefühlen und Gedanken im Vordergrund, das durch die Melodie unterstützt wird. Immer geht es um Erfahrungen, die die Menschen zu allen Zeiten gemacht haben. Die Themen sind vielfältig und reichen von Naturempfindungen (z. B. Sehnsucht nach dem Frühling) bis zu menschlichen Grunderfahrungen (z. B. Liebe und Leid, Schmerz und Freude oder Trennung und Tod). Alles konnte und ist im Volkslied behandelt worden.

(Nach: Heinrich Pleticha; dtv junior Literatur-Lexikon, Berlin 1996, S. 84ff.)

1 Lies den Lexikonartikel und entnimm ihm die Informationen, die du über die Gattung des Volkslieds erhältst. Schreibe die Informationen stichwortartig heraus.

2 Bezieh diese Informationen aus dem Text auf das Volkslied „Wenn ich ein Vöglein wär“ (S. 48). Welche Merkmale weisen darauf hin, dass es sich um ein Volkslied handelt?

Sich mithilfe eines Lexikonartikels informieren

Aufgabe 1

Das Volkslied vom Anfang des 18. bis zum Ende des 19. Jahrhunderts (Z. 1–18)

- Der Name „Volkslied“ wurde durch Johann Gottfried Herder in der zweiten Hälfte des 18. Jahrhunderts geprägt.
- Bezeichnung von durch das Volk überlieferten Gedichten und Liedern – Sammlung von Volksliedern in verschiedenen Sprachen durch Herder.
- Fortsetzung der Arbeit von Herder durch die Romantiker
- bekannteste Volksliedsammlung in der Romantik: „Des Knaben Wunderhorn“ (1805/1808) von Clemans Brentano und Achim von Arnim – Romantiker verfassen selbst Gedichte im Stil der Volkslieder
- Einige dieser Gedichte wurden wieder zu Volksliedern (z. B. Eichendorffs „Wem Gott will rechte Gunst erweisen“).
- Verlust der Bedeutung der Volkslieder gegen Ende des 19. Jahrhunderts
- Ersatz der Volkslieder durch den Schlager

Merkmale und Themen der Volkslieder (Z. 19–31)

- Die mündliche Überlieferung ist das entscheidende Merkmal des Volksliedes (= keine Möglichkeit der Klärung von Herkunft und Verfasser).
- volkstümlich-schlichte Sprache als weitere Gemeinsamkeit
- unterschiedliche Formen (aber oft: Strophenform, gereimt, unregelmäßiges Metrum, unreine Reime, Refrain)
- vielfältige Themen von Naturempfindungen bis menschliche Grunderfahrungen (= Aussprechen grundlegender Gefühle, Gedanken und Erfahrungen, die Menschen zu allen Zeiten gemacht haben)

Aufgabe 2

(s. auch Lösungen zu Aufgabe 5, S. 48, Lehrerband S. 43)
Folgende in dem Lexikonartikel „Volkslied“ aufgeführten Merkmale des Volksliedes zeigen, dass es sich bei dem Gedicht „Wenn ich ein Vöglein wär“ auf S. 48 in P.A.U.L. D. 7 um ein Volkslied handelt:

- Strophenform
- unregelmäßiges Reimschema
- volkstümlich-schlichte Sprache (einfache Wortwahl, leicht erschließbare Bildlichkeit, umgangssprachliche Wendungen)
- menschliche Grunderfahrung als Thema (Sehnsucht nach dem Partner, Trennungsschmerz, Trost durch Erinnerung an vergangenes Liebesglück)
- ...

Einen Prosatext in ein modernes Gedicht umformen

Sarah Kirsch (geb. 1935 – 2013)
Nebel

Den ganzen Tag mühte sich die Sonne vergeblich, den Nebel zu durchdringen, manchmal stand sie kurz vor dem Sieg, aber stets verdichtete sich das stumpfe Weiß, und ab Mittag war deutlich zu erkennen, daß sie nicht mehr zum Zuge gelangen würde, da doch der letzte Windstoß verebbte, jeglicher Hauch über dem Nordmeer einschlief, wodurch die Gegenwart ein noch vergänglicheres Wesen erhielt als an gewöhnlichen Tagen. Man konnte gerade eine Koppel weit sehen, und die Größenverhältnisse hatten sich dermaßen verschoben, daß die schulfreien Kinder, die mit Schlittschuhen auf den schmalen Gräben sich mühten, wie Riesen, dann wie Mäuse erschienen, und ihre Stimmen verfingen sich ineinander und in den Nebeltüchern, drangen von allen Seiten auf mich ein, bis ich sie endlich hinter mich brachte. Ich orientierte mich an den spärlichen Weidenbüschen und erreichte das Gasthaus.

Forme den Text von Sarah Kirsch in ein modernes Naturgedicht um.
Du kannst dazu Wörter, Wortgruppen oder Sätze des Prosatextes auslassen, verändern oder ergänzen. Gestalte dein Gedicht in Strophen und Versen und gib ihm eine eigene Überschrift.

Ein Gedicht ergänzen, beschreiben und deuten

Lorenz Pauli (geb. 1967)
Könnt' ich eine Blume sein

Manchmal liege ich im Gras,

denke dies und denke das:

______________ ich eine Blume sein (können)

______________ ich klein und ______________ fein. (sein) (schwanken)

Durch die sonnenwarme Luft

______________ Bienen meinen Duft, (riechen)

______________ rund um meinen Kopf, (fliegen)

als ______________ ich ein Honigtopf. (sein)

Und was fast noch schöner ______________ (sein)

Es ______________ ein Schmetterling daher (kommen)

______________ ein und ______________ sich (halten) (setzen)

denn die schönste Blume ______________ ich. (sein)

Doch der Schmetterling kaum dort,

______________ ab und ______________ fort, (heben) (fliegen)

Ach, der Schmetterling kaum dort,

______________ ab und ______________ fort. (heben) (fliegen)

(Aus: Linard Bardill/Lorenz Pauli: Gucken, was der Mond so macht. 22 Kinderlieder, Jumbo Neue Medien und Verlag GmbH. Hamburg 1999)

1 Vervollständige das Gedicht. Bei den Platzhaltern musst du die einfachen Konjunktiv II-Formen zu den Verben, die neben den Versen stehen, ergänzen.

2 Verfasse zu dem Gedicht eine Gedichtbeschreibung und -deutung mit Einleitung, Hauptteil und Schluss. Untersuche dazu zunächst das Gedicht. Achte dabei auf folgende Punkte:

- Welche Form besitzt das Gedicht (Strophenzahl, Verseinteilung, Reimordnung, Metrum ...)?
- Worum geht es inhaltlich in dem Gedicht (Gedanken, Gefühle, Situation des lyrischen Ichs ...)?
- Welche sprachlichen Mittel werden mit welcher Wirkung eingesetzt (sprachliche Bilder, Wortwahl, Wiederholungen, ungewöhnliche Wortformen ...)?

Bewertungsbogen zur Leistungsüberprüfung/Klassenarbeit

Name:	
Schulhalbjahr/Datum:	
Klasse:	
Fachlehrer/in:	
Thema der Unterrichtsreihe:	Wünsche, Träume und Gefühle suchen Worte – Gedichte
Thema der Klassenarbeit:	Ein Gedicht ergänzen, beschreiben und deuten
Aufgaben:	s. Arbeitsblatt 3

A Inhaltliche Leistungen

Aufgabe 1

	Du hast das Gedicht zutreffend vervollständigt.	**maximale Punktzahl**	**erreichte Punktzahl**
1	Dazu hast du folgende einfache Konjunktiv II-Formen in die Lücken eingesetzt: – V. 3: könnte – V. 4: wäre; schwankte – V. 6: röchen – V. 7: flögen – V. 8 u. V. 9: wäre – V. 10: käme – V. 11: hielte; setzte – V. 12: wäre – V. 14 u. V. 16: höbe; flöge	12	
	Gesamtpunktzahl für Aufgabe 1	**12**	

Aufgabe 2

	Du hast auf der Grundlage deiner Textuntersuchung zu dem Gedicht eine Gedichtbeschreibung und -deutung verfasst.	**maximale Punktzahl**	**erreichte Punktzahl**
1	Du hast alle Angaben in der Einleitung gemacht: – Textart: Gedicht – Titel: Könnt' ich eine Blume sein – Autor: Lorenz Pauli – Jahr der Veröffentlichung: 1999 – Thema: Wunsch- bzw. Tagtraum des lyrischen Ichs darüber, welche Erlebnisse es hätte und wie glücklich es wäre, wenn es sich in eine Blume verwandelte	6	

2	Du hast am Anfang des Hauptteils zunächst die Form des Gedichtes zutreffend beschrieben: – vier Strophen zu je vier Versen – Reimschema: Paarreim (aabb/ccdd) außer bei den ersten zwei Versen der dritten Strophe (ef/gg); Wiederholung des Paarreims in der vierten Strophe (hh/hh) – Metrum: regelmäßig jambisch	8	
3	Du hast dann im Hauptteil den Inhalt des Gedichtes zutreffend wiedergegeben: – Strophe 1: Das lyrische Ich liegt im Sommer auf einer Wiese, träumt vor sich hin und stellt sich dann vor, wie schön es wäre, eine Blume zu sein. – Strophe 2: Es fantasiert, wie es dann von den Bienen umschwirrt werden würde. – Strophe 3: Dann fällt dem lyrischen Ich ein, dass es ihm noch besser gefallen würde, wenn statt der Bienen sich ein Schmetterling auf es als Blume setzen würde. – Strophe 4: Das lyrische Ich malt sich aus, wie der Schmetterling kurz bei ihm als Blume verweilte und nach kurzer Dauer ihn wieder verließe und fortflöge.	12	
4	Du hast Besonderheiten der sprachlichen Gestaltung des Gedichtes beschrieben und ihre Wirkung und Bedeutung im Zusammenhang mit dem Inhalt des Gedichtes gedeutet. Dabei bist du z. B. auf folgende Punkte eingegangen: Sprachliche Bilder: a) Blumenmetaphorik = Glück des lyrischen Ichs, eins mit der Natur zu sein; Begeisterung darüber, dass es dann so schön („klein"/„fein") wäre, dass alle sich um es reißen würden (Bienen/Schmetterlinge) ... b) Vergleich: V. 8: „als wäre ich ein Honigtopf." = Bild für die Schönheit und Attraktivität des lyrischen Ichs als Blume c) Verweilen und Wegfliegen des Schmetterlings = Bild für einen intensiven Glücksmoment, der aber wie jedes Glück flüchtig ist und nicht andauern kann d) ... Ungewöhnliche Wortformen: a) einfache Konjunktiv II-Formen: unterstützen sprachlich die friedlich-idyllische Stimmung; Verdeutlichung, dass es sich um einen Wunschtraum handelt b) ... Wiederholungen: a) V. 2: „denke": Verdeutlichung der Situation auf der Wiese und des Tagtraumcharakters des Gedichts b) V. 14 u. 16: Verdeutlichung der Flüchtigkeit des Glückmomentes	12	
5	Du hast am Schluss deiner Gedichtbeschreibung und -deutung die wichtigsten Aussagen und mögliche Wirkungsabsichten zusammengefasst. Dabei bist du z. B. auf folgende Punkte eingegangen: – Das Gedicht stellt eine Wunschfantasie (= Erlebnisse als Blume) des lyrischen Ichs dar. – Es stellt einen Moment des Glückes dar (= Kommen und Weiterfliegen des Schmetterlings). – Das lyrische Ich ist so eins mit der Natur, als es auf der Wiese liegt, dass es sich diese Einheit weiter ausmalt. – ...	8	

6	Du beendest deine Gedichtbeschreibung und -deutung, indem du kurz erklärst, was du an dem Gedicht wichtig findest und/oder was dir an dem Gedicht gefällt oder nicht gefällt.	4	
	Gesamtpunktzahl für Aufgabe 2	**50**	
A	**Gesamtpunktzahl**	**62**	

B Darstellungsleistungen

		maximale Punktzahl	erreichte Punktzahl
1	Deine Rechtschreibung, Zeichensetzung und Grammatik sind fehlerfrei.	10	
2	Du formulierst genau, sachlich und beachtest das Präsens.	4	
3	Du formulierst syntaktisch angemessen. Dein Satzbau ist sicher und abwechslungsreich.	3	
4	Deine Gedichtbeschreibung und -deutung ist durchgehend nachvollziehbar, schlüssig und verständlich.	4	
B	**Gesamtpunktzahl**	**21**	
	Gesamtpunktzahl A und B	**83**	

Die Klassenarbeit wird mit der Note

bewertet.

Datum Unterschrift

Zuordnung der Punkte zu den Notenstufen

Note	Punkte
sehr gut	83–72
gut	71–61
befriedigend	60–49
ausreichend	48–37
mangelhaft	36–16
ungenügend	15–0

Ein Gegengedicht beschreiben, deuten und mit dem Original vergleichen

Alexander May
Scheußlicher Regen

Wie der Regen tropft, mit Macht,
An die Scheiben kracht!
Jeder Strauch voll feuchter Fracht.

Wie der Regen lärmt!
In den Blättern aufgeschwärmt
Tödliche Hornissen.
Durch das Gras kämpft sich
Wie Panzer durch Narzissen,
Ein feuchter Wüterich.

Das stürmische Wasser rast
In mein schönes Heim
Der Teppich ist schon nass,
Und jetzt auch schon mein Bein
Doch ohne jede Hast
Dringt's in das Zimmer ein.

Und der Sonnenfresser
Der Stimmungenerpresser,
Hosenbeinbenässer
Fauchend fasst er an mein Eigentum
Wütend schnaubend in dem trüben Schlammgewässer.

Und höhnisch lacht er mit seiner Monsterfratze
Mit trüben Tränen in meine Schlafmatratze.

1 Verfasse eine schriftliche Beschreibung und Deutung des Gedichts mit Einleitung, Hauptteil und Schluss.

- Untersuche dazu das Gesicht zunächst. Achte dabei auf die Überschrift, die Form, den Inhalt sowie die sprachlichen Mittel und Bilder, mit denen der Regen dargestellt wird, und ihre Bedeutung und Wirkung.
- Überlege dir auch, welches die wichtigsten Aussagen des Gedichtes sind und was für mögliche Wirkungsabsichten das Gedicht hat.

2 Alexander May sagt über sein Gedicht: „Es ist ein Negativgedicht zu ‚Fröhlicher Regen' von Georg Britting." Erkläre diese Aussage.

Bewertungsbogen zur Leistungsüberprüfung/Klassenarbeit

Name:	
Schulhalbjahr/Datum:	
Klasse:	
Fachlehrer/in:	
Thema der Unterrichtsreihe:	Wünsche, Träume und Gefühle suchen Worte – Gedichte
Thema der Klassenarbeit:	Ein Gegengedicht beschreiben, deuten und mit dem Original vergleichen
Aufgaben:	s. Arbeitsblatt 4

A Inhaltliche Leistungen

Aufgabe 1

	Du hast eine schriftliche Beschreibung und Deutung des Gedichts „Scheußlicher Regen" von Alexander May verfasst.	**maximale Punktzahl**	**erreichte Punktzahl**
1	Du hast alle Angaben in der Einleitung zutreffend gemacht: – Textart: Gedicht – Titel: „Scheußlicher Regen" – Autor: Alexander May – Thema: Darstellung eines scheußlichen Unwetters mit starkem Regen	6	
2	Du hast am Anfang des Hauptteils zunächst die Form des Gedichts zutreffend beschrieben: – fünf Strophen mit verschiedener Versanzahl (Strophe 1 = 3 Verse/Strophe 2 u. 3 = 6 Verse/Strophe 4 = 5 Verse/Strophe 5 = 2 Verse) – unregelmäßige Verslängen mit zunehmender Länge gegen Ende des Gedichts (= Abbildung des stürmischen Wetters und Zunahme des Regens) – ebenfalls unregelmäßiges Metrum (= passend zum beschriebenen Unwetter) – Reimschema der ersten drei Strophen = Kreuzreim/Auflösung des Kreuzreims in den letzten beiden Strophen (= Abbildung der beschriebenen Zerstörung durch den Regen)	8	
3	Du gibst den Inhalt des Gedichts zutreffend wieder: – Strophe 1: Beschreibung, wie der starke Regen auf die Fenster trifft und die Pflanzen niederdrückt – Strophe 2: Beschreibung der Zunahme des Regens, der stürmisch lärmt, die Insekten wie die Hornissen aufschreckt und das Gras schon völlig überschwemmt hat – Strophe 3: Beschreibung der Zunahme der zerstörerischen Wirkung des Regens, der mit Wucht in das Haus des lyrischen Ichs eingedrungen ist, wo das Wasser unwiderstehlich in alle Räume eindringt und das Haus durch das Unwetter langsam überschwemmt wird – Strophe 5: Beschreibung der Zunahme der Zerstörung in dem Haus des lyrischen Ichs, wo der Regen und das Unwetter mit Gewalt alles Eigentum vernichtet und unaufhaltsam Massen von „Schlammgewässer[n]" (V. 20) eindringen – Strophe 6: Beschreibung, dass sich das lyrische Ich von dem Regen, der alles in seinem Heim zerstört hat, verhöhnt fühlt und dass es den Regen als gemeines „Monster[.]" (V. 21) erlebt	15	

4	Du hast beschrieben, mit welchen sprachlichen Mitteln der Regen dargestellt wird und welche Wirkung und Bedeutung sie im Zusammenhang mit dem Inhalt des Gedichtes besitzen. Dabei bist du z. B. auf folgende Punkte eingegangen: – Die Überschrift verdeutlicht schon, wie der Regen vom lyrischen Ich erlebt und vom Leser gesehen werden soll, nämlich als „scheußlich". – Die unregelmäßige Form des Gedichtes bildet die zerstörerische Wirkung des Regens ab. – Die Metaphern für den Regen (z. B. V. 9: „Wüterich", V. 16: „Sonnenfresser", V. 18: „Hosenbeinbenässer", V. 21: „Monsterfratze") verdeutlichen die Scheußlichkeit und Zerstörungswut des Regenunwetters. – Die zerstörerische Kraft des Regens, gegen die es kein Mittel gibt, wird durch die Verben und die Personifizierung des Regens verdeutlicht. Der Regen z. B. „kracht" (V. 2), „lärmt" (V. 4), „kämpft sich [durch das Gras] (V. 7), „rast" (V. 10). – Die Bedrohung, die von dem Regen ausgeht, wird durch den Vergleich „[w]ie [ein] Panzer" (V. 8), die Partizipien „Fauchend" (V. 19) und „Wütend schnaubend" (V. 20) sowie die Beschreibung der durch den Regen aufgeschreckten Hornissen als tödlich (vgl. V. 6) verdeutlicht. – Die Ohnmacht des lyrischen Ichs gegenüber dem Unwetter, das sein Heim zerstört, und seine Niedergeschlagenheit zeigen sich in den Bildern des höhnischen Lachens (vgl. V. 21) und der „trüben Tränen" (V. 22).	15	
5	Du hast am Schluss deiner Gedichtbeschreibung und -deutung die wichtigsten Aussagen und Wirkungsabsichten zusammengefasst. Dabei bist du z. B. auf folgende Punkte eingegangen: – Das Gedicht stellt ein zerstörerisches und scheußliches Unwetter dar, das das Haus des lyrischen Ichs zerstört. – Dem Leser wird der Regen als Beispiel für die Naturgewalten, gegen die der Mensch hilflos ist, vor Augen gestellt. – ...	8	
6	Du beendest deine Gedichtbeschreibung und -deutung, indem du kurz erklärst, was du an dem Gedicht wichtig findest und/oder was dir an dem Gedicht gefällt oder nicht gefällt.	5	
	Gesamtpunktzahl für Aufgabe 1	**57**	

Aufgabe 2

	Du hast die Aussage von Alexander May: „Es ist ein Negativgedicht zu ‚Fröhlicher Regen' von Georg Britting" zutreffend erklärt.	**maximale Punktzahl**	**erreichte Punktzahl**
1	Dabei bist du auf folgende Punkte eingegangen: – Der Regen wird in den beiden Gedichten gegensätzlich dargestellt. Britting verdeutlicht dem Leser die Schönheit einer solchen Naturgewalt, während May die zerstörerische Kraft und die Bedrohung des Menschen durch die Natur betont. – May gestaltet sein Gedicht in Bezug auf die äußere Form wie Britting. Die Metaphern und sprachlichen Mittel, mit denen der Regen dargestellt wird, haben dann aber eine gegensätzliche Bedeutung. – ...	8	
	Gesamtpunktzahl für Aufgabe 2	**8**	
A	**Gesamtpunktzahl**	**65**	

B Darstellungsleistungen

		maximale Punktzahl	erreichte Punktzahl
1	Deine Rechtschreibung, Zeichensetzung und Grammatik sind fehlerfrei.	10	
2	Du formulierst genau, sachlich und beachtest das Präsens.	5	
3	Du formulierst syntaktisch angemessen. Dein Satzbau ist sicher und abwechslungsreich.	4	
4	Deine Gedichtbeschreibung und -deutung ist durchgehend nachvollziehbar, schlüssig und verständlich.	4	
B	**Gesamtpunktzahl**	**23**	
	Gesamtpunktzahl A und B	**88**	

Die Klassenarbeit wird mit der Note

bewertet.

Datum Unterschrift

Zuordnung der Punkte zu den Notenstufen

Note	Punkte
sehr gut	88–77
gut	76–64
befriedigend	63–52
ausreichend	51–40
mangelhaft	39–17
ungenügend	16–0

Ein Gedicht beschreiben und deuten (1)

Heinrich Heine (1797–1856)
Der Wind zieht seine Hosen an

Der Wind zieht seine Hosen an,
Die weißen Wasserhosen!
Er peitscht die Wellen, so stark er kann,
Die heulen und brausen und tosen.

Aus dunkler Höh, mit wilder Macht,
Die Regengüsse träufen;
Es ist, als wollt die alte Nacht
Das alte Meer ersäufen.

An den Mastbaum klammert die Möwe sich
Mit heiserem Schrillen und Schreien;
Sie flattert und will gar ängstiglich
Ein Unglück prophezeien.

(Aus: Bernd Kortländer (Hg): Heinrich Heine. Sämtliche Gedichte, Reclam Verlag, Stuttgart 1990)

Verfasse eine schriftliche Beschreibung und Deutung des Gedichtes mit Einleitung, Hauptteil und Schluss. Achte dabei auf folgende Punkte:

- Nenne in der Einleitung zunächst alle Angaben wie Textart, Titel und Autor. Gib dann kurz an, worum es in dem Gedicht inhaltlich geht.
- Beschreibe zu Beginn des Hauptteils zunächst die Form des Gedichtes.
- Gib dann den Inhalt des Gedichtes Strophe für Strophe wieder.
- Deute, wie das in dem Gedicht beschriebene Naturgeschehen dargestellt ist und wie es auf den Leser wirkt.
- Erkläre, durch welche sprachlichen Mittel und Bilder diese Wirkung des Naturgeschehens auf den Leser erreicht wird.
- Fasse am Schluss die wichtigsten Aussagen und Wirkungsabsichten zusammen.
- Beende deine Gedichtbeschreibung und -deutung mit einer kurzen Stellungnahme dazu, ob dir das Gedicht gefällt.

Bewertungsbogen zur Leistungsüberprüfung/Klassenarbeit

Name:	
Schulhalbjahr/Datum:	
Klasse:	
Fachlehrer/in:	
Thema der Unterrichtsreihe:	Wünsche, Träume und Gefühle suchen Worte – Gedichte
Thema der Klassenarbeit:	Ein Gedicht beschreiben und deuten
Aufgaben:	s. Arbeitsblatt 5

A Inhaltliche Leistungen

	Du hast eine schriftliche Beschreibung und Deutung des Gedichts „Der Wind zieht seine Hosen an" von Heinrich Heine verfasst.	**maximale Punktzahl**	**erreichte Punktzahl**
1	Du hast eine vollständige Einleitung verfasst und dabei folgende Angaben gemacht: – Textart: Gedicht – Titel: „Der Wind zieht seine Hosen an" – Autor: Heinrich Heine – Thema: Beschreibung eines tosenden Orkans auf dem Meer	6	
2	Am Anfang des Hauptteils hast du zunächst die Form des Gedichtes beschrieben: – drei Strophen mit je vier Versen – leicht unregelmäßige Verslängen – durchgehender Kreuzreim abab/cdcd/efef – Metrum: Jambus	8	
3	Du gibst dann im Hauptteil den Inhalt des Gedichtes zutreffend wieder und erklärst dabei, welches Naturgeschehen in dem Gedicht beschrieben wird. Dabei hast du folgende Punkte erfasst: – Strophe 1: Ein tosender Sturm erhebt sich über dem Meer. Es entstehen dadurch hohe und gefährliche Wellen. – Strophe 2: Der Sturm steigert sich immer mehr. Dazu kommen noch sintflutartige Regenfälle. – Strophe 3: Ein Schiff, das sich auf der offenen See im Sturm befindet, droht in dem Unwetter unterzugehen.	18	
4	Du hast die Wirkung des Naturgeschehens auf den Leser zutreffend gedeutet z. B.: – Der Sturm wirkt auf den Leser wild, alles vernichtend und bedrohlich. – …	6	
5	Du hast erklärt, durch welche sprachlichen Mittel und Bilder die bedrohliche Wirkung des Sturms auf den Leser erreicht wird. Dabei bist du z. B. auf folgende Punkte eingegangen: – Personifikation des Windes: „Er peitscht die Wellen" (V. 3) – Klimax: „heulen und brausen und tosen" (V. 4) – Beschreibung: „mit wilder Macht" (V. 5)	12	

	– Personifikation der Nacht: „als wollt [sie] [d]as alte Meer ersäufen" (V. 7–8) – Beschreibung des ängstlichen Verhaltens der Möwe durch entsprechende Adjektive und Verben (auch Lautmalerei): „An den Mastbaum klammer[n]" (V. 9), „Mit heiserem Schrillen und Schreien" (V. 10) und „gar ängstiglich" (V. 11) – Bild der Möwe als Prophezeierin eines „Unglück[s]" (V. 12) – …		
6	Du hast am Schluss deiner Gedichtbeschreibung und -deutung die wichtigsten Aussagen und Wirkungsabsichten zusammengefasst. Dabei bist du z. B. auf folgende Punkte eingegangen: – Das Gedicht macht deutlich, wie mächtig solch eine Naturgewalt, wie ein Orkan, auf dem offenen Meer ist. – Dem Leser wird die ständige Bedrohung des Menschen, insbesondere der Menschen am und auf dem Meer, vor Augen geführt. – …	6	
7	Du beendest deine Gedichtbeschreibung und -deutung, indem du kurz erklärst, was dir an dem Gedicht gefällt oder nicht gefällt.	4	
A	**Gesamtpunktzahl**	**60**	

B Darstellungsleistungen

		maximale Punktzahl	erreichte Punktzahl
1	Deine Rechtschreibung, Zeichensetzung und Grammatik sind fehlerfrei.	9	
2	Du formulierst sachlich, angemessen sowie genau und benutzt das Präsens.	4	
3	Du formulierst syntaktisch angemessen. Dein Satzbau ist sicher und abwechslungsreich.	3	
4	Deine Gedichtbeschreibung und -deutung ist durchgehend nachvollziehbar, schlüssig und verständlich.	4	
B	**Gesamtpunktzahl**	**20**	
	Gesamtpunktzahl A und B	**80**	

Die Klassenarbeit wird mit der Note

bewertet.

Datum Unterschrift

Zuordnung der Punkte zu den Notenstufen

Note	Punkte
sehr gut	80–70
gut	69–58
befriedigend	57–47
ausreichend	46–36
mangelhaft	35–15
ungenügend	14–0

Ein Gedicht beschreiben und deuten (2)

Georg Britting (1891–1964)
Feuerwoge jeder Hügel

Feuerwoge jeder Hügel,
Grünes Feuer jeder Strauch,
Rührt der Wind die Flammenhügel,
Wölkt der Staub wie goldener Rauch.

Wie die Gräser züngelnd brennen!
Schreiend kocht die Weizensaat.
Feuerköpfige Blumen rennen
Knisternd übern Wiesenpfad.

Blüten schwelen an den Zweigen.
Rüttle dran! Die Funken steigen
Wirbelnd in den blauen Raum –
Feuerwerk ein jeder Baum!

Vincent van Gogh: Olivenbäume mit gelbem Himmel und Sonne (1889)

(Aus: Georg Britting, Sämtliche Werke, Bd. 2, S. 58. Listverlag, München. © Ingeborg Schuldt-Britting, Höhenmoos)

1 Untersuche das Gedicht genau. Auf folgende Punkte kannst du dabei achten:

- Welche Form und welches Metrum hat das Gedicht?
- Welches Naturgeschehen wird in dem Gedicht beschrieben und wie wirkt es?
- Welche Besonderheiten der sprachlichen Gestaltung und welche sprachlichen Bilder kommen in dem Gedicht vor und welche Wirkung haben sie?

2 Verfasse eine Gedichtbeschreibung und -deutung mit Einleitung, Hauptteil und Schluss.

Bewertungsbogen zur Leistungsüberprüfung/Klassenarbeit

Name:	
Schulhalbjahr/Datum:	
Klasse:	
Fachlehrer/in:	
Thema der Unterrichtsreihe:	Wünsche, Träume und Gefühle suchen Worte – Gedichte
Thema der Klassenarbeit:	Ein Gedicht beschreiben und deuten
Aufgaben:	s. Arbeitsblatt 6

A Inhaltliche Leistungen

Aufgaben 1 und 2

	Du hast eine schriftliche Beschreibung und Deutung des Gedichts „Feuerwoge jeder Hügel“ von Georg Britting verfasst.	**maximale Punktzahl**	**erreichte Punktzahl**
1	Du hast eine vollständige Einleitung verfasst und dabei folgende Angaben gemacht: – Textart: Gedicht – Titel: „Feuerwoge jeder Hügel“ – Autor: Georg Britting – Thema: Beschreibung der Schönheit eines Sommertages	6	
2	Am Anfang des Hauptteils hast du zunächst die Form des Gedichtes beschrieben: – drei Strophen mit je vier Versen – leicht unregelmäßige Verslängen – 1. + 2. Strophe: Kreuzreim (abab) (cdcd)/3. Strophe: Paarreim (eeff) – Metrum: Trochäus	8	
3	Du gibst dann im Hauptteil den Inhalt des Gedichtes zutreffend wieder und erklärst dabei, welches Naturgeschehen in dem Gedicht beschrieben wird. Dabei hast du folgende Punkte erfasst: – Strophe 1 = Beschreibung einer Hügellandschaft in der Mittagssonne eines heißen Sommertages: Die Sträucher scheinen fast zu brennen und der Wind wirbelt heißen Staub auf. – Strophe 2 = Verdeutlichung der Sommerhitze: Das Gras ist brennend heiß und trocken. Der Weizen auf den Feldern und die Blumen auf den Wiesen und Wegen sind so staubtrocken, dass sie knistern, wenn Wind aufkommt oder jemand über sie schreitet. – Strophe 3 = Beschreibung der Schönheit dieses Sommertages: Die Farben der Blüten an den Zweigen sind überdeutlich zu erkennen. Die Bäume, alle anderen Pflanzen, die ganze Landschaft ist in gleißendes und funkelndes Sonnenlicht eingetaucht. Die ganze Landschaft erscheint dem Betrachter als ein einziger feuerwerksartiger Lichterwirbel.	18	
4	Du hast die Wirkung des Naturgeschehens auf den Leser zutreffend gedeutet, z. B.: – Der Sommertag wird als besonders schön dargestellt. – Das Erlebnis der Sommersonne, die die Landschaft in gleißendes Licht eintaucht, wird dem Leser als ein den Betrachter der Landschaft berauschendes Naturgeschehen vor Augen gestellt. – …	6	

5	Du hast erklärt, durch welche sprachlichen Mittel und Bilder die positive Wirkung des Anblickes der Landschaft in der Sommersonne auf den Leser erreicht wird. Dabei bist du z. B. auf folgende Punkte eingegangen: – Feuermetaphorik, mit der die Hügel und Sträucher beschrieben werden (auch Wiederholung): „Feuerwoge“ (V. 1), „Grünes Feuer“ (V. 2), „Flammenhügel“ (V. 3), „Feuerköpfige“ (V. 7) – Häufige Verwendung des Partizips I: wie „züngelnd“ (V. 5), „Schreiend“ (V. 6), „Knisternd“ (V. 8), „Wirbelnd“ (V. 11) – Personfikationen: „Rührt der Wind“ (V. 3), „Wölkt der Staub“ (V. 4) – Vergleich: „wie goldener Rauch“ (V. 4) – Farbadjektive: „goldener“ (V. 4), „blauen“ (V. 11) – Feuerwerksmetapher zur Beschreibung der Bäume (V. 12) – …	12	
6	Du hast am Schluss deiner Gedichtbeschreibung und -deutung die wichtigsten Aussagen und Wirkungsabsichten zusammengefasst. Dabei bist du z. B. auf folgende Punke eingegangen: – Das Gedicht macht deutlich, wie schön ein solcher Sommertag trotz der menschen- und naturfeindlichen Hitze sein kann. – Dem Leser wird die berauschende Schönheit einer in der Sonne liegenden Hügellandschaft vor Augen geführt.	6	
7	Du beendest deine Gedichtbeschreibung und -deutung, indem du kurz erklärst, was dir an dem Gedicht gefällt oder nicht gefällt.	4	
A	**Gesamtpunktzahl**	**60**	

B Darstellungsleistungen

		maximale Punktzahl	erreichte Punktzahl
1	Deine Rechtschreibung, Zeichensetzung und Grammatik sind fehlerfrei.	9	
2	Du formulierst sachlich, angemessen sowie genau und benutzt das Präsens.	4	
3	Du formulierst syntaktisch angemessen. Dein Satzbau ist sicher und abwechslungsreich	3	
4	Deine Gedichtbeschreibung und -deutung ist durchgehend nachvollziehbar, schlüssig und verständlich.	4	
B	**Gesamtpunktzahl**	**20**	

Gesamtpunktzahl A und B	**80**

Die Klassenarbeit wird mit der Note ______ **bewertet.**

Datum Unterschrift

Zuordnung der Punkte zu den Notenstufen

Note	Punkte
sehr gut	80–70
gut	69–58
befriedigend	57–47
ausreichend	46–36
mangelhaft	35–15
ungenügend	14–0

Ein Gedicht beschreiben und deuten (3)

Sarah Kirsch (geb. 1935–2013)
Im Sommer

Dünnbesiedelt das Land.
Trotz riesiger Felder und Maschinen
Liegen die Dörfer schläfrig
In Buchsbaumgärten: die Katzen
Trifft selten ein Steinwurf.

Im August fallen Sterne.
Im September bläst man die Jagd an.
Noch fliegt die Graugans, spaziert der Storch
Durch unvergiftete Wiesen. Ach, die Wolken
Wie Berge fliegen sie über die Wälder.

Wenn man hier keine Zeitung hält
Ist die Welt in Ordnung.
In Pflaumenmuskesseln
Spiegelt sich schön das eigene Gesicht und
Feuerrot leuchten die Felder.

Verfasse eine schriftliche Beschreibung und Deutung des Gedichtes mit Einleitung, Hauptteil und Schluss. Achte dabei auf folgende Punkte:

- Nenne in der Einleitung zunächst alle Angaben wie Textart, Titel und Autor. Gib dann kurz an, worum es in dem Gedicht inhaltlich geht.
- Beschreibe zu Beginn des Hauptteils zunächst die Form des Gedichtes.
- Gib dann den Inhalt des Gedichtes Strophe für Strophe wieder.
- Lege dar, mit welchen sprachlichen Mitteln und Bildern die Natur und die Situation des lyrischen Ichs beschrieben werden. Erkläre dabei, welche Bedeutung und Wirkung diese sprachlichen Mittel und Bilder im Zusammenhang mit dem Inhalt des Gedichtes besitzen.
- Fasse am Schluss die wichtigsten Aussagen und Wirkungsabsichten zusammen.
- Beende deine Gedichtbeschreibung und -deutung mit einer kurzen Stellungnahme dazu, ob dir das Gedicht gefällt.

Bewertungsbogen zur Leistungsüberprüfung/Klassenarbeit

Name:	
Schulhalbjahr/Datum:	
Klasse:	
Fachlehrer/in:	
Thema der Unterrichtsreihe:	Wünsche, Träume und Gefühle suchen Worte – Gedichte
Thema der Klassenarbeit:	Ein Gedicht beschreiben und deuten
Aufgaben:	s. Arbeitsblatt 7

A Inhaltliche Leistungen

	Du hast eine schriftliche Beschreibung und Deutung des Gedichts „Im Sommer“ von Sarah Kirsch verfasst.	**maximale Punktzahl**	**erreichte Punktzahl**
1	Du hast alle Angaben in der Einleitung zutreffend gemacht: – Textart: Gedicht; – Titel: „Im Sommer“; – Autor: Sarah Kirsch; – Thema: Das lyrische Ich verbringt auf dem Lande eine friedliche und weltabgewandte Ruhezeit im Spätsommer.	6	
2	Du hast am Anfang des Hauptteils zunächst die Form des Gedichts zutreffend beschrieben: – drei Strophen mit je fünf Versen; – leicht unregelmäßige Verslängen; – unregelmäßiges Metrum; – kein festes Reimschema.	6	
3	Du gibst den Inhalt des Gedichts zutreffend wieder: – Strophe 1: Das lyrische Ich beschreibt die ländliche Landschaft mit weit ausgedehnten Feldern, auf denen große Arbeitsmaschinen zu sehen sind. In der dünn besiedelten Landschaft befinden sich einzelne Dörfer. Insgesamt ist es eine sehr friedliche Szenerie. – Strophe 2: Das lyrische Ich macht deutlich, dass es Spätsommer ist. Der Herbst naht schon. Es betont die Unberührtheit und Friedlichkeit der ländlichen Natur. Diese ist aber auch immer schon bedroht – Strophe 3: Das lyrische Ich fühlt sich in dieser ländlichen Abgeschiedenheit wohl. Die Probleme auf der Welt sind für das lyrische Ich hier so gut wie vergessen. Es fühlt sich in dieser Abgeschiedenheit der ländlichen Gegend mit sich in eins und kann die Schönheit der Natur genießen.	15	
4	Du hast beschrieben, mit welchen sprachlichen Mitteln die Natur und die Situation des lyrischen Ichs dargestellt werden, und welche Wirkung und Bedeutung sie im Zusammenhang mit dem Inhalt des Gedichtes besitzen. Dabei bist du z. B. auf folgende Punkte eingegangen: – Die Einsamkeit und Friedlichkeit der Gegend werden durch die Adjektive „Dünnbesiedelt“ (V. 1), „schläfrig“ (V. 3), „selten“ (V. 5) verdeutlicht. – Die Intaktheit der Natur zeigt sich in der Beschreibung „unvergiftete Wiesen“ (V. 9) oder der Nennung von Tieren, deren Vorkommen selten geworden ist: „Graugans“ (V. 8), „Storch“ (V. 8) – Auf die Bedrohung der Natur weist der Anfang von V. 8 hin: „Noch“. – Die Schönheit der Natur wird dem Leser durch den Ausruf des lyrischen Ichs: „Ach“ (V. 9), den Vergleich der wie Berge fliegenden Wolken (V. 9–10) sowie durch sprachliche Bilder wie z. B. der fallenden „Sterne“ (V. 6) oder der feuerrot leuchtenden Felder (vgl. V. 15) vermittelt..	15	

	– Das Bild des sich im Kessel schön spiegelnden Gesichtes zeigt, wie sehr das lyrische Ich hier es selber sein kann. – Die „Zeitung“ steht für die Probleme, die den in dem Gedicht dargestellten Frieden bedrohen und die für das lyrische Ich momentan keine Bedeutung haben. – …		
5	Du hast am Schluss deiner Gedichtbeschreibung und -deutung die wichtigsten Aussagen und Wirkungsabsichten zusammengefasst. Dabei bist du z. B. auf folgende Punkte eingegangen: – Das Gedicht stellt einen Moment dar, in dem ein Mensch in einer abgeschiedenen ländlich-romantischen Gegend im Spätsommer eine Zeit des inneren Friedens findet. – Dem Leser wird durch das Gedicht vor Augen gestellt, dass es zwar noch eine unzerstörte und schöne Natur bzw. ein harmonisches Landleben gibt, in der bzw. in dem man Ruhe finden kann. Diese sind aber durch die zunehmenden Probleme auf der Welt, wie Umweltverschmutzung, bedroht. Man kann sie nur noch als Rückzugsort genießen wenn man die Bedrohungen ausblendet bzw. verdrängt. – …	8	
6	Du beendest deine Gedichtbeschreibung und -deutung, indem du kurz erklärst, was dir an dem Gedicht gefällt oder nicht gefällt.	5	
A	**Gesamtpunktzahl**	**55**	

B Darstellungsleistungen

		maximale Punktzahl	erreichte Punktzahl
1	Deine Rechtschreibung, Zeichensetzung und Grammatik sind fehlerfrei.	8	
2	Du formulierst genau, sachlich und beachtest das Präsens.	3	
3	Du formulierst syntaktisch angemessen. Dein Satzbau ist sicher und abwechslungsreich.	3	
4	Deine Gedichtbeschreibung und -deutung ist durchgehend nachvollziehbar, schlüssig und verständlich.	3	
B	**Gesamtpunktzahl**	**17**	
	Gesamtpunktzahl A und B	**72**	

Die Klassenarbeit wird mit der Note

bewertet.

Datum Unterschrift

Zuordnung der Punkte zu den Notenstufen

Note	Punkte
sehr gut	72–63
gut	62–53
befriedigend	52–43
ausreichend	42–32
mangelhaft	31–14
ungenügend	13–0

Einen Tagebucheintrag zu einem Gedicht verfassen

Ludwig Uhland (1787–1862)
Frühlingsglaube

Die linden Lüfte sind erwacht,
Sie säuseln und weben Tag und Nacht,
Sie schaffen an allen Enden.
O, frischer Duft, o neuer Klang!
Nun, armes Herze, sei nicht bang!
Nun muss sich alles, alles wenden.

Die Welt wird schöner mit jedem Tag,
Man weiß nicht, was noch werden mag,
Das Blühen will nicht enden.
Es blüht das fernste, tiefste Tal:
Nun, armes Herz, vergiss der Qual!
Nun muss sich alles, alles wenden.

(Aus: Ludwig Uhland: Sämtliche Gedichte, hg. von Hartmut Fröschle u. Walter Scheffler, Winkler, München 1980)

1 Untersuche das Gedicht. Arbeite dabei mit Unterstreichungen und Stichworten am Text. Auf folgende Punkte kannst du besonders achten:
- Wie wird die Natur dargestellt?
- Was erfährt der Leser über die Situation und die Gefühle des lyrischen Ichs?
- Welche Bedeutung hat das Geschehen in der Natur für das lyrische Ich? Achte dabei besonders auf die Überschrift.

2 Stell dir vor, das lyrische Ich schriebe zu dem Geschehen, um das es in dem Gedicht geht, einen Tagebucheintrag. Verfasse diesen Eintrag.
Erzähle in diesem Tagebucheintrag:
- wie das lyrische Ich die Natur erlebt,
- in welcher Situation es sich gegenwärtig befindet und
- welche Bedeutung das Geschehen in der Natur für das lyrische Ich hat.

Bewertungsbogen zur Leistungsüberprüfung/Klassenarbeit

Name:	
Schulhalbjahr/Datum:	
Klasse:	
Fachlehrer/in:	
Thema der Unterrichtsreihe:	Wünsche, Träume und Gefühle suchen Worte – Gedichte
Thema der Klassenarbeit:	Einen Tagebucheintrag zu einem Gedicht verfassen
Aufgaben:	s. Arbeitsblatt 8

A Inhaltliche Leistungen

Aufgaben 1 und 2

	Du hast zu dem Gedicht „Frühlingsglaube" von Ludwig Uhland einen Tagebucheintrag aus der Sicht des lyrischen Ichs verfasst.	**maximale Punktzahl**	**erreichte Punktzahl**
1	Du hast darüber berichtet, wie es die Natur erlebt. Z. B.: Das lyrische Ich ... – erlebt den Frühlingsanfang als beglückend. – erfreut sich daran, dass in der Natur nach dem langen Winter wieder alles anfängt zu leben und zu blühen. – ist glücklich darüber, dass der Frühling wieder warmes und mildes Wetter bringt. – ...	15	
2	Du hast darüber berichtet, welche Gefühle das lyrische Ich hat und in welcher Situation es sich befindet. Z. B.: Das lyrische Ich ... – hat eine schwere Zeit hinter sich (vgl. V. 5 u. V. 11: „armes Herz" und „Qual"). – befindet sich gegenwärtig in einer schweren Situation (z. B. Verlust eines geliebten Menschen, Ende einer Beziehung ...). – hofft, dass sich alles zum Besseren in seinem Leben wenden wird. – ...	15	
3	Du hast dargelegt, welche Bedeutung das Geschehen in der Natur für das lyrische Ich hat. Z. B.: – Das lyrische Ich erklärt, dass der Wechsel in der Natur vom Winter zum Frühjahr ein Zeichen ist, dass sich auch in seinem Leben alles wieder zum Positiven wenden wird (vgl. Überschrift). – Weil mit dem Frühling für die Natur das Ende der harten Winterzeit gekommen ist, glaubt das lyrische Ich, dass mit dem Jahreszeitenwechsel auch das Ende der von ihm erlittenen „Qual" (V. 11) gekommen sei. – ...	8	
A	**Gesamtpunktzahl**	**38**	

B Darstellungsleistungen

		maximale Punktzahl	erreichte Punktzahl
1	Deine Rechtschreibung, Zeichensetzung und Grammatik sind fehlerfrei.	6	
2	Du formulierst genau, angemessen, grammatisch richtig und abwechslungsreich.	3	
3	Dein Tagebucheintrag ist durchgehend nachvollziehbar, schlüssig und verständlich.	3	
B	**Gesamtpunktzahl**	**12**	
	Gesamtpunktzahl A und B	**50**	

Die Klassenarbeit wird mit der Note

bewertet.

Datum Unterschrift

Zuordnung der Punkte zu den Notenstufen

Note	Punkte
sehr gut	50–44
gut	43–37
befriedigend	36–30
ausreichend	29–23
mangelhaft	22–10
ungenügend	9–0

Leistungsüberprüfung – Selbstevaluation – Klassenarbeit

1. Ein Gedicht ergänzen, beschreiben und deuten
Text: Lorenz Pauli: Könnt' ich eine Blume sein
(Arbeitsblatt 3, S. 66, Bewertungsbogen 3, S. 67 ff.)

2. Ein Gegengedicht beschreiben, deuten und mit dem Original vergleichen
Text: Alexander May: Scheußlicher Regen
(Arbeitsblatt 4, S. 70, Bewertungsbogen 4, S. 71 ff.)

3. Ein Gedicht beschreiben und deuten (1)
Text: Heinrich Heine: Der Wind zieht seine Hosen an
(Arbeitsblatt 5, S. 74, Bewertungsbogen 5, S. 75 f.)

4. Ein Gedicht beschreiben und deuten (2)
Text: Georg Britting: Feuerwoge jeder Hügel
(Arbeitsblatt 6, S. 77, Bewertungsbogen 6, S. 78 f.)

5. Ein Gedicht beschreiben und deuten (3)
Text: Sarah Kirsch: Im Sommer
(Arbeitsblatt 7, S. 80, Bewertungsbogen 7, S. 81 f.)

6. Einen Tagebucheintrag zu einem Gedicht verfassen
Text: Ludwig Uhland: Frühlingsglaube
(Arbeitsblatt 8, S. 83, Bewertungsbogen 8, S. 84 f.)

7. Einen persönlichen Brief zu einem Gedicht verfassen
Text: Sarah Kirsch: Im Sommer
(Arbeitsblatt 7, S. 80)

Aufgabe: Stell dir vor, das lyrische Ich schreibt einem Freund oder einer Freundin einen persönlichen Brief, in dem es von seinem Aufenthalt auf dem Land berichtet. Schreibe diesen Brief und lass das lyrische Ich darin erzählen, was es während seiner Zeit dort erlebt und welche Gedanken und Gefühle es beschäftigen.

Bewertungsbogen: Bewertungsbogen 9, S. 87 f.,

Bewertungsbogen zur Leistungsüberprüfung/Klassenarbeit

Name:	
Schulhalbjahr/Datum:	
Klasse:	
Fachlehrer/in:	
Thema der Unterrichtsreihe:	Wünsche, Träume und Gefühle suchen Worte – Gedichte
Thema der Klassenarbeit:	Einen persönlichen Brief zu einem Gedicht verfassen
Text:	Sarah Kirsch: Im Sommer (s. Arbeitsblatt 7)
Aufgabe:	Stell dir vor, das lyrische Ich schreibt einem Freund oder einer Freundin einen persönlichen Brief, in dem es von seinem Aufenthalt auf dem Land berichtet. Schreibe diesen Brief und lass das lyrische Ich darin erzählen, was es während seiner Zeit dort erlebt und welche Gedanken und Gefühle es beschäftigen.

A Inhaltliche Leistungen

Aufgabe

	Du hast zu dem Gedicht „Im Sommer“ von Sarah Kirsch einen persönlichen Brief aus der Sicht des lyrischen Ichs verfasst.	**maximale Punktzahl**	**erreichte Punktzahl**
1	Du hast darüber berichtet, wie das lyrische Ich seinen Aufenthalt auf dem Land erlebt hat, und erzählt, was es dort erlebt und welche Gedanken und Gefühle es beschäftigen. Dabei bist du auf folgende Punkte eingegangen: Das lyrische Ich ... – erlebt die Natur und die ländliche Gegend als schön, harmonisch, friedlich und unberührt. – erfreut sich an den Schönheiten der Natur. – macht sich Sorgen, dass diese ländliche Idylle durch vielfältige Gefahren, wie die Umweltverschmutzung, bedroht ist. – fühlt sich in dieser Abgeschiedenheit besonders aufgehoben und findet hier innere Ruhe. – weiß aber, dass es sich diesen inneren Frieden damit erkaufen muss, die auf der Welt existierenden Probleme auszublenden bzw. zu verdrängen.	30	
A	**Gesamtpunktzahl**	**30**	

B Darstellungsleistungen

		maximale Punktzahl	erreichte Punktzahl
1	Deine Rechtschreibung, Zeichensetzung und Grammatik sind fehlerfrei.	6	
2	Du formulierst genau, angemessen, grammatisch richtig und abwechslungsreich.	3	
3	Dein persönlicher Brief ist durchgehend nachvollziehbar, schlüssig und verständlich.	3	
B	**Gesamtpunktzahl**	**12**	
Gesamtpunktzahl A und B		**42**	

Die Klassenarbeit wird mit der Note

bewertet.

Datum Unterschrift

Zuordnung der Punkte zu den Notenstufen

Note	Punkte
sehr gut	42–37
gut	36–31
befriedigend	30–25
ausreichend	24–19
mangelhaft	18–8
ungenügend	7–0

In Bildern sprechen – Metaphorischer Sprachgebrauch (S. 70–79)

Vorüberlegungen zur Einheit

Die Einheit bietet den Schülerinnen und Schülern die Möglichkeit, den Gebrauch der bildhaften Ausdrucksweise im öffentlichen wie im privaten Bereich analytisch zu untersuchen und zudem die Herkunft von Redewendungen zu erkunden. Damit wird das Sprachbewusstsein der Schülerinnen und Schüler gestärkt und ein gezielter Einsatz sprachlich-historischer Mittel im mündlichen wie im schriftlichen Bereich (vgl. z. B. auch die Einheit „Wünsche, Träume und Gefühle suchen Worte – Gedichte“, S. 46–69) ermöglicht. Im Einzelnen werden folgende Bereiche in der Einheit behandelt:

- Unterscheidung von Vergleichen, Personifikationen und Metaphern,
- Verwendungsweise und Herkunft von Redewendungen,
- Umgang mit Nachschlagewerken zu Redewendungen.

Die **Auftaktdoppelseite** führt auf schülergerechte Weise in das Thema ein, indem zum einen an das Vorverständnis angeknüpft und zum anderen mithilfe des Bildmaterials ein visueller Einstieg in die Erarbeitung möglich gemacht wird.

Aufgabe 1
S. 70

Die Schülerinnen und Schüler werden vermutlich auf die Begriffe Metapher, Personifikation oder Vergleich aus den letzten Schuljahren zurückgreifen.

Aufgabe 2
S. 70

Bei dieser Aufgabe soll es nicht um eine etymologische Herleitung der Redewendungen gehen. Die Schüler sollen – von der Bildebene ausgehend – mögliche Erklärungen im Hinblick auf die mögliche Sachebene finden. Weitergehende Informationen kann ggf. die Lehrperson geben.

Die Bilder stellen folgende Redewendungen dar:

Bild 1: „Ein Buch mit sieben Siegeln“
Gemeint ist, dass jemandem etwas verschlossen, unverständlich oder geheimnisvoll ist. Die Redewendung geht auf die Bibel zurück: „Und ich sah auf der Rechten dessen, der auf dem Throne saß, eine Buchrolle, innen und auf der Rückseite beschrieben und versiegelt mit sieben Siegeln. Und ich sah einen mächtigen Engel, der mit lauter Stimme rief: ‚Wer ist würdig, die mächtige Buchrolle zu öffnen und ihre Siegel zu lösen?‘ Und niemand, weder im Himmel noch auf Erden noch unter der Erde war imstande, die Buchrolle zu öffnen und Einblick in sie zu nehmen.“ (Offenb., 1–3)
Bild 2: „Jemandem einen Bären aufbinden“
Gemeint ist, jemandem etwas weiszumachen, ihn in die Irre zu führen. Der Ursprung dieser Redensart, der bis ins Mittelalter zurückzuverfolgen ist, ist nicht eindeutig. Möglicherweise entstammt sie der Jägersprache. Demnach galt es als besonders schwierig, einen Bären zu fangen und zu fesseln. Wer sich dessen dennoch rühmte, band seinen Zuhörern möglicherweise nur einen Bären auf, indem er die Unwahrheit sagte.
Bild 3: „Den Kopf in den Sand stecken“
Gemeint ist, dass jemand versucht, sich vor einer unangenehmen Tatsache zu drücken und einfach die Augen verschließt oder etwas aufgibt, da er oder sie Angst vorm Scheitern

hat. Diese Redewendung basiert auf dem Missverständnis, Strauße würden bei Gefahr ihre Köpfe im Sand verstecken (vgl. auch den Ausdruck „Vogel-Strauß-Politik").

Bild 4: „Mit dem Rücken zur Wand stehen"

Wer mit dem Rücken zur Wand steht, befindet sich in einer Notlage oder besonders bedrohlichen Situation, aus der er oder sie sich nicht oder nur sehr schwer befreien kann. Die Redensart ist auf eine Situation im Schwert- bzw. Säbelkampf zurückzuführen. Wer von seinem Gegner in die Enge gedrängt wird, steht buchstäblich mit dem Rücken zur Wand.

Didaktische Aufbereitung der Unterkapitel

→WB

1. „Die Mannschaft blühte erst am Ende auf ..." – Bildhafter Sprachgebrauch im Sport und in Alltagssituationen (S. 72–74)

Aufgaben 1 und 2 S. 72

Bei diesen Aufgaben kommt es vor allem darauf an, dass die Schülerinnen und Schüler ein Gefühl dafür bekommen, dass die Dramatik des Fußballspiels auch hörbar werden muss, und dass sie erkennen, dass diese Dramatik auch durch sprachliche Bilder hervorgerufen und noch weiter gesteigert wird.

Hinsichtlich der Bewertung werden die Schüler diese Form der Reportage möglicherweise als übertrieben bildhaft einschätzen, aber ggf. auch die Vorzüge dieser bildhaften Wendungen hervorheben.

Aufgabe 3 S. 72

Die meisten bildhaften Redewendungen werden den Schülern bekannt sein und sie werden sie als typisch für die Sprache des Sports identifizieren. Eine entsprechende Übertragung auf die Sachebene, die im weiteren Verlauf differenziert vorgenommen wird, dürfte ihnen nicht schwerfallen.

Aufgabe 4 S. 72

Die Umformulierung zeigt noch einmal die Leistung bildhafter Sprache, die Anschaulichkeit erzielt und den Rezipienten an das wiedergegebene Geschehen bindet.

Aufgabe 5 S. 72

Die sprachlichen Bilder werden in den Lösungen zu den Aufgaben 7–9 näher erläutert. Die Wirkung auf den Leser besteht insbesondere darin, dass die beschriebenen Ereignisse für den Rezipienten besser vorstellbar sind und sich so in den Köpfen der Hörer rascher ein Bild von den Ereignissen einstellt.

Aufgabe 6 S. 72

Beim ersten Beispiel wird ein Vergleich hergestellt. Das gegnerische Tor wird so gut vom Torwart und der gegnerischen Abwehr bewacht, dass es so scheint, als sei es unzugänglich wie ein mit Brettern vernageltes Tor.

Beim zweiten Beispiel liegt eine Personifikation vor. Der Ball wird als eine Person dargestellt, die vernunftbegabt ihren Weg bestimmen kann.

Beim dritten Beispiel liegt eine Metapher vor. Das Tor und der Torraum der gegnerischen Mannschaft werden mit einer Festung verglichen. Das nicht mehr genannte Vergleichsmoment besteht in der Uneinnehmbarkeit der Festung und des gegnerischen Tors/Torraums. Die unterschiedlichen Formen sprachlicher Bilder (Vergleich, Personifikation, Metapher) können auch in Form eines **Schaubildes** visualisiert werden:

Vergleich, Personifikation, Metapher – Sprachliche Bilder bestimmen und deuten

Vergleich 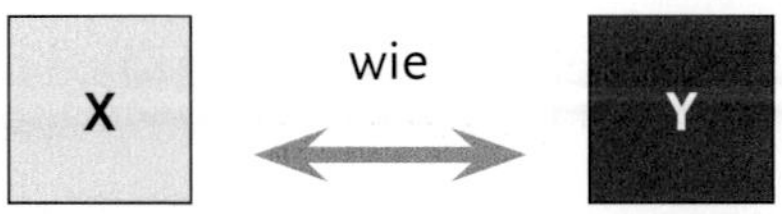	Eine Sache/Person wird mit etwas anderem verglichen ➔ <u>Vergleichswort</u> (z. B. wie, so wie, als ob …) *„Das gegnerische Tor ist wie vernagelt.“*
Personifikation 	Tieren, Dingen oder allgemeinen Begriffen werden <u>menschliche Eigenschaften</u> zugewiesen *„Der Ball kann sich nicht entschließen, die Linie zu überqueren.“*
Metapher 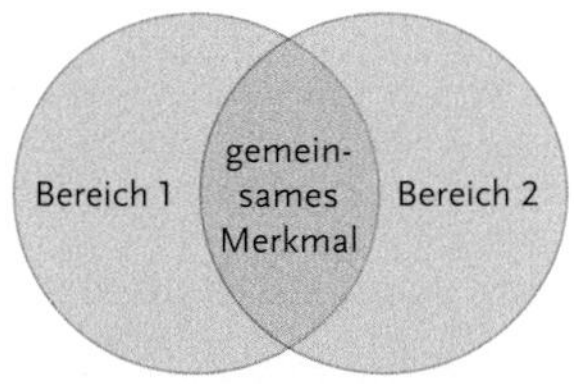	ein Ausdruck aus <u>einem Bereich</u> wird in einen <u>neuen Bereich</u> übertragen ➔ beide Bereiche haben ein <u>gemeinsames Merkmal</u> *„Die gegnerische Festung war für unsere Jungs uneinnehmbar.“*

TAFELBILD

Aufgabe 7
S. 72

Folgende Vergleiche enthält der Text:

- „Abwehr steht wie ein Mann“ (Z. 3 f.): Die Abwehr arbeitet so gut zusammen, dass niemand daran vorbeikommt.
- „ein Kampf wie David gegen Goliath“ (Z. 17 f.): Der Rückgriff auf das biblische Bild vom Kampf Davids gegen den Riesen Goliath soll die scheinbare Aussichtslosigkeit des Kampfes verdeutlichen.

Aufgabe 8
S. 73

Folgende Personifikationen können genannt werden:

- „so recht scheint sich der Ball nicht entschließen zu können“ (Z. 6 f.): Siehe Aufgabe 6.
- „die Sonne scheint zu lächeln“ (Z. 10 f.): Die strahlende Sonne wird als ein lächelnder Mensch dargestellt.

Aufgabe 9
S. 73

Metapher	Ursprünglicher Bereich/ursprüngliche Bedeutung	Gemeinsames Merkmal	Neuer Bereich/neue Bedeutung
Gegnerische „Festung“	Befestigungsanlage, die zur Verteidigung dient	Scheinbare Uneinnehmbarkeit	Gut verteidigter Raum einer Mannschaft
Sturm auf das Tor laufen	Ein Heer läuft gegen eine feindliche Linie an.	Angriff	Eine Mannschaft läuft gegen die gegnerische Verteidigung an.
Dem Sturmlauf standhalten	Ein Heer kann feindlichen Angriffen standhalten.	Verteidigungsfähigkeit	Eine Mannschaft kann gegnerische Angriffe abwehren.
Eine gewaltige Bombe	Bombe mit hoher Zerstörungskraft	Explosivität	Der Torschuss kann die Verteidigung außer Gefecht setzen.

Woge der Begeisterung brandet	Meereswogen branden an ein Ufer.	Kraft und Dynamik	Die Begeisterung des Publikums steigt immer wieder an.
Verteidiger versuchen zu mauern	Eine Steinmauer bilden	Ein Hindernis aufbauen	Die Mannschaft bildet eine lückenlose Verteidigungslinie.
Wirbelt unser Superheld	Ein Wirbelsturm dreht sich unaufhaltsam/unfassbar schnell.	Schnelligkeit und Wendigkeit	Der Fußballer ist schnell und wendig und kann nicht gestoppt werden.
Taxiert den Torwart	Eine Ware wird taxiert/nach ihrem Wert bemessen.	Maß nehmen	Der Torwart wird hinsichtlich seiner Fähigkeiten/seines Verhaltens bewertet.

Aufgabe 11
S. 73

Die gemeinsame Eigenschaft von Bildspender und Bildempfänger wird nicht ausgesprochen, aber indirekt werden beide Bereiche auf diese Weise in Verbindung gebracht, miteinander verglichen. Es heißt also nicht „Die gegnerische Verteidigung gleicht einer Festung", sondern sie ist „eine Festung". Zur Sicherung können in gleicher Weise von den Schülerinnen und Schülern einige Metaphern zu vollständigen Vergleichen umformuliert werden.

Aufgabe 13
S. 73

- „Lincoln knackt das Bayern-Bollwerk" – Metapher – Dem Fußballer Lincoln ist es gelungen, die Abwehr des FC Bayern München zu durchdringen.
- „SC Borchen muss weiter zittern" – Personifikation – Der Sportverein ist noch nicht aus der Gefahrenzone des Abstiegs.
- „Goldköpfchen Müller" – Metapher – Der Fußballer Müller war mit Kopfballtoren erfolgreich.
- „Patient Hansa atmet noch" – Personifikation – Der Fußballverein Hansa Rostock spielt in letzter Zeit schlecht, aber noch besteht Hoffnung auf Besserung.
- „Im Tal der Tränen" – Metapher – Momentan läuft die Sache schlecht und gibt Anlass zur Trauer/Besorgnis.
- „Höhenflug gestoppt" – Metapher – Die Erfolgsserie wurde gestoppt.
- „Die Wunden sind zu tief" – Metapher – Der Verlust wurde als schmerzhaft empfunden und es braucht Zeit, darüber hinwegzukommen – genau wie eine tiefe Wunde Zeit zum Heilen benötigt.
- „Zauberer Marcelinho" – Metapher – der Fußballer Marcelinho hat Spielkunst gezeigt, die sich nicht mehr mit dem Verstand erklären lässt.

Aufgabe 15
S. 74

Die Metaphern können folgendermaßen aufgelöst werden:

- „Scharfer Hund" – Die Furcht vor der Bissigkeit und Wachsamkeit des Hundes wird auf die Furcht vor dem Lehrer übertragen, der vergleichbare Furcht einflößende Eigenschaften besitzt.
- „nur mit Wasser kochen" – Alle Menschen müssen mit Wasser kochen, also sind sie in gewisser Weise auch gleich und einschätzbar.
- „geht ab wie eine Rakete" – Die Schnelligkeit einer Rakete und die des Autos werden miteinander verglichen.
- „eine lahme Ente" – Äquivalent zu dem vorherigen Beispiel werden hier die Eigenschaften des Tieres und des Autos miteinander verglichen.

2. „Einen Zahn zulegen …“ – Redewendungen und ihre Herkunft (S. 75–77)

Aufgabe 1 S. 75

Folgende Zuordnungen und Erklärungen ergeben sich (von links nach rechts):

- Bild 1: „türmen gehen“ – sich in die Sicherheit eines Turmes bringen
- Bild 2: „seine Siebensachen packen“ – Der Ritter sucht seine „sieben Sachen“ zusammen (Schwert, Harnisch, Helm, …).
- Bild 3: „in Harnisch geraten“ (sich ärgern) – Der Ritter ist so zornig, dass er sich durch das Anlegen der Rüstung zum Kampf bereit macht.
- Bild 4: „hinterm Berg halten“ – Die militärische Reserve wird vor dem Auge des Gegners hinter einem Berg verborgen.
- Bild 5: „ins Visier nehmen“ – den gegnerischen Ritter vor dem Angriff durch das Visier des Helms anschauen
- Bild 6: „das Heft in die Hand nehmen“ (handeln) – den Schwertgriff (das Heft des Schwertes) in die Hand nehmen

Aufgabe 2 S. 76

Die Bildhaftigkeit der Redewendungen ist immer noch aktuell, weil es Bereiche gibt, auf die sie übertragbar sind und denen sie Anschaulichkeit verleihen.

Aufgabe 5 S. 76

„den Kürzeren ziehen“
Die Redensart basiert auf einem bestimmten Losverfahren, welches auch heute noch zum Teil Anwendung findet. Gemeint ist der Brauch, aus einer gewissen Anzahl von Grashalmen (oder Streichhölzern) von den streitenden Parteien jeweils einen herausziehen zu lassen. Wer den längeren Halm zog, hatte gewonnen, und wer den kürzeren zog, verloren.

„sich etwas hinter die Ohren schreiben“
Wenn im Mittelalter Kaufverträge geschlossen wurden, über die keine schriftlichen Aufzeichnungen angefertigt wurden (weil z. B. beide Vertragsparteien nicht lesen und schreiben konnten), holte man sich einen vorzugsweise jungen Knaben hinzu und verabreichte ihm bei der Gelegenheit eine schallende (und schmerzhafte) Ohrfeige, sodass er sich Zeit seines Lebens immer an diese Ohrfeige und den damit verbundenen Vertragsschluss erinnerte.

„etwas an die große Glocke hängen“
Wichtige Informationen wurden im Mittelalter dadurch bekannt gemacht, dass man sie öffentlich verlas oder ausrief. Auf diese mündliche Information machte man durch das Läuten einer Glocke aufmerksam. Je größer die Glocke, desto mehr Menschen wurden darauf aufmerksam.

„jemandem einen Denkzettel verpassen“
In seiner ursprünglichen Form stellt ein Denkzettel eine Vorladung bzw. Klage dar. Im späten Mittelalter stellten Gerichte diese wenigstens teilweise schon in Schriftform zu. Derartige Gerichtsschreiben wurden in einigen Regionen „Gedenkzettel“ genannt.

Aufgabe 6 S. 76

Zuordnungen: 1-H, 2-D, 3-E, 4-A, 5-J, 6-B, 7-I, 8-C, 9-F, 10-K, 11-G

Aufgabe 7 S. 77

Nicht bei allen Redewendungen gibt es eindeutige Erklärungen aus der Geschichte:

1. Mittelalterliche Burgen oder Städte waren oft durch einen Wassergraben geschützt, wurde dieser von Feinden trockengelegt, verloren sie ihren Schutz.
2. Bei mittelalterlichen Feuerstellen hing der Topf an einer Stange mit Zacken. Wollte man die Hitze erhöhen, musste man also den Topf einen Zacken bzw. Zahn weiter nach unten hängen.
3. –

4. Der Ursprung ist evtl. in der Schifffahrt zu finden: Seefahrer, die besonders viel erlebt haben und auf den Weltmeeren unterwegs waren, sind mit allen Wassern gewaschen.
5. Im Mittelalter legte man Wertvolles auf den Himmel des Bettes, um es so bei der Nachtruhe sicher zu verwahren (siehe auch das Bild auf S. 77).
6. Alle Menschen müssen mit Wasser kochen, also sind sie in gewisser Weise auch gleich und einschätzbar.
7. Bei mittelalterlichen Gerichtsprozessen galt es als Beweis für die Richtigkeit einer Aussage, wenn jemand seine Hand ins Feuer legen konnte, ohne sie zurückzuziehen.
8. Der Ursprung dieser Redensart ist nicht eindeutig. Möglicherweise entstammt sie der Jägersprache. Demnach galt es als besonders schwierig, einen Bären zu fangen und zu fesseln. Wer sich dessen dennoch rühmte, band seinem Zuhörer möglicherweise einen Bären auf, indem er die Unwahrheit sagte.
9. –
10. Beim Essen im Mittelalter wurde mit den Fingern gegessen, anschließend wurde von Dienern Wasser zum Reinigen der Hände gereicht. Wer selbst dies nicht durfte, stand sozial ganz unten.
11. Die Redewendung geht vermutlich auf die Fabel „Der Wolf und das Lamm" von Äsop zurück. Sie handelt von einem Wolf, der an einem Fluss einem weiter unten trinkenden Lamm vorwirft, ihm das Wasser verunreinigt zu haben, obwohl dieses gar nicht möglich ist.

Aufgabe 8
S. 77

Folgende Erklärungen können genannt werden:

- einen Gang zulegen: „das Tempo erhöhen" – Bei einem Fahrzeug mit Schaltung muss man einen Gang zulegen, um das Tempo zu erhöhen.
- die Weichen stellen: „die Richtung/weitere Entwicklung vorgeben" – Im Bahnverkehr regeln Weichen den Verkehr und geben vor, in welche Richtung sich ein Zug bewegt.
- einen guten Draht zu jemandem haben: „eine gute Beziehung/Verbindung zu jemandem haben" – Der Ursprung ist in der modernen Telekommunikation zu finden; Telefonsignale werden über einen Kupferdraht weitergeleitet.
- grünes Licht geben: „jemandem die Erlaubnis erteilen, etwas auszuführen" – In der Seemannssprache bezeichnet **grünes Licht** die entsprechende Beleuchtung an Steuerbord (rechte Schiffsseite). Als Verkehrszeichen bedeutet **grünes Licht** freie Fahrt.
- jemandem brennt die Sicherung durch: „jemand verliert die Kontrolle/wird unbeherrscht – Als sogenannte Überstromschutzeinrichtung sorgt eine Sicherung dafür, dass ein elektrischer Stromkreis unterbrochen wird, wenn eine festgelegte Stromstärke über eine vorgegebene Zeit hinaus überschritten wird.
- falsch programmiert sein: „etwas läuft nicht wie geplant" – Werden bei der Programmierung von Computern Fehler gemacht, kann dieser seine Funktionen nicht voll ausführen.
- einen Systemabsturz haben: „zusammenbrechen/die Nerven verlieren" – Bei einer Überlastung stürzen Computerprogramme ab.

Die Lösungen zu den **Übungen zur Lernkontrolle** (S. 78–79) befinden sich im Anhang des Schülerbandes auf der Seite 388.

Bildhafte Ausdrücke und Redewendungen

1 Schreibe zu den folgenden bildhaften Redensarten die entsprechenden Bedeutungen auf.

Bildhafte Redensart	Bedeutung
Schiffbruch erleiden	
Hunde, die bellen, beißen nicht.	
Gespannt wie ein Flitzebogen	
Jemandem Honig um den Mund oder in den Bart schmieren	
Eine gepfefferte Rechnung erhalten	
Seine liebe Not mit etwas oder jemandem haben	
Aus einer Mücke einen Elefanten machen	

2 Nun geht es umgekehrt. Welche Redewendungen verbergen sich hinter den folgenden Bedeutungen und Umschreibungen? Einige Wörter sind in Klammern vorgegeben.

Bildhafte Redensart	Bedeutung/Umschreibung
	Ursprünglich ist damit jemand gemeint, der sich vor dem Regen unter ein Dach flüchtet, dabei jedoch unter die sogenannte Traufe gerät, in der sich das Regenwasser gesammelt hat, sodass er erst richtig nass wird.
	Jemanden verleumden, ihn in den dunkelsten (schwarzen!) Farben schildern
(still)	Jemand, der früher in der Öffentlichkeit stand, wird nicht mehr beachtet.
(Rippen)	Jemanden mit Nachdruck auf etwas hinweisen
(Nase)	Jemandem ohne Umschweife die Wahrheit sagen

3 Schreibe eine Erzählung, in der du möglichst viele der Redewendungen einsetzt.

Bildhafte Ausdrücke und Redewendungen

Aufgabe 1

Bildhafte Redensart	Erklärung
Schiffbruch erleiden	Etwas geht schief, misslingt.
Hunde, die bellen, beißen nicht.	Vor jemandem, der sich besonders wichtig tut, braucht man keine Angst zu haben. Es steckt nicht viel in ihm.
Gespannt wie ein Flitzebogen	Besonders aufgeregt oder gespannt sein, wie etwas ausgeht
Jemandem Honig um den Mund oder in den Bart schmieren	Jemandem schmeicheln und ihn dadurch evtl. zu Entscheidungen bringen
Eine gepfefferte Rechnung erhalten	Eine sehr hohe Rechnung erhalten
Seine liebe Not mit etwas oder jemandem haben	Mit jemandem oder einer Situation viel Mühe haben
Aus einer Mücke einen Elefanten machen	Aus einer Kleinigkeit etwas Wichtiges machen, ohne dass es dafür eine Berechtigung gibt

Aufgabe 2

Bildhafte Redensart	Erklärung/Umschreibung
Vom Regen in die Traufe kommen	Ursprünglich ist damit jemand gemeint, der sich vor dem Regen unter ein Dach flüchtet, dabei jedoch unter die sogenannte Traufe gerät, in der sich das Regenwasser gesammelt hat, sodass er erst richtig nass wird.
Jemanden anschwärzen	Jemanden verleumden, ihn in den dunkelsten (schwarzen!) Farben schildern
Es ist still um die Person geworden.	Jemand, der früher in der Öffentlichkeit stand, wird nicht mehr beachtet.
Jemandem einen Stoß in die Rippen geben	Jemanden mit Nachdruck auf etwas hinweisen
Jemandem etwas unter die Nase binden	Jemandem ohne Umschweife die Wahrheit sagen

Leistungsüberprüfung – Selbstevaluation – Klassenarbeit

Bildhafte Ausdrücke und Redewendungen

(Arbeitsblatt 1, S. 95 Lösung 1, S. 96)

Von Hexen und Heilerinnen – Menschen und ihre Geschichte(n) verstehen

(S. 80–99)

→WB

Vorüberlegungen zur Einheit

Im Kapitel „Von Hexen und Heilerinnen – Menschen und ihre Geschichte(n) verstehen“ sollen die Schülerinnen und Schüler durch unterschiedliche Textsorten und Erarbeitungsformen an den analytischen und handlungs- und produktionsorientierten Umgang mit (literarischen) Texten herangeführt werden. Literarische Texte sollen als solche Texte wahrgenommen werden, die Geschichten und Geschichte erzählen können. Die Sachtexte und Abbildungen der Einheit dienen in diesem Sinne einer Vertiefung und Kontextualisierung des im literarischen Text exemplarisch dargestellten Themas („Hexenverfolgung“). Somit werden die Schülerinnen und Schüler im Verlauf der Einheit immer wieder mit diskontinuierlichen „Textsituationen“ und Informationsquellen konfrontiert.
Im kreativen Umgang mit den literarischen Textauszügen sollen das „handelnde“ Verstehen von Sachverhalten oder Handlungsweisen und das Empathievermögen der Schüler gefördert werden. Die handlungs- und produktionsorientierten Verfahrensweisen sollten – um nicht beliebig und ohne Ertrag zu sein – mit analytischen Verfahren verknüpft werden, sodass der literarische Text oder das eigene Produkt immer Referenzrahmen des unterrichtlichen Handelns bleiben.

Zentrale Kompetenzen, die in dieser Einheit geschult werden, sind:

- Informationsentnahme aus Sachtexten, Abbildungen und literarischen Texten (diskontinuierliche „Textsituationen“),
- analytischer und produktionsorientierter Umgang mit Texten (z. B. innerer Monolog),
- Erschließen eines literarischen Textes im szenischen Spiel (Rollenspiel, Standbild, „Hilfs-Ich“),
- Reflexion eigener Arbeitsergebnisse,
- Sicherung und Präsentation von Ergebnissen in Form einer Mindmap.

Eine Möglichkeit der Einführung in das Thema bietet der Einstieg über die Abbildungen auf S. 80–81. Die Schülerinnen und Schüler erhalten die Gelegenheit, sich der Zeit des 17. Jahrhunderts, in der die Handlung des Jugendbuchs verortet ist, mithilfe von Bildern und dargestellten Verhaltensweisen bzw. Stimmungen anzunähern. Neben den Heilpflanzen „Eisenhut“ und „Kamille“ sind auch der Ziegenbock und die schwarze Katze in ihrer im Aberglauben verankerten Bedeutung als Begleiter des Teufels zu sehen. Die Mädchenfigur im Vordergrund rückt durch die Darstellung der Menschentraube, die diese beobachtet und offensichtlich über sie spricht, ins Bewusstsein der Schülerinnen und Schüler. Im Hintergrund ist eine Stadt zu sehen, vor deren Mauern eine größere Menschenmenge bei einer Hinrichtung einer vermeintlichen Hexe auf dem Scheiterhaufen zusieht. Die visuelle Annäherung an den Themenkomplex kann durch die Aktivierung von Vorwissen geschehen, indem die Begriffe „Hexe“ und „Heilerin“ definiert und in ihren Bedeutungen genauer betrachtet werden (Aufgaben 1 und 2). Hier können die Schülerinnen und Schüler auch eigene Leseerfahrungen einbringen (Aufgabe 3), wobei insbesondere auf die Darstellung der Hexenfiguren (z. B. böse, gemein, hässlich, gefährlich usw.) sowie ihre soziale Positionierung eingegangen werden kann (z. B. einsam, sozial isoliert, fügt angeblich anderen Schaden zu, lebt abseits der Gesellschaft usw.). Ferner bietet es sich in diesem Zusammenhang an, den Begriff des „Aberglaubens" zu betrachten (Aufgabe 4). Nach dieser Gegenüberstellung kann erneut Bezug auf die bildliche Darstellung der Doppelseite genommen werden.

Definitionsansätze:

„Hexe"	„Heilerin"	„Aberglaube"
– althochdt. Hagzissa „sich auf Zäunen oder Hecken aufhaltendes dämon. Wesen" – zauberkundige Frau mit magisch-schädigenden Kräften – Erscheinungsbild in Märchen und Sagen zumeist: rothaarig, bucklig, dürr, mit krummer Nase, Kopftuch, Stock und Katze – Im MA ergibt sich ein Hexenbegriff, der Elemente des Volks- bzw. Aberglaubens mit der christl. Dämonologie verknüpft.	– Frau, die ein großes Wissen über die heilenden Kräfte von Pflanzen besaß und vor allem in der Zeit vorwissenschaftlicher Erkenntnisse durch dieses Wissen Beschwerden lindern und Krankheiten heilen konnte	– lat. superstitio: „verkehrter Glaube", im 15. Jh. aufgekommener Begriff – vom offiziell gelehrten christlichen Glauben abweichende Ansicht – Idee einer magischen Weltanschauung, in der der Mensch durch außergewöhnliche Handlungen Einfluss auf übersinnliche Mächte gewinnen kann – Ziel abergläubischen Handelns ist zumeist die Abwehr von Schaden, fremdem Zauber.

Zu Beginn der Einheit kann eine Buchvorstellung in Form eines Referates durch eine Schülerin oder einen Schüler vorbereitet werden, da der vollständige Handlungsstrang im Laufe der Bearbeitung der Unterrichtseinheit nicht thematisiert wird.

Didaktische Aufbereitung der Unterkapitel

Eintauchen in eine andere Zeit – Sachtexten, Abbildungen und literarischen Texten Informationen entnehmen (S. 82–86)

Simone van der Vlugt: Nina und das Amulett aus den Flammen (S. 82–86)

„Hütet euch vor dem Teufel!" (S. 82–83)
Die Textauszüge aus dem o. g. Jugendbuch illustrieren an einem literarischen Beispiel das Schicksal vieler Mädchen und Frauen, die in der Frühen Neuzeit dem Hexenwahn und den Hexenverfolgungen zum Opfer gefallen sind. Nina dient hierbei als Identifikationsfigur, mit deren Hilfe sich die Schülerinnen und Schüler in die Zeit und Thematik einfinden können. Im Laufe der Unterrichtseinheit werden in Form von Textauszügen weitere Stationen in Ninas Leben beleuchtet, anhand derer nicht nur Sachwissen über die Zeit und Umstände einer abergläubischen und zugleich christlichen Gesellschaft gesammelt werden können, sondern auch der analytische und kreative Umgang mit literarischen Texten geübt werden kann. Vor der Lektüre des Textauszugs können die Lernenden zunächst, von ihrem Vorwissen ausgehend, über die Lebensumstände Ninas spekulieren, um diese „Thesen" anschließend durch die genaue Untersuchung des Textes abzugleichen.

Aufgabe 1
S. 83
Ziel der ersten Aufgabe ist es, den vorliegenden Text aufmerksam und genau zu lesen und bzgl. der Aufgabenstellung auszuwerten. Dabei kann auch das Belegen von Aussagen mithilfe von Zeilenangaben geübt werden.

Die Arbeitsergebnisse können sprachlich reduziert an der **Tafel** gesichert werden. Die dritte Spalte kann optional im Sinne einer Vertiefung nach Bearbeitung der Aufgabe 3 gefüllt werden.

„Nina und das Amulett aus den Flammen" – Lebensumstände und Aberglaube

Ninas Lebensumstände	Aberglaube in Ninas Umfeld	Unser heutiges Leben
– Nina lebt bei ihrer Tante und ihrem Onkel (Z. 1–10). – Alle gehen regelmäßig in die Kirche (Z. 16 f.). – Die Sitzordnung in der Kirche spiegelt die gesellschaftlichen Verhältnisse wider (Zünfte, Frauen, Ratsherren, angesehene Bürger) (Z. 20–27). – Hexenverfolgung und Tötung von vermeintlichen Hexen sind Bestandteil der Realität (Z. 34–41). – Die Angst vor dem Teufel schürt die Atmosphäre des Misstrauens (Z. 99–102).	– Die Menschen glauben an die Existenz des Teufels und die Verbindung einzelner Menschen mit ihm (Z. 31–34). – Abergläubische Handlungen existieren neben dem christlichen Glauben (Z. 45–48). – Frauen jeder Altersgruppe gelten als besonders anfällig für die Verführungen des Teufels (Z. 71–73; Z. 91–94). – Hebammen haben die Möglichkeit und Macht, Neugeborene im Namen des Teufels zu taufen (Z. 94–96).	– …

TAFELBILD

Aufgabe 2
S. 83

Das Zitat verdeutlicht, wie stark der Aberglaube das Denken und Handeln der Menschen beeinflusst.

Die Angst vor dem Teufel bzw. vor Menschen, die mit ihm angeblich eine Verbindung eingegangen sind, ist allgegenwärtig und schürt eine Atmosphäre des gegenseitigen Misstrauens: Noch nicht einmal vor vermeintlich honorigen Personen (z. B. Nonne), Familienmitgliedern und Kindern ist man sicher.

Aufgabe 3
S. 83

Die Gegenüberstellung von Ninas Erfahrungswelt mit der der Schülerinnen und Schüler soll Fremderfahrungen und Eigenerfahrungen bewusst machen, um deutlich werden zu lassen, dass Literatur als Möglichkeit zur (mittelbaren) Erfahrung unbekannter Lebenswelten und -zeiten genutzt werden kann. Da die Religion für die Organisation und Gestaltung des Alltagslebens heutzutage eine eher untergeordnete Rolle spielt und auch der Aberglaube das Leben der Menschen kaum noch beeinflusst, würden die Personen sicherlich anders auf die Hetzpredigt reagieren. Im Sinne einer Vertiefung können die Arbeitsergebnisse aus dieser Aufgabe in die Übersicht oben integriert werden. Dabei können z. B. folgende Informationen festgehalten werden:

Ninas Lebensumstände	Aberglaube in Ninas Umfeld	Unser heutiges Leben
– s. o.	– s. o.	– Religion und Ausübung religiöser Handlungen sind im täglichen Leben nicht mehr verbindlich. – Der Aberglaube beeinflusst das Leben unserer Gesellschaft kaum. – Frauen und Männer sind nach dem Gesetz gleichberechtigt.

Aufgaben 4 und 5 S. 84

Die Aufgaben sollen die Ergebnisse aus den vorherigen Erarbeitungsschritten kreativ umsetzen und um die Erarbeitung der Gefühlslagen der Betroffenen erweitern, sodass den Schülerinnen und Schülern die Atmosphäre der Angst und des Misstrauens auch visuell verdeutlicht wird. Die Fragestellungen sollen dabei helfen, die einzelnen Positionen voneinander abzugrenzen und zumindest die folgenden Unterschiede in der Haltung der Beteiligten anzudeuten:

- **Nina:** glaubt an den Teufel und Hexen, scheint deren Existenz aber eher mit Neugier wahrzunehmen
- **Tante Hanna:** scheint wie Nina an die Existenz des Teufels und seiner Buhlschaften zu glauben und möchte nicht unangenehm auffallen, um nicht in irgendeiner Weise der Hexerei verdächtigt zu werden
- **Pfarrer Mathias Kramberg:** ist fanatisch in seinem Bestreben, gegen Teufelswerk anzugehen, schürt aus Verblendung Angst und Misstrauen bei seinen Gläubigen
- **Inquisitor Fürstbischof Philipp von Ehrenburg:** glaubt mit Vehemenz an den Kampf zwischen Gott und Teufel um die Weltherrschaft und geht erbarmungslos gegen vermeintliche Hexen vor

Das Rollenspiel ist neben der inhaltlichen Präsentation eine in besonderem Maße geeignete Methode, um nonverbale Kommunikation als Ausdrucksform wahrzunehmen und zu analysieren. Die Auswertung der Gruppenarbeitsergebnisse sollte daher auch die Beschreibung und Bewertung des Zusammenspiels von dargestellten Eindrücken und Meinungen der Figuren mit ihrer szenischen Umsetzung beinhalten.

Bei ausreichend Zeit können die Schülerinnen und Schüler das szenische Spiel auch durch das Anfertigen eines Skriptes bzw. Regiebuches vorbereiten (vgl. Aufgabe 6).

Hexenverfolgung (S. 85–86)

Der Sachtext enthält Informationen, die die Erkenntnisse aus dem Textauszug des Jugendbuches stützen und erweitern. Neben der knappen Darstellung der Ursachen für das Aufflackern des Hexenwahns und der sich anschließenden Verfolgung der „Hexen" sind auch Beispiele der konkreten Vorwürfe angeführt. In einem sich der ersten Aufgabe anschließenden Unterrichtsgespräch kann der gemeinsame Versuch einer Erklärung des unglaublichen Ausmaßes der Verfolgung und Denunzierung Unschuldiger unternommen werden. An dieser Stelle können die Schülerinnen und Schüler auf die bereits im literarischen Textausschnitt dargestellten Ängste verweisen und erkennen, dass die Mechanismen der Macht besonders erfolgreich in der Stimmung von Angst und Misstrauen greifen.

Aufgaben 1 bis 4 S. 86

Da komplexe Zusammenhänge dargestellt werden, ist eine schriftliche Bearbeitung dieses Textes didaktisch sinnvoll. Um auch hier den gewissenhaften Umgang mit Textbelegen zu üben, können die Schülerinnen und Schüler aufgefordert werden, die Antworten auf die vom Nachbarn gestellten Fragen mit Zeilenangaben zu versehen. Dieses Vorgehen gestaltet die sich anschließende Überprüfung der Ergebnisse in Partnerarbeit zudem zeitökonomischer.
Beispiele für mögliche Fragen an den Text:

- Welche Vorwürfe machte man heilkundigen Frauen?
- Welche Veränderung brachte die Reformation für den Glauben an Hexen mit sich?
- Wer wurde der Buhlschaft mit dem Teufel bezichtigt? Welche Aufgabe hatten Inquisitoren?
- Wie stellten sich die Menschen den Akt der Teufelsverehrung vor?

Aufgabe 5 S. 86

Die Aufgabe dient einer typologischen Unterscheidung von Sachtexten und literarischen Texten.
Diese Unterscheidung bezieht sich auf die unterschiedlichen Funktionen der Textsorten: Während ein Sachtext primär die Funktion der Informationsvermittlung erfüllt, definiert

sich ein literarischer Text über die Funktion der Unterhaltung bzw. ästhetischen Bildung. Diese Unterscheidung wird auch durch die Oberflächenstruktur deutlich: Sachtexte haben eine sachlich-objektive Sprache, enthalten in der Regel keine Wertungen und beziehen sich auf intersubjektiv überprüfbare Tatsachen der realen Welt. Dem gegenüber konstruieren literarische Texte fiktive Welten bzw. regen zur inneren Konstruktion solcher Welten an. Typische Merkmale literarischer Texte sind ein nicht alltäglicher, ästhetischer Sprachgebrauch, die Verwendung sprachlicher Mittel, die Erzeugung von Spannung usw. Diese und weitere Merkmale können die Schülerinnen und Schüler anhand eines Vergleichs der beiden Texte im Buch herausarbeiten.

Aufgabe 6
S. 86

Die bildlichen Darstellungen zeigen unterschiedliche Vorstellungen von Hexen bzw. dem Teufel (Holzschnitt). Der in der Aufgabenstellung angelegte Dreischritt soll dazu dienen, unterschiedliche Anforderungsbereiche zu verdeutlichen und diese trennscharf voneinander zu behandeln. So soll zunächst eine reine Beschreibung der Bilder vorgenommen werden, um anschließend mithilfe der Informationen aus dem Text gelernte Kenntnisse auf die konkreten Verbildlichungen zu übertragen. Die danach zu formulierenden Bildunterschriften sollen die Ergebnisse einerseits in einer treffenden Verkürzung darstellen, können aber ebenfalls als Ansatzpunkt für das weiterführende Arbeiten genutzt werden. So könnte ein ergänzender produktionsorientierter Arbeitsauftrag lauten, eine Geschichte zu der dargestellten Situation bzw. der gewählten Überschrift zu schreiben und dabei das bislang aus den gelesenen Texten erworbene Wissen über den Hexenwahn zu nutzen.
Beispiele für mögliche Bildunterschriften:

- S. 85 links: „Der Liebestrank“
- S. 85 rechts: „Die Buhlschaft mit dem Teufel“
- S. 86: „Hexensymbole: Katze, Hut und Besen“

Aufgabe 7
S. 86

Für eine vertiefende Auseinandersetzung mit dem Sachtext und seinen Informationen werden hier Anregungen gegeben. Die Schülerinnen und Schüler gliedern den Sachtext, entnehmen ihm systematisch die wichtigsten Informationen und präsentieren diese in Form eines Kurzreferats. Weitere Informationen zum Umgang mit Sachtexten erhalten die Lernenden im Kapitel „Das Lernen lernen: Umgang mit Sachtexten“ (S. 130–149).

„Die Hexe soll sterben!“ – Literarische Texte durch Umgestalten und Weitererzählen besser verstehen (S. 87–98)

„Die Hexe soll sterben!“ (S. 87–88)

Der vorliegende Textausschnitt stellt unterschiedliche Probleme der Figuren dar. Zunächst wird in der Figur des Onkels die Stimme des „gesunden Menschenverstandes“ laut, die sich allerdings gegen die Unaufgeklärtheit und Angst vor Verfolgung nicht durchzusetzen vermag. Im zweiten Handlungsabschnitt steht Nina vor dem konkreten Dilemma, ihrem Mitgefühl für die als Hexe bezichtigte Bärbel Ausdruck zu verleihen und sich dadurch selbst verdächtig zu machen oder aus Selbstschutz deren Tod zu fordern.

Aufgaben
1 und 2
S. 88

Die Schülerinnen und Schüler arbeiten zunächst die Positionen der beiden Figuren heraus und belegen ihre Aussagen am Text. In der Vertiefung sollte deutlich werden, dass Onkel Thomas eine aufgeklärtere Position vertritt und mit dem „gesunden Menschenverstand“ argumentiert. Tante Hanna ist ganz geprägt von der Verunsicherung und dem Aberglauben der Zeit. Anstatt die profane Erklärung ihres Mannes zu akzeptieren, sieht sie in dem Kindstod einen Akt des Teufels, ausgeführt durch eine Hexe. Ferner können die zum Teil unterschiedlichen Sichtweisen auf den Fürstbischof thematisiert werden. Ninas Onkel hält

das Handeln Philipp von Ehrenburgs für Wahnsinn und völlig überzogen, während die Tante in ihm einen möglichen Helfer Gottes sieht. Jedoch scheint auch sie zu erkennen, dass sein Handeln eine Gefahr für das Allgemeinwohl darstellt und es an der Zeit ist, ihm Einhalt zu gebieten. Sie zieht es aber angesichts der allgegenwärtigen Gefahr, „selbst zur Zielscheibe“ (Z. 56) zu werden, vor, sich bedeckt zu halten.
In sprachlich reduzierter Form können die Ergebnisse an der **Tafel** gesichert werden:

Verhaltensweisen und Einstellungen von ...

Onkel Thomas	Tante Hanna
– bezeichnet B. Schaffner als „anständige, ehrliche Frau“ (Z. 7–8) ➔ vertraut seiner Menschenkenntnis – erkennt natürliche Todesursache ➔ Ersticken als Unglück und Resultat der Unachtsamkeit der Eltern (vgl. Z. 15–19) – glaubt an Hexen bzw. an den Kampf zwischen dem Teufel und Gott; hält die Hexenjagd in ihrem Ausmaße aber für überzogen (vgl. Z. 33–39) – hält Philipp von Ehrenburgs Handeln für überzogen und „Wahnsinn“ (Z. 52) ➔ sein Handeln ist Gefahr für das Allgemeinwohl	– glaubt nicht an „Zufälle“ ➔ Kindstod als Akt des Teufels; sieht B. Schaffner als Hexe (vgl. Z. 11–14) – abergläubisch ➔ „Milch auf Milch, das muss Teufelswerk sein.“ (Z. 28–29) – sieht in Philipp von Ehrenburg einen Helfer Gottes (vgl. Z. 40–42) – zieht es vor, nicht aufzufallen (vgl. Z. 55–56)
Fazit: – ***vertritt die Stimme des „gesunden Menschenverstandes“***	Fazit: – ***steht stellvertretend für den Aberglauben und die Verunsicherung der Zeit***

TAFELBILD

Aufgabe 3
S. 88

Die Untersuchung der Einstellung und des Verhaltens Ninas in der erzählten Situation ist notwendig, um den inneren Konflikt der Figur zu erkennen und in der folgenden Aufgabe für das Schreiben eines inneren Monologs nutzen zu können.
Die Ergebnisse können in Form eines **Tafelbildes** festgehalten werden:

Ninas innerer Konflikt – Einstellungen und Verhalten einer Figur untersuchen

Ninas Einstellung zu Bärbel	Ninas Verhalten
– Nina weiß und akzeptiert, dass Bärbel in Gefahr ist, weil Gerüchte über diese verbreitet werden. (Z. 4–29) – Sie empfindet tiefes Mitleid mit Bärbel. (Z. 108)	– Nina handelt nicht, weil sie an Bärbels schwieriger Situation nichts ändern kann. – Nina nimmt als stille Zuschauerin an Bärbels Schicksal teil. (Z. 104–110) – Nina wirft einen Pferdeapfel in Bärbels Richtung und fordert den Tod der „Hexe“. (Z. 122)

Mitgefühl ↯ **Angst**

Zielkonflikt

➔ ***Nina gerät durch ihre Anteilnahme an Bärbels Schicksal in Gefahr und muss gegen ihre eigentliche Einstellung handeln.***

TAFELBILD

Aufgabe 4
S. 89

Der Arbeitsauftrag verlangt eine inhaltliche und begründende Ausgestaltung der beschriebenen Einstellung Ninas zu Bärbel und ihres offensichtlich gegenläufigen Verhaltens. Die Schülerinnen und Schüler müssen für das Verfassen eines inneren Monologs Ninas einen Rollenwechsel vornehmen und aus einer ihnen zunächst fremd erscheinenden Perspektive heraus das Verhalten dieser Figur reflektieren.
Der Sachtext über Hexenprozesse und Hexenproben auf S. 90 f. kann vor dem Verfassen des inneren Monologs bearbeitet werden, damit die Schülerinnen und Schüler sowohl Ninas Mitleid als auch ihre Angst davor, selbst in Verdacht zu geraten, anhand der praktizierten „Verfahren" und „Bestrafungen" besser verstehen und in ihren inneren Monolog einbinden können.

Aufgaben 5 und 6
S. 89

Ziel dieser Aufgaben ist es, zunächst die inhaltliche Darstellung um die der nonverbalen Ausdrucksmöglichkeiten zu erweitern. Den Schülerinnen und Schülern soll bewusst gemacht werden, dass die Gedanken, Einstellungen und Gefühle einer Figur auch mithilfe dieses Ausdrucksmittels deutlich gemacht und somit das Verständnis für die Figuren und deren Beweggründe bzw. Handlungen in einem literarischen Text auf diese Weise zusätzlich vertieft werden können. Das zu gestaltende Gespräch zwischen Nina und ihrem Onkel erweitert diesen Ansatz um die Interaktion zwischen mehreren Figuren. Im Unterrichtsgespräch sollten die Schülerinnen und Schüler erkennen können, warum Nina mit ihrem Problem eher an den Onkel als an die Tante herantritt. Letztere ist zu befangen und ängstlich, um Ninas Konflikt auch nur zu besprechen; der Onkel zeigt sich im Textausschnitt dagegen recht aufgeklärt und nüchtern, obgleich er ebenfalls an die Existenz des Teufels und der Hexen zu glauben scheint. Ein Gespräch zwischen Nina und ihrem Onkel Thomas sollte daher in etwa diese Einstellungen, Gefühle und Handlungsweisen beinhalten:

Nina im Gespräch mit dem Onkel
- Mitleid mit Bärbel
- Angst, Bedrückung
- Verwirrung
- schlechtes Gewissen
- Wissen um die Gefahr für das eigene Leben
- ggf. Aufbegehren gegen die Umstände

Mitleid mit der Nichte und Bärbel
- Verständnis für Ninas Verwirrung
- Wut/Zorn über die Umstände, an denen nichts zu verändern ist, ohne selbst in Lebensgefahr zu geraten
- Wissen um die Verantwortung für seine Nichte
- Versuch, die Nichte zu trösten und vor Gefahren zu bewahren

Hexenprozesse, Hexenproben und Hexenverbrennungen (S. 90–91)

Aufgaben 1 bis 4
S. 91

Die Schülerinnen und Schüler sollen den Sachtext zunächst verstehend lesen und Unklarheiten gemeinsam mit dem Sitznachbarn besprechen. Die Formulierung einer Überschrift bzw. von Zwischenüberschriften regt dazu an, den Inhalt eines Textes oder eines Textabschnittes in pointierter Weise zusammenzufassen. Außerdem erhält man so einen ersten Überblick über die wichtigsten Informationen. Generell ist es gerade bei längeren Texten von Vorteil, diese in Sinnabschnitte zu gliedern, um einen besseren Überblick über die Textstruktur und den Inhalt zu erhalten.

- Der Originaltitel des Sachtextes lautet „Hexenprozesse, Hexenproben und Hexenverbrennungen". Die Zwischenüberschriften können sich an der Reihenfolge der hier genannten Themen orientieren (1: Hexenprozesse, 2: Hexenproben, 3: Hexenverbrennungen).
- Zuordnung Bild-Text: Das erste Bild zeigt die Verbrennung einer vermeintlichen Hexe und illustriert daher die Informationen des dritten Textabschnittes. Das zweite Bild zeigt eine sogenannte Hexenprobe, bei der die Angeklagte an einen Stuhl gefesselt in einen Fluss geworfen wird (Textabschnitt 2).

Aufgabe 5
S. 91

Diese Aufgabe verlangt von den Schülerinnen und Schülern, die literarischen Textausschnitte gezielt in Bezug auf den Umgang mit „Hexen" zu untersuchen und den Sachtext als Ergänzungstext für die Bearbeitung der Aufgabe zu nutzen. Für die Umsetzung bieten sich als Sozialformen Einzelarbeit (z. B. als vorbereitende Hausaufgabe) oder Partnerarbeit an, damit die Schülerinnen und Schüler sich einerseits bei der analytischen Textarbeit unterstützen, aber ggf. auch korrigieren können.
Sprachlich reduziert können die Ergebnisse z. B. wie folgt an der **Tafel** gesichert werden:

„Umgang mit Hexen" – Vergleich von Erzähltext und Sachtext

Erzähltext	**Sachtext**
– „Hexen" werden als allgegenwärtig wahrgenommen. – „Hexen" werden von der christlichen Kirche verdammt und von Inquisitoren verbissen gejagt. – Sie werden festgenommen, scheinbar entlarvt und hingerichtet. – Gerüchten wird nachgegangen und gerichtliche Untersuchungen folgen, die auch ohne zwingende Beweise eine Verurteilung zur Folge haben können. – Unter Verdacht stehende „Hexen" werden misshandelt und beschimpft; sie erfahren kein öffentliches Mitleid und keine Unterstützung.	– Anleitung im Umgang mit zu verhörenden „Hexen" gab das Buch „Hexenhammer" (1487). – Prozesse beinhalteten: mehrfache Befragungen, häufig wiederholte Folterungen („peinliche Befragung"), sogenannte Hexenproben. – Die Methoden zur Überführung einer Verdächtigen waren häufig manipuliert bzw. erzwangen Geständnisse durch Androhung oder Zufügung von Schmerzen. – Ein frühes „Geständnis" verhalf den Angeklagten lediglich zu einem weniger qualvollen Tod durch Erdrosseln oder Enthaupten (bevor ihr Leichnam verbrannt wurde). – Alle als schuldig verurteilten „Hexen" wurden verbrannt, damit ihre Seelen gereinigt und vor der ewigen Verdammnis gerettet würden.
	Sachinformationen können genutzt werden, um – **eigene Texte zu schreiben,** – **literarische Texte besser verstehen zu können.**

TAFELBILD

Aufgabe 6
S. 91

Durch das Schreiben von Lexikonartikeln werden die Schülerinnen und Schüler dazu angehalten, den Texten die wichtigsten Informationen zu entnehmen und sich beim Verfassen auf das Wesentliche zu beschränken. In diesem Sinne dient die Aufgabe nicht nur einer inhaltlichen Sicherung, sondern schult die Lernenden auch im systematischen Umgang mit Sachtexten.

Der Sündenbock (S. 91 – 93)

Aufgaben 1 und 2
S. 93 – 94

Vor der Lektüre des Textausschnitts können die Schülerinnen und Schüler im Unterrichtsgespräch zunächst den Begriff „Sündenbock" erklären und mit Beispielen aus ihrer Erfahrungswelt versehen. Auch Ninas Geschichte kann in diesem Zusammenhang angeführt werden, ggf. kann – ausgehend von dem bislang gewonnenen Wissen über Ninas Leben – antizipiert werden, inwiefern diese Kapitelüberschrift inhaltlich ausgestaltet sein könnte.
Die Informationen aus den Sachtexten werden in der literarischen Figur Ninas exemplifiziert und bieten den Schülerinnen und Schülern so die Gelegenheit, durch Empathie ein Verständnis für die Erfahrungen anderer Menschen aus einer anderen Zeit zu entwickeln. Darüber hinaus stellt die „Sündenbock"-Situation ein überzeitliches Konfliktpotenzial dar, sodass die Aufgaben nicht nur zum besseren Verständnis des literarischen Textes beitra-

gen, sondern den Schülern auch die Möglichkeit zum sozialen Lernen bieten. Für das Bauen des Standbildes bietet sich Gruppenarbeit an, da bei dieser Sozialform jede Schülerin bzw. jeder Schüler in den Prozess des handelnden Lernens einbezogen wird. Falls einige Schülerinnen oder Schüler sich scheuen, eine Figur darzustellen, können sie die Rolle des Baumeisters einer Gruppe übernehmen. Die jeweils nicht präsentierenden Gruppen sind Beobachter und sollen das gezeigte Standbild beschreiben und auf die literarische Textvorlage beziehen. Um die Ergebnisse der einzelnen Gruppen besser vergleichen zu können, kann vor der Präsentation ein Beobachtungsbogen erstellt werden.
Dieser kann folgende Beobachtungsaufträge enthalten:

- Welche Figuren werden dargestellt?
- Wie ist die Stimmung in der dargestellten Situation? Wie wird diese Stimmung erzeugt?
- Welche Rolle spielt dabei die Position der Figuren zueinander?
- Welche Rolle spielen dabei
  – Gestik – Mimik – Körperhaltung der einzelnen Figuren?

Das „Hilfs-Ich" kann die visuell dargestellte Stimmung durch verbalisierte Gedanken der beteiligten Figuren noch verdeutlichen. An dieses Verfahren sollte sich immer ein auswertendes Unterrichtsgespräch anschließen, das dazu dient, beliebige Äußerungen auszuschließen und stattdessen mit direktem Bezug zur dargestellten Situation bzw. zur Textvorlage die Beiträge zu begründen.

Heilerinnen, Hebammen und weise Frauen (S. 94–95)

Aufgaben 1 bis 3 S. 95

Der vorliegende Sachtext gibt einen Einblick in die Tätigkeitsbereiche der heilkundigen Frauen, die gerade wegen ihres Wissens um die Macht der Pflanzen der Hexerei bezichtigt wurden. Den Schülerinnen und Schülern soll durch die Auseinandersetzung mit dem Text verdeutlicht werden, dass in einer „vorwissenschaftlichen" Zeit das Wissen um sogenannte „weiße Magie" Hilfe und zugleich Macht bedeutete, aber auch Ängste bei der abergläubischen Umgebung auslösen konnte. Die Schülerinnen und Schüler sollen im Gespräch erarbeiten, dass die meisten Menschen bei Krankheiten oder Geburten von der Kunst der kräuterkundigen Frauen abhängig waren, diese aber nicht in allen Einzelheiten nachvollziehen konnten. Die Unwissenheit der Betroffenen konnte von Respekt zu Angst wechseln, wenn die Möglichkeiten einer Heilerin aufgrund medizinischer Komplikationen oder anderer Gegebenheiten versagten und die „Patienten" starben. Die wichtigsten Informationen können die Schülerinnen und Schüler auch auf einem Spickzettel festhalten, den sie als Grundlage für ihr Interview nutzen (vgl. Aufgabe 2):

Heilerinnen, Hebammen und weise Frauen

- Magie und Aberglaube: Alltag; Erklärungshilfe für Fragen des Lebens
- „weiße" Magie: nützt dem Menschen; Natur besitzt von Gott gegebene Kräfte
- „Heilerinnen"/„weise Frauen": kräuterkundig, halfen Menschen durch eigene Heilmittel
- Kräuter: Baldrian mit beruhigender Wirkung; Salbei oder Minze gegen Kopfschmerzen; Arnika gegen Schmerzen
- „Heilerinnen" oft auch Hebammen; großes Wissen über menschlichen Körper
- Glaube versetzt Berge: Zaubersprüche als harmlose Hilfe
- Gefahr für Heilerinnen: Tod der Kranken, der Gebärenden bzw. des Kindes → Verdacht der Tötung
- weise Frauen: angesehen (Helferin) und gefürchtet (Hexe)

„Unkraut! Unkraut!" (S. 95–96)

Aufgaben 1 bis 4 S. 96–97

Neben dem Einführungstext impliziert auch der letzte Satz des Textausschnitts durch das verwendete Präteritum, dass Maximilians Frau gestorben ist bzw. wegen ihres Wissens um

Kräuter und Heilpflanzen als Hexe verfolgt und getötet wurde. Die Schülerinnen und Schüler sollten sich für diese komplexe Schreibaufgabe zuvor Notizen zu Maximilians Gefühlen und Ausdrucksweisen machen bzw. ihre Ergebnisse aus der Bearbeitung des Sachtextes auf S. 94–95 nutzen (s. Spickzettel). Der produktionsorientierte Schreibauftrag gibt den Schülerinnen und Schülern Gelegenheit dazu, das aus der analytischen Bearbeitung von Sachtexten erworbene Wissen kreativ und konkret in den Handlungsverlauf des literarischen Textes einzubinden und gleichzeitig zu üben, anschaulich und informativ zu erzählen.

Die Auswertung der Ergebnisse sollte sich folgerichtig auch auf die Anwendung der Informationen aus dem Sachtext beziehen und überprüfen, ob Maximilians Perspektive treffend umgesetzt worden ist (s. u.). Der nonverbale Ausdruck bei einer szenischen Darstellung kann im Zusammenhang mit den Gefühlen Maximilians folgende Umsetzung finden:

Gefühle Maximilians
- Trauer
- Wut/Zorn
- Liebe
- Wehmut
- Bewunderung

Körpersprache Maximilians
- gesenkter Kopf
- gebeugter Rücken
- Tränen
- geballte Fäuste
- Lächeln
- Blick in die Ferne

Ninas Reaktion auf die Erzählung über die getötete Frau Maximilians kann je nach inhaltlicher Schwerpunktsetzung durch die Schülerinnen und Schüler variieren. Aus dem Textauszug über Bärbel Schaffner („Die Hexe soll sterben!") ist bekannt, dass Nina zu Mitleid und Anteilnahme fähig ist und im Schutz der Abgeschiedenheit auch die Möglichkeit hätte, diese zu äußern. Je nach Spiellaune der Beteiligten kann Nina das in der gespielten Szene verbal und/oder nonverbal umsetzen.

Aufgabe 5 S. 97

Der kreative Ansatz des Weitererzählens des Erzählstrangs anhand von Bildstationen ermöglicht es den Schülerinnen und Schülern, ihre Vorstellungen in künstlerischer und relativ freier Form zu gestalten, was als Gesprächs- bzw. Erzählanlass genutzt werden kann. Der Arbeitsauftrag lässt sich auch in Kleingruppen umsetzen, die die jeweils beste Bildergeschichte ermitteln, welche dann der gesamten Klasse vorgestellt werden kann.

Aufgabe 6 S. 97

Der Werkzeugkasten auf S. 103 f. kann als Hilfe zur Vorbereitung der Buchvorstellung genutzt werden, jedoch sollten die Vorstellung der Figuren und die Darstellung der Handlung auf die bereits bekannten Informationen aus dem Kapitel abgestimmt sein.

Aufgaben 7 und 8 S. 97

Ziel dieser Aufgaben ist es, die Ergebnisse zum Themenkomplex „Hexen und Heilerinnen" zu reflektieren, zu bündeln und anschaulich und übersichtlich zusammenzufassen. Die Methode der Ergebnissicherung und -präsentation in Form einer Mindmap ist bereits aus der Arbeit mit P.A.U.L. D. 5 und 6 bekannt, sodass die Schülerinnen und Schüler keine Schwierigkeiten haben sollten, eine übersichtliche und nach Themen geordnete Mindmap zu erstellen. Alternativ hierzu können in Kleingruppen auch Lernplakate gestaltet werden, die dann für eine Ausstellung zum Thema genutzt werden können (vgl. Aufgabe 9, S. 98). Die Rückschau auf die Unterrichtseinheit und die Bewertung der erprobten Verfahren sollen im Sinne einer Metareflexion den Schülerinnen und Schülern einen Überblick über die erworbenen Kenntnisse und Möglichkeiten vor allem im Umgang mit literarischen Texten bieten und ihnen zugleich die Gelegenheit geben, ihre eigenen Stärken oder Vorlieben hierbei zu benennen und zu begründen.

Die Lösungen zu den **Übungen zur Lernkontrolle** (S. 99) befinden sich im Anhang des Schülerbandes auf der Seite 388.

Einem Sachtext Informationen entnehmen

Christoph Daxelmüller
Wie schützte man sich vor Zauberei?

Die Liste der den Hexen und Zauberern zugeschriebenen Untaten war lang. Sie konnten ihre Opfer überall und zu jedem Zeitpunkt mit einem Fluch treffen, ihren persönlichen Besitz vernichten oder sie gar töten. [...]
Für Christen galt ein gottesfürchtiges Leben als bester Schutz vor Hexerei. Wer regelmäßig den Gottesdienst besuchte, die Kommunion oder das Abendmahl empfing und vor aller Augen das Glaubensbekenntnis betete, war nicht nur vor Zauberei gefeit, sondern auch vor dem Verdacht, selbst eine Hexe oder ein Zauberer zu sein. Im Alltag schützte man sich mit zahllosen Mitteln gegen Verhexung: mit Amuletten, geweihten Gegenständen, Bildern oder Zetteln mit Gebeten und abwehrenden Formeln. Weihwasser und Weihrauch boten ebenso Schutz vor Bezauberung. Um Hexen vom Haus fernzuhalten, knieten in die Vereinigten Staaten eingewanderte Spanier nieder und sprachen dreimal mit leiser Stimme das Gebet: „Vier Ecken hat mein Haus, vier Engel, die es lieben, Lukas, Markus, Johannes und Matthäus. Hinweg alle Hexen und Zauberer und auch der schwarze Mann. Im Namen des Vaters und des Sohnes und des Heiligen Geistes.“ In Schottland glaubte man, dass man an Halloween (31. Oktober) die Hexen sehen und sie durch Feuer vertreiben könne. Inzwischen feiert man nicht nur in den angelsächsischen Ländern, sondern auch in Deutschland Halloween. Überhaupt spielt die reinigende Kraft des Feuers eine wichtige Rolle beim Schutz vor Hexen. Warf man z. B. Salz ins Herdfeuer, sollte dies helfen, böse Geister und Hexen aus dem Zimmer zu vertreiben. In Italien wehrte man sich gegen Hexen sogar mit der Hand, man musste nur den Daumen zwischen Zeige- und Mittelfinger stecken und damit auf die Hexe deuten. Diese bis heute gebräuchliche Gebärde heißt „Feige“ (ital. „fica“). Ein weitverbreitetes Abwehrmittel gegen die „Truden“, wie man im süddeutschen Raum die Hexen nennt, ist die geöffnete Schere: Zwischen den beiden Scherenblättern sollte sich die Hexe verfangen. In Süditalien meißelte man das Zeichen der Schere in die Schwelle der Haustüre oder drückte einfach eine geöffnete Schere in den weichen Beton. Noch zu Beginn des 20. Jahrhunderts konnte man auch in Deutschland beobachten, dass Mütter Scheren in die Kinderwagen legten, damit die „Trud“ dem Säugling keinen Schaden zufügte.

(Text von Christoph Daxelmüller, aus: WAS IST WAS, Band 97, Zauberer, Hexen und Magie, Tessloff Verlag)

1 Welchen Schutz vor Zauber praktizierten die Menschen in unterschiedlichen Ländern? Fertige hierzu eine Mindmap an.

2 Informiere dich über „Halloween“ in Lexika oder im Internet, erstelle einen „Spickzettel“ und berichte in einem kurzen Vortrag über dessen Geschichte und Bräuche.

Literarische Texte besser verstehen: eine Leerstelle füllen

Harald Parigger (geb. 1953)
Die Hexe von Zeil

Im Bamberg des Jahres 1627 erreicht der Hexenwahn und die Verfolgung von Menschen, die sich angeblich dem Teufel verschrieben haben, unvorstellbare Ausmaße. Ursula Lambrecht, die 19-jährige Tochter des Bürgermeisters, muss erleben, wie nach ihrer Mutter auch der Vater der Hexerei angeklagt und verhaftet wird. Ursula, die versucht, mit allen ihr zur Verfügung stehenden Mitteln ihren Vater zu retten, gerät dabei schließlich selbst ins Visier der Inquisitoren ...

„Ursula Lambrecht, Tochter des Johannes Lambrecht, Ihr werdet wegen Hexerei in Haft genommen", sagte der Kommissär. Er sagte es so leidenschaftslos, als ob er gekommen wäre, ein Paar zerrissene Stiefel zum Flicken abzuholen.
„Habt Ihr Beweise?"
„Beweise?" Einwag hob die Augenbrauen. „Sechs Personen haben bei der peinlichen Befragung Euren Namen bekannt, ein rechtschaffener Bürger hat Zeugnis gegen Euch abgelegt, und was wir sonst an Beweisen brauchen, werden wir noch bekommen." Das klang so endgültig, so sicher, dass die Wand der Gelassenheit, mit der Ursula die Furcht von ihrem Herzen fernhielt, bröckelte. Doch sie ließ sich nichts anmerken und schwieg.
„Tragt zusammen, was Ihr mitnehmen dürft", fuhr der Kommissär fort. „Ihr wisst es wohl noch: Federbett, Kissen, Laken, einen Krug. Einer der Wächter wird mit Euch gehen, damit – nein, besser, Ihr lasst es die Alte machen."
„Das kann ich selbst", unterbrach Ursula und dachte an Walburga, die gelähmt vor Entsetzen in der Küche hockte.
Einwag zuckte die Achseln. „Ganz wie Ihr wollt."
Der Augenblick schien günstig, ihr Peiniger mild gestimmt.
„Darf ich vielleicht meinem Vater etwas mitnehmen, was ihm seine Lage ein bisschen erleichtert? Er ist nicht mehr der Jüngste und schon so lange im Malefizhaus ..."
„Eurem Vater? Wieso?" Die hohe, gepresste Stimme des Doktors klang ehrlich erstaunt.
„Euren Vater werdet Ihr nicht sehen. Zu viele sind dem Laster der Zauberei verfallen; das Malefizhaus ist voll. Außerdem erachtet es Seine Fürstlichen Gnaden – und ich bin ganz seiner Ansicht – nicht als sinnvoll, nahe Verwandte miteinander zu verwahren. Euch wird man in ein Gefängnis nach Zeil bringen."

1 Lies den Text und untersuche Ursulas Verhalten in der Situation ihrer Festnahme. Aus welchem Grund verhält sich Ursula auf diese Weise?

2 „Euch wird man in ein Gefängnis nach Zeil bringen." (Z. 23) Schreibe einen inneren Monolog, in dem Ursulas Gedanken und Gefühle in diesem Moment zum Ausdruck kommen. Welche Befürchtungen könnte sie haben?

Einem literarischen Text Informationen entnehmen

Harald Parigger (geb. 1953)
Die Hexe von Zeil

Im Bamberg des Jahres 1627 erreichen der Hexenwahn und die Verfolgung von Menschen, die sich angeblich dem Teufel verschrieben haben, unvorstellbare Ausmaße. Ursula Lambrecht, die neunzehnjährige Tochter des Bürgermeisters, muss erleben, wie nach ihrer Mutter auch der Vater der Hexerei angeklagt und verhaftet wird. Ursula, die versucht, mit allen ihr zur Verfügung stehenden Mitteln ihren Vater zu retten, gerät dabei schließlich selbst ins Visier der Inquisitoren und wird in ein Gefängnis gebracht.

Körper und Geist sträubten sich gegen das Wachwerden. Aber der stechende Schmerz in der Mitte ihres Körpers, den Ursula inzwischen als den Schmerz der Angst kannte, war stärker als ihre Schläfrigkeit. Sie spürte ihn und mit ihm kamen, schneller als ein Atemzug, Bilder und Erinnerungen: Sie wusste, wo sie sich befand. Alle Müdigkeit war verflogen, es gab keinen Weg zurück in das warme, schützende Nichts des Schlafs.
Ursula öffnete die Augen.
Es musste längst heller Tag sein. Durch die schmalen Schlitze zwischen den Brettern, mit denen die Fenster ihres Gefängnisses vernagelt waren, fiel glitzerndes Sonnenlicht. Allmählich gewöhnten sich ihre Augen an das Muster von hellen und dunklen Streifen, in das der Lichteinfall die Kammer zerschnitt.
Ursula sah weiß gekalkte Wände und einen hölzernen Fußboden, der, ausgehöhlt von unzähligen Tritten, uneben war wie ein Pflaster aus Feldsteinen. Nichts sonst befand sich in dem Raum, kein Stuhl, keine Truhe, kein Tisch, nur der Eimer an der Wand und die Strohschütten, auf denen sie und ihre beiden Gefährtinnen lagen.
Gefährtinnen ... Lautlos drehte Ursula den Kopf auf die Seite und betrachtete die neben ihr liegende Frau. Sie lag zusammengerollt wie ein Kind auf dem Stroh, das schmutzige Federbett hatte sie auf die Seite geschoben, denn es war heiß und stickig im Raum.
Stumm hockten die drei Frauen in ihrem Kerker. Die glitzernden Strahlen, die zwischen den Brettern vor dem Fenster in die Kammer drangen, wurden kürzer und verschwanden schließlich ganz.
Endlich kam jemand mit schweren Schritten die Stiege herauf. Der Riegel wurde zurückgestoßen, die Tür öffnete sich. „Euer Essen!"
Ein Mann mit einem großen Tablett betrat den Raum. Er stellte eine hölzerne Schüssel mit einem Löffel und einen Krug vor Ursula hin. Es war ihr Krug, aus dem sie zu Hause jeden Tag getrunken hatte. Erst jetzt merkte sie, wie durstig sie war. Sie hob ihn an die Lippen und trank. Kühles, saures Bier war darin.
Der Wächter hatte inzwischen auch den anderen ihre Mahlzeit hingestellt, lehnte an der Tür und beobachtete sie. „Esst!", befahl er.
Ursula schob die Schüssel fort. Sie hatte keinen Hunger.
„Du musst essen!", flüsterte Anna. „Es ist nicht schlecht, was sie uns ... was sie euch geben. Du musst dir deine Kräfte bewahren!"
Widerwillig führte Ursula einen Löffel zum Mund. Sie schmeckte. Erbsenbrei und gebratenen Fisch. Dann fiel ihr Blick auf das, was Anna in der Hand hielt. Keine Schüssel, nur ein Stück trockenes Brot.
„Warum bekommst du nicht dasselbe wie ich?", fragte sie leise.

„Sie wollen meinen Willen brechen. Ich habe den Verhören zu lange widerstanden. Deshalb geben sie mir nur Wasser und Brot."
Entschlossen schob Ursula ihrer Gefährtin die Schüssel zu. „Nimm es! Ich kann nicht!"
„Nein, du brauchst ..." Anna sprach nicht weiter. Sie griff hastig zu und schlang zwei Löffel voll Essen hinunter. Aber schon stand der Wächter vor ihr und riss ihr die Schüssel aus der Hand.
„Du nicht!", sagte er.
Dann wandte er sich an Ursula. „Du hast wohl grad keinen Hunger", grinste er. Er ging zu dem Eimer, in den die Gefangenen ihre Notdurft verrichteten. „Schau, ich meine es gut mit dir!" Mit Schwung leerte er den Inhalt der Schüssel hinein. „Wenn du es dir später anders überlegst ..."
„Du Schweinehund!", rief Anna, aber er reagierte nicht einmal.
Wenig später lud er das Geschirr wieder auf das Tablett und ließ die Frauen allein.

(Aus: Harald Parigger: Die Hexe von Zeil, Deutscher Taschenbuch Verlag, München 2004, S. 103 ff., © 1996 Egmont Verlagsgesellschaften mbH, SchneiderBuch)

1 Welche Informationen erhältst du aus dem Textauszug über die Haftbedingungen in einem „Malefizhaus", in dem der Hexerei verdächtigte Personen gefangen gehalten und verhört wurden? Unterstreiche zunächst die wesentlichen Textpassagen und schreibe dann einen Sachtext über die Haftbedingungen.

2 Welche Auswirkungen haben die dargestellten Umstände auf die inhaftierten Frauen? Belege deine Ergebnisse mithilfe von Textstellen.

Bewertungsbogen zur Leistungsüberprüfung/Klassenarbeit

Name:	
Schulhalbjahr/Datum:	
Klasse:	
Fachlehrer/in:	
Thema der Unterrichtsreihe:	Von Hexen und Heilerinnen – Menschen und ihre Geschichte(n) verstehen
Thema der Klassenarbeit:	Einem literarischen Text Informationen entnehmen
Aufgaben:	s. Arbeitsblatt 3

A Inhaltliche Leistungen

	Die Schülerin/der Schüler	maximale Punktzahl	erreichte Punktzahl
1	markiert Textstellen in angemessener Weise.	4	
2	fasst wichtige Informationen über die Haftbedingungen zusammen (Versorgung, Hygiene, Unterbringung ...).	15	
3	benennt die Auswirkungen der dargestellten Umstände auf die inhaftierten Frauen (Verwahrlosung, Hunger, gegenseitige Hilfe ...).	15	
4	belegt die Aussagen über die Haftbedingungen mit geeigneten Textstellen.	8	
A	**Gesamtpunktzahl**	**42**	

B Darstellungsleistungen

	Die Schülerin/der Schüler	maximale Punktzahl	erreichte Punktzahl
1	baut den Sachtext schlüssig auf.	4	
2	schreibt sachlich und informativ.	5	
3	zitiert korrekt.	3	
4	schreibt sprachlich richtig (Rechtschreibung, Zeichensetzung, Grammatik).	6	
B	**Gesamtpunktzahl**	**18**	

Gesamtpunktzahl A und B **60**

Die Klassenarbeit wird mit der Note

________________ **bewertet.**

Datum Unterschrift

Zuordnung der Punkte zu den Notenstufen

Note	Punkte
sehr gut	60 – 53
gut	52 – 45
befriedigend	44 – 37
ausreichend	36 – 29
mangelhaft	28 – 21
ungenügend	20 – 0

Einen inneren Monolog verfassen

Simone van der Vlugt (geb. 1966)
Das Amulett aus den Flammen

Nina wird verdächtigt, den verheerenden Sturm, der ganze Teile Würzburgs zerstört hat, durch Magie ausgelöst zu haben. Sie erfährt davon durch ihren Onkel:

[...] Verwundert betrat Nina die Stube. Onkel Thomas stand vor dem Fenster und blickte in den Hof. Als er sich umdrehte, sah er Nina so ernst an, dass ihr angst und bange wurde.
„Was ... was ist los?“, fragte sie beklommen.
Onkel Thomas kam auf sie zu und legte ihr eine Hand auf die Schulter. „Lotte Schmidt war soeben hier, um uns zu warnen“, sagte er. „Sie hat gehört, dass etliche Gerüchte über dich verbreitet werden. Einige Menschen haben sogar bezeugt, dich am Tag vor dem Sturm am Fluss gesehen zu haben. Du hättest merkwürdige Handbewegungen gemacht, als würdest du Verwünschungen aussprechen. Deine Haube muss davongeweht sein, man hat nur den Korb im Schilf gefunden. Einige behaupten auch, dich während des Sturmes mit dem Amulett in der Hand gesehen zu haben.“
„Aber ich habe doch überhaupt nichts getan!“, rief Nina kreidebleich.

Schreibe Ninas Gedanken in diesem Moment der Nachricht in Form eines inneren Monologs auf. Berücksichtige vor allem ihre Empfindungen und bringe dein Sachwissen über die für Nina entstandene Gefahr ein.

Bewertungsbogen zur Leistungsüberprüfung/Klassenarbeit

Name:	
Schulhalbjahr/Datum:	
Klasse:	
Fachlehrer/in:	
Thema der Unterrichtsreihe:	Von Hexen und Heilerinnen – Menschen und ihre Geschichte(n) verstehen
Thema der Klassenarbeit:	Einen inneren Monolog verfassen
Aufgaben:	s. Arbeitsblatt 4

Inhaltliche Leistungen und Darstellungsleistungen

	Die Schülerin/der Schüler	**maximale Punktzahl**	**erreichte Punktzahl**
1	legt dem Text eine interessante Idee für einen inneren Monolog zugrunde, die zu dem Textausschnitt passt.	8	
2	verwendet den Darstellungsstil eines inneren Monologs.	8	
3	gibt die Befürchtungen des Mädchens anschaulich wieder.	12	
4	formuliert Gedanken, die verdeutlichen, wie das Mädchen in seiner Vorstellung der bedrohlichen Situation entgehen kann.	12	
5	verarbeitet dabei in angemessener Weise Sachwissen zum Thema „Hexen".	12	
6	schreibt sprachlich richtig (Rechtschreibung, Grammatik)	8	
	Gesamtpunktzahl	**60**	

Die Klassenarbeit wird mit der Note

______________________ **bewertet.**

Datum   Unterschrift

Zuordnung der Punkte zu den Notenstufen

Note	**Punkte**
sehr gut	60 – 53
gut	52 – 45
befriedigend	44 – 37
ausreichend	36 – 29
mangelhaft	28 – 21
ungenügend	20 – 0

Eine Erzählung zu einem Bild schreiben

1 Beschreibe das Bild genau und bestimme den Ort des Geschehens, die beteiligten Personen sowie den möglichen Anlass ihrer Zusammenkunft.

2 Versetze dich in die Rolle einer der abgebildeten Personen und schreibe aus ihrer Sicht eine Erzählung, die die dargestellte Situation einbindet und erklärt.

Bewertungsbogen zur Leistungsüberprüfung/Klassenarbeit

Name:	
Schulhalbjahr/Datum:	
Klasse:	
Fachlehrer/in:	
Thema der Unterrichtsreihe:	Von Hexen und Heilerinnen – Menschen und ihre Geschichte(n) verstehen
Thema der Klassenarbeit:	Eine Erzählung zu einem Bild schreiben
Aufgaben:	s. Arbeitsblatt 5

A Inhaltliche Leistungen

	Die Schülerin/der Schüler	maximale Punktzahl	erreichte Punktzahl
1	entwickelt eine in sich schlüssige Erzählidee.	5	
2	verarbeitet entsprechendes Sachwissen zum Thema Hexen.	12	
3	verleiht der Erzählung einen Spannungsbogen.	6	
4	verfasst eine passende Einleitung.	4	
5	gestaltet den Hauptteil anschaulich und lebendig aus (wörtliche Rede, innere Handlung, Umgebungsbeschreibung).	10	
6	verfasst einen angemessenen Schlussteil.	5	
A	**Gesamtpunktzahl**	**42**	

B Darstellungsleistungen

	Die Schülerin/der Schüler	maximale Punktzahl	erreichte Punktzahl
1	verleiht dem Text – auch äußerlich – einen sinnvollen Aufbau.	2	
2	schreibt anschaulich und lebendig.	5	
3	wendet die Regeln der wörtlichen Rede sachgemäß an.	3	
4	verwendet die richtigen Tempusformen.	3	
5	schreibt sprachlich richtig (Rechtschreibung, Zeichensetzung, Grammatik).	5	
B	**Gesamtpunktzahl**	**18**	

Gesamtpunktzahl A und B	**60**

Die Klassenarbeit wird mit der Note

__________ **bewertet.**

Zuordnung der Punkte zu den Notenstufen

Note	Punkte
sehr gut	60–53
gut	52–45
befriedigend	44–37
ausreichend	36–29
mangelhaft	28–21
ungenügend	20–0

Datum Unterschrift

Leistungsüberprüfung – Selbstevaluation – Klassenarbeit

1. **Einem Sachtext Informationen entnehmen**
   Text: Christoph Daxelmüller: Wie schützte man sich vor Zauberei?
   (Arbeitsblatt 1, S. 108)

2. **Literarische Texte besser verstehen: eine Leerstelle füllen**
   Text: Harald Parigger: Die Hexe von Zeil
   (Arbeitsblatt 2, S. 109)

3. **Einem literarischen Text Informationen entnehmen**
   Text: Harald Parigger: Die Hexe von Zeil
   (Arbeitsblatt 3, S. 110 f., Bewertungsbogen 3, S. 112)

4. **Einen inneren Monolog verfassen**
   Text: Simone van der Vlugt: Das Amulett aus den Flammen
   (Arbeitsblatt 4, S. 113, Bewertungsbogen 4, S. 114)

5. **Eine Erzählung zu einem Bild schreiben**
   (Arbeitsblatt 5, S. 115, Bewertungsbogen 5, S. 116)

Historische Abenteuerromane von Rainer M. Schröder – „Das blinde Fenster zum Gestern aufstoßen“ (S. 100–129)

→WB

Vorüberlegungen zur Einheit

Rainer M. Schröder ist einer der renommiertesten deutschen Jugendbuchschriftsteller. Die Auflage seiner historischen Abenteuerromane liegt bei über 5 Millionen Exemplaren. Seine Jugendromane begeistern seine jugendlichen Leser, weil sie zugleich spannend und hintergründig sind. Die Romane vermitteln gut recherchiertes historisches Wissen und – ohne moralischen Zeigefinger – humanistische Werte. In allen Romanen suchen die jugendlichen Protagonisten nach ihrem Lebenssinn und finden ihn. Sie müssen nicht nur gefährliche Abenteuer überstehen, sondern machen einen Selbstfindungsprozess durch. Sie erfahren, dass am Ende nicht Hass, Egoismus und Gewalt siegen, sondern die verändernde Kraft des Wissens, von Toleranz, Liebe sowie Solidarität das Leben gelingen lassen. Ein besonderes Anliegen Rainer M. Schröders ist die Auseinandersetzung mit religiösen Fragen. Immer wieder stellen seine Protagonisten die Frage nach Gott, nach ihrem eigenen Glauben, und sie lernen, Andersgläubige zu akzeptieren. Die Romane Schröders mit ihrer Mischung aus jugendlichen Helden, abenteuerlichen Episoden, historischem Wissen und zeitlosen Sinnfragen bieten den Schülerinnen und Schülern derartig viele Anknüpfungspunkte, dass sie trotz ihres Umfangs von meist über 400 Seiten erfahrungsgemäß gleichermaßen von Jungen und Mädchen begeistert gelesen werden.
Die Schülerinnen und Schüler sollten im Verlauf der Einheit möglichst viele Romane Rainer M. Schröders kennenlernen und selbst lesen. Dabei sollten sie nach ihren Interessen wählen können. Deshalb beginnt die Unterrichtseinheit damit, dass die Schüler sich per Internet einen Überblick über das Werk des Autors verschaffen und angeleitet werden, Buchvorstellungen zu planen, durchzuführen und zu besprechen.
In den folgenden drei Teilkapiteln geht es jeweils um einen Jugendroman Rainer M. Schröders. Grundlegende Methoden der Erzählanalyse (Figurencharakterisierung, Handlungs-/Spannungsaufbau, Kennzeichnung der Erzählperspektive und die sprachliche Gestaltung untersuchen) werden intensiv geübt. Über zusätzliche Sachtexte erschließen sich die Schülerinnen und Schüler die historischen Hintergründe der Romane und ziehen diese zur Deutung der Texte heran. Es werden verschiedene Aufgabenstellungen angeboten, die sich ausschließlich auf die Inhaltsebene der Romanauszüge beziehen (z. B. S. 107, Aufgabe 2, oder S. 112, Aufgabe 1). Diese Fragestellungen entsprechen denen der Lernstandserhebungen zur Erfassung der inhaltlichen Ebene literarischer Texte. Die Schülerinnen und Schüler werden so mit den Aufgabentypen solcher standardisierter Testformate vertraut gemacht.
Am Ende des Kapitels können sich die Schüler über das Leben Rainer M. Schröders und über seine Motive und Ziele als Schriftsteller informieren. Das Kapitel schließt mit einigen Projektvorschlägen zur Weiterarbeit wie z. B.: eine Ausstellung zu dem Autor in der Schule organisieren.

Zentrale Kompetenzen, die in dieser Einheit geschult werden, sind:
- literarische Texte und Sachtexte inhaltlich zusammenfassen,

- Fragen zu Texten und ihrer Gestaltung beantworten,
- zu literarischen Texten produktionsorientiert schreiben (Tagebucheintrag einer Figur verfassen u. Ä.),
- Strategien und Techniken des Textverstehens beherrschen (z. B. komplexe Texte sinnerfassend lesen, Texte gliedern, Stichworte formulieren, Textaussagen entwickeln und beurteilen),
- literarische Texte mit textimmanenten Verfahren der Textbeschreibung und -deutung untersuchen und die erforderlichen Fachbegriffe beherrschen und anwenden,
- längere epische Texte verstehen,
- sich Informationen beschaffen, diese auswerten, verarbeiten und weitergeben.

Der Einstieg in die Beschäftigung mit Rainer M. Schröder erfolgt über die **Doppelauftaktseite 100–101**. Dort sind ein Porträt des Autors und Cover einiger seiner Romane abgebildet. Die Schülerinnen und Schüler sehen sich die Abbildungen der Titelbilder an, beschreiben sie und stellen Vermutungen an, worum es in den Romanen jeweils gehen könnte. Sie tauschen sich darüber aus, welche Romane sie aus welchen Gründen ggf. interessant finden. Anschließend sammeln sie ihre Eindrücke darüber, was das Interesse, die typischen Themen und Motive des Autors sein könnten.

Abschließend kann erläutert werden, warum die Romane Schröders als „historische Abenteuerromane" bezeichnet werden und woran bei den Titelbildern deutlich wird, dass es sich um solche handelt.

Um den Schülern einen genaueren Einblick zu geben, worum es in den abgebildeten Romanen inhaltlich geht, kann **Arbeitsblatt 1, S. 136f.** eingesetzt werden.

Didaktische Aufbereitung der Unterkapitel

Wir stellen Romane von Rainer M. Schröder vor (S. 102–104)

Die Schülerinnen und Schüler wählen einen Roman aus und stellen ihn der Klasse vor. Die Auswahl des Romans, den sie lesen und vorstellen möchten, können sie selbst bestimmen. Rainer M. Schröder hat derartig viele und verschiedene Romane geschrieben, dass jeder zu seinem Recht kommen kann. Dadurch, dass die Schüler ihre Lektüre nach ihren Interessen selbst bestimmen können, wird die Lesemotivation gestärkt. Im Vorfeld ist es aber notwendig, dass mithilfe eines Zeitplans geklärt wird, wann welcher Roman vorgestellt wird. Die Lehrperson sollte dabei darauf achten, dass in jedem Fall die Romane, die in den folgenden Kapiteln thematisiert und im Unterricht behandelt werden, vorgestellt werden. In diesem Unterkapitel erhalten die Schüler Hilfen, wie sie ihre Buchvorstellungen planen, durchführen und beurteilen können.

Aufgabe 1 S. 102

Die Schülerinnen und Schüler sammeln Ideen dazu, was ihrer Meinung nach zu einer guten Buchvorstellung gehört. Die einzelnen Punkte können in Form eines Ideensterns an der Tafel festgehalten werden. Zeitökonomischer ist es, bereits jetzt den Werkzeugkasten auf S. 103–104 zur Kenntnis zu nehmen.

Aufgabe 2 S. 102

Im nächsten Schritt sollen sich die Schülerinnen und Schüler über gegenseitige Kurzvorstellungen der Romane von Rainer M. Schröder einen Überblick über das Werk des Autors verschaffen. Auf der Grundlage dieser Präsentationen wählt jeder Schüler/jede Schülerin dann einen Roman für die Buchvorstellung aus. Die Lernenden arbeiten zu zweit und bekommen die Aufgabe, einen Roman Rainer M. Schröders kurz vorzustellen. Dazu können sie am sinnvollsten mithilfe des Internets recherchieren. Auf der Internetseite des Autors www.rainermschroeder.com (2014) werden alle Romane kurz vorgestellt. Um weitere Informationen zu den Romanen zu erhalten, die sie interessieren, können die Schülerinnen und Schüler den entsprechenden Titel bei den gängigen Suchmaschinen eingeben oder Internetseiten wie z. B. www.buchtips.net (2014) oder www.buchinforma tion.de (2014) besuchen. Nach diesen Recherchen präsentieren die Schüler die Romane, über die sie sich informiert haben. Die Kurzvorstellungen können verschriftlicht und in der Klasse ausgehängt werden.

Aufgabe 3 S. 102

Auf der Grundlage der Kurzvorstellungen wählen die Schülerinnen und Schüler einen Roman aus, den sie lesen und der Klasse umfassender vorstellen. Es wird vereinbart, dass bei der Vorstellung in besonderem Maße verdeutlicht werden soll, was der Leser über die Zeit, in der der jeweilige Roman spielt, erfährt. Um zu klären, wie sie vorgehen können, lesen die Schüler den Werkzeugkasten auf S. 103–104. Insbesondere sollten die Schüler darauf hingewiesen werden, dass das Vorlesen einzelner Stellen nicht zu viel Raum einnehmen darf und sie im Vorfeld prüfen sollten, ob ihr Vortrag wirklich nicht länger als 15 Minuten dauert.

Für die Beurteilung der einzelnen Buchvorstellungen kann gemeinsam mit den Schülerinnen und Schülern ein Bewertungsbogen erstellt werden (vgl. dazu auch **Arbeitsblatt 2, S. 138**). Dieser Kriterienkatalog kann der Klasse nach einer Buchvorstellung z. B. mithilfe einer OHP-Folie als Grundlage für das Gespräch über die Qualität der jeweiligen Buchvorstellungen präsentiert werden. Dafür können z. B. folgende Kriterien erarbeitet werden:

- Man konnte verstehen, worum es in dem Buch geht.
- Die Buchvorstellung hat neugierig auf das Buch gemacht.
- Die Materialien haben den Vortrag veranschaulicht.
- Man konnte verstehen, in welchem Zusammenhang die vorgelesenen Textstellen stehen. Die vorgelesenen Textstellen waren gut ausgewählt.
- Sie wurden betont und anschaulich vorgelesen.
- Der Vortrag wurde frei gehalten und man konnte ihm gut folgen.
- Die Zuhörer wurden mit einbezogen.
- Die vorgegebene Zeit wurde beachtet.
- Sonstiges ...

Das Geheimnis der weißen Mönche (S. 105–110)

Der Roman erzählt die Geschichte des 17-jährigen Jakob Tillmann. Er bringt den todkranken Mönch Anselm in das Kloster Himmerod. Als Anselm kurze Zeit später stirbt, wird Jakob von den Ordenobersten verhört, und auch die Inquisition beginnt, sich für ihn zu interessieren. Die Kirchenbeamten vermuten, dass Anselm Jakob das Geheimnis der weißen Mönche anvertraut hat. Jakob weiß aber nichts, weil der Mönch nur im Fieberwahn rätselhaft vor sich hingesprochen hat. Im Kloster lernt er Bruder Basilius und seinen Gefährten, den Schweden, kennen. Die beiden retten Jakob vor der Folter und machen sich mit ihm auf, das Geheimnis der weißen Mönche aufzudecken. Bruder Basilius wird Jakobs väterlicher Lehrer in allen Lebens- und Glaubensfragen. Durch die Gespräche mit ihm erkennt Jakob den Wert von Glauben, Freundschaft, Toleranz und Aufklärung. Vor allem lernt er während ihrer abenteuerlichen Flucht in Form von Hexenverbrennungen,

Inquisition und Folter die vernichtende Kraft von Intoleranz, Vorurteilen und Aberglauben kennen. Anselm hat zu seinen Lebzeiten als Abt für die Verbreitung von Spees Cautio Criminalis gesorgt. Dafür ist er zum einfachen Ordensbruder in ein Kloster im Frankenland verbannt worden. Er ist über Umwege in den Besitz der Lebensbeichten zweier Bischöfe gekommen, in denen sie bekennen, dass die von ihnen durchgeführten Hexenverfolgungen und -verbrennungen Verbrechen und gegen Gottes Gebot seien. Weiter fordern sie ein Ende des Hexenwahns. Die Inquisition jagt Jakob, weil sie glaubt, dass er wisse, wo sich diese Dokumente, die die Macht der Inquisition infrage stellen, befinden. Am Ende gelingt es Jakob und seinen Freunden, die von Anselm im Fieber gesprochenen rätselhaften Worte zu entschlüsseln, das Versteck der Dokumente ausfindig zu machen und zumindest eine von Anselm angefertigte Abschrift der Papiere zu retten. Jakob erhält den Auftrag, die Papiere zum spanischen Wallfahrtsort Santiago de Compostela zu bringen, wo ein Freund Bruder Basilius' sich um die Drucklegung der Abschrift kümmern wird. Mit dem Abschied der Gefährten endet der Roman.

Überraschender Besuch (S. 105 – 107)
Der Textauszug schildert die Ankunft Melchior von Drolshagens im Kloster Himmerod. Er soll im Auftrag der erzbischöflichen Kurie herausfinden, was Jakob von Bruder Anselm erfahren hat.

Aufgabe 1
S. 107

Die Schülerinnen und Schüler tauschen sich darüber aus, welche Eindrücke sie von Mundt und von Drolshagen haben. Dabei stellen sie die befehlsgewohnte Arroganz von Drolshagen und die Gefährlichkeit Mundts heraus. Sicher werden sie auch darauf hinweisen, dass Mundt sozusagen die „gröbere" Arbeit, wie z. B. die Einschüchterung der Befragten bei den Untersuchungen, übernimmt.

Aufgabe 2
S. 107

Damit die Schülerinnen und Schüler überprüfen können, inwieweit sie sich den Inhalt des Textes wirklich eingeprägt haben, sollten sie versuchen, die Fragen zunächst zu beantworten, ohne dabei nachzulesen. Es ist natürlich auch möglich, den Schülern die Fragen vorab zu geben und den Text vorzulesen, um das Hörverstehen zu schulen. Folgende Antworten können sie erarbeiten:

- **Ort der Handlung:** das Zisterzienserkloster Himmerod/Zeit der Handlung: ein Winterabend kurz nach dem Ende des Dreißigjährigen Kriegs (nach 1648)
- **Figuren:** a) Melchior von Drolshagen = Domherr und Prälat der erzbischöflichen Kurie in Trier, b) Rutger Mundt = Kutscher und Bediensteter des Domherrn
- **Anlass des Konflikts:** Der Schwede weigert sich, die Anweisung Rutgers zu befolgen, den Weg von der Kutsche bis zum Portal mit Brettern auszulegen.
- **Sprechweise des Schweden:** Er spricht nur indirekt mit seinen Gesprächspartnern, indem er Psalmverse zitiert.
- **Entspannung der Situation durch Jakob:** Er kann die Situation entspannen, indem er behauptet, der Schwede könne nur in Psalmen reden. So erklärt er das Verhalten des Schweden, indem er andeutet, dass dieser „nicht ganz richtig im Kopf sei".
- **Ende des Konflikts:** Rutger droht dem Schweden, dass er es nicht wagen solle, ein zweites Mal so dreist zu sein. Der Schwede antwortet mit einem provozierenden Psalmvers. Der Kutscher starrt den Schweden daraufhin hasserfüllt an, verzichtet aber dann doch auf einen Kampf. Er wendet sich abrupt ab und kehrt zu seiner Kutsche zurück.

Aufgabe 3
S. 107 – 108

Die Schülerinnen und Schüler untersuchen den Text z. B. arbeitsteilig in Gruppen weitgehend mithilfe der in der Aufgabe genannten Aspekte und des Werkzeugkastens auf S. 108. Folgende Ergebnisse sind möglich:

Eine mögliche **Gliederung** des Romanauszuges könnte folgendermaßen aussehen:

- *Einleitung:* Ankunft von Melchior von Drolshagen im Kloster (Z. 1–66).
- *Spannungssteigerung:* Weigerung des Schweden, dem Befehl Rutgers zu folgen (Z. 67–123).
- *Höhepunkt:* Der drohende Kampf der beiden und Jakobs missglückter Versuch, den Konflikt zu beenden (Z. 124–158).
- *Spannungsabfall/Wendepunkt:* Bruder Tarzisius sorgt dafür, dass zwei andere Brüder die Arbeit ausführen, die Rutger von dem Schweden verlangt hat (Z. 159–172).
- *Spannungsauflösung:* Rutger wendet sich drohend von dem Schweden ab und kehrt zur Kutsche zurück (Z. 172–184).

Die Gliederung lässt sich grafisch in Form einer Spannungskurve darstellen:

„Überraschender Besuch" – Spannungskurve

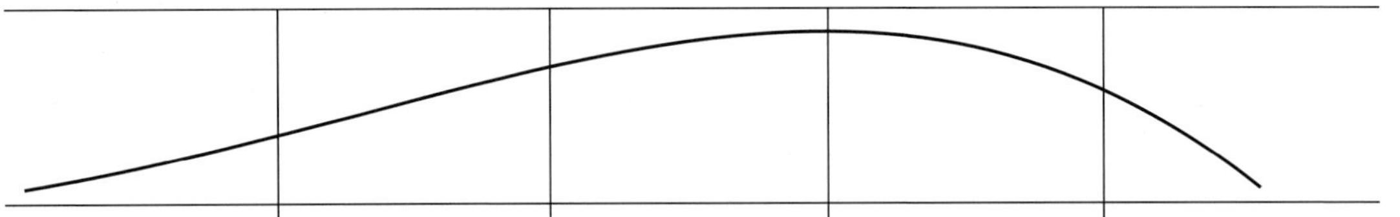

Einleitung: Z. 1–66	*Spannungs-steigerung:* Z. 67–123	*Höhepunkt:* Z. 124–158	*Spannungs-abfall/Wende-punkt:* Z. 159–172	*Spannungs-auflösung:* Z. 172–184

- Der **Erzählanfang** verdeutlicht atmosphärisch die Gefahr, die von den Insassen der Kutsche ausgeht. Jakob empfindet die Natur als unangenehm. „Das dichte Schneetreiben" (Z. 1–2) hindert ihn daran, die Situation überschauen zu können: „Alles schien hinter tanzenden weißen Schleiern zu verschwimmen" (Z. 3–4). Dass die Situation für Jakob durch die Ankunft der Kutsche bedrohlich werden wird, wird an deren Beschreibungen deutlich. Sie fährt nicht in den Klosterhof ein, sondern kommt „wie eine mächtige, graue Wolke [...] geflogen" (Z. 7–8). Jakob nimmt sie zuerst nur als einen „große[n], dunkle[n] Schatten" (Z. 6–7 u. Z. 9–10) wahr. Der Leser hat den Eindruck, dass etwas Unheimliches in das Kloster eingedrungen ist. Dieser Eindruck wird noch durch die rubinrote Lackierung der Kutsche (vgl. Z. 10–11) und die nachtschwarze Farbe der Pferde (vgl. Z. 11–12) verstärkt.
- Die Bedrohlichkeit und Gefahr, die von dem Kutscher **Rutger Mundt** ausgehen, werden durch die Beschreibung seiner äußerlichen Erscheinung und seines Auftretens unterstützt: „schwerer, pechschwarzer Umhang" (Z. 43–44), „breitschultrige[.], kantige[.] Gestalt" (Z. 45–46), „der kantige, bullige Mann" (Z. 87–88), „faulige[r] Geruch" (Z. 125). Dieser Eindruck wird durch Vergleiche, die die Grobschlächtigkeit (vgl. Z. 69–70) der eindrucksvollen Gestalt unterstreichen, verstärkt: „Hände so groß wie Mühlsteine" (Z. 47–48), „Gesicht [...] wie aus einem Block Granit gehauen" (Z. 48–49), „Klotz von einem Kutscher" (Z. 54). **Melchior von Drolshagen** wird in einigen kurzen Szenen als überheblicher, überaus eitler und eingebildeter Mann beschrieben, etwa, wenn er sich weigert, durch den Schnee zu laufen (vgl. Z. 73–82), oder wenn er Befehle erteilt bzw. Rügen ausspricht (vgl. Z. 71–73). Seine äußere Erscheinung zeugt von seiner gehobenen gesellschaftlichen Stellung und dem damit verbundenen Reichtum und Einfluss: „kräftig, wohlbeleibt" (Z. 67–68), „kostbare[r] Pelzmantel" (Z. 68–69). Der Vergleich mit einem Habicht (vgl. Z. 58–60) zeigt vor allem die Bedrohlichkeit, die von Melchior von Drolshagen ausgeht.

- Zur Charakterisierung der beiden Figuren Melchior von Drolshagen und Rutger Mundt können die Schülerinnen und Schüler folgende stichwortartige Übersicht anlegen und auf Folie präsentieren:

	Rutger Mundt	**Melchior von Drolshagen**
äußeres Erscheinungsbild	breitschultrig, kantig, grobschlächtige Gesichtszüge, Klotz von einem Mann, kantig u. bullig, grobes Verhalten	kostbarer Pelzmantel, vornehmes Auftreten, kräftig, wohlbeleibt, scharf gebogene Habichtsnase ...
sonstige äußere Merkmale	Kutscher, Diener u. „Leibwächter“ Melchiors	Domherr u. Prälat; einer der einflussreichsten Männer in der erzbischöflichen Kurie
typische Verhaltensweisen/ Charaktereigenschaften	ordnet sich Melchior katzbuckelnd unter; ist gewohnt, dass seine Anweisungen befolgt werden, da es Befehle Melchiors sind; aggressiv u. gewaltbereit; rüdes Benehmen u. rüde Sprache	herablassend und herrisch gegenüber Rutger; selbst- und standesbewusst; ist es gewohnt, dass alles nach seinem Willen geschieht; befehlsgewohnt ...
Verhältnis zu anderen Figuren	leistet Melchior absoluten Gehorsam; fühlt sich Jakob und dem Schweden überlegen; glaubt, ihnen befehlen zu können; ist durch den Widerstand und die Selbstsicherheit des Schweden verunsichert	Rutger und Bruder Tarzisius ordnen sich ihm katzbuckelnd unter; die anderen beachtet er in seiner Arroganz gar nicht ...
Sonstiges	Rutger scheint derjenige zu sein, der die „groben“ Arbeiten für Melchior übernimmt, wie z. B. Verdächtige einzuschüchtern ...	Tarzisius hat Kontakt zur Kurie aufgenommen und über die Vorfälle im Kloster berichtet; Melchior soll höchstwahrscheinlich den Tod von Bruder Anselm untersuchen; Jakob muss befürchten, von ihm verhört zu werden ...

- Die **Charakterisierung des Schweden** kann sich z. B. auf folgende Punkte beziehen:
  - *äußeres Erscheinungsbild:* gekleidet wie ein Soldat; mit einem Dolch bewaffnet
  - *sonstige äußere Merkmale:* Gefährte von Bruder Basilius
  - *typisches Verhalten/Charaktereigenschaften:* ist gut über die Verhältnisse im Erzbistum informiert; äußert sich meistens nur indirekt, indem er Psalmen rezitiert; mutig; selbstsicher; furchtlos
  - *Verhältnis zu anderen Figuren:* will sich von Rutger nichts befehlen lassen; provoziert und verunsichert Rutger; macht sich Rutger zum Feind ...
- Die **Sprechweise des Schweden** ist das auffälligste Merkmal dieser Figur. Er redet größtenteils nur in Psalmen und kommuniziert so nur indirekt mit seiner Umwelt. Folgende Bedeutung haben die vom Schweden benutzten Psalmworte:
  - Z. 20 ff.: Der Schwede deutet an, dass mit der Kutsche eine Gefahr bzw. ein Feind in das Kloster gekommen ist.
  - Z. 98 ff.: Der Befehl des Kutschers wird vom Schweden als Beleidigung und Angriff aufgefasst.

- Z. 106 f.: Indirekt teilt der Schwede Rutger mit, dass er seinen Befehl ignorieren und nicht ausführen wird. Er verspottet Rutger durch den indirekten Hinweis, dass seine Anweisungen ihm nichts bedeuten. Rutger ruft, aber für den Schweden werden dessen Befehle „im Wind verweht" (Z. 106).
- Z. 112 ff.: Der Schwede beschwört den Himmel, dass er die Sehnsucht in ihn senke, nur Rutgers („deinen") Willen zu tun. Dies ist hier spöttisch und ironisch zu verstehen.
- Z. 130 ff.: Mit dem Hinweis, er nehme sich nur an den „Gerechte[n]" ein Beispiel, weist der Schwede darauf hin, dass er Rutger für einen Gegner hält und ihn nicht akzeptiert. Die Bemerkung, die Worte Rutgers seien für ihn „weise Räte", ist deshalb ironisch gemeint.
- Z. 137 ff.: Diese Psalmworte zeigen die Kampfbereitschaft des Schweden. Er droht Rutger, dass er einem Kampf furchtlos entgegensehe und keine Angst vor ihm habe.
- Z. 153 f.: Nachdem Jakob versucht, den Konflikt zu entschärfen, wiederholt der Schwede seine Kampfansage. Wie die „Bösen", so droht er, werde Rutger untergehen.
- Z. 177 ff.: Auf die Drohung Rutgers antwortet der Schwede ironisch-sarkastisch. Die Aussage, dass Rutgers „Wort" in ihm aufgehe, ist nicht ernst gemeint. Vielmehr gibt der Schwede Rutger das Gegenteil zu verstehen.

Aufgaben 4 und 5 S. 108

Die Schülerinnen und Schüler stellen Vermutungen an, welche Bedeutung die Ankunft Melchior von Drolshagens für Jakob haben und wie die Geschichte weiter verlaufen könnte. Einige Schüler stellen dann der Klasse den Roman vor. Zur Vertiefung können zwei Rezensionen mithilfe des **Arbeitsblatts 3, S. 139 f.** bearbeitet werden.

Die Zeit der Hexenverfolgungen und der Religionskriege (S. 109–110)

Der Sachtext informiert die Schülerinnen und Schüler über den historischen Hintergrund des Romans. Sie entnehmen ihm die wichtigsten Informationen und beziehen diese auf die ihnen bekannten Romanauszüge.

Aufgabe 1 S. 110

Mithilfe des Werkzeugkastens auf S. 148 bearbeiten die Schülerinnen und Schüler den Text. Eine mögliche Zusammenfassung könnte folgender „Spickzettel" sein.

16./17. Jahrhundert – Zeit der Hexenverfolgungen und der Religionskriege

1. Unzufriedenheit mit der katholischen Kirche

Gründe:

- Reichtum der Kirche/Sittenlosigkeit der Geistlichen/Vernachlässigung der Glaubensnöte und Seelsorge der Menschen vonseiten der Kirche/Streben der Kirchenbeamten nach Luxus und Karriere

2. Inquisition und Hexenwahn

Ziele der Inquisition:

- Verfolgung Andersdenkender/Sicherung der Vormachtstellung der katholischen Kirche

Vorgehen der Inquisitoren:

- Vernehmungen und Folter

Schicksal der Verfolgten:

- Folter = keine Chance, ihre Unschuld zu beweisen/harte Strafen = Züchtigung, Pfändung, Gefängnis, Verbrennen auf dem Scheiterhaufen

3. Höhepunkt der Inquisition im 17. Jahrhundert: Hexenverfolgung

Opfer:

- zahllose Frauen, die schuldlos der Hexerei und schwarzen Magie verdächtigt wurden
- Gründe für die Verdächtigungen: Zeit der Kriege, Armut, Hungersnöte und Seuchen = Menschen suchten Sündenböcke
- Schicksal der Opfer: grundloser Verdacht, eine Hexe zu sein/Folter durch die Inquisitoren/falsches Geständnis/Tod durch Verbrennen auf dem Scheiterhaufen

4. Der Dreißigjährige Krieg (1618–1648): Ein Religionskrieg zwischen Protestanten und Katholiken

Gründe für den Ausbruch des Krieges:

- Reformation = Spaltung Europas in katholischen und protestantischen Teil/Folge: Glaubenskriege zwischen katholischen und protestantischen Staaten/Deutschland: Süden = katholischer Kaiser Ferdinand II – Norden: protestantische Fürsten, die sich vom Kaiser lossagen/Kaiser u. kath. Frankreich führen gegen die Fürsten im Norden Krieg (Ziel = Reformation rückgängig machen)

Verlauf des Krieges:

- 1630: Fürsten = fast geschlagen/protestantisches Schweden unterstützt die Fürsten (König Gustav Adolf) und greift in den Krieg ein/keine Partei kann den Krieg gewinnen
- Ende des Krieges: 1648: Westfälischer Frieden in Münster/Grundsatz: „cuius regio, eius religio"
- Folgen des Krieges: Volk = eigentliche Verlierer/Hungersnöte, Plünderungen, Seuchen, in manchen Gegenden starben 80 % der Bevölkerung

Die Zusammenfassung kann den Schülern auch als Kopie ausgeteilt werden. Das Vorgehen kann dann besprochen, beurteilt und mit den eigenen Zusammenfassungen verglichen werden (vgl. **Arbeitsblatt 4, S. 142**).

Aufgabe 2
S. 110

Die Informationen des Sachtextes beziehen die Schüler auf die Romanauszüge. Dabei können sie folgende Aspekte thematisieren:

- Melchior von Drolshagen ist ein Beispiel eines verweltlichten Kirchenbeamten des 17. Jahrhunderts. Sein Auftreten ist herrschaftlich, vornehm und aristokratisch. In keiner Weise erkennt man an seinem Verhalten, dass er eigentlich ein Geistlicher ist.
- Die Ankunft eines Abgesandten der erzbischöflichen Kurie zur Untersuchung der Umstände des Todes von Bruder Anselm zeigt, dass die Inquisition eine eigene Behörde der Kirche war.
- Das Verhalten Rutgers zeigt, dass Jakob bei den anstehenden Verhören mit dem Schlimmsten – der Folter – rechnen muss.
- Der Schwede ist ein Soldat des Heeres König Gustav Adolfs. Es hat ihn in den Wirren des Dreißigjährigen Krieges mit Bruder Basilius nach Himmerod verschlagen.
- Je nachdem, wie genau der Roman der Klasse vorgestellt worden ist, können die Schülerinnen und Schüler weitere Aspekte in Bezug auf die Inquisition und die Hexenverfolgungen erläutern.

Aufgabe 3
S. 110

Die Schülerinnen und Schüler erklären, was man unter einem historischen Abenteuerroman versteht, und erläutern dies an dem Roman Schröders. Folgende Gattungsmerkmale können sie dabei ansprechen:

- spannende Handlung: Der Held wird in eine Folge von Abenteuern verwickelt.
- Der Leser erfährt, wie die Zeit und die Gesellschaft aussah, in der der Held lebte.

- Die geschilderten Zeitumstände entsprechen den historischen Gegebenheiten.
- ...

→WB

Abby Lynn – Verbannt ans Ende der Welt (S. 111–118)

Die 14-jährige Abby Lynn wird 1804 von einem Gericht in London unschuldig wegen Taschendiebstahls zu sieben Jahren Verbannung nach Australien verurteilt. Mit dem Schiff „Kent“ wird sie zusammen mit den anderen Frauen, die auch als Sträflinge verbannt worden sind, nach Australien gebracht.
Auf dem Schiff lernt sie die Farmerfamilie Chandler kennen. Mister Chandler verspricht Abby, sie als Arbeiterin und Erzieherin für seine 5-jährige Tochter auf seine Farm zu holen. In Australien angekommen, wird Abby in die „Factory“, ein Frauengefängnis und Arbeitslager in Parramatta, gebracht. Als Abby die Hoffnung schon fast aufgegeben hat, wird sie von den Behörden den Chandlers als Arbeiterin zugeteilt. Auf der Farm der Chandlers, „Yulara“, arbeitet Abby noch mit drei anderen Sträflingen. Diese Sträflinge wildern im Schafbestand der Familie Chandler und versuchen, als ihre Entdeckung droht, diese zu ermorden. Abby gelingt es, das Verbrechen zu verhindern, und sie rettet das Leben der Chandlers. Dabei wird sie angeschossen. Die Ereignisse führen dazu, dass Abby und der jüngere Farmersohn, Andrew Chandler, sich ihre Liebe gestehen. Der Leser erfährt im letzten Kapitel, dass beide 1808 heiraten. Neben Abbys Abenteuern stehen die Zustände im britischen Gerichts- und Gefängniswesen am Anfang des 18. Jahrhunderts und die Geschichte der Besiedlung Australiens im Mittelpunkt des Romans.
Die Schülerinnen und Schüler wenden bei der Erschließung der Romanauszüge in diesem Teilkapitel die Methoden zur Untersuchung von Prosatexten an und üben sie vertiefend (z. B. Charakterisierung; Überprüfung des eigenen Textverständnisses; Handlungs- und Spannungsaufbau untersuchen ...).

Cleo (S. 111–112)
Der Romanauszug zeigt, dass Cleo und Abby Kontrastfiguren sind. Cleo ist brutal, mitleidlos und unmoralisch. Sie beutet die anderen Häftlinge aus und unterdrückt sie, solange sie schwächer sind als sie. Abby hingegen bewahrt sich auch unter den unmenschlichen Bedingungen der Gefangenschaft ihren Anstand und ihre Würde. Sie hilft ihrer kranken Freundin Rachel und opfert sich für sie auf. Die Schülerinnen und Schüler lesen den Moderationstext und fassen zusammen, was sie dort über Abby erfahren, bevor sie die Romanauszüge lesen.

Aufgabe 1
S. 112–113

Die Lernenden testen ihr Textverständnis, indem sie die verschiedenen Aussagen am Text auf ihre Richtigkeit hin überprüfen. Folgende Lösungen erarbeiten sie dabei:
- Die Aussage ist unzutreffend: Die Handlung spielt unter Deck des Dreimasters „Kent“, der im Hafen Portsmouth liegt (s. Einleitungstext).
- Diese Aussage ist zutreffend (vgl. Z. 1–4).
- Richtig, Abby wirft Cleo vor, „kaltherzig“ (Z. 73–74) und „ohne eine Spur von Mitgefühl“ (Z. 74) zu sein.
- Nein, Megan schlichtet den Konflikt nicht. Sie mischt sich ein und schiebt Abby zu Rachels Koje zurück, bevor sich Cleo auf Abby stürzen kann (Z. 89–100). Eindeutig ergreift Megan Partei für Abby und stellt sich zwischen die beiden Konkurrentinnen (vgl. Z. 104–105). Cleo verzichtet auf einen Kampf, da sie sieht, dass die anderen Frauen ihr nicht gegen Megan und Abby helfen würden (vgl. Z. 109–114).

- Richtig, Rachel bekommt von der Auseinandersetzung nichts mit (vgl. Z. 101–103).
- Nein, die anderen sind nicht auf Cleos Seite. Sie beobachten die Auseinandersetzung gebannt und erwarten, dass Cleo auf Abby losgeht (vgl. Z. 84–92).
- Diese Aussage ist nur teilweise zutreffend. Nicht alle, sondern nur manche Mithäftlinge haben am Ende großen Respekt vor Abby, weil sie mutig gewesen ist und ihnen in Bezug auf Cleo aus dem Herzen gesprochen hat (vgl. Z. 127–131). Andere haben Mitleid mit Abby, weil sie glauben, dass Cleo sich brutal an Abby rächen wird (vgl. Z. 132–134).
- Nein, Cleo zieht sich nicht unauffällig zurück. Sie beschimpft dabei Abby „wutschnaubend" (Z. 120) und „hasserfüllt" (Z. 123), spuckt „verächtlich in Abbys Richtung" (Z. 115–116) und stößt eine junge Frau „zur Seite" (Z. 126).

Aufgaben 2 und 3
S. 113

Als Erstes tauschen die Schülerinnen und Schüler ihre Eindrücke über das Gelesene frei aus. Dann arbeiten sie am Text mithilfe der Leitfragen in Aufgabe 3 heraus, welche Charaktereigenschaften Abbys und Cleos in diesen Romanauszügen deutlich werden. Dabei erkennen sie, dass die beiden Figuren einen Gegensatz darstellen. Die Ergebnisse dieser Textarbeit können mit folgendem **Tafelbild** gesichert werden:

„Abby Lynn" – Abby und Cleo als Gegenspielerinnen

Abby ist ...
- hilfsbereit, da sie sich aufopfernd um Rachel kümmert.
- feinfühlig, da sie das unmenschliche Gerede Cleos nicht ertragen kann.
- mutig, weil sie Cleo ihre Unmenschlichkeit vorwirft, obwohl sie die Schwächere ist.
- bedingungslos ehrlich, weil sie das sagt, was die anderen sich nicht trauen, Cleo zu sagen.
- ...

Cleo ist ...
- kalt und herzlos, weil sie kein Mitleid mit Rachel besitzt.
- gemein, da es ihr Spaß macht, Abby alle Hoffnungen auf eine Genesung Rachels zu nehmen.
- brutal, weil sie sich auf Abby stürzen will, als diese ihr die Wahrheit sagt.
- feige, da sie sich zurückzieht, als Megan sich einmischt.
- gekränkt, da sie vor den Augen aller nachgeben musste.
- ...

↓

Abby und Cleo sind Kontrastfiguren

TAFELBILD

Aufgabe 4
S. 113

Mithilfe der entsprechenden Textstellen erläutern die Schülerinnen und Schüler, dass die Reaktionen der Mithäftlinge ambivalent sind. Abby hat allen „aus dem Herzen gesprochen" (Z. 130–131). Alle denken wie Abby über Cleo, aber keiner von den anderen – bis auf Megan – hätte es gewagt, Cleo solche Vorwürfe zu machen und ihr die Wahrheit offen zu sagen. Gleichzeitig wissen die anderen Frauen, dass Cleo sich an Abby rächen wird, wenn Megan nicht zur Stelle ist. Cleo ist öffentlich gedemütigt worden und dies kann sie nicht hinnehmen. Von dieser Deutung ausgehend sammeln die Schülerinnen und Schüler im Sinne eines antizipierenden Lesens Ideen, wie die Geschichte weitergehen könnte.

Aufgabe 5
S. 113

freie Schreibaufträge zur Vertiefung des Gelernten

Die Entscheidung (S. 113–115)

In dem Romanauszug wird erzählt, wie Cleo sich an Abby rächt, indem sie Rachels Becher Milch nachts heimlich austrinkt. Abby bekommt dies mit und nimmt jetzt all ihren Mut zusammen. Sie täuscht mit einem Eichensplitter vor, ein Messer zu besitzen, und bedroht Cleo damit. Dies führt dazu, dass Cleo Abby zukünftig in Ruhe lassen wird. Nach außen hin wirkt Abby bei dieser Aktion ruhig, entschlossen und gefasst. Der Leser erfährt aber, dass sie innerlich voller Angst ist, ob ihr Plan gelingen wird. Die Schülerinnen und Schüler untersuchen die Spannungsgestaltung des Romanauszugs und den Verlauf des äußeren und inneren Konfliktes.

Aufgabe 1
S. 115

Jede Schülerin und jeder Schüler bestimmt den Satz, den er/sie für den wichtigsten des Textes hält, und begründet die Entscheidung. So entsteht ein Bild, mit welchen Deutungsschwerpunkten die Klasse den Romanauszug rezipiert.

Aufgabe 2
S. 116

Mithilfe der zuvor eingeführten Methoden überprüfen die Schülerinnen und Schüler selbstständig ihr Textverständnis, indem sie entsprechende Fragen- oder Aussagenlisten entwickeln, austauschen und bearbeiten.

Aufgabe 3
S. 116

Die Schülerinnen und Schüler untersuchen mithilfe des Werkzeugkastens auf S. 116 die Spannungsgestaltung. Zu folgenden Ergebnissen können sie dabei kommen:
Der **Handlungsaufbau** und der **Spannungsverlauf** lassen sich folgendermaßen skizzieren:

- Einleitung (Z. 1–20): Abby bemerkt den Diebstahl von Rachels Milch durch Cleo.
- Spannungssteigerung (Z. 21–56): Abby beschließt, den Eichensplitter einzusetzen.
- Höhepunkt (Z. 57–147): Cleo fällt auf die Täuschungen Abbys herein und lässt sich einschüchtern.
- Spannungsabfall (Z. 148–162): Abby bleibt im Gang zwischen beiden Bettreihen stehen, zwingt sie zur Ruhe.
- Spannungauflösung (Z. 163–178): Erschöpft lehnt Abby sich an einen Balken und ihr wird bewusst, wie viel sie riskiert hat.

„Die Entscheidung" – Spannungskurve

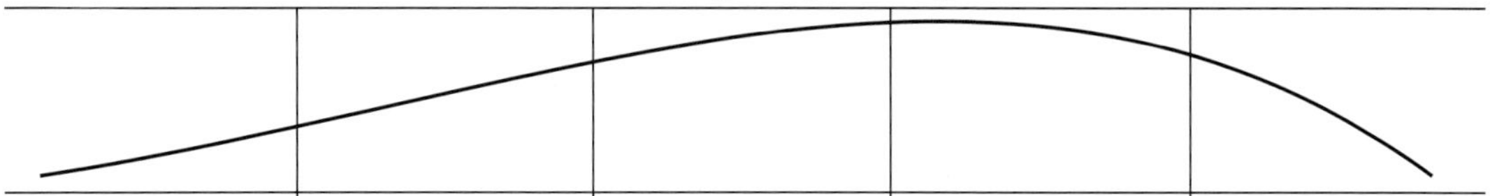

Einleitung: Z. 1–20	Spannungssteigerung: Z. 21–56	Höhepunkt: Z. 57–147	Spannungsabfall/Wendepunkt: Z. 148–162	Spannungsauflösung: Z. 163–178

Das Geschehen wird aus der **Perspektive Abbys** erzählt. Dem Leser wird dadurch das Verabscheuungswürdige des Diebstahls noch stärker bewusst und er fühlt während des Täuschungsmanövers mit der Hauptfigur mit. Diese Wirkung der Erzählperspektive belegen die Schülerinnen und Schüler an einzelnen Textstellen (z. B. Z. 14 ff. und Z. 154 ff.).

Die Schüler untersuchen die angegebenen Passagen und erläutern an einzelnen Textstellen, wie mithilfe von **Beschreibungen, Vergleichen** und **sprachlichen Bildern** dem Leser die Spannung des Geschehens oder die Gefühle der Figuren verdeutlicht werden. Bei dieser genauen und intensiven Arbeit am Text können sie folgende Punkte ansprechen:

- Am Anfang wird der Leser durch die Erwartung dessen, was passieren wird, in Spannung versetzt. Er erfährt nur, dass „irgendetwas" (Z. 2) Abby weckt und „etwas Rotbraunes" (Z. 5) vor Abbys Gesicht hin und her weht.

- Das Unmenschliche des Diebstahls wird durch die Geräusche verdeutlicht. Cleo trinkt wie ein Tier mit „gierige[m] Schlürfen" (Z. 8) und „schnellen, gierigen Schlucken" (Z. 13–14).
- Darauf, dass Abby sich in einer gefährlichen Situation befindet, deutet das „leise[.] metallische[.] Geräusch" (Z. 7) hin, das sie in der Dunkelheit hört.
- Dem Leser wird mithilfe eines Vergleichs verdeutlicht, wie ungeheuerlich das Verhalten Cleos für Abby ist: „Die Erkenntnis traf sie wie ein Schlag [...]. Es war Cleo!" (Z. 9–11)
- Die Bewegungsverben veranschaulichen, wie Abby von ihren Gefühlen fast übermannt wird. Hass „wallt[.]" (Z. 21) in ihr auf und reißt sie beinahe dazu hin, sich auf Cleo zu stürzen und auf sie einzuschlagen (vgl. Z. 22).
- Wie stark ihre „Aufwallung von blindem Zorn" (Z. 23–24) ist, zeigt auch, dass ihre Selbstbeherrschung in Form einer Personifizierung ausgedrückt wird: „Doch zum Glück hielt sie irgendeine Stimme der Vernunft zurück" (Z. 26–28). Es macht den Eindruck, dass Abby nicht selbst handelt, sondern eine gute Macht sie beschützt.
- Die Beschreibungen von Abby, als sie Cleo mit dem Eichensplitter bedroht, betonen ihre Entschlossenheit. Sie stößt ihre Warnung „mit kalter Wut hervor" (Z. 77) und fordert Cleo „mit leiser, aber scharfer Stimme auf" (Z. 88–89), still zu sein. Ein Vergleich zeigt, wovon es abhängt, ob die Täuschung und Einschüchterung Cleos gelingen wird: Abby muss „sich jetzt so hart geben wie Cleo" (Z. 77–78).
- Während Abby versucht, hart und ohne Angst zu wirken, zeigen die Beschreibungen von Cleo, dass Abbys Plan aufgeht. Cleo wird von Angstgefühlen überwältigt. „Todesangst" (Z. 81) flackert in ihren Augen, „[w]ie erstarrt" (Z. 82–83) liegt sie da und „[d]as Blut [ist] schlagartig aus ihrem Gesicht gewichen" (Z. 83–84). Vergleiche zeigen, wie stark Cleos Angst ist: Sie schluckt, „als würde sie an etwas würgen" (Z. 90), und Abby sieht, dass ihr „Adamsapfel wie verrückt auf und ab tanzt[.]" (Z. 91–92). Die Beschreibung endet mit einer Metapher, die verdeutlicht, dass Cleo ihre Angst nicht beherrschen kann: „Doch Todesangst ließ sich nicht herunterschlucken" (Z. 92–93).
- Am Ende machen die Beschreibungen Abbys deutlich, wie sehr sie sich gegenüber Cleo zusammenreißen muss und welche Ängste sie vorher innerlich ausgestanden hat. Sie muss sich, als sie sich von Cleo entfernt, auf die „Lippen" (Z. 164) beißen, um nicht, „erlöst von dieser ungeheuren Spannung, laut auszuatmen" (Z. 164–165). Als sie sich sicher ist, dass Cleo sie nicht mehr sehen kann, zeigt sich, wie viel Kraft sie diese Auseinandersetzung gekostet hat. Sie fühlt „sich plötzlich so zittrig auf den Beinen" (Z. 170–171), dass sie sich „gegen einen Stützbalken" (Z. 169–170) lehnen muss. Ihr wird jetzt bewusst, wie viel sie riskiert hat. Angesichts der Möglichkeit, fast in einen „Kampf auf Leben und Tod" (Z. 177–178) verwickelt worden zu sein, überkommt sie ein „Anflug von Übelkeit" (Z. 173).

Aufgabe 4
S. 116

Im Rückgriff auf die Romanauszüge erläutern die Schülerinnen und Schüler die Fachbegriffe „innerer und äußerer Konflikt". Ein innerer Konflikt ist ein Zwiespalt, den eine Figur in sich und mit sich selbst austrägt. So fällt es Abby schwer, „die Ruhe zu bewahren" (Z. 34–35), als sie Cleo dabei belauscht, wie diese Rachels Milch raubt. Sie weiß aber, dass sie keine Chance hätte, wenn sie sich einfach auf Cleo stürzte. Deshalb beherrscht sie sich entgegen ihren Hassgefühlen und hört auf die „Stimme der Vernunft" (Z. 27), die ihr sagt, dass sie ihre Wut zügeln muss, um geplant gegen Cleo vorgehen zu können.
Ein äußerer Konflikt ist eine Auseinandersetzung zwischen zwei Figuren auf der Handlungsebene, z. B. die „Feindschaft" (Z. 37) zwischen Cleo und Abby.

Aufgabe 5
S. 116

freier Schreibauftrag

Die Entdeckung und Besiedlung Australiens (S. 117)
Der Sachtext informiert die Schülerinnen und Schüler über die Gründe, Umstände und Folgen der Besiedlung Australiens durch die Briten.

Aufgabe 1
S. 117

Die Lernenden entnehmen dem Sachtext die wichtigsten Informationen. Dabei üben sie die Methoden der Sachtextanalyse (s. Werkzeugkasten, S. 148). Um das Hörverstehen zu schulen, kann der Text auch vorgelesen werden. Dabei machen die Schüler sich Notizen und versuchen, diese anschließend zu ordnen und für eine mündliche Wiedergabe des Textinhalts zu nutzen. Folgende stichwortartige Zusammenfassung können die Schülerinnen und Schüler erstellen:

Die Entdeckung und Besiedlung Australiens

Die Entdeckung Australiens:
- Antike: Terra australis im Süden vermutet/1770: Entdeckung Australiens durch Captain James Cook/New South Wales: englische Kolonie

Gründe für die Verbannung britischer Sträflinge nach Australien:
- Technisierung = Massenarbeitslosigkeit und Armut = Ansteigen der Kriminalität; harte Strafen auf kleine Vergehen = starker Anstieg von zu Gefängnisstrafen Verurteilten
- Verlust der amerikanischen Kolonien = Schwierigkeiten, die Verurteilten unterzubringen ➔ Lösung: Verbannung der Verurteilten nach Australien = Möglichkeit der billigen Besiedlung des neuen Kontinents

Schicksal der Sträflinge in Australien:
- Transport unter unmenschlichen Bedingungen nach Australien/Gefängnis oder Arbeitslager für die Dauer der Verbannung/Überlassung als Arbeitskraft an Viehzüchter, Farmer oder Unternehmer nach Ablauf der Verbannung

Negative Folgen der Besiedlung Australiens durch die Europäer:
- gewaltsame Verdrängung der australischen Ureinwohner (= Aborigines)

Aufgabe 2
S. 117

Ausgehend von den Informationen des Sachtextes nennen die Schülerinnen und Schüler historische Ereignisse, die Rainer M. Schröder in seinem Roman verarbeitet hat. Dabei können sie sich auf folgende Punkte beziehen:

- Die Praxis der britischen Justiz des 18./19. Jahrhunderts, auch auf Mundraub oder Kleinstdelikte drakonische Strafen zu verhängen. Abby wird nur wegen eines angeblichen Taschendiebstahls zu sieben Jahren Verbannung verurteilt.
- Die Verbannung der Sträflinge nach Australien in Gefängnisse und Arbeitslager.
- Die unmenschlichen Bedingungen auf den Sträflingstransporten nach Australien; z. B. erhält Rachel keine medizinische Versorgung, viele der Sträflinge überleben den Transport nicht; die Sträflinge werden nicht vor anderen gewalttätigen Sträflingen wie Cleo geschützt.
- ...

Aufgabe 3
S. 117

Die Arbeit an dem Roman wird dadurch ergänzt, dass dieser und evtl. die beiden anderen Abby-Lynn-Romane von einigen Schülern der Klasse vorgestellt werden.

Bücherwürmer über Abby Lynn – Rezensionen des Romans (S. 118)
Anhand von zwei Rezensionen lernen die Schülerinnen und Schüler die Inhalte und den möglichen Aufbau dieser Textsorte kennen. Sie können sich daran bei ihren eigenen Versuchen, Rezensionen zu den von ihnen gelesenen Romanen zu schreiben, orientieren.

Aufgaben 1 und 2 S. 118

Die Lernenden arbeiten den Aufbau und die wichtigsten Inhalte der beiden Rezensionen heraus. Die Ergebnisse dieser Erarbeitungen können mithilfe des folgenden **Tafelbildes** gesichert werden:

Zwei Rezensionen über „Abby Lynn – Verbannt ans Ende der Welt"

Aufbau der Rezensionen

Überschrift/Schlagzeile mit Nennung des Romantitels (meistens auch des Autors)

↓

kurze Information über die Hauptfigur und die Handlung

↓

Beurteilung und Wertung des Romans durch den Rezensenten

Generalanzeiger	**Aspo**
– spannend erzählt – Buch über ein junges Mädchen, das trotz schwieriger Umstände sich selbst und seinen Idealen treu bleibt	– fesselnde Geschichte – Abby bleibt trotz schwieriger Umstände ihren Idealen und sich selbst treu. – Der Roman zeigt, wie wichtig es ist, an sich zu glauben und in schlimmen Situationen nicht aufzugeben. Historischer und wahrheitsgetreuer Roman – Der Handlungsverlauf lässt sich leicht verfolgen. – Der Leser kann sich gut in die Heldin hineinversetzen.

TAFELBILD

Ausgehend von diesem Tafelbild diskutieren die Schülerinnen und Schüler darüber, welchen Wertungen sie aufgrund ihrer Kenntnisse des Romans zustimmen und mit welchen sie evtl. nicht einverstanden sind. Sie sollten dabei auch beurteilen, welche der beiden Rezensionen besser geeignet ist, über den Roman zu informieren und den Leser neugierig zu machen. Abschließend können die Schüler eigene Rezensionen zu ihnen bekannten Romanen von Rainer M. Schröder schreiben und der Klasse vorstellen.

Die wundersame Weltreise des Jonathan Blum (S. 119–122)

Der jüdische Junge Jonathan Blum wandert nach Amerika aus. Damit beginnt für ihn eine abenteuerliche Reise, die ihn durch den ganzen Kontinent und exotische Gebiete der Welt führt. Er arbeitet unter sklavenähnlichen Bedingungen in einer New Yorker Kohlenhandlung und lernt danach in den Südstaaten die Welt der Sklavenhalter kennen. Mit einem Treck zieht er nach Westen, lebt als Farmer und verlobt sich. Aus Geldmangel geht er dann als Goldsucher in die Berge. Nach weiteren Abenteuern verschlägt es ihn als Seemann nach Südamerika. Er strandet auf einer Südseeinsel, lebt dort mit den Ureinwohnern zusammen, flieht mit einem selbst gebauten Floß von der Insel und gelangt schließlich nach Südafrika, wo er Diamanten findet. Mit diesen gelingt es ihm, ein Schiffsticket zu bezahlen und nach Amerika zu seiner Verlobten zurückzufinden. Bevor er aber nach Amerika zurückkehrt, besucht er seine Eltern und Verwandten und plant, sie dazu zu bewegen, mit ihm nach Amerika zu gehen.

Neben dieser Abenteuerhandlung ist das Buch vor allem ein Entwicklungsroman. Jonathan findet im Laufe der Zeit zu sich selbst und zu dem, was wirklich wichtig für ihn ist. Dazu gehört auch, dass er zu seiner Religion, von der er sich losgesagt hat, zurückfindet. Eine entscheidende Rolle spielt in diesem Zusammenhang Herschel Weizmann. Immer wieder kreuzen sich die Lebenswege der beiden Figuren. Sie lernen sich auf der Überfahrt kennen, treffen sich in New York wieder, später gehen sie zusammen mit dem Treck in den Westen und Jonathan verlobt sich mit Leah, einer Tochter Herschels. Herschel ist eine Figur, die in fast allen Romanen Schröders auftaucht. Als väterlicher Freund, fürsorglicher Mentor und religiöser und philosophischer Erzieher begleitet er den jugendlichen Helden durch kritische Lebensphasen. Von ihm lernt Jonathan, was in seinem Leben wirklich zählt. Er hilft ihm herauszufinden, was in seinem „Wesen angelegt ist" (S. 419). Am Ende des Romans steht die Erkenntnis Jonathans: „Als ich Rostock vor zehn Jahren verließ, glaubte ich frei zu sein. Heute bin ich es wirklich, denn ich weiß mich in Gottes Hand geborgen" (S. 420).

Herschel Weizmann (S. 119–121)

Die wichtigste Station zu der religiösen und existenziellen Selbstfindung Jonathans ist die Zeit, in der der Treck am Truckee River überwintert. Während dieses Winterlagers ist die Beziehung zwischen Herschel und Jonathan besonders eng. Über diese Zeit erstreckt sich die Handlung in den Romanauszügen, die im Schülerband behandelt werden. Sie sind exemplarisch dafür, wie Schröder die religiöse Thematik in seinem Roman aufgreift und verarbeitet. Die inhaltliche Erarbeitung konzentriert sich darauf, was der Leser über das Judentum und Jonathans religiösen Lehrer erfährt.

Aufgabe 1
S. 121

Damit die Schülerinnen und Schüler überprüfen können, inwieweit sie sich den Inhalt des Textes wirklich eingeprägt haben, sollten sie die Fragen zunächst beantworten, ohne dabei erneut nachzulesen. Es ist auch möglich, den Schülern die Fragen vorab zu geben und den Text vorzulesen, um das Hörverstehen zu schulen. Folgende Antworten können sie erarbeiten:

- Die Siedler leiden unter der Witterung (Kälte, „Blizzards", Z. 7) und müssen ihre Essensvorräte sehr sorgsam einteilen (vgl. Z. 46 ff.). Auch emotional ist es eine schwierige Zeit, da sich ein „Gefühl der Hilflosigkeit und des Ausgeliefertseins an eine übermächtige Natur und die Angst vor der wachsenden Aggressivität unter den vielen eingeschlossenen Emigranten" (Z. 11–17) breitmachen.
- Jonathan erinnert sich an die Zeit als eine „Zeit der Hesed" (Z. 22), also der Freundlichkeit und Liebenswürdigkeit, deren Quelle Herschel Weizmann ist. Er sorgt für ein Gemeinschaftsgefühl sowie Abwechslung im eintönigen Alltag der Siedler.
- Die religiösen Feste des jüdischen Kalenders sowie die allwöchentlichen Sabbatfeiern werden zu den wichtigsten Ereignissen im Leben der Siedler (vgl. Z. 36 ff.), da sie Einkehr, Gemeinschaft und Abwechslung bedeuten.
- Herschel nimmt die jüdische Tradition sehr ernst und nutzt den Sabbat folglich als Ruhetag. Da „[a]uch allem Vieh [...] nach dem göttlichen Willen ein Ruhetag in der Woche vergönnt [ist]" (Z. 62–64), weigert er sich, seine Pferde am Sabbat zu verleihen.
- Herschel ist für die Gemeinschaft eine Art Rabbi geworden (vgl. Z. 111–112), da er als Ansprechpartner in jeder Situation, Ratgeber und jüdischer Gelehrter auftritt.
- Der Sinn seiner Aussagen ist für Jonathan nicht immer direkt ersichtlich, da sie zum Nachdenken und „Insichgehen" anregen sollen. Deshalb sind Herschels Worte für ihn manchmal so „rätselhaft wie Orakel" (Z. 154–155).

Aufgabe 2
S. 121–122

Im nächsten Schritt arbeiten die Schülerinnen und Schüler heraus, was der Leser in dem Text über die jüdische Religion erfährt. Dazu suchen sie entsprechende Textstellen heraus und legen eine stichwortartige Zusammenfassung ihrer Ergebnisse an. Eine Übersicht könnte z. B. so aussehen:

Jüdische Religion in dem Roman „Die wunderbare Weltreise des Jonathan Blum" von Rainer M. Schröder

- Wichtig ist das Einhalten der jüdischen Bräuche und Feste (Z. 31 ff.).
- Solche Festzeiten sind kodesh (heilige) und brakha (gesegnete) Zeit (Z. 91–93).
- Rabbi = jüdischer Gelehrter und Priester
- Gott = Quelle aller Kraft und allen Lebens; Herr der Welt (Z. 79 ff.)
- Aufgabe des Menschen = die Welt nach Gottes Willen beherrschen (Z. 85 ff.)
- Ablauf des Sabbats = am Freitagabend findet die Sabbatfeier statt: das Haus wird geputzt/die beste Kleidung wird angezogen/gemeinsames Essen mit Brachesbrot und Wein/Silberbecher mit Wein wird hochgehoben und der Kiddusch gesprochen/ Samstag ist ein Ruhetag.
- Sinn des Sabbats = Besinnung auf Gott als Quelle allen Lebens (Z. 80 ff.)/Symbol dafür, dass Sklaverei und Unterdrückung gegen Gottes Willen sind (Z. 105 ff.)/ Möglichkeit der Selbstbesinnung und der Ruhe für Körper und Seele (Z. 133 ff.)
- Der Sabbat gilt für alle Geschöpfe Gottes – auch für das Vieh (Z. 62 ff.); deshalb verleiht Herschel seine Pferde nicht.
- Jüdische Lebensweisheiten haben oft die Form von orakelhaften Sinnsprüchen.

Die Bedeutung der rätselhaften Aussagen von Herschel gegenüber Jonathan wird nach dieser Textarbeit in der Klasse besprochen.

Aufgabe 3
S. 122

Zur Vorbereitung der Charakterisierung sammeln oder unterstreichen die Schülerinnen und Schüler Textstellen, in denen Herschel charakterisiert wird. Die anschließende Charakterisierung kann dann – sprachlich reduziert – in folgendem **Tafel-** oder **Folienbild** festgehalten werden:

Rainer M. Schröder: Die wunderbare Weltreise des Jonathan Blum – Charakterisierung von Herschel Weizmann

Verhalten, Charaktereigenschaften, Einstellungen und Eigenarten:
– ist sehr fromm, gläubig und religiös.
– hält trotz schwierigster Bedingungen an den jüdischen Festen, Ritualen und Bräuchen fest.
– beachtet den Sabbat sehr genau (verleiht z. B. seine Pferde nicht zur Jagd).
– besitzt Geduld, Verständnis für die Probleme der anderen und glaubt an das Gute im Menschen.
– kann fesselnd erzählen und erklärt religiöse Dinge so, dass seine Zuhörer sie auf sich und ihr Leben beziehen können.
– redet manchmal rätselhaft, sodass man lange über seine Worte nachdenken muss.
– gibt Jonathan orakelhafte Weisheiten mit auf seinen Lebensweg.

äußere Merkmale:
– ist ein einfacher jüdischer Schuster aus Celle.
– ist nach Amerika ausgewandert.
– befindet sich auf einem Treck nach Westen.
– überwintert mit dem Treck unter harten Bedingungen im Tal des Truckee River.

Herschel Weizmann

Verhältnis und Beziehung zu anderen Figuren
– bildet zusammen mit den Schwabachers u. Seligmanns eine Art jüdische Gemeinde auf dem Treck.
– ist für die anderen eine Art Rabbi, der sie in dieser schwierigen Situation zusammenhält.
– ist für Jonathan nicht nur ein religiöser Lehrer, sondern auch ein väterlicher Freund.

TAFELBILD

Aufgabe 4
S. 122

Die Aufgabe 4a kann auch als Leistungsüberprüfung/Klassenarbeit gestellt werden. Die Aufgabe 4b verlangt von einem Schüler/einer Schülerin oder einem Schülerteam die Vorbereitung und Präsentation einer Buchvorstellung.

Der Autor Rainer M. Schröder (S. 123–126)

Am Ende der Einheit steht die Beschäftigung mit der Biografie Rainer M. Schröders, seinen Zielen und seinem Selbstverständnis als Schriftsteller. Die Schülerinnen und Schüler informieren sich über den Lebenslauf des Autors und erarbeiten anhand eines literaturtheoretischen Textes, aus welchen Gründen er historische Abenteuerromane schreibt und welche Ziele er als Schriftsteller verfolgt.

Schriftsteller und Abenteurer (S. 123–125)

Mithilfe von Bildern aus dem Leben Rainer M. Schröders und Internetrecherchen machen sich die Schülerinnen und Schüler ein Bild über den Lebenslauf und die Arbeitsweise des Autors.

Aufgabe 1
S. 125

Die Lernenden beschreiben die Bilder und erläutern, was sie über das Leben und die Arbeitsweise Rainer M. Schröders verraten. Dabei können sie auf folgende Punkte eingehen:

- Schröder kennt die Orte seiner Romane aufgrund zahlreicher Expeditionen, Abenteuer- und Rechercheresisen.
- Er führt ein bewegtes und abenteuerliches Leben.
- Zu seinen Romanen recherchiert er das notwendige geografische und historische Wissen sehr genau.
- Er tritt in Fernsehsendungen auf und führt regelmäßig Lesungen durch.

Aufgaben 2 und 3
S. 125

Zu dem Lebenslauf des Autors recherchieren die Schülerinnen und Schüler im Internet. Sie besuchen die Internetseite des Autors. Ihre Ergebnisse präsentieren sie z. B. in Form von Zeitleisten und Plakaten.

Aufgabe 4
S. 125

Die Abenteuer, die Rainer M. Schröder z. B. auf seinen Reisen und Expeditionen selbst erlebt hat, schildert er in dem Buch „Unter Schatzgräbern, Goldgräbern und Alligatoren“. Dieses Buch sollten einige Schüler der Klasse vorstellen.

Rainer M. Schröder: Warum ich schreibe (S. 125)
Den Text hat Rainer M. Schröder mit anderen Texten, die über ihn als Autor oder sein Werk Auskunft geben, auf seiner Internetseite veröffentlicht. Die Schülerinnen und Schüler arbeiten daran heraus, welche Vorbilder Rainer M. Schröder als Autor hat, warum er historische Romane schreibt, welche Bedeutung die Beschäftigung mit der Vergangenheit seiner Meinung nach besitzt und welche Wirkung er sich von seinen Romanen erhofft.

Aufgabe 1
S. 125–126

Die Schülerinnen und Schüler beantworten die in dem Arbeitsauftrag vorgegebenen Fragen mithilfe des Textes. Dabei arbeiten sie wieder mit dem Werkzeugkasten auf S. 148. Die Ergebnisse können anschließend in folgendem **Tafelbild** festgehalten werden:

Rainer M. Schröder: Warum ich schreibe

Vorbilder des Autors:
- „Jack London, Friedrich Gerstäcker oder Robert Louis Stevenson" (Z. 13–14)
- Grund: Schriftsteller, die wie er Abenteuer selbst erlebt haben

Ziele als Schriftsteller:
- „sorgfältig recherchiert[e]" (Z. 19), spannende und mitreißende Bücher schreiben
- Lesern lebensbejahende Werte wie „Glaube, Hoffnung, Liebe und Toleranz" (Z. 22) vermitteln

Gründe für das Schreiben historischer Romane:
- Lesern eine „ungeahnte und vergessene Welt" (Z. 40) eröffnen
- „Erinnerung" an die Vergangenheit „bewahren" (Z. 27 ff.)
- vergangene „Zusammenhänge und Ereignisse" (Z. 41–42) darstellen, die auf unsere „Gegenwart" (Z. 45) und „Zukunft" (Z. 46) einwirken

Bedeutung der Vergangenheit für den Leser:
- „Wissen um die Vergangenheit" (Z. 33) ermöglicht das Verstehen der „Gegenwart" (Z. 31) und das erfolgreiche Meistern der „Zukunft" (Z. 32)

TAFELBILD

Aufgaben 2 und 3 S. 126

Die Selbstauskünfte Rainer M. Schröders beziehen die Schülerinnen und Schüler auf die ihnen bekannten Romane und sie erläutern die Überschrift des Kapitels im Sinne des Autors. Historische Abenteuerromane ermöglichen es, Vergangenes aus der Perspektive von Romanhelden nachzuerleben und so ein Verständnis für evtl. Vergessenes zu entwickeln.

Aufgabe 4 S. 126

Die Schülerinnen und Schüler entwickeln fiktive Interviews mit dem Schriftsteller und präsentieren sie. Alternativ könnten sie mithilfe des **Arbeitsblatts 5, S. 143 f.**, ein Interview mit Rainer M. Schröder untersuchen.

Die Lösungen zu den **Übungen zur Lernkontrolle** (S. 127–129) befinden sich im Anhang des Schülerbandes auf den Seiten 389–390.

Die Romane Rainer M. Schröders – Sich einen Überblick verschaffen

Das Geheimnis des Kartenmachers

Augsburg im Jahre 1490: Der 16-jährige Caspar Sebald hat eine ungewöhnliche Gabe, er kann sich blitzschnell komplizierte grafische Muster und zeichnerische Details merken. Dieses Talent veranlasst den Kupferstecher Bartholomäus Wolkenstein, den Jungen in seine Dienste zu nehmen. Doch woran arbeitet der Meister eigentlich in seiner geheimen Kammer und was enthalten die Briefe und Päckchen, die er von Boten aus allen Teilen Europas empfängt? Geht es dabei um die neuen astronomischen Theorien, wonach die Erde eine Kugel sei? Für die Kirche sind dies gotteslästerliche Gedanken und tatsächlich setzen der Augsburger Domherr und der berüchtigte Inquisitor Heinrich Institoris alles daran, Meister Bartlholo der Ketzerei zu überführen. Als wäre das alles nicht schlimm genug, soll Caspar ihnen auch noch dabei helfen – oder ihm droht der Scheiterhaufen!

(Klappentext)

Jäger des weißen Goldes

Als Patrick O'Brian, der als Wildhüter entlassen wurde, Abigail Dixon kennenlernt, halten sich die beiden in England mit Betrügereien über Wasser. Als sie erwischt zu werden drohen, wandern die beiden nach Südafrika aus. Dort erlebt Patrick einige Abenteuer, unter anderem wird er zum Elefantenjäger und schließlich erreicht er sein Traumziel als Farmer. Dabei verliert er aber seine Jugendliebe. Der Roman spielt anfangs des 19. Jahrhunderts und beschreibt zuerst die harten sozialen Verhältnisse in England, danach werden die politischen Gegensätze zwischen Buren und Briten in Südafrika eingebaut.

(http://books.google.de/books/about/J%C3%Ager_des_wei%C3%9Fen_Goldes.html?id=NazmAAAACAAJ&redir_esc=y)

Das Geheimnis der weißen Mönche

Ein atemberaubender Roman aus der Zeit der Inquisition.
Der junge Fuhrmann Jakob Tillmann hat den todkranken Bruder Anselm ins Zisterzienserkloster Himmerod gebracht. Nicht in seinen kühnsten Träumen hatte er sich ausgemalt, in welche Gefahr er sich in dieser stürmischen Februarnacht damit begibt: Denn einige sehr ehrgeizige Kirchenmänner wollen wissen, was ihm der sterbende Bruder Anselm anvertraut hat – doch Jakob ist völlig ahnungslos, nach welcher Information sie suchen ... Die Folter droht, und er begreift, dass er es mit machthungrigen Kirchenmännern zu tun hat, die vor nichts zurückschrecken. Nur eins kann Jakob retten: Er muss das Geheimnis der weißen Mönche lüften!

(http://www.rainermschroeder.com)

Die Bruderschaft vom Heiligen Gral Das Labyrinth der schwarzen Abtei

Jahre sind vergangen, seit die vier Tempelritter Gerolt, Tarik, Maurice und McIvor den Heiligen Gral in die Sicherheit der Templerburg gebracht haben. Doch dann lässt am 13. Oktober 1307 der französische König Philipp den Orden zerschlagen. Alle Tempelritter sollen der Inquisition übergeben werden. Doch wer steckt wirklich hinter dem heimtückischen Anschlag? Die vier Gralsjünger ahnen, dass es um weit mehr geht als um Geld oder Macht. Es geht um das letzte Geheimnis des Ordens: den Heiligen Gral. Der atemberaubende Abschluss der Grals-Trilogie.

(http://www.arena-verlag.de/artikel/die-bruderschaft-vom-heiligen-graf-das-labyrinth-der-schwarzen-abtei-978-3-401-50083-6)

Die wundersame Weltreise des Jonathan Blum

Man schreibt das Jahr 1858: „Hinter dem Horizont die Freiheit! Mit dem berühmten Auswandererschiff Liberty nach Amerika!“ Dieses Plakat im Rostocker Hafen braucht der jüdische Junge Jonathan Blum nicht zweimal zu lesen. Auf der Suche nach der Freiheit verlässt Jonathan Blum seine Familie und schifft sich 1858 auf dem Auswandererschiff „Liberty“ nach Amerika ein. Es erwarten ihn harte Arbeit und eine Menge Abenteuer, die ihn um die ganze Welt führen. Doch am Ende seiner langen Reisen findet er, wonach er gesucht hat.

(http://www.rainermschroeder.com)

Die Lagune der Galeeren

Es ist still in der italienischen Kleinstadt San Bernardo, als der 17-jährige Matteo Lombardi durch die Gassen streift – es ist sogar totenstill. Von der einstigen Geschäftigkeit der Ortschaft ist nichts mehr zu spüren, und der Kloß, der Matteo im Halse sitzt, rührt her von Todesangst. Denn die Pest herrscht in San Bernardo: Es ist das Jahr des Schwarzen Todes, 1570.
Gemeinsam mit der jungen Dienstmagd Fiona kann Matteo vor der Bedrohung fliehen und findet in Venedig bei seinem einzigen Verwandten, dem Onkel Tommaso Rovelli, Unterschlupf. Rovelli ist einer der privilegierten *arsenalotto*: Schiffsbaumeister im Werftbezirk der Lagunenstadt, dem am strengsten bewachten Bereich Venedigs. Hier findet Matteo eine neue Anstellung – und muss gleich feststellen, dass er zwar der Pest, nicht aber der Lebensgefahr entronnen ist. Denn im Arsenal von Venedig, wo Schiffe gegen den drohenden Angriff der Türken vom Stapel laufen, herrschen Angst, Hass und Verrat. Und nicht zuletzt Fiona wird in ein Abenteuer hineingezogen, an dessen Ende sogar der Tod stehen könnte.

(http://www.amazon.de)

Abby Lynn – Verraten und verfolgt

Australien, 1808: Abbys und Andrews Glück ist perfekt, als Abby ein Kind erwartet. Doch plötzlich überfallen Militärs ihre Farm auf der Suche nach Andrews Bruder Melvin. Während Andrew nach Melvin forscht, hält Abby sich versteckt. Doch sie wird verraten und in den Kerker von Sydney verschleppt. Die Militärs wollen Abby als Lockvogel benutzen, um Andrew und Melvin eine Falle zu stellen ...

(http://www.randomhouse.de/Taschenbuch/Verraten-und-verfolgt-Abby-Lynn-3/Rainer-M-Schroeder/e415088.rhd)

Die Judas Papiere

Ein kleines, ledergebundenes Notizbuch, das eines der wichtigsten Geheimnisse des christlichen Abendlandes birgt. Ein machtvoller Geheimbund, der seit Jahrhunderten nur zu einem Zweck existiert. Eine junge Frau, deren Träume im Verborgenen bleiben. Und drei tollkühne Abenteurer im atemberaubenden Wettlauf um ein seit fast 2000 Jahren verschollenes Schriftstück: das Evangelium des Judas.

(http://www.arena-verlag.de/artikel/die-judas-papiere-978-3-401-50228-1)

1 Wähle einen Roman aus, der dich besonders interessiert, und begründe deine Entscheidung genau.

2 Welchen Eindruck hast du aufgrund der Kurzvorstellungen der Romane, was das besondere Interesse des Autors sein könnte und welche Themen typisch für ihn sind?

Beurteilungsbogen für die Buchvorstellung

Beurteilungskriterien	☺	😐	☹
Man konnte verstehen, worum es in dem Buch geht.			
Die Buchvorstellung hat neugierig auf das Buch gemacht.			
Die Materialien haben den Vortrag veranschaulicht.			
Man konnte verstehen, in welchem Zusammenhang die vorgelesenen Textstellen stehen.			
Die vorgelesenen Textstellen waren gut ausgewählt.			
Die Textstellen wurden betont und anschaulich vorgelesen.			
Der Vortrag wurde frei gehalten und man konnte ihm gut folgen.			
Die Zuhörer wurden mit einbezogen.			
Die vorgegebene Zeit wurde beachtet.			

Notizen:

Zwei Rezensionen untersuchen

Mehr Toleranz

Roman für Kinder von Rainer M. Schröder

Das Leben hat es nicht gut gemeint mit dem jungen Jakob Tillmann. Doch als er sich dazu überreden lässt, den todkranken Mönch Anselm ins Zisterzienser-Kloster Himmerod zu bringen, kommt es knüppeldick. Unschuldig wird er in eine Sache verstrickt. Schnell jedoch ist dem Jugen klar: Wenn er der Folter der Inquisition und damit seinem sicheren Tod entgehen will, dann muss er das „Geheimnis der weißen Mönche“ lüften.
Der neue Roman des Kinderbuchautors Rainer M. Schröder spielt im 17. Jahrhundert in den Hügeln des Rheinlandes, der Eifel und des Bergischen Landes. Und er handelt vom Glauben an Gott, vom Beten, vom Verzeihen und von der Toleranz. Für den jungen Jakob Tillmann haben diese Begriffe keine Bedeutung. Seine bisherigen Erfahrungen haben ihn nur gelehrt, die eigene Haut zu retten. Dann aber trifft er Bruder Basilius und dessen Gefährten, der immer in Psalmen spricht. Dort erfährt er, was Freundschaft bedeutet. In Gesprächen auf der Flucht vor der Inquisition lehren sie ihn, dass Gut und Böse nicht an Äußerlichkeiten zu unterscheiden ist. Sie zeigen ihm, was Vorurteile anrichten können. „Das Geheimnis der weißen Mönche“ ist ein spannend inszeniertes Buch, das viel Wissenswertes über die Lebens- und Glaubensbedingungen vor 300 Jahren vermittelt.

Rainer M. Schröder, Das Geheimnis der weißen Mönche, Arena Verlag, Würzburg, 480 Seiten

(Aus: Unsere Kirche, Nr. 51, 15.12.1996. S. 21; kk)

Wenn ein junger Fuhrmann in stürmischer Winternacht

Flucht aus den Schreckenskammern der Inquisition: ein historischer Abenteuerroman

Düsterer und spannender ist die Eingangssequenz für einen historischen Abenteuerroman kaum möglich: In einer stürmischen Winternacht verlangt ein junger Fuhrmann verzweifelt Einlass in das bei Trier gelegene Kloster Himmerod, er hat seinem sterbenden Begleiter versprochen, ihn in diese Zisterzienserabtei zu schaffen. Als die Mönche in dem ungebetenen Gast ihren ehemaligen Abt Anselm erkennen, gerät Jakob, der unfreiwillige Helfer, in einen Strudel von lebensgefährlichen Ereignissen. Als letzter Gefährte des Todkranken wird vermutet, dass dieser ihm ein Geheimnis anvertraute, das die Vormacht der Inquisition brechen und ihre mörderischen Aktivitäten an die Öffentlichkeit bringen könnte. Wir befinden uns im 17. Jahrhundert, der 30-jährige Krieg ist gerade beendet, Hexenverbrennungen, Inquisition und Folter verbreiten Angst und Schrecken.
Der voluminöse Roman „Das Geheimnis der weißen Mönche“ von Rainer M. Schröder lässt junge und erwachsene Leser dieses breit angelegte Zeitbild ziemlich atemlos verfolgen. Die Hörbuchversion verstärkt noch die Spannung, denn Marc Oliver Schulze gelingt es, durch Dialektfärbung und geschickt eingesetzte Modulation der Stimme, jedem der zahlreichen Charaktere eine besondere Identität zu geben.
Ob Jakob, die jugendliche Hauptfigur, mit seinen Helfern, dem Mönch Basilius und dessen geheimnisvollem schwedischen Begleiter, – die der Aufklärung verschworen sind –, oder der finstere machtgierige Trierer Domherr Melchior von Drolshagen und seine Henkersknechte, – Anhänger der Inquisition –, sie alle werden durch eine Stimme sehr präzise und plastisch lebendig. Diese Erzählkunst macht deutlich, wie meisterlich ausgewogen der Rhythmus zwischen spannenden Sequenzen, belehrenden und erzählenden Passagen ist.
Der Autor hat sich Zeit gelassen und dieses Prinzip verfolgt auch der Sprecher. Während der Hörer um das Leben der Helden fürchtet, hält er die Spannung an, um geschickt durch Gespräche zwischen

den Freunden die politischen und religiösen Verwicklungen des 17. Jahrhunderts zu schildern. So entsteht neben abenteuerlichen Fluchten aus den Schreckenskammern der Inquisition oder der dramatischen Rettung einer jungen Frau vor dem Scheiterhaufen ein sehr realistisches, plastisches Bild der damaligen Lebensverhältnisse. Immer belegt durch eine überzeugende psychologische Darstellung der handelnden Personen, besonders des 17-jährigen, typisch jugendlichen Helden. Das Ringen um religiöse und politische Toleranz, um Humanität und Aufklärung erhält so eine zeitlose Bedeutung. (ab 12 Jahre)

ROSWITHA BUDEUS-BUDDE

RAINER M. SCHRÖDER: Das Geheimnis der weißen Mönche. Gelesen von Marc Oliver Schulze. Der Hörverlag, München 2002. 5 CD, 315 Minuten, 24,95 Euro.

(Aus: Süddeutsche Zeitung, Nr. 147, 30.6.2003, S. 28)

Untersuche die beiden Rezensionen. Auf folgende Punkte kannst du dabei achten:

a) Welche Inhalte des Romans sprechen die beiden Autoren jeweils an?
b) Wie beurteilen sie jeweils den Roman und welche Gründe führen sie für ihre Beurteilungen an?
c) Beide Rezensionen wollen den Leser neugierig auf den Roman machen. Beurteile, ob es den Autoren deiner Meinung nach gelingt.

Zwei Rezensionen untersuchen

a)

Unsere Kirche	Roswitha Budeus-Budde (Süddeutsche Zeitung)
– Veränderung des Lebens von Jakob durch den Entschluss, Anselm in das Kloster zu bringen – Bedrohung Jakobs durch die Folter der Inquisition – gemeinsame Flucht Jakobs mit Bruder Basilius und dem Schweden vor der Inquisition – Entwicklung von Jakob: Er lernt von Bruder Basilius viel über den Glauben an Gott, das Beten, Verzeihen und Toleranz. Vorher war in seinem Leben nur wichtig, „die eigene Haut zu retten“ (Z. 17). – Gefahr von Vorurteilen und ihre Folgen im 16./17. Jahrhundert	– Erfüllung des Versprechens Jakobs, Bruder Anselm in das Kloster zu bringen – Verdacht der Inquisition, dass Anselm Jakob ein Geheimnis anvertraut hat, das die Macht der Inquisition gefährdet und ihre Verbrechen an die Öffentlichkeit bringt – Zeit der Handlung: 17. Jahrhundert, 30-jähriger Krieg, Hexenverfolgung, Inquisition – Gegnerschaft von Figuren, die die Aufklärung vertreten (Basilius und der Schwede) und von Figuren, die die Inquisition vertreten (von Drolshagen und seine Henkersknechte)

b)

Unsere Kirche	Roswitha Budeus-Budde (Süddeutsche Zeitung)
Empfehlenswertes Buch, weil es ... – spannend ist. – zeigt, was Vorurteile anrichten können. – dem Leser viel Wissenwertes über die Lebens- und Glaubensbedingungen vor 300 Jahren vermittelt.	Empfehlenswertes Buch, weil... – R. M. Schröder eine ausgewogene und gelungene Mischung zwischen spannenden, belehrenden und erzählenden Passagen herstellt. – neben der Erzählung der spannenden Flucht und anderen Abenteuern Jakobs ein genaues Bild der damaligen Lebensverhältnisse entsteht. – die Darstellung der Figuren, insbesondere von Jakob, überzeugend ist. – die Themen des Romans wie das Ringen um religiöse und politische Toleranz, um Humanität und Aufklärung auch für heute bedeutend sind.

c)

- Beide verweisen auf die Spannung des Romans und deuten an, in welche Gefahren Jakob gerät, ohne zu viel zu verraten.
- Durch die Häufung von Signalwörtern wie „Folter“, „abenteuerlich“, „dramatisch“ und die eher erzählende Wiedergabe des Beginnes der Romanhandlung (Z. 3: „In einer stürmischen Winternacht ...“) macht die zweite Rezension den Leser neugieriger auf den Roman als die erste.

Einen „Spickzettel" zu einem Sachtext untersuchen und beurteilen

Ein Schüler der 7a hat folgenden „Spickzettel" zu dem Sachtext „Die Zeit der Hexenverfolgungen und der Religionskriege" angefertigt:

16./17. Jahrhundert – Zeit der Hexenverfolgungen und der Religionskriege

1. Unzufriedenheit mit der katholischen Kirche

Gründe:

- Reichtum der Kirche/Sittenlosigkeit der Geistlichen/Vernachlässigung der Glaubensnöte und Seelsorge der Menschen vonseiten der Kirche/Streben der Kirchenbeamten nach Luxus und Karriere

2. Inquisition und Hexenwahn

Ziele der Inquisition:

- Verfolgung Andersdenkender/Sicherung der Vormachtstellung der katholischen Kirche

Vorgehen der Inquisitoren:

- Vernehmungen und Folter

Schicksal der Verfolgten:

- Folter = keine Chance, die Unschuld zu beweisen/harte Strafen = Züchtigung, Pfändung, Gefängnis, Verbrennen auf dem Scheiterhaufen

3. Höhepunkt der Inquisition im 17. Jahrhundert: Hexenverfolgung

Opfer:

- zahllose Frauen, die schuldlos der Hexerei und schwarzen Magie verdächtigt wurden

Gründe für die Verdächtigungen:

- Zeit der Kriege, Armut, Hungersnöte und Seuchen = Menschen suchten Sündenböcke

Schicksal der Opfer:

- grundloser Verdacht, eine Hexe zu sein/Folter durch die Inquisitoren/falsches Geständnis/Tod durch Verbrennen auf dem Scheiterhaufen

4. Der Dreißigjährige Krieg (1618–1648): ein Religionskrieg zwischen Protestanten und Katholiken

Gründe für den Ausbruch des Krieges:

- Reformation = Spaltung Europas in katholischen und protestantischen Teil/Folge: Glaubenskriege zwischen katholischen und protestantischen Staaten/Deutschland: Süden = katholischer Kaiser Ferdinand II – Norden: prostetantische Fürsten, die sich vom Kaiser lossagen/Kaiser und katholisches Frankreich führen gegen die Fürsten im Norden Krieg (Ziel = Reformation rückgängig machen)

Verlauf des Krieges:

- 1630: Fürsten = fast geschlagen/protestantisches Schweden unterstützt die Fürsten (König Gustav Adolf) und greift in den Krieg ein/keine Partei kann den Krieg gewinnen

Ende des Krieges:

- 1648: Westfälischer Frieden in Münster/Grundsatz: „cuius regio, eius religio"

Folgen des Krieges:

- Volk = eigentliche Verlierer/Hungersnöte, Plünderungen, Seuchen, in manchen Gegenden starben 80 % der Bevölkerung

1 Beschreibe, wie der Schüler bei seiner Zusammenfassung vorgegangen ist.

2 Beurteile die Zusammenfassung. Was ist gelungen und was könnte man verbessern?

3 Vergleiche die Zusammenfassung mit denen, die in deiner Klasse angefertigt wurden. Welche hältst du für genauso gut oder besser gelungen? Begründe deine Entscheidung.

Ein Interview mit Rainer M. Schröder untersuchen

Er zählt zu den erfolgreichsten deutschen Jugend- und Abenteuerschriftstellern. Seit vielen Jahren lebt er in den USA. Aus Leidenschaft ist er in der Welt unterwegs. Eben war er zwei Monate auf Lesetour in Deutschland. Ein Gespräch mit Rainer M. Schröder

Globetrotter

Sie gelten als Vielschreiber, haben in kurzer Zeit zahlreiche Romane für Jugendliche und Erwachsene verfasst. Dennoch zeichnen sich Ihre Bücher durch eine Dichte an geschichtlichen Fakten und Details aus. Wie lange recherchieren Sie für Ihre Romane?

Schröder: Die Recherchen dauern unterschiedlich lange. Es kann sein, dass ich drei oder sogar fünf Jahre vor dem eigentlichen Schreiben anfange, Material zu sammeln, Sachbücher kaufe, überlege, in welchen Archiven und Bibliotheken Dokumente liegen, Landkarten, Stadtpläne, Berichte von Missionaren, von Seefahrern oder Händlern. Wenn dann die „heiße Phase" des Schreibens beginnt, reisen meine Frau und ich meistens in das jeweilige Land, um vor Ort Informationen zu sammeln. Bei der letzten Reise durch Australien schifften wir 10 000 fotokopierte Seiten sowie 800 Sachbücher in 25 Kisten nach Florida in unser Archiv. Meist habe ich zehnmal mehr Material, als ich brauche. Aber es gibt 1000 Kleinigkeiten, die müssen gründlich recherchiert werden, um historisch akkurat schreiben zu können.

Woher kommt Ihre Motivation, zu reisen und Reiseromane zu schreiben?

Schröder: Schon in jungen Jahren brannte die Abenteuerlust in mir – sie brennt noch immer, wenn auch nicht mehr so stark wie vor 20 Jahren. Durch die Reisen in Afrika, Amerika, Australien, China hat sich mein Blick geöffnet. Mein Interesse an der Geschichte der Länder und an den jeweiligen Gegebenheiten hat mich bewogen, historische Abenteuerromane zu schreiben. Als Schriftsteller fühle ich mich Autoren wie Joseph Conrad oder Friedrich Gerstäcker, Robert Louis Stevenson oder Jack London näher als beispielsweise einem Autor wie Karl May, der seine Abenteuer nur am Schreibtisch erlebt hat. Bei mir war zuerst die Reiselust da, und dann kam das Interesse an der Geschichte und der Kultur der Völker.

Geht es Ihnen hauptsächlich um Spannung oder steckt mehr dahinter?

Schröder: Es geht nicht nur darum, ein Abenteuer zu erzählen. Ich möchte den Leser fesseln, um die Chance zu haben, auch das zu transportieren, was mir wichtig ist. Ich möchte keine Kulissenromane mit eingestreuten Schlagwörtern schreiben. Ich möchte dem Leser eine ungeahnte Welt eröffnen, eine Geschichte, in der die Romanfiguren so agieren müssen, als hätten sie damals gelebt. Ein Teil des Schreibens ist auch, gegen das Vergessen anzuschreiben. Das Erinnern ist wichtig, denn das, was wir sind, sind wir aufgrund unserer Erinnerung. Wer nicht weiß, woher er kommt, kann auch nicht begreifen, was er heute ist.

Gibt es aktuelle Anknüpfungspunkte in Ihren Romanen?

Schröder: Viele Ereignisse der Vergangenheit haben aktuelle Relevanz. Wer nicht über die alten Konflikte zwischen China und England informiert ist, kann nicht verstehen, warum die Rückgabe von Hongkong für China eine so wichtige Bedeutung hatte. – Wir müssen unsere Geschichte betrachten, die Bedeutung Europas als Kolonialmacht in Afrika oder China oder sonstwo, denn diese alten Strukturen leben bis heute fort und schwelen als Unterströmung in der Kultur dieser Länder mit. Romaneschreiben kann also auch eine vergangene Epoche neu eröffnen und dem Geschichtsverständnis unseres eigenen Volkes helfen.

Wie viel Autobiografisches steckt in Ihren Romanen?

Schröder: Jeder Autor, der versucht, wahrhaftig zu schreiben, kann sich aus seinen Hauptfiguren gar nicht heraushalten. Auch bei mir fließt sicher in

jede Figur eine Facette von mir ein. Als Beispiel: Felix Faber hat vermutlich die Leidenschaft, Abenteuer zu erleben, die ich einmal mit 17, 18, 20 Jahren hatte. Der Bruder Basilius in „Das Geheimnis der weißen Mönche" dagegen verdeutlicht, wie ich zu Fragen der Kirche und des Glaubens stehe, was ich vom Gebet halte und wie ich Glauben selbst sehe und lebe. Jeder Mensch fragt sich irgendwann einmal: Warum bin ich hier, wo komme ich her, was ist der Sinn meines Lebens?
Damit ist er schon bei Fragen der Religion. Die sind geeignet, in Romane einzufließen, weil sie Haupthelden in ihrer Reifung vorantreiben.

Sind Ihre Abenteurer Helden?

Schröder: Nicht wirklich, ich bin kein Freund von Helden. Ich bin mehr ein Freund von Menschen, die Schwarz-Weiß-Schattierungen haben, die gebrochen sind. Die meisten Menschen haben ein bisschen von beidem in sich.
[...]

Unter dem Pseudonym Ashley Carrington veröffentlichen Sie Erwachsenenromane. Weshalb die Trennung?

Schröder: Ich war als Jugendbuchautor schon recht bekannt und wollte meinen „guten Namen" nicht riskieren. Die Deutschen schieben ihre Autoren gern in Schubladen – vermutlich wäre ich mit meinem Erwachsenenroman im falschen Regal gelandet. Ich wollte mit diesem anderen Namen einfach ganz neu anfangen können. Mein Verlag und ich haben das Pseudonym 1990 auf der Buchmesse gelüftet, und in den letzten Jahren haben sich die Genres Jugend- und Erwachsenenbuch in meinem Schreiben angenähert. Nach dem zweiten Teil von „Felix Faber" ist jetzt wohl wieder ein Ashley-Carrington-Roman fällig.

(Aus: Börsenblatt, 92/18.11.1997)

Was erfährst du in dem Interview über die Arbeit, das Leben und die Bücher des Schriftstellers Rainer M. Schröder? Schreibe einen zusammenhängenden Sachtext für die Schülerzeitung.

Ein Interview mit Rainer M. Schröder untersuchen

Aufgabe

Auf folgende Punkte sollte in einer guten Schülerarbeit in dem Text inhaltlich eingegangen werden:

Vorgehen als Schriftsteller (= Arbeit)	Leben	Bücher
• umfangreiche Recherchen als Grundlage des Schreibens • Materialsammlung, Literaturrecherchen sowie Besuch von Archiven und Büchereien drei bis fünf Jahre vor dem eigentlichen Schreiben der Romane • Reisen in die Länder, in denen die Romane spielen, während des Schreibens der Romane, um Informationen vor Ort sammeln zu können • Recherchen und Vorbereitungen umfassen zehn Mal mehr Material als später in den Romanen verarbeitet wird.	• Abenteuerlust hat zu Reisen in Afrika, Amerika, Australien und China geführt. • Aufgrund des darauf folgenden Interesses an der Geschichte und Kultur der bereisten Länder entschloss sich R. M. Schröder, historische Abenteuerromane zu schreiben. • Vorbilder als Schriftsteller: Joseph Conrad, Friedrich Gerstäcker, Robert Louis Stevenson oder Jack London • weniger Nähe zu Karl May, da dieser nur am Schreibtisch seine Abenteurer erlebt hat • R. M. Schröder veröffentlicht unter dem Pseudonym Ashley Carrington Erwachsenenromane.	• Ziel ist nicht nur, eine spannende Geschichte zu erzählen, sondern die Romanfiguren so darzustellen, wie sie in der jeweiligen Zeit gelebt hätten. • Die Darstellung der Vergangenheit soll dem Leser ermöglichen zu verstehen, wie diese die eigene Gegenwart beeinflusst (= Geschichtsverständnis). • Die Hauptfiguren sind keine typischen Helden, sondern gemischte Charaktere (= Ablehnung von einseitigen Schwarz-Weiß-Darstellungen + Darstellung wirklicher Menschen). • Viele Hauptfiguren verkörpern auch Haltungen und Erfahrungen des Autors (z. B. Felix Faber die Abenteuerlust von R. M. Schröder und Bruder Basilius die religiösen Einstellungen des Autors).

Leistungsüberprüfung – Selbstevaluation – Klassenarbeit

Das Geheimnis der weißen Mönche (Schülerbuch, S. 105 ff.)

1. Produktionsorientiertes Schreiben

Aufgabe: Stell dir vor, Rutger Mundt berichtet in seinem Tagebuch über die Auseinandersetzung mit dem Schweden und Jakob. Schreibe einen möglichen Tagebucheintrag.

Bewertungsbogen: Bewertungsbogen 6, S. 148 f.

Abby Lynn – Verbannt ans Ende der Welt (Schülerbuch, S. 111 ff.)

2. Produktionsorientiertes Schreiben

Aufgabe: Stell dir vor, zwei Mitsträflinge, die die Auseinandersetzung zwischen Cleo und Abby beobachtet haben, unterhielten sich später über diesen Konflikt. Verfasse ein mögliches Gespräch dieser beiden Frauen.

- Lass Sie darüber sprechen, was zwischen Cleo und Abby vorgefallen ist und wie sie den Konflikt zwischen den beiden bewerten.

Bewertungsbogen: Bewertungsbogen 7, S. 150 f.

3. Produktionsorientiertes Schreiben

Aufgabe: Was könnte Cleo nach der Auseinandersetzung mit Abby in der Nacht denken und fühlen? Schreibe einen möglichen inneren Monolog von Cleo.

- Mache dabei deutlich, wie Cleo den Streit mit Abby erlebt hat und was sie über Rachel und Abby denkt.

Bewertungsbogen: Bewertungsbogen 8, S. 152 f.

Die wundersame Weltreise des Jonathan Blum (Schülerbuch, S. 119 ff.)

4. Produktionsorientiertes Schreiben

Aufgabe: Stell dir vor, Jonathan würde ein Tagebuch führen und darin über die Zeit des Winterlagers berichten. Verfasse einen möglichen Tagebucheintrag, in dem er erzählt, was Herschel für ein Mensch ist und was dieser für Jakob bedeutet.

Bewertungsbogen: Bewertungsbogen 9, S. 154 f.

5. Eine Charakterisierung verfassen

Aufgabe: Schreibe eine Charakterisierung Herschel Weizmanns. Beende deine Charakterisierung damit, dass du darlegst, was du von Herschel Weizmann hältst.

Bewertungsbogen: Bewertungsbogen 10, S. 156 f.

Der Autor Rainer M. Schröder (Schülerbuch, S. 123 ff.)

6. Einen Autor vorstellen

Aufgabe: Stell dir vor, dass eure Schülerzeitung eine Rubrik „Schriftsteller, die man lesen muss“ bestitzt. Verfasse für diese Rubrik eine mögliche Vorstellung des Schriftstellers Rainer M. Schröder. Gehe dabei auf folgende Punkte ein:

- Informiere deine Leser über wichtige Ereignisse im Leben des Schriftstellers.
- Lege ihnen dar, welche Ziele Rainer M. Schröder als Schriftsteller besitzt.
- Verdeutliche deinen Lesern am Beispiel von Romanen, die du kennst, wie Rainer M. Schröder seine Ziele und Vorstellungen als Schriftsteller in seinen Romanen umsetzt.
- Beende deine Vorstellung von Rainer M. Schröder damit, dass du kurz dazu Stellung nimmst, was dir an Rainer M. Schröder besonders wichtig ist.

Bewertungsbogen: Bewertungsbogen 11, S. 158 f.

Bewertungsbogen zur Leistungsüberprüfung/Klassenarbeit

Name:	
Schulhalbjahr/Datum:	
Klasse:	
Fachlehrer/in:	
Thema der Unterrichtsreihe:	Historische Abenteuerromane von Rainer M. Schröder – „Das blinde Fenster zum Gestern aufstoßen“
Thema der Klassenarbeit:	Produktionsorientiertes Schreiben
Aufgabe:	Stell dir vor, Rutger Mundt berichtet in seinem Tagebuch über die Auseinandersetzung mit dem Schweden und Jakob. Schreibe einen möglichen Tagebucheintrag.

A Inhaltliche Leistungen

	Du hast einen Tagebucheintrag geschrieben, in dem du die Auseinandersetzung von Jakob und dem Schweden mit Rutger Mundt aus der Sicht von Rutger Mundt berichtest.	**maximale Punktzahl**	**erreichte Punktzahl**
1	Du hast dabei die äußere Handlung des Konfliktes dargestellt. Du bist dabei auf folgende Punkte eingegangen: – Ankunft Rutgers mit Melchior von Drolshagen im Kloster – Befehl von Melchior von Drolshagen, dass er „trockenen Fußes ins Haus“ kommen will – Rutgers Befehl an Jakob und den Schweden, den Weg zum Haus für Melchior von Drolshagen mit Brettern auszulegen – Die Weigerung des Schwedens, diesem Befehl nachzukommen – Rutgers Griff zum Dolch und die Bereitschaft der beiden Männer, es auf einen Kampf ankommen zu lassen – Jakobs Einmischung in den Konflikt mit der Erklärung, der Schwede könne nicht anders, als in Psalmen sprechen, da er nicht ganz richtig im Kopf sei – Die Erledigung der Arbeit, den Weg mit Brettern auszulegen, durch zwei andere Arbeiter auf Befehl von Bruder Tarzisius – Das feindselige Ablassen Rutgers von dem Schweden und seine Drohung an den Schweden, dass dieser das nächste Mal, „nicht so billig“ davonkomme, wenn er Rutger oder Melchior nicht gehorche	32	
2	Du hast die Sichtweise, Gefühle und Gedanken Rutgers passend zu der jeweiligen Situation dargestellt. Du bist z. B. auf folgende Punkte eingegangen: – Rutgers sich steigernder Zorn über die Weigerung des Schweden, seinen Befehlen nachzukommen – Rutgers Verwirrung und Ärger über die für ihn unverständlichen Äußerungen des Schwedens – Rutgers Zweifel, ob er mit dem Schweden kämpfen sollte, nach dem sich Jakob eingemischt hat – Ruthgers Wut und Überlegenheitsgefühle gegenüber dem Schweden am Ende – ...	16	

3	Du hast den Konflikt spannend dargestellt. Dazu hast du z. B.: – die Atmosphäre entsprechend gestaltet. – die Höhepunkte des Konfliktes spannend erzählt. – anschauliche Beschreibungen und andere spannungserzeugende Mittel eingesetzt. – …	10	
A	**Gesamtpunktzahl**	**58**	

B Darstellungsleistungen

		maximale Punktzahl	erreichte Punktzahl
1	Deine Rechtschreibung, Zeichensetzung und Grammatik sind fehlerfrei.	9	
2	Du erzählst genau, lebendig und abwechslungsreich.	3	
3	Du formulierst syntaktisch angemessen. Dein Satzbau ist sicher und abwechslungsreich.	3	
4	Dein Tagebucheintrag ist durchgehend nachvollziehbar, schlüssig und verständlich.	4	
B	**Gesamtpunktzahl**	**19**	

Gesamtpunktzahl A und B	**77**	

Die Klassenarbeit wird mit der Note

bewertet.

Datum Unterschrift

Zuordnung der Punkte zu den Notenstufen

Note	Punkte
sehr gut	77–67
gut	66–56
befriedigend	55–45
ausreichend	44–35
mangelhaft	34–15
ungenügend	14–0

Bewertungsbogen zur Leistungsüberprüfung/Klassenarbeit

Name:	
Schulhalbjahr/Datum:	
Klasse:	
Fachlehrer/in:	
Thema der Unterrichtsreihe:	Historische Abenteuerromane von Rainer M. Schröder – „Das blinde Fenster zum Gestern aufstoßen“
Thema der Klassenarbeit:	Produktionsorientiertes Schreiben
Aufgabe:	Stell dir vor, zwei Mitsträflinge, die die Auseinandersetzung zwischen Cleo und Abby beobachtet haben, unterhielten sich später über diesen Konflikt. Verfasse ein mögliches Gespräch dieser beiden Frauen. • Lass Sie darüber sprechen, was zwischen Cleo und Abby vorgefallen ist und wie sie den Konflikt zwischen den beiden bewerten.

A Inhaltliche Leistungen

	Du hast einen Dialog zwischen zwei Mitsträflingen, in dem sich die beiden über die Auseinandersetzung zwischen Cleo und Abby unterhalten, entwickelt und aufgeschrieben.	**maximale Punktzahl**	**erreichte Punktzahl**
1	Du bist dabei inhaltlich auf die wichtigsten Punkte der Auseinandersetzung zwischen Cleo und Abby eingegangen, wie z. B., dass ... – Cleo zu Beginn Abbys Bemühungen um Rachel höhnisch kommentiert. – Cleo Abby deutlich zu verstehen gibt, Rachel habe ihrer Meinung keine Chance, die Krankheit und die Überfahrt zu bestehen. – Abby aufgrund der verachtenden Äußerungen Cleos über Rachel Cleo anschreit und dieser ihre Gemeinheit vorwirft. – es fast zu einem Kampf zwischen Abby und Cleo gekommen wäre, was aber durch das Eingreifen von Megan verhindert worden ist. – Cleo sich am Ende, Abby beschimpfend, zurückzieht, weil sie sich nicht sicher ist, ob sie einen Kampf gegen Abby und Megan gewinnen wird.	25	
2	Du hast deutlich gemacht, wie die beiden Mitsträflinge den Konflikt zwischen Cleo und Abby sehen und bewerten. Dabei bist du z. B. auf folgende Punkte eingegangen: – Sie gönnen Cleo die Niederlage und bewundern Abby für ihren Mut. – Rachel tut ihnen leid und sie finden Cleos Verhalten gegenüber Rachel gemein und niederträchtig. – Sie befürchten, dass sich Cleo bei der nächsten Gelegenheit an Abby rächen wird. – Sie beurteilen Abbys Verhalten zugleich als vorbildlich, aber auch als leichtsinnig, weil bisher niemand Cleo gewachsen war.	25	
A	**Gesamtpunktzahl**	**50**	

B Darstellungsleistungen

		maximale Punktzahl	erreichte Punktzahl
1	Deine Rechtschreibung, Zeichensetzung und Grammatik sind fehlerfrei.	10	
2	Du gestaltest den Dialog lebendig und abwechslungsreich.	5	
3	Du formulierst mithilfe entsprechender sprachlicher Mittel wie z. B. Ellipsen oder Ausrufen so, dass die Mündlichkeit der Gesprächssituation deutlich wird.	5	
4	Dein Dialog ist durchgehend nachvollziehbar, schlüssig und verständlich.	5	
B	**Gesamtpunktzahl**	**25**	
Gesamtpunktzahl A und B		**75**	

Die Klassenarbeit wird mit der Note

bewertet.

Datum Unterschrift

Zuordnung der Punkte zu den Notenstufen

Note	Punkte
sehr gut	75–65
gut	64–55
befriedigend	54–44
ausreichend	43–34
mangelhaft	33–14
ungenügend	13–0

Bewertungsbogen zur Leistungsüberprüfung/Klassenarbeit

Name:	
Schulhalbjahr/Datum:	
Klasse:	
Fachlehrer/in:	
Thema der Unterrichtsreihe:	Historische Abenteuerromane von Rainer M. Schröder – „Das blinde Fenster zum Gestern aufstoßen"
Thema der Klassenarbeit:	Produktionsorientiertes Schreiben
Aufgabe:	Was könnte Cleo nach der Auseinandersetzung mit Abby in der Nacht denken und fühlen? Schreibe einen möglichen inneren Monolog von Cleo. • Mache dabei deutlich, wie Cleo den Streit mit Abby erlebt hat und was sie über Rachel und Abby denkt.

A Inhaltliche Leistungen

	Du hast einen inneren Monolog für Cleo nach der Auseinandersetzung mit Abby geschrieben.	**maximale Punktzahl**	**erreichte Punktzahl**
1	Dabei hast du deutlich gemacht, wie Cleo den Streit mit Abby erlebt hat. Du bist in diesem Zusammenhang z. B. auf folgende Punkte eingegangen: – Cleo hält Abbys Bemühungen um Rachel für sinnlos. – Die heftige Reaktion von Abby auf Cleos Bemerkungen über Rachel haben Cleo überrascht und wütend gemacht. – Cleo hätte am liebsten den offenen Kampf mit Abby gesucht und hätte ihn sicher auch gewonnen. – Die Einmischung von Megan und die fehlende Unterstützung der anderen Frauen haben dies verhindert. – Cleo ärgert sich, dass sie klein beigeben musste, und ist deshalb unzufrieden und wütend. – Sie wartet auf eine Gelegenheit, sich an Abby zu rächen. – …	25	
2	Du hast auch deutlich gemacht, was Cleo über Abby und Rachel denkt. Du bist z. B. auf folgende Punkte eingegangen: – Cleo hält Abby für schwach und versteht auch nicht, warum sie sich für Rachel aufopfert. – Die Widerworte Abbys fasst sie als Angriff auf ihre Stellung innerhalb der Häftlinge auf. – Rachel ist in Cleos Augen verloren und wird die Überfahrt nicht überstehen. – Cleo hält sich gegenüber Abby für überlegen und will, dass sich diese ihr unterwirft. – Cleo ärgert sich darüber, dass Megan Abby schützt. Sie sinnt auf Rache und wird versuchen, Abby alleine aufzulauern. – Cleo macht sich auch Sorgen, dass sie ihre Vormachtstellung gegenüber den anderen verliert, wenn sie Abby weiterhin so gewähren lässt. – …	25	
A	**Gesamtpunktzahl**	**50**	

B Darstellungsleistungen

		maximale Punktzahl	erreichte Punktzahl
1	Deine Rechtschreibung, Zeichensetzung und Grammatik sind fehlerfrei.	10	
2	Du erzählst genau, lebendig und abwechslungsreich.	5	
3	Du formulierst syntaktisch angemessen. Dein Satzbau ist sicher und abwechslungsreich.	5	
4	Du formulierst in der Ich-Form und im Präsens. Weiter verdeutlichst du Cleos Gefühle durch entsprechende sprachliche Mittel.	5	
B	**Gesamtpunktzahl**	**25**	
Gesamtpunktzahl A und B		**75**	

Die Klassenarbeit wird mit der Note

bewertet.

Datum Unterschrift

Zuordnung der Punkte zu den Notenstufen

Note	Punkte
sehr gut	75–65
gut	64–55
befriedigend	54–44
ausreichend	43–34
mangelhaft	33–14
ungenügend	13–0

3	Du hast in dem Tagebucheintrag Jakobs Gefühle gegenüber Herschel zum Ausdruck gebracht. Z. B. hast du Folgendes verdeutlicht: – Jakobs Respekt und Dankbarkeit gegenüber Herschel – Jakobs Bewunderung für die Ernsthaftigkeit Herschels in Dingen der Religion und für dessen Geduld sowie Verständnis für die Probleme der anderen – Jakobs Anerkennung Herschels als Rabbi, der für den Zusammenhalt der Siedler in der schwierigen Zeit des Winterlagers sorgt	10	
A	**Gesamtpunktzahl**	**60**	

B Darstellungsleistungen

		maximale Punktzahl	**erreichte Punktzahl**
1	Deine Rechtschreibung, Zeichensetzung und Grammatik sind fehlerfrei.	10	
2	Du erzählst genau, lebendig und abwechslungsreich.	3	
3	Du formulierst syntaktisch angemessen. Dein Satzbau ist sicher und abwechslungsreich.	3	
4	Dein Tagebucheintrag ist durchgehend nachvollziehbar, schlüssig und verständlich.	4	
B	**Gesamtpunktzahl**	**20**	
	Gesamtpunktzahl A und B	**80**	

Die Klassenarbeit wird mit der Note

bewertet.

Datum Unterschrift

Zuordnung der Punkte zu den Notenstufen

Note	**Punkte**
sehr gut	80–70
gut	69–58
befriedigend	57–47
ausreichend	46–36
mangelhaft	35–15
ungenügend	14–0

Bewertungsbogen zur Leistungsüberprüfung/Klassenarbeit

Name:	
Schulhalbjahr/Datum:	
Klasse:	
Fachlehrer/in:	
Thema der Unterrichtsreihe:	Historische Abenteuerromane von Rainer M. Schröder – „Das blinde Fenster zum Gestern aufstoßen“
Thema der Klassenarbeit:	Eine Charakterisierung verfassen
Aufgabe:	Schreibe eine Charakterisierung Herschel Weizmanns. Beende deine Charakterisierung damit, dass du darlegst, was du von Herschel Weizmann hältst.

A Inhaltliche Leistungen

	Du hast eine Charakterisierung der Figur Herschel Weizmanns aus Rainer M. Schröders Jugendbuch „Die wunderbare Reise des Jonathan Blum“ verfasst.	**maximale Punktzahl**	**erreichte Punktzahl**
1	Dabei hast du die äußeren Merkmale der Figur dargelegt. Du hast dazu folgende Punkte angeführt: Herschel Weizmann ... – ist ein einfacher jüdischer Schuster aus Celle. – ist nach Amerika ausgewandert. – befindet sich auf einem Treck mit Jonathan Blum und anderen Siedlern nach Westen. – überwintert mit dem Treck unter harten Bedingungen im Tal des Truckee River.	12	
2	Du hast die wichtigsten typischen Verhaltensweisen, Charaktereigenschaften, Einstellungen und Eigenarten der Figur erfasst. Du hast dazu folgende Punkte angeführt: Herschel Weizmann ... – ist sehr fromm, gläubig und religiös. – hält trotz der schwierigen Bedingungen an den jüdischen Festen, Ritualen und Bräuchen fest. – hält insbesondere am Sabbat als Ruhetag für alle Geschöpfe fest. Deshalb verleiht er auch seine Pferde nicht an einem Sabbat an Captain Jed. – besitzt Geduld und Verständnis für die Sorgen und Nöte der anderen Siedler und glaubt an das Gute im Menschen. – kann fesselnd erzählen und erklärt religiöse Dinge so, dass seine Zuschauer sie auf sich und ihr Leben beziehen können. – redet manchmal rätselhaft, sodass man lange über seine Worte nachdenken muss.	24	

3	Du hast die Beziehungen Herschel Weizmanns zu den anderen Figuren beschrieben. Dabei bist du auf folgende Punkte eingegangen: Herschel Weizmann ... – bildet mit den Schwabachers und Seligmachers eine Art jüdische Gemeinde auf dem Treck und in dem Winterlager. – ist für die anderen eine Art Rabbi, der sie in der schwierigen Situation zusammenhält. – ist für Jonathan zugleich religiöser Lehrer als auch väterlicher Freund.	15	
4	Du hast deine Charakterisierung damit beendet, dass du begründet dargelegt hast, was du von Herschel Weizmann hältst.	9	
A	**Gesamtpunktzahl**	**60**	

B Darstellungsleistungen

		maximale Punktzahl	erreichte Punktzahl
1	Deine Rechtschreibung, Zeichensetzung und Grammatik sind fehlerfrei.	9	
2	Du formulierst genau, sachlich und beachtest das Präsens als Zeitform der Charakterisierung.	3	
3	Du formulierst syntaktisch angemessen. Dein Satzbau ist sicher und abwechslungsreich.	3	
4	Deine Charakterisierung ist durchgehend nachvollziehbar, schlüssig und verständlich.	4	
B	**Gesamtpunktzahl**	**19**	
	Gesamtpunktzahl A und B	**79**	

Die Klassenarbeit wird mit der Note

________________ **bewertet.**

Datum Unterschrift

Zuordnung der Punkte zu den Notenstufen

Note	Punkte
sehr gut	79–70
gut	69–58
befriedigend	57–47
ausreichend	46–36
mangelhaft	35–15
ungenügend	14–0

Bewertungsbogen zur Leistungsüberprüfung/Klassenarbeit

Name:	
Schulhalbjahr/Datum:	
Klasse:	
Fachlehrer/in:	
Thema der Unterrichtsreihe:	Historische Abenteuerromane von Rainer M. Schröder – „Das blinde Fenster zum Gestern aufstoßen“
Thema der Klassenarbeit:	Einen Autor vorstellen
Aufgabe:	Stell dir vor, dass eure Schülerzeitung eine Rubrik „Schriftsteller, die man lesen muss“ besitzt. Verfasse für diese Rubrik eine mögliche Vorstellung des Schriftstellers Rainer M. Schröder. Gehe dabei auf folgende Punkte ein: • Informiere deine Leser über wichtige Ereignisse im Leben des Schriftstellers. • Lege ihnen dar, welche Ziele Rainer M. Schröder als Schriftsteller besitzt. • Verdeutliche deinen Lesern am Beispiel von Romanen, die du kennst, wie Rainer M. Schröder seine Ziele und Vorstellungen als Schriftsteller in seinen Romanen umsetzt. • Beende deine Vorstellung von Rainer M. Schröder damit, dass du kurz dazu Stellung nimmst, was dir an Rainer M. Schröder besonders wichtig ist.

A Inhaltliche Leistungen

	Du hast für die Rubrik „Schriftsteller, die man lesen muss“ einer Schülerzeitung eine Vorstellung des Schriftstellers Rainer M. Schröder verfasst.	**maximale Punktzahl**	**erreichte Punktzahl**
1	Dabei hast du wichtige Ereignisse seines Lebenslaufs dargelegt, z. B. – Rainer M. Schröder wurde 1951 in Ostberlin geboren. – Seine Familie floh kurz vor dem Bau der Berliner Mauer aus der damaligen DDR. – Er schreibt sehr erfolgreich historische Abenteuerromane, die sich über sechs Millionen Mal verkauft haben und für die er viele Preise bekommen hat. – Er reist viel, um für seine Romane zu recherchieren (z. B. durch Amerika oder Ägypten). – Bevor er seit 1976 als freier Schriftsteller tätig ist, hat er eine zweijährige Offiziersausbildung bei der Marine absolviert und danach ein Jurastudium aufgenommen. Das Jurastudium hat er dann abgebrochen, als er als freier Schriftsteller genügend Geld verdient hat. – ...	10	
2	Dabei hast du seine Ziele als Schriftsteller dargelegt, z. B. – Rainer M. Schröder will vor allem gut recherchierte und spannende Bücher schreiben. – Es geht ihm darum, seinen Lesern Werte wie Hoffnung, Liebe und Toleranz zu vermitteln. – Er schreibt historische Romane, um seinen vor allem jugendlichen Lesern zu ermöglichen, die Vergangenheit kennenzulernen, damit sie ihre Gegenwart besser verstehen. – ...	20	

3	Du hast an einzelnen Romanen, die du von Rainer M. Schröder kennst, verdeutlicht, wie er seine Ziele und Vorstellungen als Schriftsteller in seinen Romanen umsetzt. Du hast dies z. B. an folgenden Romanen gezeigt: – Abby Lynn – Verbannt bis ans Ende der Welt (Besiedlung Australiens/ brutale Strafpraxis im England am Anfang des 19. Jahrhunderts/Abbys Menschlichkeit gegen Rachel und ihre Tapferkeit gegenüber Cleo ...) – Das Geheimnis der weißen Mönche (Inquisition im 16./17. Jahrhundert/ Kritik an Folter und Herrschaftspraxis der katholischen Kirche ...) – Die wundersame Weltreise des Jonathan Blum (Besiedlung des Westens Amerikas im 19. Jahrhundert/Herschel als Vorbild für ein mitmenschliches, ernsthaftes und tolerantes Leben der eigenen Religion ...) – ...	15	
4	Du hast deine Autorenvorstellung mit einer kurzen Stellungnahme dazu beendet, was dir an dem Schriftsteller Rainer M. Schröder besonders wichtig ist.	5	
A	**Gesamtpunktzahl**	**50**	

B Darstellungsleistungen

		maximale Punktzahl	erreichte Punktzahl
1	Deine Rechtschreibung, Zeichensetzung und Grammatik sind fehlerfrei.	8	
2	Du formulierst genau, angemessen und abwechslungsreich.	3	
3	Du formulierst syntaktisch angemessen. Dein Satzbau ist sicher und abwechslungsreich.	2	
4	Deine Autorenvorstellung ist durchgehend nachvollziehbar, schlüssig und verständlich.	3	
B	**Gesamtpunktzahl**	**16**	
	Gesamtpunktzahl A und B	**66**	

Die Klassenarbeit wird mit der Note

bewertet.

Datum Unterschrift

Zuordnung der Punkte zu den Notenstufen

Note	Punkte
sehr gut	66–57
gut	56–48
befriedigend	47–39
ausreichend	38–30
mangelhaft	29–13
ungenügend	12–0

Das Lernen lernen: Umgang mit Sachtexten – Personen und Persönlichkeiten (S. 130–149)

Vorüberlegungen zur Einheit

Mit Sachtexten werden die Schülerinnen und Schüler nicht nur im Unterricht fast aller Fächer, sondern auch außerhalb der Schule häufig konfrontiert: bei der Nutzung rein funktionaler Texte wie Gebrauchsanweisungen oder Spielanleitungen, bei der Lektüre von Zeitungen oder Zeitschriften, beim Informieren über für sie interessante Themen usw. Dabei erfordert vor allem der Umgang mit dem Internet die Fähigkeit, auch eine größere Textmenge innerhalb möglichst kurzer Zeit zu überblicken und aus der Überfülle an Informationen diejenigen zu ermitteln, die für das jeweilige Thema auch wirklich relevant sind. In dieser Unterrichtseinheit sollen den Schülerinnen und Schülern unterschiedliche Methoden vermittelt werden, mit deren Hilfe sie Sachtexte erschließen und ihnen gezielt Informationen entnehmen können, um sie dann zu systematisieren und weiter zu verarbeiten, z. B. in Form von Präsentationen. Dabei wird eine möglichst große Methodenkompetenz der Schüler in diesem Bereich angestrebt, die sie allmählich dazu befähigen soll, jeweils angemessene Verfahren des Umgangs mit Sachtexten zunehmend selbstständiger auszuwählen und anzuwenden. Inhaltlich eingebettet ist das Erlernen dieser Methoden der Sachtextanalyse in das Thema „Personen und Persönlichkeiten", wobei sich die einzelnen Unterkapitel schwerpunktmäßig mit ausgewählten aktuellen und historischen Persönlichkeiten befassen: Wolfgang Amadeus Mozart, Marie Curie, Leonardo da Vinci, Malala Yousafzai. Dabei wurden solche männlichen und weiblichen Persönlichkeiten ausgewählt, die unterschiedliche Interessen der Schülerinnen und Schüler ansprechen, etwa Musik, Wissenschaft, Kunst, Politik usw.

Folgende Kompetenzen werden in dieser Einheit geschult:

- die gezielte Informationsentnahme aus Sachtexten mithilfe verschiedener Methoden,
- das Erkennen und Markieren zentraler Informationen,
- das Gliedern eines Textes als Verständnishilfe,
- die Veranschaulichung eines Textes durch Illustrationen,
- die systematische Auswertung des Inhalts von Sachtexten mithilfe von Tabellen und Schaubildern,
- die sprachliche Reduzierung eines Textes auf wenige prägnante Formulierungen,
- das Halten eines Kurzvortrags,
- das Anlegen eines schriftlichen Portraits über eine Persönlichkeit,
- das materialgestützte Verfassen eines Sachtextes,
- die Fähigkeit, selbstständig geeignete Methoden der Sachtextanalyse zu wählen.

Als Einführung in die Einheit ist es naheliegend, das Vorwissen der Schülerinnen und Schüler über die auf der Auftaktdoppelseite abgebildeten Personen zu aktivieren (Aufgabe 1, S. 131). Ebenso sollte den Lernenden Gelegenheit gegeben werden, eigene Interessen und Einschätzungen von in ihren Augen besonderen Persönlichkeiten zu artikulieren, wobei sich die Ausführungen nicht zwingend auf bekannte Personen beziehen müssen

(Aufgabe 3). In diesem Kontext kann auch auf den Unterschied zwischen Person und Persönlichkeit eingegangen werden (Aufgabe 2): Die Persönlichkeit ist das, was für eine Person das Charakteristische, Einmalige und Besondere ausmacht und was sie von anderen Personen unterscheidet. Wenn man bei einer Person von Persönlichkeit spricht, so ist dies als Ausdruck der Anerkennung und des Respekts zu verstehen. Eine Persönlichkeit ist also mehr als „nur“ eine Person. Eine attraktive Methode, das Vorwissen der Schülerinnen und Schüler in möglichst großer thematischer Breite zu aktivieren, besteht darin, zunächst alle in Kleingruppen Gedanken auf einem DIN-A3-Blatt in Form eines stummen Schreibgesprächs zum Thema „Personen und Persönlichkeiten“ oder zu einzelnen Persönlichkeiten (z. B. Wolfgang Amadeus Mozart, Marie Curie, Leonardo da Vinci, Malala Yousafzai) formulieren zu lassen. Nach mehreren Durchgängen können dann einzelne Ergebnisse der Klasse präsentiert werden.

Didaktische Aufbereitung der Unterkapitel

1. Wolfgang Amadeus Mozart – Einen Überblick über die wichtigsten Informationen eines Sachtextes gewinnen (S. 132–135)

Aufgaben 1 und 2 S. 132

Die Aufgaben dienen zunächst einer Aktivierung von möglichem Vorwissen und einer inhaltlichen Einstimmung auf den folgenden Sachtext. Die selbst formulierten Fragen können auch als Leitfaden für die Lektüre des Textes dienen.

Helmut Brasse: Wolfgang Amadeus Mozart – Kinderstar und Musikgenie (S. 132–134)

Aufgabe 3 S. 132

Nach dem ersten Lesen tauschen sich die Schülerinnen und Schüler in Partnerarbeit über den Text aus. So können mögliche Verständnisprobleme gemeinsam geklärt werden. Zudem erfahren die Lernenden auf diese Weise, dass anders als bei einem literarischen Text ein Sachtext aufgrund des vielfach informierenden Charakters Antworten auf mögliche Fragen zu einem in der Wirklichkeit vorfindbaren Phänomen gibt.

Aufgabe 4 S. 135

Gerade bei längeren und komplexeren (Sach-)Texten ist es sinnvoll, sich einen Überblick zu verschaffen, indem man ihn gliedert und den Inhalt der einzelnen Textteile durch Überschriften zusammenfasst. Folgende Zuordnungen stellen eine sinnvolle Lösung, die an der **Tafel** festgehalten werden kann, dar:

Wolfgang Amadeus Mozart – Kinderstar und Musikgenie – Textgliederung

Zeilen	Überschrift
1–29	Der Kinderstar
30–52	Der Komponist
53–92	Der Mensch
93–137	Die Karriere
138–153	Das Werk

TAFELBILD

Aufgabe 5
S. 135

Häufig helfen auch die Abbildungen zu einem Text, den Inhalt zu erfassen und zu verstehen. Diese Einsicht wird mithilfe der Aufgabe gefördert. Folgende Text-Bild-Zuordnungen sind möglich:

- „Der junge Mozart in Frankreich" – „Der Kinderstar": „Er hatte auch eine sehr freundliche Art, mit welcher er die Herzen der vielfach adligen Zuschauer eroberte." (Z. 27 ff.)
- „Originalnoten aus Mozarts ‚Idomeneo'" – „Der Komponist": „Seinen großen Durchbruch als Komponist erlebte Mozart mit der Oper ‚Idomeneo'" (Z. 46 f.)
- „Szene aus der Oper ‚Così fan tutte'" – „Das Werk": „Unter seinem Gesamtwerk befinden sich auch 15 Bühnenwerke bzw. Opern" (Z. 149 f.)

Aufgabe 6
S. 135

Die Schülerinnen und Schüler sollen hier zentrale Begriffe heraussuchen, die den Informationsbereich eines Textabschnittes kennzeichnen. Das schult ihre Fähigkeit, aus komplexen Informationen das Wesentliche herauszufiltern, und hilft dabei, den Inhalt von Textabschnitten sprachlich präzise zusammenzufassen. Folgende Begriffe können z. B. genannt und in die Tabelle oben (s. **Tafelbild**) integriert werden:

Wolfgang Amadeus Mozart – Kinderstar und Musikgenie – Textgliederung

Zeilen	Überschrift	zentraler Begriff
1–29	Der Kinderstar	„Wunderkinder" (Z. 24–25)
30–52	Der Komponist	„Berufsmusiker" (Z. 36), „Komponist" (Z. 46 u. a.)
53–92	Der Mensch	„Frauenschwarm" (Z. 53), „freundliche und rücksichtsvolle Art" (Z. 62–63)
93–137	Die Karriere	„Festanstellung" (Z. 122), „Popularität" (Z. 131)
138–153	Das Werk	„Gesamtwerk" (Z. 138 u. a.)

TAFELBILD

Aufgabe 7
S. 135

Die Schülerinnen und Schüler legen hier eine Art Stichwortzettel an, welcher den Inhalt des Sachtextes strukturiert zusammenfasst (alternativ ist auch die Darstellung als Mindmap denkbar, wenn die Schülerinnen und Schüler bereits über entsprechende methodische Kenntnisse verfügen). Wichtig ist, dass die Lernenden sich beim Anlegen der Übersicht tatsächlich auf die wesentlichen Informationen beschränken. Möglich ist hier auch eine arbeitsteilige Partnerarbeit, bei der die Schüler die Informationen der einzelnen Abschnitte mithilfe ihrer Stichwortzettel einander vortragen (vgl. dazu auch Aufgabe 9a). Ein Stichwortzettel kann z. B. wie folgt aussehen:

Helmut Brasse: Wolfgang Amadeus Mozart – Kinderstar und Musikgenie

Der Kinderstar

- musikbegeisterte Familie → Schwester Marie Anna; Vater als Talentförderer
- außergewöhnliches Talent zeigt sich früh → mit vier Jahren am Klavier; mit fünf Jahren erste eigene Stücke und Auftritte
- zahlreiche Konzertreisen in Europa
- Entwicklung zum „Star" → freundliche Art des Umgangs mit Zuhörern

Der Komponist

- erster Auftrag mit zwölf Jahren → Wien: Oper

- unberechtigte Kritik und Sabotagen → Neid vonseiten anderer Komponisten
- Durchbruch: Oper „Idomeneo“ (1781)

Der Mensch
- Ruf als „Frauenschwarm“ wohl unberechtigt
- Gutgläubigkeit/Gutmütigkeit → Ausnutzung durch Mitmenschen
- Humor, Wortspielereien
- wenig Respekt vor Obrigkeiten
- Billard, „Bölzschießen“
- Bescheidenheit

Die Karriere
- Parallelen zum heutigen Musikgeschäft
  → lang andauernde Tourneen
  → Verkauf seiner Stücke; Raubkopien
  → wenige Festanstellungen → Wunsch nach künstlerischer Freiheit
- Geld durch Auftritte, Kompositionsaufträge, Klavierunterricht
- populär vor allem in Prag

Das Werk
- Gesamtwerk: rund 1600 Titel
- „Mozart-Verzeichnis“ (19. Jhd. von Ludwig Ritter von Köchel)
- Werke zum Teil ohne richtigen Titel
- 15 Bühnenwerke bzw. Opern

Aufgabe 8
S. 135

Folgende Zuordnungen können getroffen und ggf. an der **Tafel** oder auf **Folie** festgehalten werden:

Wolfgang Amadeus Mozart – Lebensdaten

27.1.1756	Wolfgang Amadeus Mozart wird in Salzburg (Österreich) geboren	→	Der Kinderstar/das Leben
1769	Konzertmeister in Salzburg	→	Die Karriere
1786	Uraufführung von „Die Hochzeit des Figaro“	→	Die Karriere/das Werk
1787	Uraufführung von „Don Giovanni“	→	Die Karriere/das Werk
1791	Uraufführung von „Die Zauberflöte“	→	Die Karriere/das Werk
5.12.1791	Wolfgang Amadeus Mozart stirbt in Wien	→	Das Leben

TAFELBILD

Aufgabe 9
S. 135

Die Schülerinnen und Schüler üben das Halten von Kurzvorträgen mithilfe ihrer Stichwortzettel. Dies schult nicht nur das Sprechen vor anderen, sondern animiert auch dazu, sich bei der Präsentation der Informationen aus dem Sachtext auf das Wichtigste zu beschränken.

→WB

2. Marie Curie – Den Aufbau eines Sachtextes erkennen (S. 136–138)

Marie Curie – Die erste Nobelpreisträgerin für Physik und Chemie (S. 136–137)

Aufgaben 1 und 2 S. 138

Bei diesen Aufgaben soll die Fähigkeit geschult werden, einen Text möglichst genau zu lesen und dabei auch auf bestimmte Signalwörter zu achten, die Textkohärenz herstellen und mit deren Hilfe sich die Textstruktur erkennen lässt.

Marie Curie – Textaufbau und Signalwörter

1. Abschnitt B: Kindheit und Schulzeit (Signalwörter: „Schon bald nach ihrer Geburt“)
2. Abschnitt A: Studium und Hochzeit (Signalwörter: „Acht Jahre später“; „ebenfalls“)
3. Abschnitt D: Wissenschaftlicher Werdegang und Nobelpreis (Signalwort: „Da sie kein Laboratorium besitzen“ → Personalpronomen „sie“ bezieht sich auf das „Ehepaar“ bzw. auf die Ehepartner aus dem vorherigen Abschnitt.
4. Abschnitt C: Tod von Pierre Curie (Signalwort: „Doch“)
5. Abschnitt F: Zweiter Nobelpreis und Gründung des Radium-Instituts (Signalwörter: „5 Jahre nach dem Tod ihres Mannes“; „den zweiten Nobelpreis“)
6. Abschnitt E: Forschung am Radium-Institut und Tod (Signalwort: „Nach Ende des Krieges“)

Aufgabe 3 S. 138

Da die Auswertung des Textes in tabellarischer Form nicht ganz einfach ist, bietet es sich bei schwächeren Lerngruppen an, eine mögliche Gliederung der Tabelle zumindest vorzuschlagen. Die Bearbeitung der Aufgabe ist auch gut in Partner- oder Gruppenarbeit möglich, deren Ergebnisse dann z. B. auf Plakaten oder Folien präsentiert werden können. Ein Nachteil der tabellarischen Auswertung besteht darin, dass (im Gegensatz zur „Spickzettel“-Methode) nicht immer alle zentralen Aspekte berücksichtigt werden. Daher bietet es sich an, zum Abschluss der Einheit mit den Schülerinnen und Schülern über Vor- und Nachteile der einzelnen Methoden des Umgangs mit Sachtexten zu diskutieren (am besten im Zusammenhang mit dem Werkzeugkasten auf S. 148).

Marie Curie – Die erste Nobelpreisträgerin für Physik und Chemie

Jahr	Ort	Werdegang in der Wissenschaft	Persönliche Lebensstationen, Familie
7.11.1867	Warschau (Polen)	• Kindheit: frühes Interesse an Wissenschaft, herausragende Intelligenz	• Geburt als Marie Sklodowska
1883	Warschau	• Abschluss am Gymnasium mit Auszeichnung	• Arbeit als Erzieherin, um Schwester das Studium zu finanzieren
ab 1891	Paris (Frankreich)	• Studium der Mathematik und Physik an der Sorbonne	
1894/95	Paris		• Kennenlernen von und spätere Heirat mit Pierre Curie

ab 1895	Paris	• Forschung unter widrigen Bedingungen • Arbeit an Promotionsschrift • 1898: Isolation des bis dato unbekannten Elements Radium	• ständige Geldnot und Doppelbelastung
1897	Paris		• Geburt der ersten Tochter Irene
1903	Paris/Stockholm	• erste Auszeichnung mit dem Nobelpreis für Physik	
1904	Paris		• Geburt der zweiten Tochter Eve
1906		• hält nach dem Tod ihres Mannes als erste Professorin Vorlesungen an der Sorbonne	• Tod ihres Ehemanns
ab 1911	Paris/Stockholm	• zweite Auszeichnung mit dem Nobelpreis für Physik • Einrichtung und Leitung des Radium-Instituts • Entwicklung einer mobilen Röntgen-Station für den Einsatz im Kriegsgebiet (Erster Weltkrieg)	
ab 1918	Paris	• gemeinsame Forschung mit ihrer Tochter Irene über radioaktive Elemente am Radium-Institut	
Juni 1934	Paris		Tod durch Blutarmut als Folge der radioaktiven Strahlung

Aufgabe 4
S. 138

Der Sachtext listet die Lebensstationen Marie Curies in chronologischer Reihenfolge auf und geht dabei sowohl auf die persönliche, familiäre Entwicklung als auch ihren wissenschaftlichen Werdegang ein. Daher eignet sich z. B. ein Zeitstrahl (vgl. Tabelle oben) als grafische Form der Visualisierung des Textes.

Aufgabe 5
S. 138

Die Schülerinnen und Schüler erhalten hier weitere Anregungen, um sich in differenzierter Art und Weise mit dem Leben Marie Curies auseinanderzusetzen. Die Aufgabe regt darüber hinaus dazu an, materialgestützt selbst einen Sachtext zu verfassen, der sich primär auf die Persönlichkeit im Sinne von zentralen Charaktereigenschaften und Fähigkeiten Marie Curies richtet.

Arbeitsblatt 1, S. 168 f. kann an dieser Stelle eingesetzt werden, um die Strukturierung eines Sachtextes differenzierend zu üben, wenn dieses Material nicht als Klassenarbeit Verwendung finden soll. Die dort angehängten Abbildungen können zu diesem Zweck auch weggelassen werden.

3. Leonardo da Vinci – Mehreren Sachtexten und Abbildungen zu einem Thema Informationen entnehmen und diese ordnen (S. 139–145)

Aufgabe 1
S. 143

Die Abbildungen illustrieren unterschiedliche Tätigkeitsbereiche (z. B. Maler, Mechaniker, Ingenieur ...) und Lebensstationen/Aussehen (Selbstporträt als älterer Mann und Tod) sowie Werke (z. B. „Mona Lisa“) des Universalgenies Leonardo da Vinci. Im Sinne einer Vorentlastung der Sachtexte können die Schülerinnen und Schüler mithilfe der Abbildungen mögliches Vorwissen aktivieren. Nach dem ersten Lesen können auch Bezüge zwischen den Texten und Bildern hergestellt werden.

Aufgaben 2 und 3
S. 143

Hier können die Schülerinnen und Schüler in eher spielerischer Form gegenseitig ihre Textkenntnis überprüfen. Durch das Gespräch über einzelne Aspekte des Inhalts prägen sich diese besonders dauerhaft ein. Natürlich kann sich auch die Lehrperson Fragen überlegen und mit der Klasse eine Art Quiz veranstalten. Auch an dieser Stelle wird wiederum deutlich, dass anders als bei einem literarischen Text ein Sachtext aufgrund des vielfach informierenden Charakters Antworten auf mögliche Fragen zu einem in der Wirklichkeit vorfindbaren Phänomen gibt.

Aufgaben 4 bis 6
S. 143

Die Schülerinnen und Schüler erstellen sukzessive eine Mindmap. Dazu entnehmen sie den Texten zunächst die wichtigsten Informationen, strukturieren diese und ordnen sie entsprechenden Oberbegriffen zu. Im Anschluss erfolgt dann die grafische Anordnung in einer Mindmap. Dabei können die Schüler mit dem Werkzeugkasten auf S. 144 arbeiten. In schwächeren Lerngruppen bietet es sich an, die Struktur der Mindmap bzw. die „Astbegriffe“ (Kindheit, bedeutende Erfindungen, Charaktermerkmale, Lebensdaten ...) vorzugeben.

Vorschlag für eine **Mindmap**:

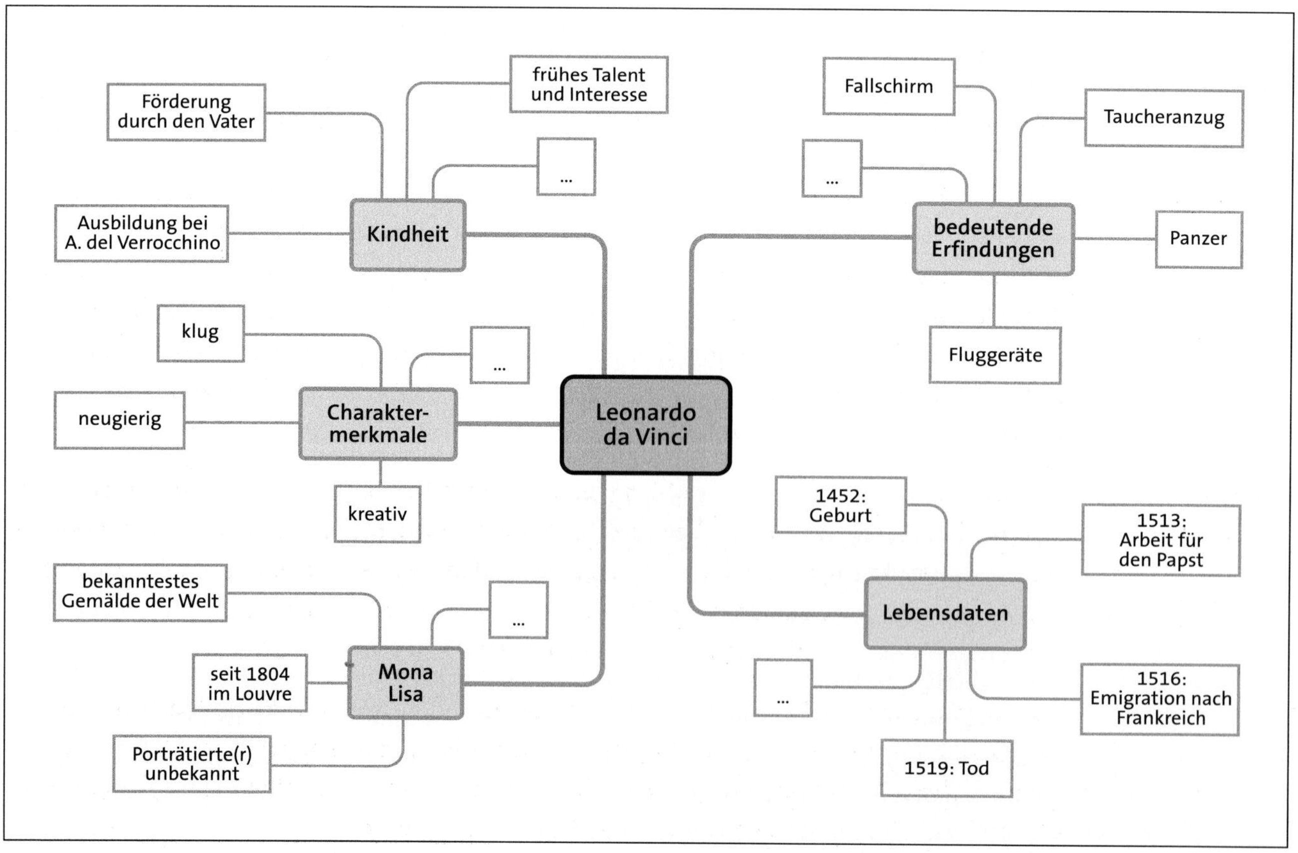

Aufgabe 7
S. 144

Die Schülerinnen und Schüler sollen hier mit der von ihnen angefertigten Mindmap weiterarbeiten, indem sie diese als Basis für einen Kurzvortrag nutzen (Aufgabe a), sie als Planungshilfe für das materialgestützte Verfassen eines eigenen Sachtextes verwenden (Aufgabe b) oder aus ihr ein informatives Plakat gestalten (Aufgabe c).

Arbeitsblatt 1, S. 168 f. kann an dieser Stelle eingesetzt werden, um die Strukturierung eines Sachtextes und die Zuordnung von Abbildungen differenzierend zu üben, wenn dieses Material nicht als Klassenarbeit Verwendung finden soll.

4. Malala Yousafzai – Methoden des Umgangs mit Sachtexten selbstständig anwenden (S. 146–149)

Aufgabe 1
S. 147

Malala Yousafzai dürfte vielen Schülerinnen und Schülern aus den Medien bekannt sein. Ihr Einsatz für die Rechte von Mädchen, für Bildung und Gewaltfreiheit zeichnen sie als besondere Persönlichkeit aus. 2014 erhielt sie den Friedensnobelpreis.

Aufgabe 2
S. 147

Dieser Text kann zusammen mit der Rede mit allen Methoden bearbeitet werden, die im Werkzeugkasten auf S. 148 genannt werden. Da der Sachtext eine klare und leicht erkennbare Struktur besitzt, bietet sich zunächst eine gemeinsame Gliederung an, um einen Überblick über den Textinhalt zu gewinnen.

Malala Yousafzai – Ein Leben für die Rechte der Mädchen – Textgliederung

Zeilen	Überschrift
1–7	Geburt und Kindheit; fortschrittliche Erziehung
8–21	Machtübernahme der Taliban und die Auswirkungen auf Malalas Leben
22–37	Malalas Arbeit als Bloggerin
38–57	Attentat der Taliban und die internationalen Reaktionen

TAFELBILD

Um die zunehmende Selbstständigkeit der Schülerinnen und Schüler im Umgang mit Sachtexten zu fördern, sollten sie anschließend selbst die Methoden wählen, mit deren Hilfe sie diesen Text weitergehend erschließen. Interessant sein könnte auch eine Methodenreflexion nach der Bearbeitung des Textes, also die Thematisierung der Frage, welche Methoden die Schülerinnen und Schüler als besonders geeignet empfunden haben. In diesem Fall sollte die Lehrperson im Vorfeld darauf achten, dass auch wirklich mehrere verschiedene Methoden von den Lernenden gewählt werden.

Aufgabe 4
S. 149

Die Schülerinnen und Schüler wählen hier selbst eine Persönlichkeit (bekannt, unbekannt, historisch, aktuell) aus und stellen diese schriftlich und/oder mündlich vor. Dabei können sie auf die Werkzeugkästen auf S. 144 f. zurückgreifen. Bei der Recherche zur Aufgabe b) arbeiten sie mit unterschiedlichen Sachtexten und erhalten so die Möglichkeit, die im vorliegenden Kapitel erlernten Methoden anzuwenden und zu vertiefen.

Das folgende Material zu Albert Schweitzer (**Arbeitsblätter 1 und 2, S. 168 f. u. S. 173 f.**) kann als Übungsmaterial eingesetzt werden (s. o.). Es eignet sich jedoch auch für eine Klassenarbeit. Diesbezüglich sind je nach Leistungsstärke der jeweiligen Lerngruppe zwei unterschiedliche Vorschläge (Bewertungsbögen) angehängt.

Zu einem Sachtext die richtige Reihenfolge der Abschnitte ermitteln, Abbildungen zuordnen und ein Kurzporträt erstellen

Albert Schweitzer, der Arzt von Lambaréné

„Albert Schweitzer – Ein Leben für Afrika". So heißt ein Spielfilm, der Weihnachten 2009 in die deutschen Kinos kam. Doch wer ist dieser Albert Schweitzer eigentlich?

☐ ____________________

Albert Schweitzer starb am 4. September 1965 in seinem Tropenkrankenhaus in Gabun. Für die Nachwelt hinterließ er vor allem seine Lebensphilosophie, die auch in heutigen Zeiten, da immer mehr Arten vom Aussterben bedroht sind, aktuell ist. Das Urwaldhospital existiert immer noch und beherbergt mehrere Stationen sowie ein Malaria-Forschungszentrum.

☐ ____________________

Das Urwaldspital lag damals in einer französischen Kolonie. Als 1914 der Erste Weltkrieg ausbrach, wurden Albert Schweitzer und seine Frau von den Franzosen unter Arrest gestellt, weil sie Deutsche waren. Schließlich wurden sie in Frankreich inhaftiert. Nach dem Krieg erhielt er die französische Staatsbürgerschaft. Schweitzer musste als Krankenhausarzt arbeiten und Orgelkonzerte geben, um seine Schulden zu bezahlen, ehe er genug für die Rückkehr nach Gabun gespart hatte.

☐ ____________________

Doch je mehr er sich mit der Philosophie beschäftigte, umso mehr wuchs in ihm der Wunsch nach einer anderen Tätigkeit. 1905 begann er mit Sondergenehmigung ein Medizinstudium in Lüttich (Belgien), das er 1913 mit Doktor- und Professorentitel beendete. Somit war Albert Schweitzer in insgesamt vier Fachbereichen tätig und anerkannt.

☐ ____________________

Albert Schweitzer wurde am 14. Januar 1875 in Kaysersburg im heutigen Frankreich geboren. Damals gehörte das Dorf im Elsass jedoch zum Deutschen Kaiserreich. Der junge Albert lernte hier gleichermaßen Deutsch und Französisch und begann nach seinem Abitur in Straßburg Philosophie sowie evangelische Theologie zu studieren. Daneben studierte er in Paris Orgel. Sowohl in Philosophie als auch in Theologie machte er seine Doktorarbeit und brachte es 1902 sogar zum Dozent an der Universität Straßburg. Schon jetzt galt er als Fachmann in diesen Themenbereichen, ebenso wie an der Orgel.

☐ ____________________

Als Arzt konnte sich Schweitzer nun endlich seinen Traum erfüllen, als Missionsarzt in Afrika tätig zu werden. So eröffnete er 1913 in Lambaréné im heutigen Gabun an der afrikanischen Westküste sein berühmtes Urwaldhospital. Dort half er den Menschen mit medizinischer Versorgung, die sie anders kaum bekommen hätten, und rettete so unzählige Leben.

☐ ______________________________

Sein philosophisches Denken, das sich in seiner Arbeit in Lambaréné und in seinem Einsatz für den Frieden niederschlug, lässt sich auch an seinen Vorträgen über die „Ehrfurcht vor dem Leben“ erklären. Es basiert auf dem Grundsatz: „Ich bin Leben, das leben will, inmitten von Leben, das leben will.“ Schweitzer wollte, dass sich ein jeder bewusst wird, dass seine Mitmenschen, wie auch jedes Tier auf Erden, das gleiche Lebensbedürfnis haben wie er selbst. Deshalb dürfe man keinem Lebewesen Leid zufügen. Daraus folgert er, dass der Mensch keinen Krieg führen und außerdem vor Tieren ebenso viel Achtung haben sollte wie vor sich selbst.

☐ ______________________________

1924 kehrte Albert Schweitzer nach Lambaréné zurück und baute dort sein Hospital aus. In den folgenden Jahren beschränkte sich sein Engagement nicht nur auf Afrika. Schon 1932 warnte er vor dem aufkommenden Nationalsozialismus in Deutschland. Außerdem rief er immer wieder zum Frieden auf. Zusammen mit Albert Einstein setzte er sich gegen Atomwaffen ein, da er wusste, wie unmenschlich und zerstörerisch sie waren. 1952 wurde ihm der Friedensnobelpreis verliehen.

(http://www.wasistwas.de/wissenschaft/die-themen/artikel/link//8806440d76/article/wer-war-albert-schweitzer.html [Aufruf: 1.08.2014])

Abb. 1: Das Wohnhaus von Albert Schweitzer in Kaysersberg im Elsass ist heute ein Museum.

Abb. 2: Albert Schweitzer hatte in drei Fachgebieten einen Doktortitel, war Dozent und sogar Professor.

Abb. 3: Orgelkonzerte halfen Albert Schweitzer nach dem Krieg, wieder Fuß zu fassen. Diese Orgel in Straßburg wurde von ihm entworfen.

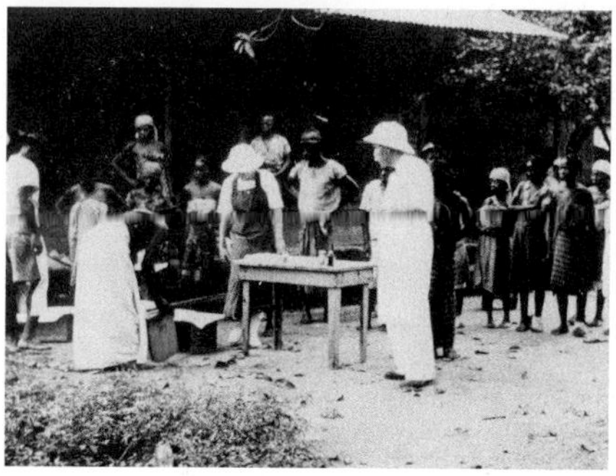

Abb. 4: Albert Schweitzer nach seiner Rückkehr nach Gabun.

1 Bei dem Sachtext sind die einzelnen Abschnitte vertauscht. Stelle die richtige Reihenfolge wieder her. Achte dabei auf Signalwörter und Wortgruppen, die z. B. auf einen zeitlichen Ablauf verweisen oder auf andere Art die Abschnitte miteinander verknüpfen. Unterstreiche diese Signalwörter und Wortgruppen.

2 Fasse die Abschnitte jeweils mit einer aussagekräftigen Überschrift zusammen.

3 Ordne die Abbildungen den passenden Textabschnitten zu.

4 Verfasse einen kurzen Sachtext (ca. 10–15 Zeilen), in dem du darüber informierst, was Albert Schweitzer zu einer Persönlichkeit gemacht hat. Was war das Besondere an ihm?

Zu einem Sachtext die richtige Reihenfolge der Abschnitte ermitteln, Abbildungen zuordnen und ein Kurzporträt erstellen

Albert Schweitzer, der Arzt von Lambaréné

„Albert Schweitzer – Ein Leben für Afrika". So heißt ein Spielfilm, der Weihnachten 2009 in die deutschen Kinos kam. Doch wer ist dieser Albert Schweitzer eigentlich?

Albert Schweitzer wurde am 14. Januar 1875 in Kaysersberg im heutigen Frankreich geboren. Damals gehörte das Dorf im Elsass jedoch zum Deutschen Kaiserreich. Der junge Albert lernte hier gleichermaßen Deutsch und Französisch und begann nach seinem Abitur in Straßburg Philosophie sowie evangelische Theologie zu studieren. Daneben studierte er in Paris Orgel. Sowohl in Philosophie als auch in Theologie machte er seine Doktorarbeit und brachte es 1902 sogar zum Dozent an der Universität Straßburg. Schon jetzt galt er als Fachmann in diesen Themenbereichen, ebenso wie an der Orgel. Doch je mehr er sich mit der Philosophie beschäftigte, umso mehr wuchs in ihm der Wunsch nach einer anderen Tätigkeit. 1905 begann er mit Sondergenehmigung ein Medizinstudium in Lüttich (Belgien), das er 1913 mit Doktor- und Professorentitel beendete. Somit war Albert Schweitzer in insgesamt vier Fachbereichen tätig und anerkannt.

Als Arzt konnte sich Schweitzer nun endlich seinen Traum erfüllen, als Missionsarzt in Afrika tätig zu werden. So eröffnete er 1913 in Lambaréné im heutigen Gabun an der afrikanischen Westküste sein berühmtes Urwaldhospital. Dort half er den Menschen mit medizinischer Versorgung, die sie anders kaum bekommen hätten, und rettete so unzählige Leben.

Das Urwaldspital lag damals in einer französischen Kolonie. Als 1914 der Erste Weltkrieg ausbrach, wurden Albert Schweitzer und seine Frau von den Franzosen unter Arrest gestellt, weil sie Deutsche waren. Schließlich wurden sie in Frankreich inhaftiert. Nach dem Krieg erhielt er die französische Staatsbürgerschaft. Schweitzer musste als Krankenhausarzt arbeiten und Orgelkonzerte geben, um seine Schulden zu bezahlen, ehe er genug für die Rückkehr nach Gabun gespart hatte.

1924 kehrte Albert Schweitzer nach Lambaréné zurück und baute dort sein Hospital aus. In den folgenden Jahren beschränkte sich sein Engagement nicht nur auf Afrika. Schon 1932 warnte er vor dem aufkommenden Nationalsozialismus in Deutschland. Außerdem rief er immer wieder zum Frieden auf. Zusammen mit Albert Einstein setzte er sich gegen Atomwaffen ein, da er wusste, wie unmenschlich und zerstörerisch sie waren. 1952 wurde ihm der Friedensnobelpreis verliehen.

Sein philosophisches Denken, das sich in seiner Arbeit in Lambaréné und in seinem Einsatz für den Frieden niederschlug, lässt sich auch an seinen Vorträgen über die „Ehrfurcht vor dem Leben" erklären. Es basiert auf dem Grundsatz: „Ich bin Leben, das leben will, inmitten von Leben, das leben will." Schweitzer wollte, dass sich ein jeder bewusst wird, dass seine Mitmenschen, wie auch jedes Tier auf Erden, das gleiche Lebensbedürfnis haben wie er selbst. Deshalb dürfe man keinem Lebewesen Leid zufügen.

Daraus folgert er, dass der Mensch keinen Krieg führen und außerdem vor Tieren ebenso viel Achtung haben sollte wie vor sich selbst.

Albert Schweitzer starb am 4. September 1965 in seinem Tropenkrankenhaus in Gabun. Für die Nachwelt hinterließ er vor allem seine Lebensphilosophie, die auch in heutigen Zeiten, da immer mehr Arten vom Aussterben bedroht sind, aktuell ist. Das Urwaldhospital existiert immer noch und beherbergt mehrere Stationen sowie ein Malaria-Forschungszentrum.

(http://www.wasistwas.de/wissenschaft/die-themen/artikel/link//8806440d76/article/wer-war-albert-schweitzer.html [Aufruf: 1.08.2014])

Aufgabe 1

Reihenfolge 7, 4, 2, 1, 3, 6, 5

Aufgaben 2 und 3

Abschnitt	Überschrift	Abbildung
1	Vielseitige Interessen	1, 2
2	Anerkennung in vier Fachbereichen	2
3	Eröffnung des Urwaldkrankenhauses in Lambaréné	
4	Probleme während des Ersten Weltkrieges in Frankreich	3
5	Rückkehr nach Lambaréné und Engagement für den Frieden	4
6	Schweitzers philosophisches Denken	
7	Das Erbe Albert Schweitzers	

Aufgabe 4

Erwartet wird, dass in diesem Text z. B. Albert Schweitzers soziales Engagement, welches sich in der Krankenhausgründung niederschlug, aber auch sein Engagement für den Frieden und seine vielfältigen Begabungen und Interessen beschrieben werden.

Bewertungsbogen zur Leistungsüberprüfung/Klassenarbeit

Name:	
Schulhalbjahr/Datum:	
Klasse:	
Fachlehrer/in:	
Thema der Unterrichtsreihe:	Umgang mit Sachtexten – Personen und Persönlichkeiten
Thema der Klassenarbeit:	Zu einem Sachtext die richtige Reihenfolge der Abschnitte ermitteln, Abbildungen zuordnen und ein Kurzporträt erstellen
Aufgaben:	s. Arbeitsblatt 1

A Inhaltliche Leistungen

	Die Schülerin/der Schüler	maximale Punktzahl	erreichte Punktzahl
1	ordnet die Abschnitte in die richtige Reihenfolge.	7	
2	unterstreicht entsprechende Signalwörter und Wortgruppen, die den Zusammenhang der Abschnitte deutlich machen.	7	
3	formuliert aussagekräftige Überschriften zu den Textabschnitten.	7	
4	ordnet die Abbildungen den passenden Textabschnitten zu.	4	
5	nennt Eigenschaften und Lebensleistungen Albert Schweitzers, die ihn zu einer Persönlichkeit machen.	17	
A	**Gesamtpunktzahl**	**42**	

B Darstellungsleistungen

	Die Schülerin/der Schüler	maximale Punktzahl	erreichte Punktzahl
1	schreibt sachlich und informativ.	10	
2	schreibt sprachlich richtig (Rechtschreibung, Zeichensetzung, Grammatik).	8	
B	**Gesamtpunktzahl**	**18**	
	Gesamtpunktzahl A und B	**60**	

Die Klassenarbeit wird mit der Note

______________________ **bewertet.**

Zuordnung der Punkte zu den Notenstufen

Note	Punkte
sehr gut	60–53
gut	52–45
befriedigend	44–37
ausreichend	36–29
mangelhaft	28–21
ungenügend	20–0

Datum Unterschrift

Mithilfe von Material einen eigenen Sachtext verfassen – Kurzbiografie: Albert Schweitzer

* 14. Januar 1875 Kaysersberg (Elsass), † 4. September 1965 Lambaréné (Gabun, Westafrika)

Albert Schweitzer wurde als zweites Kind in einer Pfarrersfamilie in Kaysersberg geboren. Einige Monate nach seiner Geburt zog die Familie nach Günsbach, wo Alberts Vater bis zu seinem Tod als Pfarrer tätig war. Dort besuchte Albert die Volksschule, gefolgt von der Realschule in Münster, und danach das Gymnasium in Mühlhausen. Am 18. Juni 1893 machte er dort sein Abitur. Als Kind erhielt er eine sehr gute musikalische Ausbildung, die die Grundlage für sein späteres hervorragendes Orgelspiel bildete.

Von 1893–1898 studierte er Theologie und Philosophie in Straßburg, Paris und Berlin. Die Studienzeit wurde 1894 für ein Jahr unterbrochen, da er sein Militärjahr ablegen musste. Ab Oktober 1898 erhielt er Musikunterricht (Orgel, Klavier) bei Charles Marie Widor (1844–1937) in Paris. Widor war es auch, der Schweitzer zur Neuinterpretation des Orgelwerkes Bachs bewegte. 1899 promovierte[1] er in Philosophie und 1900 in Theologie. 1902 habilitierte[2] er sich in Theologie in Straßburg, wo er danach als Privatdozent[3] tätig war. Von 1903 bis 1906 war er Direktor des Stifts St. Thomas in Straßburg. 1905, im Alter von 30 Jahren, entschloss er sich, Medizin zu studieren; er wollte Missionsarzt werden. Im November 1911 beendete er erfolgreich sein Studium und im Juni 1912 heiratete er Helene Bresslau. Im Februar 1913 promovierte er in Medizin. Kurze Zeit später ging er mit seiner Frau nach Afrika, in den kleinen Urwaldort Lambaréné, und baute dort aus eigenen Mitteln ein Tropenhospital mit Leprastation. Sein Ziel war, die Not und Krankheit der dort lebenden Menschen zu lindern. Finanziert wurde das Hospital durch Spenden sowie Schweitzers Publikationen[4], Vorträge und Orgelkonzerte in Europa. Bei einer seiner Reisen wurde er 1917, infolge des Ersten Weltkrieges, von den Franzosen interniert[5]. Im Januar 1919 wurde seine Tochter Rhena geboren. Erst 1924 konnte er nach Lambaréné zurückkehren. Aus Platzgründen entschloss sich Schweitzer, ein neues, größeres Hospital zu bauen. Dieses wurde im Januar 1927, unweit des alten, in Betrieb genommen. Es befindet sich noch heute dort. In diesem Hospital wirkte Schweitzer, bis auf einige Unterbrechungen, bis zu seinem Tode.

Albert Schweitzer publizierte grundlegende Werke zur Theologie und Musikgeschichte. Er war ein ausgezeichneter Orgelspieler und vorzüglicher Kenner und Interpret Johann Sebastian Bachs (1685–1750).

Im Laufe seines Lebens erhielt er weltweit zahlreiche Auszeichnungen, Preise und Ehrenpromotionen[6]. Unter anderen 1928 den *Goethepreis* der Stadt Frankfurt am Main, 1951 den *Friedenspreis des Deutschen Buchhandels* und den *Friedensnobelpreis* für das Jahr 1952.

Albert Schweitzer strebte unaufhörlich nach Wahrheit, Frieden, Freiheit und Menschlichkeit. Er setzte sich für verfolgte und bedrohte Menschen ein und erhob immer

[1] **promovieren:** den Doktortitel erwerben
[2] **sich habilitieren:** die Berechtigung zur Lehre an Hochschulen erwerben
[3] **Dozent:** Lehrer an einer Universität
[4] **Publikation:** Veröffentlichung
[5] **internieren:** vergleichbar mit inhaftieren, jmd. an einen geschlossenen Ort bringen
[6] **Ehrenpromotion:** Ehrendoktorwürde

wieder lautstark seine Stimme gegen den Wahnsinn des Wettrüstens und gegen die Atomkriegsgefahr.
Am 4. September 1965 starb Albert Schweitzer. Er wurde 90 Jahre alt. Sein Grab befindet sich in Lambaréné, direkt neben dem seiner Frau, die im Juni 1957 gestorben war.

(http://www.einstein-website.de/biographien/schweitzer inhalt.html [Aufruf: 1.8.2014])

Albert Schweitzer: Tabellarischer Lebenslauf

1875	14. Januar Geburt in Kaysersberg im Oberelsass
	Anfang Juli Umzug der Familie Schweitzer nach Günsbach
1893	Studium der Theologie und der Philosophie, dazu Musiktheorie
1898	1. theologisches Examen, Musikunterricht bei Charles Marie Widor
1899	Doktor der Philosophie
1900	Doktor der Theologie
1902	Professor der Theologie in Straßburg
1903	Direktor des Stifts St. Thomas
1905	Beginn des Medizinstudiums
1912	Heirat mit Helene Bresslau
1913	Doktor der Medizin, Ausreise nach Lambaréné
1914	Internierung in Lambaréné
1915	Er findet den Ausdruck „Ehrfurcht vor dem Leben".
1918	Rückkehr ins Elsass
1924	Rückkehr nach Lambaréné
1927	Verlegung des Spitals
1928	Goethe-Preis der Stadt Frankfurt a. M.
1949	Reise nach Amerika
1953	Friedensnobelpreis für 1952
1965	4. September: Tod in Lambaréné

Verfasse für die Schülerzeitung ein Persönlichkeitsporträt von Albert Schweitzer, indem du

- das Material (Arbeitsblatt 1[7] und 2) sorgfältig liest und dir bereits beim ersten Lesen Notizen machst, über welche Bereiche die Texte Auskunft geben,
- bei einem zweiten Lesedurchgang wichtige Einzelheiten den Informationsbereichen zuordnest,
- evtl. als Schreibplan eine Mindmap erstellst,
- einen sinnvoll aufgebauten Sachtext verfasst.

Denk daran, dass nicht alle Einzelheiten, über die das Material informiert, für einen Text in der Schülerzeitung wichtig sind.

[7] Wird dieser Vorschlag für eine Klassenarbeit gewählt, muss als Material der Sachtext auf dem Lösungsblatt zu Arbeitsblatt 1 (s. S. 170 f.) verwendet werden.

Bewertungsbogen zur Leistungsüberprüfung/Klassenarbeit

Name:	
Schulhalbjahr/Datum:	
Klasse:	
Fachlehrer/in:	
Thema der Unterrichtsreihe:	Umgang mit Sachtexten – Personen und Persönlichkeiten
Thema der Klassenarbeit:	Auf der Grundlage von Material ein Persönlichkeitsporträt von Albert Schweitzer verfassen
Aufgaben:	s. Arbeitsblatt 2

A Inhaltliche Leistungen

	Die Schülerin/der Schüler informiert über	**maximale Punktzahl**	**erreichte Punktzahl**
1	wichtige Lebensdaten Albert Schweitzers.	9	
2	den beruflichen Werdegang.	9	
3	das soziale Engagement und in diesem Zshg. seine Lebensleistung.	10	
4	seine Grundeinstellung.	8	
5	besondere Würdigungen, die Schweitzer erhalten hat.	6	
A	**Gesamtpunktzahl**	**42**	

B Darstellungsleistungen

	Die Schülerin/der Schüler	**maximale Punktzahl**	**erreichte Punktzahl**
1	verleiht dem Text einen informativen Aufbau.	6	
2	berücksichtigt, dass das Interesse der Schülerschaft geweckt werden soll (nicht zu viele Einzelheiten).	2	
3	schreibt sachlich und informativ.	5	
4	schreibt sprachlich richtig (Rechtschreibung, Zeichensetzung, Grammatik).	5	
B	**Gesamtpunktzahl**	**18**	

Gesamtpunktzahl A und B	**60**

Zuordnung der Punkte zu den Notenstufen

Note	Punkte
sehr gut	60–53
gut	52–45
befriedigend	44–37
ausreichend	36–29
mangelhaft	28–21
ungenügend	20–0

Die Klassenarbeit wird mit der Note

______________________ **bewertet.**

Datum Unterschrift

Leistungsüberprüfung – Selbstevaluation – Klassenarbeit

1. **Zu einem Sachtext die richtige Reihenfolge der Abschnitte ermitteln, Abbildungen zuordnen und ein Kurzporträt erstellen**
   Text: Albert Schweitzer, der Arzt von Lambaréné
   (Arbeitsblatt 1, S. 168 f., Bewertungsbogen 1, S. 172)

2. **Auf der Grundlage von Material ein Persönlichkeitsporträt von Albert Schweitzer verfassen**
   (Arbeitsblätter 1 und 2, S. 168 f. und S. 173 f., Bewertungsbogen 2, S. 175)

Der Untergang der Nibelungen: Gier – Verrat – Rache (S. 150–175)

Vorüberlegungen zur Einheit

Mit der Ausgestaltung von Sagen zu großen Epen konnten sich die Schülerinnen und Schüler schon im Band 6 vertraut machen. Die Epen Homers, die „Ilias" und die „Odyssee", sind dort vorgestellt worden. Der Vergleich zwischen den griechischen Epen und dem mittelhochdeutschen Epos der „Nibelungen" wäre demnach möglich. Er zeigt eine Anzahl von Parallelen, aber auch große Unterschiede: In den griechischen Epen treten die Götter selbst hervor und greifen entscheidend sowohl auf der Seite der Griechen als auch auf der Seite der Trojaner in den Kampf ein. Im Nibelungenlied tauchen allenfalls Fabelwesen wie der Drache, der Zwerg Alberich oder Fluss-Feen in der Donau beim Zug der Burgunder nach Gran auf. Der Gott der Christen spielt bei den Nibelungen kaum eine Rolle, aber er verhindert doch das Hervortreten germanischer Götter. Anders als bei den Griechen verfügen bei den Nibelungen zwei Helden – Siegfried und Brünhild – über märchenhafte, übermenschliche Fähigkeiten. Dagegen sind die Auffassungen darüber, was Heldentum in seinem Wesen bedeutet, in den griechischen und mittelhochdeutschen Erzählungen sehr ähnlich. Rache, Verrat, Raub und Liebe gibt es bei Homer und im Nibelungenlied reichlich; aber die ungeheure Bedeutung des Goldes, die Gier danach und der Kampf um seinen Besitz sind eine germanische Besonderheit, die man auch in den anderen altnordischen Epen beobachten kann.
Der Umgang mit dem Nibelungenlied im Unterricht ist angesichts der Inanspruchnahme der Dichtung durch nationale und nationalistische Ideologien nicht unproblematisch. Darum steht am Ende dieser Einheit das Teilkapitel „Warum immer wieder die Nibelungen-Sage?" (S. 171–173).

Zentrale Kompetenzen, die mit dieser Einheit erworben werden, sind:

- die hauptsächlichen Motive wie Verrat, Rache, Gier, Liebe aus einem Text entnehmen und ihre Bedeutung für die Handlung bewerten,
- Sachtexte mithilfe von Karten und Schaubildern – z. B. Personenkonstellationen – erschließen,
- erste Einblicke in die deutsche Sprachgeschichte gewinnen durch Übungen zur phonetischen und semantischen Gestalt des Mittelhochdeutschen,
- die Textart der Sage wiederholend erkennen und beschreiben,
- Vorausdeutungen als typische Erzählmomente des Epos erkennen,
- eine Erzählung auf Spannung steigernde Mittel untersuchen,
- an den Beispielen von Siegfried und Kriemhild literarische Figuren beschreiben,
- kritische Untersuchung der Rezeption des Nibelungenlieds in der jüngeren deutschen Geschichte,
- die zentralen Aussagen eines Texts durch ein Standbild verdeutlichen,
- eine erzählend dargestellte Szene zeichnerisch umsetzen,
- Bilder und ein Standfoto einer Inszenierung des Nibelungenlieds beschreiben und deuten.

Vor der Bearbeitung der Aufgaben können die Vorkenntnisse der Schülerinnen und Schüler (falls z. B. aus der Filmrezeption oder aus Büchern vorhanden) mithilfe des Titels der Einheit aktiviert werden.

- Was wisst ihr vom Untergang der Nibelungen? Woher habt ihr eure Informationen?
- Inwiefern spielen im Nibelungenlied Gier, Verrat und Rache eine Rolle?

Die Beiträge schreiben die Schüler selbst in Stichworten an die **Tafel**; dabei wäre die folgende Struktur möglich:

Die Nibelungen

Stichworte der Schüler

Untergang: ______

Gier: ______

Verrat: ______

Rache: ______

TAFELBILD

Möglich ist es natürlich auch, unmittelbar mit den Aufträgen und dem Bildmaterial der Doppelseite zu beginnen.

Aufgabe 1 S. 151 Die Schülerinnen und Schüler finden hier allerlei Kurioses wie das „Nibelungenbähnchen“ und den alljährlich stattfindenden „Nibelungenlauf“, aber auch wichtige Informationen über das Nibelungenmuseum, die Nibelungenfestspiele usw.

Aufgabe 2 S. 151 Um eine begründete Auffassung von dem Denkmal zu entwickeln, sollte man die Schüler genau beschreiben lassen, was sie an Einzelheiten daran sehen, weil darin auch eine Vorübung für die Beschreibung von Bildern und anderen Kunstwerken besteht. Die Beobachtungen und ansatzweise auch die Deutung werden in einem Tafelbild festgehalten:

Hagen versenkt den Schatz Siegfrieds

- riesige Gestalt Hagens im Vergleich zu dem Boot, in dem er steht
- grimmiger Gesichtsausdruck, das Gesicht zum Fluss gewandt
- bekleidet mit Helm und Panzerhemd, trägt einen Beidhänder an der linken Seite
- hebt mit beiden Händen, zum Wurf ausholend, eine Schale mit Schätzen über die rechte Schulter
- Schätze: u. a. eine Krone, ein Schwert und ein Jagdhorn

Zusammenfassung: Nachdem Hagen Siegfried ermordet hat, versenkt er nun auch mit grimmiger Entschlossenheit dessen Insignien: Die Krone deutet auf Siegfrieds Königtum, das Schwert auf sein Heldentum, das Jagdhorn auf seine Fähigkeiten als Jäger.

TAFELBILD

Bewertungsbogen zur Leistungsüberprüfung/Klassenarbeit

Name:	
Schulhalbjahr/Datum:	
Klasse:	
Fachlehrer/in:	
Thema der Unterrichtsreihe:	Historische Abenteuerromane von Rainer M. Schröder – „Das blinde Fenster zum Gestern aufstoßen“
Thema der Klassenarbeit:	Produktionsorientiertes Schreiben
Aufgabe:	Stell dir vor, Jonathan würde ein Tagebuch führen und darin über die Zeit des Winterlagers berichten. Verfasse einen möglichen Tagebucheintrag, in dem er erzählt, was Herschel für ein Mensch ist und was dieser für Jakob bedeutet.

A Inhaltliche Leistungen

	Du hast einen möglichen Tagebucheintrag Jakobs über die Zeit des Winterlagers verfasst.	**maximale Punktzahl**	**erreichte Punktzahl**
1	Dabei hast du dargelegt, was Herschel für ein Mensch ist. Du bist in diesem Zusammenhang z. B. auf folgende Punkte eingegangen. Du hast: – die äußeren Umstände des Lebens im Winterlager beschrieben (Kälte, Rationierung der Essenvorräte, Gefahr des Lagerkollers ...). – herausgestellt, dass aufgrund der Freundlichkeit und Liebenswürdigkeit Herschels die Zeit des Winterlagers eine besondere Zeit (= Hesed) für Jakob gewesen ist. – dargestellt, dass Herschel für die Siedler eine Art Rabbiner ist und er durch die Durchführung der religiösen Feste und Sabbatfeiern für Einkehr, Gemeinschaft und Abwechslung im Leben der Siedler sorgte. – deutlich gemacht, dass Herschel die jüdischen Traditionen und insbesondere den Sabbath sehr ernst nimmt, und deshalb sich weigert, an einem Sabbath seine Pferde zu verleihen. – ...	30	
2	Du hast auch deutlich gemacht, was Herschel für Jakob bedeutet. Dabei bist du z. B. auf folgende Punkte eingegangen: – Herschel ist für Jakob zugleich Rabbi, väterlicher Freund wie weiser Gelehrter. – Er bringt Jakob in Form von Lebensweisheiten und orakelhaften Sinnsprüchen dazu, über sich, seine Religion und den Sinn des Lebens nachzudenken. – ...	20	

Didaktische Aufbereitung der Unterkapitel

Das Nibelungenlied – Die Handlung (S. 152–154)

Dem Text ist die erste Strophe des Nibelungenlieds in der Handschrift A vorangestellt. Er enthält – sehr gedrängt – die Vorgeschichte und die Handlung des Epos. Trotz aller Kürzungen müssen dennoch viele Orts- und Personennamen fallen. Um keine Verwirrung bei den Schülern aufkommen zu lassen, sollten die ersten Aufgaben ausführlich bearbeitet werden.

Aufgabe 1
S. 154

Mit dem Auffinden der Orts- und Flussnamen – Xanten, Worms, Rhein, Donau, Gran – erkennen die Schülerinnen und Schüler, dass Rhein und Donau die Flüsse sind, an denen das Geschehen sich auf und ab bewegt, um dann in Gran in einer Katastrophe zu enden.

Orte, wo Siegfried ermordet worden sein soll: Odenheim, Heppenheim, Hiltersklingen, Grasellenbach. Vom Nibelungendichter angedeutete Stelle der Hortversenkung: Lochheim. Die Strophe 1137 beschreibt, wie Hagen mit dem Einverständnis König Gunthers den Schatz versenkt. Es ist auch hier bezeichnend für Gunther, dass Hagen die Tat in seiner Abwesenheit vom Hof ausführen muss:

Ê daz der künic rîche wider waere komen,
die wîle hete Hagene den schaz vil gar genomen.
er sanct' in dâ ze Lôche allen in den Rîn.
Er wând' er sold' in niezen: des enkunde nicht gesîn.

(Aus: Das Nibelungenlied, hg. von Helmut de Boor, 16. Aufl., F. A. Brockhaus, Wiesbaden 1961, S. 186)

Ehe der mächtige König wieder nach Hause kehrte,
hatte Hagen in der Zeit den Schatz genommen.
Dort zu Loche versenkte er ihn ganz in den Rhein.
Er dachte, ihn einmal noch nutzen zu können,
doch das konnte nicht geschehen.

(Übersetzung: Dietrich Herrmann)

Aufgabe 2
S. 154

Dieses ist ein mögliches Schaubild:

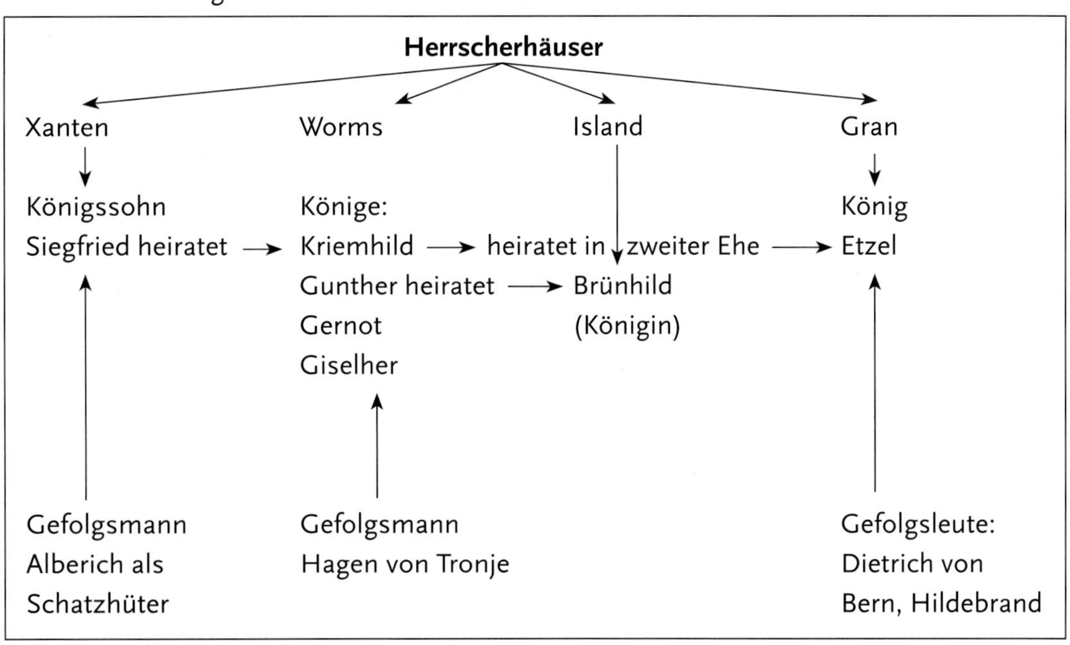

Aufgabe 3
S. 154

Die Schülerinnen und Schüler werden kleine Abweichungen zwischen dem Text der Handschrift (Handschrift C) und dem Text auf S. 152 feststellen. Hier genügt ein Hinweis auf die Herkunft aus verschiedenen Handschriften (Hs. C und A).

Aufgabe 4
S. 154

Die wichtige Aufgabe kann im Unterrichtsgespräch und mit einem **Tafelbild** erarbeitet werden:

Die erste Strophe des Nibelungenlieds

- Der Dichter beruft sich auf „alte Geschichten"; der Stoff entstammt nicht nur seiner Fantasie.
- Er kündigt in einem großen Bogen an, von was allem er in seinem Epos erzählen wird:
  - von Wunderbarem,
  - von Helden, die sich Ruhm erwerben,
  - von freudigen Zeiten und ihren Festen,
  - von traurigen Geschehnissen,
  - vom Kampf tapferer Helden.

↓

Wecken des Interesses der Zuhörer,
Überblick über den Verlauf der Handlung,
Thema: ritterlich-adeliges Leben

TAFELBILD

Wie haben die Menschen um 1200 n. Chr. gesprochen? (S. 154)

Aufgabe 1
S. 154

Auch der Lehrer oder die Lehrerin könnte sich mit seinen bzw. ihren Kenntnissen des Mittelhochdeutschen an der Arbeit beteiligen, indem er oder sie eine Kassette bespricht bzw. ein anderes Aufnahmegerät benutzt.

Aufgabe 2
S. 154

Die Verse in der mittelhochdeutschen Fassung reimen sich in der Mitte und am Ende im Paarreim.

Aufgabe 3
S. 154

Die Lernenden werden die Bedeutungsänderungen vom Mittelhochdeutschen zum Neuhochdeutschen an folgenden Paradigmen erkennen:

geseit – erzählt	lobebaeren – ruhmwürdig
grôze arebeit – schwere Kampfesnot	hôchgezîten – Feste

Die zentralen Personen des Geschehens (S. 155–162)

Kriemhild (S. 155–156)

Anhand des Einführungstextes, eines Auszugs aus einer Verserzählung und eines Prosatextes lernen die Schülerinnen und Schüler zunächst die Protagonistin Kriemhild kennen.

Walter Hansen: Kriemhild und die Könige (S. 155)

Aufgabe 1
(oben)
S. 156

Nach kurzer Vorbereitung sollten fünf Schülerinnen und Schüler je eine Strophe vorlesen, bevor alle den Text unter der Fragestellung bearbeiten und Stichworte zur Beschreibung Kriemhilds festhalten. Die Sicherung kann an der **Tafel** geschehen. Dabei können die einzelnen Informationen auch bestimmten Überbegriffen zugeordnet werden (Abstammung, Aussehen, besondere Eigenschaften, Beziehung zu anderen Figuren usw.):

Die zentralen Personen des Geschehens – Kriemhild

Kriemhild

Abstammung	Aussehen	besondere Eigenschaften	Beziehung zu anderen Figuren
– sie ist von „vornehmer Abstammung“ (Z. 1–2) – „Hochgeborene“ (Z. 7)	– in keinem Land gab es „ein schöneres“ (Z. 3) Mädchen – eine „begehrenswerte junge Frau“ (Z. 4) – „[a]ußergewöhnlich schön“ (Z. 7)	– „liebenswerte junge Frau“ (Z. 5) – sie „verdiente wohl geliebt zu werden“ (Z. 5) – „vorzügliche[.] Eigenschaften“ (Z. 8)	– für sie müssen „viele Helden ihr Leben verlieren“ (Z. 4) – „vorbildlich für alle Frauen“ (Z. 8)

TAFELBILD

Im Anschluss daran können die Schülerinnen und Schüler eine Beschreibung Kriemhilds und ihrer Wirkung auf andere in einem zusammenhängenden Text verfassen.

Aufgabe 2 (oben) S. 156

Nach der Sitte der Zeit übernehmen die Brüder nach dem Tode des Vaters die Vormundschaft über die Schwester.

Aufgabe 3 S. 156

Auch diese Aufgabe animiert die Schülerinnen und Schüler zum genauen Lesen. Zur Sicherung kann folgendes **Tafelbild** erstellt werden:

Die Könige in Worms: ihre Eigenschaften, Tugenden, Macht

- Sie sind „vornehm[.]“, d. h. von hohem Adel (Z. 9).
- „ruhmreiche[.] Recken“ und „ausgezeichnete[.] Ritter“ (Z. 10 – 11)
- Die Könige sind „freigebig“ und von „hochgeborener Abstammung“ (Z. 13).
- Sie verfügen über eine „außerordentlich kühne[.] Heeresmacht“ (Z. 14).
- Die „stolzeste Ritterschaft“ leistet ihnen „Lehnsdienst“ (Z. 18).

Eigenschaften:	Tugenden:	Macht:
– vornehm – hochgeboren	– ruhmreich – ausgezeichnete Ritter – freigebig	– große Heeresmacht – viele leisten ihnen Lehnsdienst

TAFELBILD

Aufgabe 4 S. 156

Als Besonderheit fällt auf, dass der Dom in Worms, das Symbol der göttlichen Herrschaft, und der Königspalast, Sitz der weltlichen Herrschaft, aneinandergrenzen und miteinander verbunden sind. Dom und Palast rahmen den Turnierplatz ein, den zentralen Ort der ritterlichen Spiele und des höfischen Lebens.

Elsbeth Schulte-Goecke: Kriemhilds Traum (S. 156)

Die „epische Vorausdeutung“ erscheint in diesem Text noch deutlicher als in den vorangegangenen Strophen. Sie richtet sich hier nicht allgemein auf das Schicksal von Helden, sondern konkret auf die tragische Zukunft von Siegfried und Kriemhild.

Aufgabe 1 (unten) S. 156

Sicher liegt die Schwierigkeit der Deutung des Traums nicht in der Zuordnung des Falken zu Siegfried. Wer aber ist mit den beiden Adlern gemeint? Hier können die Schülerinnen und Schüler zunächst nur Vermutungen anstellen. Als Hilfe kann auch die letzte Strophe auf S. 167 herangezogen werden. Dort sagt Kriemhild:
„Gunther und Hagen – ja, wahrhaftig, Ihr habt es getan.“ Hagen ist nur der Ausführende, hinter ihm steht als der wahre Verantwortliche für den Mord – König Gunther.

Aufgabe 2 (unten) S. 156

Sammlung der Textstellen

- S. 155, Z. 3–4: „Sie wurde eine begehrenswerte junge Frau. Deshalb mussten später viele Helden ihr Leben verlieren.“
- S. 155, Z. 16: „Später vollbrachten sie wunderbare Heldentaten im Lande König Etzels.“
- S. 155, Z. 19–20: „Sie mussten später schrecklich sterben, weil zwei edle Frauen einander hassten.“
- S. 156, Z. 11 ff. „Frau Ute sprach: ‚Der Falke, der dir so lieb war, das ist der Mann, den du gewinnen wirst. [...]‘“

Im Anschluss an die Sammlung kann noch einmal die Funktion dieser Vorausdeutungen im Sinne eines Spannungsaufbaus thematisiert werden.

Siegfried (S. 157–160)

Im weiteren Verlauf geht es nun um Siegfried. Im Mittelpunkt stehen dabei der Gewinn des Nibelungenschatzes und der Kampf mit dem Drachen.

Dietrich Herrmann: Wie Siegfried den Nibelungenschatz gewann (S. 157–158)
Alternativ zum einfachen Lesen können die Schülerinnen und Schüler zu dem Text in Gruppen kleine Theaterszenen planen und in der Klasse vortragen. Dazu bestimmen die Lernenden einen Erzähler sowie vier Schauspieler, welche Hagen und die drei Könige personifizieren. Die Schüler sollten den Text auch dialogisieren, etwa durch Nachfragen an Hagen oder Kommentare der Zuhörer zu dem, was sie an erstaunlichen Begebenheiten hören.

Aufgabe 1 S. 158

Die Schülerinnen und Schüler sammeln die Informationen aus dem Text und strukturieren diese in einem Schaubild. Ausgewählte Schülerinnen und Schüler können ihre Ergebnisse auf Folie festhalten und der Klasse präsentieren. Alternativ kann die Sicherung auch an der **Tafel** erfolgen. Ein mögliches Schaubild sieht wie folgt aus:

Siegfried – der Held aus Xanten

besondere Hilfsmittel
- „Schwert Balmunc“ (Z. 45), „Tarnkappe“ (Z. 55–56), Drachenhaut (vgl. Z. 64 ff.)

Auftreten – äußere Erscheinung
- erregt großes Aufsehen (vgl. Z. 9–10)
- „goldene[.] Rüstung[.]“ (Z. 7)

Siegfried

besondere Taten
- erschlug die Königssöhne Schilbunc und Nilbunc „mit eigener Hand“ (Z. 21)
- „blutige[r] Kampf“ (Z. 49): tötete 12 Riesen und 700 Ritter (vgl. Z. 51–52)
- besiegte einen Drachen (vgl. Z. 62 ff.)

besondere Fähigkeiten und Eigenschaften
- vollbringt wahre Wunder mit seinen „großen Kräften“ (Z. 18)
- unermesslich reich und mächtig (vgl. Z. 37 ff.)

➔ ***erinnert an eine Märchengestalt***

TAFELBILD

Aufgabe 2
S. 158

Die Benennung des Schatzes als „Nibelungenhort" erfolgt nach einem alten sagenhaften Königsgeschlecht im Norden. Einer der beiden letzten Nachfahren heißt in der Sage noch „Nibelunc" (Z. 19).

Aufgabe 3
S. 158

In der überwiegend märchenhaften Erzählung der Vorgeschichte von Siegfrieds Leben fallen aber doch die genauen Ortsbezeichnungen auf. „Xanten" (Z. 1) und „Worms" (Z. 6), auch die präzise Beschreibung der Entfernung zwischen Xanten und Worms – ein „Ritt von sieben Tagen" (Z. 5). Diese Ortsbeschreibungen sind typisch für die Erzählweise der Sage.

Aufgabe 4
S. 158

Hagen von Tronje ist der „mächtigste Gefolgsmann" (Z. 12) der Wormser Könige. Es erstaunt, dass er alles über Siegfried weiß und ihn auch sogleich bei seinem Einritt auf dem Turnierplatz erkennt. In römischer Zeit stand bei dem heutigen Xanten das Castrum Traianum. Der Beiname „von Tronje" Traianum – weist auf die Herkunft Hagens hin; er kommt wie Siegfried vom Niederrhein, und daher kennt er die Könige von „Niederland". Der Stadtname „Xanten" entstand nach dem erst viel später errichteten Kloster „Ad sanctos" – „Zu den Heiligen". Dass Hagen bei den Burgunderkönigen Lehnsmann wird und nicht bei den Königen in Xanten, könnte auf eine alte Feindschaft hindeuten.

Aufgabe 5
S. 158

Die Schülerinnen und Schüler beschreiben das Bild und stellen einen Bezug zum Text her (vgl. Z. 6 ff.). Diese Einzelheiten können benannt werden:

- Es handelt sich um 13 berittene Krieger – Ritter – in enger Kampfaufstellung um ihren König. Die Gruppe befindet sich im vollen Galopp.
- Bis auf den König tragen sie Helm, Panzerhemd und fast alle eine Lanze.
- Dass es sich nicht um ein Turnier handelt, erkennt man an den Lanzen. Turnierlanzen haben keine scharfen Spitzen.
- Der König, erkennbar an der Krone, scheint Anweisungen zu geben. Ein Ritter beugt sich zu ihm herüber, um ihn zu hören.

→ Eindruck der Reiterszene: ein dynamischer Angriff, von dem eine unwiderstehliche Macht ausgeht.

Auguste Lechner: Siegfrieds Kampf mit dem Drachen (S. 158–160)

Der Erwerb des Nibelungenhorts, der Kampf mit dem Drachen und die Werbung um Brünhild für seinen zukünftigen Schwager Gunther sind die großen Taten Siegfrieds. Mit dem Bade im Drachenblut wird der Held nur fast unverwundbar. Die verbleibende Gefahr für Siegfried wird in dem Text bereits angedeutet.

Aufgabe 1
S. 160

Die dunklen Farben, die Nässe, der schwere Duft und das Fehlen von Pflanzen und Bäumen erzeugen einen beängstigenden, schauerlichen Eindruck.

Aufgabe 2
S. 160

Für die Sicherung der Erarbeitung kann folgendes **Tafelbild** verwendet werden:

Die Augen des Drachen

- „Augen, diese fürchterlichen steingrauen Augen" (Z. 51–52)
- „mit einem Blick voll so höllischer Bösartigkeit" (Z. 53–54)
- „Wie eine Lähmung [...], die von diesen entsetzlichen Augen ausging." (Z. 62–64)
- „die heimtückischen, steinernen Augen." (Z. 100–101)

↓

Der Drache wird wie ein Untier aus der Hölle beschrieben (vgl. auch Z. 24–27).

TAFELBILD

Aufgabe 3
S. 160

Die Linde wird in den Z. 8–10 und Z. 133–138 erwähnt. Die Blätter „flüster[n]" miteinander im Wind (vgl. Z. 11–12) und eins legt sich „unbemerkt auf seine Haut" (Z. 136–137). Diese Stelle an Siegfrieds Rücken wird später Kriemhild leichtgläubig ausgerechnet an Hagen verraten und dort wird seine Lanze Siegfried treffen und töten.

Aufgabe 4
S. 160

Bis auf die Erwähnung der Linde am Anfang und am Ende des Textes wird alles aus der Perspektive Siegfrieds erzählt. Spannung erzeugende Momente sind:

- Der Kampf mit dem Drachen wird **hinausgezögert**.
- Zuerst wird die schaurige Umgebung geschildert (Z. 1–16).
- Dann erfolgt die Beschreibung des Ungeheuers (Z. 17–49).
- Die Gegner erblicken sich und bereiten sich zum Kampf vor (Z. 49–76).
- Beim Gebrauch der Adverbialien fällt auf, dass sie bis zum Beginn des Kampfs **Langsamkeit** ausdrücken und so einen Kontrast zu der rasanten Kampfhandlung im Folgenden bilden: „Langsam" (Z. 1), „behaglich" (Z. 37–38), „Ganz langsam" (Z. 55), „langsam" (Z. 60).
- Während des Kampfes folgen Ausdrücke für **Rasanz** und **Schnelligkeit**: „reißen" (Z. 75), „Im Nu" (Z. 76), „Sprung nach vorn" (Z. 77), „mit rasender Schnelligkeit" (Z. 81–82) usw.
- Der Kampf wird überwiegend in **kurzen Hauptsätzen** geschildert.

Aufgabe 5
S. 160

Die Aufgabe fordert erneut zum genauen Lesen auf und regt die Fantasie der Schülerinnen und Schüler an. Sie sollen in kreativer Art und Weise die literarisch geschilderten Szenen in eine Zeichnung übertragen. Dies kann auch in Hausarbeit geschehen und die Sicherung z. B. in Form eines „Museumgangs" erfolgen.

Brünhild (S. 160–162)

Im weiteren Verlauf geht es nun um Brünhild und darum, wie sie im Wettkampf mit Gunther betrogen wird.

Elsbeth Schulte-Goecke: Wie Brünhild betrogen wurde (S. 160–161)
Der Text macht deutlich, wie Siegfried, um die Hand Kriemhilds zu erhalten, nicht nur zu Kriegsdiensten für die burgundischen Könige bereit ist, sondern er handelt gegenüber Brünhild auch gegen das Schicksal, indem er ihre Liebe verrät (vgl. Z. 44 ff.). Ohne Skrupel ist er zu einem doppelten Betrug bereit: einmal beim Dreikampf in Island, als er mithilfe der Tarnkappe die Auseinandersetzung für den zu schwachen Gunther entscheidet. Die Tarnkappe setzt er auch bei der Überwältigung von Brünhild in ihrem Brautgemach ein. Als Trophäen raubt er ihr dort sogar ihren Gürtel und den Ring, den er ihr selbst einmal zum Zeichen ihrer Liebe geschenkt hat. Sein „übermütig[es]" (Z. 80) Lachen in dieser Szene wirft ein bezeichnendes Licht darauf, dass ihm bei seinem Vorgehen jedes Gefühl für die einstmals geliebte Frau verloren gegangen ist. Der sonst als „untadelig" dargestellte „Ritter" Siegfried lädt hier große Schuld auf sich und provoziert die Rache einer schwer gedemütigten Frau.

Aufgabe 1
S. 162

- Siegfried leistet für die Könige Kriegsdienste (Einführung).
- Um Brünhild zu täuschen, nimmt er die Rolle eines Lehnsmanns an (Z. 16–19).
- Mithilfe der Tarnkappe hilft er Gunther, die Königin Brünhild im Dreikampf zu besiegen (Z. 26 ff.).
- Siegfried erniedrigt sich vor Brünhild zu Gunthers Vasallen, um die Hand Kriemhilds zu erhalten.

Aufgabe 2
S. 162

Von besonderer Bedeutung für einen inneren Monolog sind die Zeilen 8–25.

Aufgabe 3
S. 162

Typisch für die Erzählweise der Sage sind auch hier wieder die genauen Ortsbeschreibungen auf der Fahrt von Worms nach Island. Auch die Brautwerbung als solche gehört in den Bereich der Sage.

Aufgabe 4
S. 162

Brünhild glaubt noch immer, dass sie und Siegfried vom Schicksal füreinander bestimmt sind. Sie ist auch darüber enttäuscht, dass der Mann, der ihr zum Zeichen seiner Liebe den Nibelungenring schenkte, anscheinend nur ein Vasall des Burgunderkönigs ist und nicht König von Xanten. Andererseits gibt man einem Vasallen nicht die Schwester zur Frau. Brünhild fängt an, den Betrug an ihr zu ahnen, und verweigert ihrem Mann in der Brautnacht daher die Liebe.

Aufgabe 5
S. 162

Offensichtlich handelt es sich um die für König Gunther peinliche Szene im Schlafgemach. Anders als im Text von Schulte-Goecke wird Gunther nicht „wie ein[.] Sack" (Z. 65) an einem Nagel aufgehängt, sondern Brünhild hat ihren Mann in einen Kopfkissenbezug gesteckt und schleift ihn an seiner Krawatte beiseite. Neuzeitlich in der Darstellung sind auch die den König lächerlich machende Papierkrone und das Bühnenbild. Das Publikum ergreift Partei für die von Gunther und Siegfried gedemütigte Frau.

Aufgabe 6
S. 162

Auch bei dieser Übung kann man die Leseversuche aufnehmen und dann vergleichen, um sie zu optimieren.

Die Zuspitzung des Konflikts (S. 163–164)

Elsbeth Schulte-Goecke: Der Streit der Königinnen (S. 163–164)
Der Text lässt sich gut mit verteilten Rollen in der Klasse vortragen: Man braucht dazu einen Chronisten, der den einleitenden Text liest, einen Sprecher und die beiden Königinnen.

Aufgabe 1
S. 164

Gunther hat Brünhilds Frage nach der Rolle Siegfrieds als „Knecht" am Wormser Hof mit einem „leichten Scherz" (S. 161, Z. 59) abgetan und damit seine Frau in „Schmerz und Wut" (ebd., Z. 60) versetzt. Zugleich hat er aber auch ihren Argwohn, Opfer eines Betrugs zu sein, bestärkt.

Aufgabe 2
S. 164

Der Vortritt beim Betreten der Kirche ist eine Frage des höheren Rangs. Natürlich steht er der Frau des Königs und nicht der Frau eines seiner Vasallen zu. Als Frau des Königs von Xanten fühlt sich aber Kriemhild der Königin von Worms nicht nur ebenbürtig, sondern sie hat Beweise dafür, dass Siegfried, ihr Mann, dem Burgunderkönig in allem überlegen ist.

Aufgabe 3
S. 164

Die Behauptung Brünhilds, Siegfried sei nur ein Vasall ihres Mannes, überbietet Kriemhild, indem sie in aller Öffentlichkeit Ring und Gürtel als Indiz für das, was in der Hochzeitsnacht Brünhilds geschah, vorweist. Das beigefügte Bild (S. 164) kann als Hilfe für die Nachstellung der Szene als Standbild dienen.

Aufgabe 4
S. 164

Kriemhilds innerer Monolog – mögliche Gedanken:
- Genugtuung oder Reue, zu weit gegangen zu sein
- Sie denkt an schleunige Abreise aus Worms, wo man sie beleidigt.
- Lässt sich der Streit mit ihrer Schwägerin wieder beilegen?
- Könnten für Siegfried und sie daraus Gefahren erwachsen?
- …

Brünhilds innerer Monolog – mögliche Gedanken:

- Wie konnte das geschehen, dass Siegfried unerkannt in ihr Brautgemach eindringen konnte?
- Was für eine Gemeinheit, ihr den Gürtel und den Ring wegzunehmen.
- Warum hat er beides ausgerechnet ihrer Nebenbuhlerin gegeben?
- Das wird er mir büßen.
- Bestimmt ist auch damals bei dem Dreikampf in Island nicht alles mit rechten Dingen zugegangen.
- Warum war Siegfried während des Kampfes auf einmal verschwunden?
- Das muss doch alles mit meinem Mann abgesprochen gewesen sein.
- Kann ich dann noch bei Gunther als seine Frau bleiben?
- ...

Aufgabe 5
S. 164

Das Bild zeigt die Szene nach der Messe, als es zum offenen Streit zwischen den Königinnen kommt, in dessen Verlauf Kriemhild Brünhild den Ring der Nibelungen als Beweis für den Verrat und als Symbol der Demütigung präsentiert. Die umherstehenden Menschen blicken zum Teil ehrfürchtig und erschrocken auf das Beweisstück – den Ring. Der nun offensichtliche Betrug und der offene Streit zwischen den Königinnen schockiert die Menschen (vgl. dazu auch die Reaktion vor der Messe auf die Anschuldigungen Brünhilds, Z. 9 ff.).

→WB

Siegfrieds Tod und die Rache Kriemhilds an ihren Brüdern und Hagen (S. 165–167)

Walter Hansen: Der Mord im Waskenwald (S. 165–167)

Im Zentrum des Textes steht die eindringliche Schilderung des brutalen Mords an Siegfried und die mehrfache Leugnung der Tat durch die Schuldigen Hagen und Gunther. Besonders bemerkenswert erscheint die Bigotterie Gunthers, dessen hinterhältiges Verhalten schonungslos zuerst von Siegfried und dann auch von Kriemhild aufgedeckt wird. Auch dieser Text eignet sich, in Rollen vorgetragen zu werden: Man braucht einen Chronisten für die beiden Texte am Anfang und in der Mitte, einen Erzähler, Siegfried, Gunther und Kriemhild.

Aufgabe 1
S. 167

Die Schülerinnen und Schüler sollten zuerst beschreiben, was auf dem Hochrelief zu sehen ist, nämlich die Ermordung Siegfrieds. Folgende Beiträge sind im weiteren Verlauf möglich:

- Anziehung von Touristen
- Heimatvereine, welche die historische Bedeutung des Ortes pflegen
- Teilnahme an einem so großen Geschehen wie dem tragischen Untergang so großer Frauen und Helden und ganzer Völker (Aufwertung der Orte)
- ...

Aufgabe 2
S. 167

Es handelt sich um einen weitsichtig und hinterhältig vorbereiteten Plan mit vielen Momenten, die ineinandergreifen:

- Hagen veranlasst die leichtgläubige Kriemhild, an die einzige verwundbare Stelle von Siegfried am Jagdgewand ein kleines Kreuz aufzunähen.
- Inszenierung einer Jagd im Waskenwald
- Den Wein und andere Getränke für die Durstigen lässt Hagen an eine weit entfernte Stelle im Wald bringen.
- Inszenierung des Wettlaufs zur Quelle

- Verstecken der Waffen Siegfrieds, um ihn wehrlos zu machen
- Ausnutzen der wehrlosen Haltung Siegfrieds beim Trinken, um ihn mit der Lanze im Rücken zu treffen

Die Darstellung des Mords im Relief stimmt mit der Erzählung weitgehend überein. Ein zusätzliches Element stellt das Füllhorn dar, mit dem Siegfried Wasser schöpft.

Aufgabe 3
S. 167

Folgende Antworten sind möglich:
- „erbärmliche[.] Feiglinge" (Z. 17)
- Trotz seiner „Freundschaftsdienste" (Z. 18) töten sie ihn.
- Mit der Tat bringen sie „Schande" (Z. 19) über ihr ganzes „Geschlecht" (Z. 20).
- Zum Schein beweinen sie den Tod Siegfrieds, wenngleich sie selbst die Mörder sind. (vgl. Z. 25).

Bei der Beurteilung darf die Frage nach der möglichen Schuld Siegfrieds nicht fehlen. Die Schülerinnen und Schüler werden auf Siegfrieds Verhalten im Brautgemach Brünhilds verweisen, wo er ihr Ring und Gürtel als Trophäen nimmt und sie dann an Kriemhild weitergibt. Damit liefert er Brünhild an seine Frau aus und zieht damit die Rache nicht nur von Brünhild, sondern auch die Gunthers auf sich, der selbstverständlich mit Siegfrieds Verschwiegenheit rechnet.

Aufgabe 4
S. 167

- Das „Blutwunder" wirkt wie ein „Gottesurteil" und entlarvt die Mörder (S. 167, Z. 4–7).
- Für die Rache beruft sich Kriemhild auf Gott und Siegfrieds Freunde (S. 167, Z. 10–11).

Aufgabe 5
S. 167

Gunther steht hinter dem Mord als Anstifter, Hagen übt ihn aus. Das wird aus den Worten des sterbenden Siegfried (S. 166, Z. 24–26) und den Anklagen Kriemhilds (S. 167, Z. 10–12) deutlich. Siegfried sagt sogar, Gunther habe den Mord „verübt". Er macht also keinen Unterschied zwischen dem Auftraggeber und dem Mörder. Daran kann die folgende Schreibaufgabe angeknüpft werden:
- Aus welchen Motiven lässt König Gunther Siegfried ermorden?

Aufgabe 6
S. 167

Auffällig sind vor allem die Hell-Dunkel-Kontraste. Während Kriemhild, die auf den Mörder zeigt, und der tote Siegfried gleichsam engelhaft erleuchtet scheinen, stehen die anderen Personen im Dunkeln. Eine ausführliche Bildbeschreibung, wie sie mithilfe des Werkzeugkastens auf S. 63 vorgenommen werden kann, sollte vor allem auch die „unendliche" Tiefe des Raumes und die Stellung der Personen zueinander berücksichtigen.

Der Untergang der Nibelungen (S. 168–170)

Walter Hansen: Der Untergang der Nibelungen (S. 168–170)
Der Text erzählt von dem „teuflischen" Racheplan Kriemhilds, ferner von Hagens überlegener Strategie zu verhindern, dass der Nibelungenhort in die Hände von Siegfrieds Frau gerät, und endlich von der blutigen Rache Kriemhilds an Hagen und ihren Brüdern. Aber auch Kriemhild hat das „Schicksal für den Tod bestimmt" (S. 170, Z. 1), wie auch alle anderen Nibelungen. Beide Seiten, sowohl Kriemhild als auch Hagen, verfolgen ohne Skrupel ihr Ziel: Kriemhild gibt kaltblütig das Leben ihres Sohnes Ortwin für die Rache her, Hagen opfert das Leben seines Herrn und Königs Gunther, damit nur noch er allein weiß, wo der Hort im Rhein liegt. In dem Text wird ein zutiefst skeptischer Zug erkennbar: Zuletzt wird immer „Freude mit Leid" belohnt (S. 170, Z. 6), wie es einst Ute, die Mutter Kriemhilds, prophezeit hat. Auch hier empfiehlt es sich, den Text lesend mit verteilten Rollen zu erschließen.

Aufgabe 1
S. 170

Der Racheplan kann auf einer Folie wie ein Stufenplan entwickelt werden. Im Unterricht werden nur die ersten beiden Schritte vorgegeben, die übrigen werden von den Schülerinnen und Schülern in Gruppen formuliert.

Kriemhilds Racheplan

Heirat Etzels: Nicht aus Liebe, sondern?	Sohn mit Etzel: Warum?	Einladung der Burgunder: Wozu?	Kriemhild setzt Ortwin neben Hagen: Warum?	Ermordung des Trosses der Burgunder, Hagen tötet Ortwin	Tod der Burgunder bis auf Hagen und Gunther. Kriemhild will den Schatz: Grund?	Ermordung von Gunther und Hagen: Warum?	Hildebrand tötet Kriemhild: Sein Motiv?

Die Erarbeitung kann mit folgender Schreibaufgabe schließen: Hagen nennt Kriemhild eine „Teufelin“ (S. 169, Z. 13). Was spricht nach deiner Auffassung gegen und was für die Meinung Hagens? Belege deine Argumente mit Zitaten aus den Texten dieses Kapitels.

Aufgabe 2
S. 170

Die Schülerinnen und Schüler tragen ihre Texte vor; dann werden ihre Auffassungen über Kriemhild diskutiert. Es ist auch wichtig, die Schuldfrage auf Siegfried auszudehnen. Möglich ist es auch, wenn die Aufgabe 1 nicht schriftlich bearbeitet wurde, die der Aufgabe 2 zugrunde liegende Problemfrage in einem offenen Unterrichtsgespräch zu erörtern. Deutlich werden sollte, dass sich List, Intrige und Betrug als Leitmotive und Handlungsmovens durch das gesamte Nibelungenlied ziehen und die Bewertung des Verhaltens einzelner Figuren entsprechend komplex ausfallen und aus unterschiedlichen Perspektiven erfolgen kann. So ist z. B. die Überwindung Brünhilds einerseits durch den Einsatz unlauterer, weil magischer Mittel aus Lesersicht problematisch; andererseits sprengt Brünhild selbst durch ihre Kraft und Bedingungen ihres Kampfes jede höfische, gebändigte Form, sodass der Einsatz dieser Mittel gerechtfertigt erscheint. Ähnlich verhält es sich mit Kriemhilds Rache, die ihr einerseits wegen ihrer Überdimensioniertheit die Bezeichnung „Teufelin“ (S. 169, Z. 13) einbringt, andererseits jedoch Ausdruck eines gerechtfertigten Anspruchs sein kann: Kriemhild reagiert auf die Demütigung (Königinnenstreit) und den Hortraub durch Hagen.

Aufgabe 3
S. 170

- Am Ende ist ein übermächtiges „Schicksal“ erkennbar, das für alle den Tod bestimmt hat (S. 170, Z. 1).
- Von Dietrich von Bern und Etzel (Z. 2), von den Rittern und Frauen (Z. 7–8) bis zu den Knechten (Z. 8) werden die Toten beweint.
- Der Dichter deutet an, dass mit den Toten eine bessere Zeit untergegangen ist: „Die alte, große Herrlichkeit war dahin.“ (Z. 4)
- Am Ende wird ein pessimistischer Grundton hörbar: Auf „Freude“ folgt immer „Leid“ (Z. 6).

Aufgabe 4
S. 170

Das Sujet des Bildes ist der Massentod nach einem Kampf. Der Zusammenhang mit dem Text ist leicht herzustellen: die kaum entwirrbaren Körper der gefallenen Manner auf der Treppe des Palastes in Gran.

Aufgabe 5
S. 170

Wer im Besitz des Schatzes ist, wird im Lied „Nibelunge“ genannt (allerdings mit der Ausnahme Siegfrieds). Der Schatz bringt seinen Besitzern aber kein Glück. Schilbunc und Nibelunc können sich bei seiner Teilung nicht einigen und werden von Siegfried getötet. Siegfried, nunmehr Herr über den Nibelungenhort, fällt durch die Lanze Hagens. Die Könige von Worms erleiden den Tod nach einer Massenschlacht in Gran. Und Kriemhild fällt unter dem Schwert Hildebrands, als ihr letzter Wunsch, wieder in den Besitz des Horts zu gelangen, durch eine List Hagens unerfüllbar geworden ist.

Warum immer wieder die Nibelungen-Sage? (S. 171 – 173)

Dietrich Herrmann: Das Nibelungenlied – Ein Nationalepos der Deutschen? (S. 171 – 172)

Aufgabe 1
S. 172

Alternativ ist hier auch eine Gliederung und Zusammenfassung der Textteile durch Überschriften möglich:

- Der historische Hintergrund des Untergangs der Burgunder (Z. 1 – 28)
- Die nationalistische Inanspruchnahme des Epos im 19. und 20. Jahrhundert (Z. 28 – 46)
- Die vermuteten Absichten des Nibelungendichters und seines Auftraggebers (Z. 47 – 73)

Aufgabe 2
S. 172

Mit der Schilderung solcher Zustände im Epos will der Bischof von Passau seiner Zeit ein warnendes Bild vorhalten. Vor allem das Ende des Nibelungenlieds zeigt überdeutlich, dass ein politisches Chaos zum Untergang führt.

Aufgabe 3
S. 172

Die politische Verwendung des Nibelungenlieds in der Neuzeit steht konträr zu den Absichten des Auftraggebers. Der Bischof von Passau will den Frieden wiederherstellen, – im 19. und 20. Jahrhundert wurde das Epos für nationalistische und kriegerische Zwecke missbraucht.

Aufgabe 4
S. 172

Zentrale Motive (z. B. Liebe, Verrat, Rache usw.), die fesselnde, „actionreiche“ Handlung sowie die Figurengestaltung (z. B. der Held Siegfried), die insbesondere auch für moderne Inszenierungen, Fernsehfilme usw. geeignet sind, finden sich im Nibelungenlied wieder. Im Einzelnen kann auf folgende Punkte eingegangen werden:

- Es gibt in dem Epos viel vordergründige, darstellbare Aktion („action“).
- Ein faszinierender Schatz spielt darin eine tragende Rolle.
- Märchenhafte Gestalten treten darin auf, wie z. B. Brünhild oder Siegfried.
- Der Held Siegfried verfügt über wunderbare Waffen.
- Verrat, Rache, Kampf folgen aufeinander.
- ...

Aufgabe 5
S. 172

Es handelt sich um den Einzug Kriemhilds auf die Etzelburg in Gran. Die Szene wirkt spannend, fast bedrohlich: Zentrale, kriegerische Elemente verweisen auf den Inhalt des Epos. Die Darstellung der Brücke über einer tiefen Schlucht weist aber auch auf mögliche – vielleicht noch unentdeckte – Gefahren hin und erzeugt so Spannung.

Aufgabe 6
S. 173

Hier erhalten die Schülerinnen und Schüler weitere Anregungen, um sich in kreativer Art und Weise mit dem Text bzw. Inhalt des Epos vertiefend auseinanderzusetzen. Dies kann auch in Gruppen- oder Projektarbeit geschehen. Da unterschiedliche Kompetenzbereiche angesprochen werden, eignet sich die Aufgabe auch zur Binnendifferenzierung.

Die Lösungen zu den **Übungen zur Lernkontrolle** (S. 174 – 175) befinden sich im Anhang des Schülerbandes auf den Seiten 390 – 391.

Einen Auszug aus der Nibelungen-Sage bearbeiten

Auguste Lechner (1905–2000)
Der Wettkampf

Inzwischen war aber Siegfried in seiner Tarnkappe unsichtbar herangekommen. Und während Gunther noch voll heftiger Abneigung auf den riesigen Stein starrte, fühlte er, wie ihn jemand am Arm fasste. Er fuhr herum, aber – was war denn das wieder für ein Zauberwerk? Da stand niemand und dennoch fühlte er ganz deutlich, wie ihn eine starke Hand am Arm hielt. Und jetzt flüsterte eine Stimme neben ihm: „Gib acht, König Gunther!" Dem König wollten die Augen aus den Höhlen treten, denn nun konnte das nicht mehr mit rechten Dingen zugehen. Aber da sprach die Stimme weiter und zugleich schob sich ein fremder Arm unter seinen Schild. „Lass dir nichts anmerken und tue so, als kämpftest du selber. Wir werden der streitbaren Jungfrau schon Meister werden." Gunther tat einen tiefen Atemzug. Er hatte begriffen, dass Siegfried in der Tarnkappe neben ihm stand, die ihm Zwölfmännerstärken verlieh. Es tat recht gut, das zu wissen, das konnte der König der Burgunder beileibe nicht leugnen.
Drüben hob jetzt Brünhild den Ger[1]. Sie stand, den hohen schlanken Leib zurückgebeugt, wie ein gespannter Bogen, ihr goldener Harnisch funkelte in der Sonne, im Halbkreis um sie standen ihre Jungfrauen in silberner Rüstung, den Speer in der Hand. Hart und hell tönte jetzt Brünhilds Kampfruf über den Hof. Weit zurückgebeugt, schleuderte sie den riesigen Speer, sausend durchschnitt er die Luft und fuhr mit einem fürchterlichen Krachen in Gunthers Schild, wo er zitternd stecken blieb. Funken stoben und die beiden Männer strauchelten unter der Wucht des Stoßes. Im nächsten Augenblick hatte Siegfried den Wurfspieß herausgezogen. Aber er drehte ihn nicht um. „Ich will sie nicht töten", sprach er leise und mit dem Schaft voran schleuderte er den Speer, Gunthers Hand führend, mit aller Kraft zurück auf Brünhild. Da half nun freilich der Königin ihre Stärke nicht mehr. Sie fing den Speer mit ihrem Schilde auf, aber der Anprall war so furchtbar, dass sie rücklings zu Boden stürzte. Einen Augenblick lang lag sie still, die Augen geschlossen. Sie war bleich wie der Tod. Dann sprang sie jäh auf, starrte Gunther an, als könnte sie nicht glauben, was geschehen war. Dunkle Röte überflog ihr Gesicht, sie war sehr, sehr zornig: Denn ihr Stolz litt grausam unter dieser ersten Niederlage. Aber sie wusste genau, der Stoß hätte sie getötet, wäre der Speer mit der Spitze nach vorn geschleudert worden. „Ich danke dir für den ritterlichen Wurf, König Gunther", sprach sie finsteren Gesichts, ohne ihn anzusehen: Denn es gefiel ihr nicht, dass sie ihm das Leben zu verdanken haben sollte. Sie hob den Stein auf und wog ihn in der Hand ... Sie warf. Der schwere Stein flog, wie von einer Schleuder geschnellt. Er flog zwölf Klafter[2]: Brünhild hatte recht, stolz zu sein auf ihre Stärke! Sie nahm einen Anlauf und sprang dem Stein nach, leichtfüßig wie ein Reh, ihr langes dunkles Haar wehte hinter ihr her und sie sah aus, als wäre alles ein leichtes Spiel für sie. Sie sah zufrieden, dass sie sehr weit gesprungen war. Nun schleppten die Knechte den Stein zu Gunther hin. Der König hob ihn auf und fühlte sogleich, wie Siegfrieds unsichtbare Hand nach dem Marmorblock griff.

---
[1] **Ger:** ein anderes Wort für Speer
[2] **Klafter:** ein Längenmaß von mindestens 1,70 m

„Jetzt!“, flüsterte die Stimme neben ihm und im nächsten Augenblick fühlte sich Gunther emporgehoben und unwiderstehlich fortgetragen. Sie kamen noch ein gutes Stück hinter dem Stein wieder auf den Boden. Im Burghof war es totenstill geworden, obgleich er voll von Menschen war. Brünhild stand da in ihrer goldenen Rüstung, bleich und finster, und ihre Arme hingen herab. Niemand sah, dass sie ihre Fäuste ballte, bis sich die Nägel ins Fleisch gruben. In ihrem Innern kochte es vor Zorn. Nun war alles zu Ende! Sie musste die Gemahlin dieses Burgunderkönigs werden und ihre übermenschliche Kraft würde sie verlassen:

Denn sie war ihr nur verliehen, solange sie unvermählt blieb. Gab es wirklich keinen Ausweg mehr? Blitzschnell dachte sie nach. Nein, es gab keinen; sie hatte doch ihr königliches Wort verpfändet. Also hieß es, gute Miene zu diesem bösen Spiel zu machen! Und niemand sollte merken, wie schwer es fiel! Hoch aufgerichtet, schritt sie über den Hof auf Gunther zu. „Du hast mich besiegt, König der Burgunden“, sprach sie ruhig. „Du wirst also mein Gemahl sein und der Herr dieses Landes. Komm mit mir, damit meine Ritter dir huldigen!“... Gunther war es nicht sehr wohl zumute, denn er schämte sich seines Sieges, den ein anderer für ihn errungen hatte. ... Brünhild grübelte noch immer darüber nach, ob dieser Fremdling wahrhaftig stärker sein konnte als sie, und ihr schien, es wäre nicht alles mit rechten Dingen zugegangen bei diesem Kampfe.

(Aus: Auguste Lechner: Die Nibelungen. Arena Taschenbuch, 27. Aufl., Würzburg 2007, S. 62–65)

1 Gliedere den Text in einzelne Abschnitte mit genauer Angabe der Zeilen und gib jedem Abschnitt eine zum Inhalt passende Überschrift.

2 Gib den Inhalt in einem zusammenhängenden Text wieder.

3 Mit welchen Mitteln erzeugt die Autorin Spannung?

4 Warum willigt Brünhild nur widerwillig in die Heirat mit Gunther ein?

5 Der Leser erfährt nur sehr wenig über das, was in Brünhild vorgeht. Suche dir zwei Textstellen aus und gib in Form eines inneren Monologs anschaulich wieder, was Brünhild denkt und fühlt.

Einen Auszug aus der Nibelungen-Sage bearbeiten

Aufgabe 1

Gliederung des Textausschnittes

Abschnitt	Zeilen	Inhalt
1	1–12	Der unsichtbare Siegfried tritt zu Gunther und teilt ihm mit, dass er ihm helfen wird.
2	13–31	Der erste Wettbewerb: Speerwurf
3	31–41	Der zweite Wettbewerb: Weitsprung
4	41–56	Brünhildes Reaktion auf ihre Niederlage gegen Gunther

Aufgabe 2

Inhaltszusammenfassung

Bei dem Text „Der Wettkampf" von Auguste Lechner handelt es sich um einen Ausschnitt aus dem Nibelungenlied. Es geht um den Wettbewerb zwischen Brünhild und Gunther, den dieser mit der Hilfe des unsichtbaren Siegfried gewinnt und den Brünhild nun gegen ihren Willen heiraten muss.

Der Textausschnitt beginnt damit, dass Siegfried, durch seine Tarnkappe unsichtbar, zu Gunther tritt und ihm heimlich zu verstehen gibt, dass er ihn bei dem Wettbewerb gegen Brünhild unterstützen wird.

Der Wettbewerb besteht aus zwei Disziplinen: Speerwurf und Weitsprung. Beide Disziplinen gewinnt Gunther, weil ihm Siegfried beim Speerwurf die Hand führt und ihn beim Weitsprung trägt.

Brünhild ist angesichts ihrer Niederlage entsetzt und wütend. Sie willigt zwar in die Heirat mit Gunther ein, ahnt aber, dass es bei dem Wettbewerb nicht mit rechten Dingen zugegangen ist.

Aufgabe 3

Spannungselemente

Spannung entsteht in dem Text dadurch, dass der Leser nicht weiß, wie es Gunther bzw. Siegfried gelingen wird, Brünhild zu besiegen. Ein wesentliches Mittel der Spannungssteigerung besteht darin, dass Brünhilds Stärke von dem Erzähler sehr deutlich hervorgehoben wird. Dies gilt sowohl für ihre körperliche Erscheinung als auch für ihre Leistung in den beiden Wettbewerben (vgl. Z. 13–16 und Z. 31–36).

Auch am Ende des Textausschnitts entsteht Spannung dadurch, dass Brünhild zwar wie vereinbart in ihre Heirat mit Gunther einwilligt, sie dies aber nur widerwillig tut, weil sie ahnt, dass es in dem Wettbewerb nicht mit rechten Dingen zugegangen ist. Der Leser muss sich also fragen, wie sich Brünhild im Verlaufe der Handlung gegenüber ihrem Ehemann verhalten wird.

Aufgabe 4

Grund für Brünhilds widerwillige Einwilligung

Brünhild hat nicht den Eindruck, dass es Gunthers vermeintliche Stärke war, durch die sie besiegt wurde, sie ahnt vielmehr, dass sie bei dem Wettbewerb betrogen worden ist.

Aufgabe 5

Brünhilds innere Monologe

Monolog 1 (Textstelle Z. 23):

Das darf nicht wahr sein. Nie hätte ich gedacht, dass der Schwächling Gunther in der Lage sein könnte, einen Speer so heftig gegen mich zu schleudern, dass ich zu Boden geschleudert werde. Und warum hat er den Speer umgedreht, warum schont er mein Leben? Weil ich eine Frau bin! Aber was heißt das schon! Ich bin stärker als die meisten Männer und ich will nicht, dass Männer auf mich im Wettkampf Rücksicht nehmen, nur weil ich eine Frau bin.

Monolog 2 (Textstelle Z. 41)

Nein, das kann eigentlich nicht sein. Niemals ist Gunther in der Lage, mich zu besiegen. Dazu ist er einfach zu schwach. Aber wie hat er es geschafft, besser zu sein als ich? Auf welche Art hat er mich betrogen? Ich weiß es nicht, aber ich werde es herausfinden und dann gnade dir Gott, Gunther. Ich werde mich rächen.

Ein Foto beschreiben

Die Fotografie zeigt Kriemhild, den ermordeten Siegfried und Hagen von Tronje in einer Aufführung bei den Nibelungenfestspielen in Worms, 2004.

1 Beschreibe das Bild.

2 Woran erkennt man, dass es sich um eine moderne Aufführung des Nibelungenstoffs handelt?

Ein Foto beschreiben

Aufgabe 1

Beschreibung der Bildelemente
Die Beschreibung müsste folgende Aspekte enthalten:
Kriemhild kniet neben der Leiche ihres ermordeten Mannes.
Sie blickt verzweifelt nach oben zu Hagen, dem Mörder ihres Mannes.
Hagen blickt von oben auf sie herab, seine Haare sind wirr, er wirkt eher siegesgewiss als dass er Reue über seine Tat empfinden würde.
Der tote Siegfried hat einen Arm ausgestreckt, die andere Hand liegt auf seinem Bauch, ein Bein hat er angewinkelt, das andere ausgestreckt. Neben ihm liegt sein Schwert.
Insgesamt erweckt seine Körperhaltung den Eindruck, dass er einen schweren Todeskampf geführt hat.
Die Gesamtkomposition des Bildes macht die Dreierkonstellation deutlich: Kriemhild und Siegfried sind am Boden, während Hagen von oben auf sie herabsieht. Dadurch wird die momentane Machtkonstellation deutlich.

Aufgabe 2

Die Schauspieler tragen keine historischen Kostüme, sondern moderne Kleidung, insbesondere zu erkennen ist das an den modischen Anzügen und Schuhen der Männer.

Ein Buchcover gestalten und einen Klappentext schreiben

Gestalte für eine Neuausgabe des Nibelungenliedes ein Buchcover. Schreibe auch einen möglichen Klappentext.

Klappentext:

Elf Fragen – Das Nibelungen-Quiz

Wenn du die Unterrichtseinheit „Der Untergang der Nibelungen: Gier – Verrat – Rache“ sorgfältig durchgearbeitet hast, kannst du bestimmt folgendes Quiz lösen.

- Welche Stadt bezeichnet sich als die „Hauptstadt des Nibelungenliedes“?
- Wer versenkte der Sage nach den Nibelungenschatz im Rhein?
- Welchen Namen trägt Siegfrieds Schwert?
- Kriemhild träumt von einem Vogel, den sie im Traum aufzieht. Was für ein Vogel ist es?
- Von welchem Baum stammt das Blatt, das Siegfried verwundbar macht?
- Der König der Burgunder gilt als schwach. Wie ist sein Name?
- Wie heißt die Königin von Island?
- Mit welchem Hilfsmittel gelingt es Siegfried, Brunhild zu tauschen?
- Zwischen den Königinnen kommt es zum Streit. In welches Gebäude wollten die beiden gehen?
- Er wird häufig als sehr grimmig dargestellt und ist für Siegfrieds Tod verantwortlich.

Worms, Hagen, Balmunc, Falke, Linde, Gunther, Brünhild, Tarnkappe, Dom, Hagen

Aus einer Vorlage eine Erzählung verfassen

Walter Hansen (geb. 1934)
Siegfrieds Tod

Unmittelbar nach dem Streit der Königinnen schwört Hagen auf dem Platz vor dem Dom, seine Herrin Brünhild zu rächen. Durch eine List bringt er Kriemhild dazu, ihm die einzige verwundbare Stelle Siegfrieds zu zeigen und sie sogar mit einem kleinen Kreuz am Rücken seines Gewands sichtbar zu machen. Nach einer langen Bären- und Wildschweinjagd im Waskenwald schlägt Hagen einen Wettlauf zu einer Quelle vor, um dort zu trinken. Natürlich kommt Hagen später als der schnelle Läufer Siegfried bei der Quelle an. Heimlich versteckt er den Bogen und das Schwert Balmunc, die Siegfried dort abgelegt hat:

Als Siegfried über die Quelle gebückt trank, schoss Hagen ihm durch das Kreuzzeichen, sodass aus der Wunde das Blut aus dem Herzen bis an Hagens Wams spritzte. Eine so große Freveltat begeht kein Held nimmermehr.

Als der Schwerverletzte sein Schwert nicht fand, hatte er nichts anderes als seinen Schild. Er riss ihn von der Quelle hoch, er rannte gegen Hagen an. Da konnte nicht mehr entkommen der Vasall des Königs Gunther.

Wenngleich todwund, so schlug Siegfried doch mit solcher Wucht zu, dass alle Edelsteine aus dem Schild herausbrachen. Der Schild zerbarst völlig. Gerne gerächt hätte sich der herrliche Held.

Da war Hagen zu Boden gestrauchelt, niedergeworfen von Siegfried. Die Wucht des Schlages widerhallte laut über den Werder[1]. Hätte Siegfried sein Schwert in der Hand gehalten, so wäre das Hagens Tod gewesen. So sehr tobte der Todwunde, und er hatte allen Grund dazu.

Seine Farbe war verblichen, er konnte nicht mehr stehen. Seine Kräfte vergingen, denn in die leuchtende Blässe prägte sich des Todes Zeichen. Später wurde er beweint von vielen Frauen.

Da sagte der Todwunde: „Ihr erbärmlichen Feiglinge, was helfen mir meine Freundschaftsdienste, da ihr mich doch erschlagen habt. Ich war Euch immer ein treuer Freund. Das muss ich nun büßen! Ihr habt Schande gebracht über euer ganzes Geschlecht."

Alle Ritter liefen nun dorthin, wo er erschlagen lag. Es war für sie ein Unglückstag. Wer immer ein Gewissen hatte, von denen wurde Siegfried beklagt. Das hat er wohl verdient, der kühne und stolze Ritter.

Sogar der König Gunther beklagte seinen Tod.
Da sprach der Todwunde: „Es ist unnötig, dass der den Mord beweint, der ihn verübt hat. Er verdient vielmehr geschmäht zu werden. Lasst das Klagen lieber bleiben."

(Aus: Walter Hansen: Wo Siegfried starb und Kriemhild liebte. © 2004 Deutscher Taschenbuchverlag, München)

[1] **Werder:** Flussinsel oder Landstrich zwischen einem Fluss und einem stehenden Gewässer

Schreibe den Auszug aus einer Übersetzung des Nibelungenliedes in eine spannende Erzählung um.

Bewertungsbogen zur Leistungsüberprüfung/Klassenarbeit

Name:	
Schulhalbjahr/Datum:	
Klasse:	
Fachlehrer/in:	
Thema der Unterrichtsreihe:	Der Untergang der Nibelungen
Thema der Klassenarbeit:	Aus einer Vorlage eine Erzählung verfassen
Aufgabe:	s. Arbeitsblatt 5

A Inhaltliche Leistungen

	Die Schülerin/der Schüler	maximale Punktzahl	erreichte Punktzahl
1	entwickelt eine in sich geschlossene Erzählidee zu der Vorlage.	4	
2	verarbeitet die wesentlichen Handlungselemente der Vorlage angemessen.	10	
3	verleiht der Erzählung einen Spannungsbogen.	12	
4	gestaltet den Hauptteil anschaulich und lebendig aus (wörtliche Rede, innere Handlung, Umgebungsbeschreibung ...).	12	
5	verfasst einen angemessenen Schlussteil.	4	
A	**Gesamtpunktzahl**	**42**	

B Darstellungsleistungen

	Die Schülerin/der Schüler	maximale Punktzahl	erreichte Punktzahl
1	verleiht dem Text – auch äußerlich – einen sinnvollen Aufbau.	2	
2	schreibt anschaulich und lebendig.	5	
3	wendet die Regeln der wörtlichen Rede sachgemäß an.	3	
4	verwendet die richtigen Tempusformen.	3	
5	schreibt sprachlich richtig (Rechtschreibung, Zeichensetzung, Grammatik).	5	
B	**Gesamtpunktzahl**	**18**	

Gesamtpunktzahl A und B	**60**

Die Klassenarbeit wird mit der Note

bewertet.

Datum Unterschrift

Zuordnung der Punkte zu den Notenstufen

Note	Punkte
sehr gut	60–53
gut	52–45
befriedigend	44–37
ausreichend	36–29
mangelhaft	28–21
ungenügend	20–0

Leistungsüberprüfung – Selbstevaluation – Klassenarbeit

1. **Aus einer Vorlage eine Erzählung verfassen**
   Text: Walter Hansen: Siegfrieds Tod
   (Arbeitsblatt 5, S. 198, Bewertungsbogen 5, S. 199)

2. **Eine Handlung aus einer anderen Perspektive neu erzählen**
   Text: Auguste Lechner: Der Wettkampf
   Aufgabe: Stell dir vor, Brünhild erzählt einer guten Freundin, die die Geschehnisse nicht miterlebt hat, von ihrem Kampf mit Gunther. Schreibe ihre Erzählung auf. Bedenke bei der Art und Weise, wie du Brünhild sprechen lässt, dass sie eine vornehme Frau ist.
   (Arbeitsblatt 1, S. 190 f., Bewertungsbogen 6, S. 201)

3. **Umformung einer Erzählung in einen Zeitungsbericht**
   Text: Walter Hansen: Siegfrieds Tod
   Aufgabe: Stell dir vor, zur Zeit der Nibelungen hätte es bereits Zeitungen gegeben. Schreibe das erzählte Geschehen zu einem sachlichen Zeitungsbericht um. Vergiss nicht, eine Schlagzeile zu formulieren.
   (Arbeitsblatt 5, S. 198, Bewertungsbogen 7, S. 202)

Bewertungsbogen zur Leistungsüberprüfung/Klassenarbeit

Name:	
Schulhalbjahr/Datum:	
Klasse:	
Fachlehrer/in:	
Thema der Unterrichtsreihe:	Der Untergang der Nibelungen
Thema der Klassenarbeit:	Eine Handlung aus einer anderen Perspektive neu erzählen
Aufgabe:	Stell dir vor, Brünhild erzählt einer guten Freundin, die die Geschehnisse nicht miterlebt hat, von ihrem Kampf mit Gunther. Schreibe ihre Erzählung auf. Bedenke bei der Art und Weise, wie du Brünhild sprechen lässt, dass sie eine vornehme Frau ist.

A Inhaltliche Leistungen

	Die Schülerin/der Schüler	maximale Punktzahl	erreichte Punktzahl
1	erzählt konsequent aus der Sicht Brünhildes.	4	
2	verarbeitet die wesentlichen Handlungselemente der Vorlage angemessen.	10	
3	verleiht der Erzählung einen Spannungsbogen.	12	
4	gestaltet den Hauptteil anschaulich und lebendig aus (wörtliche Rede, innere Handlung, Umgebungsbeschreibung ...).	12	
5	verfasst einen angemessenen Schlussteil.	4	
A	**Gesamtpunktzahl**	**42**	

B Darstellungsleistungen

	Die Schülerin/der Schüler	maximale Punktzahl	erreichte Punktzahl
1	verleiht dem Text – auch äußerlich – einen sinnvollen Aufbau.	2	
2	schreibt anschaulich und lebendig.	5	
3	wendet die Regeln der wörtlichen Rede sachgemäß an.	3	
4	verwendet die richtigen Tempusformen.	3	
5	schreibt sprachlich richtig (Rechtschreibung, Zeichensetzung, Grammatik).	5	
B	**Gesamtpunktzahl**	**18**	

Gesamtpunktzahl A und B	**60**	

Die Klassenarbeit wird mit der Note

bewertet.

Zuordnung der Punkte zu den Notenstufen

Note	Punkte
sehr gut	60–53
gut	52–45
befriedigend	44–37
ausreichend	36–29
mangelhaft	28–21
ungenügend	20–0

Datum Unterschrift

Bewertungsbogen zur Leistungsüberprüfung/Klassenarbeit

Name:	
Schulhalbjahr/Datum:	
Klasse:	
Fachlehrer/in:	
Thema der Unterrichtsreihe:	Der Untergang der Nibelungen
Thema der Klassenarbeit:	Umformung einer Erzählung in einen Zeitungsbericht
Aufgabe:	Stell dir vor, zur Zeit der Nibelungen hätte es bereits Zeitungen gegeben. Schreibe das erzählte Geschehen zu einem sachlichen Zeitungsbericht um. Vergiss nicht, eine Schlagzeile zu formulieren.

Inhaltliche Leistungen und Darstellungsleistungen

	Die Schülerin/der Schüler	**maximale Punktzahl**	**erreichte Punktzahl**
1	verarbeitet die wesentlichen Handlungselemente der Vorlage angemessen.	15	
2	stellt die Ereignisse so dar, dass der Leser/die Leserin sie angemessen nachvollziehen kann.	10	
3	verfasst eine angemessene Schlagzeile.	12	
4	schreibt sachlich ohne Spannungselemente.	12	
5	verwendet die richtigen Tempusformen.	5	
6	schreibt sprachlich richtig (Rechtschreibung, Zeichensetzung, Grammatik).	6	
	Gesamtpunktzahl	**60**	

Die Klassenarbeit wird mit der Note

_______________ **bewertet.**

Datum Unterschrift

Zuordnung der Punkte zu den Notenstufen

Note	Punkte
sehr gut	60–53
gut	52–45
befriedigend	44–37
ausreichend	36–29
mangelhaft	28–21
ungenügend	20–0

Länder, Völker, Abenteuer – Menschen begegnen einer fremden Kultur
(S. 176–189)

Vorüberlegungen zur Einheit

Das Thema der Begegnung mit einer fremden Kultur wird auf der Doppelseite am Beispiel der Ureinwohner Nordamerikas eingeführt und konkretisiert. Die Schülerinnen und Schüler sollen so unterschiedliche Perspektiven und Verhaltensweisen im Umgang mit einer fremden Kultur wie auch mögliche historische Veränderungen deutlicher erkennen. Das gewählte Beispiel (Begegnungen mit den Ureinwohnern Nordamerikas) trifft zumeist auf das Interesse der Schülerinnen und Schüler und bietet vielfältige Möglichkeiten zu weiterführender Arbeit. Im Rahmen dieses Kapitels wird in der Regel von „Indianern" und „Indianerstämmen" gesprochen. Die Frage der Begrifflichkeit könnte mithilfe von Aufgabe 5d) auf S. 188 angesprochen und problematisiert werden.

Zentrale Kompetenzen, die in dieser Einheit geschult werden, sind:
- Sachtexten Informationen entnehmen und diese strukturieren,
- verschiedene Texte zu einem Thema miteinander vergleichen,
- ein Bild beschreiben und mit der Darstellung in einem Text vergleichen,
- das Verhalten von Personen beschreiben und beurteilen,
- die Besonderheiten einer Reisereportage ermitteln und ihre Funktion erklären.

Die Schülerinnen und Schüler können mithilfe der Doppelseite 176–177 in das Thema eingeführt werden. Die Bilder ermöglichen es, verschiedene Formen der Begegnung und Berührung unterschiedlicher Kulturen anzusprechen. Sowohl die historische als auch die aktuelle Dimension des Themas können bei der Bearbeitung von Aufgabe 1 (S. 177) deutlich werden. Dabei kann das Thema aus unterschiedlichen Perspektiven betrachtet werden, da in den Bildern verschiedene Sichtweisen angelegt sind. Besonders das Wandgemälde (S. 176) bietet sich dafür an, Perspektive, Aussageabsicht und Funktion des Bildes anzusprechen. Außerdem können mithilfe der Materialien verschiedene Anlässe und Rollen bei der Kulturbegegnung beschrieben werden. Die zweite Aufgabe (S. 177) bezieht die eigenen Erfahrungen der Schülerinnen und Schüler ein und stellt einen Zusammenhang zu ihrer Lebenswirklichkeit und Erfahrung her. Im Klassengespräch können die Schülerinnen und Schüler unterschiedliche Anlässe (z. B. Urlaub, längere Auslandsaufenthalte, familiärer Migrationshintergrund, Nachbarschaft, Schule) und Formen der Begegnung mit anderen Kulturen beschreiben. Auch hier sollte ein aus verschiedenen Perspektiven zusammengesetztes Bild entstehen.

Didaktische Aufbereitung des Kapitels

Begegnungen mit den Indianern Nordamerikas (S. 178–188)

Meriwether Lewis: Begegnung mit Shoshone-Indianern (S. 178–180)
Die Aufgaben auf S. 178 dienen der Vorbereitung des Textverständnisses und der Texterarbeitung. Sie helfen dabei, den historischen Hintergrund zu klären und sich in die Situation der Expedition hineinzuversetzen.

Aufgabe 1
S. 178

Die etwas verworren erscheinende Route der Expedition ist so zu erklären, dass die Expedition auf dem Rückweg nicht genau der Route des Hinwegs folgte und sich Lewis und Clark auf dem Rückweg zeitweise trennten, um unterschiedliche Gebiete zu erkunden. Misst man den Weg der Expedition mit allen Umwegen nach, kommt man auf eine Strecke von über 10000 km. Einigen Angaben zufolge sollen sie sogar über 13000 km zurückgelegt haben.

Aufgabe 2
S. 178

Die Aufgabe zielt vor allem auf mögliche Ängste und Befürchtungen der Expeditionsteilnehmer hinsichtlich der zu erwartenden oder zumindest möglichen Schwierigkeiten (z. B. Wetterverhältnisse, Überwindung der Rocky Mountains, Begegnungen mit Indianern, weitgehend unerforschtes Gebiet, Versorgung mit Nahrungsmitteln, Ungewissheit über die tatsächliche Entfernung bis zur Pazifikküste, Streitigkeiten innerhalb der Mannschaft, Krankheiten). Die Schülerinnen und Schüler können jedoch auch die mögliche Ambivalenz im Denken und Fühlen der Expeditionsteilnehmer deutlich machen (z. B. Glaube an die Bedeutung des Unternehmens, Forscherdrang).

Aufgabe 1
S. 180

Die Schülerinnen und Schüler können ihre Ergebnisse in einer Tabelle zusammenstellen. Diese könnte auch als **Tafelbild** festgehalten werden.

Meriwether Lewis: Begegnung mit Shoshone-Indianern – eine Textgliederung

Zeilen	Überschrift
1–37	Die erste Kontaktaufnahme misslingt
38–53	Drei Indianerinnen fürchten Lewis
53–77	Lewis gewinnt das Vertrauen der Indianerinnen
78–96	Die Expedition trifft auf indianische Krieger
96–111	Herzliche Begrüßung und Aufnahme durch die Indianer

TAFELBILD

Die Aufgabe dient auf der einen Seite der Sicherung des Textverständnisses, geht aber auch darüber hinaus, da sie die Strukturierung des Textes erfordert und hilft, die verschiedenen Schritte der hier geschilderten Begegnung deutlich zu machen (Unsicherheit/Furcht – vorsichtige Annäherung – freundliche Begegnung). Diese Schritte sollten auch in den Berichten der Schülerinnen und Schüler aufgezeigt werden.

Aufgabe 2
S. 180

Lewis' Auftreten ist ambivalent. Er begegnet den Indianern freundlich und vorsichtig (vgl. Z. 89–91); er ist stets bemüht, seine guten Absichten deutlich zu machen (vgl. Z. 53–64). Um Vertrauen aufzubauen, nutzt er den Indianern bekannte Symbole (vgl. Z. 75–77) und geht auf ihre Gesten ein (vgl. Z. 96–107). Die Geschenke, die er ihnen macht, stehen vielfach in der Tradition der europäischen Entdecker und Eroberer seit Kolumbus (Perlen, Spiegel), was auf ein gewisses Überlegenheitsgefühl hindeuten könnte. Zudem bezeichnet er sie als „Wilde“ (Z. 40). Es bleibt offen, ob hinter Lewis' Eingehen auf die Indianer ehrlicher Respekt vor der fremden Kultur steht oder ob er so handelt, weil seine Expedition in der Situation auf die Hilfe der Indianer angewiesen ist.

Aufgabe 3
S. 180

Die Schülerinnen und Schüler sollten hier vor allem folgende Merkmale nennen: (sehr genaue) Schilderung der Ereignisse eines Tages, Ich-Perspektive, persönliche Eindrücke und Gedanken. Insgesamt ist der Text sachlich geschrieben; der Satzbau ist überwiegend hypotaktisch.

Aufgabe 4
S. 180

Zu denken ist hier vor allem an die Dokumentations- und Berichterstattungsfunktion. Lewis und Clark verzeichneten in ihrem Tagebuch alles Wissenswerte über Flussläufe, Pflanzen, Tiere und Indianerstämme, die ihnen auf ihrer Reise begegneten. Dazu kam die genaue Schilderung der jeweiligen Tagesereignisse. Der sachliche Ton des Textes ist aus dieser Funktion heraus zu erklären. Die Schülerinnen und Schüler können in ihren Überlegungen differenzieren zwischen dem Wunsch des Tagebuchschreibers, für sich selbst Eindrücke und Erlebnisse zu protokollieren, dem Auftraggeber Rechenschaft abzulegen und ggf. auch für die Öffentlichkeit den Verlauf der Expedition nachvollziehbar zu machen.

Aufgabe 5
S. 180

Der geforderte Perspektivenwechsel wird den Schülerinnen und Schülern vermutlich nicht leichtfallen. Deshalb sollte zunächst im Unterrichtsgespräch erarbeitet werden, wie die Indianer sich verhalten und welche Motive es dafür geben könnte. Dabei sollte auch geklärt werden, wie das Verhalten und das Aussehen der Expeditionsteilnehmer auf die Indianer gewirkt haben könnten. So sollte es den Schülerinnen und Schülern leichter fallen, den Perspektivenwechsel zu vollziehen. Der Bericht kann in Einzel- oder Partnerarbeit vorbereitet werden; er kann schriftlich ausformuliert, aber auch mithilfe eines Stichwortzettels vorbereitet und dann mündlich vorgetragen werden. Der mündliche Vortrag ließe sich situativ einbetten, indem den Schülerinnen und Schülern z. B. die Situation vorgegeben wird, dass ein Indianer, der die Ereignisse miterlebt hat, nach der Weiterreise der Fremden anderen Stammesangehörigen berichtet.

→WB

George Catlin: Zu Gast bei einem Indianerhäuptling (S. 180–182)

Aufgabe 1
S. 182

Folgende Bereiche und Informationen können herausgearbeitet und z. B. in folgender Weise an der **Tafel** festgehalten werden:

Catlins Bericht: Alltagsleben der Indianer

Ernährung: Büffelfleisch, Brei aus gesammelten Rüben/Beeren, Jäger und Sammler
Haushaltsgegenstände: selbst hergestellte Tongefäße
Wohnen: Dorf, Hütten/Wigwams, große Häuptlingshütte, sehr einfache Ausstattung (Büffelhäute zum Sitzen, Binsenmatten)
Rauchen: Tabak aus Baumrinde, Pfeife wird geteilt
Gastfreundschaft: Häuptling bedient seinen Gast, isst nicht gleichzeitig, Gast erhält zum Abschied Geschenk
Familie: Häuptling hat mehrere Frauen (Polygamie), Frauen sind untergeordnet

TAFELBILD

Aufgabe 2
S. 182

Beide begegnen sich mit großem Respekt. Der Häuptling holt seinen Gast an dessen Hütte ab, führt ihn „auf die höflichste Art durch das Dorf“ (Z. 3–4), hält sich selbst zurück (vgl. z. B. Z. 50–58) und bereitet die Pfeife für das gemeinsame Rauchen vor. Catlin erhält zum Abschluss eine bemalte Büffelhaut, die der Häuptling eigens für ihn angefertigt hat.

Die Einladung ist erfolgt, um Catlin bei dieser Gelegenheit das Geschenk zu überreichen. Dass die Malerei auf der Büffelhaut Kampferfolge des Häuptlings zeigt, macht zudem dessen Selbstbewusstsein deutlich. Catlin beschreibt die Umstände des Gastmahls durchgehend positiv, was seinen Respekt vor der fremden Kultur zeigt. Er beobachtet das Verhalten des Häuptlings genau und geht auf die ihm angebotenen Gesten der Freundschaft und des Respekts ein.

Aufgabe 3 S. 182

Catlin beschreibt den Häuptling durchgehend positiv, was u. a. an den Adjektiven, die er verwendet, zu erkennen ist. Dies zeigt z. B. sein Hinweis, dass er auf die „höflichste Art" (Z. 4) behandelt worden sei. Aber auch die Art, wie er die weitere Handlungsweise des Häuptlings darstellt, macht die positive Bewertung durch Catlin deutlich (vgl. z. B. Z. 58–63).

Aufgabe 4 S. 182

Die Schülerinnen und Schüler können für die Bildbeschreibung den Werkzeugkasten auf S. 63 im Schülerbuch nutzen. Auf dieser Grundlage sollten sie zu einer genauen und strukturierten Beschreibung des Bildes gelangen. Catlin stellt Big Elk ebenso wie Mah-to-toh-pa mit Respekt und fast schon Bewunderung dar. Der Maler arbeitet vor allem die Besonderheiten der fremden Kultur heraus und vermittelt eher das Bild eines starken, Ehrfurcht gebietenden Häuptlings. Die Indianer sind bei ihm keine unzivilisierten „Wilden".

Aufgabe 5 S. 182

In dem Gespräch könnten folgende Aspekte erwogen werden: Catlin wollte über die von ihm besuchten Indianerstämme informieren, evtl. auch um verbreitete Vorurteile zu korrigieren; seine Erlebnisse sollten nicht in Vergessenheit geraten und für die Nachwelt überliefert werden; er wollte seiner Bewunderung Ausdruck geben; er wollte die Geschichten zu seinen Bildern überliefern; er hatte ein wissenschaftliches/völkerkundliches Interesse an der fremden Kultur; er hoffte auf ein an der fremden Kultur interessiertes Publikum.

Aufgabe 6 S. 182

Die Ergebnissicherung in einer Tabelle kann auch an der **Tafel** erfolgen. Die Schülerinnen und Schüler sollten den Werkzeugkasten auf S. 183 als Grundlage für ihre Arbeit benutzen. Dazu kann er ggf. mit den Schülerinnen und Schülern zunächst besprochen werden. Das Tafelbild sollte die Ergebnisse aus den zuvor zu den beiden Texten bearbeiteten Aufgaben zusammenfassen und strukturieren. Es könnte wie folgt angelegt und entsprechend ergänzt werden:

Begegnungen mit Indianern im Vergleich

Vergleichsaspekt	Lewis	Catlin
Verfasser und Entstehung	– Offizier – Expeditionstagebuch – jeden Tag geführt	– Maler – nachträglich verfasster Bericht aus der Erinnerung
Zweck und Beweggründe	– Dokumentation – ...	– Information – ...
Sprache	– sachlich – ...	– sachlich – positive Adjektive
Einstellung zu Indianern	– braucht sie – vorsichtig – „Wilde"	– Respekt; Bewunderung – ...

TAFELBILD

Aufgabe 7
S. 182–183

Die Aufgaben dienen dazu, das Gelernte weiter zu vertiefen. Sie können auch zur Binnendifferenzierung eingesetzt werden.

Martin Seiwert: Der Trommeltanz der Dene (S. 183–184)

Aufgabe 1
S. 185

Den Ablauf des Trommeltanzes beschreibt der Autor vor allem in den Zeilen 44–62. Die Schülerinnen und Schüler sollen erläutern, dass es zwei Gruppen von Teilnehmern gibt, nämlich die Trommler und die Tänzer. Die Trommler stehen außerhalb, sie schlagen ohne Unterbrechung mit Holzschlägern den Takt auf ihren Trommeln und singen dazu. Die Tänzer bewegen sich nach einem festen Schema im Kreis um das Feuer (vgl. Z. 56–62).

Aufgabe 2
S. 185

Der Autor ist unsicher und hat Angst, etwas falsch zu machen. Auf der einen Seite reizt es ihn mitzumachen, auf der anderen Seite möchte er die Zeremonie nicht durch seine vielleicht ungeschickte Teilnahme stören. So ist er hin und her gerissen.

Aufgabe 3
S. 185

Die Schülerinnen und Schüler sollten im Unterrichtsgespräch verschiedene Sichtweisen und die hinter der Frage stehende Problematik deutlich machen. Der Gast, der zu der Zeremonie einer fremden Kultur hinzukommt, kann sich fragen, ob seine Teilnahme als ungebetene Einmischung verstanden werden oder ob er durch Unwissenheit die Zeremonie stören könnte. Auf der anderen Seite könnte die Entscheidung, nicht teilzunehmen, auch als Ausdruck von Desinteresse oder Überheblichkeit gewertet werden, auch wenn der Respekt und das Interesse groß sind. Diese Zwickmühle, in der der Autor steckt, sollte deutlich werden und müsste von den Schülerinnen und Schülern auch in ihrem Brief berücksichtigt werden.

Aufgabe 4
S. 185

Die Ergebnisse können sprachlich reduziert etwa wie folgt an der **Tafel** festgehalten werden:

Der Trommeltanz der Dene – die Gefühle des Autors

Textstelle	Zeilen	Gefühle des Autors
„unheimliche, monotone Trommelrhythmen“	1–2	Unsicherheit, evtl. Angst
„Ich habe nicht die leiseste Ahnung, was mich dort erwartet.“	9–10	Unsicherheit, Aufregung, aber auch Gespanntheit und Neugier
Vermutung, „dass sich hinter den Späßen [...] eine freundlich formulierte Warnung vor zu viel Einmischung verbirgt.“	17–21	Unsicherheit, Angst
„froh“ und „gespannt“	38 u. 40	Erleichterung, Neugier, Interesse, Gespanntheit
„Ich bin beeindruckt von dem Bild, das sich mir bietet.“	42–43	Begeisterung, Faszination, Interesse
„Ich weiß nicht, wie ich mich verhalten soll.“	67–68	Unsicherheit, Aufregung
„Aus Angst, etwas falsch zu machen, verabschiede ich mich Hals über Kopf von der Gruppe“	69–71	Unsicherheit, Unbehaglichkeit, Panik
„Aber schon auf dem Weg dorthin bereue ich meine Entscheidung“	72–73	Reue, Ärger und Enttäuschung über sich selbst

***Zwiespalt:* Unsicherheit, Angst, fast Panik vs. Faszination, Neugier, Interesse**

TAFELBILD

Aufgabe 5
S. 185

Durch die Verwendung des Präsens erreicht der Autor, dass die dargestellten Vorgänge unmittelbar und gegenwärtig wirken. Der Leser hat weniger Distanz zum Geschehen als bei einer Schilderung im Präteritum.

Aufgabe 6
S. 185

Der Vergleich könnte so angelegt werden wie bei Aufgabe 6 auf S. 182. Die Schülerinnen und Schüler sollten diese Aufgabe zunehmend selbstständig bearbeiten.

Aufgabe 7
S. 185

Die Schülerinnen und Schüler übertragen die Informationen der Reportage in einen Sachtext und vergleichen anschließend diesen mit dem Ausgangstext. Deutlich werden sollte, dass der Lexikonartikel einen sachlich-informativen Stil aufweist, während die Reportage neben den Sachinformationen auch auf Elemente der sprachlichen Gestaltung zurückgreift, welche Spannung erzeugen und Interesse beim Leser wecken sollen (Schilderung persönlicher Gefühle und Eindrücke; Vermittlung von Emotionalität; Verwendung literarischer Stilmittel u. a.).

Oliver Gerhard: Zu Hause bei Sitting Bull (S. 185–187)
Der Einstieg in die Bearbeitung kann über den Titel oder die Fotos (S. 186) erfolgen.

Aufgabe 1
S. 187

Der Autor beschreibt das bereiste Gebiet als faszinierende und beeindruckende Wildnis mit schneebedeckten Bergen, Wäldern, Seen und Wasserfällen.

Aufgabe 2
S. 187

Der Autor berichtet von seinen Erfahrungen mit zwei Indianern, Steven Small Salmon und Wayne Lefthand. Beide stehen zu ihrer Herkunft und möchten Fremden ihre Kultur näherbringen. Besonders Wayne Lefthand berichtet mit Begeisterung von Kultur und Geschichte seines Stammes. Auf der anderen Seite erscheint er aber auch als wenig belastbar und unzuverlässig. Der Autor beschreibt ihn mit leichtem Spott.

Aufgabe 3
S. 187

Der Autor verwendet über weite Strecken das Präsens, gibt an vielen Stellen wörtliche Rede wieder und beschreibt die Landschaft zum Teil recht genau. Persönliche Eindrücke und Gedanken des Autors werden regelmäßig eingeflochten. Die Sätze sind oft kurz, an einzelnen Stellen elliptisch. Die Fotos stehen in direktem Bezug zum Text, den sie illustrieren und der sie erklärt. Mit den genannten Mitteln möchte der Autor Anschaulichkeit und einen Eindruck der Unmittelbarkeit herstellen.

Aufgabe 4
S. 187

Die Schülerinnen und Schüler können für die Bearbeitung dieser Aufgabe den Werkzeugkasten auf S. 183 nutzen. Wesentliche Vergleichsaspekte sind hier bereits vorgegeben.

Aufgabe 5
S. 187–188

Die Aufgaben sprechen unterschiedliche Kompetenz- und Fähigkeitsbereiche an und können daher auch zur Binnendifferenzierung genutzt werden.

a) Diese Aufgabe fasst die Ergebnisse der bisherigen Arbeit zusammen und strukturiert sie. Die zum Teil sehr unterschiedlichen Motivationen und Perspektiven der Autoren sollten hier deutlich werden.
b) Den Schülerinnen und Schülern sollte es nicht schwerfallen, weitere Texte zum Thema zu finden. Neben Sachtexten können hier auch fiktionale Texte herangezogen werden, wobei darauf zu achten ist, auf welcher Erfahrungsgrundlage (z. B. von Karl May, der selbst nie in den USA war) und aus welcher Perspektive sie verfasst wurden. Für viele Schülerinnen und Schüler könnte es eine Hilfe sein, wenn die Fragen, die sie an die selbst gesuchten Texte stellen sollen, vorher im Unterricht verbindlich vereinbart werden.

c) Informationen bekommt man z. B. von der Native American Association of Germany e. V., Postfach 1328, 67603 Kaiserslautern (www.naaog.de) (2014). Weitere nützliche Adressen sind z. B.:
   - www.indianer-welt.de (2014),
   - www.karl-may-stiftung.de/museum/indianer/index.html (2014).

   Auch die US-Botschaft in Deutschland stellt Informationen bereit:
   - http://usa.usembassy.de/gesellschaft-natives.html (2014).

d) Einige Schülerinnen und Schüler werden bereits wissen, dass die Bezeichnung „Indianer" auf den Irrtum des Kolumbus zurückgeht. Der Begriff „Native Americans" wird im Deutschen in der Regel mit „amerikanische Ureinwohner" wiedergegeben. Er macht den Anspruch deutlich, dass die sogenannten Indianer die ersten (und die wahren) Amerikaner gewesen seien.

e) Hier können z. B. folgende Merkmale genannt werden: Schilderung persönlicher Eindrücke und Urteile (vgl. Aufgabe 4, S. 185); Leser wird einbezogen durch: Darstellung der Atmosphäre und Stimmung (z. B. Beschreibung des Tanzes, Z. 41 ff.); Tempus → Präsens; Wecken der Neugier des Lesers am Anfang, wörtliche Rede.

Die Lösungen zu den **Übungen zur Lernkontrolle** (S. 189) befinden sich im Anhang des Schülerbandes auf S. 391. Der für die Lernkontrolle genutzte Text „Indianerland" kann in einer etwas längeren Fassung als Arbeitsblatt 7 zur Vertiefung oder als Leistungsüberprüfung eingesetzt werden.

Ein Bild beschreiben

Karl Bodmer (1809–1893)
Tänzer vom Stamm der Minnetaree

Der Maler Karl Bodmer bereiste von 1832 bis 1834 Nordamerika. Den Bericht eines Mitreisenden, der von 1837 bis 1842 veröffentlicht wurde, illustrierte Bodmer mit mehr als 80 Zeichnungen. Pehrioska-Ruhpa, Mitglied des Stammes der Minnetaree, stand im Jahr 1833 für ihn Modell.

1 Beschreibe das Bild des Tänzers. Achte dabei auch auf Einzelheiten der Darstellung. Der Werkzeugkasten auf S. 63 im Schülerbuch hilft dir bei dieser Aufgabe.

2 Welchen Eindruck vermittelt Bodmer von dem indianischen Tänzer? Vergleiche das Bild mit dem Bild eines Häuptlings auf S. 182 im Schülerbuch.

Ein Bild beschreiben

Aufgabe 1

Das Bild des Malers Karl Bodmer zeigt einen Tänzer vom Indianerstamm der Minnetaree. Der Künstler fertigte die Zeichnung in der Zeit von 1832–1834 an, als er die USA bereiste. Die Zeichnung zeigt Pehrioska-Ruhpa, einen Angehörigen des Stammes der Minnetaree, der für Bodmer Modell stand. Der Betrachter sieht den tanzenden Indianer seitlich von vorne; man befindet sich ungefähr auf Augenhöhe mit dem dargestellten Menschen.
Im Mittelpunkt des Bildes ist groß der tanzende Indianer dargestellt. Er trägt einen aufwendigen Kopfschmuck, der vermutlich überwiegend aus Vogelfedern besteht und nur sein Gesicht frei lässt. Der Oberkörper ist unbekleidet, um den Hals trägt er jedoch einen Halsschmuck. Die Arme sind angewinkelt, in der rechten Hand hält er einen Gegenstand, an dessen Ende sich eine Feder befindet. In der linken Hand hält er Pfeile und Bogen. Um den Bauch herum befindet sich ein helles Tuch, die Beine stecken in einer quergestreiften Hose. Die Streifen auf der Hose sind schmal. An den Seiten der Hosenbeine sind weitere Verzierungen angebracht. Die Schuhe sind flach und ebenfalls verziert. Der Tänzer hat den rechten Fuß etwas angehoben, das Knie ist angewinkelt. Auch das linke Bein ist im Knie leicht angewinkelt.
Im Bildhintergrund, vor allem am linken unteren Bildrand, sieht der Betrachter eine angedeutete Landschaft. Vermutlich sind im Hintergrund Hügel oder Berge zu sehen. Am rechten oberen Bildrand sind im Hintergrund Wolken zu erkennen.

Aufgabe 2

Der Tänzer wirkt auf den Betrachter eindrucksvoll, da seine Kleidung umfangreich verziert ist und er ganz auf den Tanz konzentriert zu sein scheint. Dieser Eindruck wird dadurch verstärkt, dass der Indianer im Mittelpunkt des Bildes steht und der Hintergrund nur angedeutet wird, sodass der Betrachter sich ganz auf den Tanzenden konzentriert.

Einen Sachtext zum Thema „Indianer" untersuchen und vergleichen

George Catlin (1796–1872)
Indianertänze

In seinem Werk über die Indianer Nordamerikas berichtet der Maler George Catlin auch über seine Erfahrungen mit Indianertänzen.

Der Tanz ist eine der vorzüglichsten und häufigsten Vergnügungen bei allen Indianerstämmen Nordamerikas. Die Tänze bestehen etwa aus vier Pas; die Figuren und Formen dieser Szenen, die durch heftige Sprünge und Trommelschlag, genau nach den Bewegungen des Tanzes, begleitet werden, sind sehr zahlreich. Einige Reisende haben behauptet, dass die Musik des Indianers weder Harmonie noch Melodie besitze; dem kann ich nicht beistimmen, obgleich ich zugebe, dass in den meisten Gesängen von dem, was die musikalische Welt „Melodie" nennt, keine Rede ist. Ihre Gesänge bestehen aus rauen und schnarrenden Kehltönen, aus Geschrei, Gebell und Gekreisch, was alles vollkommen nach dem Takt und nicht nur mit Methode, sondern auch mit Harmonie ausgestoßen wird. Jeder, der in diesem Land reiste, wird sich erinnern, dass der Indianer sich zuweilen neben sein Feuer niederlegt, seine Trommel zur Hand nimmt, die er auf kaum hörbare Weise berührt, und einen so sanften Gesang anstimmt, dass man glaubt, ein Frauenzimmer singen zu hören. Diese sanften Gesänge, die sich sehr von denen unterscheiden, die sie im vollen Chor und mit heftigen Gestikulationen bei ihren Tänzen singen, scheinen voll Ausdruck zu sein, obwohl einförmig und ohne Melodie.

Sie tanzen viel mehr als die zivilisierten Völker, denn der Tanz gehört mit zu ihrem Gottesdienst; sie tanzen, wenn sie dem Großen Geist ihren Dank darbringen, wenn sie ihrer Medizin ihre Verehrung bezeigen und angesehene Fremde ehren oder unterhalten wollen. Während meines Aufenthalts unter den Sioux habe ich so viele verschiedene Tänze gesehen, dass ich dieses Volk die „tanzenden Indianer" nennen möchte. Sie scheinen für alles Tänze zu haben, und fast zu jeder Stunde des Tages und der Nacht hörte man die Trommel, die irgendeinen Tanz begleitete. Die Tänze sind ebenso mannigfaltig in ihrem Charakter als zahlreich – einige sind ungemein grotesk und lächerlich und erhalten den Zuschauer in fortwährendem Gelächter –, andere haben den Zweck, das Mitleid zu erregen, während noch andere durch die furchtbaren Drehungen und Verrenkungen des Körpers Widerwillen oder Schrecken oder Furcht erregen.

Alle Welt hat von dem Bärentanz gehört, aber wohl nur wenige haben ihn gesehen. Die Sioux, gleich allen westlichen Stämmen, lieben das Bärenfleisch und müssen große Vorräte von Bärenfett haben, um ihr langes Haar und ihren Körper damit zu salben. Sie alle lieben auch sehr die Bärenjagd, und mehrere Tage vorher, ehe sie zu diesem Zweck ausziehen, vereinigen sich alle, um den Bärentanz aufzuführen und zu dem „Bärengeist" zu singen, der, wie sie glauben, sich irgendwo unsichtbar aufhält und zurate gezogen werden muss, ehe man auf eine glückliche Jagd rechnen könne. Zu diesem Zweck hängt einer der angesehensten Medizinmänner, der den Tanz leitet, ein Bärenfell um, sodass die mit einer Feder des Kriegsadlers verzierte Kopfhaut ihm das Gesicht bedeckt und er durch die Augenlöcher hindurchsieht; noch mehrere der Tanzenden tragen Masken von Bärenfell, und alle ahmen mit den Händen die Bewegung des Tieres nach, einige, wenn es läuft, andere die eigentümliche Stellung und das Herabhängen der Vordertatzen, wenn es, auf den Hinterfüßen sitzend, die Annäherung eines Feindes erwartet. Diese wunderliche und unterhaltende Maskerade wird oft in Zwischenräumen mehrere Tage hintereinander wiederholt, ehe man auf die Bärenjagd auszieht, und sie würden, wie bereits erwähnt, auf keinen Erfolg rechnen, wenn sie nicht alle Formen streng beobachteten.

(Aus: George Catlin: Die Indianer Nordamerikas Band 1, Gustav Kiepenheuer Verlag, Leipzig/Weimar 1979, S. 204–206; keine Originalüberschrift)

1 Kreuze in der Tabelle an, ob die folgenden Aussagen über den Text richtig oder falsch sind.

Aussage	richtig	falsch
a) Der Autor meint, dass das Tanzen für die Indianer sehr wichtig sei.		
b) Er sagt, dass ihr Gesang immer weich und zart sei.		
c) Das Tanzen dient nach Meinung Catlins für die Indianer auch dem Gottesdienst.		
d) Er meint, in Europa würden die Menschen mehr tanzen, als die Indianer in Nordamerika es tun.		
e) Die Tänze seien, so Catlin, mit heftigen Bewegungen verbunden.		
f) Catlin erwähnt, dass die Tänze fast alle gleich seien.		
g) Trommeln würden nur selten bei den Tänzen benutzt.		
h) Catlin berichtet, dass für den Stamm der Sioux die Hasenjagd sehr wichtig sei.		
i) Die Leitung des Bärentanzes liege bei dem Häuptling des Stammes.		
j) Der Bärentanz wird vor der Jagd aufgeführt, erzählt Catlin.		

2 Verbessere die falschen Aussagen und schreibe sie korrigiert auf.

3 Nenne und erläutere Beispiele aus dem Text, die deutlich machen, welche Wirkung die indianischen Tänze auf Catlin haben.

4 Erkläre, wie der Bärentanz abläuft (Z. 46–74).

5 Vergleiche Catlins Text über die indianischen Tänze mit dem Text von Martin Seiwert über den Trommeltanz der Dene (Schülerbuch S. 183–184). Bestimme zunächst Vergleichsgesichtspunkte und halte dann deine Ergebnisse in einer Tabelle fest.

Einen Sachtext zum Thema „Indianer" untersuchen und vergleichen

Aufgabe 1

Aussage	richtig	falsch
a) Der Autor meint, dass das Tanzen für die Indianer sehr wichtig sei.	X	
b) Er sagt, dass ihr Gesang immer weich und zart sei.		X
c) Das Tanzen dient nach Meinung Catlins für die Indianer auch dem Gottesdienst.	X	
d) Er meint, in Europa würden die Menschen mehr tanzen, als die Indianer in Nordamerika es tun.		X
e) Die Tänze seien, so Catlin, mit heftigen Bewegungen verbunden.	X	
f) Catlin erwähnt, dass die Tänze fast alle gleich seien.		X
g) Trommeln würden nur selten bei den Tänzen benutzt.		X
h) Catlin berichtet, dass für den Stamm der Sioux die Hasenjagd sehr wichtig sei.		X
i) Die Leitung des Bärentanzes liege bei dem Häuptling des Stammes.		X
j) Der Bärentanz wird vor der Jagd aufgeführt, erzählt Catlin.	X	

Aufgabe 2

b) Er berichtet, dass ihre Tänze oft rau und laut klingen würden.
d) Die Indianer würden mehr tanzen als die Europäer.
f) Catlin sagt, dass die Indianer für viele verschiedene Gelegenheiten Tänze hätten, die außerdem sehr unterschiedlich seien.
g) Trommeln würden regelmäßig zur Begleitung benutzt.
h) Die Bärenjagd sei für die Sioux sehr wichtig.
i) Die Leitung des Bärentanzes habe einer der Medizinmänner.

Aufgabe 3

Die folgenden Beispiele zeigen die Wirkung der Indianertänze auf Catlin; im Text lassen sich noch einige weitere Beispiele finden:

- „dass die Musik des Indianers weder Harmonie noch Melodie besitze; dem kann ich nicht beistimmen" (Z. 8–9): positiv beeindruckt, weist Kritik zurück
- „Geschrei, Gebell und Gekreisch" (Z. 13–14): hebt Lautstärke hervor, die er aber nicht als unangenehm empfindet

- „einen so sanften Gesang“ (Z. 20 f.): auch leise Gesänge kommen vor, die Catlin als wohlklingend empfindet
- „unterhaltende Maskerade“ (Z. 69): Catlin hält den Bärentanz für kurzweilig und unterhaltsam

Aufgabe 4

Mehrere Tage, bevor die Krieger auf Bärenjagd gehen, führen sie den Bärentanz durch. Die Leitung liegt bei einem der Medizinmänner, der mit einem Bärenfell verkleidet ist, das über seinen Kopf reicht, sodass er durch die Augenhöhlen des Bärenkopfes hindurchsieht. Auch einige der Krieger tragen Masken aus Bärenfell. Sie ahmen im Tanz die Bewegungen des Bären nach. Der Ablauf des Bärentanzes wird in den Tagen vor der Jagd mehrfach wiederholt.

Aufgabe 5

Eine mögliche Lösung könnte so aussehen:

Vergleichsgesichtspunkte	**Martin Seiwert**	**George Catlin**
Entstehung der Texte	Autor lebte mehrere Wochen bei einem Indianerstamm, Ende 20. Jahrhundert	bereiste längere Zeit Nordamerika, kam so in Kontakt mit Vertretern unterschiedlicher Stämme, 19. Jahrhundert
Inhaltsbereiche	eigene Erfahrungen als Beobachter eines bestimmten Tanzes (des Trommeltanzes)	Bedeutung und Ablauf des Tanzes bei den Indianern im Allgemeinen und des Bärentanzens im Besonderen
Einstellung der Verfasser	Unsicherheit, Angst, aber auch Begeisterung, Neugier, Interesse	positive Haltung, Interesse, Faszination
sprachliche Gestaltung	Unmittelbarkeit, wenig Distanz durch sprachliche Gestaltung (z. B. Zeitform Präsens, wörtliche Rede, Ausdruck von Gefühlen)	wirkt eher sachlich-distanziert, z. B. durch komplexe Sätze, eher sachliche Wortwahl
Zweck	eigene Erfahrungen und eigenen Zwiespalt deutlich machen, anderen mitteilen und selbst verarbeiten	Information des Lesers, Verständnis für die Kultur der Indianer wecken

Einem Sachtext Informationen entnehmen und diese vergleichen

Monika Maier-Albang
Die Mühen der Ebene

Lagerfeuerabend am Monument Valley, an der Rain God Mesa, genauer gesagt. Einem Ort, dominiert von einem mächtigen Sandsteinfelsen mit Wänden glatt wie ein Eisberg. Herausgefräst[1] von Wind und Regen aus einem Hochplateau[2] in 25 Millionen Jahren. Ein Ort, der quasi Richards Vorgarten ist, in den er und sein Bruder einmal pro Woche zahlende Gäste mitnehmen.
Einerseits wollen die beiden Navajos die Touristen teilhaben lassen an der, wie Harold sagt, „spirituellen Kraft der Steine“ und den klaren Sternennächten. Die Gäste bringen ja auch bescheidenen Wohlstand, so viel zumindest, dass die Brüder sich eine Digitalkamera leisten können. Andererseits schwebt man als Indianer im Touristengebiet in Gefahr, Herzeigeobjekt zu werden. In seinen privaten Hogan, den traditionellen Erdhügel für Zeremonien und Schwitzhüttenabende, lädt Richard deshalb aus Prinzip keine Touristen ein. „Wenn wir die zu sehr in unser Leben hineinlassen, überfluten sie uns“, fürchtet sein Bruder Harold. [...] Schon als Kind lebte Harold von den Touristen im Reservat, posierte[3] mit Pferden vor ihren Fotoapparaten, verkaufte Ketten mit getrockneten Wacholderbeeren und wurde so zum „businessman“, wie er sagt. In seiner Schulzeit habe es daheim noch keinen Strom gegeben. Noch eine Generation früher seien seine Großeltern „bis zu 60 Meilen geritten“ für Brennholz und Wasser. [...]
Drei von vier Männern im Reservat seien ohne Arbeit, sagt Harold. Und es ist ein fragwürdiger Fortschritt, dass die Navajos ihre Lebensmittel inzwischen nicht mehr als Paket bekommen, sondern in Form von Marken, die sie in Kayenta oder in Tuba City im Supermarkt eintauschen.
Warum suchen die Menschen nicht außerhalb der Reservation nach Arbeit? „Weil sie Angst haben, ihre vertraute Umgebung zu verlassen, Angst, abgewiesen zu werden“, antwortet Harold. Weil sie am Alkohol hängen. Oder in Lethargie[4] gefangen sind.
Zwei Meilen südlich von Tuba-City, einem Ort an der Route 160, wird einem klar, was Harold meint. Vor Jahrmillionen lebten in dieser Gegend Allo- und Apatosaurier. Bei einem Vulkanausbruch hinterließen die fliehenden Tiere ihre Fußabdrücke im weichen Sandboden. Darauf regnete Asche. Noch heute kann man die dreizehigen Fußabdrücke mit einem Durchmesser von bis zu einem Meter im harten Untergrund sehen, daneben liegen häufchenweise versteinerte Dinosaurier-Exkremente. Doch kein Schild am Straßenrand macht auf die Stelle aufmerksam, wo man die Fußabdrücke findet. Unter zwei improvisierten[5] Holzhütten im Niemandsland wartet ein indianischer Guide[6]. Er torkelt schon um halb zehn am Morgen. Die Touristen stapfen achtlos über die Urzeit-Dokumente. Weil allein in Utah[7] bislang 12 000 gut erhaltene Dinosaurier-Knochen gefunden

---

[1] **fräsen:** herausschaben
[2] **Hochplateau:** Hochebene
[3] **posieren:** eine gekünstelte Haltung einnehmen
[4] **Lethargie:** Abgestumpftheit
[5] **improvisieren:** hier: ohne größeren Aufwand erstellt
[6] **Guide:** (Touristen-)Führer
[7] **Utah:** ein Bundesstaat der USA

wurden, vermutet man, dass auch dieser Ort weit mehr bietet, als bislang zu sehen ist. Theoretisch könnte man Ausgrabungen vornehmen, doch wozu? fragt der Fremdenführer. „Das macht der Regen irgendwann."

Es gebe, sagt Harold, im Reservat Kinder, die die mündlich tradierte[8] Sprache ihrer Großeltern nicht mehr sprechen. Er macht auch keinen Hehl daraus, dass die First Nations[9] in ihrem Reservat trotz Selbstverwaltung und Stammesrat einem gerechten Sozialsystem wenig näher sind als der Rest der USA [...].

(2006)

(Aus: Süddeutsche Zeitung vom 7.12.2006)

1 Stelle in einer Liste die Informationen zusammen, die du in dieser Reportage über die heutige Situation der Navajo-Indianer erhältst.

2 Stelle die Vor- und Nachteile zusammen, die der Tourismus für die Navajo hat.

3 Suche Textstellen mit wörtlicher Rede heraus. Welche Bedeutung haben sie für die Reportage?

4 Vergleiche die Darstellung der Situation der Indianer in dieser Reportage mit der in dem Text von Martin Seiwert (Schülerbuch S. 183–184). Übernimm dazu die folgende Tabelle in dein Heft.

Leben im Indianerreservat		
	Martin Seiwert	**Monika Maier-Albang**
Pflege von Traditionen	Stammestreffen, ...	...
Probleme	...	Arbeitslosigkeit, ...
moderne Lebensweise	...	...

5 Fasse die Ergebnisse deines Vergleichs zusammen. Achte besonders darauf, welche Unterschiede deutlich werden.

[8] **tradiert:** überliefert

[9] **First Nations:** wörtlich: „erste Nationen/Völker", moderne Bezeichnung für die nordamerikanischen Indianerstämme, die den nordamerikanischen Kontinent bereits vor tausenden von Jahren besiedelten

Einem Sachtext Informationen entnehmen und diese vergleichen

Aufgabe 1

Umgang mit Touristen
- Einlass einmal die Woche
- bescheidener Wohlstand, Einnahmequelle
- Wahrung der Distanz

Lebensraum Reservat
- Monument Valley, Rain God Mesa
- mächtige Sandsteinfelsen
- archäologische Funde aus der Zeit der Dinosaurier
- zunehmende Modernisierung des Lebens im Reservat
- Reservat: Selbstverwaltung, Stammesrat

soziale Probleme
- Arbeitslosigkeit (75 Prozent!)
- Alkoholismus
- Lebensmittelmarken
- ungerechtes Sozialsystem

Sprache
- mündliche Überlieferung
- Verlust (wird von einigen Kindern nicht mehr gesprochen)

Aufgabe 2

Vor- und Nachteile des Tourismus für die Navajo-Indianer

Vorteile	Nachteile
– zahlende Gäste – bescheidener Wohlstand – Arbeitsplätze – Teilhabe an und Information über Indianer-Kultur	– Gefahren: Herzeigeobjekt, „Überflutung" – Aufgabe der Privatsphäre – Missachtung der indianischen Kultur

Aufgabe 3

Die wörtliche Rede (vgl. Z. 12., Z. 22 f., Z. 37) erläutert jeweils die Standpunkte bzw. Perspektive der Indianer zu Fragen wie Tourismus, sozialen Problemen und Umgang mit ihrem Lebensraum. Dem Leser ermöglicht dies einen Perspektivwechsel, wodurch die angesprochenen Probleme der Indianer besser nachvollzogen werden.

Aufgabe 4

Leben im Indianerreservat – Informationen aus zwei Texten vergleichen		
	Martin Seiwert	**Monika Maier-Albang**
Pflege von Traditionen	Stammestreffen, Trommeltanz (Drum Dance), Lieder der Medizinmänner	Hogan: traditioneller Erdhügel für Zeremonien und Schwitzhüttenabende, Stammesreservat
Probleme	keine Angaben	Arbeitslosigkeit, Alkoholismus, Lebensmittelmarken, Verlust der traditionellen Sprache, ungerechtes Sozialsystem
moderne Lebensweise	Austausch mit Touristen, Auto	kommerziell genutzter Tourismus, Digitalkamera, Strom, fließend Wasser

Aufgabe 5

Deutlich werden sollte, dass Maier-Albangs Text einen Fokus auf die sozialen Probleme in den Indianerreservaten legt, während Seiwert vornehmlich die Traditionen und insbesondere den Trommeltanz der Dene beschreibt. Maier-Albangs Text enthält somit auch mehr Sachinformationen als der erste Text, welcher eher versucht, eine bestimmte Stimmung und Atmosphäre zu vermitteln.

Einem Sachtext Informationen entnehmen

Reiner Crummenerl

Indianer heute – Bürger zweiter Klasse?

Bis zum Ende des 19. Jahrhunderts waren so gut wie alle Indianer in die Reservationen getrieben worden. Sie hatten ihre Freiheit verloren und ihren Boden dazu. Elend und Resignation machten sich breit.

Die Situation der Indianer besserte sich nur langsam. 1924 wurden sie als amerikanische Staatsbürger anerkannt und zehn Jahre später durften sich die Stämme selbst verwalten. Bürger zweiter Klasse blieben die ersten Amerikaner aber nach wie vor.

Vorübergehende Gleichberechtigung erfuhren einige Indianer erstmals im Ersten, noch stärker im Zweiten Weltkrieg. 25 000 junge Männer zogen für die Vereinigten Staaten in den Kampf. Einige von ihnen wurden sogar zu Nationalhelden.

Besonders wertvolle Dienste leisteten die Navajo. Sie dienten bei den Nachrichtentruppen und übermittelten in ihrer Muttersprache unverschlüsselt Befehle und Meldungen. Das sparte nicht nur viel Zeit. Es brachte auch den japanischen[1] Geheimdienst fast zur Verzweiflung. Wie sollte dieser auch auf die Idee kommen, dass die abgehörten Nachrichten nicht in einer genialen Geheimsprache durchgegeben wurden, sondern in der ihm unbekannten Sprache eines Indianerstammes?

Nach dem Krieg kehrten die indianischen Soldaten gewöhnlich wieder zurück in ihren diskriminierenden[2] Alltag. Sie fanden, wie viele ihrer Stammesbrüder, oft keine Arbeit und waren auf staatliche Hilfe angewiesen.

Gegenwärtig leben in den USA fast zwei Millionen Indianer. Sie gehören 550 zumeist kleinen Völkern an. Lediglich der Stamm der Cherokee hat mehr als 300 000 Angehörige. In Kanada sind rund 495 000 Indianer „registriert“.

Nur jeder fünfte US-amerikanische Indianer gibt heute eine der 291 Reservationen als seine Adresse an. Viele andere sind in die großen Städte oder aufs Land gezogen. Die meisten Indianer leben heute in den Bundesstaaten Oklahoma (252 000), Kalifornien (242 000) und Arizona (204 000). Dort im Süden, zwischen New Mexico, Utah und Arizona, liegt auch die größte Reservation der USA. Mit einer Fläche von 56 000 km² ist die Reservation der Navajo fast doppelt so groß wie Belgien. Aber gerade in dieser Gegend Nordamerikas gibt es besonders viele Indianer, die außerhalb von Reservationen leben. In Arizona machen die Indianer 7 % der Gesamtbevölkerung aus, in New Mexico 9 %. Ihr Anteil an der Gesamtbevölkerung ist in Alaska mit 20 % am höchsten. Dort gibt es viele rein indianische Gemeinden, die jedoch keinen Reservationsstatus haben.

(2002)

(Aus: Reiner Crummenerl: Die Indianer. Ihre Geschichte, ihr Leben, ihre Zukunft, Arena Verlag/Würzburg 2002, S. 104–106)

[1] Die USA und Japan führten im Zweiten Weltkrieg gegeneinander Krieg.

[2] **diskriminierender Alltag:** Benachteiligung und Ausgrenzung im Alltag

1 Suche im Text von Reiner Crummenerl die in der Tabelle angegebenen Zahlen heraus und schreibe in die zweite Spalte jeweils, was diese Zahlen angeben.

Zahlen aus dem Text	**Was geben die Zahlen an?**
56 000 km^2	
1924	
495 000	
9 %	
252 000	
25 000	
550	
291	
20 %	
204 000	
242 000	
mehr als 300 000	
7 %	

2 Finde mithilfe der Tabelle und des Textes zehn Fragen für ein „Indianer-Quiz“. Stellt euch anschließend diese Quiz-Fragen gegenseitig in Partnerarbeit oder in der ganzen Klasse.

Einem Sachtext Informationen entnehmen

Aufgabe 1

Zahlen aus dem Text	Was geben die Zahlen an?
56 000 km^2	Fläche der Navajo-Reservation
1924	Anerkennung der Indianer als amerikanische Staatsbürger
495 000	Zahl der als Indianer registrierten Einwohner Kanadas
9 %	Anteil der Indianer an der Gesamtbevölkerung im US-Bundesstaat New Mexico
252 000	Zahl der Indianer im US-Bundesstaat Oklahoma, dem Bundesstaat mit der größten Zahl an Native Americans
25 000	Zahl der Indianer unter den US-Soldaten im 2. Weltkrieg
550	Zahl der indianischen Stämme in den USA
291	Zahl der Reservationen in den USA
20 %	Anteil der Native Americans an der Bevölkerung des US-Bundesstaates Alaska (Staat mit dem höchsten prozentualen Anteil)
204 000	Zahl der Indianer im US-Bundesstaat Arizona
242 000	Zahl der Indianer im US-Bundesstaat Kalifornien
mehr als 300 000	Angehörige des Stammes der Cherokee, des größten indianischen Stammes in Nordamerika
7 %	Anteil der Native Americans an der Bevölkerung des US-Bundesstaates Arizona

Aufgabe 2

Individuelle Lösung, z. B. könnten Fragen der folgenden Art gestellt werden:

- Wodurch verbesserte sich die Situation der Indianer 1924?
- Was kennzeichnete lange Zeit das Leben der Indianer in den Reservationen?
- Warum waren die Navajo im 2. Weltkrieg von besonderer Bedeutung?
- Wie viele Indianer leben zurzeit in den USA?
- In welchem US-Bundesstaat leben die meisten Indianer?
- Wie viele Indianer-Reservationen gibt es heute?
- Wo lebt heute die Mehrheit der US-amerikanischen Indianer?
- Welche historischen Ereignisse brachten den Indianern zumindest vorübergehend mehr Gleichberechtigung?
- Wo leben mehr Indianer – in Kanada oder in den USA?
- Welcher Indianerstamm hat die meisten Mitglieder?

Einen Sachtext untersuchen

Lies den folgenden Text und bearbeite anschließend die Aufgaben.

Joseph Bruchac (geb. 1942)
Indianer. Ein Volk blickt nach vorn

Vom Gipfel des Coffee Butte im Land der Cheyenne-River-Sioux hat man einen 80 Kilometer weiten Rundblick. Als ich mich umschaue, entdecke ich schwarze Punkte auf der weiten, grasbewachsenen Ebene unter mir. Bisons. In jeder Himmelsrichtung eine Herde – das ist ein gutes Omen.

„Sieh mal", sagt Dennis Rousseau von der Wild- und Fischverwaltung des Stammes. Ich folge seinem Blick zu einer Ansammlung brauner Flecken auf einem Kamm, drei Kilometer östlich von uns. „Wildpferde", erklärt er; „sie bewegen sich in unsere Richtung."

Etwa ein Dutzend Tiere kommen den Hang herab. Als sie noch einen Kilometer entfernt sind, erkennen wir durchs Fernglas das Leittier, einen braunen Hengst, der den Kopf wachsam erhoben hält. Trotz der Entfernung hat er unsere Witterung aufgenommen: Abrupt verharrt er auf einer Hügelkuppe, blickt zu uns herüber – und wendet sich ab. Die Herde antreibend, macht er sich schnellstens aus dem Staub. Nach 140 Jahren gibt es wieder Wildpferde in der Reservation. Ihre Rückkehr, wie auch der Anblick von Bisons überall, reicht aus, um das Blut eines alten Ostküstenindianers in Wallung zu bringen: mein eigenes. „Zum ersten Mal seit Generationen sind der Bison, der Elch und der Mustang zurück in der Reservation", sagt Dennis und senkt sein Fernglas. „Einer unserer heiligen Männer hat mir erzählt, dass dies etwas wirklich Gutes bedeutet."

Ich bin in die Cheyenne-River-Reservation gekommen, um nach diesem Guten Ausschau zu halten: einem Geist der Erneuerung und Hoffnung, dem ich in indianischen Gemeinschaften quer durch die Vereinigten Staaten begegnet bin [...]. Die Sioux-Reservationen in den Great Plains gehören zu den trockensten und ärmsten Regionen Nordamerikas. Die Menschen in der Pine-Ridge-Reservation, südlich der Cheyenne-River-Reservation, leben von nur einem Drittel des amerikanischen Durchschnittseinkommens. Die Arbeitslosigkeit ist dreimal so hoch, und hier gibt es doppelt so viele Selbstmorde wie im bundesweiten Durchschnitt [...]. Als ich mich nach Sonnenuntergang der Cheyenne-River-Reservation nähere, drücke ich auf den Suchlauf des Autoradios und lande bei einem der größten Radiosender der Gegend. KLND, im Besitz von Indianern. Musik ist etwas, das Jugendliche aller Hautfarben verbindet. Die Gruppen „50 Cent" und „Eminem" sind bei Indianern genauso beliebt wie bei anderen Amerikanern. Kurze Haare, Tätowierungen und überweite Hosen sind hier ebenfalls weit verbreitet. [...]

(Aus: NATIONAL GEOGRAPHIC DEUTSCHLAND, September 2004. S. 102)

1 Erkläre, wie der Autor über seinen Besuch in einem Indianerreservat berichtet und welche Wirkung er damit erzielt. Achte auch auf die Tempusformen, die der Autor verwendet.

2 Wie stellt der Autor die heutige Situation der nordamerikanischen Indianer dar?

3 Vergleiche den vorliegenden Text mit einem der anderen dir aus dem Unterricht bekannten Texte über Begegnungen mit Indianern. Wähle für deinen Vergleich zwei Vergleichsgesichtspunkte aus.

Einen Sachtext untersuchen

Aufgabe 1

Der Autor vermittelt Tatsachen und Hintergrundinformationen, aber auch persönliche Eindrücke und Urteile. Durch die Wahl des Präsens und durch die wörtliche Rede vermittelt er dem Leser das Gefühl, dabei gewesen zu sein. Dazu trägt auch die anschauliche Beschreibung der Landschaft zu Beginn des Textes bei. Diese weckt außerdem die Neugier des Lesers, ebenso wie die Vorausdeutung „gutes Omen" (Z. 6 f.).

Aufgabe 2

Der Leser erkennt, dass das gegenwärtige indianische Leben durch viele (soziale) Probleme wie extreme Armut, Arbeitslosigkeit und eine hohe Selbstmordrate erschwert wird. Gleichzeitig wird dem Leser aber auch ein positives Bild, was die Zukunftsaussichten der Indianer angeht, vermittelt. So gibt beispielsweise die ausführlich beschriebene Rückkehr der Wildtiere (vgl. Z. 1–31) Grund zur Hoffnung. Der Autor erkennt trotz der aktuellen (sozialen) Probleme innerhalb der Reservationen Anzeichen für eine positive zukünftige Entwicklung („Geist der Erneuerung und Hoffnung", Z. 34), welche ihn zuversichtlich stimmen.

Aufgabe 3

Individuelle Aufgabe; als mögliche Vergleichsgesichtspunkte bieten sich z. B. an:

- Einstellung der Verfasser zu den Indianern und ihrer Kultur,
- Textart und sprachliche Gestaltung,
- Entstehungszusammenhang des Textes.

Einem Sachtext Informationen entnehmen und diese bewerten

Reiner Crummenerl
Leben in der Reservation

Heute sind die Reservationen keine Zwangslager mehr. Zäune oder Kontrollstellen gibt es nicht. Jeder kann kommen und gehen, wann er will. Viele, die Arbeit haben, verlassen tagsüber Indianerland, wie man Reservationen heutzutage häufig nennt. Sie verdienen sich in einer benachbarten Stadt ihren Lebensunterhalt.

Natürlich wohnen die Indianer unserer Tage meist nicht mehr im Wigwam oder Tipi, sondern in Baracken oder auch modernen Fertigteilhäusern wie die Weißen. Auf den Dächern erheben sich Fernsehschüsseln und das Pferd ist vom Auto verdrängt worden. Wie überall im Land haben in den Reservationen auch Supermärkte und Schnellrestaurants eröffnet. Nur liegen die Preise deutlich höher als anderswo. Dabei sind die meisten Reservationsbewohner arm.

Die Kinder besuchen heute von klein auf Schulen, in denen sie auch in ihrer eigenen Sprache unterrichtet werden. Wenn sie begabt sind und ernsthaft lernen, können sie später vielleicht sogar eine Universität besuchen. Mitunter, wie in Many Farms bei den Navajo, brauchen sie dazu nicht einmal die Reservation zu verlassen.

Überhaupt versuchen die Navajo grundsätzlich sich selbst zu helfen und zu verwalten. Vor etlichen Jahren entdeckten weiße Ingenieure Erdgas und Erdöl im Monument Valley, also auf dem Gebiet der Navajo. Seit diese Bodenschätze gefördert werden, fließt ständig Geld in die Kasse des Stammes. Ein demokratisch gewähltes Navajoparlament entscheidet, wie es verwendet wird.

Mithilfe dieser Mittel entstanden mehrere Industriebetriebe in der Reservation. Sie wurden an verschiedene Firmen verpachtet. Diese Unternehmen, so ist es vereinbart, beschäftigen fast ausnahmslos Navajo. In einem Werk für elektronische Geräte hatten die 800 Navajobeschäftigten anfangs ziemliche Probleme, weil in ihrer Sprache wichtige Fachausdrücke fehlten. Also hat man sie geschaffen. Seitdem wird in der Navajosprache beispielsweise „Aluminium“ mit „glänzendes Metall“ und „Oszillator“ mit „Tunnel“ übersetzt.

Den Navajoarbeitern geht es heute wirtschaftlich recht gut. Aber auch den Bauern und Viehzüchtern nützt die industrielle Tätigkeit des Stammes. Ein Teil des eingenommenen Geldes floss in große Bewässerungsprojekte.

Aus: Reiner Crummenerl: Die Indianer. Ihre Geschichte, ihr Leben, ihre Zukunft, Arena Verlag, Würzburg 2002, S. 107–109)

1 Entscheide, welche der folgenden Aussagen zutreffen, und korrigiere die falschen Aussagen:

a) Der Autor vermittelt insgesamt einen positiven Eindruck vom Leben heutiger Indianer.
b) Der Text enthält viele Informationen über den Stamm der Sioux.
c) Viele Indianer in den Reservationen führen heute noch ein traditionelles Leben.
d) Es gibt in den Reservationen eine indianische Selbstverwaltung.
e) In den Reservations-Schulen wird nur auf Englisch unterrichtet.

2 Stelle in einer Tabelle stichwortartig die Informationen zusammen, die der Autor in den sechs Absätzen jeweils gibt.

3 Erkläre, wie der Autor versucht, einen positiven Eindruck vom Leben heutiger Indianer zu vermitteln, und beurteile, ob es ihm gelingt, den Leser zu überzeugen.

Bewertungsbogen zur Leistungsüberprüfung/Klassenarbeit

Name:	
Schulhalbjahr/Datum:	
Klasse:	
Fachlehrer/in:	
Thema der Unterrichtsreihe:	Länder, Völker, Abenteuer – Menschen begegnen einer fremden Kultur
Thema der Klassenarbeit:	Einem Sachtext Informationen entnehmen und diese bewerten
Aufgaben:	s. Arbeitsblatt 6

A Inhaltliche Leistungen

Aufgabe 1

		maximale Punktzahl	erreichte Punktzahl
1	Du kennzeichnest die zutreffenden Aussagen: a) Der Autor vermittelt insgesamt einen positiven Eindruck vom Leben heutiger Indianer. d) Es gibt in den Reservationen eine indianische Selbstverwaltung.	4	
2	Du korrigierst die falschen Aussagen, indem du die richtigen Informationen nennst, z. B.: b) Der Text enthält viele Informationen über den Stamm der Navajo. c) Viele Indianer in den Reservationen führen heute ein modernes Leben. e) In den Reservations-Schulen wird auf Englisch und in der Navajo-Sprache unterrichtet.	6	
	Gesamtpunktzahl für Aufgabe 1	**10**	

Aufgabe 2

	Du nennst zu jedem Absatz die wichtigsten Informationen, z. B.:	maximale Punktzahl	erreichte Punktzahl
1	Absatz 1: Viele Indianer arbeiten außerhalb der Reservationen./Jeder kann die Reservation verlassen.	4	
2	Absatz 2: Sie wohnen nicht mehr in Zelten, sondern haben eine moderne Lebensweise (Supermärkte, Autos etc.), auch wenn viele Indianer arm sind.	4	
3	Absatz 3: Es gibt indianische Schulen und Universitäten in den Reservationen.	2	
4	Absatz 4: Es gibt eine indianische Selbstverwaltung, Bodenschätze bringen dem Stamm Geld ein.	4	
5	Absatz 5: Industriebetriebe und Arbeitsplätze in den Reservationen wurden geschaffen, neue Fachausdrücke in den Indianersprachen mussten gefunden werden.	4	
6	Absatz 6: Indianischen Arbeitern und Bauern geht es besser als früher.	2	
	Gesamtpunktzahl für Aufgabe 2	**20**	

Aufgabe 3

		maximale Punktzahl	erreichte Punktzahl
1	Du erklärst, wie der Autor versucht, einen positiven Eindruck vom Leben heutiger Indianer zu vermitteln, z. B.: • inhaltlich: Betonung der Fortschritte, z. B. Bildungsmöglichkeiten, Arbeitsplätze, Rohstoffe, Selbstverwaltung; • sprachlich: positive Formulierungen (z. B. „fließt ständig Geld in die Kasse des Stammes", Z. 30).	10	
2	Du beurteilst, ob es ihm gelingt, den Leser zu überzeugen, z. B.: • zustimmend: differenziertes Bild, das auch negative Aspekte und notwendige Entwicklungen berücksichtigt, viele nachprüfbare Fakten und Beispiele; • abwägend: positive Darstellung überzeugt, aber die Frage bleibt offen, für wie viele der Navajo dies wirklich zutrifft; • ablehnend: Darstellung wirkt zu positiv, Schwierigkeiten werden nur kurz erwähnt.	10	
	Gesamtpunktzahl für Aufgabe 3	**20**	

A	**Gesamtpunktzahl**	**50**	

B Darstellungsleistungen

		maximale Punktzahl	erreichte Punktzahl
1	Du formulierst angemessen und genau.	10	
2	Deine Rechtschreibung, Grammatik und Zeichensetzung sind sicher.	15	

B	**Gesamtpunktzahl**	**25**	

Gesamtpunktzahl A und B	**75**

Die Klassenarbeit wird mit der Note

bewertet.

Zuordnung der Punkte zu den Notenstufen

Note	Punkte
sehr gut	75–66
gut	65–56
befriedigend	55–46
ausreichend	45–36
mangelhaft	35–15
ungenügend	14–0

Einen Sachtext untersuchen und bewerten (1)

Thomas Jeier (geb. 1947)
Indianerland

Die Hochprärie im östlichen Montana[1]. Ein weiter Ozean aus Büffelgras und Salbei. Die Reifen unsres Wagens summen über die Interstate[2] 90, ein endloses Band unter dem weiten Himmel. Indianerland. Selbst die Wolken sehen hier anders aus, die Kontraste sind stärker, und in der Einsamkeit glaubt man den Geistern der Indianer nahe zu sein. In einer romantisch gelegenen Senke der Northern Cheyenne Reservation findet das „Northern Cheyenne Pow-wow" statt.
Pow-wows sind farbenprächtige Stammestreffen, zu denen Indianer aus den ganzen USA eingeladen sind. Die Feste gingen aus den religiösen und familiären Zeremonien[3] einzelner Stämme hervor und entwickelten sich zu einer Mischung aus Tanzwettbewerb, Familientreffen und heiterem Jahrmarkt. Viele Indianer reisen zu einem Pow-wow, um die alten Zeiten wiederzubeleben.
Jedes Pow-wow beginnt mit einem Grand Entry. Zum rhythmischen Klang der Trommeln kündigt der Master of Ceremonies den Einzug aller Tänzer und Tänzerinnen an.
Farbenprächtige Federn schmücken ihre Kostüme mit traditionellen und fantasievollen Mustern. Hohe Geldpreise warten auf die besten Tänzer in den verschiedenen Disziplinen. Die Wollfransen an den Kostümen der Grass Dancers wogen, mit ihren Bewegungen drückten ihre Vorfahren im 19. Jahrhundert das wuchernde Präriegras für die anderen Tänzer platt. Die Traditional Dancers tanzen wie ihre Vorfahren im 19. Jahrhundert. Das Pow-wow der Northern Cheyenne gehört zu den überschaubaren Familienfesten, am größten und auch sehr berühmt ist die Crow Nation Fair, die jedes Jahr am dritten August-Wochenende in der Nähe von Crow Agency, Montana, stattfindet.
Darrell Norman und Leon A. Rattler, beides Künstler, die wir auf der Blackfeet Reservation in Browning treffen, profitieren von den Besuchern, die das Museum of the Plains Indian am Stadtrand besuchen. Dort wird die Geschichte der Blackfeet gezeigt [...]. Das Öl, das in ihrem Reservat gefunden wurde, hält den Stamm über Wasser, und das Museum zieht Besucher an, obwohl Browning nicht gerade zu den schönsten Orten in Montana gehört. [...]
„Was immer bleiben wird, ist das Land", sagt Darrell Norman. Die endlose Weite der Hochprärie, die Berge der Rocky Mountains, die einstigen Jagdgründe der Blackfeet, Sioux und Cheyenne. Ein Land, das verzaubert, weil man es mit dem Herzen fühlen kann. Wie die Indianer, die diesen heiligen Boden noch heute verehren. Mutter Erde. Selbst die Steine sind in dieser Einsamkeit lebendig und erzählen von der großen Zeit der Indianer, als noch endlose Büffelherden über die weiten Ebenen donnerten. Wenn man den Wagen am Straßenrand parkt und zum Horizont blickt und dann die Augen schließt, kann man sie noch immer sehen.

(2005)

(Aus: Thomas Jeier: Indianerland; in: America Journal Heft 1/2005. S. 18–21, hier S. 20)

[1] **Montana:** Teilstaat der USA
[2] **Interstate:** Bundesstraße
[3] **Zeremonie:** feierliche, an bestimmte Regeln gebundene Handlung

1 Erkläre, was Pow-wows sind und wie sie ablaufen.

2 Beschreibe die Atmosphäre oder Stimmung, die im ersten (Z. 1–7) und im letzten Absatz (Z. 45–57) des Textes deutlich wird. Wähle hierfür passende Adjektive aus.

3 Nimm begründet Stellung zu der Frage, ob du, nachdem du den Text „Indianerland" gelesen hast, den dort beschriebenen Teil der USA bereisen möchtest oder nicht.

Bewertungsbogen zur Leistungsüberprüfung/Klassenarbeit

Name:	
Schulhalbjahr/Datum:	
Klasse:	
Fachlehrer/in:	
Thema der Unterrichtsreihe:	Länder, Völker, Abenteuer – Menschen begegnen einer fremden Kultur
Thema der Klassenarbeit:	Einen Sachtext untersuchen und bewerten
Aufgaben:	s. Arbeitsblatt 7

A Inhaltliche Leistungen

Aufgabe 1

		maximale Punktzahl	erreichte Punktzahl
1	Du erklärst zutreffend, was ein Pow-wow ist (vgl. Z. 10–17 im Text): ein „farbenprächtiges Stammestreffen", ein „Tanzwettbewerb", aber auch „Familientreffen" und „Jahrmarkt", entstanden aus religiösen und familiären Traditionen.	5	
2	Du erklärst zutreffend, wie ein Pow-wow abläuft (vgl. Z. 18–29 im Text), z. B.: ● Beginn: „Grand Entry", der „Master of Ceremonies" kündigt den Einzug der Teilnehmer an, ● verschiedene Tanzvorführungen in unterschiedlichen Disziplinen, z. T. an alten Traditionen orientiert, ● die besten Tänzer werden ausgewählt und erhalten Preise.	10	
	Gesamtpunktzahl für Aufgabe 1	**15**	

Aufgabe 2

		maximale Punktzahl	erreichte Punktzahl
1	Du wählst Adjektive aus und erklärst an diesen die Atmosphäre/Stimmung im ersten Absatz des Textes, z. B.: ● träumerisch („in der Einsamkeit glaubt man den Geistern der Indianer nahe zu sein"), ● begeistert („ weiter Ozean", „die Kontraste sind stärker").	5	
2	Du wählst Adjektive aus und erklärst an diesen die Atmosphäre/Stimmung im letzten Absatz des Textes, z. B.: ● emotional („Ein Land, das verzaubert"), ● sentimental („erzählen von der großen Zeit der Indianer, als noch endlose Büffelherden über die weiten Ebenen donnerten").	5	
	Gesamtpunktzahl für Aufgabe 2	**10**	

Aufgabe 3

		maximale Punktzahl	erreichte Punktzahl
1	Du nimmst begründet zu der Frage Stellung, ob du, nachdem du den Text „Indianerland“ gelesen hast, den beschriebenen Teil der USA bereisen möchtest oder nicht.	15	
	Gesamtpunktzahl für Aufgabe 3	**15**	
A	**Gesamtpunktzahl**	**40**	

B Darstellungsleistungen

		maximale Punktzahl	erreichte Punktzahl
1	Du formulierst mit sicherem Wortschatz und Satzbau.	5	
2	Du drückst dich angemessen und genau aus.	5	
3	Deine Rechtschreibung, Grammatik und Zeichensetzung sind sicher.	10	
B	**Gesamtpunktzahl**	**20**	
	Gesamtpunktzahl A und B	**60**	

Die Klassenarbeit wird mit der Note

bewertet.

Datum Unterschrift

Zuordnung der Punkte zu den Notenstufen

Note	Punkte
sehr gut	60–55
gut	54–48
befriedigend	47–40
ausreichend	39–31
mangelhaft	30–11
ungenügend	10–0

Einen Sachtext untersuchen und bewerten (2)

Stefan Nink
Unruhe im Pferdekopf

Die Black Hills in South Dakota sind für die Lakota-Indianer heiliges Land, um das sie seit mehr als 130 Jahren kämpfen müssen.

Für einen Moment verharrt der Zeigefinger in der Luft, dann fällt er wie eine Kriegslanze auf die Karte, die schon ganz verblasst und unleserlich geworden ist nach all den Zeigefingern der letzten Jahre. Wie oft hat er das Leid seines Volkes schon an der Wandkarte markiert? Viel zu viele Male. So oft, dass er sie mit geschlossenen Augen findet, die Grenzlinien, die Umrisse des Reservats, die heiligen Berge. Jedem wird er sie zeigen, bis das Unrecht getilgt ist. Edgar Bare Runner stößt erneut zu, der Zeigefinger markiert einzelne Punkte, hier und da und dort oben, und dann fährt er sanft einen Kreis, der die Punkte verbindet: „Das ist Great Sioux Land. Vertraglich zugesichert. Und die Hügel liegen mittendrin." [...]
Es wäre auch ohne Wegbeschreibung nicht schwer, die Black Hills zu finden. Ihre dunkle Silhouette[1] ist die einzige topografische Abwechslung in einem Staat, der sich gerne mit dem Attribut „almost too much sky"[2] schmückt. Wenn man mehr als hundert Meilen bis zum Horizont schauen kann und das in alle Richtungen, fällt eine sich plötzlich auftürmende Gebirgskette schon ins Auge. Die Black Hills sind die höchsten Gipfel zwischen den Rockies[3] und den Alpen, 200 auf 100 Kilometer voller Kalksteinkluften[4] und Zackenkämme. [...]
Heute könnte man auch einfach den Reklametafeln folgen, die am Straßenrand stehen. Die Black Hills gehören zu den beliebtesten Freizeitregionen in diesem Teil der USA [...]. 600 Millionen Dollar Gewinn bringt der Trubel jährlich in die Staatskasse – die Region ist eine der Haupteinnahmequellen für South Dakota. Und genau da liegt das Problem. Die Black Hills gehören dem Staat nämlich nicht, zumindest wenn man den Lakota glaubt, einem Teil der Sioux-Familie, die das Gebiet für sich beanspruchen. [...]
Abseits der touristischen Wege sieht es hier wirklich so aus, als habe der Große Geist[5] ein landschaftliches Ersatzteillager für den Westen der USA zusammengetragen: wilde Ströme, dichte Wälder, schroffe Klippen und weite Grasebenen [...]. Auf den Ebenen des Custer State Parks weiden Büffelherden, immer wieder springen Rehe über die Straße. Und wenn man durch das verzweigte Höhlensystem des Cave National Park kraxelt [...], kann man nachvollziehen, weshalb sie ihre Ansprüche so vehement vertreten[6].

(2006)

(Aus: Stefan Nink: Unruhe im Pferdekopf; in: Süddeutsche Zeitung Nr. 119, 24./25. Mai 2006, S. V2/1)

[1] **Silhouette:** von einem helleren Hintergrund sich abhebender dunklerer Umriss
[2] **„almost too much sky":** (Englisch) fast zu viel Himmel
[3] **Rockies:** die Rocky Mountains, Gebirgskette in den USA
[4] **Kluften:** Spalten zwischen den Felsen
[5] **der Große Geist:** Anspielung auf die indianische Religion mit einem Glauben an einen „Großen Geist"
[6] **vehement:** energisch

1 Fasse die Informationen über das Gebiet der Black Hills zusammen und mache deutlich, welchen Eindruck von diesem Gebiet der Leser erhält.

2 Nenne Merkmale einer Reisereportage und erkläre an Beispielen aus dem Text, warum dieser Text eine Reisereportage ist.

3 Nimm begründet Stellung zu der Frage, ob du das beschriebene Gebiet selbst einmal bereisen möchtest.

Bewertungsbogen zur Leistungsüberprüfung/Klassenarbeit

Name:	
Schulhalbjahr/Datum:	
Klasse:	
Fachlehrer/in:	
Thema der Unterrichtsreihe:	Länder, Völker, Abenteuer – Menschen begegnen einer fremden Kultur
Thema der Klassenarbeit:	Einen Sachtext untersuchen und bewerten
Aufgaben:	s. Arbeitsblatt 8

A Inhaltliche Leistungen

Aufgabe 1

		maximale Punktzahl	erreichte Punktzahl
1	Du fasst die Informationen, die der Text über das Gebiet der Black Hills enthält, zusammen, z. B.: • Landschaft insgesamt eher flach, weite Sicht, • Black Hills (Gebirgskette) bietet Abwechslung, weithin sichtbar, • Black Hills höchste Berge im Mittleren Westen der USA, • viele Reklametafeln, beliebte Freizeitregion, Einnahmen für den Staat South Dakota, • Streit um Besitzansprüche zwischen Staat und Indianern, • Stamm der Lakota-Sioux beansprucht das Gebiet, • abseits der touristischen Wege abwechslungsreiche Landschaft und Tiere (Büffel, Rehe).	10	
2	Du machst deutlich, welchen Eindruck der Leser von diesem Gebiet erhält, z. B.: • faszinierende Landschaft, • abwechslungsreich, • große Bedeutung für die Indianer, beliebtes Gebiet, • insgesamt eher positiv.	5	
	Gesamtpunktzahl für Aufgabe 1	**15**	

Aufgabe 2

		maximale Punktzahl	erreichte Punktzahl
1	Du nennst Merkmale einer Reisereportage, z. B.: • Tatsachen- und Hintergrundinformationen, • persönliche Eindrücke und Urteile des Autors, • Leser bekommt das Gefühl, dabei gewesen zu sein, • Neugier wird am Anfang geweckt, • wörtliche Rede, • Atmosphäre/Stimmung durch anschauliche Beschreibungen und treffende Adjektive.	5	

2	Du erklärst an passenden Beispielen, warum der Text eine Reisereportage ist. Dabei beziehst du dich auf die von dir genannten Merkmale, z. B.: • zahlreiche Informationen über das Gebiet der Black Hills (vgl. Aufgabe 1), • Aussagen in wörtlicher Rede bereits im ersten Absatz, • anschauliche Beschreibung zu Beginn, weckt Neugier, wirkt zunächst etwas rätselhaft, • persönliche Eindrücke des Autors werden deutlich („kann man nachvollziehen“, Z. 47).	10	
	Gesamtpunktzahl für Aufgabe 2	**15**	

Aufgabe 3

		maximale Punktzahl	erreichte Punktzahl
1	Du nimmst begründet Stellung zu der Frage, ob du das beschriebene Gebiet selbst einmal bereisten möchtest, z. B.: • zustimmend: viele Aktivitäten möglich, Tierbeobachtung, beliebte Freizeitregion, faszinierende Landschaft, • ablehnend: zu viele Touristen, Geschäftemacherei, zum Teil eintönige Landschaft.	10	
	Gesamtpunktzahl für Aufgabe 3	**10**	
A	**Gesamtpunktzahl**	**40**	

B Darstellungsleistungen

		maximale Punktzahl	erreichte Punktzahl
1	Du formulierst mit sicherem Wortschatz und Satzbau.	5	
2	Du drückst dich angemessen und genau aus.	5	
3	Deine Rechtschreibung, Grammatik und Zeichensetzung sind sicher.	10	
B	**Gesamtpunktzahl**	**20**	

Gesamtpunktzahl A und B		**60**	

Die Klassenarbeit wird mit der Note ______ **bewertet.**

Datum Unterschrift

Zuordnung der Punkte zu den Notenstufen

Note	Punkte
sehr gut	60–55
gut	54–48
befriedigend	47–40
ausreichend	39–31
mangelhaft	30–11
ungenügend	10–0

Leistungsüberprüfung – Selbstevaluation – Klassenarbeit

1. **Einem Sachtext Informationen entnehmen und diese bewerten**
   Text: Reiner Crummenerl: Leben in der Reservation
   (Arbeitsblatt 6, S. 225, Bewertungsbogen 6, S. 226 f.)

2. **Einen Sachtext untersuchen und bewerten (1)**
   Text: Thomas Jeier: Indianerland
   (Arbeitsblatt 7, S. 228, Bewertungsbogen 7, S. 229 f.)

3. **Einen Sachtext untersuchen und bewerten (2)**
   Text: Stefan Nink: Unruhe in Pferdekopf
   (Arbeitsblatt 8, S. 231, Bewertungsbogen 8, S. 232 f.)

Bänkelsänger, Moritaten und Balladen
(S. 190–219)

Vorüberlegungen zur Einheit

Die Einheit bietet den Schülerinnen und Schülern einen Einblick in die Entstehungsgeschichte der Balladen, macht sie mit Moritaten vertraut (Thematik, Aufbau und Vortragskunst) und bietet ihnen einen Überblick über historische Balladen und Schauerballaden. Dabei werden einerseits die Motivvorlagen der Autoren und deren künstlerische Überarbeitung in den Blick genommen, um der Intention der Balladen auf den Grund zu gehen. Andererseits werden der überaus kunstvolle Aufbau der Balladen in den Blick genommen und Möglichkeiten der Textanalyse vorgestellt. Abgerundet wird dieser Überblick durch mehrere Möglichkeiten, Moritaten und Balladen effektvoll und der Vorlage entsprechend zum Vortrag zu bringen.

Im Einzelnen geht es in der Einheit um folgende Kompetenzen:
- Herkunft und Bedeutung des Begriffs Moritat erkennen,
- Vortragsweise von Moritaten einüben,
- Intention des Vortrags von Moritaten erkennen,
- verschiedene Formen der Textart Ballade unterscheiden (historische Ballade und Schauerballade),
- Vorlage und künstlerische Umsetzung vergleichen,
- Inhalte zusammenfassen und Textpassagen fragengestützt analysieren,
- epische, lyrische und dramatische Elemente unterscheiden,
- einen Text effektvoll und textangemessen vortragen.

Das Angebot wird für die Schülerinnen und Schüler mit einigen Projektideen abgerundet, die das in der Einheit erworbene bzw. aufgefrischte Wissen für Ideen nutzbar machen, die über den üblichen Rahmen des Unterrichts hinausgehen und aufgrund der jeweils angestrebten Präsentation für sie auch reizvoll sein sollten.
Mithilfe der Auftaktdoppelseite (S. 190–191) kann auf die Vorerfahrungen der Schülerinnen und Schüler zurückgegriffen und ein allgemeiner Einstieg in die Thematik vorgenommen werden.

Aufgabe 1
S. 191

Die von den Schülerinnen und Schülern vorgebrachten Informationen können entweder unkommentiert als allgemeiner Erfahrungsaustausch zur Kenntnis genommen oder gleich systematisch gesammelt werden, indem sie nach Titeln und Autoren, Merkmalen und Zusammenhängen, in denen sie davon gehört haben, geordnet werden. Auf diese Erstinformationen und -eindrücke kann später wieder zurückgegriffen werden.

Aufgabe 2
S. 191

Die Abbildungen geben Aufschluss über bekannte Balladendichter (Johann Wolfgang von Goethe, Annette von Droste-Hülshoff und Theodor Fontane), über die Art und Weise des Vortrags (historische Form des öffentlichen Bänkelsang-Vortrags, moderne Form des öffentlichen Bänkelsang-Vortrags und moderne Form der digitalen Wiedergabe von Balladen) sowie über die Tatsache, dass zahlreiche Moritaten und Balladen auch vertont wurden.

Aufgabe 3
S. 191

Insbesondere wenn noch Großeltern befragt werden können, werden die Schülerinnen und Schüler häufig erstaunt feststellen, dass in früheren (Schul-)Zeiten noch viele Balladen auswendig gelernt werden mussten. Außerdem kann auf diese Weise schon ein kleiner Fundus an Balladentiteln gesammelt werden, auf den im Laufe der unterrichtlichen Beschäftigung mit dem Thema noch zurückgegriffen werden kann.

Didaktische Aufbereitung der Unterkapitel

Moritat und Bänkelsang (S. 192–194)

„Sabinchen war ein Frauenzimmer ...“ (S. 192–193)
Bei diesem Text handelt es sich nicht um ein Bänkellied im eigentlichen Sinne, sondern um eine von vielen Parodien auf dieses Genre, die vor allem Mitte des 19. Jahrhunderts entstanden und sich großer Beliebtheit erfreuten. Das Original ist eine moralisierende Ballade, in der nicht in persona des Schusters das Schusterhandwerk diskreditiert wird (vgl. die letzte Strophe), sondern in der allgemein vor einem Diebstahl und seinen Folgen gewarnt wird. Die diminutive Form „Sabinchen“ gibt es in der Vorlage nicht, dort heißt die Protagonistin „Sabine“.

Aufgabe 1 S. 193
Die Aufgabe dient der Übung einer inhaltlichen Zusammenfassung und soll sicherstellen, dass die Moritat auch in allen Einzelheiten wahrgenommen wurde.

Aufgabe 2 S. 193
Den Schülerinnen und Schülern wird auffallen, dass der wesentliche Inhalt der einzelnen Strophen in den Bildern dargestellt wird. Eine unmittelbare Zuordnung zu einzelnen Strophen erfolgt dabei nicht. (Zur ersten Strophe gehören die ersten beiden Bilder, zum siebten Bild gehören die Strophen sieben und acht, der letzten Strophe kann kein Bild zugeordnet werden.)
Dem Sachtext können die Lernenden entnehmen, dass die Geschichten früher häufig durch große Schautafeln mit kleinen Bilderfolgen oder durch Bildheftchen illustriert wurden.

Aufgaben 3 und 4 S. 193
Die Geschichte ist einerseits inhaltlich sehr drastisch und wird auch sprachlich entsprechend drastisch dargestellt. Auf der anderen Seite wird dies durch die Art und Weise der bildlichen Darstellung und den musikalischen Vortrag mit seinem parodistischen Grundton wieder abgemildert. Die in Form von Sprichwörtern formulierte Moral hat unverkennbar belehrenden Charakter. Es ist an dieser Stelle möglich, auf die Einheit „In Bildern sprechen – Metaphorischer Sprachgebrauch“ zurückzugreifen, in der es auch um Redensarten wie „Der Krug geht so lange zum Wasser, bis er bricht“ (i. S. v.: Jedes Unrecht wird einmal bestraft) geht (vgl. die Schlussverse der Moritat).

Bänkelsang und Moritat (S. 193–194)

Aufgabe 1 S. 194
Vorschlag für eine **Mindmap**:

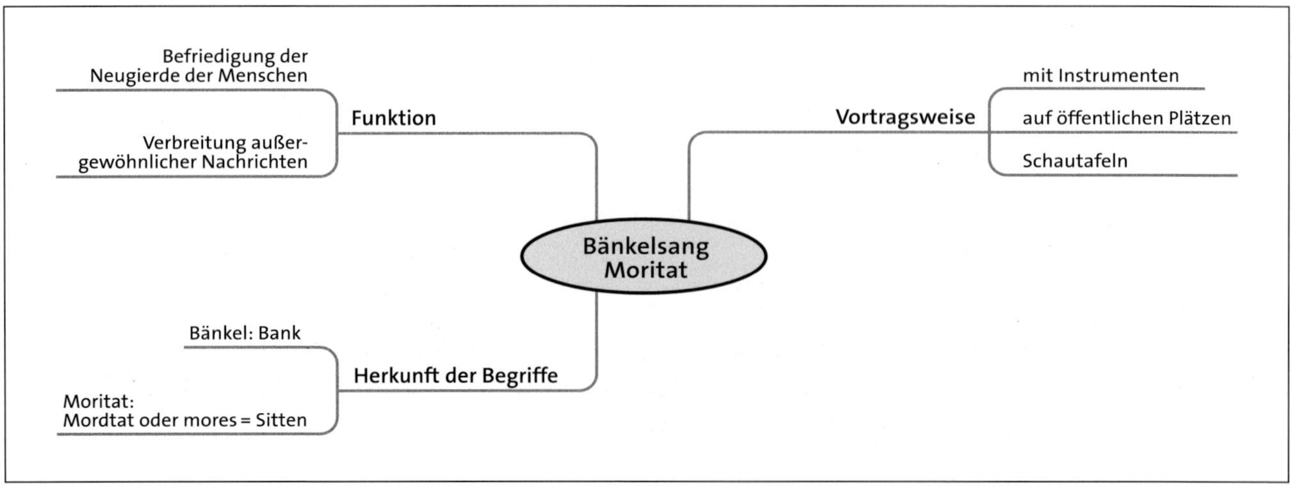

Aufgabe 2
S. 194

Die vordergründige Botschaft des ersten Teils der Moral wird von den Schülerinnen und Schülern sicherlich hinterfragt werden, kann so auch nicht stehen bleiben, weil damit ein ganzer Berufsstand in Misskredit gerät. Der zweite Teil der Botschaft gibt einen Hinweis darauf, dass es häufig Schwächen – etwa bei menschlichen Beziehungen – gibt, die unser besonderes Augenmerk verdienen. Dazu bedarf es einer Auflösung der Redensart etwa in diesem Sinne: Jedes Unrecht wird einmal bestraft.

Aufgabe 3
S. 194

An dieser Stelle kann auf die Ergebnisse der ersten Befragung (siehe Auftaktdoppelseite) zurückgegriffen werden. Die Suche im Internet mithilfe einer Suchmaschine (Suchbegriffe: Bänkelsang, Bänkelsänger oder Moritat) ist in aller Regel sehr ertragreich.

Aufgabe 4
S. 194

Es empfiehlt sich, die Bilder in Kleingruppen durch die Schüler selbst besprechen zu lassen. Die notwendigen Kriterien sollten vorab im Unterricht erarbeitet werden (Klarheit und Eindringlichkeit der Darstellung, Konzentration auf ein Ereignis u. a.).

Aufgabe 5
S. 194

Den Schülern werden sicherlich die gängigen Medien wie Fernsehen, Radio, Zeitung und Internet geläufig sein. Allerdings dürfen auch die Möglichkeiten der Telekommunikation (SMS per Handy) und der unmittelbaren Kommunikation (Klatsch und Tratsch) nicht außer Acht gelassen werden. Bei der raschen Verbreitung von Informationen und Gerüchten spielen soziale Netzwerke darüber hinaus eine besondere Rolle. Die übertriebene Darstellung in den Bänkelliedern erinnert zudem an Darstellungsweisen in der Boulevardpresse.

Aufgabe 6
S. 194

Die Schülerinnen und Schüler können auf Kompetenzen aus dem letzten Schuljahr (Thema: Berichten) zurückgreifen. Möglich ist es auch, dass sie sich vorab durch die Lektüre entsprechender Zeitungen/Zeitungsartikel mit der jeweiligen Art und Weise der Darstellung vertraut machen und ihre Artikel analog verfassen. Eine einfachere Form der Erarbeitung kann darin bestehen, lediglich nach entsprechenden Schlagzeilen zu suchen, wie sie einem Artikel in der Tageszeitung bzw. der Boulevardpresse vorangestellt sein könnten.

Aufgabe 7
S. 194

Die Präsentation von erarbeiteten Informationen und Anschauungsmaterial sollte immer wieder geübt werden. Sie ist eine wichtige Vorbereitung für den Aufgabentyp „materialgestützt einen Text verfassen".

Mithilfe des **Arbeitsblattes 1, S. 250** können die Schüler ihre erworbenen Kenntnisse überprüfen. Dabei handelt es sich um ein Erzählgedicht aus dem 20. Jahrhundert, das deutliche Merkmale einer Moritat bzw. eines Bänkellieds aufweist (Bezug zu einem historischen Ereignis, dramatisches Geschehen/Mordtat, moralisierende Lehre am Schluss, einfache Strophenform, die vertont werden könnte ...).

„Tand, Tand ist das Gebilde ..." – Historische Balladen (S. 195–203)

Im Mittelpunkt dieses Unterkapitels stehen Balladen, die in poetisch-realistischer Weise auf ein historisches Ereignis Bezug nehmen.

Theodor Fontane: Die Brück' am Tay (28. Dezember 1879) (S. 195–196)

Aufgabe 1
S. 196

Dieses ist eine mögliche inhaltliche Gliederung, die in sprachlich verkürzter Form auch an der **Tafel** oder auf Plakaten festgehalten werden kann:

Abschnitt	Perspektive	Inhalt
V. 1–16	drei Geister	Die drei Geister verabreden sich, die Brücke zur siebten Stunde zu zerstören.
V. 17–32	Brückner/ Zug	Die „Brücknersleut“ erwarten angesichts des schlechten Wetters voller Ungeduld die Ankunft des Zuges und gleichzeitig damit auch die Ankunft ihres Sohnes Johnie. Der personifizierte Zug zeigt sich zuversichtlich, dem schlechten Wetter zu trotzen.
V. 33–48	Johnie	Johnie muss den Dampfkessel des Zuges heizen, erinnert sich an die frühere mühsame Fahrt über den Tay in einem Boot und ist zuversichtlich, die Fahrt über die Brücke zu schaffen.
V. 49–56	Brückner	Die Brückner sehen das Unglück, den in die Tiefe stürzenden Zug.
V. 57–67	drei Geister	Die drei Geister verabreden ein neuerliches Treffen, nachdem sie die Brücke zerstört haben.

TAFELBILD

Eine Sicherung des Inhalts kann auch erfolgen, indem die Schülerinnen und Schüler zunächst mithilfe des **Arbeitsblattes 2, S. 252 f.** die verwürfelten Strophen in die richtige Reihenfolge bringen und dann in Partnerarbeit eine Gliederung (s. o.) erstellen.

Aufgabe 2 S. 196

Die unterschiedlichen Perspektiven erlauben einen Einblick in die jeweilige Motivlage und die emotionale Befindlichkeit der handelnden Personen bzw. der Geister. Einerseits existiert die Zuversicht bei Johnie, andererseits die Sorge bei den Eltern und der Wille zur Zerstörung bei den Geistern. Die konkurrierenden Perspektiven verleihen dem Erzählten Tiefe und erzeugen Spannung.

Aufgabe 3 S. 196

Das bange Warten der Eltern wird u. a. durch die Wiederholung der Verse „ohne Rast und Ruh/Und in Bangen“ (V. 19 f. u. 51 f.) – gleichzeitig Alliteration! – und die vordergründige Zuversicht des Vaters „Das muss er sein […]“ (V. 26 ff.), aber auch durch den Kontrast mit den tatsächlichen Ereignissen („als ob Feuer vom Himmel fiel'“ (V. 54)) deutlich gemacht. Die Zuversicht des Sohnes wird deutlich durch das Vertrauen auf die moderne Technik („Ein fester Kessel, ein doppelter Dampf, […] Wir kriegen es unter, das Element“, V. 37 ff.), den Rückblick auf die als elend empfundene Zeit des Fährbetriebs (vgl. V. 43 f.) und die vom personifizierten Zug direkt ausgesprochene Zuversicht (vgl. V. 22 ff.). Die Geister erwecken allein durch ihr „Auftreten“ und die Art und Weise ihres „Sprechens“ einen unheimlichen Eindruck.

Aufgabe 4 S. 196

Die Anapher „und“ verdeutlicht noch zusätzlich die Atmosphäre gespannter Erwartung der unheilvollen Ereignisse und den schnellen, unaufhaltsamen Ablauf des Geschehens. Die bevorstehende Katastrophe scheint unausweichlich.

Aufgabe 5 S. 196

Die Spannung der Handlung wird deutlich bis zum unheilvollen Unglück aufgebaut, der erste und der letzte Abschnitt der Ballade übernehmen dabei die Funktion eines Prologs bzw. Epilogs. Die einzelnen Akteure äußern ihre Empfindungen im Monolog wie der Sohn oder im Dialog wie der Vater. Auch die drei Geister tauschen sich im Gespräch aus. Möglich ist an dieser Stelle auch, den Spannungsverlauf mithilfe einer Kurve zeichnen zu lassen. Zu den in Aufgabe 1 bestimmten Textabschnitten können die Schüler einzelne kleine Bilder malen, die in die Spannungskurve eingeklebt und mit Unterschriften versehen werden. Dabei dürfte auch deutlich werden, dass Pro- und Epilog bereits ein hohes Spannungsniveau besitzen (s. auch Aufgabe 6).

Aufgabe 6
S. 196

Der erste und der letzte Abschnitt (V. 1–16 bzw. 57–67) geben der Geschichte einen Rahmen. Die drei Geister verkörpern die Natur, die sich den Versuchen der Menschen, die Naturgewalten beherrschen zu wollen, widersetzen. Die Abschnitte fungieren einerseits also als Prolog und Epilog und liefern andererseits eine Deutung der Ereignisse im Sinne des Autors.

Aufgabe 7
S. 196

Ausgehend von den Überlegungen zu Aufgabe 6 kann die zentrale Aussage darin gesehen werden, dass der Mensch trotz all seiner Anstrengungen im Bereich der Technik nicht in der Lage ist, die Natur zu beherrschen. Der Mensch sollte also lieber mit der Natur „zusammenarbeiten", mit der Natur leben, statt gegen sie zu arbeiten. „Tand" bezeichnet als veralteter Ausdruck einen Gegenstand, der keinen nachhaltigen Wert besitzt. Vor dem Hintergrund der Katastrophe erscheint die Bezeichnung der Brücke als „Tand" einleuchtend.

Aufgabe 8
S. 196

Sollte das Arbeitsblatt 2 eingesetzt worden sein, bietet es sich an, den Text zunächst lesemethodisch zu bearbeiten, indem z. B. besonders spannende Stellen unterstrichen werden, Lesepausen markiert werden etc.

Züricher Freitagszeitung, 2. Januar 1880 (S. 197)

Aufgaben 10
und 11
S. 197

Die Ergebnisse des Vergleichs können zunächst in einer Tabelle gesichert werden. Im Anschluss kann über die Wirkung der Veränderungen gesprochen werden. Besonders aufschlussreich erscheinen hier die Erwähnung der personifizierten Naturkräfte sowie die Hinzunahme der unterschiedlichen Perspektiven. Gegenüber dem objektiven Zeitungsbericht wirkt die Ballade deutlich moralisierender und wertender. Durch die Erwähnung der personifizierten Naturkräfte wird aus der Schilderung einer Katastrophe eine Kritik an der menschlichen Hybris. Diese Wirkung wird dadurch unterstützt, dass die Handlung aus unterschiedlichen Perspektiven geschildert wird, sodass die einzelnen Befindlichkeiten und Handlungsmotive der Beteiligten deutlich werden.
Die Ergebnisse können abschließend an der **Tafel** gesichert werden:

Theodor Fontane: Die Brück' am Tay (28. Dezember 1879) –
Vergleich: Ballade – Zeitungsartikel

Übernahmen	Veränderungen
– stürmisches Wetter – Zugbrücke über den Tay – Absturz des Zuges – Zusammenbruch der Brücke	– Datum (28. statt 29. Dezember) – Zahl der verunglückten Personen (wird gar nicht erwähnt) – Höhe der Baukosten wird nicht erwähnt – Verbleib der Leichen wird nicht erwähnt – Wirken der personifizierten Naturkräfte – Schilderung der Handlung aus unterschiedlichen Perspektiven

Wirkung:
- Wertung der Geschehnisse ➔ Kritik an der menschlichen Überheblichkeit
- „Subjektivierung" ➔ Verhalten und Gedanken der Beteiligten werden deutlich und nachvollziehbar

TAFELBILD

→WB

Theodor Fontane: John Maynard (S. 198)

Fontanes Ballade von dem Steuermann John Maynard ist 1886 in dem Sammelband „Berliner Bunte Mappe“ erschienen. Das genaue Entstehungsdatum ist nicht bekannt. Allem Anschein nach ist die Ballade aber wohl erst nach 1875 entstanden. In diesem Jahr lag nämlich die zweite Auflage der Gedichte Fontanes vor, allerdings noch ohne den vorliegenden Text. Er gehört in den unmittelbaren Umkreis der „Brück' am Tay“, die Fontane noch 1876 unter dem unmittelbaren Eindruck des authentischen Ereignisses niederschrieb.

Vorlage für den „John Maynard“ ist ebenfalls ein authentisches Geschehen, das sich auf dem Eriesee im Jahre 1841 ereignete. Fontanes Fassung waren in Amerika bereits drei literarische Bearbeitungen des Vorfalls vorausgegangen. Wie seine Vorgänger, so ändert auch Fontane das wirkliche Geschehen erheblich ab. Man geht wohl nicht fehl, wenn man annimmt, dass Fontane zumindest eine der Vorlagen gekannt haben muss. Die Frage nach der Herkunft des Stoffes ist insofern aufschlussreich, als Fontane durch die Einbeziehung aktueller Ereignisse das Bemühen um eine Erneuerung der Balladengattung zu erkennen gibt. Er wendet sich bewusst ab von den herkömmlichen balladischen Stoffbereichen wie der weit zurückliegenden Historie, der Sage und der Mythologie. Im Unterschied zu Bürger und Brentano, die ja auch unmittelbar auf die Zeitgeschichte Bezug nahmen, geht es Fontane nicht um die große Geschichtsschreibung, sondern um einen mehr alltäglichen Geschehensrahmen. [...] Für die Entwicklung der modernen Ballade sollte die Verwurzelung im alltäglichen Milieu bestimmend werden.

(Aus: Winfried Freund: Die deutsche Ballade, Schöningh-Verlag, Paderborn 1978, S. 102)

Aufgabe 1
S. 199

Im Rahmen dieser Aufgabe wird die mündliche Wiedergabe geprobt und gleichzeitig sichergestellt, dass der Inhalt auch gänzlich erfasst wird. Alternativ kann auch das **Arbeitsblatt 3, S. 254**, eingesetzt werden, um das Hören zu schulen. Der Text wird in diesem Fall von der Lehrperson vorgetragen bzw. von der CD „P.A.U.L. D. Zuhören 7“ abgespielt.

Aufgabe 2
S. 199

Die Spannung wird durch die Zeitangaben (30, 20, 15, 10 Minuten) deutlich gemacht. Hinzu kommen die dramatischen Dialoge zwischen Kapitän und Steuermann und die zunehmende Isolierung des Steuermanns durch den Rauch und das Feuer. Vorschlag für eine grafische Darstellung:

Theodor Fontane: John Maynard – Spannungskurve

„Noch **dreißig** Minuten …“	„noch **zwanzig** Minuten bis Buffalo.“	„noch **fünfzehn** Minuten bis Buffalo.“	„noch **zehn** Minuten bis Buffalo.“	„**Rettung**: der Strand von Buffalo!“	„Nur ***einer*** fehlt!“	„Zehntausend folgen“	„Er hat uns gerettet, er trägt die Kron'“
V. 8–17	*V. 18–23*	*V. 24–29*	*V. 30–39*	*V. 40–45*	*V. 46–47*	*V. 48–53*	*V. 54–61*
ruhige Fahrt mit glücklichen Gästen	an Bord bricht Feuer aus	es herrschen Angst und Chaos	J. Maynard harrt auf der Brücke aus	das Schiff erreicht den Strand von Buffalo	J. Maynard ist bei der Rettungsaktion gestorben	ein Trauerzug folgt J. Maynards Sarg	J. Maynard wird begraben

Aufgabe 3
S. 199

Auch hier bietet es sich an, wenn genügend Zeit zur Verfügung steht, den Verlauf der Handlung in kleinen Einzelbildern wiederzugeben und diese in die Spannungskurve einzukleben. Die Spannungssteigerung wird zum einen durch den wiederkehrenden Verweis auf die Entfernung bzw. Zeit („noch ... Minuten bis Buffalo") sowie durch die anaphorische Gestaltung der Strophenanfänge („Und ... Und ...") verdeutlicht. Ferner werden das Chaos und die Gefahr des Feuers sprachlich anschaulich dargestellt („buntgemengt", V. 24; „zusammengedrängt", V. 25; „ein Jammern wird laut", V. 28 usw.).

Aufgabe 4
S. 199

Zum einen wird die für die Schiffsbesatzung bedrohliche Situation deutlich geschildert (Entfernung vom Ufer, Feuer auf dem Schiff, Bedrohung für Leib und Leben) und zum anderen wird mittels der Dialoge zwischen Kapitän und Steuermann und der Angaben zum Steuermann („Mit ersterbender Stimme", V. 41) verdeutlicht, mit welchem Einsatz der Steuermann die Rettung der Schiffsbesatzung ermöglicht.

Aufgabe 5
S. 199

Es empfiehlt sich, den szenischen Gedichtvortrag so anzulegen, dass von unterschiedlichen Orten im Klassenraum aus gesprochen wird.

Aufgabe 6
S. 199

Der Einsatz des Steuermanns für die Gemeinschaft lässt ihn zum Helden werden. Allerdings ist der Einsatz des eigenen Lebens sicherlich eine sehr extreme Form des Heldentums, die eher in früheren Zeiten hervorgehoben wurde (vgl. z. B. die zahlreichen Denkmäler für die gefallenen Soldaten des 1. Weltkriegs). Heutzutage werden eher die kleineren Heldentaten und die Helden des Alltags zu nennen sein, die Zeit und auch Geld opfern, um anderen Menschen zu helfen. Daneben werden auch „Helden" aus dem Bereich des Sports u. a. genannt werden. Davon abzugrenzen sind sicherlich Idole aus dem Bereich des Showbusiness, die zwar auch vorbildhaften Charakter für die Jugendlichen besitzen, der aber häufig nicht durch den Einsatz für die Gemeinschaft oder für einzelne Menschen entsteht.

Aufgabe 7
S. 199

Die Aufgabe beinhaltet verschiedene Möglichkeiten der produktiven Weiterarbeit. Zuvor sollten noch einmal einige inhaltliche und sprachlich-stilistische Merkmale der vorgeschlagenen Textarten besprochen und ggf. an der **Tafel** festgehalten werden.

„Das Erlebte wiedergeben": Augenzeugenbericht – Zeitungsbericht – Erzählung

Augenzeugenbericht	Zeitungsbericht	Erzählung
– Ich-Form – beschränkt auf das Erleben des Berichtenden – Empfindungen in den unterschiedlichen Situationen – Sprache: gefühlsbetont oder sachlich – ...	– Aufbau: Schlagzeile, zusammenfassender Teil, Hauptteil mit Einzelheiten – überwiegend sachlich – ...	– Ich-Erzählung oder Er-Erzählung? – deutlicher Spannungsbogen mit Einleitung, Hauptteil und Schluss – innere Handlung – wörtliche Rede – ...

TAFELBILD

Die Hintergründe (S. 199)

Aufgaben 8 und 9
S. 199

Der Steuermann wird zum Helden stilisiert, indem er angesichts einer drohenden Schiffskatastrophe für die gute Sache stirbt und nicht anschließend als Alkoholiker endet.

Außerdem gelingt es dem Helden, alle Passagiere zu retten. So entsteht also ein idealtypischer Held. Die Ergebnisse können an der **Tafel** festgehalten werden:

Theodor Fontane: John Maynard
Vergleich: Ballade – historische Ereignisse

Übernahmen	**Veränderungen**
– Fahrt auf dem Eriesee – Name des Steuermanns John Maynard – Brand auf dem Schiff – Ansteuern des Ufers	– Todesfälle bei den Passagieren – Überleben des Steuermanns – psychische Probleme des Steuermanns – Ziel des Schiffs

Wirkung:
➔ John Maynard wird zum Helden stilisiert

Detlev von Liliencron: Trutz, Blanke Hans (S. 200–201)

Der zweite Teil des Titels beinhaltet eine bildhafte Beschreibung der tobenden Nordsee bei Sturmfluten. In gleicher Weise werden auch die orkanartigen Stürme über der Nordsee bezeichnet. „Der Name ‚Blanker Hans' geht nach Aufzeichnungen des Chronisten Anton Heimreich auf den Deichgrafen von Risum zurück, der nach Fertigstellung eines neuen Deiches der Nordsee herausfordernd ‚Trutz nun, Blanker Hans' entgegengerufen haben soll. Kurze Zeit später brach dieser Deich jedoch bei der Zweiten Großen Mandränke (Burchardiflut) am 11. Oktober 1634. Der in Kiel geborene Lyriker Detlev von Liliencron machte den Namen in seinem Lied ‚Trutz, Blanke Hans' allgemein bekannt, das den Untergang des Pfarrbezirks Rungholt in der 2. Marcellusflut (Grote Mandränke) am 16. Januar 1362 beschreibt." (http://de.wikipedia.org/wiki/Blanker_Hans; [2014])

Aufgabe 1 S. 201 Die Aufgabe dient zunächst einer inhaltlichen Sicherung des Balladentextes. Das lyrische Ich denkt über die Zerstörung Rungholts durch eine Sturmflut nach, nachdem die Bewohner die Nordsee in spöttischer Weise herausgefordert hatten: „Trutz, Blanke Hans!" (V. 7 u. a.) Das lyrische Ich scheint sich der zerstörerischen Kraft der Naturgewalten bewusst zu sein und hinterfragt das überhebliche Verhalten der Menschen: „Trutz, Blanke Hans?" (V. 63)

Aufgabe 2 S. 201 Die Nordsee, auch „Mordsee" (V. 8) genannt, wird als „Ungeheuer" (V. 16) bzw. „Untier" (V. 24) bezeichnet, der Wechsel von Ebbe und Flut als Atemholen gedeutet (vgl. V. 19–20). Zahlreiche Personifikationen verdeutlichen die zerstörerische Kraft der Naturgewalten: „peitscht die Wellen und schläft wieder ein" (V. 25); „zieht leis aus dem Schlamm der Krake die Krallen" (V. 41); „Das Scheusal wälzte sich, atmete tief/und schloss die Augen wieder und schlief" (V. 52–53). Die Gefahr und Unbändigkeit der Natur wird dabei durch das fröhliche Alltagsleben der Rungholter kontrastiert: „Auf allen Märkten, auf allen Gassen/lärmende Leute, betrunkene Massen." (V. 36–37)

Aufgabe 3 S. 201 Die Bewohner der Stadt Rungholt haben einst in Wohlstand und Reichtum gelebt (vgl. V. 29). Angetrieben von ihren Erfolgen forderten sie in einem Akt der Überheblichkeit die angrenzende Nordsee heraus: „Wir trutzen dir, Blanker Hans, Nordseeteich!" (V. 39) Bei einer gewaltigen Sturmflut ist die Stadt dann versunken und mit ihr die Bewohner: „die Stadt ist versunken,/und Hundertausende sind ertrunken" (V. 57–58).

Aufgabe 4
S. 202

Die Aussage beinhaltet eine spöttische Herausforderung der Nordsee. „Der Name ‚Blanker Hans' geht nach Aufzeichnungen des Chronisten Anton Heimreich auf den Deichgrafen von Risum zurück, der nach Fertigstellung eines neuen Deiches der Nordsee herausfordernd ‚Trutz nun, Blanker Hans' entgegengerufen haben soll." (http://de.wikipedia.org/wiki/Blanker_Hans; [2014]) Eine Übersetzung könnte z. B. „Wir trotzen dir, Nordsee" lauten.

Aufgabe 5
S. 202

Die Übermacht der Naturgewalten und die gleichzeitige Machtlosigkeit des Menschen angesichts von Naturkatastrophen wird scheinbar anerkannt. Zumindest wird das Überheblichkeitsgefühl des Menschen hinterfragt.

Aufgabe 6
S. 202

Hinsichtlich der Naturauffassung und des Verhaltens der Menschen bietet sich hier der Vergleich mit Fontanes Ballade „Die Brück' am Tay" an. In beiden Balladen lehnen sich die Menschen aus einem Überlegenheitsgefühl heraus gegen die Natur auf und werden jeweils dafür bestraft. Der Glaube an die Zivilisationsleistungen und die zunehmende Technisierung verleitet die Menschen dazu, die Natur als gebändigt bzw. „besiegt" anzusehen („Ein fester Kessel, ein doppelter Dampf,/Die bleiben Sieger in solchem Kampf", V. 37–38, S. 196, bzw. „Wir trutzen dir, Blanker Hans, Nordseeteich!", V. 39, S. 201). Angesichts einer übermächtigen Naturgewalt erweist sich dieses Vertrauen aber als Irrglaube, den die Menschen mit Tod und Zerstörung bezahlen müssen („Denn wütender wurde der Winde Spiel,/Und jetzt, als ob Feuer vom Himmel fiel',/Erglüht es in niederschießender Pracht/Überm Wasser unten ... Und wieder ist Nacht.", V. 53–56, S. 196, bzw. „Ein einziger Schrei – die Stadt ist versunken,/und Hunderttausende sind ertrunken.", V. 57–58, S. 201). In diesem Sinne kritisieren beide Texte die menschliche Hybris.

Versunkene Städte. Rungholt – das deutsche Atlantis (S. 202–203)

Aufgabe 1
S. 203

Die genaue Lage Rungholts ist nicht exakt feststellbar, kann aber auf die nähere Umgebung der Nordsee-Insel Pellworm eingegrenzt werden.

Aufgabe 2
S. 203

Die Ergebnisse können an der **Tafel** festgehalten werden:

Der Untergang Rungholts

Ballade	Zeitungsartikel
– Gemeinde an der Nordseeküste – Bewohner erwirtschafteten beachtlichen Wohlstand – Übermut der Bewohner wegen ihres Reichtums – Bewohner forderten Nordsee heraus – Untergang bei einer Sturmflut	– 15. Januar 1362: verheerende Sturmflut – Untergang der Ortschaft Rungholt – Bewohner erwirtschafteten Wohlstand, der aber nicht übermäßig groß war – Lokalisierung: zwischen Pellworm und Illgroff – umfasste ca. 500 Höfe, 3000 Menschen – wirtschaftlicher Untergang lange vor der Flut – Bevölkerungsschwund wegen der Pest

TAFELBILD

Aufgabe 3
S. 203

Der Rahmen ordnet das historische Geschehen in die Gegenwart ein. Zudem wird auch in der Gegenwart noch die Gewalt des Meeres sichtbar (vgl. V. 3 f.) und der Hochmut der Bürger Rungholts verdeutlicht („Trutz, Blanke Hans?", V. 63).

Aufgabe 4 S. 203 Die Verfasserin des Zeitungsartikels möchte über den Mythos informieren und stellt die wissenschaftlichen Tatsachen dem Mythos gegenüber. Die Ballade deutet – wie auch bei der Ballade „Die Brück' am Tay" ersichtlich – die Katastrophe als Ergebnis des Hochmuts der Menschen, die geglaubt haben, die Naturgewalten beherrschen zu können.

„O schaurig ist's ..." – Schauerballaden (S. 204–215)

In diesem Unterkapitel werden Geister- bzw. Schauerballaden thematisiert, die eine Konfrontation der Menschen mit ihnen bedrohlich erscheinenden, nicht erfassbaren Mächten zum Inhalt haben. Eine strenge Abgrenzung zu den zuvor bereits behandelten Balladen, die aufgrund der bestehenden historischen Vorlagen zusammengefasst wurden, ist nicht möglich und notwendig.

Annette von Droste-Hülshoff: Der Knabe im Moor (S. 204–205)

Aufgabe 1 S. 205 Die Ballade von Annette von Droste-Hülshoff sollte zunächst vorgelesen und die Schülerinnen und Schüler sollten nach ihren ersten Eindrücken befragt werden. Das anschließende Rollenspiel in Partnerarbeit ermöglicht einen genauen Blick auf die Ereignisse und auf die emotionalen Befindlichkeiten des Knaben. Dabei wird ein besonderes Augenmerk sicherlich auf die verschiedenen Angstzustände und deren Ursachen gelegt werden müssen.

Aufgabe 2 S. 205 Beispielhaft seien hier Angaben zur dritten Strophe gegeben:

- V. 17: „starret Gestumpf hervor" – Personifikation
- V. 18: „unheimlich nicket die Föhre" – Personifikation und Adjektiv „unheimlich"
- V. 20: „Riesenhalme wie Speere" – Vergleich mit einer Waffe
- V. 21: „wie es rieselt und knittert" – lautmalende Verben
- V. 22–24: Hinweis auf eine verbannte Spinnerin, die als Geist im Moor auftaucht

Aufgabe 3 S. 206 Der Verlauf der Spannungskurve steigert sich allmählich in der ersten Strophe und erreicht von Strophe zu Strophe immer neue Höhen, bis sie in der letzten Strophe wieder absinkt. Die zweite bis vierte Strophe bieten also jeweils einen eigenen Höhepunkt, der aber im Laufe der Ballade weiter ansteigt.
Die Bilder der Schüler sollten die einzelnen in den Strophen geschilderten Ereignisse aufgreifen und wie bei den Schaubildern der Moritaten möglichst eindringlich und einfach darstellen. Es kommt also darauf an, sich jeweils auf ein Hauptereignis zu konzentrieren.

Aufgabe 4 S. 206 Die Natur wird als etwas Bedrohliches und Angsteinflößendes beschrieben. Dagegen sind die heimatlich flimmernden Lampen (vgl. V. 43) als Symbol für die Zivilisation Ausdruck von Sicherheit und Geborgenheit. Es wird also zwischen einem menschlichen und einem natürlichen Raum unterschieden, wobei Letzterer bedrohlich für den Menschen ist.

Aufgabe 5 S. 206 Die Lernenden können sich vorab in einschlägigen Nachschlagewerken oder auch mithilfe des Internets über Typisches bzgl. des Aberglaubens informieren. Sie werden jedoch auch ohne diese Hilfen Ideen entwickeln, was die unheimlichen Figuren für eine Geschichte haben könnten.

Aufgaben 6 und 7 S. 206 Die Schülerinnen und Schüler erhalten hier auch im Sinne einer vertiefenden Auseinandersetzung mit dem Text Anregungen für das Vortragen von Balladen.

Heinrich Heine: Belsazar (S. 207)

Belsazars Gastmahl (Daniel 5, 1–30) (S. 208–209)

Heines Ballade lag bereits 1822 zum ersten Mal zum Druck vor, 1827 erschien sie im „Buch der Lieder". Der Autor wurde offensichtlich durch das 5. Kapitel des Buches Daniel zu seinem Text angeregt.

„Hier fand er nicht nur den historischen Stoff, sondern auch die wesentlichen Motive, wie das einleitende Bankett-Motiv, die Motive der Gotteslästerung und der Weissagung sowie nicht zuletzt das Zentralmotiv der Tyrannei und des Tyrannenmords. Neben diesen überwiegend motivischen Übereinstimmungen springen jedoch auch zwei deutliche Unterschiede zur alttestamentarischen Überlieferung ins Auge. Einmal bleibt durch die Aussparung des Auftritts Daniels die geheimnisvolle Flammenschrift ungedeutet und zum anderen besteht der Inhalt der Gotteslästerung nicht darin, dass Belsazar wie in der Bibel mit seinen Gefolgsleuten Götzenbilder anbetet, sondern sich im Vergleich mit Gott der hybriden Selbstüberhebung schuldig macht. [...] Schlechthin-Attribute wie ‚störrig', ‚frech' und ‚keck' charakterisieren die selbstherrliche Art Belsazars, die ihn in Missachtung des jüdischen Glaubens zum Raub des Tempelschatzes verleitete. Belsazar ist der Repräsentant eines pietätlosen, tyrannischen Machtverhaltens, das selbst nicht Halt macht vor den intimen Heiligtümern eines anderen Volkes. Skrupellos dringt er in die Bezirke Andersdenkender ein und unterwirft sie seiner Willkür. Tyrannei ist damit charakterisiert als ständige Verletzung humaner Achtung und Toleranz, als Verabsolutierung des eigenen uneingeschränkten Macht- und Verfügungsanspruchs."

(Aus: Winfried Freund: Die deutsche Ballade, Schöningh Verlag, Paderborn 1978, S. 73 f.)

Aufgabe 1
S. 207

Belsazar hat offensichtlich den Zorn des Gottes Jehova auf sich gezogen, indem er ihn verhöhnt hat. Die Knechte hoffen scheinbar, den Zorn des Gottes Jehova auf diese Weise besänftigen zu können.

Aufgabe 2
S. 207

Der König feiert gern (V. 5 f.), ist störrisch (V. 10), handelt unbedacht (V. 13), lässt sich von der Menge zu weiteren unbedachten Handlungen hinreißen (V. 15 f.), ehrt nicht fremde Religionen (V. 14).

Aufgabe 3
S. 209

Neben der Auflistung der Detailbefunde kann im Unterrichtsgespräch das Verfahren eines kriteriengeleiteten Textvergleichs zumindest im Ansatz angesprochen werden. Folgende Ergebnisse können auf einer Folie oder in verkürzter Form an der **Tafel** gesichert werden:

Vergleich: Ballade – Bibeltext

Vergleichspunkte	Bibeltext	Ballade
Handlungsverlauf	Der König schändet bei einem Fest die Gefäße aus dem Tempel und lästert damit Gott. Dieser gibt ihm daraufhin ein Zeichen, das aber erst der Prophet Daniel deuten kann. Obwohl der König Daniel für seine Weissagung dankt, wird er getötet.	Der König schändet die Gefäße des Tempels und lästert direkt Gott. Daraufhin erscheint die Inschrift, die aber niemand entziffern kann. Daraufhin töten die eigenen Knechte Belsazar.
Bedeutung der Inschrift	Die Inschrift kündigt entsprechend der Deutung Daniels das Ende des Königs und den Untergang seines Reiches an.	Die Bedeutung bleibt unklar.

Rolle der beteiligten Personen	Die Festgesellschaft hat keine weitere Bedeutung, die Mutter gibt den Hinweis auf den richtigen Propheten, dieser kann dem König die Bedeutung der Inschrift vermitteln.	Die Festgesellschaft treibt den König zu seinem frevlerischen Handeln an und wendet sich am Ende gegen ihn und tötet ihn sogar. Es findet sich keiner, der die Inschrift deuten kann.
Verhalten Belsazars	Er vergeht sich am Gott der Juden, versucht die Bedeutung der Inschrift zu ermitteln, belohnt Daniel für seinen Dienst, wird aber dennoch getötet.	Er lässt sich zu einer direkten Lästerung des Gottes der Juden hinreißen, ist dann von Furcht gezeichnet und zeigt sich relativ handlungsunfähig.
Charakter Belsazars	In betrunkenem Zustand lästert er Gott, ist dann bemüht, die Inschrift enträtseln zu lassen und zeigt sich dankbar gegenüber Daniel.	Er ist hochmütig und lässt sich durch die Festgesellschaft zu immer weiteren Lästerungen hinreißen; als die Inschrift erscheint, ist er überaus ängstlich.

TAFELBILD

Aufgabe 4
S. 209

Da der Charakter Belsazars in der Ballade weitaus negativer ausfällt und auch das Verhalten der Festgesellschaft deutlich negativer gezeichnet wird, steht hier das persönliche Fehlverhalten der Menschen und insbesondere Belsazars in seiner Rolle als tyrannischer Herrscher im Vordergrund. Im Bibeltext steht hingegen mehr im Zentrum, dass der Mensch dem göttlichen Willen unterworfen ist und schlimme Folgen zu befürchten hat, wenn er sich diesem widersetzt.

Aufgabe 5
S. 209

Auch hier kann wieder mit zusammenfassenden Überschriften und illustrierenden kleinen Bildern gearbeitet werden. Mit der zunehmenden Gotteslästerung des Königs baut sich die Spannung auf, da sie unweigerlich in einer Bestrafung enden muss. Das Erscheinen der Flammenschrift bildet den Höhepunkt und der Tod des Königs die Auflösung, ohne dass es wirklich zu einem Spannungsabfall kommt.
Vorschlag für eine Spannungskurve:

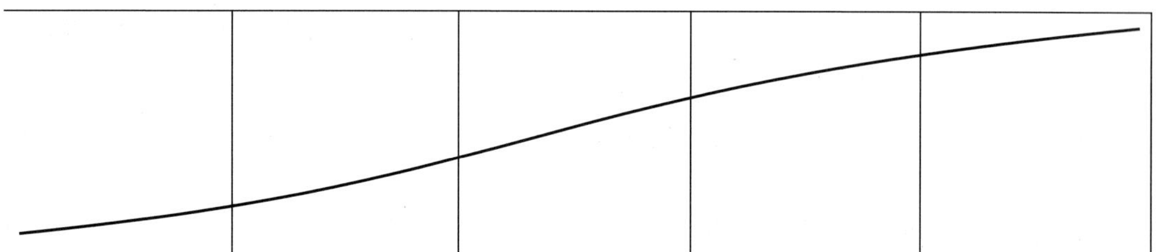

V. 1–10:	*V. 11–16*	*V. 17–26*	*V. 27–40*	*V. 41–42*
ein ausgiebiges Festmahl	die Gotteslästerung des Königs	die Selbsternennung zum „König von Babylon“ (V. 26)	das Erscheinen der Flammenschrift	die Ermordung des Königs

Aufgabe 6
S. 209

Die ersten Verse sind geprägt von Gegensätzen: Der mitternächtlichen Ruhe Babylons steht die lärmende Festgesellschaft im Königspalast gegenüber. Die nächtliche Dunkelheit einerseits und die Helligkeit im Palast andererseits sind das nächste Gegensatzpaar. Die

Babylonier ruhen und schöpfen damit Kraft für die Arbeit des nächsten Tages, der König und seine Festgesellschaft geben sich hingegen dem fröhlichen und übermütigen Treiben des Festes hin.

Aufgabe 7
S. 209

Diese und ähnliche Gegensatzpaare finden sich auch in den anderen Abschnitten wieder. Dabei werden häufig Licht und Dunkelheit sowie Ruhe und lärmendes Treiben gegenübergestellt. In diesem Sinne erfüllen die ersten Verse eine deutlich expositorische Funktion.

Aufgabe 9
S. 210

Im Mittelpunkt des Bildes steht die Inschrift, die wie von einer Menschenhand an der Wand erscheint und die Belsazar in Entsetzen stürzt. Die prunkvolle Kleidung und die weiteren Requisiten stehen dabei in deutlichem Kontrast zu dem Schrecken, der dem König (und den anderen dargestellten Figuren) ins Gesicht gezeichnet ist. Die Leuchtkraft der Inschrift strahlt auf die Kopfbedeckung des Königs ab und verdeutlicht einen unmittelbaren Zusammenhang zwischen dem geheimnisvollen Text und seinem Adressaten.
Die Aufgabe b ist vor allem dann sinnvoll, wenn das Thema „Bildbeschreibung" bereits behandelt worden ist. Mithilfe des Werkzeugkastens auf S. 63 kann in leistungsstärkeren Lerngruppen jedoch auch eine selbstständige Erschließung gelingen.

Johann Wolfgang von Goethe: Der Zauberlehrling (S. 211–212)

Der Zauberlehrling stammt aus dem Jahr 1798, dem Balladenjahr der deutschen Klassik. Es handelt sich dabei um eine Ideenballade. Sie ist gleichzeitig ein „Rollengedicht" [...], das nur durch die letzten sechs Zeilen einen dialogischen Anflug erhält. Der Ich-Bericht des vorwitzigen Zauberlehrlings gestattet dem Autor eine humoristische Distanz, die auch der Leser übernimmt und die sich durch den virtuosen Gebrauch artistischer Mittel und komischer Kontraste steigert. Dazu gehören das drastische Vokabular, der Kontrast zwischen Wortschwall und Kürze bei Schüler und Meister und das variierte Tempo der freien Verse (Wechsel sich verkürzender und wieder dehnender Zeilen), in dem sich Eile und Atemlosigkeit des Zauberlehrlings spiegeln.

(Aus: Klaus Gerth u. a.: Texte für die Sekundarstufe, Kommentare und Methodische Inszenierungen, 6. Jahrgangsstufe, Bildungshaus Schulbuchverlage Westermann Schroedel Diesterweg Schöningh Winklers GmbH, www.schroedel.de)

Es bietet sich an, dass sich die Schülerinnen und Schüler die Ballade zunächst einmal selbstständig lesend erschließen. Möglich ist natürlich auch ein Lehrervortrag bzw. das Abspielen von der CD „P.A.U.L. D. Zuhören 7".

Aufgabe 1
S. 212

Der Lehrling hat in Abwesenheit seines Meisters dessen Rolle eingenommen, um sich dadurch einen persönlichen Vorteil zu verschaffen. Er setzt dabei Kräfte (Geister) frei, die er anschließend nicht mehr beherrschen kann.

Aufgabe 2
S. 212

Die eingerückten Verse geben die Äußerungen und Gedanken des Lehrlings bzw. des Meisters wieder.
Damit ermöglichen sie einen Einblick in die Befindlichkeit der Personen und lassen direkt erkennen, dass der Lehrling zunehmend nicht mehr Herr der Lage ist.

Aufgaben 3
und 4
S. 213

Zunächst ist der Zauberlehrling von seinen Fähigkeiten überzeugt und glaubt selbstbewusst, es dem Meister gleichtun zu können (vgl. V. 7 f.). Am Ende ist er voller Verzweiflung und erfleht die Hilfe des Meisters (vgl. V. 89 f.). Dieser Wandel der Befindlichkeit ist im Laufe der Ballade gut ablesbar und kann entsprechend auch umgesetzt werden.

Aufgabe 5
S. 213

Die beiden Schüleräußerungen können als Anlass für eine Diskussion über das Verhalten des Zauberlehrlings genutzt werden. Die Schülerinnen und Schüler werden sicherlich das überhebliche und unbedachte Handeln des Lehrlings kritisieren. Gleichzeitig befindet er sich in einer Zeit des Lernens, in der solche Fehler evtl. verzeihbar sind. Die Motivation des Schülers und den folgenden Kontrollverlust können die Lernenden sicherlich nachvollziehen, was zu einem Gespräch über die Aktualität der Ballade überleiten kann (s. auch Aufgabe 8)

Aufgabe 6 und 7
S. 213

Der Vortrag kann sich z. B. an folgenden Notizen orientieren:

- V. 1–28: Der Lehrling ist von seinen Fähigkeiten überzeugt, neigt gar zum Hochmut und überschätzt dabei – wie sich später zeigen wird – sein Können.
- V. 29–40: Der Lehrling blickt mit Stolz auf sein Werk, da er der Überzeugung ist, dass alles nach seinem Willen funktioniert.
- V. 41–56: Die Euphorie des anfänglichen Erfolgs wandelt sich nahezu schlagartig in Bestürzung bis hin zur Verzweiflung, da er die Grenzen seines Könnens erfährt.
- V. 57–70: Seine Stimmung schlägt um in Zorn gegenüber den von ihm gerufenen Geistern.
- V. 71–88: Der Plan schlägt fehl und die Verzweiflung kehrt wieder zurück.
- V. 89–92: Die Ankunft des Meisters wird mit Erleichterung wahrgenommen, da sie die Rettung aus der Notsituation verspricht.

Aufgabe 8
S. 213

In der Ballade wird thematisiert, dass Menschen häufig ihre eigenen Fähigkeiten überschätzen und die Folgen ihres Handels nicht überblicken und dann in Panik geraten.

Johann Wolfgang von Goethe: Erlkönig (S. 214)

Wie nicht anders zu erwarten ist, herrscht über die Deutung dieser Evergreen-Ballade relative Einmütigkeit. Nach Trunz, der die Deutungen von Kommerell, Staiger und Boyd zusammenfasst, gestaltet die Ballade das Naturmagische schlechthin. Verwiesen wird auf den „Urschauer vor dem Elementaren" und auf das „Greifende in der Natur". Das Kind scheint als besonders befähigt, solche „Urschauer", was immer das auch sein mag, intensiv zu erleben, während der Vater als verstandeskühler Aufklärer bezeichnet wird. „Das Ende der Erlkönig-Ballade gibt dem Kinde recht", heißt es wörtlich, „und dennoch, ohne den Vater überzeugen zu können". Offenbar ist der Vater in seinem Rationalismus derartig verstockt, dass er keinen Sinn mehr hat für vertiefte Naturerkenntnis und Naturschau. [...] Einhellig wird die Ballade also dem numinos-naturmagischen Typus zugerechnet. Der Vater ist in all den herangezogenen Deutungen der trockene Aufklärer, während das Kind noch den ungebrochenen Zugang zu den Geheimnissen der Natur hat. Der im Kind naiv gespiegelte Schauer vor dem letztlich Undeutbaren hat der Ballade einen Nimbus verliehen, dem sie nicht zuletzt ihre Popularität verdankt.

(Aus: Winfried Freund: Die deutsche Ballade, Schöningh Verlag, Paderborn 1978, S. 28 f.)

In diesem Verständnis prallen in der Ballade Grundhaltungen der Aufklärung und des Sturm und Drangs aufeinander. Winfried Freund widerlegt in seiner Abhandlung diesen zentralen Deutungsansatz und rückt den Vater in ein anderes Licht. „So gesehen, hat nicht das Kind recht, das noch Spielball seiner ungezügelten Fantasie ist, sondern der Vater, weil er einen höheren Reifegrad erreicht hat. Reife bedeutet hier nichts anderes als die Fähigkeit, die eigene Orientierung nach dem Realitätsprinzip ausrichten zu können. Er vermag daher die schemenhaften Erscheinungen und die vagen Geräusche der Nacht einzuordnen, indem er ihnen ihren Platz innerhalb der Grenzen der Realität anweist. Erst der Wirklichkeitssinn gibt allen Dingen Maß und Gesetz, während die von der Wirklichkeit abgelöste Einbildungskraft alles ins Maß- und Formlose verzerrt." (Ebd., S. 30)

Für Schülerinnen und Schüler einer Jahrgangsstufe 7 sind diese literaturwissenschaftlichen Positionen nicht von Relevanz. Sie werden sich ihre eigenen Erklärungsmuster bilden, die sich zum Teil jedoch den beschriebenen Deutungen annähern. Gerade bei einer Ballade, die so stark das Geheimnisvolle in den Mittelpunkt stellt, sollte auch im Sinne einer rezeptionsästhetischen Didaktikkonzeption der individuelle Zugriff auf den Text, der sich z. B. in einem gestaltenden Lesevortrag widerspiegelt, in besonderer Weise Bedeutung erhalten.

Aufgabe 1
S. 214

Die Ballade ist von einem Wortwechsel zwischen Vater und Sohn, aber auch zwischen Sohn und dem Erlkönig und seinen Töchtern geprägt. Offensichtlich wird der Sohn vom Erlkönig dermaßen in Bann gezogen, dass er stirbt. Eine rationale Begründung liefert der Text nicht. Ebenfalls bleibt unklar, ob der Vater den Erlkönig überhaupt wahrnimmt.

Aufgabe 2
S. 214

Der Vater versucht, rationale Erklärungen für die Naturerscheinungen zu geben, der Sohn hingegen erkennt darin naturmagische Gestalten. Dies mag u. a. an der Kindern eigentümlichen stärkeren Ausprägung der Fantasie liegen. Hinzu kommt die noch geringere Kenntnis von natürlichen und naturwissenschaftlichen Phänomenen. Parallel zu den Erklärungsversuchen wird der Vater jedoch auch in den Bann der Phänomene gezogen, was sich an dem zunehmenden Schnellerwerden und dem beschriebenen Grausen festmachen lässt. Andererseits kann dieses auch ein Ausdruck seiner Angst vor dem Realitätsverlust des Kindes sein.

Aufgabe 3
S. 215

Die immer drängenderen Anfragen des Sohnes an den Vater, die auch in der Wiederholung der Anreden ihren Ausdruck finden, lassen dem Vater deutlich werden, dass seine rationalen Erklärungsversuche bei seinem Sohn keine Wirkung erzielen. Die daraus resultierende Angst wird z. B. in den Satzreihen der letzten Strophe deutlich.

Aufgabe 4
S. 215

Dem Auswendiglernen kann ein szenischer Lesedurchgang vorangehen, bei dem die Schülerinnen und Schüler mit verteilten Rollen, mit unterschiedlicher Intonation und von unterschiedlichen Orten innerhalb des Klassenraums aus sprechen. Da der Leser im Wesentlichen nur über die Beschreibung des Geschehens und über die unmittelbare wörtliche Rede etwas über das Innere der Personen/Figuren erfährt, können zusätzlich mehrere innere Monologe verfasst werden, die in den szenischen Lesevortrag eingefügt werden. Hierzu wird an den entsprechenden Stellen die Textpräsentation unterbrochen und durch die inneren Monologe ergänzt.

Aufgabe 5
S. 215

Bei der pantomimischen Darstellung geht es vor allem darum, die innere Verfassung der Figuren mimisch und mit spärlichen Gesten zum Ausdruck zu bringen. Dieses kann ebenfalls begleitend zu einem Lesevortrag geschehen.

Die Lösungen zu den **Übungen zur Lernkontrolle** (S. 218–219) befinden sich im Anhang des Schülerbandes auf den Seiten 391–392.

Merkmale einer Moritat/eines Bänkellieds an einem modernen Erzählgedicht nachweisen

Georg Kaiser (1878–1945)
Cäsars Tod

Rom hieß eine Stadt und alle Römer
hatten in den Adern heißes Blut.
Als sie Cäsar einst tyrannisch reizte,
kochte es sofort in Siedeglut.

Nicht die Warnung konnte Cäsar hindern:
„Hüte vor des Märzen Iden[1] dich."
Er verfolgte seine frechen Ziele
und sah schon als Herrn der Römer sich.

Immer schlimmer schlug ihn die Verblendung
nur sein Wort galt noch im Capitol[2].
Und den weisen Rat der Senatoren
schmähte er gemein und höhnisch „Kohl".

Da kam stolzes Römerblut ins Wallen.
Selbst der Freund bleibt keinem Cäsar treu,
wenn ihn dieser nur für seine Zwecke
kalt missbraucht und sagt es ohne Scheu.

Heimlich trafen nachts sich die Verschwörer
und beredeten mit Eifer sich.
Und genau am Tag der Märzesiden
stach ihm Brutus[3] den verdienten Stich.

Cäsar sank von seinem Sitz und stierte
seinen Mörder an, als ob's nicht wahr.
„Et tu, Brute?!"[4] – rief er auf Lateinisch,
wie es dort die Landessprache war.

Lasse keiner sich vom Wahn verführen,
dass er mehr als jeder andre gelt':
Cäsar wollte mit dem Schwert regieren
und ein Messer hat ihn selbst gefällt.

(Aus: Georg Kaiser: Stücke, Erzählungen, Aufsätze, Gedichte. Hrsg. von Walther Huder © 1966 by Verlag Kiepenheuer & Witsch, Köln)

1 **Iden:** 13. oder 15. Monatstag des römischen Kalenders
2 **Capitol:** Hügel, von dem aus das Römische Reich regiert wurde
3 **Brutus:** römischer Politiker, der von Cäsar gefördert wurde
4 **„Et tu, Brute?!":** „Auch du, Brutus?!"

1 Der vorliegende Text stammt aus dem 20. Jahrhundert. Warum könnte man ihn auch als Moritat bzw. Bänkellied bezeichnen? Begründe deine Meinung in einem Text.

2 Schreibe die Lehre des Textes mit eigenen Worten auf.

3 Stell dir vor, du solltest sechs Einzelbilder zu dem Geschehen zeichnen. Was würdest du auf den einzelnen Bildern darstellen? Schreibe jeweils eine Bildunterschrift auf.

4 Zeichne nun diese Bilderfolge.

Merkmale einer Moritat/eines Bänkellieds an einem modernen Erzählgedicht nachweisen

Aufgabe 1

Der Text handelt von einer Mordtat, dem Attentat auf den römischen Diktator Cäsar durch Brutus, einen ehemaligen Weggefährten. Der Text ist gereimt und verfügt über ein regelmäßiges Metrum, er könnte also gut vertont und dann gesungen werden. Nicht zuletzt vermittelt der Text dem Leser eine moralische Lehre.

Aufgabe 2

Man soll sich nicht durch die Macht verführen lassen, sich höherwertig als andere zu empfinden.

Aufgabe 3

Mögliche Lösung:
Bild 1: Ein römischer Marktplatz, auf dem sich eine erregte Menge an Menschen zusammengefunden hat.
Bild 2: Cäsar vor einer Reihe Politiker stehend, mit erhobenem Zeigefinger.
Bild 3: Ein Gruppe von Männern steht zusammen und plant eine Verschwörung.
Bild 4: Brutus ermordet Cäsar.
Bild 5: Der sterbende Cäsar zeigt mit dem Finger auf Brutus, seinen Mörder.
Bild 6: Eine jubelnde Menschenmenge auf dem Marktplatz.

Aufgabe 4

freie Aufgabe

Die Strophen einer Ballade in die richtige Reihenfolge bringen

Theodor Fontane (1819–1898)
Die Brück' am Tay (28. Dezember 1879)

When shall we three meet again?
(Macbeth)

Auf der Norderseite, das Brückenhaus –
Alle Fenster sehen nach Süden aus,
Und die Brücknersleut ohne Rast und Ruh
Und in Bangen sehen nach Süden zu,
Sehen und warten, ob nicht ein Licht
Übers Wasser hin „Ich komme“ spricht,
„Ich komme, trotz Nacht und Sturmesflug,
Ich, der Edinburger Zug.“

„Wann treffen wir drei wieder zusamm?“
„Um die siebente Stund' am Brückendamm.“
„Am Mittelpfeiler.“
„Ich lösch die Flamm.“
„Ich mit.“
„Ich komme vom Norden her.“
„Und ich vom Süden.“
„Und ich vom Meer.“
„Hei, das gibt einen Ringelreihn,
Und die Brücke muss in den Grund hinein.“
„Und der Zug, der in die Brücke tritt
Um die siebente Stund'?“
„Ei, der muss mit.“
„Muss mit.“
„Tand, Tand
Ist das Gebilde von Menschenhand!“

Auf der Norderseite, das Brückenhaus –
Alle Fenster sehen nach Süden aus,
Und die Brücknersleut ohne Rast und Ruh
Und in Bangen sehen nach Süden zu;
Denn wütender wurde der Winde Spiel,
Und jetzt, als ob Feuer vom Himmel fiel',
Erglüht es in niederschießender Pracht
Überm Wasser unten ... Und wieder ist Nacht.

„Wann treffen wir drei wieder zusamm?“
„Um Mitternacht am Bergeskamm.“
„Auf dem hohen Moor, am Erlenstamm.“
„Ich komme.“
„Ich mit.“
„Ich nenn euch die Zahl.“
„Und ich die Namen.“
„Und ich die Qual.“
„Hei! Wie Splitter brach das Gebälk entzwei!“
„Tand, Tand
Ist das Gebilde von Menschenhand.“

Und unser Stolz ist unsre Brück';
Ich lache, denk ich an früher zurück,
An all den Jammer und all die Not
Mit dem elend alten Schifferboot;
Wie manche liebe Christfestnacht
Hab ich im Führerhaus zugebracht
Und sah unsrer Fenster lichten Schein
Und zählte und konnte nicht drüben sein.“

Und der Brückner jetzt: „Ich seh einen Schein
Am anderen Ufer. Das muss er sein.
Nun, Mutter, weg mit dem bangen Traum,
Unser Johnie kommt und will seinen Baum,
Und was noch am Baume von Lichtern ist,
Zünd alles an wie zum heiligen Christ,
Der will heuer zweimal mit uns sein –
Und in elf Minuten ist er herein.“

Und es war der Zug. Am Süderturm
Keucht er vorbei jetzt gegen den Sturm,
Und Johnie spricht: „Die Brücke noch!
Aber was tut es, wir zwingen es doch.
Ein fester Kessel, ein doppelter Dampf,
Die bleiben Sieger in solchem Kampf,
Und wie's auch rast und ringt und rennt,
Wir kriegen es unter, das Element.

(Aus: Otfried Preußler/Heinrich Pleticha: Das große Balladenbuch, Thienemann Verlag, Stuttgart/Wien 2000, S. 216)

1 Die Strophen der Ballade von Theodor Fontane sind durcheinandergeraten. Schneide die Strophen aus und klebe sie in der richtigen Reihenfolge in dein Heft. Die beiden Strophen, in denen nur gesprochen wird, bilden die erste und die letzte Strophe. Wenn du genau liest, erkennst du bestimmt, welche Strophe am Anfang und welche am Ende stehen muss.

2 Bearbeitet anschließend die im Schülerbuch abgedruckten Aufgaben auf S. 196 f..

(Lösungen: vgl. Schülerband 7, S. 195 f., Lehrerband 7, S. 237–239)

Genau zuhören und Fragen zu einer Ballade beantworten – Theodor Fontane: John Maynard

Wenn ihr bei dem Vortrag eures Lehrers oder eurer Lehrerin gut zugehört habt, könnt ihr bestimmt die richtigen Antworten zu den folgenden Fragen ankreuzen. Den Balladentext erhaltet ihr erst danach, um zu überprüfen, ob ihr alles richtig gemacht habt.

1. Wie heißt das Schiff, auf dem John Maynard als Steuermann tätig ist?
   - ☐ Schwalbe
   - ☐ Adler
   - ☐ Europa
2. In welche Richtung fährt das Schiff?
   - ☐ von Buffalo nach Detroit
   - ☐ von Detroit nach Buffalo
3. Wie heißt der See, auf dem das Unglück geschieht?
   - ☐ Aralsee
   - ☐ Sorpesee
   - ☐ Eriesee
4. Wie lange dauert die Fahrt noch, als die Passagiere den Steuermann das erste Mal fragen?
   - ☐ 10 Minuten
   - ☐ 20 Minuten
   - ☐ 30 Minuten
   - ☐ 40 Minuten
5. Welche Zeitangabe wird als Letztes genannt?
   - ☐ 5 Minuten
   - ☐ 10 Minuten
   - ☐ Viertelstund
6. Was machen die Passagiere, als das Feuer ausbricht?
   - ☐ Sie springen ins Wasser.
   - ☐ Sie flüchten zum Bug des Schiffes.
   - ☐ Sie laufen wild durcheinander.
7. Wie geht das Unglück für die Passagiere aus?
   - ☐ Bis auf zwei werden alle gerettet.
   - ☐ Bis auf einen werden alle gerettet.
   - ☐ Es werden alle Passagiere gerettet.
8. Was geschieht mit John Maynard?
   - ☐ Er wird schwer verletzt geborgen.
   - ☐ Er kommt in den Flammen um.
   - ☐ Er rettet sich durch einen Sprung ins Wasser.

Genau zuhören und Fragen zu einer Ballade beantworten

Aufgabe

1. Schwalbe
2. Von Detroit nach Buffalo
3. Eriesee
4. 30 Minuten
5. 10 Minuten
6. Sie flüchten zum Bug des Schiffes.
7. Es werden alle Passagiere gerettet.
8. Er kommt in den Flammen um.

Eine Inhaltsangabe zu einer Ballade überarbeiten

Heinrich Heine (1797–1856)
Belsazar – Eine Inhaltsangabe

Die Ballade „Belsazar“ wurde von Heinrich Heine 1822 geschrieben. Sie handelt von dem babylonischen König Belsazar. Während eines Festes verhöhnt Belsazar Gott. Daraufhin erscheint eine rätselhafte Flammenschrift an der Wand. Belsazar wird von seinen Dienern umgebracht. König Belsazar feiert mit Knechten in seinem Schloss ein Fest. Alle sind betrunken. Im Übermut verspottete der König Jehova, den Gott Israels. Er befiehlt einem Knecht heilige Gegenstände aus dem Tempel zu holen. Er trinkt aus einem Kelch und rief, er sei der König von Babylon. Daraufhin erscheint eine unheimliche Flammenschrift an der Wand. Alle Anwesenden erschrecken sich darüber. Keiner konnte die Schrift deuten, auch nicht die Gelehrten. Sie sind herbeigerufen worden. Noch in derselben Nacht wird Belsazar von seinen Knechten umgebracht. Möglicherweise fürchten sie sich ebenfalls vor der Rache Gottes. Schließlich haben sie Belsazar unterstützt.

1 Die Inhaltsangabe ist noch nicht gut gelungen. Tausche dich mit deinem Sitznachbarn oder deiner Sitznachbarin darüber aus, was verbessert werden sollte.

2 Überarbeite anschließend den Text.

Bewertungsbogen zur Leistungsüberprüfung/Klassenarbeit

Name:	
Schulhalbjahr/Datum:	
Klasse:	
Fachlehrer/in:	
Thema der Unterrichtsreihe:	Bänkelsänger, Moritaten und Balladen
Thema der Klassenarbeit:	Eine Inhaltsangabe zu einer Ballade überarbeiten
Aufgabe:	Überarbeite die Inhaltsangabe zu der Ballade „Belsazar“ von Heinrich Heine. Überlege vor allem, • welche Informationen fehlen, • welche Einzelheiten eher unwichtig sind, • welche Ausdrücke unpassend sind, • welche Zeitformen/Tempora du verbessern musst, • wie du die vielen Hauptsätze besser verknüpfen kannst, • wie du die Begründungen für das Verhalten der Personen genauer wiedergeben kannst. Schreibe die Inhaltsangabe neu auf.

A Inhaltliche Leistungen und Darstellungsleistungen

	Die Schülerin/der Schüler	**maximale Punktzahl**	**erreichte Punktzahl**
1	verfasst einen informativen (vollständigen) Einleitungsteil.	10	
2	gibt im Hauptteil das Geschehen in der richtigen Reihenfolge wieder.	18	
3	verwendet die richtigen Tempusformen.	6	
4	ersetzt unpassende Ausdrücke.	8	
5	verwendet sinnvolle Satzgefüge, um den zeitlichen und ursachlichen Zusammenhang der Handlungsteile zu verdeutlichen.	8	
6	schreibt sprachlich richtig (Rechtschreibung, Grammatik).	10	
	Gesamtpunktzahl	**60**	

Die Klassenarbeit wird mit der Note

bewertet.

Datum Unterschrift

Zuordnung der Punkte zu den Notenstufen

Note	**Punkte**
sehr gut	60–53
gut	52–45
befriedigend	44–37
ausreichend	36–29
mangelhaft	28–21
ungenügend	20–0

Den Inhalt einer Ballade zusammenfassen und sprachliche Mittel untersuchen

Otto Ernst (1862–1925)
Nis Randers

Krachen und Heulen und berstende Nacht,
Dunkel und Flammen in rasender Jagd –
Ein Schrei durch die Brandung!

Und brennt der Himmel, so sieht man's gut.
Ein Wrack auf der Sandbank! Noch wiegt es die Flut;
Gleich holt sich's der Abgrund.

Nis Randers lugt[1] – und ohne Hast
Spricht er: „Da hängt noch ein Mann im Mast;
Wir müssen ihn holen."

Da fasst ihn die Mutter: „Du steigst mir nicht ein!
Dich will ich behalten, du bliebst mir allein,
Ich will's, deine Mutter!

Dein Vater ging unter und Momme[2], mein Sohn;
Drei Jahre verschollen ist Uwe schon,
Mein Uwe, mein Uwe!"

Nis tritt auf die Brücke. Die Mutter ihm nach!
Er weist nach dem Wrack und spricht gemach:
„Und seine Mutter?"

Nun springt er ins Boot und mit ihm noch sechs:
Hohes, hartes Friesengewächs[3];
Schon sausen die Ruder.

Boot oben, Boot unten, ein Höllentanz!
Nun muss es zerschmettern ...! Nein, es blieb ganz! ...
Wie lange? Wie lange?

Mit feurigen Geiseln[4] peitscht das Meer
Die menschenfressenden Rosse daher;
Sie schnauben und schäumen.

Wie hechelnde Hast sie zusammenzwingt!
Eins auf den Nacken des anderen springt
Mit stampfenden Hufen!

Drei Wetter[5] zusammen! Nun brennt die Welt!
Was da? – Ein Boot, das landwärts hält –
Sie sind es! Sie kommen!

Und Auge und Ohr ins Dunkel gespannt ...
Still – ruft da nicht einer? – Er schreit's durch die Hand:
„Sagt Mutter, 's ist Uwe!"

(1901)

(Aus: Deutsche Balladen, Scherpe Verlag, Krefeld o.J.)

[1] **lugt:** hält Ausschau
[2] **Momme:** norddeutscher Jungennamen
[3] **Friesengewächs:** hier Männer, die in Friesland geboren sind
[4] **Geißeln:** Peitschen
[5] **Wetter:** Blitz

1 Verfasse zu der Ballade „Nis Randers" von Otto Ernst eine Inhaltsangabe.

2 Untersuche die sprachlichen Bilder in der 8. und 9. Strophe und beschreibe die Wirkung, die sich für den Leser ergibt.

3 Ist Nis Randers ein Held? Begründe deine Meinung.

Bewertungsbogen zur Leistungsüberprüfung/Klassenarbeit

Name:	
Schulhalbjahr/Datum:	
Klasse:	
Fachlehrer/in:	
Thema der Unterrichtsreihe:	Bänkelsänger, Moritaten und Balladen
Thema der Klassenarbeit:	Den Inhalt einer Ballade zusammenfassen und sprachliche Mittel untersuchen
Aufgaben:	s. Arbeitsblatt 5

A Inhaltliche Leistungen

	Die Schülerin/der Schüler	**maximale Punktzahl**	**erreichte Punktzahl**
1	formuliert eine Einleitung mit Textsorte, Autor, Titel und Entstehungszeit, gibt eine Kurzinformation über den Inhalt des Textes und einen Ausblick auf den Ausgang (das Ende) der Handlung.	5	
2	stellt die Handlung möglichst knapp, aber übersichtlich und nachvollziehbar dar.	14	
3	zeigt auf, dass in den Strophen 8–10 das schwere Unwetter und damit die Gefahr für Nis Randers verdeutlicht wird und nennt als sprachliche Mittel: die Metapher „menschenfressende[.] Rosse“ (V. 26) und die Personifikation „peitscht das Meer“ (V. 25) als Bilder für die Größe und Wucht der Wellen; die eng zusammengedrängten Pferde, die jeweils ihre Hufe auf den Nacken eines anderen Pferdes stellen (V. 28 ff.) als Bild für die sich überschlagenden Wellen.	14	
4	beurteilt das Handeln von Nis Randers.	9	
A	**Gesamtpunktzahl**	**42**	

B Darstellungsleistungen

	Die Schülerin/der Schüler	**maximale Punktzahl**	**erreichte Punktzahl**
1	trennt Einleitung und Hauptteil – auch äußerlich – deutlich voneinander ab.	2	
2	schreibt sachlich, verzichtet auf Spannungselemente.	5	
3	wendet die Regeln der indirekten Rede sachgemäß an.	3	
4	verwendet die richtigen Tempusformen.	3	
5	schreibt sprachlich richtig (Rechtschreibung, Zeichensetzung, Grammatik).	5	
B	**Gesamtpunktzahl**	**18**	

Gesamtpunktzahl A und B	**60**

Die Klassenarbeit wird mit der Note

bewertet.

Datum Unterschrift

Zuordnung der Punkte zu den Notenstufen

Note	Punkte
sehr gut	60–53
gut	52–45
befriedigend	44–37
ausreichend	36–29
mangelhaft	28–21
ungenügend	20–0

Leistungsüberprüfung – Selbstevaluation – Klassenarbeit

1. **Heinrich Heine: Belsazar**
   (Arbeitsblatt 4, S. 256, Bewertungsbogen 4, S. 257)

2. **Otto Ernst: Nis Randers**
   (Arbeitsblatt 5, S. 258, Bewertungsbogen 5, S. 259 f.)

3. **Theodor Fontane: Die Brück' am Tay (Schülerband S. 195)**
   Aufgabe: Schreibe zu der Ballade „Die Brück' am Tay" von Theodor Fontane eine Inhaltsangabe mit Einleitung und Hauptteil.
   Bewertungsbogen: Bewertungsbogen 6, S. 262 f.

4. **Theodor Fontane: Die Brück' am Tay (Schülerband S. 195)**
   Aufgabe: Schreibe die Ballade „Die Brück' am Tay" von Theodor Fontane zu einer spannenden Erzählung um.
   Bewertungsbogen: Bewertungsbogen 7, S. 264 f.

5. **Theodor Fontane: John Maynard (Schülerband S. 198)**
   Aufgabe: Schreibe zu der Ballade „John Maynard" von Theodor Fontane eine Inhaltsangabe mit Einleitung und Hauptteil.
   Bewertungsbogen: Bewertungsbogen 8, S. 266 f.

6. **Theodor Fontane: John Maynard (Schülerband S. 198)**
   Aufgabe: Ein Passagier schreibt einige Tage später in seinem Tagebuch von dem Unglück. Dabei äußert er sich zum einen zu dem Geschehen selbst, er bringt jedoch vor allem auch zum Ausdruck, welche Empfindungen er vor, während und nach dem Unglück hatte. Schreibe diesen Tagebucheintrag.
   Bewertungsbogen: Bewertungsbogen 9, S. 268 f.

7. **Heinrich Heine: Belsazar (Schülerband S. 207)**
   Aufgabe: Schreibe zu der Ballade „Belsazar" von Heinrich Heine eine Inhaltsangabe mit Einleitung und Hauptteil.
   Bewertungsbogen: Bewertungsbogen 10, S. 270 f.

8. **Heinrich Heine: Belsazar (Schülerband S. 207)**
   Aufgabe: Schreibe die Ballade „Belsazar" von Heinrich Heine zu einer spannenden Erzählung um. Lass dabei einen der Knechte erzählen, die an dem Fest teilgenommen haben.
   Bewertungsbogen: Bewertungsbogen 11, S. 272 f.

Bewertungsbogen zur Leistungsüberprüfung/Klassenarbeit

Name:	
Schulhalbjahr/Datum:	
Klasse:	
Fachlehrer/in:	
Thema der Unterrichtsreihe:	Bänkelsänger, Moritaten und Balladen
Thema der Klassenarbeit:	Inhaltsangabe
Aufgabe:	Schreibe zu der Ballade „Die Brück' am Tay" von Theodor Fontane eine Inhaltsangabe mit Einleitung und Hauptteil.

A Inhaltliche Leistungen

	Die Schülerin/der Schüler	maximale Punktzahl	erreichte Punktzahl
1	formuliert eine Einleitung mit Textsorte, Autor, Titel und Entstehungszeit, gibt eine Kurzinformation über den Inhalt des Textes und einen Ausblick auf den Ausgang (das Ende) der Handlung.	10	
2	stellt die Handlung möglichst knapp, aber übersichtlich und nachvollziehbar dar.	12	
3	gibt die wichtigsten Geschehnisse in ihrem zeitlichen und ursächlichen Zusammenhang wieder.	12	
4	gibt den Sachverhalt in eigenen Worten wieder.	4	
5	verzichtet bei der Inhaltsangabe auf persönliche Wertungen.	4	
A	**Gesamtpunktzahl**	**42**	

B Darstellungsleistungen

	Die Schülerin/der Schüler	maximale Punktzahl	erreichte Punktzahl
1	trennt Einleitung und Hauptteil – auch äußerlich – deutlich voneinander ab.	2	
2	schreibt sachlich, verzichtet auf Spannungselemente.	5	
3	wendet die Regeln der indirekten Rede sachgemäß an.	3	
4	verwendet die richtigen Tempusformen.	3	
5	schreibt sprachlich richtig (Rechtschreibung, Zeichensetzung, Grammatik).	5	
B	**Gesamtpunktzahl**	**18**	

Gesamtpunktzahl A und B	**60**

Die Klassenarbeit wird mit der Note

______________________ **bewertet.**

Datum Unterschrift

Zuordnung der Punkte zu den Notenstufen

Note	Punkte
sehr gut	60–53
gut	52–45
befriedigend	44–37
ausreichend	36–29
mangelhaft	28–21
ungenügend	20–0

Bewertungsbogen zur Leistungsüberprüfung/Klassenarbeit

Name:	
Schulhalbjahr/Datum:	
Klasse:	
Fachlehrer/in:	
Thema der Unterrichtsreihe:	Bänkelsänger, Moritaten und Balladen
Thema der Klassenarbeit:	Umformung einer Ballade in eine spannende Erzählung
Aufgabe:	Schreibe die Ballade „Die Brück' am Tay" von Theodor Fontane zu einer spannenden Erzählung um.

A Inhaltliche Leistungen

	Die Schülerin/der Schüler	**maximale Punktzahl**	**erreichte Punktzahl**
1	entwickelt eine in sich geschlossene Erzählidee zu der Vorlage.	4	
2	verarbeitet die wesentlichen Handlungselemente der Vorlage angemessen.	10	
3	verleiht der Erzählung einen Spannungsbogen.	12	
4	gestaltet den Hauptteil anschaulich und lebendig aus (wörtliche Rede, innere Handlung, Umgebungsbeschreibung ...).	12	
5	verfasst einen angemessenen Schlussteil.	4	
A	**Gesamtpunktzahl**	**42**	

B Darstellungsleistungen

	Die Schülerin/der Schüler	**maximale Punktzahl**	**erreichte Punktzahl**
1	verleiht dem Text – auch äußerlich – einen sinnvollen Aufbau.	2	
2	schreibt anschaulich und lebendig.	5	
3	wendet die Regeln der wörtlichen Rede sachgemäß an.	3	
4	verwendet die richtigen Tempusformen.	3	
5	schreibt sprachlich richtig (Rechtschreibung, Zeichensetzung, Grammatik).	5	
B	**Gesamtpunktzahl**	**18**	

Gesamtpunktzahl A und B	**60**

Die Klassenarbeit wird mit der Note

bewertet.

Datum Unterschrift

Zuordnung der Punkte zu den Notenstufen

Note	Punkte
sehr gut	60 – 53
gut	52 – 45
befriedigend	44 – 37
ausreichend	36 – 29
mangelhaft	28 – 21
ungenügend	20 – 0

Bewertungsbogen zur Leistungsüberprüfung/Klassenarbeit

Name:	
Schulhalbjahr/Datum:	
Klasse:	
Fachlehrer/in:	
Thema der Unterrichtsreihe:	Bänkelsänger, Moritaten und Balladen
Thema der Klassenarbeit:	Inhaltsangabe
Aufgaben:	Schreibe zu der Ballade „John Maynard" von Theodor Fontane eine Inhaltsangabe mit Einleitung und Hauptteil.

A Inhaltliche Leistungen

	Die Schülerin/der Schüler	maximale Punktzahl	erreichte Punktzahl
1	formuliert eine Einleitung mit Textsorte, Autor, Titel und Entstehungszeit, gibt eine Kurzinformation über den Inhalt des Textes und einen Ausblick auf den Ausgang (das Ende) der Handlung.	10	
2	stellt die Handlung möglichst knapp, aber übersichtlich und nachvollziehbar dar.	12	
3	gibt die wichtigsten Geschehnisse in ihrem zeitlichen und ursächlichen Zusammenhang wieder.	12	
4	gibt den Sachverhalt in eigenen Worten wieder.	4	
5	verzichtet bei der Inhaltsangabe auf persönliche Wertungen.	4	
A	**Gesamtpunktzahl**	**42**	

B Darstellungsleistungen

	Die Schülerin/der Schüler	maximale Punktzahl	erreichte Punktzahl
1	trennt Einleitung und Hauptteil – auch äußerlich – deutlich voneinander ab.	2	
2	schreibt sachlich, verzichtet auf Spannungselemente.	5	
3	wendet die Regeln der indirekten Rede sachgemäß an.	3	
4	verwendet die richtigen Tempusformen.	3	
5	schreibt sprachlich richtig (Rechtschreibung, Zeichensetzung, Grammatik).	5	
B	**Gesamtpunktzahl**	**18**	

Gesamtpunktzahl A und B	**60**

Die Klassenarbeit wird mit der Note

bewertet.

Datum Unterschrift

Zuordnung der Punkte zu den Notenstufen

Note	Punkte
sehr gut	60 – 53
gut	52 – 45
befriedigend	44 – 37
ausreichend	36 – 29
mangelhaft	28 – 21
ungenügend	20 – 0

Bewertungsbogen zur Leistungsüberprüfung/Klassenarbeit

Name:	
Schulhalbjahr/Datum:	
Klasse:	
Fachlehrer/in:	
Thema der Unterrichtsreihe:	Bänkelsänger, Moritaten und Balladen
Thema der Klassenarbeit:	Einen Tagebucheintrag zu „John Maynard" von Theodor Fontane verfassen
Aufgaben:	Ein Passagier schreibt einige Tage später in seinem Tagebuch von dem Unglück. Dabei äußert er sich zum einen zu dem Geschehen selbst, er bringt jedoch vor allem auch zum Ausdruck, welche Empfindungen er vor, während und nach dem Unglück hatte. Schreibe diesen Tagebucheintrag.

A Inhaltliche Leistungen

	Die Schülerin/der Schüler	maximale Punktzahl	erreichte Punktzahl
1	führt in den Tagebucheintrag ein (Anlass des Eintrags).	4	
2	verarbeitet die wesentlichen Handlungselemente der Ballade angemessen.	10	
3	bringt die Empfindungen des Passagiers vor, während und nach dem Unglück zum Ausdruck.	12	
4	gestaltet den Tagebucheintrag anschaulich und lebendig aus.	12	
5	verfasst einen angemessenen Schluss.	4	
A	**Gesamtpunktzahl**	**42**	

B Darstellungsleistungen

	Die Schülerin/der Schüler	maximale Punktzahl	erreichte Punktzahl
1	verleiht dem Text – auch äußerlich – einen sinnvollen Aufbau.	2	
2	schreibt abwechslungsreich.	5	
3	wendet die Regeln der wörtlichen bzw. indirekten Rede sachgemäß an.	3	
4	verwendet die richtigen Tempusformen.	3	
5	schreibt sprachlich richtig (Rechtschreibung, Zeichensetzung, Grammatik).	5	
B	**Gesamtpunktzahl**	**18**	
	Gesamtpunktzahl A und B	**60**	

Die Klassenarbeit wird mit der Note

bewertet.

Datum Unterschrift

Zuordnung der Punkte zu den Notenstufen

Note	Punkte
sehr gut	60–53
gut	52–45
befriedigend	44–37
ausreichend	36–29
mangelhaft	28–21
ungenügend	20–0

Bewertungsbogen zur Leistungsüberprüfung/Klassenarbeit

Name:	
Schulhalbjahr/Datum:	
Klasse:	
Fachlehrer/in:	
Thema der Unterrichtsreihe:	Bänkelsänger, Moritaten und Balladen
Thema der Klassenarbeit:	Inhaltsangabe
Aufgabe:	Schreibe zu der Ballade „Belsazar“ von Heinrich Heine eine Inhaltsangabe mit Einleitung und Hauptteil.

A Inhaltliche Leistungen

	Die Schülerin/der Schüler	**maximale Punktzahl**	**erreichte Punktzahl**
1	formuliert eine Einleitung mit Textsorte, Autor, Titel und Entstehungszeit, gibt eine Kurzinformation über den Inhalt des Textes und einen Ausblick auf den Ausgang (das Ende) der Handlung.	10	
2	stellt die Handlung möglichst knapp, aber übersichtlich und nachvollziehbar dar.	12	
3	gibt die wichtigsten Geschehnisse in ihrem zeitlichen und ursächlichen Zusammenhang wieder.	12	
4	gibt den Sachverhalt in eigenen Worten wieder.	4	
5	verzichtet bei der Inhaltsangabe auf persönliche Wertungen.	4	
A	**Gesamtpunktzahl**	**42**	

B Darstellungsleistungen

	Die Schülerin/der Schüler	**maximale Punktzahl**	**erreichte Punktzahl**
1	trennt Einleitung und Hauptteil – auch äußerlich – deutlich voneinander ab.	2	
2	schreibt sachlich, verzichtet auf Spannungselemente.	5	
3	wendet die Regeln der indirekten Rede sachgemäß an.	3	
4	verwendet die richtigen Tempusformen.	3	
5	schreibt sprachlich richtig (Rechtschreibung, Zeichensetzung, Grammatik).	5	
B	**Gesamtpunktzahl**	**18**	

Gesamtpunktzahl A und B	**60**

Die Klassenarbeit wird mit der Note

bewertet.

Datum Unterschrift

Zuordnung der Punkte zu den Notenstufen

Note	**Punkte**
sehr gut	60–53
gut	52–45
befriedigend	44–37
ausreichend	36–29
mangelhaft	28–21
ungenügend	20–0

Bewertungsbogen zur Leistungsüberprüfung/Klassenarbeit

Name:	
Schulhalbjahr/Datum:	
Klasse:	
Fachlehrer/in:	
Thema der Unterrichtsreihe:	Bänkelsänger, Moritaten und Balladen
Thema der Klassenarbeit:	Umformung einer Ballade in eine spannende Erzählung
Aufgaben:	Schreibe die Ballade „Belsazar“ von Heinrich Heine zu einer spannenden Erzählung um. Lass dabei einen der Knechte erzählen, die an dem Fest teilgenommen haben.

A Inhaltliche Leistungen

	Die Schülerin/der Schüler	maximale Punktzahl	erreichte Punktzahl
1	entwickelt eine in sich geschlossene Erzählidee zu der Vorlage und behält die Erzählform bei.	4	
2	verarbeitet die wesentlichen Handlungselemente der Vorlage angemessen.	10	
3	verleiht der Erzählung einen Spannungsbogen.	12	
4	gestaltet den Hauptteil anschaulich und lebendig aus (wörtliche Rede, innere Handlung, Umgebungsbeschreibung ...).	12	
5	verfasst einen angemessenen Schlussteil.	4	
A	**Gesamtpunktzahl**	**42**	

B Darstellungsleistungen

	Die Schülerin/der Schüler	maximale Punktzahl	erreichte Punktzahl
1	verleiht dem Text – auch äußerlich – einen sinnvollen Aufbau.	2	
2	schreibt abwechslungsreich.	5	
3	wendet die Regeln der wörtlichen Rede sachgemäß an.	3	
4	verwendet die richtigen Tempusformen.	3	
5	schreibt sprachlich richtig (Rechtschreibung, Zeichensetzung, Grammatik).	5	
B	**Gesamtpunktzahl**	**18**	
	Gesamtpunktzahl A und B	**60**	

Die Klassenarbeit wird mit der Note

bewertet.

Datum Unterschrift

Zuordnung der Punkte zu den Notenstufen

Note	Punkte
sehr gut	60–53
gut	52–45
befriedigend	44–37
ausreichend	36–29
mangelhaft	28–21
ungenügend	20–0

Den Inhalt wiedergeben (S. 220–243)

Vorüberlegungen zur Einheit

Die Inhaltsangabe gehört zu den grundlegenden schulischen Schreibformen und bildet eine wichtige Grundlage für die Textinterpretation. Den Inhalt eines Textes, eines ganzen Buches oder eines Films wiederzugeben, stellt an die Schülerinnen und Schüler eine hohe Anforderung; in der Regel ist sie nur zu leisten, wenn der Text (das Buch, der Film) in seinen Grundzügen verstanden wurde. Den Schülerinnen und Schülern muss bewusst werden, dass einer Inhaltsangabe immer eine intensive Beschäftigung mit dem Text vorausgeht.
Die Einheit will den Schülern vermitteln, welche Funktion die Inhaltsangabe erfüllt, welche unterschiedlichen Formen es gibt, wie sie aufgebaut ist und worin ihre sprachlich-stilistische Form besteht.

Zentrale Kompetenzen, die mit dieser Einheit erworben werden, sind:

- den spezifischen Aufbau einer Inhaltsangabe kennen,
- die Besonderheiten der Einleitung und des Hauptteils einer Inhaltsangabe erfassen,
- eine Inhaltsangabe adressatenbezogen schreiben,
- die sprachliche Form der Inhaltsangabe beherrschen,
- Unterschiede zwischen der Inhaltsangabe eines kürzeren Textes und der eines Buches bzw. Films kennen.

Die Einheit ist in den situativen Kontext eingebettet, dass eine Klassenzeitung erstellt werden soll, in der u. a. über interessante Texte oder Filme informiert werden soll. In dem sehr umfangreichen Schlusskapitel geht es um Modalität, vor allem um die Verwendung der indirekten Rede, die für die Kompetenz „Inhalte wiedergeben" von besonderer Relevanz ist. Es ist zu empfehlen, dass die Einheit „Wünsche, Träume und Gefühle suchen Worte – Gedichte" zuvor bereits behandelt worden ist, weil die Schüler dort den Konjunktiv II und seine Funktionsweisen kennenlernen können.

Didaktische Aufbereitung der Unterkapitel

1. Den Inhalt einer Erzählung wiedergeben (S. 221–228)

→WB

Johann Peter Hebel: Der geheilte Patient (S. 221–222)
Anhand von Hebels Kalendergeschichte lernen die Schülerinnen und Schüler sukzessive, eine strukturierte Inhaltsangabe zu erstellen, indem sie zunächst Fragen zum Text beantworten, die Erzählung in Form eines Einleitungsteils im Überblick erfassen, eine Gliederung als Raster für eine ausführliche Zusammenstellung erstellen und anschließend Teile einer vorliegenden Inhaltsangabe untersuchen.

Aufgabe 1 S. 222
Der Amsterdamer ist reich und faul. Den ganzen Tag über sitzt er herum, raucht und trinkt. Trotz der wenigen Bewegung isst er Unmengen und es wundert nicht, dass er allmählich krank wird.

Aufgabe 2
S. 223

Als er beim Doktor eintrifft, hat er bereits 18 Tage Wanderung hinter sich, die ihm die nötige Bewegung verschafft hat. Mit zunehmender Dauer geht es ihm besser und er erfreut sich wieder an der Natur und den Menschen.

Aufgabe 3
S. 223

Z. 111 f.: „Herr Doktor, Ihr seid ein feiner Kauz, und ich versteh' Euch wohl."

Aufgabe 4
S. 223

Die ungesunde Lebensweise des Amsterdamers ist den Schülerinnen und Schülern sicher nicht unbekannt. Heute noch mehr als damals ist sie Ursache unserer Zivilisationskrankheiten.

Aufgabe 5
S. 223

Version b) ist besonders gelungen, da hier Textsorte, Autor und Titel genannt werden und neben einer Kurzinformation zum Inhalt auch ein Ausblick auf den Ausgang der Handlung gegeben wird.

Aufgabe 6
S. 223

Die Gliederung könnte folgendermaßen aussehen:

Johann Peter Hebel: Der geheilte Patient – Textgliederung
Z. 1–40: Die ungesunde Lebensweise des Mannes
Z. 41–47: Der Brief an den entfernt wohnenden Arzt
Z. 47–72: Das Antwortschreiben des Arztes
Z. 73–80: Der Aufbruch zu Fuß
Z. 80–101: Die Wanderung und Genesung
Z. 101–116: Der Rat des Arztes für die Zukunft

Die Abschnitte 4 und 5 können auch zusammengefasst werden.

Aufgabe 7
S. 223–224

Die Abschnitte im Buch sind in der Reihenfolge 5, 3, 2, 6, 1, 4 aufgeführt.

Aufgabe 8
S. 224

Die beiden Schüler haben alle Details und literarischen Ausgestaltungen der Erzählung weggelassen, so etwa die Beschreibung der ungesunden Lebensweise oder die Erlebnisse auf der Wanderung. Auch das lange Antwortschreiben des Arztes ist auf wenige Sätze reduziert.

Aufgabe 9
S. 224

Den Schülerinnen und Schülern sollte an dieser Stelle die Funktion der Erklärung des Verhaltens, die der Inhaltsangabe einen entsprechenden Informationsgehalt verleiht, verdeutlicht werden.

- ..., weil er nicht einsehen will, dass er vor allem seine Lebensweise ändern müsste.
- Weil der Arzt sofort erkennt, ...
- Da der reiche Patient überzeugt ist, ...

Sprachlich sind die Begründungen an den Nebensätzen/Gliedsätzen erkennbar, die mit einer kausalen Konjunktion eingeleitet werden. Alternativ wären auch Kausaladverbialien denkbar.

Aufgabe 10
S. 224

Geht es in der Aufgabe zuvor um den kausalen Zusammenhang der Handlung, weisen die Schülerinnen und Schüler nunmehr die temporalen Verknüpfungen nach. Die zeitliche Struktur wird durch die zahlreichen Zeitangaben deutlich: am Anfang, schließlich, am nächsten Morgen, am ersten Tag seiner Wanderung, von Tag zu Tag, am 18. Tag ... Alternativ sind auch Temporalsätze möglich, um diesen Zusammenhang zu verdeutlichen.

Aufgabe 11
S. 224

Die Tempusform Präsens verhindert einerseits eine reine Nacherzählung des Textes, andererseits führt sie zu einer unmittelbaren Vergegenwärtigung des Geschehens und unterstützt den informierenden Charakter dieser Textform.

Aufgabe 12
S. 225

Die wörtliche Rede macht einen Text lebendig, anschaulich und hebt die Distanz auf. Ziel der Inhaltsangabe ist aber die sachliche Information (s. o.). Sabrina und Stephan haben in den meisten Fällen die wörtliche Rede in die indirekte umgeformt, was sich gut in einem **Tafelbild** veranschaulichen lässt:

Umformungen von direkter Rede in einer Inhaltsangabe

Originaltext	Umformungen in der Inhaltsangabe
Z. 54 f.: „Ihr habt ein bös Tier im Bauch […]"	Er habe einen bösen Lindwurm im Bauch.
Z. 56 f.: „Ihr müsst zu mir kommen."	Er müsse zu ihm kommen.
Z. 62 f.: „Fürs andere dürft Ihr nicht mehr essen als zweimal des Tages einen Teller voll Gemüs […]"	Er müsse eine strenge Diät einhalten.
Z. 99 f.: „Herr Doktor, mir fehlt gottlob nichts […]"	… dass es ihm an nichts fehle.
Z. 103 f.: „Der Lindwurm ist jetzt abgestanden."	Der Lindwurm sei abgestorben.
Z. 112: „[…] ich versteh' Euch wohl."	Er habe ihn jetzt verstanden.

➔ Umformung von direkter in indirekte Rede
➔ Umschreibungen

TAFELBILD

Aufgabe 13
S. 225

Im Unterrichtsgespräch sollte die stilistische Qualität der verschiedenen Aussagemöglichkeiten besprochen werden. Die Umschreibungen wirken in vielen Fällen eleganter, die indirekte Rede zeigt eine größere Textnähe.

- Der Arzt sagt, er dürfe nicht fahren oder reiten. Der Arzt verbietet ihm, zu fahren oder zu reiten.
- Der Arzt meint, er dürfe nicht mehr so viel essen. Der Arzt fordert ihn auf, nicht mehr so viel zu essen.
- Er schreibt ihm, er müsse seinen Rat befolgen. Der Arzt empfiehlt ihm, seinem Rat zu folgen.

Herbert Birken: Achmed, der Narr (S. 225 – 226)

Anhand der Schelmengeschichte können die Schülerinnen und Schüler nunmehr das im Erarbeitungsschritt zuvor gewonnene Wissen anwenden.

Aufgabe 1
S. 226

Der Sultan ist vergleichbar mit dem reichen Amsterdamer. Wie dieser lebt er im Überfluss, den Bezug zum einfachen Leben seines Dieners hat er vollkommen verloren. Und genau wie der Amsterdamer wird auch er durch das kluge Handeln eines anderen belehrt. Die Geschichte von Achmed lässt allerdings offen, ob der Sultan seine Lebensweise ändert.

Aufgabe 2
S. 227

Eine Inhaltsangabe könnte folgendermaßen aussehen:

Herbert Birkens Erzählung „Achmed, der Narr" handelt von einem Diener, der seinem Herrn zunächst nichts recht machen kann. Bei einem besonderen Vorfall erkennt der Sultan aber die Weisheit seines Dieners und macht ihn zu seinem Berater.
Die Erzählung beginnt damit, dass Achmed das Frühstück für den Herrscher bereiten soll. Wie von sich selbst gewohnt serviert er ein einfaches Frühstück mit Kaffee, Brot und Honig. Der Herrscher ist darüber äußerst erzürnt, weil er ein prächtiges Frühstück mit zahllosen Zutaten gewohnt ist. Da sein Diener Besserung gelobt, verzeiht er ihm. Später

soll Achmed dem Herrscher ein Bad bereiten. Er tut dies ebenfalls, wie er es von sich selbst gewohnt ist, mit Wasser, Seife und einem Handtuch. Weil der Sultan auch beim Baden großen Luxus erwartet, schimpft er mit Achmed, verzeiht ihm wegen dessen Reue aber noch einmal.
Am nächsten Tag klagt der Herrscher über Schmerzen und schickt Achmed nach einem Arzt. Der Diener kommt erst nach langer Zeit zurück, weil er, um es seinem Herrn diesmal recht zu machen, gleich mehrere Ärzte verständigt und alle Vorbereitungen für einen eventuellen Tod des Sultans getroffen hat. Über diesen Vorfall muss der Sultan herzlich lachen. Er wird gesund und macht Achmed zu seinem Berater, weil er sein unangemessenes Verhalten eingesehen hat.

Hermann Bote: Till Eulenspiegel (S. 227–228)
Inhaltsangabe zu: Johann Peter Hebel: Der listige Quäker (S. 228)
Die folgenden Aufgaben dienen der Sicherung und Vertiefung des Gelernten. Dabei arbeiten die Schülerinnen und Schüler weitgehend selbstständig. Die Qualifizierung und Überarbeitung der Schülertexte sollte zunächst im Gruppengespräch erfolgen; anschließend entscheiden sich die Gruppenmitglieder für einen besonders gelungenen Text und präsentieren ihn der gesamten Klasse. Die Besprechung sollte kriteriengeleitet erfolgen, indem noch einmal die zentralen Merkmale einer gelungenen Inhaltsangabe vorab festgehalten werden.

Aufgabe 3a
S. 227

In der 60. Episode des Buches „Till Eulenspiegel" von Hermann Bote wird erzählt, wie ein Schreinermeister Till als Gesellen einstellt, dann aber hinauswirft, weil ihm dieser die Bretter eines Tisches verdorben hat.
Die Erzählung beginnt damit, dass der Schreiner auf eine Hochzeit gehen will und Till beauftragt, in der Zwischenzeit vier Bretter für einen Schreibtisch in den Leim zu bringen. Diese Aufforderung versteht Till wörtlich und steckt die Bretter, die er zuvor mit Holzpflöcken verbunden hat, in einen großen Kessel mit Leim und lässt sie anschließend trocknen. Als der Meister am nächsten Morgen sieht, was Till angerichtet hat, wirft er ihn hinaus. Der behauptet jedoch nur, er habe alles so getan, wie man es ihm aufgetragen habe.

Aufgabe 3b
S. 228

Originaltext:

Johann Peter Hebel (1760–1826)
Der listige Quäker

Die Quäker sind eine Sekte, zum Exempel in England, fromme, friedliche und verständige Leute, wie hierzuland die Wiedertäufer ungefähr, und dürfen vieles nicht tun nach ihren Gesetzen: nicht schwören, nicht das Gewehr tragen, vor niemand den Hut abziehn, aber reiten dürfen sie, wenn sie Pferde haben. Als einer von ihnen einmal abends auf einem gar schönen, stattlichen Pferd nach Haus in die Stadt wollte reiten, wartet auf ihn ein Räuber mit kohlschwarzem Gesicht ebenfalls auf einem Ross, dem man alle Rippen unter der Haut, alle Knochen, alle Gelenke zählen konnte, nur nicht die Zähne, denn sie waren alle ausgebissen, nicht am Haber, aber am Stroh. „Kind Gottes", sagte der Räuber, „ich möchte meinem armen Tier da, das sich noch dunkel an den Auszug der Kinder Israel aus Ägypten erinnern kann, wohl auch ein so gutes Futter gönnen, wie das Eurige haben muss dem Aussehen nach. Wenn's Euch recht ist, so wollen wir tauschen. Ihr habt doch keine geladene Pistole bei Euch, aber ich." Der Quäker dachte bei sich selbst: „Was ist zu tun? Wenn alles fehlt, so hab' ich zu Haus noch ein zweites Pferd, aber kein zweites Leben." Also tauschten sie miteinander, und der Räuber ritt auf dem Ross des Quäkers nach Haus, aber der Quäker führte das arme Tier des Räubers am Zaum. Als er aber gegen die Stadt und an die ersten Häuser kam, legte er ihm den Zaum auf den Rücken und sagte: „Geh voraus, Lazarus; du wirst deines Herrn Stall besser finden als ich." Und so ließ er das Pferd vorausgehen und folgte ihm nach, Gasse ein, Gasse aus, bis es vor einer Stalltüre stehen blieb. Als es stehen blieb und nimmer weiter wollte, ging er in das Haus und in die Stube, und der Räuber fegte gerade den Ruß aus dem Gesicht mit einem wollenen Strumpf. „Seid ihr wohl nach Hause gekommen?", sagte der Quäker. „Wenn's Euch recht ist, so wollen wir jetzt unsern Tausch wieder aufheben, er ist ohnedem nicht gerichtlich bestätigt. Gebt mir mein Rösslein wieder, das Eurige steht vor der Tür." Als sich nun der Spitzbube entdeckt sah, wollte er wohl oder übel, gab er dem Quäker sein gutes Pferd zurück. „Seid so gut", sagte der Quäker, „und gebt mir jetzt auch noch zwei Taler Rittlohn; ich und Euer Rösslein sind miteinander zu Fuß spaziert." Wollte der Spitzbube wohl oder übel, musst' er ihm auch noch zwei Taler Rittlohn bezahlen. „Nicht wahr, das Tierlein läuft einen sanften Trab?" sagte der Quäker.

(Aus: Schatzkästlein des Rheinischen Hausfreundes, hg. von Karl Voll, Delphin-Verlag, München/Leipzig o. J.)

2. Den Inhalt eines Buches vorstellen (S. 229–230)

Im folgenden Unterkapitel lernen die Schülerinnen und Schüler die besonderen Merkmale einer Buchzusammenfassung (Klappentext oder Buchvorstellung), die sich deutlich von der zuvor erarbeiten Form unterscheiden, kennen und anzuwenden.

Aufgabe 2 S. 230

Der relativ kurze Klappentext des ersten Buches („Achtung, Zeitfalle!") informiert prägnant über die Ausgangssituation des Romans. Einige Signalworte der modernen Computer- und Mediensprache („computeranimierte Cyberspacewelt", „Computerfreak") verweisen auf das Thema des Jugendromans und stellen eine Form der zielgruppenspezifischen Werbung dar.

Der Klappentext zu Mankells Buch („Die Reise ans Ende der Welt") ist recht ausführlich und informiert umfassend über die Ausgangssituation und den Protagonisten des Romans. Die Handlung wird durch zahlreiche offene Fragen angedeutet (z. B. „Wird Samuel wieder zur See fahren und ihn mitnehmen?"), was das Interesse des Lesers wecken soll. Ferner wird das übergeordnete Thema des Jugend- und Entwicklungsromans angedeutet („Joels innere Reise ins Land der Erwachsenen"), sodass hier über den eigentlichen Inhalt hinaus Informationen gegeben werden.

Der Klappentext des letzten Buches („Ein Schatten wie ein Leopard") ist reißerisch („Wenn er sein Messer blitzschnell zückt [...]") und stimmt den Leser anhand wichtiger Stichworte (Straßen von New York, Gang, Überfall usw.) auf die spannende Ausgangssituation ein.

Aufgabe 3 S. 230

Die Klappentexte sind natürlich auch und vor allem von der Absicht bestimmt, einen Leser für das Buch zu interessieren und ihn zum Kauf zu verleiten. Die Inhaltsangaben, die die Schülerinnen und Schüler bisher angefertigt haben, dienten ausschließlich der Information. Die Klappentexte besitzen vor allem auch eine appellative Funktion.

Aufgaben 4 und 5 S. 230

Die Fragen der Schüler machen deutlich, dass ein Klappentext viele Leerstellen hat, die aber gerade das Interesse des zukünftigen Lesers wecken. Svenjas Erklärungen gehen über eine inhaltliche Information hinaus. Sie begründet ganz persönlich, warum ihr das Buch gefallen hat und welche Besonderheiten es aufweist. Das ist bei einer Buchvorstellung ausdrücklich erwünscht.

3. Den Inhalt eines Films wiedergeben (S. 231–232)

Aufgaben 1 und 2 S. 231

Max und Alina sprechen über unterschiedliche thematische Schwerpunkte des Films, die ihnen aufgrund ihrer individuellen Rezeptionserfahrung besonders wichtig erscheinen. Während Max offensichtlich vor allem von den nachgestellten Fußballspielen angesprochen wurde, hat sich Alina mehr für die Beziehungsproblematik bzw. die geschichtliche Situation interessiert.

Aufgabe 3 S. 231

Beide leiten ihre Aussagen mit einer Bewertung ein. Während Alina ihre Bewertung direkt begründet („Man kann sich richtig gut vorstellen [...]"), gibt Max erst später eine Begründung für seine Meinung („Wie die das im Film nachgestellt haben [...]").

Aufgaben 4 und 5 S. 231

Für die Inhaltsangabe in einer Klassenzeitung müssten die beiden thematischen Schwerpunkte zusammengeführt werden. Es müsste deutlich werden, dass Wortmann keinen reinen Sportfilm gedreht hat, sondern dass die Verhältnisse im Nachkriegsdeutschland der eigentliche Schwerpunkt sind. Der Film beschreibt die Schwierigkeiten eines heimgekehrten Kriegsgefangenen, der sich in seinem alten Leben nicht mehr zurechtfindet.

Aufgabe 6 S. 232

Die Vorankündigung preist den Film naturgemäß an. Er sei „hochprofessionell und sehr emotional". Sie weist ausdrücklich auf die Verknüpfung der Fußballweltmeisterschaft 1954 („Wunder von Bern") mit der Familiengeschichte hin. Max und Alina gehen jeweils nur auf einen thematischen Schwerpunkt ein und ihre Aussagen sind noch stark von persönlichen Eindrücken und Gefühlen geprägt.

Aufgabe 7 S. 232

Der Film bezieht seinen Reiz auch daraus, dass lange offenbleibt, ob Vater und Sohn am Ende zueinanderfinden. Da Alina das Ende verrät, nimmt sie einen Teil der Spannung. Das kann bei Personen, die den Film noch sehen möchten, das Interesse schwinden lassen.

Aufgabe 8 S. 232

Die Aufgaben dienen der Sicherung und Vertiefung des Gelernten. Sie können auch zur Binnendifferenzierung eingesetzt werden.

4. Die indirekte Rede (S. 233–241)

Aussagearten (Modi) (S. 233–234)

Das Unterkapitel vermittelt zunächst einen Überblick über die verschiedenen Modusformen (vgl. auch den Info-Kasten auf S. 234), im weiteren Verlauf steht die indirekte Rede im Zentrum der Erarbeitung.

Aufgaben 1 bis 3 S. 233

Der Sprecher kann durch den Gebrauch unterschiedlicher Modi seine Aussagen färben, verändern, kennzeichnen.
Norman (in seiner ersten Äußerung) und Michael gebrauchen den Indikativ und stellen den Sachverhalt als tatsächlich und wirklich dar.
Norman (in seiner zweiten Äußerung) und Olga (in ihrer ersten Äußerung) machen durch den Gebrauch des Konjunktiv I deutlich, dass sie lediglich die Aussagen anderer wiedergeben. Dass etwas nur gedacht oder gewünscht ist, drücken Luisa und Olga (in ihrer zweiten Äußerung) durch den Konjunktiv II aus.
Nils gebraucht den Imperativ und spricht damit eine Bitte bzw. eine Aufforderung aus.

Aufgabe 4 S. 234

- Ich hätte ihm das Buch nicht leihen dürfen. (*Konjunktiv II*)
- Damit habe ich einen Fehler gemacht. (*Indikativ*)
- Ich habe mehrfach zu ihm gesagt: „Gib mir bitte das Buch zurück." (*Imperativ*)
- Nun behauptet er, er habe es gar nicht von mir bekommen. (*Konjunktiv I*)

- Er sagt, er besitze selbst genug Bücher. (*Konjunktiv I*)
- Morgen leihe ich mir in der Bibliothek ein neues Buch aus. (*Indikativ*)
- Unser Deutschlehrer meint, das Referat sei nicht sehr umfangreich. (*Konjunktiv I*)
- Wenn ich mehr Zeit hätte, könnte ich noch weitere Literatur zum Thema lesen. (*Konjunktiv II*)
- Mein Freund sagt, das Thema interessiere ihn sehr. (*Konjunktiv I*)
- Er würde gern mehr darüber erfahren. (*Konjunktiv II*)

Der Konjunktiv I zur Kennzeichnung der indirekten Rede (S. 235–236)

Aufgabe 1
S. 235

Denkbar sind folgende Möglichkeiten:

- Michael behauptet: „Das Computerprogramm ist für unsere Zwecke ungeeignet."
- Michael behauptet, dass das Computerprogramm für unsere Zwecke ungeeignet ist/sei.
- Michael behauptet, das Computerprogramm sei für unsere Zwecke ungeeignet.
- Michael hält das Computerprogramm für unsere Zwecke für ungeeignet.

Aufgaben 2
S. 235

Bei der Umwandlung von der direkten in die indirekte Rede verändert sich nicht nur der Modus, sondern es findet auch eine Pronominalverschiebung statt.

Aufgabe 3
S. 236

- Sie meint, das Theaterstück sei sehr interessant gewesen. (b)
- Marius sagt: „Am liebsten spiele ich Fußball." (a)
- Philipp denkt, sein Verhalten im Spiel sei nicht richtig gewesen. (b)
- Er bittet seine Schwester, morgen zu kommen. (c)
- Stephen findet, dass sein Aufsatz zu schlecht beurteilt worden ist. (b)
- Kai sagte: „Gestern ist mir mein Fahrrad gestohlen worden." (a)
- Petra behauptet, es nicht getan zu haben. (c)

Aufgabe 4
S. 236

Holger Kernhoff erzählt, er **sei** 37 Jahre alt und von Beruf Busfahrer. Eigentlich **finde** er seinen Beruf schön, aber manchmal **nerve** ihn der viele Verkehr. In seiner Freizeit **gehe** er angeln. Erst letzte Woche **habe** er einen großen Karpfen **erwischt**. Seine Frau **sei** aus dem Staunen gar nicht **herausgekommen**. Wenn er nicht **angle**, **lese** er. Er **interessiere** sich vor allem für Kriminalromane.

Die Bildung des Konjunktivs I (S. 236–238)

Aufgabe 1
S. 236

In der ersten Person Singular sowie in der ersten und dritten Person Plural sind die Personalformen im Indikativ und Konjunktiv gleich. Daher müssen in diesen Fällen Ersatzformen aus dem Konjunktiv II genommen werden.

Aufgabe 3
S. 237

Indikativ Präsens	**Konjunktiv I**	**Ersatzform aus dem Konjunktiv II**
du spielst	du spielest	*Ersatzform **nicht** nötig*
wir kommen	wir kommen	*Ersatzform nötig: wir kämen*
ihr lauft	ihr laufet	*Ersatzform **nicht** nötig*
sie lachen	sie lachen	*Ersatzform nötig: sie lachten*
du schreibst	du schreibest	*Ersatzform **nicht** nötig*
ihr bringt	ihr bringet	*Ersatzform **nicht** nötig*
ich nehme	ich nehme	*Ersatzform nötig: ich nähme*
sie geben	sie geben	*Ersatzform nötig: sie gäben*
du sparst	du sparest	*Ersatzform **nicht** nötig*
ihr lest	ihr leset	*Ersatzform **nicht** nötig*
ich rufe	ich rufe	*Ersatzform nötig: ich riefe*

Aufgabe 4
S. 238

Sven hat mir geschrieben, seine neue Schule gefalle ihm gut. Der Klassenraum sei hell und freundlich und an den Wänden hingen viele Bilder. Die neuen Mitschüler seien sehr nett. Wenn er ein Problem habe, kämen sie und böten ihre Hilfe an (*würden ihre Hilfe anbieten*). Sein Deutschlehrer sei zwar streng, aber er gebe nicht so viel Hausaufgaben auf. Im Unterricht läsen sie zurzeit ein Jugendbuch (*würden sie zurzeit ein Jugendbuch lesen*). Es heiße „Die Reise ans Ende der Welt" und sei von Henning Mankell geschrieben. Darin gehe es um einen 15-jährigen Jungen, der sich auf die Suche nach seiner Mutter mache. Das Buch sei zwar nicht besonders spannend, aber trotzdem ganz interessant. Zum Schluss will er noch wissen, was wir denn gerade läsen (*lesen würden*). Ich solle doch mal zurückschreiben.

Vorzeitigkeit bei der indirekten Rede (S. 238)

Den Schülerinnen und Schülern muss deutlich werden, dass bei der Vorzeitigkeit in der indirekten Rede nur die Konjunktivform genommen wird, die vom Perfekt abgeleitet ist, und zwar unabhängig davon, ob im Indikativ Präteritum, Perfekt oder Plusquamperfekt steht.

Aufgabe 1
S. 238

- Lena sagt: „Letzte Nacht hatte ich einen bösen Traum."
  Lena sagt, dass sie letzte Nacht einen bösen Traum gehabt habe.
- David sagt: „Der Schneetag unserer Schule war toll."
  David sagt, der Schneetag ihrer Schule sei toll gewesen.
- Maik sagt: „Ich habe lange mit dem Gedanken gespielt, einem Schwimmverein beizutreten."
  Maik sagt, er habe lange mit dem Gedanken gespielt, einem Schwimmverein beizutreten.
- Constanze sagt: „Heute habe ich den ganzen Tag lang mein Zimmer aufgeräumt."
  Constanze sagt, sie habe heute den ganzen Tag lang ihr Zimmer aufgeräumt.
- Melanie sagt: „Das neue Buch von Cornelia Funke hat mir gut gefallen."
  Melanie sagt, das neue Buch von Cornelia Funke habe ihr gut gefallen.
- Ralf sagt: „Ich konnte nicht zur Party kommen, weil ich krank war."
  Ralf sagt, er habe nicht zur Party kommen können, weil er krank gewesen sei.
- Jens sagt: „Von dem Spiel waren wir sehr enttäuscht."
  Jens sagt, sie seien von dem Spiel sehr enttäuscht gewesen.

Nachzeitigkeit bei der indirekten Rede (S. 239–241)

Bei der Nachzeitigkeit wird die Form gewählt, die vom Futur I abgeleitet ist. Stimmen die Formen überein, wird eine Ersatzform verwendet.

Aufgabe 1
S. 239

- Patrick sagt: „Morgen werde ich zu meiner Tante nach Hamburg fahren."
  Patrick sagt, morgen werde er zu seiner Tante nach Hamburg fahren.
- Andreas sagt: „In zehn Jahren werdet ihr reich sein."
  Andreas sagt, in zehn Jahren würdet ihr reich sein.
- Franziska sagt: „Ihr werdet euch bestimmt gut erholen."
  Franziska sagt, dass ihr euch bestimmt gut erholen würdet.
- Franz sagt: „Die Borussia wird mit allen Stars auflaufen."
  Franz sagt, die Borussia werde mit allen Stars auflaufen.
- Sabrina und Anna sagen: „Nach dem Schulabschluss werden wir gemeinsam eine Lehre machen."
  Sabrina und Anna sagen, dass sie nach dem Schulabschluss gemeinsam eine Lehre machen würden.

Aufgabe 2a
S. 239

Löwe, Esel und Fuchs (S. 239)

Löwe, Esel und Fuchs gingen gemeinsam auf die Jagd. Als sie reiche Beute gemacht hatten, sagte der Löwe zum Esel, er müsse für die Verteilung der Beute sorgen. Der Esel machte drei Teile und sagte dann dem Löwen, dass er sich davon einen Teil aussuchen könne. Da war der Löwe so böse, dass er ihn auffraß und nun dem Fuchs den Auftrag zur Teilung gab. Der legte alles zusammen auf einen riesigen Haufen und sagte zum Löwen, dass alles ihm gehören solle. Für sich selbst hatte er nur ein paar Knochen zurückbehalten. Darauf fragte ihn der Löwe, wer ihn gelehrt habe, so zu teilen? Das sei das Missgeschick des Esels gewesen, antwortete der Fuchs.

Bei den folgenden Übungen sollte jeweils die stilistische Qualität von wörtlicher/direkter Rede und indirekter Rede im Unterrichtsgespräch thematisiert werden.

Aufgabe 2b
S. 239

Ein Hund sagte vor Gericht: „Ich habe dem Schaf Brot geliehen.“ Das Schaf leugnete alles, der Kläger aber berief sich auf drei Zeugen, die er auch vorbrachte. Der erste dieser Zeugen, der Wolf, behauptete: „Ich weiß gewiss, dass der Hund dem Schaf Brot geliehen hat.“ Der zweite, der Habicht, sagte: „Ich war dabei.“ Der dritte, der Geier, sagte: „Das Schaf ist ein unverschämter Lügner.“ So verlor das Schaf den Prozess, musste alle Kosten tragen und zur Bezahlung des Hundes Wolle von seinem Rücken hergeben.

Aufgabe 2c
S. 240

Wird das in der Fabel Gesagte ausschließlich in der indirekten Rede wiedergegeben, wirkt die Fabel sehr steif und leblos. Die direkte Rede macht die Fabel lebendig.

Aufgabe 2d
S. 240

Ein Schausteller sagte, an den Sicherheitsvorkehrungen könne es nicht gelegen haben, die seien sehr streng und würden ständig vom TÜV überprüft. Die Sicherheit der Karussells liege auch im Interesse der Schausteller. Es gebe zwar immer wieder einmal kleinere Unfälle, aber ein Unfall diesen Ausmaßes sei einmalig. Bevor man sichere Aussagen machen könne, müsse die Polizei den genauen Hergang rekonstruieren. Es spreche aber vieles dafür, dass menschliches Versagen vorliege.

Aufgabe 2e
S. 240

Der Tierpfleger erzählte, wenn eine Robbe noch ganz klein sei, halte sie sich am Rücken der Mutter fest. Dazu könne sie ihre langen Krallen gut gebrauchen. Die kleinen Robben könnten zwar schon gut schwimmen, aber sie ermüdeten schnell (würden schnell ermüden).
Wenn es Sturm oder hohe Wellen gebe, rutsche manche kleine Robbe von Mutters Rücken ab und manchmal finde die Mutter ihr Kind nicht wieder. Die kleine Robbe treibe dann irgendwo an den Strand.
Da liege sie nun ohne Mutter, bei der sie Milch trinken könne. Hungrig und allein fange sie an zu heulen, so laut sie nur könne. Gestern hätten sie so einen schweren Sturm gehabt, da habe das Telefon bei ihnen den ganzen Tag geklingelt. Das sei heute schon ihr viertes Findelkind.

Erich Kästner: Münchhausen – Die fantastischen Lügengeschichten/Das Pferd auf dem Kirchturm (S. 240–241)

Aufgabe 2f
S. 241

Münchhausen erzählte, seine erste Reise nach Russland habe er mitten im tiefsten Winter unternommen. Denn im Frühling und im Herbst seien die Straßen und Wege in Polen, Kurland und Livland vom Regen so zerweicht, dass man stecken bleibe, und im Sommer seien sie knochentrocken und so staubig, dass man vor lauter Husten nicht vorwärtskomme. Er sei also im Winter und, weil es am praktischsten sei, zu Pferde gereist. Leider habe er jeden Tag mehr gefroren, denn er habe einen zu dünnen Mantel angezogen, und das ganze Land sei so zugeschneit gewesen, dass er oft genug weder Weg noch Steg gesehen

habe, keinen Baum, keinen Wegweiser, nichts, nichts, nur Schnee. Eines Abends sei er, steif und müde, von seinem braven Gaul heruntergeklettert und habe ihn, damit er nicht fortliefe, an einer Baumspitze festgebunden, die aus dem Schnee herausgeschaut habe. Dann habe er sich nicht weit davon, die Pistolen unterm Arm, auf seinen Mantel gelegt und sei eingenickt.
Als er aufgewacht sei, habe die Sonne geschienen. Und als er sich umgeschaut habe, habe er sich erst einmal die Augen gerieben. Er fragte, ob wir wüssten, wo er gelegen habe? Mitten in einem Dorf, und noch dazu auf dem Kirchhof! ...

Aufgabe 2g
S. 241

Jasmin aus der Klasse 5 meint, Hausaufgaben seien für sie eine Belastung. Direkt nach dem Essen habe sie noch keine Lust dazu. Sie spiele dann erst und mache andere Sachen. Aber dabei müsse sie ständig an ihre Hausaufgaben denken. Das sei ein ganz schöner Druck. Richtig wohl fühle sie sich erst, wenn sie alles für die Schule erledigt habe. Manchmal müsse sie sogar noch nach dem Abendessen etwas machen, weil sie am Nachmittag noch nicht alles geschafft habe.
Fabian aus der Klasse 6 meint, Hausaufgaben seien für ihn kein Problem. Wenn er aus der Schule komme, esse er und fange danach gleich mit den Aufgaben an. Normalerweise brauche er nicht länger als eine Stunde, dann sei er fertig. Nur mittwochs, da habe er nachmittags Fußballtraining, mache er die Hausaufgaben später. Beim Vokabellernen helfe ihm seine Mutter. Meistens höre sie ihm die Vokabeln vor dem Abendessen ab.

Die Lösungen zu den **Übungen zur Lernkontrolle** (S. 242–243) befinden sich im Anhang des Schülerbandes auf den Seiten 392–393.

Die Inhaltsangabe zu einer Ballade überarbeiten

Friedrich von Schiller (1759–1805)
Der Handschuh

I
Vor seinem Löwengarten[1],
Das Kampfspiel zu erwarten,
Saß König Franz,
Und um ihn die Großen der Krone[2],
Und rings auf hohem Balkone
Die Damen in schönem Kranz[3].

II
Und wie er winkt mit dem Finger,
Auftut sich der weite Zwinger,
Und hinein mit bedächtigem Schritt
Ein Löwe tritt
Und sieht sich stumm
Rings um,
Mit langem Gähnen,
Und schüttelt die Mähnen,
Und streckt die Glieder,
Und legt sich nieder.

III
Und der König winkt wieder,
Da öffnet sich behänd[4],
Ein zweites Tor,
Daraus rennt
Mit wildem Sprunge
Ein Tiger hervor.
Wie der den Löwen erschaut,
Brüllt er laut,
Schlägt mit dem Schweif
Einen furchtbaren Reif
Und recket die Zunge,
Und im Kreise scheu
Umgeht er den Leu[5]
Grimmig schnurrend,
Drauf streckt er sich murrend
Zur Seite nieder.

IV
Und der König winkt wieder,
Da speit das doppelt geöffnete Haus
Zwei Leoparden auf einmal aus,
Die stürzen mit mutiger Kampfbegier
Auf das Tigertier,
Das packt sie mit seinen grimmigen Tatzen,
Und der Leu mit Gebrüll
Richtet sich auf, da wird's still;
Und herum im Kreis,
Von Mordsucht heiß,
Lagern sich die gräulichen Katzen.

V
Da fällt von des Altans Rand[6]
Ein Handschuh von schöner Hand
Zwischen den Tiger und den Leun
Mitten hinein.

VI
Und zu Ritter Delorges, spottender Weis'
Wendet sich Fräulein Kunigund:
„Herr Ritter, ist eure Lieb so heiß,
Wie Ihr mir's schwört zu jeder Stund,
Ei, so hebt mir den Handschuh auf!"
Und der Ritter, in schnellem Lauf,
Steigt hinab in den furchtbar'n Zwinger
Mit festem Schritte,
Und aus der Ungeheuer Mitte
Nimmt er den Handschuh mit keckem Finger.

VII
Und mit Erstaunen und mit Grauen
Sehens die Ritter und Edelfrauen,
Und gelassen bringt er den Handschuh zurück.
Da schallt ihm sein Lob aus jedem Munde,
Aber mit zärtlichem Liebesblick –
Er verheißt ihm sein nahes Glück –
Empfängt ihn Fräulein Kunigunde.
Und er wirft ihr den Handschuh ins Gesicht:
„Den Dank, Dame, begehr ich nicht!"
Und verlässt sie zur selben Stunde.

(Aus: Schillers Werke, Nationalausgabe, Bd. 2/Tl. 1, hg. von Norbert Oellers, Weimar 1983, S. 274 f.)

[1] **Löwengarten:** Gemeint ist eine kleine Arena wie bei einem Stierkampf
[2] **die Großen der Krone:** die einflussreichen Menschen des Königreichs
[3] **in schönem Kranz:** geschmückt, schön angezogen
[4] **behänd:** sofort, schnell
[5] **Leu:** dichterisch für Löwe
[6] **des Altans Rand:** Rand des Balkons

Zu Schillers Ballade „Der Handschuh“ findest du im Folgenden eine Inhaltsangabe, die noch nicht gut gelungen ist. Überarbeite sie, indem du
- den Einleitungsteil vervollständigst,
- Spannung erzeugende Formulierungen durch sachlich-informative Formulierungen ersetzt,
- statt der vielen Satzreihen Satzgefüge verwendest.

Friedrich von Schiller: Der Handschuh – eine Inhaltsangabe

Die Ballade erzählt von einem Ritter, der für eine Dame einen Handschuh aus einer Raubtierarena holt. Die Herrscher und bedeutenden Personen eines Reiches sind auf dem Balkon einer Arena versammelt. Sie wollen sich ein Kampfspiel mit Raubtieren ansehen. Auf einen Wink des Königs kommen nacheinander ein Löwe, ein Tiger und zwei Leoparden in die Arena. Plötzlich fällt vom Balkon der Handschuh einer Dame mit Namen Kunigund unter die Raubtiere. Sie bittet daraufhin den Ritter Delorges, ihr seine große Liebe zu beweisen und den Handschuh aus der Arena zu holen. Das ist sehr gefährlich. Trotzdem begibt sich der Ritter unter die Raubtiere. Mutig holt er den Handschuh. Darüber jubelt das Publikum. Einigen steht der Schrecken noch ins Gesicht geschrieben. Kunigund schaut ihn als Dank mit verliebtem Blick an. Doch da schmeißt Delorges ihr den Handschuh ins Gesicht und er verlässt sie. Die Probe, auf die ihn das Burgfräulein gestellt hat, hält er offensichtlich für unangemessen.

Die Inhaltsangabe zu einer Ballade überarbeiten

Aufgabe

Friedrich von Schiller: Der Handschuh – eine Inhaltsangabe
Die Ballade „Der Handschuh“ von Friedrich Schiller erzählt von einem Ritter, der aus einer Arena voller wilder Raubkatzen einen Handschuh holt, den ein adeliges Fräulein absichtlich in den Zwinger geworfen hat, um die Liebe des Ritters auf die Probe zu stellen.
Die Herrscher und bedeutenden Persönlichkeiten eines Reiches sind auf dem Balkon einer Arena versammelt, um sich ein Kampfspiel mit Raubtieren anzusehen. Als ein Löwe, ein Tiger und zwei Leoparden in der Arena sind, fällt der Dame Kunigund ein Handschuh unter die Raubtiere. Sie bittet daraufhin den Ritter Delorges, trotz der damit verbundenen Todesgefahr, ihr den Handschuh aus dem Zwinger zu holen. Nachdem er dies erfolgreich getan hat, will sich Kunigund bei ihm bedanken. Er wirft ihr aber den Handschuh ins Gesicht und sagt, dass er solchen Dank nicht begehre.

Eine Inhaltsangabe zu einer Erzählung verfassen (1)

Johann Peter Hebel (1760–1826)
Der Zahnarzt

Zwei Tagediebe[1], die schon lang in der Welt miteinander herumzogen, weil sie zum Arbeiten zu träge oder zu ungeschickt waren, kamen doch zuletzt in große Not, weil sie wenig Geld mehr übrig hatten und nicht geschwind wussten, wo nehmen. Da gerieten sie auf folgenden Einfall: Sie bettelten vor einigen Haustüren Brot zusammen, das sie nicht zur Stillung des Hungers genießen, sondern zum Betrug missbrauchen wollten. Sie kneteten nämlich und drehten aus demselben lauter kleine Kügelein oder Pillen und bestreuten sie mit Wurmmehl aus altem zerfressenem Holz, damit sie völlig aussahen wie die gelben Arzneipillen.
Hierauf kauften sie für ein paar Heller[2] einige Bogen rot gefärbtes Papier bei dem Buchbinder (denn eine schöne Farbe muss gewöhnlich bei jedem Betrug mithelfen). Das Papier zerschnitten sie alsdann und wickelten die Pillen darein, je sechs bis acht Stück in ein Päcklein. Nun ging der eine voraus in einen Flecken, wo eben Jahrmarkt war, und in den „Roten Löwen“, wo er viele Gäste anzutreffen hoffte. Er forderte ein Glas Wein, trank aber nicht, sondern saß ganz wehmütig in einem Winkel, hielt die Hand an den Backen, winselte halblaut für sich und kehrte sich unruhig bald so her, bald so hin. Die ehrlichen Landleute und Bürger, die im Wirtshaus waren, bildeten sich wohl ein, dass der arme Mensch ganz entsetzlich Zahnweh haben müsse.
Aber was war zu tun? Man bedauerte ihn, man tröstete ihn, dass es schon wieder vergehen werde, trank sein Gläschen fort und machte seine Marktgeschäfte aus. Indessen kam der andere Tagedieb auch nach. Da stellten sich die beiden Schelme, als ob noch keiner den andern in seinem Leben gesehen hätte. Keiner sah den andern an, bis der zweite durch das Winseln des ersten, der im Winkel saß, aufmerksam zu werden schien. „Guter Freund“, sprach er, „Ihr scheint wohl Zahnschmerzen zu haben?“, und ging mit großen und langsamen Schritten auf ihn zu. „Ich bin der Doktor Schnauzius Rapunzius von Trafalgar“, fuhr er fort. Denn solch fremde volltönige Namen müssen auch zum Betrug behilflich sein, wie die Farben. „Und wenn Ihr meine Zahnpillen gebrauchen wollt“, fuhr er fort, „so soll es mir eine schlechte Kunst sein, Euch mit einer, höchstens zweien, von Euren Leiden zu befreien.“
„Das wolle Gott“, erwiderte der andere Halunke. Hierauf zog der saubere Doktor Rapunzius eines von seinen roten Päcklein aus der Tasche und verordnete dem Patienten, ein Kügelein daraus auf den bösen Zahn zu legen und herzhaft darauf zu beißen. Jetzt streckten die Gäste an den andern Tischen die Köpfe herüber und einer um den andern kam herbei, um die Wunderkur mit anzusehen. Nun könnt ihr euch vorstellen, was geschah. Auf diese erste Probe wollte zwar der Patient wenig rühmen, vielmehr tat er einen entsetzlichen Schrei. Das gefiel dem Doktor. Der Schmerz, sagte er, sei jetzt gebrochen, und gab ihm geschwind die zweite Pille zum gleichen Gebrauch. Da war nun plötzlich aller Schmerz verschwunden. Der Patient sprang vor Freuden auf, wischte den Angstschweiß von der Stirne weg, obgleich keiner daran war, und tat, als ob er seinem Retter zum Danke etwas Namhaftes in die Hand drückte. Der Streich war schlau angelegt und tat seine Wirkung. Denn jeder Anwesende wollte nun auch von diesen vortrefflichen Pillen haben. Der Doktor bot das Päcklein für vierundzwanzig Kreuzer – und in wenigen Minuten waren alle verkauft. Natürlich gingen jetzt die zwei Schelme wieder einer nach dem andern weiter, lachten, als sie wieder zusammenkamen, über die Einfalt dieser Leute – und ließen sich's wohl sein von ihrem Geld.

(Aus: Schatzkästlein des Rheinischen Hausfreundes, hg. von Karl Voll, Delphin-Verlag, München/Leipzig o. J.)

[1] **Tagedieb:** jemand, der „dem lieben Gott die Tage stiehlt“: ein Faulpelz
[2] **Heller:** Silbermünze, allg.: kleines Geldstück

Verfasse eine Inhaltsangabe zu der Erzählung.

a) Nenne zunächst Textsorte, Autor und Titel sowie den Sachverhalt, um den es geht.
b) Bevor du den Hauptteil der Inhaltsangabe schreibst, solltest du den Text in Abschnitte gliedern.
c) Fasse dann die einzelnen Sinnabschnitte mit eigenständigen Formulierungen zusammen.
d) Füge danach die Abschnitte zu einer kompletten Inhaltsangabe zusammen.

Eine Inhaltsangabe zu einer Erzählung verfassen (1)

Aufgabe

a)

Textsorte:	Erzählung; genauer: Kalendergeschichte/Anekdote
Autor:	Johann Peter Hebel
Titel:	Der Zahnarzt
Sachverhalt:	Zwei Tagediebe stellen falsche Pillen gegen Zahnschmerzen her und verkaufen sie mit großem schauspielerischem Talent an die Leute

b)

Gliederung:

Z. 1–5:	Allgemeine Situation der Tagediebe
Z. 5–19:	Herstellung der falschen Pillen
Z. 19–67:	Durchführung des Tricks im Gasthaus
Z. 67–72:	Wirkung auf die Gäste und Verkauf der Wunderpillen
Z. 72–76:	Schadenfreude der Gauner

c)

Eigenständige Formulierungen:

Z. 1–5:	Zwei Tagediebe sind „abgebrannt“ und müssen sich etwas einfallen lassen, um an Geld zu kommen.
Z. 5–19:	Mit viel Geschick und Einfallsreichtum stellen sie falsche Pillen her.
Z. 19–67:	Einer der beiden geht in ein Gasthaus und tut so, als habe er starke Zahnschmerzen. Einige Zeit später kommt der andere nach, zeigt aber nicht, dass er seinen Kumpel kennt. Er gibt sich als Doktor aus und verspricht ihm, dass seine Wunderpillen ihn von den Schmerzen befreien können. Der vermeintliche Patient nimmt zwei der Pillen und behauptet, von allen Schmerzen befreit zu sein.
Z. 67–72:	Die übrigen Anwesenden sind von der Wirkung so verblüfft, dass sie sofort alle verfügbaren Pillen kaufen.
Z. 72–76:	Die beiden Gauner verlassen einer nach dem anderen das Lokal, machen sich über die Einfalt der Leute lustig und lassen es sich mit ihrem ergaunerten Geld gut gehen.

d)

Inhaltsangabe:

In der Kalendergeschichte „Der Zahnarzt“ von Johann Peter Hebel wird erzählt, wie zwei Tagediebe mithilfe selbst hergestellter Pillen gegen Zahnschmerzen die Leute in einem Gasthaus betrügen.

Zwei Tagediebe sind völlig abgebrannt und lassen sich, um an Geld zu kommen, einen Trick einfallen. Mit viel Geschick und Einfallsreichtum basteln sie aus altem Brot und weiteren Zutaten Pillen, die sie in kleinen Schachteln verpacken. Einer von ihnen geht dann in ein gut besuchtes Wirtshaus und simuliert heftige Zahnschmerzen. Sein Kumpel betritt eine Weile später den Gasthof und tut so, als würde er den anderen nicht kennen. Nach einiger Zeit geht er auf den scheinbar Leidenden zu und bietet ihm seine Hilfe in Form von Pillen an. Der Kranke nimmt eine davon, schreit entsetzlich auf und gibt nach der Einnahme einer weiteren vor, von allen Schmerzen befreit zu sein. Die übrigen Anwesenden sind von dem Geschehen so begeistert, dass sie den Gaunern sofort alle Pillen abkaufen.
Die verlassen einer nach dem anderen das Gasthäus, machen sich über die Einfalt der Leute lustig und lassen es sich mit dem ergaunerten Geld gut gehen.

Eine Inhaltsangabe zu einer Erzählung verfassen (2)

Johann Peter Hebel (1760–1826)
Das wohlfeile[1] Mittagessen

Es ist ein altes Sprichwort: Wer andern eine Grube gräbt, fällt selber darein. – Aber der Löwenwirt in einem gewissen Städtlein war schon vorher darin. Zu diesem kam ein wohlgekleideter Gast. Kurz und trotzig verlangte er für sein Geld eine gute Fleischsuppe. Hierauf forderte er ein Stück Rindfleisch und ein Gemüse für sein Geld. Der Wirt fragte ganz höflich, ob ihm nicht auch ein Glas Wein beliebe. „O freilich ja", erwiderte der Gast, „wenn ich etwas Gutes haben kann für mein Geld." Nachdem er sich alles hatte wohlschmecken lassen, zog er einen abgeschliffenen Sechser aus der Tasche und sagte: „Hier, Herr Wirt, ist mein Geld." Der Wirt fragte: „Was soll das heißen? Seid Ihr mir nicht einen Taler schuldig?" Der Gast erwiderte: „Ich habe für keinen Taler Speise von Euch verlangt, sondern für mein Geld. Hier ist mein Geld. Mehr hab' ich nicht. Habt Ihr mir zu viel dafür gegeben, so ist's Eure Schuld." – Dieser Einfall war eigentlich nicht weit her. Es gehörte nur Unverschämtheit dazu und ein unbekümmertes Gemüt, wie es am Ende ablaufen werde. Aber das Beste kommt noch. „Ihr seid ein durchtriebener Schalk", erwiderte der Wirt, „und hättet wohl etwas anderes verdient. Aber ich schenke Euch das Mittagessen und hier noch ein Vierundzwanzigkreuzerstück dazu. Nur seid stille zur Sache und geht zu meinem Nachbarn, dem Bärenwirt, und macht es ihm ebenso!" Das sagte er, weil er mit seinem Nachbarn, dem Bärenwirt, aus Brotneid im Unfrieden lebte und einer dem anderen jeglichen Tort[2] und Schimpf gern antat und erwiderte. Aber der schlaue Gast griff lächelnd mit der einen Hand nach dem angebotenen Gelde, mit der andern vorsichtig nach der Tür, wünschte dem Wirt einen guten Abend und sagte: „Bei Eurem Nachbarn, dem Bärenwirt, bin ich schon gewesen, und eben der hat mich zu Euch geschickt und kein anderer." So waren im Grunde beide hintergangen, und der Dritte hatte den Nutzen davon. Aber der listige Kunde hätte sich noch obendrein einen schönen Dank von beiden verdient, wenn sie eine gute Lehre daraus gezogen und sich miteinander ausgesöhnt hätten. Denn Frieden ernährt, aber Unfrieden verzehrt.

(Aus: Schatzkästlein des Rheinischen Hausfreundes, hg. von Karl Voll, Delphin-Verlag, München/Leipzig o. J.)

[1] **wohlfeil:** preiswert
[2] **Tort:** Unangenehmes

1 Lies die Erzählung sorgfältig durch und kreuze an, welche der folgenden Antworten richtig sind.

1. Wer ist der Autor der Erzählung?
   - ☐ Wilhelm Busch
   - ☐ Erich Kästner
   - ☐ Johann Peter Hebel

2. Wie lautet der Titel der Erzählung?
   - ☐ Das wohlfeile Mittagessen
   - ☐ Das günstige Mittagessen
   - ☐ Preiswerter Mittagstisch

3. Wie bestellt der Gast sein Mittagessen?
   - ☐ Er verlangt verschiedene Speisen.
   - ☐ Er lässt sich etwas vom Wirt empfehlen.
   - ☐ Er wünscht verschiedene Speisen für sein Geld.

4. Wie reagiert der Wirt auf die Bestellung?
   - ☐ Er versteht die Aufforderung des Gastes falsch.
   - ☐ Er bietet ihm neben dem Gewünschten sogar zusätzlich Wein an.
   - ☐ Er erkundigt sich, ob er auch noch einen Nachtisch haben wolle.

5. Wie reagiert der Wirt, als er erfährt, dass der Gast nur einen „Sechser" in der Tasche hat?
   - ☐ Er verklagt den Gast.
   - ☐ Er sperrt ihn ein und holt die Polizei.
   - ☐ Er schenkt ihm das Mittagessen und zusätzlich einen Geldbetrag.

6. Aus welchem Grund handelt der Wirt so?
   - ☐ Er ist ein besonders gastfreundlicher Wirt.
   - ☐ Er will den Gast benutzen, um einem Konkurrenten zu schaden.
   - ☐ Er möchte keinen Ärger in seiner Gaststube haben.

7. Warum misslingt der Plan des Wirtes?
   - ☐ Er ist bereits selbst das Opfer seines Konkurrenten.
   - ☐ Der Gast ist grundsätzlich nicht dazu bereit, jemanden zu schädigen.
   - ☐ Der Gast hat es eilig und will möglichst schnell fort.

8. Wie ist die richtige Reihenfolge der Handlungsschritte? Schreibe die Ziffern 1–5 in die Kästchen.
   - ☐ Der Wirt muss erkennen, dass er das Opfer seines Konkurrenten ist.
   - ☐ Der Gast kann auf den Wunsch des Wirtes nicht eingehen.
   - ☐ Der Wirt schenkt ihm das Mittagessen und darüber hinaus noch einen bestimmten Geldbetrag.
   - ☐ Der Gast bestellt verschiedene Speisen für sein Geld.
   - ☐ Der Wirt möchte, dass der Gast in gleicher Weise mit seinem Konkurrenten verfährt.

2 Schreibe nun eine Inhaltsangabe zu der Erzählung.

Eine Inhaltsangabe zu einer Erzählung verfassen (2)

Aufgabe 1

1. Wer ist der Autor der Erzählung?
   - ☐ Wilhelm Busch
   - ☐ Erich Kästner
   - ☒ Johann Peter Hebel

2. Wie lautet der Titel der Erzählung?
   - ☒ Das wohlfeile Mittagessen
   - ☐ Das günstige Mittagessen
   - ☐ Preiswerter Mittagstisch

3. Wie bestellt der Gast sein Mittagessen?
   - ☐ Er verlangt verschiedene Speisen.
   - ☐ Er lässt sich etwas vom Wirt empfehlen.
   - ☒ Er wünscht verschiedene Speisen für sein Geld.

4. Wie reagiert der Wirt auf die Bestellung?
   - ☒ Er versteht die Aufforderung des Gastes falsch.
   - ☒ Er bietet ihm neben dem Gewünschten sogar zusätzlich Wein an.
   - ☐ Er erkundigt sich, ob er auch noch einen Nachtisch haben wolle.

5. Wie reagiert der Wirt, als er erfährt, dass der Gast nur einen „Sechser" in der Tasche hat?
   - ☐ Er verklagt den Gast.
   - ☐ Er sperrt ihn ein und holt die Polizei.
   - ☒ Er schenkt ihm das Mittagessen und zusätzlich einen Geldbetrag.

6. Aus welchem Grund handelt der Wirt so?
   - ☐ Er ist ein besonders gastfreundlicher Wirt.
   - ☒ Er will den Gast benutzen, um einem Konkurrenten zu schaden.
   - ☐ Er möchte keinen Ärger in seiner Gaststube haben.

7. Warum misslingt der Plan des Wirtes?
   - ☒ Er ist bereits selbst das Opfer seines Konkurrenten.
   - ☐ Der Gast ist grundsätzlich nicht dazu bereit, jemanden zu schädigen.
   - ☐ Der Gast hat es eilig und will möglichst schnell fort.

8. Wie ist die richtige Reihenfolge der Handlungsschritte? Schreibe die Ziffern 1–5 in die Kästchen.
   - [5] Der Wirt muss erkennen, dass er das Opfer seines Konkurrenten ist.
   - [4] Der Gast kann auf den Wunsch des Wirtes nicht eingehen.
   - [2] Der Wirt schenkt ihm das Mittagessen und darüber hinaus noch einen bestimmten Geldbetrag.
   - [1] Der Gast bestellt verschiedene Speisen für sein Geld.
   - [3] Der Wirt möchte, dass der Gast in gleicher Weise mit seinem Konkurrenten verfährt.

Aufgabe 2

Inhaltsangabe

Die Kalendergeschichte „Das wohlfeile Mittagessen" von Johann Peter Hebel erzählt von einem Wirt, dessen Gast sich geschickt ein Mittagessen erschleicht. Außerdem muss er am Ende erkennen, dass er das Opfer seines Konkurrenten geworden ist.
Ein gut gekleideter Gast kommt zum Löwenwirt und verlangt ein gutes Essen für sein Geld. Als es ans Bezahlen geht, muss der Wirt feststellen, dass sein Gast nicht genug Geld bei sich hat. Der beteuert allerdings, er habe nur Essen für sein Geld bestellt. Der Wirt ärgert sich zwar über das unverschämte Verhalten des Gastes, schenkt ihm aber das Essen unter der Bedingung, dass dieser den gleichen Streich mit seinem Konkurrenten, dem Bärenwirt, spielt. Das lehnt der Gast aber ab mit der Bemerkung, dem habe er genau diesen Streich gespielt und von dem sei er ja geschickt worden.

Zu einer Ballade eine Inhaltsangabe verfassen

Erich Kästner (1899–1974)
Die Ballade vom Nachahmungstrieb

Es ist schon wahr. Nichts wirkt so rasch wie Gift!
Der Mensch, und sei er noch so minderjährig,
ist, was die Laster dieser Welt betrifft,
früh bei der Hand und unerhört gelehrig.

Im Februar, ich weiß nicht am wievielten,
geschah's auf irgendeines Jungen Drängen,
dass Kinder, die im Hinterhofe spielten,
beschlossen, Naumanns Fritzchen aufzuhängen.

Sie kannten aus der Zeitung die Geschichten,
in denen Mord vorkommt und Polizei.
Und sie beschlossen, Naumann hinzurichten,
weil er, so sagten sie, ein Räuber sei.

Sie steckten seinen Kopf in eine Schlinge.
Karl war der Pastor, lamentierte viel
und sagte ihm, wenn er zu schrein anfinge,
verdürbe er den anderen das Spiel.

Fritz Naumann äußerte, ihm sei nicht bange.
Die andern waren ernst und führten ihn.
Man warf den Strick über die Teppichstange.
Und dann begann man, Fritzchen hochzuziehn.

Er sträubte sich. Es war zu spät. Er schwebte.
Dann klemmten sie den Strick am Haken ein.
Fritz zuckte, weil er noch ein bisschen lebte.
Ein kleines Mädchen zwickte ihn ins Bein.

Er zappelte ganz stumm, und etwas später
verkehrte sich das Kinderspiel in Mord.
Als das die sieben kleinen Übeltäter
erkannten, liefen sie erschrocken fort.

Noch wusste niemand von dem armen Kinde.
Der Hof lag still. Der Himmel war blutrot.
Der kleine Naumann schaukelte im Winde.
Er merkte nichts davon. Denn er war tot.

Frau Witwe Zickler, die vorüberschlurfte,
lief auf die Straße und erhob Geschrei,
obwohl sie doch dort gar nicht schreien durfte.
Und gegen sechs erschien die Polizei.

Die Mutter fiel in Ohnmacht vor dem Knaben.
Und beide wurden rasch ins Haus gebracht.
Karl, den man festnahm, sagte kalt: „Wir haben
es nur wie die Erwachsenen gemacht."

(Aus: Erich Kästner: Gesammelte Schriften, Atrium Verlag, Zürich 1958)

1 Lies die Ballade mehrfach gründlich durch und formuliere mit eigenen Worten, worum es darin geht.

2 Die erste Strophe gibt noch nicht das eigentliche Geschehen wieder, sondern ist eine Art Einleitung. Formuliere, was Kästner damit ausdrücken will.

3 In V. 26 werden die Kinder indirekt als Mörder bezeichnet. Kannst du dem zustimmen? Begründe deine Meinung.

4 Verfasse zu der Ballade eine Inhaltsangabe.

Zu einer Ballade eine Inhaltsangabe verfassen

Aufgabe 1

In der Ballade geht es um Kinder, die arglos etwas nachspielen, was sie in den Zeitungen gelesen haben. Dabei sind sie sich über die Tragweite ihres Handelns gar nicht bewusst.

Aufgabe 2

Kästner will deutlich machen, dass Kinder vor allem negative Vorbilder schnell nachahmen. Damit spricht er auch eine Mahnung an die Erwachsenen aus, den Kindern positive Vorbilder zu zeigen.

Aufgabe 3

Die Kinder töten ihren Spielkameraden nicht mit Absicht. Sie spielen nach, was sie gesehen haben, können die Folgen aber nicht absehen. Deswegen kann man sie auch nicht als Mörder bezeichnen.

Aufgabe 4

In der „Ballade vom Nachahmungstrieb" von Erich Kästner wird erzählt, wie Kinder eine Hinrichtungsszene, von der sie in der Zeitung gelesen haben, nachspielen und dabei ein Kind tödlich verletzen.
Beim Spiel in einem Hinterhof beschließen sie, zur Bestrafung ein Kind hinzurichten. Dazu legen sie ihm eine Schlinge um den Hals, werfen das Ende des Seils über eine Teppichstange und ziehen das Kind hoch, das dabei zu Tode kommt. Als sie bemerken, was sie angerichtet haben, laufen sie einfach weg. Nachdem eine Witwe das Unglück bemerkt hat, ruft sie die Polizei, die daraufhin einen beteiligten Jungen festnimmt. Auf die Fragen der Polizei antwortet er ohne sichtbare Emotion, sie hätten es nur wie die Erwachsenen gemacht.

Direkte und indirekte Rede

1 Schreibe die folgenden Witze so um, dass aus der indirekten Rede jeweils eine direkte/wörtliche Rede wird.

Der Friseur fragt den kleinen Jungen, wie er ihm die Haare schneiden solle. Der Junge antwortet, dass es sein Traum sei, eine Frisur wie sein Vater zu haben. Der habe nämlich einen Tennisplatz in der Mitte.

Ein überheblicher Mann sagt zu seinem Tischnachbarn, er könne den eigenen Stammbaum bis zu Kaiser Barbarossa zurückverfolgen. Außerdem fragt er ihn, wie alt denn seine Familie sei. Das könne er nicht sagen, entgegnet dieser, die Unterlagen seien bei der Sintflut verloren gegangen.

Eine Frau fragt in einer Zoohandlung, ob sie einen Papagei haben könne, sie wolle nämlich einen sprechenden Vogel verschenken. Die Verkäuferin entgegnet, einen Papagei habe sie im Moment nicht zu verkaufen, es gebe jedoch einen Specht im Angebot, der könne prima morsen.

2 Nun geht es umgekehrt. Schreibe die wörtliche Rede in den folgenden Sätzen in die indirekte Rede um.

Ein verliebtes Elefantenpaar geht Rüssel in Rüssel spazieren. Plötzlich fragt sie ihn: „Führst du mich auch nicht an der Nase herum?"

„Ich brauche unbedingt einen neuen Ölmessstab", erklärt der Autofahrer dem Kraftfahrzeug-Mechaniker, „dieser ist zu kurz, er reicht nicht mehr bis zum Öl."

Direkte und indirekte Rede

Aufgabe 1

Der Friseur fragt den kleinen Jungen: „Wie soll ich dir die Haare schneiden?“ Darauf antwortet der Junge: „Mein Traum ist es, eine Frisur wie mein Vater zu haben. Der hat nämlich einen Tennisplatz in der Mitte.“

Ein überheblicher Mann sagt zu seinem Tischnachbarn: „Ich kann meinen eigenen Stammbaum bis zu Kaiser Barbarossa zurückverfolgen. Wie alt ist denn Ihre Familie?“ „Das kann ich nicht sagen“, entgegnet dieser, „die Unterlagen sind bei der Sintflut verloren gegangen.“

Eine Frau fragt in einer Zoohandlung: „Kann ich einen Papagei haben, ich will nämlich einen sprechenden Vogel verschenken.“ Darauf entgegnet die Verkäuferin: „Einen Papagei habe ich im Moment nicht zu verkaufen, es gibt jedoch einen Specht im Angebot, der kann prima morsen.“

Aufgabe 2

Ein verliebtes Elefantenpaar geht Rüssel in Rüssel spazieren. Plötzlich fragt sie ihn, ob er sie auch nicht an der Nase herumführe.

Er brauche unbedingt einen neuen Ölmessstab, erklärt der Autofahrer dem Kraftfahrzeug-Mechaniker, dieser sei zu kurz, er reiche nicht mehr bis zum Öl.

Die indirekte Rede (1)

1 Forme die folgenden Aussagen in die indirekte Rede um. Setze die Verben dabei in den Konjunktiv I.

- Der Lehrer fragt: „Kann mir jemand eine Antwort geben?“
- Katrin sagt: „Morgen fahre ich zu meiner Oma nach Köln.“
- Pascal meint: „Beim Fußballspielen habe ich mich verletzt.“
- Der Mechaniker sagt: „Das Auto ist nicht mehr zu reparieren.“
- Timo sagt: „Unser Hund hat gestern den Briefträger gebissen.“
- Die Verkäuferin fragt: „Wer kommt als Nächster dran?“
- Der Arzt meint: „Die Krankheit ist nicht ansteckend.“
- Marius sagt: „Ich freue mich schon auf das große Zeltlager.“
- Sophie versichert: „In der nächsten Deutschstunde will ich gut aufpassen.“
- Juri fragt: „Darf ich mir das Computerspiel ausleihen?“

2 Überlege bei den folgenden Sätzen, welche der vorgeschlagenen Formen (Konjunktiv I oder Konjunktiv II) du einsetzen musst. Unterstreiche die richtige Form.

- Meine Mutter meint, wir *sollen/sollten* für einige Tage ans Meer fahren.
- Gerlinde meint, sie *müsse/müsste* noch zwei Tage an dem Projekt arbeiten.
- Unser Lehrer sagt, wir *haben/hätten* für die Mathearbeit gut gelernt.
- Er meint, ich *laufe/liefe* viel zu langsam.
- Peter behauptet, euch *sei/wäre* ein Unfall passiert.
- Die Leute erzählen, du *habest/hättest* im Lotto gewonnen.
- Mein Patenonkel sagt, er *wolle/wollte* mir ein Fahrrad schenken.
- Mein Vater sagt immer, ich *träume/träumte/würde träumen.*

3 Schreibe die folgende Fabel in dein Heft. Forme dabei die wörtliche Rede in die indirekte Rede um.

Wolf und Lamm

Zum selben Bach waren ein Wolf und ein Lamm gekommen, um dort zu trinken. Der Wolf stand weiter oben und das Lamm viel weiter unten am Bach. Da fing der gierige Räuber Streit an und fragte: „Warum hast du mir das Wasser, das ich trinken will, getrübt?“ Das Lamm entgegnete ängstlich: „Das ist doch gar nicht möglich. Das Wasser fließt doch von dir zu meiner Trinkstelle herab.“ Durch diese Wahrheit widerlegt, sagte der Wolf: „Vor einem halben Jahr hast du übel von mir geredet.“ „Aber da war ich doch noch gar nicht auf der Welt“, erwiderte das Lamm. „Dann war es eben dein Vater!“, schrie der Wolf. Und er packte das Lamm trotz dessen Unschuld und fraß es.

(Nach Äsop)

Die indirekte Rede (1)

Aufgabe 1

- Der Lehrer fragt, ob ihm jemand eine Antwort geben könne.
- Katrin sagt, dass sie morgen zu ihrer Oma nach Köln fahren werde.
- Pascal meint, beim Fußballspielen habe er sich verletzt.
- Der Mechaniker sagt, dass das Auto nicht mehr zu reparieren sei.
- Timo sagt, ihr Hund habe gestern den Briefträger gebissen.
- Die Verkäuferin fragt, wer als Nächster drankomme.
- Der Arzt meint, dass die Krankheit nicht ansteckend sei.
- Marius sagt, er freue sich schon auf das große Zeltlager.
- Sophie versichert, dass sie in der nächsten Deutschstunde gut aufpassen wolle.
- Juri fragt, ob er sich das Computerspiel ausleihen dürfe.

Aufgabe 2

- Meine Mutter meint, wir sollten für einige Tage ans Meer fahren.
- Gerlinde meint, sie müsse noch zwei Tage an dem Projekt arbeiten.
- Unser Lehrer sagt, wir hätten für die Mathearbeit gut gelernt.
- Er meint, ich liefe viel zu langsam.
- Peter behauptet, euch sei ein Unfall passiert.
- Die Leute erzählen, du habest im Lotto gewonnen.
- Mein Patenonkel sagt, er wolle mir ein Fahrrad schenken.
- Mein Vater sagt immer, ich würde träumen.

Aufgabe 3

Wolf und Lamm

Zum selben Bach waren ein Wolf und ein Lamm gekommen, um dort zu trinken. Der Wolf stand weiter oben und das Lamm viel weiter unten am Bach. Da fing der gierige Räuber Streit an und fragte das Lamm, warum es ihm das Wasser, das er trinken wolle, getrübt habe. Das Lamm entgegnete ängstlich, dass das doch gar nicht möglich sei. Das Wasser fließe doch von ihm zu seiner Trinkstelle herab. Durch diese Wahrheit widerlegt, sagte der Wolf, vor einem Jahr habe es übel von ihm geredet. Aber da sei es doch noch gar nicht auf der Welt gewesen, erwiderte das Lamm. Dann sei es eben sein Vater gewesen, schrie der Wolf. Und er packte das Lamm trotz dessen Unschuld und fraß es.

Die indirekte Rede (2)

1 Trage in die rechte Spalte der folgenden Tabelle die entsprechenden Verbformen für die indirekte Rede ein. Erinnere dich daran, mit welcher Konjunktivform ein vergangenes (vorzeitiges) Geschehen in der indirekten Rede immer ausgedrückt wird. Überlege auch genau, wann du den Konjunktiv II als Ersatzform verwenden musst.

direkte Rede	indirekte Rede
Anke hat ein Tor geschossen	Anke habe ein Tor geschossen
sie sind	
er hat	
sie haben	
es regnete	
er war gelaufen	
er wird kommen	
sie werden anrufen	

2 Forme den folgenden Witz so um, dass aus der direkten/wörtlichen Rede eine indirekte Rede wird.

Auf dem Postamt

Auf dem Postamt steht eine lange Schlange vor dem Schalter. Die zuletzt gekommene Frau geht an allen Wartenden vorbei und sagt: „Ich will nur eine Briefmarke kaufen.“ Da entgegnet einer der Wartenden wütend: „Glauben Sie vielleicht, wir alle haben uns zur Polonaise aufgestellt?“

3 Der Nachrichtensprecher des Regionalfernsehens verliest am Abend einen Text, der sich auf folgenden Zeitungsbericht aus der „Neuen Westfälischen" bezieht. Schreibe den Bericht in der indirekten Rede auf. So kannst du beginnen:

Die „Neue Westfälische" berichtet in ihrer Ausgabe vom 8.11.2006 unter der Schlagzeile „Speck anfuttern für den Winterschlaf": Für den Igel beginne die Zeit des Winterschlafs. Da die ...

Mahlzeit! In großer Runde schmeckt es auch diesen sechs stacheligen Gesellen am besten.

Speck anfuttern für den Winterschlaf

Bielefeld (rep). Für den Igel beginnt die Zeit des Winterschlafs. Da die kleinen Stacheltiere heute hauptsächlich im grünen Siedlungsrandbereich unserer Städte und Gemeinden leben, sollten Gartenbesitzer bei ihren Aufräumarbeiten an die scheuen Einzelgänger denken. Darauf weist die Igelschutz-Interessengemeinschaft (www.igel schutz-ev.de) hin. So gesellig wie diese sechs Meckis ist der Igel nur in seiner Kinder- und Jugendzeit. Das Herbstlaub ist für ihn absolut lebensnotwendig und sollte nicht rigoros entfernt werden. Im Winter dient es ihm zum Schutz seines Überwinterungsplatzes und im Sommer wegen des reichen Angebots an Kleinlebewesen als Hauptnahrungsquelle. Er schätzt eine „unordentliche" Ecke im Garten mit Gehölzschnitt und Laub.

(Aus: Neue Westfälische, Nr. 259, 8.11.2006)

Die indirekte Rede (2)

Aufgabe 1

direkte Rede	**indirekte Rede**
Anke hat ein Tor geschossen	Anke habe ein Tor geschossen
sie sind	sie seien
er hat	er habe
sie haben	sie hätten
es regnete	es habe geregnet
er war gelaufen	er sei gelaufen
er wird kommen	er werde kommen
sie werden anrufen	Sie würden anrufen

Aufgabe 2

Auf dem Postamt
Auf dem Postamt steht eine lange Schlange vor dem Schalter. Die zuletzt gekommene Frau geht an allen Wartenden vorbei und sagt, sie wolle nur eine Briefmarke kaufen. Da entgegnet einer der Wartenden wütend, ob sie denn glaube, sie alle hätten sich zur Polonaise aufgestellt.

Aufgabe 3

Die „Neue Westfälische" berichtet in ihrer Ausgabe vom 8.11.2006 unter der Schlagzeile „Speck anfuttern für den Winterschlaf": Für den Igel beginne die Zeit des Winterschlafs. Da die kleinen Stacheltiere heute hauptsächlich im grünen Siedlungsrandbereich unserer Städte und Gemeinden lebten, sollten Gartenbesitzer bei ihren Aufräumarbeiten an die scheuen Einzelgänger denken. Darauf weise die Igelschutz-Interessengemeinschaft (www.igelschutz-ev.de) hin. So gesellig wie diese sechs Meckis sei der Igel nur in seiner Kinder- und Jugendzeit. Das Herbstlaub sei für ihn absolut lebensnotwendig und sollte nicht rigoros entfernt werden. Im Winter diene es ihm zum Schutz seines Überwinterungsplatzes und im Sommer wegen des reichen Angebots an Kleinlebewesen als Hauptnahrungsquelle. Er schätze eine „unordentliche" Ecke im Garten mit Gehölzschnitt und Laub.

Eine Inhaltsangabe verfassen

Hermann Bote (1460–1520)
Till Eulenspiegel als Tischlergeselle

Eines Tages kam Eulenspiegel nach Dresden an der Elbe und gab sich als Tischlergeselle aus. Dort nahm ihn ein Tischler auf, der einen Gesellen[1] zur Aushilfe benötigte. Denn seine Gesellen hatten ausgelernt und waren auf Wanderschaft[2] gegangen. Nun fand in der Stadt eine Hochzeit statt. Zu der war der Tischler eingeladen. Da sprach der Tischler zu Eulenspiegel: „Lieber Geselle, ich muss zur Hochzeit gehn und werde heute bei Tage nicht mehr wiederkommen. Sei tüchtig, arbeite fleißig und verbinde die vier Bretter für den Schreibtisch sehr genau mit dem Leim[3]. Eulenspiegel sagte: „Ja, welche Bretter gehören zusammen?“ Der Meister legte ihm die Bretter aufeinander und ging mit seiner Frau zur Hochzeit. Der brave Geselle Eulenspiegel, der sich allezeit mehr bemühte, seine Arbeit verkehrt zu tun als richtig, fing an und durchbohrte die schönen, wertvollen Tischbretter, die ihm sein Meister aufeinandergelegt hatte, an drei oder vier Ecken. Dann schlug er Holzpflöcke hindurch und verband sie so miteinander. Danach kochte er Leim in einem großen Kessel und steckte die Bretter da hinein. Schließlich trug er sie oben ins Haus, legte sie dort ans offene Fenster, damit der Leim an der Sonne trocknete, und machte früh Feierabend. Abends kam der Meister von der Hochzeit, hatte viel getrunken und fragte Eulenspiegel, was er den Tag über gemacht habe. Eulenspiegel sagte: „Lieber Meister, ich habe die vier Tischbretter sorgfältig zusammen mit dem Leim verbunden und habe dann früh Feierabend gemacht.“ Das gefiel dem Meister wohl und er sagte zu seiner Frau: „Das ist ein guter Geselle, behandle ihn gut, den will ich lange behalten.“ Und damit gingen sie schlafen.

Am nächsten Morgen, als der Meister aufgestanden war, befahl er Eulenspiegel, den Tisch zu bringen, den er fertig gemacht habe. Da kam Eulenspiegel mit seiner Arbeit vom Dachboden herunter. Als der Meister sah, dass ihm der Schalk[4] die Bretter zerstört hatte, sprach er: „Geselle, hast du auch das Tischlerhandwerk gelernt?“ Eulenspiegel antwortete, warum er danach frage. „Ich frage darum, weil du mir so gute Bretter zerstört hast.“ Eulenspiegel sagte: „Lieber Meister, ich habe getan, wie Ihr befohlen habt. Sind die Bretter nun nicht mehr zu gebrauchen und kaputt, dann ist das Eure Schuld.“ Der Meister wurde zornig und sprach: „Du bist ein gemeiner Schalk! Verlass sofort meine Werkstatt, ich habe von deiner Arbeit keinen Nutzen.“ Also verließ Eulenspiegel Dresden und bekam kein Geld für seine Arbeit, obwohl er alles getan hatte, was man ihm befohlen hatte.

(„Die 60. Historie“, nach: Hermann Bote, Till Eulenspiegel. Ein kurzweiliges Buch von Till Eulenspiegel aus dem Lande Braunschweig. Wie er sein Leben vollbracht hat. 96 seiner Geschichten. Herausgegeben, in die Sprache unserer Zeit übertragen und mit Anmerkungen versehen von Siegfried H. Sichtermann, © Insel Verlag, Frankfurt/M. 1978)

---

[1] **Gesellen:** Tischler bzw. anderer Handwerker, der seine Ausbildung als Lehrling beendet hat
[2] **Wanderschaft:** Nach den Lehrjahren zogen die Handwerker früher eine Zeit lang von Arbeit zu Arbeit durch Deutschland
[3] **Leim:** Klebstoff, der früher hergestellt wurde, indem ein Gemisch aus pflanzlichen und tierischen Grundstoffen in Wasser gekocht wurde
[4] **Schalk:** Jemand, der gerne mit anderen einen Spaß macht und sie dabei hereinlegt oder ärgert

1 Lies die Erzählung genau und gliedere sie in sinnvolle Abschnitte. Beschreibe dann in einem Satz, was in diesem Abschnitt passiert.

2 Verfasse eine Inhaltsangabe zu der Erzählung „Till Eulenspiegel als Tischlergeselle" von Hermann Bote. Gehe dazu so vor:

a) Schreibe eine Einleitung, in der du Textsorte, Titel und Autor nennst und kurz angibst, worum es in dem Text geht.
b) Verfasse einen Hauptteil. Gib dabei das Geschehen in deinen eigenen Worten zusammengefasst, aber vollständig wieder.
c) Nimm am Schluss kurz Stellung dazu, ob dir die Erzählung gefällt. Begründe deine Meinung.

Bewertungsbogen zur Leistungsüberprüfung/Klassenarbeit

Name:	
Schulhalbjahr/Datum:	
Klasse:	
Fachlehrer/in:	
Thema der Unterrichtsreihe:	Den Inhalt wiedergeben
Thema der Klassenarbeit:	Eine Inhaltsangabe verfassen
Aufgaben:	s. Arbeitsblatt 8

A Inhaltliche Leistungen

Aufgabe 1

	Du hast die Erzählung „Till Eulenspiegel" in sinnvolle Abschnitte gegliedert und den Inhalt in passenden Überschriften oder Sätzen wiedergegeben.	**maximale Punktzahl**	**erreichte Punktzahl**
1	Gliederung des Textes in beispielsweise fünf Abschnitte	5	
2	Zusammenfassung des Inhalts der Abschnitte, z. B.: Z. 1–4: Eulenspiegel gibt sich in Dresden als Tischlergeselle aus. Z. 4–11: Der Meister will auf eine Hochzeit gehen und gibt Eulenspiegel den Auftrag, vier Bretter für einen Schreibtisch mit Leim zu verbinden. Z. 11–18: Eulenspiegel durchbohrt die Bretter und steckt sie in den Leimtopf. Z. 18–23: Nach der Hochzeit fragt der Meister Eulenspiegel, was er gemacht habe, und dieser antwortet ihm, dass er die Bretter mit dem Leim verbunden habe. Z. 24–34: Am nächsten Morgen lässt sich der Meister die zerstörten Bretter zeigen. Er fragt Eulenspiegel, warum er die Bretter zerstört habe. Eulenspiegel antwortet, er habe nur den Befehl des Meisters durchgeführt. Daraufhin entlässt der Meister Eulenspiegel.	15	
	Gesamtpunktzahl für Aufgabe 1	**20**	

Aufgabe 2 a)

	Du hast eine vollständige Einleitung zu einer Inhaltsangabe verfasst.	**maximale Punktzahl**	**erreichte Punktzahl**
1	Du hast die Textsorte (Erzählung), den Titel des Textes („Till Eulenspiegel als Tischlergeselle") und den Autor (Hermann Bote) genannt.	3	
2	Du hast eine kurze Erklärung, worum es in dem Text inhaltlich geht, gegeben, z. B.: In der Erzählung geht es darum, dass Till Eulenspiegel als Tischlergeselle in Dresden arbeitet und die Anweisungen des Meisters wörtlich versteht. Als dieser ihm sagt, er solle die Bretter für einen Schreibtisch mit dem Leim verbinden, steckt Eulenspiegel die Bretter einfach in den Leimtopf.	7	
	Gesamtpunktzahl für Aufgabe 2 a)	**10**	

Aufgabe 2 b)

	Du hast die Handlung im Hauptteil knapp, aber übersichtlich und vollständig wiedergegeben.	**maximale Punktzahl**	**erreichte Punktzahl**
1	Du hast die Geschehnisse nachvollziehbar wiedergegeben (siehe hierzu auch Lösungen zu Aufgabe 1).	10	
2	Du hast den Inhalt mit eigenen Worten wiedergegeben.	5	
3	Du hast auf eigene Gefühle und Wertungen verzichtet.	3	
4	Du hast im Präsens geschrieben.	2	
5	Die wörtliche Rede hast du entweder mit einer Umschreibung, einem dass-Satz oder der indirekten Rede im Konjunktiv wiedergegeben.	5	
	Gesamtpunktzahl für Aufgabe 2 b)	**25**	

Aufgabe 2 c)

	Du hast deine Inhaltsangabe mit einem Schlussteil abgeschlossen.	**maximale Punktzahl**	**erreichte Punktzahl**
1	Du hast kurz dazu Stellung bezogen, ob dir die Erzählung gefällt, und deine Meinung begründet (z. B. dagegen: veraltete Geschichte/dafür: sympathische Hauptfigur ...)	5	
	Gesamtpunktzahl für Aufgabe 2 c)	**5**	
A	**Gesamtpunktzahl**	**60**	

B Darstellungsleistungen

		maximale Punktzahl	**erreichte Punktzahl**
1	Deine Rechtschreibung, Zeichensetzung und Grammatik sind fehlerfrei.	10	
2	Du formulierst genau, angemessen und abwechslungsreich. Dabei vermeidest du z. B. Wortwiederholungen und Umgangssprache.	6	
3	Dein Text ist nachvollziehbar, schlüssig und verständlich.	5	
4	Du formulierst syntaktisch angemessen. Dein Satzbau ist sicher und abwechslungsreich.	4	
B	**Gesamtpunktzahl**	**25**	

Gesamtpunktzahl A und B	**85**

Die Klassenarbeit wird mit der Note

bewertet.

Datum Unterschrift

Zuordnung der Punkte zu den Notenstufen

Note	Punkte
sehr gut	85–79
gut	78–65
befriedigend	64–52
ausreichend	51–38
mangelhaft	37–17
ungenügend	16–0

Direkte Rede in die indirekte Rede umformen und den Inhalt einer Fabel wiedergeben

Löwe, Esel und Fuchs

Löwe, Esel und Fuchs gingen gemeinsam auf die Jagd und machten reiche Beute. Der Löwe sagte zum Esel: „Du musst für die Verteilung der Beute sorgen." Darauf teilte der Esel die Beute in drei Teile. Dann sagte er zu dem Löwen: „Davon kannst du dir einen Teil aussuchen." Da war der Löwe so böse, dass er den Esel auffraß und nun den Fuchs beauftragte, die Beute aufzuteilen. Der Fuchs legte die ganze Beute auf einen großen Haufen. Dann sagte er zum Löwen: „Das alles soll dir gehören." Für sich selbst hatte der Fuchs nur ein paar Knochen zurückbehalten. Darauf fragte ihn der Löwe: „Wer hat dir beigebracht, so zu teilen?" „Das war das Schicksal des Esels", antwortete der Fuchs.

(nach Äsop)

1 Forme die direkte Rede der Fabel in die indirekte Rede im Konjunktiv I um.

2 Gib den Inhalt der Fabel in Form einer kurzen Inhaltsangabe mit deinen Worten zusammengefasst wieder.

3 Nimm am Ende kurz Stellung zum Verhalten des Fuchses. Beurteilst du es z. B. eher als klug oder eher als feige. Begründe deine Meinung.

Bewertungsbogen zur Leistungsüberprüfung/Klassenarbeit

Name:	
Schulhalbjahr/Datum:	
Klasse:	
Fachlehrer/in:	
Thema der Unterrichtsreihe:	Den Inhalt wiedergeben
Thema der Klassenarbeit:	Direkte Rede in die indirekte Rede umformen und den Inhalt einer Fabel wiedergeben
Aufgaben:	s. Arbeitsblatt 9

A Inhaltliche Leistungen

Aufgabe 1

	Du hast die direkte Rede der Fabel in die indirekte Rede im Konjunktiv I umgeformt.	**maximale Punktzahl**	**erreichte Punktzahl**
1	– Der Löwe sagte zum Esel, er müsse für die Verteilung der Beute sorgen. – Dann sagte der Esel zum Löwen, davon könne er sich einen Teil aussuchen. – Dann sagte der Fuchs zum Löwen, das alles solle dem Löwen gehören. – Darauf fragte der Löwe den Fuchs, wer ihn gelehrt habe, so zu teilen. – Das sei das Schicksal des Esels gewesen, antwortete der Fuchs.	15	
	Gesamtpunktzahl für Aufgabe 1	**15**	

Aufgabe 2

	Du hast den Inhalt der Fabel in einer Inhaltsangabe zusammengefasst.	**maximale Punktzahl**	**erreichte Punktzahl**
1	Du hast einen Einleitungssatz geschrieben (z. B.: In der Fabel „Löwe, Esel und Fuchs“ nach Äsop geht es darum, dass man aus Fehlern anderer etwas lernen kann).	6	
2	Du hast einen Hauptteil verfasst, in dem du die Handlung der Fabel mit deinen Worten zusammengefasst und vollständig wiedergegeben hast: – Löwe, Esel und Fuchs gehen gemeinsam auf die Jagd. – Die Beute soll vom Esel geteilt werden, worauf der Esel drei Teile macht, von denen sich der Löwe einen aussuchen soll. – Der Löwe wird böse und frisst den Esel auf. – Der Fuchs soll nun die Beute aufteilen und sagt dem Löwen, dass alles bis auf ein paar Knochen ihm gehöre. – Der Löwe fragt den Fuchs, wer ihn gelehrt habe, so zu teilen. Der Fuchs antwortet, dass es das Schicksal des Esels gewesen sei.	10	
3	Du hast die Geschehnisse in sich schlüssig und nachvollziehbar wiedergegeben.	6	
4	Du hast den Inhalt mit eigenen Worten wiedergegeben.	4	
5	Du hast auf eigene Gefühle und Wertungen verzichtet.	3	
6	Du hast im Präsens geschrieben.	2	

7	Die wörtliche Rede hast du entweder mit einer Umschreibung oder der indirekten Rede (Konjunktiv I) wiedergegeben.	4	
	Gesamtpunktzahl für Aufgabe 2	**35**	

Aufgabe 3

	Du hast begründet zum Verhalten des Fuchses Stellung genommen.	**maximale Punktzahl**	**erreichte Punktzahl**
1	Du hast das Verhalten des Fuchses z. B. als klug oder feige beurteilt.	5	
	Gesamtpunktzahl für Aufgabe 3	**5**	

A	**Gesamtpunktzahl**	**55**	

B Darstellungsleistungen

		maximale Punktzahl	**erreichte Punktzahl**
1	Deine Rechtschreibung, Zeichensetzung und Grammatik sind fehlerfrei.	10	
2	Du formulierst genau, angemessen und abwechslungsreich. Dabei vermeidest du z. B. Wortwiederholungen und Umgangssprache.	6	
3	Du formulierst syntaktisch angemessen. Dein Satzbau ist sicher und abwechslungsreich.	4	

B	**Gesamtpunktzahl**	**20**	
	Gesamtpunktzahl A und B	**75**	

Die Klassenarbeit wird mit der Note

bewertet.

Datum Unterschrift

Zuordnung der Punkte zu den Notenstufen

Note	Punkte
sehr gut	75–70
gut	69–58
befriedigend	57–46
ausreichend	45–34
mangelhaft	33–15
ungenügend	14–0

Leistungsüberprüfung – Selbstevaluation – Klassenarbeit

1. **Die Inhaltsangabe zu einer Ballade überarbeiten**
   Text: Friedrich von Schiller: Der Handschuh – eine Inhaltsangabe
   (Arbeitsblatt 1, S. 284f., Lösung 1, S. 286)

2. **Eine Inhaltsangabe zu einer Erzählung verfassen (1)**
   Text: Johann Peter Hebel: Der Zahnarzt
   (Arbeitsblatt 2, S. 287f., Lösung 2, S. 289f.)

3. **Eine Inhaltsangabe zu einer Erzählung (Kalendergeschichte) verfassen (2)**
   Text: Johann Peter Hebel: Das wohlfeile Mittagessen
   (Arbeitsblatt 3, S. 291f., Lösung 3, S. 293f.)

4. **Zu einer Ballade eine Inhaltsangabe verfassen**
   Text: Erich Kästner: Die Ballade vom Nachahmungstrieb
   (Arbeitsblatt 4, S. 295, Lösung 4, S. 296)

5. **Direkte und indirekte Rede**
   (Arbeitsblatt 5, S. 297f., Lösung 5, S. 299)

6. **Die indirekte Rede (1)**
   (Arbeitsblatt 6, S. 300, Lösung 6, S. 301)

7. **Die indirekte Rede (2)**
   (Arbeitsblatt 7, S. 302f., Lösung 7, S. 304)

8. **Eine Inhaltsangabe verfassen**
   Text: Hermann Bote: Till Eulenspiegel als Tischlergeselle
   (Arbeitsblatt 8, S. 305f., Bewertungsbogen 8, S. 307f.)

9. **Direkte Rede in die indirekte Rede umformen und den Inhalt einer Fabel wiedergeben**
   Text: nach Äsop: Löwe, Esel und Fuchs
   (Arbeitsblatt 9, S. 309, Bewertungsbogen 9, S. 310f.)

Richtig zu schreiben kann man lernen
(S. 244–257)

Vorüberlegungen zur Einheit

In dieser Einheit geht es, wie auch schon bereits in den Bänden P.A.U.L. D. 5 und 6, um den Ausbau der Kompetenz der Schülerinnen und Schüler, sich Strategien der richtigen Schreibweise von Wörtern anzueignen und sie anzuwenden. Die unterschiedlichen Strategien kommen sowohl den unterschiedlichen Lerntypen als auch den unterschiedlichen Kanälen (visuell, akustisch ...) des Lernens entgegen.

Zentrale Kompetenzen, die mit dieser Einheit geschult werden, sind:
- die Kontrolle der Rechtschreibung mithilfe des Nachschlagens im Wörterbuch, der Benutzung von Textverarbeitungsprogrammen und der individuellen Fehleranalyse,
- Einsetzen und Ableiten von grammatischen Kenntnissen,
- die Beachtung satzbezogener Regeln.

Insbesondere die Arbeit mit dem Wörterbuch sollte in Zweifelsfällen zu einem regelmäßigen Ritual im Unterricht (oder bei der Hausaufgabenstellung) werden, um so die Schülerinnen und Schüler an die Nutzung des Wörterbuches zu gewöhnen.

Die Einheit muss und sollte nicht als Ganzes in einem Zeitkontinuum bearbeitet werden, sondern an Stellen im Unterricht, in der die Strategien gefordert sind (z. B. bietet es sich an, auf die Rechtschreibhilfe des Textverarbeitungsprogramms einzugehen, wenn die Schüler am Computer Texte verfassen).

Aufgabe 1
S. 244

- Majonese oder Majonäse? – Tipp 1: Bei diesem Rechtschreibproblem hilft nur das Wörterbuch weiter, weil die Schreibweise nicht weiter ableitbar ist.
- das schwimmen oder das Schwimmen? – Tipp 5: Der Begleiter (hier der bestimmte Artikel) weist eindeutig auf die Wortart Nomen/Substantiv hin und Nomen/Substantive werden großgeschrieben.
- Gemäuer oder Gemeuer? – Tipp 3: Die Schreibweise kann durch Wörter aus der Wortfamilie erklärt werden: Mauer, Maurer ...
- Spaß oder Spass? – Tipp 4 und Tipp 5: Der betonte Vokal wird lang ausgesprochen; der stimmlose, gezischte s-Laut wird nach langem, betontem Vokal oder Doppellaut mit **ß** geschrieben (wenn es keine verwandten Wörter gibt, die mit **s** geschrieben werden).

Didaktische Aufbereitung der Unterkapitel

1. Mit dem Wörterbuch arbeiten (S. 245–246)

Aufgabe 1
S. 245

chemisches Element: Phosphor (P)
Abschnitt einer Entwicklung: Phase (H)
Maßeinheit für Lautstärke: Phon (O)

Angehöriger einer streng gesetzestreuen altjüdischen Partei: Pharisäer (S)
ägyptischer König im Altertum: Pharao (P)
Naturwissenschaft: Physik (H)
nichtssagende Redensart: Phrase (A)
Arzneimittelindustrie: Pharmaindustrie (T)
Lösungswort: PHOSPHAT

Aufgabe 2
S. 245

Geschlecht, Worterklärung, alternative Schreibweisen, Silbentrennung, Betonung der Vokale (lang, kurz)

Aufgabe 3
S. 246

freie Aufgabe

2. Merkwörter (S. 247–248)

→WB

Einige verflixte Konsonanten – der *ks*-Laut (S. 247)

Aufgabe 1
S. 247

Für denselben Laut gibt es unterschiedliche Schreibweisen.

Aufgabe 2
S. 247

Klecks: Verwandtschaft mit kleckern (ck nach kurzem, betontem Vokal)
links: Merksatz: Nach l, n, r, das merke ja, steht nie tz und nie ck.
mittags: Verwandtschaft mit Mittag(e)

Aufgabe 3
S. 247

Hexe
Taxi
Experiment
Lexikon
Boxer
Axt
Text

Aufgabe 4
S. 247

längst: Länge, länger
liegst: liegen, Liege
unterwegs: Wege
wenigstens: weniger
lügst: lügen, Lüge
hoffnungsvoll: Hoffnungen

Aufgabe 5
S. 247

Tipp 1: Das Nachschlagen im Wörterbuch ist immer die sicherste Möglichkeit.

Aufgabe 6
S. 247

waagerecht: wechseln, Lachs/Achse, Fuchs
senkrecht: wachsen, Eidechse, Büchse, Ochse, sechs

Noch ein merkwürdiger Laut – *kw,* geschrieben *qu* (S. 248)

Aufgabe 1
S. 248

- Ein Behältnis für Fische nennt man ein **Aquarium**.
- Frösche rufen nicht, sie **quaken**.
- Ein ziemlich glibberiges Meerestier ist die **Qualle**.
- Wenn vier Musiker zusammen spielen, dann bilden sie ein **Quartett**.
- Den Ursprungsort eines Flusses nennt man die **Quelle**.
- Wenn man heftig in die Bremsen tritt, dann **quietschen** die Reifen.

Aufgabe 2
S. 248

freie Aufgabe

Mit *v* geschrieben – aber als *w* gesprochen (S. 248)

Aufgabe 1
S. 248

nervös, November, privat, Vase, Vegetarier, Violine

Aufgabe 2
S. 248

Lösungswörter:

- Vokabeln
- Pullover
- Venus
- Pulver
- Kurve

3. Die Schreibweise erklären (S. 249)

-ig oder *-lich*? (S. 249)

Aufgabe 1
S. 249

-ig	-lich
einzigartig richtig aufwändig hochwertig langjährig günstig	erhältlich festlich unglaublich

Aufgabe 2
S. 249

Durch Wortverlängerung kann die Schreibweise erklärt werden: aufwändige – unglaubliche

Aufgabe 3
S. 249

-ig	-lich
eilig – eine eilige Angelegenheit fleißig – viele fleißige Menschen farbig – farbige Wände nebelig – In London gibt es viele nebelige Tage. langweilig – langweilige Fernsehsendung willig – willige Schüler freudig – ein freudiges Ereignis	gründlich – eine gründliche Reinigung abendlich – abendliche Stimmung ärgerlich – eine ärgerliche Entscheidung freundlich – freundliche Gesichter herzlich – ein herzlicher Empfang

Stadt oder *statt*? (S. 249)

Aufgabe 1
S. 249

Stadt wird geschrieben, wenn es um eine Ortschaft geht, in der Menschen wohnen und leben; in den anderen Fällen wird statt geschrieben.

Aufgabe 2
S. 249

- Zwischen Deutschland und Frankreich gibt es viele Stä**dt**epartnerschaften.
- In vielen alten Stä**dt**en kann man heute noch die Sta**dt**mauern sehen.
- Das Open-Air-Konzert kann heute wegen des Unwetters nicht sta**tt**finden.
- Es ist nicht sta**tt**haft, Hunde auf den Wochenmarkt mitzunehmen.
- Das Sta**dt**theater spielt heute ein wunderschönes Weihnachtsmärchen.
- Vor allem zur Urlaubszeit sind die Raststä**tt**en an den Autobahnen überfüllt.

4. Deutlich sprechen und genau hinhören (S. 250)

→WB

Pf/pf oder *F/f* – das ist hier die Frage (S. 250)

Aufgabe 1
S. 250

er fand	die Pflege	die Pforte
das Pfand	der Flegel	fort
der Pflug	die Pfeile	der Pfarrer
der Flug	die Feile	der Fahrer

Aufgabe 2
S. 250

waagerecht: Flasche, fasten, finster, frech – hüpfen, Pfote
senkrecht: Früchte – Pflaster, Apfel, Schnupfen

Aufgabe 3
S. 250

Pf/pf	F/f
klopfen	fantastisch
Pfannkuchen	fast
Pfefferminze	fasten
Pfeife	faul
Pfeile	Faust
pfeilschnell	Feinkostladen
Pfennig	Fenchel
Pferdeäpfel	Fenster
Pflanzenöl	fertig
pflastern	fliegen
Pflaumenkuchen	flöten
pflegen	formen
pflichtbewusst	fort
Pflug	fühlen
pfropfen	fünf
Pfund	funken
	für
	fürstlich
	Futter
	rufen

Aufgabe 4
S. 250

freie Aufgabe

5. Regeln und grammatisches Wissen anwenden (S. 251–252)

Ein altes, immer neues Problem: *das* oder *dass*? (S. 251–252)

Aufgabe 1
S. 251

freie Aufgabe

Aufgabe 2
S. 251

„Wenn man dieser/diese/dieses oder welcher/welche/welches einsetzen kann, schreibt man das."

Aufgabe 3
S. 251

- **Das** Füttern der Tiere im Zoo ist streng verboten. (*bestimmter Artikel*)
- **Das** Mädchen, **das** seine Hand durch das Gitter streckte, wurde von dem Affen gebissen. (*Relativpronomen*)
- Viele Menschen glauben nicht, **dass** es den Tieren schadet, wenn man ihnen Süßigkeiten gibt. (*Konjunktion*)
- **Das** Raubtierhaus wurde letztes Jahr renoviert. (*bestimmter Artikel*)

- Viele Seehunde sind daran gestorben, **dass** sie Münzen verschluckt haben, die Besucher in das Becken geworfen haben. (*Konjunktion*)
- Das Aquarium, **das** letztes Jahr neu gebaut wurde, ist zu einer Hauptattraktion für die Besucher geworden. (*Relativpronomen*)
- **Das** Futter für die Tiere muss sorgfältig ausgesucht werden. (*bestimmter Artikel*)
- Es ist wichtig, **dass** die Gehege gründlich gereinigt werden. (*Konjunktion*)
- Das Männchen, **das** sehr aggressiv ist, wird in einem eigenen Gehege gehalten. (*Relativpronomen*)
- Viele Tiere können im Zoo so gehalten werden, **dass** sie sich wohlfühlen. (*Konjunktion*)
- Die Lebensbedingungen sind im Zoo oft so, **dass** die Tiere älter werden als in freier Wildbahn. (*Konjunktion*)
- Viele Zoos gehen heute dazu über, **dass** sie nur solche Tiere halten, denen eine artgerechte Lebensweise geboten werden kann. (*Konjunktion*)
- **Das** entspricht auch den Bestimmungen des Tierschutzes. (*Demonstrativpronomen*)

Aufgabe 4
S. 252

Michael Ende
Momo beherrscht eine seltsame Kunst (S. 252)

Was die kleine Momo konnte wie kein anderer, war zuhören. **Das** (Dem.) ist doch nichts Besonderes, wird vielleicht mancher Leser sagen, zuhören kann doch jeder. Aber **das** (Dem.) ist ein Irrtum. Wirklich zuhören, **das** (Dem.) können nur ganz wenige Menschen. Und sowie Momo sich auf **das** (Art.) Zuhören verstand, war es ganz und gar einmalig. Momo konnte so zuhören, **dass** (Konj.) dummen Leuten plötzlich sehr gescheite Gedanken kamen. Nicht etwa, **dass** (Konj.) sie etwas sagte oder fragte, was den anderen auf solche Gedanken brachte, nein, sie saß nur da und hörte einfach zu, mit aller Aufmerksamkeit und aller Anteilnahme. Dabei schaute sie den anderen mit ihren großen, dunklen Augen an und der Betreffende fühlte, wie in ihm auf einmal Gedanken auftauchten, von denen er nie geahnt hatte, **dass** (Konj.) sie in ihm steckten.
Sie konnte so zuhören, **dass** (Konj.) ratlose oder unentschlossene Leute auf einmal ganz genau wussten, was sie wollten. Oder **dass** (Konj.) Schüchterne sich plötzlich frei und mutig fühlten. Oder **dass** (Konj.) Unglückliche und Bedrückte zuversichtlich und froh wurden. So konnte Momo zuhören.

6. Die Rechtschreibhilfe eines Textverarbeitungsprogramms nutzen (S. 253–254)

Aufgabe 1
S. 253

Entweder handelt es sich um Wörter, die nicht in dem Wörterverzeichnis des Programms verzeichnet sind, oder die Wörter entsprechen nicht der Schreibweise der Wörter in diesem Verzeichnis.

Aufgabe 2
S. 253

Sofern es nicht in der Startleiste gespeichert ist, findet sich das Icon unter der Registerkarte „Überprüfen“ → „Rechtschreibung und Grammatik“. Die Überprüfung eines einzelnen Wortes erfolgt, indem man dieses markiert und anschließend das Icon anklickt. Alternativ kann man das unterschlängelte Wort auch mit der rechten Maustaste anklicken und erhält direkt Vorschläge für alternative Schreibweisen.

Aufgabe 3
S. 254

- „Einmal ignorieren": Die Schreibweise wird in diesem konkreten Fall nicht durch das Programm verändert.
- „Alle ignorieren": In dem ganzen Dokument wird die Schreibweise des entsprechenden Wortes nicht durch das Programm geändert.
- „Zum Wörterbuch hinzufügen": Das Wort wird in das Wörterverzeichnis des Programms aufgenommen.
- „Ändern": Das Programm übernimmt den markierten Vorschlag.
- „Alle ändern": Das Programm ändert alle entsprechenden Wörter in dem Dokument.
- „AutoKorrektur": Wird das Wort später erneut falsch geschrieben, ändert das Programm die Schreibweise automatisch.

Aufgabe 4
S. 254

Bei bestimmten Eigennamen (hier z. B. „Snicket") kann das Programm keine alternativen Schreibweisen vorschlagen.

Aufgabe 5
S. 254

„Wissen" muss großgeschrieben werden, da es sich hier um ein Nomen/Substantiv handelt (Begleiter: einem unglaublichen). Das Programm erkennt in der Regel nicht den Unterschied zwischen Verb und Nominalisierung/Substantivierung.

Aufgabe 6
S. 254

Einige Beispiele:

- Unterscheidung der Konjunktion „dass" von dem bestimmten Artikel, Relativ- oder Demonstrativpronomen „das".
- Das Personalpronomen „sie" kann nicht von der Höflichkeitsform „Sie" (bzw. den entsprechenden Formen) unterschieden werden.
- Gleichlautende Wörter mit unterschiedlicher Schreibweise können nicht unterschieden werden: die Wahl – der Wal; das Pfund – der Fund ...

Aufgabe 7
S. 254

Es sollte darauf geachtet werden, dass eine solche Einführung in die Rechtschreibhilfe für ein Publikum gedacht ist, das sich nicht mit dieser Hilfe auskennt. Entsprechend klar und verständlich müssen die Hinweise sein.

7. An Fehlerschwerpunkten arbeiten (S. 255–256)

Aufgabe 1
S. 255

1. Wird ein Wort groß- oder kleingeschrieben? – Groß- und Kleinschreibung, S. 363 ff.
2. Wird der Konsonant nach einem kurzem Vokal verdoppelt oder nicht? – Kurz gesprochene Vokale, S. 381 ff.
3. Schreibt man einen langen Vokal mit oder ohne Dehnungszeichen? – Lang gesprochene Vokale, S. 377 ff.
4. Schreibt man s, ss oder ß? – s-Laute, S. 373 ff.
5. Wie unterscheidet man gleich oder ähnlich klingende Laute? – Die Schreibweise erklären, S. 249
6. Wann schreibt man getrennt und wann zusammen? – Zusammen- und Getrenntschreibung, S. 369 ff.
7. Wie werden Fremdwörter geschrieben? – Mit dem Wörterbuch arbeiten, S. 245 f.

Aufgaben 2 und 3 S. 255

Im Folgenden ist der Text in der korrekten Schreibweise abgedruckt, die korrigierten Wörter und Satzzeichen sind unterstrichen.

Inhaltsangabe zu „Die Maske des Roten Todes" (S. 255)
Die Erzählung „Die Maske des Roten Todes" von Edgar Allan Poe handelt davon, dass sich eine vornehme Gesellschaft vergeblich bemüht, einer im Land wütenden Seuche zu entkommen. Die Erzählung spielt zu einer Zeit, in der eine Seuche, die der Rote Tod genannt wird, im Land von Prinz Prospero wütet. Dieser zieht sich mit seinem Hofstaat in eine Abtei zurück, um der Pest zu entkommen. Während die Menschen in seinem Land unter der Pest leiden, feiert Prinz Prospero rauschende Feste.
Auf einem dieser Feste erscheint plötzlich, nachdem die Uhr zu Mitternacht geschlagen hat, eine als Tod maskierte Gestalt in einem mit Blut verschmierten Gewand und mit roten Flecken auf der Stirn. Allen Anwesenden ist klar, dass die maskierte Gestalt den Roten Tod darstellen will.
Prinz Prospero ist sehr wütend über diese Verkleidung. Er folgt der Gestalt durch mehrere Zimmer. Als er seinen Dolch zückt, um die maskierte Gestalt zu erstechen, dreht diese sich um. Prinz Prospero schreit auf, lässt den Dolch fallen und sinkt sterbend zu Boden. Einige der anwesenden Gäste wollen die verkleidete Gestalt ergreifen, doch mit Grausen müssen sie feststellen, dass sich in den Leinentüchern und hinter der Leichenmaske keine menschliche Gestalt verbirgt. Die Menschen erkennen, dass es der Rote Tod selbst ist, und einer nach dem anderen stirbt.

Fehlerschwerpunkte liegen:
- in der Großschreibung von Nomen/Substantiven,
- in der Kommasetzung in Satzgefügen,
- in der Schreibweise der Konjunktion „dass".

Berichtigungsmöglichkeit:
- Großschreibung von Nomen/Substantiven: Hinzufügen eines Begleiters (Artikel, Adjektiv)
- Fehlende Kommasetzung: Erneutes Aufschreiben des Satzes, Unterstreichen der Bestandteile des Satzgefüges
- Schreibweise der Konjunktion „dass": Erneutes Aufschreiben des Satzes

Aufgaben 4 und 5 S. 256

freie Aufgaben

Die Lösungen zu den **Übungen zur Lernkontrolle** (S. 257) befinden sich im Anhang des Schülerbandes auf der Seite 393.

Leistungsüberprüfung – Selbstevaluation – Klassenarbeit

Die in dieser Einheit erworbenen Methoden, Tipps und Kenntnisse sollen für die Schülerinnen und Schüler langfristig und übergreifend einsetzbar sein. Ein Abrufen der Kenntnisse in Form einer eigenen Klassenarbeit wird daher nicht für sinnvoll erachtet. Zu bedenken ist, dass der Kenntnisstand der Schüler letztlich in jeder Klassenarbeit überprüft wird, da mit zunehmendem Alter die richtige Schreibweise ein größeres Gewicht bei der Leistungsbeurteilung findet.
Das erworbene Wissen muss also immer wieder in unterschiedlichen Zusammenhängen angewendet (z. B. bei der Verschriftlichung eines Referates) und damit ein Übertragen des Gelernten eingefordert werden.

Experimente beschreiben, mal so, mal so – Aktiv und Passiv (S. 258–269)

Vorüberlegungen zur Einheit

Die Verwendung des Passivs ist im Deutschen niemals zwingend erforderlich, sie bietet sich aber an, wenn bei einer Handlung entweder unbekannt oder völlig offensichtlich bzw. gleichgültig ist, von wem sie ausgeführt wird. Dies ist häufig der Fall in Zeitungsmeldungen über Verbrechen, deren Täter noch nicht ermittelt sind, aber auch in Spielanleitungen, Gebrauchsanweisungen, Kochrezepten, Bastelanleitungen etc. In diesen Textsorten würde die mehrfache Wiederholung der Agens-Angaben (z. B. „Die Spieler“, „Der Koch“) störend wirken und den Text unnötig verlängern. Um diese Redundanzen zu vermeiden, kann man die handelnde Person entweder nur unbestimmt mit „man“ oder „du“ bezeichnen („Man nehme ...“, „Du mischst zuerst die Karten ...“) oder eben das Passiv verwenden. Dies führt häufig zu einer Präzisierung und damit zu einer stilistischen Verbesserung der jeweiligen Texte, kann bei übertriebenem Gebrauch aber auch leicht umständlich wirken, da die Passivformen durch ihre Bildung mit dem Hilfsverb „werden“ länger sind als die entsprechenden Aktivformen. In dieser Unterrichtseinheit wird das grammatikalische Phänomen des Genus Verbi anhand der Durchführung und Beschreibung von Experimenten erarbeitet, die von den Schülerinnen und Schüler zu Hause (oder im Unterricht) auch selbst ausprobiert werden können. Durch diese inhaltlich ansprechende „Verpackung“ sollte für die Motivation der Schüler gesorgt sein. Da es sich hierbei um Vorgangsbeschreibungen handelt, wird diese Textsorte, die aus der sechsten Klasse bekannt sein dürfte, zu Beginn der Einheit noch einmal eingeübt.

Im Einzelnen sollen folgende Kompetenzen geschult werden:

- Vorgänge vollständig und präzise beschreiben,
- Aktiv- und Passivformen identifizieren und ihre unterschiedliche Wirkung erkennen,
- Aktiv- und Passivformen selbstständig bilden und in Texten in angemessener Weise verwenden,
- Texte durch Umformulierung einzelner Verben vom Aktiv ins Passiv (und umgekehrt) überarbeiten und dadurch stilistisch verbessern.

Als Einführung in die Einheit ist es naheliegend, an die Vorerfahrungen der Schüler mit Versuchen und Experimenten anzuknüpfen, wie es auf der Auftaktseite (S. 258) vorgeschlagen wird. Die Abbildung kann zu der Frage anregen, welche in jedem Haushalt leicht zu besorgenden Materialien häufig zu diesem Zweck verwendet werden.

Didaktische Aufbereitung der Unterkapitel

→WB

1. Spannende Experimente, verblüffende Tricks – Vorgänge beschreiben (S. 259–261)

Starke Eierschalen (S. 259)

Aufgaben 1 bis 4 S. 259–260

Hier geht es zunächst darum, Kriterien für eine gelungene Vorgangsbeschreibung zu erarbeiten. Die Schülerinnen und Schüler können von Niklas' Erzählung ausgehen, die sie überarbeiten sollen. Dafür müssten die in mündlicher Rede recht ungeordnet dargebotenen einzelnen Schritte in die richtige Reihenfolge gebracht werden, auch wäre es sinnvoll, ganz am Anfang die benötigten Materialien kurz zu nennen. Die physikalische Erklärung des Phänomens der „starken Eierschalen" (Z. 24ff., Z. 46f.) sollte hingegen erst ganz am Schluss erfolgen. Außerdem müssten die nicht zur eigentlichen Versuchsbeschreibung gehörenden erzählenden Elemente (z. B. Z. 34–41) getilgt werden. Ausgehend von dieser Verbesserung des Textes stellen die Schüler allgemeingültige Kriterien für Vorgangsbeschreibungen zusammen (Aufgabe 3) und besprechen auch mögliche Anlässe und Funktionen derartiger Texte (Aufgabe 4). Die zu erwartenden Ergebnisse sind in dem Werkzeugkasten auf S. 261 noch einmal in kurzer Form zusammengefasst.

Aufgaben 5 bis 10 S. 260–261

Diese Aufgaben bieten vor allem Gelegenheiten, die Vorgangsbeschreibung anhand verschiedener Experimente einzuüben, wobei die von den Schülerinnen und Schülern verfassten Texte nach ihrer Besprechung auch überarbeitet werden sollten.

2. Beschreiben, mal so, mal so – Aktiv und Passiv (S. 262–267)

Kann man Töne sehen? (S. 262)

Aufgaben 1 bis 5 S. 262–263

Die Erarbeitung der Passivformen erfolgt hier wieder mithilfe eines „Fehlertextes", in dem die handelnde Person mit unnötig langen, umständlichen Formulierungen bezeichnet wird („Wer diese Frage beantworten will", „Der Schüler, der das Experiment durchführen will", „der Experimentierende" etc.). Da aber eindeutig der Vorgang, also das Experiment „Töne sichtbar machen", im Vordergrund steht, ist die wiederholte Benennung des Ausführenden völlig überflüssig, sodass sich eine Verkürzung des Textes durch die Umformulierung einiger Sätze ins Passiv geradezu aufdrängt. An diese Passivtransformation, die im Regelkasten (S. 263) knapp erläutert wird, werden die Schülerinnen und Schüler schrittweise herangeführt.

Der sonnenbetriebene Wasserreiniger (S. 263–264)

Aufgaben 1 bis 7 S. 264–265

Bei diesen Aufgaben geht es um die Bildung der Passivformen in den verschiedenen Tempora durch das Hilfsverb „werden" und das Partizip II, die im Regelkasten (S. 264) überblicksartig zusammengestellt ist. Dabei beschränkt sich die Untersuchung zunächst auf die Zeiten Präsens und Präteritum, die lediglich identifiziert und unterschieden werden sollen (Aufgabe 2–4). Bei Aufgabe 5 sollen die Schülerinnen und Schüler auch die übrigen Zeitstufen bestimmen, wobei auf die Einführung des sehr ungebräuchlichen Futur II („Ein Flugzeug wird von mir gebaut worden sein") verzichtet wurde. Aufgabe 6 fordert dann bereits zur eigenständigen Umformung vom Passiv ins vertrautere Aktiv auf.

Wie lässt sich ein Eiswürfel mit einem Streichholz heben? (S. 265)

Aufgaben 1 bis 3
S. 265

Nachdem die Schülerinnen und Schüler die Bildung der Passivformen in den verschiedenen Zeiten erlernt haben, sollen sie nun erkennen, welche Satzglieder bei der Umformung vom Aktiv ins Passiv, wie sie bei der Überarbeitung von Texten erforderlich sein kann, in welcher Weise verändert werden müssen. Dabei soll auch bereits die Einsicht vermittelt werden, dass diese Transformation nicht in jedem Fall eine stilistische Verbesserung des Textes bewirkt (Aufgabe 3).

Heimlich um die Ecke sehen: Das Periskop (S. 266)

Aufgaben 1 bis 2
S. 266

Mithilfe einer Vorgangsbeschreibung für die Konstruktion eines Periskops sollen die Schülerinnen und Schüler nun selbstständig entscheiden, in welchen Fällen die Verwendung des Aktivs sinnvoll erscheint und wann der Gebrauch des Passivs „besser klingt". Dabei sind durchaus unterschiedliche Ergebnisse zu erwarten, allerdings lassen sich die intransitiven Verben aufgrund des fehlenden Akkusativobjekts nicht ins Passiv setzen. Auch bei den transitiven Verben sollten die Lernenden eine allzu häufige Wiederholung des Hilfsverbs „werden" möglichst vermeiden.

Aufgabe 3
S. 267

freie Aufgabe zur Anwendung und Vertiefung des Gelernten

Die Lösungen zu den **Übungen zur Lernkontrolle** (S. 268–269) befinden sich im Anhang des Schülerbandes auf den Seiten 393–394.

Aktiv oder Passiv?

1 Entscheide, ob die folgenden Sätze im Aktiv oder Passiv stehen. Schreibe entsprechend ein A oder ein P in die Kästchen.

- Ich gehe zur Schule. ☐
- Klaus wird von seiner Mutter gerufen. ☐
- Lisa gibt Yasmin das Buch zurück. ☐
- Gestern wurde die Sparkasse überfallen. ☐
- Die Räuber bedrohten die Bankangestellten. ☐
- Der Sturm entwurzelte viele Bäume. ☐
- Hagelkörner verursachten Blechschäden an den Autos. ☐
- Viele Hausdächer wurden abgedeckt. ☐
- Den Menschen wurde schnell von der Feuerwehr geholfen. ☐
- Das Fußballspiel wurde wegen des Unwetters abgebrochen. ☐
- Der Schiedsrichter schickte die Spieler in die Kabinen. ☐
- Die Zuschauer flüchteten unter das Tribünendach. ☐
- Später wurde der Rasen von der Sonne getrocknet. ☐
- Der Schiedsrichter pfiff das Spiel erneut an. ☐

2 Forme die folgenden Aktivsätze in Passivsätze um. Unterstreiche das Akkusativobjekt des Aktivsatzes und das Subjekt des Passivsatzes.

- Der Koch bereitet <u>das Essen</u> zu.
  <u>Das Essen</u> wird von dem Koch zubereitet.
- Der Maler streicht das Haus.
  ____
- Die Katze frisst die Maus.
  ____
- Der Dirigent leitet das Orchester.
  ____
- Das fließende Wasser treibt das Mühlrad an.
  ____
- Marion beobachtet in der Dunkelheit die Sterne.
  ____
- Die Scheinwerfer strahlen nachts den Dom an.
  ____
- Ich schieße den Ball ins Aus.
  ____

Aktiv oder Passiv?

Aufgabe 1

- Ich gehe zur Schule. A
- Klaus wird von seiner Mutter gerufen. P
- Lisa gibt Yasmin das Buch zurück. A
- Gestern wurde die Sparkasse überfallen. P
- Die Räuber bedrohten die Bankangestellten. A
- Der Sturm entwurzelte viele Bäume. A
- Hagelkörner verursachten Blechschäden an den Autos. A
- Viele Hausdächer wurden abgedeckt. P
- Den Menschen wurde schnell von der Feuerwehr geholfen. P
- Das Fußballspiel wurde wegen des Unwetters abgebrochen. P
- Der Schiedsrichter schickte die Spieler in die Kabinen. A
- Die Zuschauer flüchteten unter das Tribünendach. A
- Später wurde der Rasen von der Sonne getrocknet. P
- Der Schiedsrichter pfiff das Spiel erneut an. A

Aufgabe 2

- Der Koch bereitet das Essen zu.
- Das Essen wird von dem Koch zubereitet.

- Der Maler streicht das Haus.
- Das Haus wird von dem Maler gestrichen.

- Die Katze frisst die Maus.
- Die Maus wird von der Katze gefressen.

- Der Dirigent leitet das Orchester.
- Das Orchester wird von dem Dirigenten geleitet.

- Das fließende Wasser treibt das Mühlrad an.
- Das Mühlrad wird von dem fließenden Wasser angetrieben.

- Marion beobachtet in der Dunkelheit die Sterne.
- Die Sterne werden in der Dunkelheit von Marion beobachtet.

- Die Scheinwerfer strahlen nachts den Dom an.
- Der Dom wird nachts von den Scheinwerfern angestrahlt.

- Ich schieße den Ball ins Aus.
- Der Ball wird von mir ins Aus geschossen.

Die Tempusformen des Passivs

Schreibe die folgenden Passivsätze in den entsprechenden Zeitformen (Tempusformen) auf.

Präsens	Das Fahrrad wird geputzt.
Präteritum	
Perfekt	
Plusquamperfekt	
Futur I	

Präsens	
Präteritum	
Perfekt	Das Gedicht ist von Mark vorgetragen worden.
Plusquamperfekt	
Futur I	

Präsens	
Präteritum	
Perfekt	
Plusquamperfekt	
Futur I	Das Theaterstück wird aufgeführt werden.

Präsens	
Präteritum	Die Entscheidung wurde gefällt.
Perfekt	
Plusquamperfekt	
Futur I	

Präsens	
Präteritum	
Perfekt	
Plusquamperfekt	Die Feier war von Jule organisiert worden.
Futur I	

Präsens	
Präteritum	
Perfekt	Ich bin gelobt worden.
Plusquamperfekt	
Futur I	

Die Tempusformen des Passivs

Aufgabe

Präsens	Das Fahrrad wird geputzt.
Präteritum	Das Fahrrad wurde geputzt.
Perfekt	Das Fahrrad ist geputzt worden.
Plusquamperfekt	Das Fahrrad war geputzt worden.
Futur I	Das Fahrrad wird geputzt werden.

Präsens	Das Gedicht wird von Mark vorgetragen.
Präteritum	Das Gedicht wurde von Mark vorgetragen.
Perfekt	Das Gedicht ist von Mark vorgetragen worden.
Plusquamperfekt	Das Gedicht war von Mark vorgetragen worden.
Futur I	Das Gedicht wird von Mark vorgetragen werden.

Präsens	Das Theaterstück wird aufgeführt.
Präteritum	Das Theaterstück wurde aufgeführt.
Perfekt	Das Theaterstück ist aufgeführt worden.
Plusquamperfekt	Das Theaterstück war aufgeführt worden.
Futur I	Das Theaterstück wird aufgeführt werden.

Präsens	Die Entscheidung wird gefällt.
Präteritum	Die Entscheidung wurde gefällt.
Perfekt	Die Entscheidung ist gefällt worden.
Plusquamperfekt	Die Entscheidung war gefällt worden.
Futur I	Die Entscheidung wird gefällt werden.

Präsens	Die Feier wird von Jule organisiert.
Präteritum	Die Feier wurde von Jule organisiert.
Perfekt	Die Feier ist von Jule organisiert worden.
Plusquamperfekt	Die Feier war von Jule organisiert worden.
Futur I	Die Feier wird von Jule organisiert werden.

Präsens	Ich werde gelobt.
Präteritum	Ich wurde gelobt.
Perfekt	Ich bin gelobt worden.
Plusquamperfekt	Ich war gelobt worden.
Futur I	Ich werde gelobt werden.

Passivformen erkennen und ihre Zeitstufe bestimmen

Niklas forscht

Auch in diesem Jahr wird wieder der Wettbewerb „Jugend forscht“ veranstaltet, der immer auf großes Interesse stößt. Von vielen Schulen werden die begabtesten Schüler angemeldet, die sich öffentliche Anerkennung und attraktive Preise erhoffen. Auch Niklas’ Teilnahme wird von vielen seiner Mitschüler, vor allem aber von seinem Physiklehrer, erwartet.
Schon im letzten Jahr ist sein Beitrag sehr gelobt worden. Dabei war Niklas zunächst überhaupt nicht angemeldet worden, weil er wegen einer längeren Krankheit den Termin verpasst hatte. Als er dann aber ein ärztliches Attest vorlegen konnte, wurde seine Anmeldung doch noch berücksichtigt. Obwohl er damals überhaupt nicht unterstützt worden war, gefiel seine Idee der Jury so gut, dass er zur Landesausscheidung eingeladen wurde. Das war für ihn der bisher größte Erfolg seines Lebens, nur von einigen neidischen Mitschülern ist er danach als „Streber“ verspottet worden.
In diesem Jahr will er sein Projekt so lange wie möglich geheim halten. Wahrscheinlich wird er aber schon Wochen vor dem Wettbewerb von seinen Freunden mit Fragen zu seinen Plänen bombardiert werden.

1 Unterstreiche im Text alle Verbformen, die im Passiv stehen.

2 Bestimme die Zeitstufe der Passivformen und trage sie dann in die richtige Spalte der Tabelle ein.

Zeitstufe	Passivformen
Prasens	
Präteritum	
Perfekt	
Plusquamperfekt	
Futur 1	

Passivformen erkennen und ihre Zeitstufe bestimmen

Aufgabe 1

Niklas forscht

Auch in diesem Jahr wird wieder der Wettbewerb „Jugend forscht" veranstaltet, der immer auf großes Interesse stößt. Von vielen Schulen werden die begabtesten Schüler angemeldet, die sich öffentliche Anerkennung und attraktive Preise erhoffen. Auch Niklas' Teilnahme wird von vielen seiner Mitschüler, vor allem aber von seinem Physiklehrer, erwartet. Schon im letzten Jahr ist sein Beitrag sehr gelobt worden. Dabei war Niklas zunächst überhaupt nicht angemeldet worden, weil er wegen einer längeren Krankheit den Termin verpasst hatte. Als er dann aber ein ärztliches Attest vorlegen konnte, wurde seine Anmeldung doch noch berücksichtigt. Obwohl er damals überhaupt nicht unterstützt worden war, gefiel seine Idee der Jury so gut, dass er zur Landesausscheidung eingeladen wurde. Das war für ihn der bisher größte Erfolg seines Lebens, nur von einigen neidischen Mitschülern ist er danach als „Streber" verspottet worden.
In diesem Jahr will er sein Projekt so lange wie möglich geheim halten. Wahrscheinlich wird er aber schon Wochen vor dem Wettbewerb von seinen Freunden mit Fragen zu seinen Plänen bombardiert werden.

Aufgabe 2

Zeitstufe	Passivformen
Präsens	wird veranstaltet werden angemeldet wird erwartet
Präteritum	wurde berücksichtigt eingeladen wurde
Perfekt	ist gelobt worden ist verspottet worden
Plusquamperfekt	war angemeldet worden unterstützt worden war
Futur I	wird bombardiert werden

Eine Vorgangsbeschreibung überarbeiten

Sumpfmonster

Jonas erzählt von der Klassenfahrt:

„Am coolsten war natürlich das Spiel ‚Sumpfmonster', das noch keiner von uns kannte. Da müssen alle Spieler einen gefährlichen Sumpf überqueren, in dem eklige Sumpfmonster lauern. Das Spiel geht so: Zuerst suchen die Spieler einen Weg, den sie zum Sumpf machen. Die Spieler stellen sich also vor, der Weg wäre ein Sumpf. Dann zählen die Spieler ab, wie viele sie sind, und besorgen sich etwa halb so viele Bretter oder Pappen. Die Pappen müssen etwa so groß sein, dass immer zwei Spieler ganz gut darauf stehen können. Die muss man natürlich eigentlich vorher besorgen. Dann legen die Spieler Start und Ziel fest, also sie bestimmen, wo die Sumpfüberquerung anfängt und wo sie endet. Am Start fängt ein Spieler an, legt ein Brett oder eine Pappe in den Sumpf und tritt darauf. Dann müssen die anderen Spieler ihm von hinten noch eine Pappe oder ein Brett durchreichen, die bzw. das er vor sich in den Sumpf legt. Der Spieler muss aber sofort auf die neue Pappe treten, sonst schnappen die fiesen Sumpfmonster sie ihm weg. Natürlich spielen einige Mitschüler die Sumpfmonster, vielleicht drei oder vier. Das müssen die Spieler natürlich auch schon vorher festlegen, wer das spielt. Also, wenn keiner eine Pappe berührt, ist sie weg, deswegen müssen auch immer mehr Spieler nachrücken. Die anderen Spieler geben von hinten immer mehr Pappen durch. Dadurch entsteht im Sumpf nach und nach ein Weg, über den alle Spieler vorsichtig gehen können. Auf der Pappe dürfen die Spieler nämlich stehen, aber nur darauf, sonst fressen die Sumpfmonster sie. Das heißt, dass die Schüler, die die Sumpfmonster spielen, wenn jemand den Sumpf berührt, ihn anticken und ‚aufgefressen' oder ‚ich hab' dich' schreien dürfen. Die aufgefressenen Spieler müssen dann natürlich rausgehen und können nicht mehr mitmachen. Wenn die Sumpfmonster zu viele Spieler auffressen oder zu viele Pappen wegnehmen, dann wird es immer schwieriger, den Weg bis ins Ziel zu bauen. Dann müssen die Spieler nämlich immer hinten die letzte Pappe wegnehmen, sie durchreichen und vorne wieder hinlegen. Besonders krass wird das Spiel natürlich, wenn der Weg etwas abfällt oder ein paar Pfützen hat. Jan hat sich einmal voll in eine Pfütze gelegt und war dann total nass!"

1 Der Text ist als Beschreibung eines Spiels offenbar nicht besonders gut gelungen. Sammle Tipps, wie man ihn verbessern könnte.

- einige Verbformen ins Passiv setzen
- ______________________________
- ______________________________
- ______________________________
- ______________________________

2 Schreibe nun Jonas' Erzählung in eine gelungene Vorgangsbeschreibung um, bei der Spielregeln und Spielverlauf dem Leser auch wirklich deutlich werden. Berücksichtige dabei die von dir gesammelten Tipps.

Eine Vorgangsbeschreibung überarbeiten

Aufgabe 1

- einige Verbformen ins Passiv setzen
- sachlich beschreiben
- keine Umgangssprache verwenden
- Wiederholungen vermeiden
- abwechslungsreiche Satzanfänge schreiben
- auf Satzverbindungen achten
- auf das wirklich Notwendige beschränken
- keine eigenen Erlebnisse erwähnen
- klare Reihenfolge einhalten

Aufgabe 2

Sumpfmonster (Beispieltext)
Beim Spiel „Sumpfmonster" stellen sich alle vor, sie müssten einen Sumpf überqueren, in dem gefährliche Monster lauern. Als Vorbereitung müssen dafür einige Pappen oder Bretter besorgt werden, und zwar etwa halb so viele wie Mitspieler. Sie müssen so groß sein, dass zwei Spieler auf ihnen stehen können. Danach wird ein passender Weg gesucht, auf dem das Spiel stattfinden kann, außerdem müssen Anfang und Ende der Strecke festgelegt werden, die zur „Sumpfüberquerung" zurückgelegt werden muss. Nun müssen nur noch einige Mitspieler als Sumpfmonster bestimmt werden.
Wenn das Spiel beginnt, versuchen die Mitspieler, mithilfe der Pappen den Sumpf zu überqueren. Dazu wird eine Pappe nach der anderen in den Sumpf gelegt, sodass allmählich ein Weg entsteht. Allerdings müssen die ausgelegten „Wegstücke" immer sofort dadurch gesichert werden, dass einer der Mitspieler sich daraufstellt. Denn die Sumpfmonster versuchen, diejenigen Pappen sofort wegzuziehen, auf denen kein Mitspieler steht. Außerdem fressen sie jeden auf, der in den Sumpf fällt, also nicht auf einer Pappe steht. Dabei ticken sie den Mitspieler an, der keine Pappe mehr berührt, und rufen: „Ich fresse dich!" Die „gefressenen" Spieler scheiden aus dem Spiel aus, auch die von den Sumpfmonstern eroberten Pappen werden entfernt und dürfen nicht wieder verwendet werden.
Während nun also die Gruppe versucht, in einer immer länger werdenden Schlange immer weiter vorzurücken, versuchen die Sumpfmonster, die Gruppe und die Anzahl der Pappen zu verkleinern und dadurch den Weg zu erschweren. Wenn alle Pappen verwendet sind und im Sumpf liegen, müssen die ganz am Ende liegenden Pappen wieder eingesammelt, nach vorne durchgereicht und dann neu ausgelegt werden.
Das Spiel endet, wenn entweder die Gruppe das rettende Ufer, also den vorher festgelegten Zielpunkt, erreicht hat oder wenn alle von den Sumpfmonstern gefressen worden sind.

Leistungsüberprüfung – Selbstevaluation – Klassenarbeit

1. **Passivformen erkennen und ihre Zeitstufe bestimmen**
   (Arbeitsblatt 3, S. 329, Lösung 3, S. 330)
2. **Eine Vorgangsbeschreibung überarbeiten**
   (Arbeitsblatt 4, S. 331, Lösung 4, S. 332)

Darüber möchte ich gern sprechen: Mut machen – beschwichtigen – argumentieren (S. 270–287)

Vorüberlegungen zur Einheit

In dieser Einheit, die vor allem dem Aufgabenbereich „Sprechen" zuzuordnen ist, geht es zunächst um die Sprechakte „Trösten", „Mut machen" und „Beschwichtigen", die im Alltagsleben der Schülerinnen und Schüler eine große Rolle spielen. Dabei werden sukzessive kommunikative Situationen behandelt, die ihnen bekannt vorkommen dürften und somit Alltagsrelevanz besitzen (vgl. z. B. das Problem misslungener Klassenarbeiten). Ebenfalls anhand eines konkreten Alltagsproblems bzw. einer konkreten Gesprächssituation werden die Lernenden an das Thema des Argumentierens herangeführt, wobei der Schwerpunkt hier noch thematisch und konzeptionell auf der mündlichen Auseinandersetzung mit ausgewählten Streitfragen liegt.

Zentrale Kompetenzen, die in dieser Einheit geschult werden, sind:
- eine kommunikative Situation beschreiben,
- die Bedeutung der sozialen Rolle in einem Gespräch erkennen,
- Alternativen zu problembeladenen Gesprächssituationen formulieren,
- Strategien zur Entlastung von Gesprächssituationen erkennen,
- einen literarischen Text aspektgeleitet analysieren,
- Strategien des Tröstens und Mut-Machens erkennen und bewerten,
- Strategien des Beschwichtigens erkennen und bewerten,
- in einem Streitgespräch Meinungsunterschiede erkennen und benennen (Meinung – Gegenmeinung),
- das „Tempelschema" der Argumentation (Meinung – Argument – Beispiel/Beleg) erarbeiten und nachvollziehen,
- einen eigenen Standpunkt erarbeiten und argumentativ vertreten.

Die Schülerinnen und Schüler können mithilfe der Arbeitsfragen auf der Einstiegsseite (Aufgaben 1–5, S. 271) in das Thema eingeführt werden. Möglich ist es auch, ihnen das Gedichtgerüst auf S. 279 („... Wenn ich Probleme habe,/Wünsche ich mir nicht, ...") zu geben und es in Stillarbeit ausfüllen zu lassen, um anschließend in einem offenen Unterrichtsgespräch in das Thema einzuführen.

Didaktische Aufbereitung der Unterkapitel

→WB

1. „Muss das gerade heute sein?“ – Eine Problemsituation erleben (S. 272–273)

Gespräch im Klassenraum (S. 272–273)
Bei dem Gespräch handelt es sich um eine typische Situation in der Schule, die den Schülerinnen und Schülern bekannt sein dürfte. Auf der einen Seite steht eine Lehrerin, die ihre Enttäuschung darüber nicht verbirgt, dass die Klassenarbeiten, die sie korrigieren musste, nicht so ausgefallen sind, wie sie das erhofft hat. Den Gegenpart bilden die Schülerinnen und Schüler mit ihren Erwartungen.

Aufgabe 1 S. 273
Die Atmosphäre ist angespannt. Die Lehrerin ist deutlich schlecht gelaunt und bringt dieses auch zum Ausdruck. So legt sie die „Hefte etwas lauter als gewöhnlich auf den Tisch“ (Z. 6–7), verweist auf die nicht besonders geschätzte Arbeit des Korrigierens (vgl. Z. 7 ff.) und macht den Schülerinnen und Schülern Angst (vgl. Z. 9 f.). Sie geht zudem kaum auf die Argumentationsweisen, die ihr entgegengebracht werden, ein (vgl. Z. 20 ff., Z. 28 ff., Z. 36 f.). Deutlich bringt sie ihre stärkere soziale Rolle ins Spiel, wenn sie konstatiert: „So ist es!“ (Z. 37)
Die Stimmung bei den Schülerinnen und Schülern ist ebenfalls angespannt. Sie nehmen das Verhalten der Lehrerin wahr und kommentieren es entsprechend der Rollenverteilung leise (vgl. z. B. Z. 11, Z. 32, Z. 38, Z. 39 ...).

Aufgabe 2 S. 273
Für die Beantwortung der Frage wird den Schülerinnen und Schülern ein gewisses Maß an Empathie für die Belange einer Lehrperson abverlangt. Sie müssen also gedanklich einen Rollenwechsel vornehmen. Im Zentrum steht die Enttäuschung der Lehrerin, für die unterschiedliche Gründe genannt werden können. Sie ist enttäuscht, dass ihre Schülerinnen und Schüler nicht den Ansprüchen, die sie an sie stellt, genügen. Indirekt könnte sie sich auch als Verursacherin dieses Misserfolgs ansehen, wenngleich sie dieses im Gespräch als Argument nicht zulässt (vgl. Z. 20 ff., Z. 28 ff.). Ein weiterer Grund für ihre Reaktionsweisen mag in der ungeliebten Korrekturarbeit zu suchen sein (vgl. Z. 7 ff.). Bei ihrer Bewertung könnten die Schülerinnen und Schüler neben der zu erwartenden Kritik auch ein gewisses Maß an Verständnis zeigen.

Aufgabe 3 S. 273
In dem Gespräch wird deutlich, dass die soziale Rollenverteilung bzw. das mögliche Rollengefälle oft den Verlauf bestimmt. Die Lehrerin führt das Gespräch, die Schülerinnen und Schüler halten sich rollen- und situationsgemäß zurück.

Aufgabe 4 S. 273
Das szenische Spiel bietet einerseits die Möglichkeit, das zuvor Erarbeitete praktisch umzusetzen; andererseits erhöht es den Grad der Identifikation mit der Situation und verhilft zu einem sprichwörtlichen Nacherleben.

Aufgabe 5 S. 273
Die Lehrerin nimmt von vornherein eine negative, leicht aggressive (vgl. Z. 6 f.) Haltung ein. Anstatt im weiteren Verlauf auf die Argumente der Schülerinnen und Schüler einzugehen, tut sie diese als nichtig ab. Sie versäumt damit die Gelegenheit, zu einer konstruktiven Lösung des Problems und zu einer Entlastung der angespannten Atmosphäre zu gelangen. In der Folgestunde könnte sie das Problem z. B. ernsthaft ansprechen und gemeinsam mit den Schülerinnen und Schülern über ihre Erwartungen reden. Dazu sollte sie eine andere Form des Gesprächseinstiegs auf Augenhöhe mit der Klasse wählen.

Aufgabe 6
S. 273

Mit dieser produktionsorientierten Aufgabe erfahren die Schülerinnen und Schüler, dass die zuvor vorgenommene Rolleninterpretation nicht zementiert ist, sondern in einem kritischen Reflexionsprozess einer Veränderung unterliegen kann.

Aufgabe 7
S. 273

Diese Aufgabe verfolgt einen ähnlichen Zweck. Wenn die Zeit vorhanden ist, sollte in jedem Fall das Gespräch aufgeschrieben und gespielt werden. Die Frage nach der möglichen „Lösung des Problems" verdeutlicht den Schülerinnen und Schülern, dass es trotz eines Rollengefälles ein kompromissbehaftetes Gespräch geben kann, das zumindest im Ansatz einen symmetrischen Charakter besitzt.

2. „Das kriegen wir bestimmt hin!" – Trösten und Mut machen (S. 274–279)

Gespräch in der Pause (S. 274–275)

Das Gespräch verdeutlicht den Schülerinnen und Schülern unterschiedliche Möglichkeiten, jemandem, der eine belastende Situation erlebt, zu begegnen. Dabei sind die geäußerten Reaktionen nicht nur hilfreich. Diese Bewertung steht im Zentrum des Erarbeitungsschritts. Aufgabe 1 (S. 274) sollte vor einem dialogischen Lesedurchgang bearbeitet werden. Sie ermöglicht den Schülerinnen und Schülern, an ihre eigenen Erfahrungen anzuknüpfen.

Aufgaben 2 und 3
S. 275

Die Reaktionsweisen können an der **Tafel** gesammelt und entsprechend mit einem + oder – im Unterrichtsgespräch bewertet werden.

Trösten und Mut machen – Was hilft?

+	+/–	–
– das Problem als allgemeines Problem darstellen (Z. 6) – auf eigene Erfahrungen hinweisen (Z. 19 ff.) – konkrete Lösungsvorschläge machen (Z. 20 ff., 31 ff.) – Mitgefühl zeigen (Z. 38) – …	– von dem Problem ablenken (Z. 41 f.) – …	– das Problem herunterspielen/nicht ernst nehmen (Z. 8 ff.) – …

TAFELBILD

Judith Kerr: Eingekleidete Aufgaben (S. 275–277)

Die Gesprächssituation, die Judith Kerr in ihrem Romanauszug schildert, ähnelt der vorausgegangenen. Wieder geht es um das Misserfolgserleben eines Mädchens in der Schule. Die Reaktionen der Mutter, die im ersten Teil wiedergegeben werden, tragen eher zu einer Belastung der Situation bei; eine Entlastung erfolgt erst, als es der Mutter gelingt, sich stärker auf die Probleme ihres Kindes einzulassen. Die Schülerinnen und Schüler können sich den Text, wie in Aufgabe 1, S. 277, vorgeschlagen, szenisch erlesen. Möglich ist es auch, den Text bis Z. 37 durch die Lehrperson vortragen zu lassen und die Lerngruppe nach möglichen Fortsetzungen zu befragen. Im Anschluss können diese dann mit dem tatsächlichen Textgeschehen verglichen werden.

Aufgabe 2
S. 277

Die Ergebnisse können stichwortartig an der **Tafel** festgehalten werden.

Annas Situation

Anna – weicht der eigentlichen Aufgabe aus (Z. 6 ff.) – ist überfordert (Z. 24 ff.) – weint (Z. 28 f.) – wird aggressiv (Z. 35) – flieht vor der Arbeit (Z. 35 ff.) – hat kein Selbstbewusstsein mehr (Z. 50 ff., Z. 91 f.)	Anna kann sich allein nicht helfen, benötigt Zuspruch.

TAFELBILD

Alternativ zu diesem eher textanalytischen Verfahren können die Schülerinnen und Schüler in Gruppen auch mehrere markante Textzitate auswählen. Eine Schülerin nimmt auf einem Stuhl eine Haltung ein, die ihrer Meinung nach zu der Situation Annas zu Beginn passt, die anderen stehen um sie herum und sprechen laut das Zitat. Anschließend kann die Zitatauswahl von den Gruppenmitgliedern begründet werden.

Aufgabe 3
S. 278

Die im ersten Teil beschriebenen Reaktionen der Mutter tragen nicht zu einer Entlastung der Situation bei. Die Ergebnisse der Textarbeit können stichwortartig an der **Tafel** gesichert werden.

Die Reaktionen der Mutter

– ungeduldiges Fragen (Z. 3) – Vorwürfe (Z. 18 ff.) – will ihr direkt bei den Aufgaben helfen (vgl. Z. 34)	keine Veränderung der Situation
– sorgt für Ablenkung (Z. 42 ff.) – sucht einen besonderen Ort auf (Z. 68 ff.) – kauft ihr ein Stück Kuchen (Z. 73 ff.) – zeigt Verständnis für die Tochter (Z. 85 ff.) – weist ruhig auf die Notwendigkeit des Lernens hin (Z. 87 ff.) – spricht von Annas Fähigkeiten (Z. 101 ff.) – schildert eigene Erfahrungen (Z. 113 ff.) – schlägt einen überschaubaren Zeitraum vor (Z. 127 ff.) – macht ihr ein Kompliment (Z. 143 f.) – entschuldigt die fehlenden Hausaufgaben (Z. 150 ff.)	langsamer Prozess der Veränderung ↓ „[...] und dann stellte sich [...] heraus, dass sie es doch schaffte.“ (Z. 161 f.)

TAFELBILD

Aufgabe 4
S. 278

Die Aufgaben dienen als produktionsorientierte Sicherung des Gelernten. Hinsichtlich der einzusetzenden Strategien können sich die Schülerinnen und Schüler auch an der Zusammenfassung auf S. 279 orientieren.

Marianne Kreft: Sabine (S. 278)

Das sehr einfach gestaltete Gedicht fordert dazu auf, Problemsituationen (vgl. Aufgabe 1, S. 278) zu verbalisieren, um der Außenwelt die Chance zu geben, helfend daran teilzunehmen (vgl. Aufgabe 2, S. 278). Auffällig sind die zahlreichen Konditionalsätze, die jeweils eine Ursache nennen, deren Folge in der wörtlichen Rede bzw. im Hauptsatz ausgedrückt wird. Diese syntaktische Struktur, die mit Z. 16 zugunsten der indirekten Fragesätze und des kausalen Satzgefüges aufgegeben wird, lässt ein szenisches Lesen des Textes sinnvoll erscheinen. In Gruppen können die Schülerinnen und Schüler diesen Vortrag erarbeiten. Dabei können einzelne Verse chorisch, andere einzeln gesprochen werden. Die Partikel „nichts“ kann beim Vortrag zugunsten einer Sprechpause ausgelassen werden.

Aufgaben 3 und 4 S. 278

Im Unterrichtsgespräch sollte es vor allem um die entlastende Funktion des Schreibens im Sinne einer Objektivierung der Problemsituation gehen. Wahrscheinlich werden die Schülerinnen und Schüler auch auf eigene Erfahrungen mit dieser Funktion des Schreibens hinweisen. Einige kennen vielleicht auch „Das Tagebuch der Anne Frank“ und werden darauf Bezug nehmen.

Aufgabe 5 S. 279

Indem sie den Tagebucheintrag schreiben und/oder das Gedichtgerüst ausfüllen, können die Schülerinnen und Schüler noch einmal ihre ganz persönliche Einstellung zum Thema dokumentieren, aber auch Gelerntes festhalten.

3. „Ich sag's lieber gleich!“ – Eine unangenehme Situation entlasten (S. 280–281)

Gespräch in der Küche (S. 280–281)

In diesem Teil steht der Sprechakt „Beschwichtigen“ im Mittelpunkt. Er hat insofern etwas mit dem „Trösten“ zu tun, als eine Situation, die derartige Strategien erfordert, durchaus für das Gegenüber belastend sein kann (vgl. Aufgabe 1, S. 281). Natürlich dient das Beschwichtigen auch dazu, zu erwartendem Ärger aktiv entgegenzutreten. Genau darum geht es in dem Gespräch in der Küche.

Aufgabe 2 S. 281

Die Strategien der Mädchen können stichwortartig an der **Tafel** festgehalten werden.

Strategien der Mädchen

- Sie begegnen den Eltern sehr freundlich/höflich (z. B. Z. 5).
- A. sagt ohne Umschweife die Wahrheit (Z. 13 f.).
- L. relativiert die schlechte Leistung (Z. 15 f.).
- L. weist auf den Schweregrad der Arbeit hin (Z. 16 f.).
- L. versucht damit, A. zu entlasten.
- Sie schauen in die Zukunft und machen einen Lösungsvorschlag (Z. 29 ff.).

} Strategien der Beschwichtigung

TAFELBILD

Aufgabe 3 S. 281

Mit dieser Aufgabe können die eingesetzten Strategien noch einmal gesichert werden. Das Gespräch sollte zudem deutlich machen, welche Strategien eher ungeeignet sind und welche Erfolg versprechen.

Aufgabe 4 S. 281

Hier könnte deutlich werden, dass die beiden Mädchen sich im Gespräch auf dem Rückweg von der Schule bereits einige Beschwichtigungsstrategien überlegt haben.

Aufgabe 5 S. 281

Die Szenen, die entstehen, sollten in jedem Fall dialogisch gesprochen, nach Möglichkeit auch gespielt werden, da nur so von der Gesamtgruppe die Funktionsfähigkeit der eingesetzten Beschwichtigungsstrategien beurteilt werden kann.

4. „Ich bin der Meinung, dass …“ – Argumentieren (S. 282–286)

Unterschiedliche Meinungen (S. 282–284)
In diesem letzten Teil geht es um das Argumentieren. Der schülerorientierte Dialog thematisiert einen ganz alltäglichen, in jeder Familie denkbaren Konflikt. Nach dem ersten Lesen, welches auch in verteilten Rollen möglich ist (vgl. Aufgabe 2, S. 284), sollte der Lerngruppe zunächst Raum zur freien Meinungsäußerung gegeben werden (vgl. auch Aufgabe 1, S. 282). Dabei sollte darauf geachtet werden, dass die Begründungen der Schülerinnen und Schüler noch nicht zu sehr in die Tiefe gehen, da eine weitergehende Beschäftigung mit den von den einzelnen Familienmitgliedern vorgebrachten Argumenten Inhalt der nachfolgenden Aufgaben ist.

Aufgabe 3 S. 284

Die Eltern reagieren aus unterschiedlichen Gründen zunächst ablehnend auf Annas Wunsch, der Karatesportgruppe beizutreten: Anna habe gerade erst mit einer anderen Sportart aufgehört (vgl. Z. 11 f.), der Sport sei zu gefährlich (vgl. Z. 23 ff.) und an der privaten Sportschule zu teuer (vgl. Z. 41 ff.).

Aufgaben 4 und 5 S. 284

Im Sinne einer Systematisierung arbeiten die Schülerinnen und Schüler hier die grundsätzlichen Meinungen der Gesprächspartner sowie ihre Argumentationen heraus. Anschließend können diese noch um weitere Argumente ergänzt werden. Die Ergebnisse können sprachlich reduziert an der **Tafel** oder auf einer **Folie** festgehalten werden.

Unterschiedliche Meinungen

	MEINUNG **Anna: „Es ist gut für mich, wenn ich an der Sportschule Karatestunden nehme.“**	GEGENMEINUNG **Annas Eltern: „Wir sind skeptisch, ob Annas Wunsch sinnvoll ist.“**
Argument 1	– Mit dem Fußballspielen hat sie nur aufgehört, da es ihr keinen Spaß gemacht hat und sie zu wenig Einsatzzeiten hatte. (Z. 13 ff.) ←	– Anna hat gerade erst mit dem Fußballspielen aufgehört. (Z. 11 f.)
Argument 2	– Es geht primär um Techniken, die der Körperbeherrschung dienen, ohne dabei seinen Partner zu verletzen. (Z. 33 ff.) ←	– Der Kampfsport Karate ist zu gefährlich. (Z. 23 ff.)
Argument 3	– Zumindest die Ausrüstung könnte sie sich zum Geburtstag wünschen. (Z. 49 f.) ←	– Karatekurse an einer privaten Sportschule sind sehr teuer (Z. 41 ff.); ebenso die Ausrüstung für eine neue Sportart (Z. 47).
Argument 4	– *Max:* Beim Karate lernt man vor allem Respekt vor seinem Gegner und vor Erwachsenen. (Z. 55 ff.)	
Argument 5	– Es wird viel Wert auf Ausdauer-, Kraft- und Beweglichkeitstraining gelegt. (Z. 63 ff.) (Gesundheit)	
Argument 6	– Karate steigert das Selbstbewusstsein. (Z. 73 ff.)	

TAFELBILD

Aufgabe 6
S. 284

Die ersten drei Argumente, die von Anna angeführt werden, sind als Reaktionen auf die Äußerungen der Eltern zu verstehen (mit Fußball aufgehört ➔ zu wenig Einsatzzeiten; zu gefährlich ➔ Sorge unbegründet; zu teuer ➔ Ausrüstung zum Geburtstag). Die letzten drei Argumente werden neu eingeführt, worauf die Eltern zunächst nicht reagieren (können).

Aufgabe 7
S. 284

Die Schülerinnen und Schüler sollen hier eigene Kompromissvorschläge erarbeiten. Denkbar wäre z. B., dass Anna erst einmal ein Probetraining unternimmt, bevor eine endgültige Entscheidung getroffen wird.

Aufgaben 8 und 9
S. 284

Die Schülerinnen und Schüler untersuchen die Argumente genauer. Dabei können sie in einem Vorgriff auch mit der Abbildung auf S. 285 arbeiten. Um jemanden von seiner Meinung zu überzeugen, muss diese sinnvoll begründet werden. Argumente wiederum stützen sich auf Beispiele, eigene Erfahrungen, Expertenwissen usw., um glaubwürdig zu sein. Mit diesem Wissen können die Schülerinnen und Schüler die Argumente untersuchen und beurteilen. Die Eltern argumentieren vor allem mit persönlichen Erfahrungen innerhalb der Familie bzw. verweisen auf Beispiele. Anna beruft sich evtl. auch verstärkt auf Expertenwissen (Arzt, Sportlehrerin) aufgrund der sozialen Rolle und gesellschaftlichen Anerkennung dieser Personen. Ausgewählte Ergebnisse können an der **Tafel** festgehalten werden.

Unterschiedliche Meinungen – Argumente und Belege

	Argument		Beleg
Mutter	„Karate ist doch ein Kampfsport. Das ist viel zu gefährlich.“ (Z. 23 f.)	➔	„Ich habe mal einen Film gesehen, da haben sich die Männer blutige Nasen geschlagen und noch viel mehr.“ (Z. 24 ff.) ➔ ***Beispiel***
Vater	„[P]rivate Sportschulen kosten sehr viel Geld.“ (Z. 42 f.)	➔	„Die werden nämlich nicht – wie ein Sportverein – vom Staat gefördert.“ (Z. 43 ff.) ➔ ***allgemein anerkannt, Tatsache*** „Erinnere dich mal an die Ballettkurse, die du vor ein paar Jahren gemacht hast.“ (Z. 45 f.) ➔ ***eigene Erfahrung***
Anna	„Außerdem wird dort ganz viel Wert auf Ausdauer-, Kraft- und Beweglichkeitstraining gelegt.“ (Z. 63 ff.)	➔	„Dr. Werner hat doch letztens gesagt, ich wachse so schnell, und ich sollte etwas mehr Sport machen, das sei genau das Richtige!“ (Z. 65 ff.) ➔ ***Expertenwissen***

TAFELBILD

Aufgabe 10
S. 284

Max belegt sein Argument durch ein überholtes Vorurteil, weshalb es wenig überzeugend wirkt. Er stellt seine Begründung dabei fälschlicherweise als allgemein anerkannt dar.

Aufgabe 11
S. 285

Mithilfe der Zusammenfassung (S. 285) erklären die Schülerinnen und Schüler die Abbildung bzw. das „Tempelschema“ des Argumentierens. Meinungen müssen immer mit möglichst mehreren Argumenten, die die Funktion von Säulen haben, abgestützt werden, um überzeugend zu sein. Dabei müssen die Argumente selbst wiederum durch Belege abgestützt werden (Beispiel, eigene Erfahrungen, Expertenwissen, allgemein anerkannte Tatsache).

Übungen zum Argumentieren (S. 286)

Die Aufgaben ermöglichen eine entsprechende Umsetzung der erlernten Unterrichtsinhalte.

Aufgaben 1 und 2 S. 286

- Ich bin der Meinung, dass Hausaufgaben auch weiterhin aufgegeben werden sollten, weil man auf diese Weise den in der Schule gelernten Stoff festigen kann. Ich selbst habe im letzten Halbjahr meine Hausaufgaben besonders gründlich gemacht und mich in einigen Fächern deutlich verbessert.
  Beleg: eigene Erfahrung
- Der ADAC hat eine Untersuchung in Auftrag gegeben. Danach ist die Gefahr lebensbedrohlicher Kopfverletzungen bei einem Fahrradunfall erheblich geringer, wenn man einen Helm trägt. Deshalb sollten Kinder und auch Erwachsene immer einen Kopfschutz tragen, wenn sie Fahrrad fahren.
  Beleg: Expertenwissen (Autorität)
- Dieses Buch kann ich auf jeden Fall empfehlen, weil es sehr spannend ist. So wird zum Beispiel sehr anschaulich die dramatische Rettung der Hauptperson aus einem reißenden Fluss erzählt.
  Beleg: Beispiel
- Älteren und gebrechlichen Menschen muss man im Bus seinen Platz anbieten, weil sich das ganz einfach gehört und sie unsere Unterstützung verdienen.
  Beleg: Argument allgemein anerkannt
- Manchmal sollte man sich auch in den Ferien mit der Schule beschäftigen, weil man dann Lernstoff wiederholen kann, den man noch nicht so richtig verstanden hat. Als ich z. B. im letzten Schuljahr Probleme mit der Rechtschreibung hatte, habe ich mit einem Computerprogramm geübt und mich deutlich verbessert.
  Beleg: eigene Erfahrung
- Eigentlich dienen die Ferien jedoch der Erholung, weil die Schulzeit anstrengend genug ist. In einem Artikel der Zeitschrift „Kind und Eltern" wird darauf hingewiesen, dass zu viele Kinder aufgrund der Belastung in der Schule regelrechte Stresssymptome zeigen.
  Beleg: Expertenwissen (Autorität)

(Meinung, Argument, Beleg)

Aufgaben 3 und 4 S. 286

freie Aufgaben

Die Lösungen zu den **Übungen zur Lernkontrolle** (S. 287) befinden sich im Anhang des Schülerbandes auf den Seiten 394–395.

Jemanden in einem Brief trösten

Hallo Max,

jetzt wohnen wir schon zwei Monate in dieser furchtbaren Stadt. Ich sag's dir gleich: Am liebsten würde ich meine Koffer packen und zu euch nach Neustadt zurückkommen. Ich finde alles nur schrecklich. Freunde habe ich überhaupt noch keine richtigen gefunden. Ich hab's mal mit dem Fußballverein versucht, aber die haben natürlich alle schon ihre Position auf dem Spielfeld. Soll ich immer nur trainieren und samstags beim Spiel dann auf der Ersatzbank sitzen? So schlecht bin ich doch auch nicht! Oder? Wird man plötzlich ein schlechter Rechtsaußen, nur weil man umzieht? Am schlimmsten ist es in der Schule. Am Anfang haben sich alle „rührend" um mich gekümmert. Du kennst das ja. Sagt der Lehrer: „Der Felix ist ab heute euer Mitschüler, ihr seid bestimmt nett zu ihm, zeigt ihm alles, kümmert euch …" Ich hab mich gefühlt wie ein Eskimo in der Wüste. Die haben mich zu Geburtstagspartys eingeladen, das war schon nett, aber oft sitze ich auch ganz allein zu Hause.

Dann haben die auch noch ganz andere Bücher. In Mathe sind die viel weiter, als wir es waren. Nachmittags quäle ich mich durch die Aufgaben und es kommt doch nichts dabei heraus. Großer Frust! Meine Mutter hat mir schon Nachhilfeunterricht angedroht, wenn es nicht besser wird. Na ja, sie meint es wie immer nur gut. Aber verstehen kann die mich wahrscheinlich überhaupt nicht. Sie ist nämlich superbegeistert von unserer neuen Wohnung und den vielen Kinos und Theatern. Kinos gibt es bei euch ja gar nicht. Aber was nutzen mir Kinos und Theater? Ich will hier nicht wohnen. Es ist alles wirklich nur schrecklich. Nimm's mir nicht übel, dass ich so schlechte Laune habe, aber dir kann ich so etwas ja schreiben.

Schreib mal was Nettes zurück.

Dein Felix

Stell dir vor, du hättest diesen Brief erhalten. Schreibe einen Antwortbrief, gehe darin auf die geschilderten Probleme ein und versuche, den Adressaten zu trösten und ihm Mut zu machen.

Bewertungsbogen zur Leistungsüberprüfung/Klassenarbeit

Name:	
Schulhalbjahr/Datum:	
Klasse:	
Fachlehrer/in:	
Thema der Unterrichtsreihe:	Darüber möchte ich gern sprechen: Mut machen – beschwichtigen – argumentieren
Thema der Klassenarbeit:	Jemanden in einem Brief trösten
Aufgaben:	s. Arbeitsblatt 1

A Inhaltliche Leistungen

	Die Schülerin/der Schüler	maximale Punktzahl	erreichte Punktzahl
1	berücksichtigt die formalen Vorgaben eines Briefs (Datum, Anrede, Schlussformel).	4	
2	geht inhaltlich auf die beschriebenen Probleme ein und zeigt so, dass sie/er den Ansprechpartner mit seiner Situation ernst nimmt.	10	
3	nennt Möglichkeiten, wie die beschriebenen Probleme gelöst werden könnten.	10	
4	gibt Ausblicke auf eine möglicherweise bessere Zukunft.	10	
5	macht abschließend Vorschläge, die sich auf die weitere Gestaltung der Freundschaft beziehen (Treffen in den Ferien, gemeinsamer Urlaub, Telefonate, E-Mails ...).	8	
A	**Gesamtpunktzahl**	**42**	

B Darstellungsleistungen

	Die Schülerin/der Schüler	maximale Punktzahl	erreichte Punktzahl
1	verleiht dem Text einen sinnvollen Aufbau.	4	
2	schreibt adressatengerecht und wählt Formulierungen, die dem Freund/der Freundin tatsächlich helfen könnten.	6	
3	schreibt sprachlich richtig (Rechtschreibung, Zeichensetzung, Grammatik).	8	
B	**Gesamtpunktzahl**	**18**	
	Gesamtpunktzahl A und B	**60**	

Die Klassenarbeit wird mit der Note

bewertet.

Datum Unterschrift

Zuordnung der Punkte zu den Notenstufen

Note	**Punkte**
sehr gut	60–53
gut	52–45
befriedigend	44–37
ausreichend	36–29
mangelhaft	28–21
ungenügend	20–0

Leistungsüberprüfung – Selbstevaluation – Klassenarbeit

1. **Jemanden in einem Brief trösten**
   (Arbeitsblatt 1, S. 342, Bewertungsbogen 1, S. 343 f.)

2. **Judith Kerr: Eingekleidete Aufgaben (Schülerband S. 275 f.)**
   Aufgabe: Stell dir vor, Anna wäre deine Freundin und hätte dir in einem Brief ihre Probleme in der Schule vertrauensvoll geschildert. Schreibe ihr einen Antwortbrief, in dem du sie tröstest und ihr Mut machst.
   Bewertungsbogen: Bewertungsbogen 2, S. 346 f.

3. **Jemanden in einem Gespräch beschwichtigen**
   Aufgabe: Manchmal tut man Dinge, die man besser lassen sollte! Während eines Wandertags seid ihr an einem kleinen Erdbeerfeld vorbeigekommen und einige konnten nicht widerstehen. Die Erdbeeren waren zu lecker und ihr habt dem Besitzer die ganze erste Ernte aufgegessen. Euer Lehrer fordert euch nun auf, den Mann am Nachmittag aufzusuchen. Wie könnte ein Gespräch verlaufen, in dem ihr zu zweit oder zu dritt versucht, den Mann zu beschwichtigen und die Situation etwas zu entlasten? Im Verlauf des Gesprächs sollte auch deutlich werden, wie es euch gelingt, den Ansprechpartner zu beeinflussen und dessen Ärger zu verkleinern.
   Bewertungsbogen: Bewertungsbogen 3, S. 348 f.

4. **Jemanden in einem Brief beschwichtigen**
   Aufgabe: Du hast dir von deinem Freund oder deiner Freundin das Handy ausgeliehen und jetzt ist es dir aus Versehen hingefallen. Teile ihm oder ihr in einem Brief das Missgeschick mit und versuche dabei, ihn oder sie zu beschwichtigen.
   Bewertungsbogen: Bewertungsbogen 4, S. 350 f.

5. **In einem Brief argumentieren und beschwichtigen**
   Aufgabe: Du verbringst in den Ferien ein paar Tage mit deinem Freund oder deiner Freundin in dessen oder deren Haus. Deine Eltern waren bereits besorgt, als sie dich für die paar Tage gehen lassen sollten, haben aber zugestimmt. Nun möchtest du den Urlaub bei deinem Freund oder deiner Freundin verlängern, und zwar um eine Woche. Schreibe deinen Eltern einen Brief, in dem du ihnen mit Argumenten versuchst deutlich zu machen, was für eine Verlängerung spricht. Geh dabei auch beschwichtigend auf ihre möglichen Bedenken ein.
   Bewertungsbogen: Bewertungsbogen 5, S. 352 f.

Bewertungsbogen zur Leistungsüberprüfung/Klassenarbeit

Name:	
Schulhalbjahr/Datum:	
Klasse:	
Fachlehrer/in:	
Thema der Unterrichtsreihe:	Darüber möchte ich gern sprechen: Mut machen – beschwichtigen – argumentieren
Thema der Klassenarbeit:	Judith Kerr: „Eingekleidete Aufgaben" – Ein Brief an Anna
Aufgabe:	Stell dir vor, Anna wäre deine Freundin und hätte dir in einem Brief ihre Probleme in der Schule vertrauensvoll geschildert. Schreibe ihr einen Antwortbrief, in dem du sie tröstest und ihr Mut machst.

A Inhaltliche Leistungen

	Die Schülerin/der Schüler	**maximale Punktzahl**	**erreichte Punktzahl**
1	berücksichtigt die formalen Vorgaben eines Briefs (Datum, Anrede, Schlussformel).	4	
2	geht inhaltlich auf die beschriebenen Probleme des Mädchens (Schwierigkeiten mit der neuen Sprache) ein und zeigt so, dass sie/er die Ansprechpartnerin mit ihrer Situation ernst nimmt.	10	
3	nennt Möglichkeiten, wie die beschriebenen Probleme gelöst werden könnten.	10	
4	gibt Ausblicke auf eine möglicherweise bessere Zukunft.	10	
5	macht abschließend Vorschläge, die sich auf die weitere Gestaltung der Freundschaft beziehen (weiterer Briefkontakt ...).	8	
A	**Gesamtpunktzahl**	**42**	

B Darstellungsleistungen

	Die Schülerin/der Schüler	**maximale Punktzahl**	**erreichte Punktzahl**
1	verleiht dem Text einen sinnvollen Aufbau.	4	
2	schreibt adressatengerecht und wählt Formulierungen, die Anna tatsächlich helfen könnten.	6	
3	schreibt sprachlich richtig (Rechtschreibung, Zeichensetzung, Grammatik).	8	
B	**Gesamtpunktzahl**	**18**	
	Gesamtpunktzahl A und B	**60**	

Die Klassenarbeit wird mit der Note

bewertet.

Datum Unterschrift

Zuordnung der Punkte zu den Notenstufen

Note	**Punkte**
sehr gut	60–53
gut	52–45
befriedigend	44–37
ausreichend	36–29
mangelhaft	28–21
ungenügend	20–0

Bewertungsbogen zur Leistungsüberprüfung/Klassenarbeit

Name:	
Schulhalbjahr/Datum:	
Klasse:	
Fachlehrer/in:	
Thema der Unterrichtsreihe:	Darüber möchte ich gern sprechen: Mut machen – beschwichtigen – argumentieren
Thema der Klassenarbeit:	Jemanden in einem Gespräch beschwichtigen
Aufgabe:	Manchmal tut man Dinge, die man besser lassen sollte! Während eines Wandertags seid ihr an einem kleinen Erdbeerfeld vorbeigekommen und einige konnten nicht widerstehen. Die Erdbeeren waren zu lecker und ihr habt dem Besitzer die ganze erste Ernte aufgegessen. Euer Lehrer fordert euch nun auf, den Mann am Nachmittag aufzusuchen. Wie könnte ein Gespräch verlaufen, in dem ihr zu zweit oder zu dritt versucht, den Mann zu beschwichtigen und die Situation etwas zu entlasten? Im Verlauf des Gesprächs sollte auch deutlich werden, wie es euch gelingt, den Ansprechpartner zu beeinflussen und dessen Ärger zu verkleinern.

A Inhaltliche Leistungen

	Die Schülerin/der Schüler	maximale Punktzahl	erreichte Punktzahl
1	berücksichtigt die formalen Vorgaben eines Gesprächs (unterschiedliche Rollen und Gesprächsanteile).	4	
2	geht inhaltlich auf die beschriebene Problemsituation ein (Mundraub der Früchte) und zeigt so, dass der Ansprechpartner ernst genommen wird.	10	
3	nennt Möglichkeiten zur Beschwichtigung, wie die beschriebene Problemsituation gelöst werden kann (Entschuldigung, Wiedergutmachung ...).	10	
4	verfasst Sprechanteile des Adressaten, die deutlich machen, dass die Beschwichtigungsversuche im Verlauf des Gesprächs zunehmend Wirkung zeigen.	10	
5	formuliert abschließend eine gemeinsame Lösung.	8	
A	**Gesamtpunktzahl**	**42**	

B Darstellungsleistungen

	Die Schülerin/der Schüler	maximale Punktzahl	erreichte Punktzahl
1	verleiht dem Text einen sinnvollen Aufbau.	4	
2	schreibt/spricht adressatengerecht und wählt Formulierungen, die glaubhaft zur Entlastung der Situation beitragen.	6	
3	schreibt sprachlich richtig (Rechtschreibung, Zeichensetzung, Grammatik).	8	
B	**Gesamtpunktzahl**	**18**	
	Gesamtpunktzahl A und B	**60**	

Die Klassenarbeit wird mit der Note

bewertet.

Datum Unterschrift

Zuordnung der Punkte zu den Notenstufen

Note	**Punkte**
sehr gut	60 – 53
gut	52 – 45
befriedigend	44 – 37
ausreichend	36 – 29
mangelhaft	28 – 21
ungenügend	20 – 0

Bewertungsbogen zur Leistungsüberprüfung/Klassenarbeit

Name:	
Schulhalbjahr/Datum:	
Klasse:	
Fachlehrer/in:	
Thema der Unterrichtsreihe:	Darüber möchte ich gern sprechen: Mut machen – beschwichtigen – argumentieren
Thema der Klassenarbeit:	Jemanden in einem Brief beschwichtigen
Aufgabe:	Du hast dir von deinem Freund oder deiner Freundin das Handy ausgeliehen und jetzt ist es dir aus Versehen hingefallen. Teile ihm oder ihr in einem Brief das Missgeschick mit und versuche dabei, ihn oder sie zu beschwichtigen.

A Inhaltliche Leistungen

	Die Schülerin/der Schüler	maximale Punktzahl	erreichte Punktzahl
1	berücksichtigt die formalen Vorgaben eines Briefs (Datum, Anrede, Schlussformel).	4	
2	beschreibt die Situation, die zur Zerstörung des Handys geführt hat.	10	
3	geht inhaltlich auf das beschriebene Problem ein und zeigt so, dass sie/er den Ansprechpartner mit seiner Situation ernst nimmt.	10	
4	nennt Möglichkeiten, wie das entstandene Problem gelöst werden kann, und wendet dabei Strategien der Beschwichtigung (Entschuldigung, Wiedergutmachung ...) an.	10	
5	Formuliert einen Schlussteil, der geeignet ist, dass die Freundschaft auch in Zukunft unbelastet fortgesetzt werden kann.	8	
A	**Gesamtpunktzahl**	**42**	

B Darstellungsleistungen

	Die Schülerin/der Schüler	maximale Punktzahl	erreichte Punktzahl
1	verleiht dem Text einen sinnvollen Aufbau.	4	
2	schreibt adressatengerecht und wählt Formulierungen, die dem Freund/der Freundin tatsächlich helfen könnten, mit dem Verlust umzugehen.	6	
3	schreibt sprachlich richtig (Rechtschreibung, Zeichensetzung, Grammatik).	8	
B	**Gesamtpunktzahl**	**18**	
	Gesamtpunktzahl A und B	**60**	

Die Klassenarbeit wird mit der Note

bewertet.

Datum Unterschrift

Zuordnung der Punkte zu den Notenstufen

Note	Punkte
sehr gut	60–53
gut	52–45
befriedigend	44–37
ausreichend	36–29
mangelhaft	28–21
ungenügend	20–0

Bewertungsbogen zur Leistungsüberprüfung/Klassenarbeit

Name:	
Schulhalbjahr/Datum:	
Klasse:	
Fachlehrer/in:	
Thema der Unterrichtsreihe:	Darüber möchte ich gern sprechen: Mut machen – beschwichtigen – argumentieren
Thema der Klassenarbeit:	In einem Brief argumentieren und beschwichtigen
Aufgaben:	Du verbringst in den Ferien ein paar Tage mit deinem Freund oder deiner Freundin in dessen oder deren Haus. Deine Eltern waren bereits besorgt, als sie dich für die paar Tage gehen lassen sollten, haben aber zugestimmt. Nun möchtest du den Urlaub bei deinem Freund oder deiner Freundin verlängern, und zwar um eine Woche. Schreibe deinen Eltern einen Brief, in dem du ihnen mit Argumenten versuchst deutlich zu machen, was für eine Verlängerung spricht. Geh dabei auch beschwichtigend auf ihre möglichen Bedenken ein.

A Inhaltliche Leistungen

	Die Schülerin/der Schüler	**maximale Punktzahl**	**erreichte Punktzahl**
1	berücksichtigt die formalen Vorgaben eines Briefes.	2	
2	formuliert nachvollziehbare Argumente, die ihr/sein Anliegen stützen.	12	
3	belegt diese Argumente angemessen (Beispiele, eigene Erfahrung, Expertenwissen ...).	12	
4	bezieht die möglichen Bedenken der Eltern in die Ausführungen ein.	8	
5	wendet einige Strategien der Beschwichtigung an (Versprechungen machen ...).	8	
A	**Gesamtpunktzahl**	**42**	

B Darstellungsleistungen

	Die Schülerin/der Schüler	**maximale Punktzahl**	**erreichte Punktzahl**
1	verleiht dem Text einen sinnvollen Aufbau.	6	
2	schreibt adressatengerecht und wählt Formulierungen, die für die Eltern angemessen sind.	2	
3	schreibt im Sinne einer Argumentation sachlich und informativ.	5	
4	schreibt sprachlich richtig (Rechtschreibung, Zeichensetzung, Grammatik).	5	
B	**Gesamtpunktzahl**	**18**	

Gesamtpunktzahl A und B	**60**	

Die Klassenarbeit wird mit der Note

______________________ **bewertet.**

____

Datum Unterschrift

Zuordnung der Punkte zu den Notenstufen

Note	Punkte
sehr gut	60–53
gut	52–45
befriedigend	44–37
ausreichend	36–29
mangelhaft	28–21
ungenügend	20–0

Wir sprechen und spielen Theater – Theater erleben, gestern und heute
(S. 288–311)

Vorüberlegungen zur Einheit

Während die Theaterkapitel der ersten beiden Bände von P.A.U.L. D. altersgerecht vorrangig den Handlungsaspekt des Theaterspiels berücksichtigt haben, stehen in P.A.U.L. D. 7 zunächst historische Fakten und Informationen zu Aufgaben und Ablauf einer Theaterproduktion im Vordergrund, um in einem zweiten Schritt Inszenierung und Aufführung eines selbst geschriebenen Theaterstücks auf der Grundlage der Ballade „Kaspar" von Reinhard Mey anzuleiten sowie drittens am Beispiel von zwei Theaterszenen (von Loriot und Brecht) Möglichkeiten weiterer praktischer Erprobung zur Verfügung zu stellen. Der theoretische Vorspann kann als sachgerechte Vorbereitung auf diese Handlungsorientierung begriffen werden. Gleichzeitig ist die je in sich abgeschlossene Behandlung eines der drei Teilkapitel denkbar.
Das vornehmlich kognitiv ausgerichtete erste Teilkapitel schreitet fort von der Theatergeschichte über die technische Seite von Aufführungen (Bühne, Theaterberufe) hin zur plastischen Beschreibung einer Theaterpremiere als krönendem Schlusspunkt nach aufwendigen Vorarbeiten und Proben. Methodisch stehen dabei die Erschließung mehr oder weniger komplexer Sachtexte sowie die verschiedenen Möglichkeiten der Informationsbeschaffung und -präsentation im Vordergrund. Die so vermittelten Sachkenntnisse stellen die Grundlage für die im zweiten und dritten Teilkapitel folgende praktische Anwendung dar. Selbstverständlich ist es auch möglich, wenn nur ein geringes Zeitbudget zur Verfügung steht, ein Unterkapitel als Unterrichtsgegenstand auszuwählen. Im Anschluss an diese Einheit ist als Weiterführung des Theaterthemas in einem anderen Medium auch die Behandlung eines Jugendbuchs möglich. Empfehlenswert sind in diesem Kontext die Romane „Das Geheimnis des Herrn Guzman" von Odo Hirsch (Weinheim – Basel 2000) oder „Pucks Traum" von Susan Cooper (Ravensburg 2002), in dem es um eine Zeitreise in die Epoche Shakespeares geht, auf der der Protagonist dem berühmten Theaterdichter persönlich begegnet.

Die wichtigsten Kompetenzen, die in dieser Einheit vermittelt werden sollen, sind:
- appellierende und informierende Texte schreiben,
- Wörter und Begriffe im Kontext klären,
- einem Sachtext Informationen entnehmen und mithilfe einer Mindmap darstellen,
- Informationsquellen nutzen und Informationen sachbezogen auswählen,
- einen stichwortgestützten Kurzvortrag adressatengerecht halten,
- die sprachlichen Besonderheiten einer Reportage erkennen,
- eine Ballade zu einem Theaterstück umschreiben,
- ein selbst geschriebenes Theaterstück inszenieren und aufführen,
- komische Elemente in einem Text untersuchen,
- Theaterszenen untersuchen und aufführen.

Aufgabe 1
S. 289

Diese Aufgabe dient der Einholung von Schülererfahrungen. Dies kann auch in Form eines produktiven Schreibauftrags („Als ich zum letzten Mal im Theater war") geschehen, zu dem zuvor mit einer Stichwortsammlung (etwa an der Tafel) oder einer kurzen Fantasiereise hingeleitet werden kann. Es ist kaum zu erwarten, dass alle Schülerinnen und Schüler bereits Tuchfühlung mit Theaterstätten genommen haben. Deshalb ist es wichtig, dass sie auch über Musicalbesuche oder die Teilnahme an Schüleraufführungen berichten bzw. schreiben dürfen.

Aufgabe 2
S. 289

Diese Aufgabe regt ein Nachdenken über die Besonderheiten des Theaters insbesondere im Vergleich zu seinen „modernen Verwandten" (Kino, Film, Fernsehen) an. Der wichtigste Unterschied liegt sicherlich in der Unmittelbarkeit der Darstellung. Sender und Empfänger treffen im Theater direkt aufeinander. Anders als ein Filmheld erlebt der Theaterschauspieler die Reaktionen des Publikums direkt mit; ohnehin ist das Publikum im Theater auch ohne direkte Beteiligung in gewisser Weise stets Teil der Vorführung. Ferner ist die besuchte Theatervorführung auch bei wiederholten Vorstellungen in dieser Form einmalig, während ein Kinofilm tausendfach kopiert überall zugänglich ist.

Aufgabe 3
S. 289

Die Bilder spiegeln die in der Einheit behandelten Aspekte des Theaters: Theatergeschichte (Swan Theatre), Theaterbetrieb (Maskenbildnerin) sowie Inszenierung und Aufführung von Theaterstücken vor allem in Schulen. Es ist zu vermuten, dass die Schülerinnen und Schüler bereits eigene Erfahrungen mit dem Schultheater und der Inszenierung von Theaterstücken gesammelt haben (s. auch Aufgabe 1). Andere Aspekte des Theaters mögen dahingegen eher neu für die Schülerinnen und Schüler sein.

Aufgabe 4
S. 289

Neben den Schauspielern können hier z. B. Maskenbildner, Regisseure, Choreographen, Bild- und Tontechniker, Bühnenbildner u. v. m. genannt werden. Eine ausführliche Auflistung findet sich auf der Internetseite des Deutschen Bühnenvereins: http://www.buehnenverein.de/de/jobs-und-ausbildung/berufe-am-theater-einzelne.html (10.8.2014).

Didaktische Aufbereitung der Unterkapitel

1. Vorhang auf! Theatergeschichte(n) (S. 290–295)

Emanuele Luzzati/Eberhard Spangenberg: Wo das Theater herkommt (S. 290–291)
Der Text verknüpft die summarische Beschreibung wesentlicher Stationen der Theatergeschichte (griechisches Theater, römisches Theater, das geistliche Spiel im christlichen Mittelalter, daraus entstehende weltliche Formen, Commedia dell'Arte, das elisabethanische Theater in England, Siegeszug der festen Theaterhäuser im 17. und 18. Jahrhundert, neue Theaterformen seit dem 20. Jahrhundert) mit der Einführung in die verschiedenen Formen des Theaterspiels, z. B. das kultisch-religiöse Theater, das Wandertheater mit seinem Stegreifspiel, das Theater Shakespeares sowie die Einrichtung der „Guckkastenbühne". Dies ermöglicht, den historischen Aspekt des Schauspiels als Impuls für heutige Theaterprojekte zu begreifen, bei denen je neu zu entscheiden ist, welche Form des Spielens im Vordergrund stehen soll.

Aufgaben 1 und 2
S. 291

Die Aufgaben dienen zunächst einer inhaltlichen Sicherung des Textes. Sie sind so angelegt, dass die Schülerinnen und Schüler möglichst selbstständig arbeiten können. Die Fragenmethode kann dahingehend ausgeweitet werden, dass im Unterrichtsgespräch solche Fragen noch einmal thematisiert werden, deren Beantwortung den jeweiligen Schülerinnen und Schülern schwergefallen ist.

Aufgaben 3 und 4 S. 291

Die Gliederung des Textes ist einfach, da die historischen Phasen des Theaters im Fokus stehen. Daher bietet es sich an, die Aufgabe als Gliederungsübung zu verwenden und in einem gemeinsamen kritischen Vergleich der Ergebnisse zu kontrollieren. Dies kann auch durch Kurzvorträge unterstützt werden. Als Sicherung ist folgendes **Tafelbild** denkbar:

E. Luzzati/E. Spangenberg: Wo das Theater herkommt – eine Textgliederung

Z. 1–9	Ursprung des Theaters in Griechenland
Z. 10–16	Entstehung erster fester Theaterbauten in Griechenland
Z. 16–21	Das römische Theater in der Nachfolge der Griechen
Z. 21–27	Nach Unterbrechung geistliches und weltliches Theater im Mittelalter
Z. 28–32	Commedia dell'Arte als Improvisationstheater
Z. 33–42	Einfache Mittel der Commedia dell'Arte, Typenkomödie
Z. 43–48	Das englische Theater William Shakespeares
Z. 49–61	Feste Theaterhäuser im 17. und 18. Jahrhundert, „Guckkastenbühne"
Z. 61–70	Neue Formen des Theaters, Stücke zu aktuellen Problemen

TAFELBILD

Aufgabe 5 S. 292

Die Gliederungsaufgabe zuvor sollte das Augenmerk auf zentrale Begriffe gelenkt haben, zu denen sich eine Recherche lohnt. Dabei kann ein arbeitsteiliges Vorgehen in Gruppen sinnvoll sein. Neben dem Internet sollte unbedingt das „alte" Medium Buch in Form eines Theaterlexikons zur Verfügung gestellt werden (etwa das von Manfred Brauneck herausgegebene Theaterlexikon). Das elektronische Medium bietet sich als Quelle für Bilder o. Ä. an.

Es mag hilfreich sein, den Schülerinnen und Schülern noch einmal Form und Funktion des Lernplakats in Erinnerung zu rufen: Lernplakate helfen, sich bestimmte Inhalte besser zu merken. Sie können im Klassenraum oder auch zu Hause hängen. Wichtig ist, dass die Plakate übersichtlich bleiben und nicht zu viele Informationen auf einmal vermitteln. Auch sollte die Schrift groß sein, sodass man die Angaben gut lesen kann.

Aufgabe 6 S. 292

Diese Übung leitet zu ersten sprachgeschichtlichen Beobachtungen an. Die Lehnwörter „Orchester", „Szene" und „Theater" entspringen dem antiken Theaterwesen, haben jedoch ihre ursprüngliche Bedeutung abgelegt. Die Schülerinnen und Schüler sollten diese Bedeutungsveränderung jeweils rekonstruieren: Das „Orchester" hat seine Bezeichnung aufgrund seiner Position im (Musik-)Theater erhalten („Orchestergraben"), dem Raum zwischen Zuschauern und Bühne. Im antiken Theater bezeichnete die „Orchéstra" die Spielfläche, u. a. auch für den Chor. Die „Szene" wurde zur Bezeichnung der kleinsten Einheit eines Theaterstücks, weil aus der „Skené", einer am Rand der Orchéstra sich befindenden Hütte aus Holz, heraus die Schauspieler auftraten (eine ältere Bezeichnung für „Szene" ist daher auch „Auftritt"). Das „Theater" selbst bekam seinen Namen von dem Zuschauerraum im antiken Theaterwesen, weil zum Schauspiel notwendig die Zuschauer gehören.

Beim Begriff „Skené“ sind auch Hinweise auf die moderne Bedeutung von „Szene“ (etwa in „Musikszene“) zu erwarten. Mit dem ursprünglichen Wort hat diese nur noch den (oft übertragenen) lokalen Aspekt gemein.

Aufgabe 7 S. 292

Als Abwechslung zu der textorientierten Arbeit enthält diese Aufgabe das Angebot, mögliche eigene Urlaubserlebnisse mit dem historischen Thema zu verbinden. Dabei lassen sich Kriterien für einen guten Vortrag (etwa Verständlichkeit, Sprechweise, Medieneinsatz ...) thematisieren.

Die Bühne (S. 292)

Aufgabe 1 S. 293

Der Schreibauftrag erfordert die systematische Umsetzung des Schaubilds in einen kontinuierlichen Text. Zur Beschreibung des Bühnenaufbaus muss zunächst ein Ausgangspunkt gewählt werden, von dem man fortschreitet. Eine Möglichkeit ist, beim Zuschauerraum als Aufenthaltsort des Theaterbesuchers zu beginnen. Von hier aus können die Details von rechts nach links beschrieben werden.
Eine aufwendige, aber sehr reizvolle Aufgabe kann darin bestehen, eine solche Bühne mithilfe eines Pappkartons selbst zu basteln.

Regine Schulz/Brigitte Walzer: Wer macht was im Theater? (S. 293)

Die klar strukturierte und mit einfachem Satzbau versehene Übersicht über einige der wichtigsten Aufgaben der Theaterarbeit von der Einrichtung des Theatertextes bis hin zur Premiere (Aufgaben des Schauspielers, der Regisseurin, der Bühnenbildnerin, des Souffleurs u. a.) ist wegen ihrer guten Verständlichkeit eine geeignete Grundlage, anhand derer die Schülerinnen und Schüler diese Aufgaben bei späteren eigenen Aufführungen selbstverantwortlich untereinander aufteilen können.

Aufgabe 1 S. 293

Die Autorinnen haben ein striktes Gliederungsprinzip gewählt, das der Verständlichkeit ihres Textes zugutekommt: In (fast) jedem Absatz konzentrieren sie sich auf einen Theaterberuf. Dieses Beispiel der Verwendung von Absätzen kann für die Schülerinnen und Schüler Impuls sein, über die sinnvolle Strukturierung ihrer eigenen Texte nachzudenken.

Aufgabe 2 S. 293

Eine mögliche Tabelle könnte so aussehen:

Phase (Bezeichnung)	Beschreibung
Rollenverteilung	Schauspieler erhalten Text und lernen ihn.
Leseproben	Probe einzelner Szenen auf der Bühne
Entwurf des Bühnenbilds und der Kostüme	Die Bühnenbildnerin entwirft Bühnenbild und Kostüme, die in den Theaterwerkstätten hergestellt werden.
Proben	Das gesamte Stück wird geprobt.
Generalprobe	Letzte Probe vor der Premiere
Premiere	Erste Vorstellung

Aufgabe 3 S. 293

Dieser Arbeitsauftrag ergänzt die erste Aufgabe um den Aspekt der Theaterberufe. Zu erwarten ist z. B. eine Mindmap wie diese, die für einen mündlichen Vortrag genutzt werden kann:

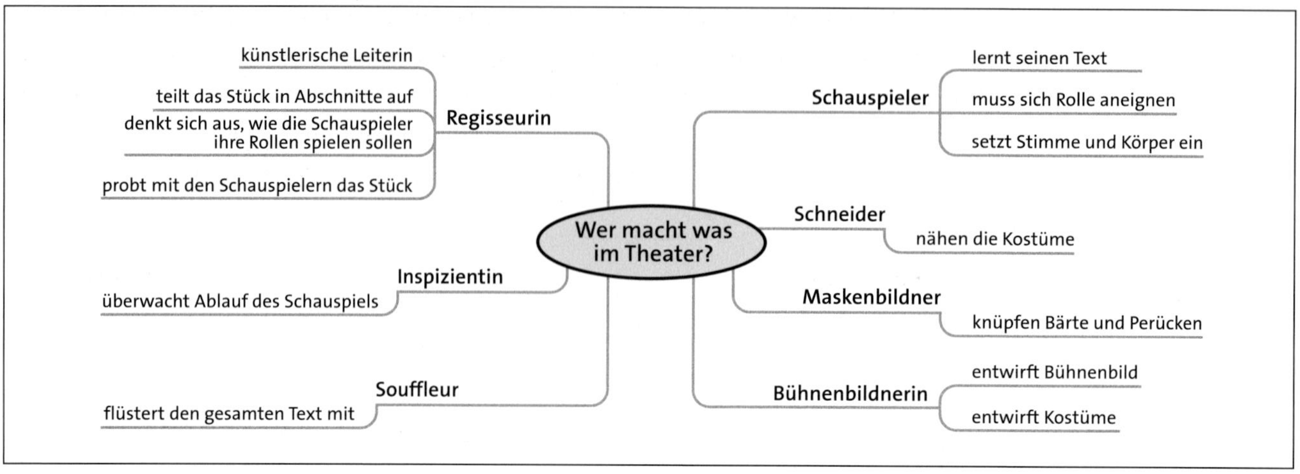

Aufgabe 4
S. 294

Zur Vorbereitung der Lehrkraft oder als Material für die Schülerhand sei auf die Broschüre „Berufe am Theater" hingewiesen, die beim Deutschen Bühnenverein kostenlos bestellt werden kann (Berufe am Theater, hg. vom Deutschen Bühnenverein, 6., überarb. Aufl., 2007; Internetquelle: http://www.buehnenverein.de/de/publikationen-und-statistiken/buecher-und-broschueren/berufe-am-theater.html; August 2014). Diese kann auch über eine Internetsuchmaschine recherchiert werden (Stichwort „Berufe am Theater"). Nach der Zusammenstellung der wichtigsten Informationen sollten die Schülerinnen und Schüler einschätzen können, welche Aufgaben auch für das Schultheater sinnvoll bzw. notwendig sind. Dabei ist auch die jeweilige „Größe" des angestrebten Theaterprojekts (Aufführung im Klassenraum oder Vorstellung vor Eltern und Schulgemeinschaft) von Bedeutung. Aufgaben des Theatermalers, Requisiteurs und Regieassistenten können ggf. wegfallen oder in größere Aufgabenbereiche (Bühnenbau, Organisation) integriert werden, während eine Regisseurin auch für das Schultheater unverzichtbar ist. Es sollte deutlich werden, dass Theater in der Schule zwar anspruchsvoll, doch nie professionelles Theater sein kann bzw. soll.

Aufgaben 5 und 6
S. 294

Beide Aufgaben zielen auf die produktive Weiterverwendung der gesammelten Informationen. Der Kurzvortrag dient der Sicherung und Vermittlung des Gelernten und ist gleichzeitig Vorbereitung auf das öffentliche Sprechen. Die Zusammenstellung eines Lexikons verfolgt das Ziel, den Schülerinnen und Schülern Anlass zum Schreiben von kurzen Sachtexten in Gruppen zu geben und eine Grundlage für die weitere praktische Arbeit zu legen.

Aufgabe 7
S. 294

Hier soll ein Resümee mit Blick auf das zweite und dritte Teilkapitel vorgenommen werden. Dabei sollten die wesentlichen Inhalte der beiden vorangegangenen Texte wiederholt sowie der Aspekt der Umsetzung im Rahmen von Schule diskutiert werden, bei der sicherlich sowohl auf einzelne Aufgaben als auch technische Möglichkeiten verzichtet werden muss. Diese sind jedoch durch Spielfreude, Improvisation und Ideenreichtum zu kompensieren.

Für eine Lernerfolgsüberprüfung steht außerdem das **Arbeitsblatt 1, S. 366 f.** zur Verfügung.

Peter Lewis: Lampenfieber garantiert – die Premiere (S. 294–295)

Der Text schließt sich nahtlos an den vorangegangenen Sachtext „Wer macht was im Theater?" an. Es handelt sich um einen Auszug aus Lewis' Buch „Wie eine Theatergruppe arbeitet" aus dem Jahre 1978. Darin versucht der Theaterkritiker, Kindern die Theaterarbeit hautnah und verständlich näherzubringen. Die anschauliche Beschreibung der letzten Minuten vor der „Hamlet"-Premiere vermittelt den Reiz und das Besondere des Theaterspiels. Durch die lebendige Darstellung erhält der Leser einen authentischen Eindruck vom Lampenfieber der Schauspieler und Schauspielerinnen. Dabei verzichtet Lewis nicht auf erzählerische Mittel wie die geschickte Inszenierung der ablaufenden Zeit (wiederholte Lautsprecherdurchsagen), die Beschreibung der Gefühle der Beteiligten (vgl. Z. 35–38) und die Wahl der Perspektive der Auftretenden („und die Köpfe der Zuschauer tauchen auf“, Z. 54 f.).

Aufgabe 1 S. 295

Anschaulichkeit gewinnt der Text durch die Zitate der Beteiligten, die Perspektivik (s. o.) sowie die spannungsfördernde Wiederholung der Lautsprecherdurchsagen, die die verrinnende Zeit bis zum Beginn der Premiere bewusst halten. Hinzu kommen Vorausdeutungen (vgl. Z. 1), Vergleiche (vgl. Z. 35) und die Verzögerung des Erzählfortschritts durch eingeschobene Schilderungen (so z. B. die Erläuterung des Aberglaubens von Schauspielern; vgl. Z. 35–43).

Aufgabe 2 S. 295

Mit dieser Aufgabe wird zum einen der Rückbezug zur Erfahrungswelt der Schülerinnen und Schüler geleistet. Zum anderen ist sie Vorbereitung auf eigene schauspielerische Versuche, bei denen auch Mut bewiesen werden muss.

Aufgabe 3 S. 295

Während der Text die Perspektive des Schauspielers zeigt, sollen die Schülerinnen und Schüler nun den Blickwinkel der Zuschauer kurz vor Aufführungsbeginn einnehmen. Ausgangspunkt kann die im Text zitierte Durchsage sein: „Bitte Platz nehmen, meine Damen und Herren. Der Vorhang geht in einer Minute auf.“ (Z. 49–50) Mögliche Aspekte der Wahrnehmung können sein: Betreten des Zuschauerraums, Hören der Durchsage, Suchen des Sitzplatzes, Erwartungen an das Stück, Reaktion auf die verlöschenden Lichter, die ersten akustischen Eindrücke, Öffnen des Vorhangs, Rauch, Auftritt der Wachen.

2. Kaspar Hauser – Ein Theaterstück schreiben, inszenieren und aufführen (S. 296–304)

→WB

Die Textgrundlage (S. 296–298)

Reinhard Mey: Kaspar (S. 296–297)

Reinhard Mey bezieht sich mit seiner Ballade auf die historisch umstrittene Figur Kaspar Hauser, der angeblich am 30.4.1812 geboren wurde und am 17.12.1833 in Ansbach (Mittelfranken) starb. Herkunft, Lebensweg und Tod Kaspar Hausers sind bis heute weitgehend rätselhaft geblieben, sie bilden seit 1833 die Vorlage für literarische Werke unterschiedlicher Art.

Das Findelkind tauchte am 26.5.1828 in Nürnberg auf und gab an, lange in einem Verlies festgehalten worden zu sein, was die kaum vorhandenen Sprach- und Schreibkenntnisse sowie die begrenzte geistige Entwicklung erklärte. In der Öffentlichkeit und als Studienobjekt für die Wissenschaft erregte der Fall großes Interesse. Der Ansbacher Rechtsgelehrte P. J. Anselm von Feuerbach wurde Kaspar Hausers Vormund und hinterließ detaillierte Aufzeichnungen über ihn. Nachdem man Kaspar Hauser bereits am 17.10.1829 mit einer mysteriösen Schnittwunde aufgefunden hatte, erlag er den Folgen einer Stichverletzung, die ihm ein Unbekannter am 14.12.1833 zugefügt hatte.

Sowohl diese Umstände als auch Indizien, die sich aus späteren Untersuchungen ergaben, nährten das Gerücht, es habe sich bei Kaspar Hauser um den am 29.9.1812 geborenen und am 16.10.1812 angeblich gestorbenen Erbprinzen des badischen Großherzogs

Karl Ludwig gehandelt, der auf Veranlassung der rivalisierenden Hochbergischen Linie gegen einen sterbenden Säugling ausgetauscht, lange festgehalten und schließlich umgebracht worden sei. Gentechnische Untersuchungen aus dem Jahr 1996, die von der Wochenzeitschrift DER SPIEGEL in Auftrag gegeben wurden, widerlegen diese Annahme jedoch, sodass die Herkunft der Person als unklar angesehen werden muss.
Für das Verständnis der Ballade ist dieser historische Kontext eher unbedeutend. Die Überschrift lautet zudem „Kaspar", nicht „Kaspar Hauser". Ist jedoch eine Aufführung geplant, bietet es sich an, in einem einführenden, von den Schülerinnen und Schülern verfassten Sachtext darüber zu informieren. Informationen bieten Jugendlexika oder das Internet, z. B.: http://www.whoswho.de/bio/kaspar-hauser.html (10.8.2014) (vgl. auch Aufgabe 7, S. 298).
Ausgehend von dem konkreten Fall thematisiert die Ballade den Umgang mit dem Fremden, die eigenen – bürgerlichen – Normen Irritierenden. Damit besitzt sie eine Aktualität, die ihren Einsatz im Unterricht von Schülerinnen und Schülern der heutigen Zeit sinnvoll erscheinen lässt. Fremdenfeindlichkeit, die Angst vor dem Andersartigen und die daraus resultierende Desintegration von Menschen sind Probleme unserer Zeit. Der Text kann als Lehrervortrag oder in der von Reinhard Mey gesungenen Fassung präsentiert werden (vgl. auch Aufgabe 5, S. 297). Möglich ist es auch, Gruppen zu bilden und den Text selbstständig von den Schülern im Sinne eines szenischen Lesevortrags erschließen und präsentieren zu lassen (vgl. auch Aufgabe 4, S. 297).

Aufgabe 1
S. 297

Folgende Überschriften, die ggf. an der **Tafel** gesichert werden können, sind denkbar. Bei der Sicherung sollte auf einen einheitlichen Darstellungsstil geachtet werden, z. B. durchgehend substantivisch oder in vollständigen Sätzen:

Reinhard Mey: Kaspar – Ein Handlungsüberblick

Strophe 1: Erscheinen Kaspars und erste ablehnende Reaktionen
Strophe 2: Beschreibung seines Äußeren und weitere Reaktionen
Strophe 3: Beruhigende Worte des Schulmeisters und erste Laute Kaspars
Strophe 4: Pflege Kaspars im Haus des Schulmeisters
Strophe 5: Freundschaft zwischen dem Sohn des Schulmeisters und Kaspar
Strophe 6: Ausbleiben von Kaspar
Strophe 7: Auffinden des toten Kaspar
Strophe 8: Unterschiedliche Reaktionen auf Kaspars Tod

Eine andere Form der Inhaltssicherung kann, z. B. als Hausaufgabe, darin bestehen, die Handlung der Ballade in Form einer Erzählung wiederzugeben. Aus dieser Aufgabenstellung kann auch im Rückgriff auf Kompetenzen aus den letzten beiden Schuljahren eine Klassenarbeit resultieren.
Wenn den Schülerinnen und Schülern die Textart „Ballade/Bänkelsang" bereits vertraut ist, können an dieser Stelle kurz zentrale Merkmale genannt werden, und zwar ausgehend von den übergeordneten Beschreibungskriterien „epische", „dramatische" und „lyrische" Elemente. Zudem könnte der Charakter eines Bänkelliedes (vgl. auch Aufgaben 3–5, S. 304) erwähnt werden (Bezugnahme auf ein tatsächliches Ereignis, lehrhafter Charakter, gesungene Darstellungsform ...).

Aufgabe 2
S. 297

Die Personen können in der Reihenfolge ihres Auftretens aufgelistet werden. Das geforderte Schaubild setzt voraus, dass die Schülerinnen und Schüler detailliert im Text nachlesen, welche Einstellung jeweils deutlich wird und wie diese schematisch in ein Gesamtbild integriert werden kann. Dabei geht es nicht um eine einheitliche Darstellung, die Schaubilder sollen den individuellen Deutungszugriff widerspiegeln, jedoch auch für die Gesamtgruppe nachvollziehbar sein. Den Abbildungen sollte eine einfache Legende beigefügt werden. Vorgeschlagen wird eine Partnerarbeit. Damit das sich anschließende Unterrichtsgespräch erleichtert wird, erhalten zwei Schülerpaare jeweils eine Folie. Das folgende Schaubild stellt eine Möglichkeit dar.

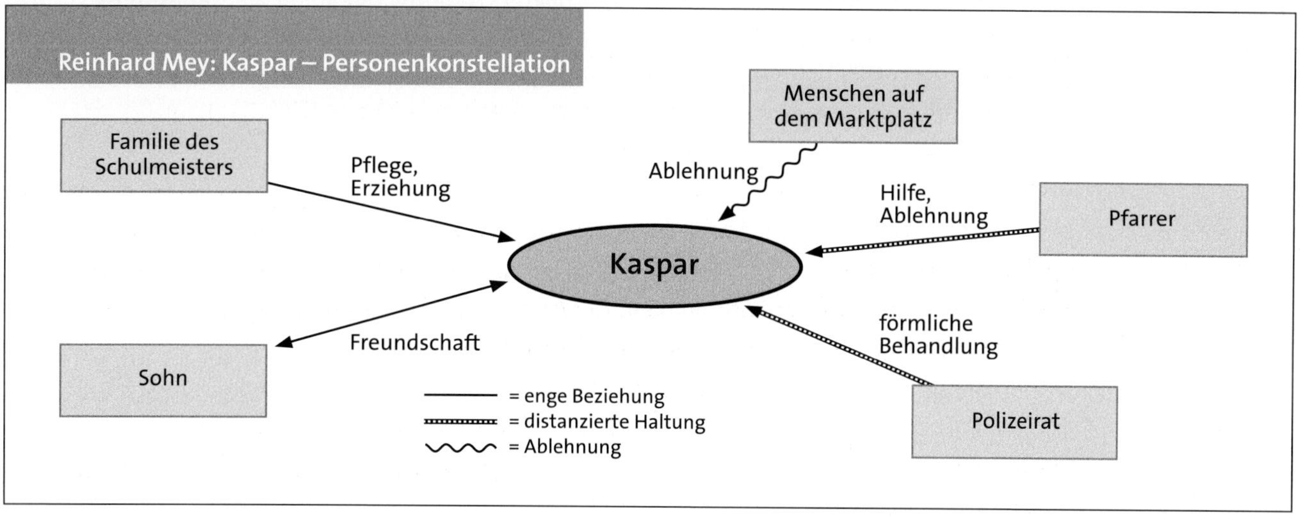

Aufgabe 3
S. 297

Die Strophe 1 verdeutlicht in besonderer Weise die ablehnende Haltung der Menschen auf dem Marktplatz und die Distanz, die der Sprecher der Ballade (Sohn des Schulmeisters) dazu einnimmt. Diese Distanz wird vor allem deutlich durch die indirekte Rede „Sie sagten, er käme […]“ (V. 1) und die gewählte Redeeinleitung „raunten“ (V. 5). Der Konjunktiv II beinhaltet zudem einen Zweifel an den wiedergegebenen Aussagen.
Die Einstellung der Marktplatzbesucher gegenüber Kaspar wird verdeutlicht durch den Kreis, den sie um ihn bilden und der ihn sprichwörtlich in die Enge treibt. Explizit wird die Ablehnung durch die wörtlich wiedergegebenen Aussagen „Er ist ein Tier.“ (V. 5), „Was will der hier?“ (V. 6) und die Wiederholung „So jagt ihn doch fort!“ (V. 8–9). Die Marktplatzbesucher treten dabei nicht individualisiert, sondern anonym auf, indem sie nur „Die einen“ (V. 5) und „Die anderen“ (V. 6) genannt werden.
Als Ergebnissicherung kann diese Szene auch durch ein sprechendes Standbild wiedergegeben werden, das in Gruppen zu erarbeiten ist. Jeder Akteur überlegt sich dabei einen Satz, der nach dem Aufstellen gesprochen wird. Derjenige, der die Rolle des Kaspar übernimmt, beschreibt anschließend, welche Gedanken ihm dabei durch den Kopf gegangen sind und was er empfunden hat (vgl. auch die Hinweise im Werkzeugkasten auf S. 93).

Aufgabe 4
S. 297

Das szenische Lesen bereitet die geplante Aufführung vor und schult die Lernenden in ihrem parasprachlichen Ausdruck.

Aufgabe 5
S. 297

Der Liedcharakter wird vor allem durch die refrainartigen Schlussverse der einzelnen Strophen deutlich.

Aufgaben 6 bis 9
S. 297–298

Der in der Suchmaschine „www.wasistwas.de“ zu findende Artikel zu Kaspar Hauser ist als **Arbeitsblatt 2, S. 369 f.** abgedruckt. Es sollten jedoch noch weitere Internetquellen und Lexika herangezogen werden. Die zu formulierenden Fragen helfen dabei, die Suche zielgerichtet zu gestalten und den Sachtexten eine Struktur zu verleihen. Diese Sachtexte können zudem in das im Folgenden zu erarbeitende Theaterstück integriert werden.

Von der Vorlage zum Theaterstück (S. 298–301)

Aufgabe 1 S. 298

Die Ballade eignet sich besonders aufgrund ihrer Handlungsstärke und der Dialoganteile, um daraus ein Theaterstück zu verfassen. Es sind zahlreiche Leerstellen enthalten, die szenisch ausgestaltet werden können.

Aufgabe 2 S. 298

Die Anzahl der Szenen hängt vom Umfang des geplanten Theaterprojekts ab. Steht nur wenig Zeit zur Verfügung, kann die abgedruckte Szene nachgespielt werden und es kann eine weitere, z. B. die Schlussszene, von den Schülerinnen und Schülern erarbeitet werden. Insgesamt bieten sich folgende Szenen an, die an der **Tafel** festgehalten werden können:

Kaspar – Die Szenen des Theaterstücks

1. Auf dem Marktplatz
2. Kaspars Pflege im Haus des Schulmeisters
3. Gemeinsames Spiel und gemeinsame Arbeit auf dem Hüttinger Feld
4. Am Mittagstisch – Kaspar wird vermisst
5. Suche und Auffinden Kaspars
6. Kaspars Beerdigung und Erinnerungen

Möglich ist es natürlich auch, weitere Szenen hinzuzuerfinden, z. B.: „Auf der Kirmes", „In der Schule" (vgl. auch Vorschläge für Klassenarbeiten, 7., S. 378).

Auf dem Marktplatz (S. 299–300)

Aufgaben 3 und 4 S. 300

Hier sollte den Schülerinnen und Schülern noch einmal die Funktion eines Regiebuchs vor Augen geführt werden. Begriffe wie Rolle und Regieanweisungen können wiederholt werden (vgl. auch den Werkzeugkasten auf S. 301).

Aufgabe 5 S. 300

Die Gruppenarbeit hat den Vorteil, dass alle Schülerinnen und Schüler aktiviert werden. Es dürfte kein Problem sein, dass bei einer möglichen Aufführung die Schauspieler wechseln. Steht für die einzelnen Gruppen kein PC im Klassenraum zur Verfügung, erklärt sich bestimmt jemand aus der Gruppe bereit, den erarbeiteten Text entsprechend aufzuschreiben und ggf. Änderungen für die nächsten Stunden nachzutragen.

Von den Proben zur Aufführung (S. 301–302)

Aufgaben 1 bis 9 S. 301–302

Die Intensität der Probenarbeiten hängt natürlich von der zur Verfügung stehenden Zeit ab. Ist diese sehr begrenzt, sollte zumindest jede Szene der Gesamtgruppe mit der Textvorlage in der Hand vorgespielt werden. Die Informationen, die die Schüler im ersten Teil dieser Unterrichtseinheit erhalten haben, helfen dabei, die einzelnen Aufgaben sachgerecht zu verteilen.

… und weitere Ideen (S. 302–304)

Aufgabe 1 S. 302

Dieser produktive Auftrag provoziert die Schülerinnen und Schüler zu einer Stellungnahme, die in die Szenenfolge eingefügt werden kann, indem ein Schauspieler aus seiner Rolle heraustritt und die Handlungsträger anspricht. Möglich ist es auch, zusätzlich das Publikum anzusprechen und moderne Akzente einzufügen, die für die heutige Zeit Gültigkeit besitzen (Umgang mit fremden Kulturen, Fremdenfeindlichkeit …).

Aufgaben 2 bis 5 S. 303–304

Diese Aufgaben verfolgen einen fächerverbindenden Projektgedanken, an dem die Fächer Deutsch, Musik und Kunst beteiligt sind. Da an vielen Schulen in den einzelnen Halbjahren jeweils nur das Fach Musik oder das Fach Kunst unterrichtet wird, müsste das Projekt in diesem Fall um den Halbjahreswechsel herum durchgeführt werden. Aufgabe 5, S. 304, kann auch als Thema für eine Klassenarbeit reserviert werden.

3. Komisches und Nachdenkliches – Theaterszenen (S. 305–310)

Dieses Unterkapitel enthält ein Angebot von zwei unterschiedlichen Theaterszenen, die relativ leicht umgesetzt werden können. Dabei geht es zum einen um Loriots Klassiker „Der Lottogewinner" und Bertolt Brechts Szene „Der Ingwertopf". Während die erste Szene vor allem durch ihre komischen Elemente besticht, geht es in der zweiten Szene um eine erste altersgerechte Konfrontation mit einer modernen, zeitkritischen Theaterkonzeption.

Loriot (Vicco von Bülow): Der Lottogewinner (S. 305–306)
Loriots Szene „Der Lottogewinner" gehört zu den Klassikern komischer Theaterliteratur. Der Rentner Erwin Lindemann hat einen Lottogewinn von 500 000 DM erzielt und wird deswegen von einem Fernsehteam besucht, das ihn so in Verwirrung bringt, dass er zunehmend weniger in der Lage ist, Aussagen zu seiner Person in einen geordneten Zusammenhang zu bringen. Vor allem daraus resultiert die auch auf Schülerinnen und Schüler der Jahrgangsstufe 7 komische Wirkung der Szene.

Aufgabe 1 S. 306

Im Zentrum der Erarbeitung sollte das konkrete szenische Spiel stehen. Die Schülerinnen und Schüler können jedoch auch anhand der Szene und des Werkzeugkastens (S. 307) Beschreibungskategorien literarischer Komik kennenlernen.
Die Situationskomik ergibt sich z. B. daraus, dass ein Filmteam mit all seinen Requisiten in die geordnete Welt des Rentners Erwin Lindemann einbricht und ihn seiner gewohnten Sicherheit beraubt (vgl. z. B. auch sein Erschrecken beim Schlagen der Klappe), sodass er sogar seinen Namen falsch ausspricht. Situationskomik entsteht jedoch auch dadurch, dass die technischen Abläufe im Filmteam nicht reibungslos funktionieren und die Reaktionen des Rentners den Regisseur zunehmend irritieren. Die Charakter- oder Figurenkomik resultiert aus der vom Autor konstruierten Hilflosigkeit des Rentners gegenüber dem ihn bedrängenden Filmteam und dem technischen Ensemble. Die klischeehafte Zeichnung des Regisseurs und seines Teams beinhaltet ebenfalls Figurenkomik. Zur Sprachkomik gehört die zunehmende verbale Verwirrung des Rentners; aber auch die kindlich beruhigende Sprechweise des Regisseurs, dessen Reaktionen zunehmend ungehaltener werden, zählt dazu.

Aufgaben 2 bis 4 S. 307

Wenn genügend Zeit zur Verfügung steht, sollte in einem zumindest angedeuteten Ambiente und mit entsprechenden Requisiten gespielt werden. Die komische Wirkung ergibt sich jedoch auch aus dem unmittelbaren, wenig aufwendigen Spiel im Klassenraum.

Bertolt Brecht: Der Ingwertopf (S. 307–309)
Die Szene „Der Ingwertopf" ist der einzige ausgearbeitete Teil zu einem von Brecht geplanten Stück mit dem Titel „Leben des Konfutse", geschrieben für Kinder! Brecht hat die Szene 1941 verfasst, zu dem geplanten Stück ist es nicht gekommen. Im Zentrum steht

Kung, ein Lehrer im wahrsten Sinne des Wortes, es wird nämlich Schule gespielt. Er ist ausgestattet mit der „Kraft des Verstandes“ (Z. 8–9), er glaubt nicht an Geister und er hat die Intention, erzieherisch auf seine Umwelt einzuwirken, er ist „sehr auf sein Schulespielen aus“ (Z. 37–38). In der von ihm geplanten Schulstunde soll es um „schickliche[s]“ Benehmen (Z. 41) und „würdige[.] Zurückhaltung“ (Z. 98) gehen, dahinter verbergen sich moralische Werte wie Rücksicht, Menschlichkeit und Nächstenliebe.
Geschickt überredet Kung seine Mitspieler, sich darauf einzulassen, indem er ihnen etwas Materielles anbietet, nämlich Ingwer. Der Lernerfolg ist jedoch nur bedingt gegeben, zumindest kann Kung am Schluss nicht nachprüfen, ob die beiden Älteren nicht möglicherweise etwas gelernt haben. Für den Kleinsten bleibt gar nichts übrig. Die Lehre, die er daraus zieht, wird in dem kommentierenden Schlusssong von ihm und dem Kleinsten zusammengefasst: „Zu wenig Ingwer,/Zu wenig Anstand!“ (Z. 197–198) Anders ausgedrückt: Die Erziehung zu einem menschenfreundlichen Verhalten ist immer auch verbunden mit der Notwendigkeit einer materiellen Sicherheit.
„Die kleine Parabel plädiert nicht für eine idealistische und asketische Moral, die sich aus der Überwindung aller sinnlichen Bedürfnisse oder aus absoluter Bedürfnislosigkeit speist, sondern für eine menschliche Moral, die erst auf der angemessenen Befriedigung unserer sinnlichen Bedürfnisse aufbaut. Anders gewendet: erst wenn die Verhältnisse so sind, dass jedermann am Angenehmen teilhat, kann man von ihm auch Anstand verlangen. [...] Reizvollerweise realisiert das Stück selber, wofür es plädiert: mit dem materiellen Anreiz des Ingwers, der in dieser ‚Schulstunde‘ abfällt, gelingt es Kung, seine Spielkameraden freiwillig vom Ball- zum Schulespielen zu bringen. Ein Appell an den ‚höheren‘ Wert des ‚Geistigen‘ wäre sicher erfolglos geblieben.“

(Aus: Klaus Gerth u. a.: Texte für die Sekundarstufe, Kommentare und Methodische Inszenierungen, 6. Jahrgangsstufe, Bildungshaus Schulbuchverlage Westermann Schroedel Diesterweg Schöningh Winklers GmbH, www.schroedel.de)

Vorgeschlagen wird, die Szene zunächst still lesen zu lassen und dann einen szenischen Lesedurchgang mit einer entsprechenden Phase der Primärrezeption und Inhaltssicherung (Aufgabe 1, S. 310) anzuschließen.

Aufgabe 2 S. 310

Kungs Absicht ist es, den Mitspielern das „schickliche Ausessen eines Ingwertopfes“ (Z. 41–42) zu vermitteln. Im Unterrichtsgespräch sollte nach Möglichkeit von dieser konkreten Zielsetzung abstrahiert werden und es sollten Ziele wie Rücksichtnahme, (Menschen-)Freundlichkeit, Höflichkeit genannt werden.

Aufgabe 3 S. 310

Die wichtigste Methode, die drei Kinder zu motivieren, ist die, mit dem Ingwer zu locken (vgl. Z. 40 ff.). Zudem lässt Kung sie das richtige Verhalten ausprobieren, wobei das „Lockmittel“ immer wieder eine große Rolle spielt (vgl. Z. 77 ff.); er zeigt ihnen das gewünschte Verhalten (vgl. den für Bertolt Brecht typischen Grundgestus des Zeigens, Z. 94 ff.) und versetzt sie in unterschiedliche Rollen, um die Konsequenzen erfahrbar zu machen. Zumindest der Einstieg in das Spiel gelingt durch den materiellen Anreiz, die Mitspieler lassen sich auf Kungs Ideen ein.

Aufgabe 4 S. 310

Kung scheitert bei den beiden Älteren im Wesentlichen, wobei er das Verhalten des Mittleren mit einem deutlichen „Besser“ (Z. 140) kommentiert, vielleicht hat dieser bereits etwas gelernt. Für den Kleinsten bedeutet das Verhalten der anderen jedoch, dass er zu kurz kommt und der Lernprozess abgebrochen werden muss.

Aufgaben 5 und 6 S. 310

Kung lernt, dass er mehr Ingwer zur Verfügung stellen müsste. Die Werte, die er vermitteln möchte, sind gekoppelt an den materiellen Anreiz. Diese Lehre formuliert er zunächst selbst, indem er sagt: „Ich fürchte, es sind zwei Dinge nötig, damit würdige Zurückhaltung beim Ausessen eines Ingwertopfes bewahrt werden kann: erstens feines Anstandsgefühl, zweitens ein voller Topf.“ (Z. 189 ff.) Im an das Publikum gerichteten Schlusssong greift er diese Lehre zusammen mit dem Kleinsten noch einmal auf. Im Unterrichtsgespräch sollte diese Lehre etwas verallgemeinert werden. Es könnte auf die zentrale Aussage verwiesen werden, dass es Menschen viel leichter fällt, allgemeine Werte wie Freundlichkeit und Menschlichkeit zu erwerben und zu zeigen, wenn sie in materiell gesicherten, menschenwürdigen Verhältnissen leben.

Aufgabe 7
S. 310

Kung stellt sich in diesem Eingangsmonolog dem Publikum vor. Seine Selbstcharakterisierung lässt ihn für die Rolle des Lehrers prädestiniert erscheinen. Als Einstieg in die theaterpraktische Arbeit sollten die Schülerinnen und Schüler den Monolog auswendig lernen und vortragen.

Aufgabe 8
S. 310

Folgende Rollenwechsel ergeben sich:

Bertolt Brecht: Der Ingwertopf – Rollenwechsel
Kung ➔ Lehrer ➔ König Yen ➔ General Go
der Größte ➔ Schüler ➔ General Fu
der Mittlere ➔ Schüler ➔ General Tao
der Kleinste ➔ Schüler ➔ König Yen ➔ General Go

Aufgabe 9
S. 310

Diese Gesten verlangt Kung:

Bertolt Brecht: Der Ingwertopf – Gesten, die Kung verlangt
verbeugen
zurückweisen
verbeugen
den Topf ruhig entgegennehmen
lässig hineingreifen
mit zwei Fingern das kleinste Stück herausnehmen
das Stück lächelnd in den Mund nehmen

Aufgaben 10 und 11
S. 310

Die Szene lässt sich ohne großen Aufwand im Klassenzimmer spielen. Als Requisiten sind lediglich notwendig: 1 Tisch, 3 Stühle, 1 Topf, 1 Ball. Die Schlussverse können chorisch oder im Wechsel gesprochen werden. Natürlich können sie auch gesungen werden, wenn die Schülerinnen und Schüler dazu bereit und in der Lage sind.

Die Lösungen zu den **Übungen zur Lernkontrolle** (S. 311) befinden sich im Anhang des Schülerbandes auf der Seite 395.

Teste dein Wissen: Theatergeschichte – Theaterberufe

Mit den folgenden Fragen kannst du dein neu erworbenes Wissen zur Theatergeschichte, zu den Theaterberufen und zur Theaterproduktion auf die Probe stellen. Kontrolliere deine Antworten anschließend mithilfe der Texte aus dem Schülerbuch.

1. Wann entstanden die ersten Theater und wo?

☐ vor 5 000 Jahren in Rom ☐ im Mittelalter in Spanien

☐ vor 2 500 Jahren in Griechenland

2. Eine der folgenden Informationen ist falsch. Unterstreiche den falschen Satz.

Im Mittelalter begann man wieder, Theater zu spielen. Zuerst in den Kirchen, wo man Geschichten aus der Bibel zum Gottesdienst nachspielte, und später außerhalb der Kirchen auf den Plätzen der Dörfer und Städte. Auf die Idee, weltliche Themen zu spielen, kam man dabei jedoch nicht.

3. Nenne drei typische Merkmale der Commedia dell'Arte.

____

____

4. Nach welchem Vorbild erbaute man im 16. Jahrhundert in England Theaterhäuser?

☐ nach dem Vorbild der Griechen ☐ nach dem Vorbild der Schulgebäude

☐ nach dem Vorbild der Commedia dell'Arte ☐ nach dem Vorbild der Wirtshäuser

5. Wer ist Englands größter Theaterdichter?

☐ William Shakespeare ☐ Christopher Marlowe ☐ Samuel Beckett ☐ Snoo Wilson

6. Was ist eine „Guckkastenbühne"? Erkläre mit eigenen Worten.

____

____

____

7. Warum heißt das Orchester „Orchester"? Erläutere den Ursprung der Bezeichnung.

____

____

____

8. Eine der folgenden Aufgaben gehört nicht zum Beruf der Regisseurin:

- [ ] Einteilung des Theaterstücks
- [ ] künstlerische Leitung der Proben
- [ ] Entwurf des Bühnenbilds
- [ ] Schauspielern das Spielen ihrer Rolle zeigen

9. Welche Phasen der Theaterarbeit müssen abgeschlossen sein, bis die Premiere stattfinden kann?
Nummeriere die folgenden Arbeitsphasen in der korrekten Reihenfolge.

- [ ] Generalprobe
- [ ] Entwurf des Bühnenbilds und der Kostüme
- [ ] Rollenverteilung
- [ ] Lernen des Textes
- [ ] Proben des gesamten Stücks
- [ ] Herstellung des Bühnenbilds und der Kostüme
- [ ] Leseproben

Teste dein Wissen: Theatergeschichte – Theaterberufe

Aufgabe

1. Vor 2 500 Jahren in Griechenland

2. Im Mittelalter begann man wieder, Theater zu spielen. Zuerst in den Kirchen, wo man Geschichten aus der Bibel zum Gottesdienst nachspielte, und später außerhalb der Kirchen auf den Plätzen der Dörfer und Städte. Auf die Idee, weltliche Themen zu spielen, kam man dabei jedoch nicht.

3.
- wandernde Komödianten
- kein festgelegter Text
- Bretterbühnen
- festgelegte Figuren mit typischen Masken und Namen

4. Nach dem Vorbild der Wirtshäuser

5. William Shakespeare

6. Eine „Guckkastenbühne" ist wie ein Zimmer gebaut, bei dem eine Wand weggelassen wurde, sodass man hineinschauen kann.

7. Im Theater befindet sich das Orchester häufig im Orchestergraben, es spielt also unmittelbar vor den Zuschauern. Im antiken Theater war die Fläche vor den Zuschauern die Spielfläche, die Orchéstra.

8. Entwurf des Bühnenbilds

9.
1. Rollenverteilung
2. Lernen des Textes
3. Leseproben
4. Entwurf des Bühnenbilds und der Kostüme
5. Herstellung des Bühnenbilds und der Kostüme
6. Proben des gesamten Stücks
7. Generalprobe

Kaspar Hauser – Einen Lexikonartikel verfassen

Kaspar Hauser: Rätselraten um einen Findling

Kaspar Hauser ist wohl das berühmteste Findelkind Europas. Seit der verwahrloste Junge am 25. Mai 1828 auf dem Nürnberger Marktplatz auftauchte, ranken sich allerlei Spekulationen um seine möglicherweise noble Herkunft. War er ein Prinz? Wurde er tatsächlich jahrelang gefangen gehalten? Oder war er nichts weiter als ein armer Irrer aus den Bergen Tirols? Fragen, von denen einige wohlmöglich nie ganz geklärt werden können.

Geburtsdatum unklar

Bis heute steht auch nicht fest, wann Kaspar Hauser zur Welt kam. Man vermutet aber den 30. April 1812. Dieses Geburtsdatum stammt aus einem rätselhaften Brief, den Kaspar bei seinem Auffinden in Nürnberg bei sich trug.

Der seltsame Findling

Die Herkunft des verstörten Jungen wurde aus dem anonymen Schreiben jedoch nicht ersichtlich. Dort stand lediglich zu lesen, dass der Verfasser aus Angst vor Bestrafung seinen Namen nicht nennen will und dass er Kaspar als künftigen Soldaten für die königlichen Regimente schickt. Zu diesem Zweck hatte man den Brief an einen Nürnberger Rittmeister adressiert und Kaspar den Satz beigebracht: „Ich möchte ein solcher Reiter werden wie mein Vater einer war.“ Auf dem Polizeirevier schaffte er es mit Mühe, seinen Namen auf ein Stück Papier zu kritzeln: Kaspar Hauser.

Lichtscheu und panisch schreckhaft

Der Junge muss einen erbarmungswürdigen Anblick abgegeben haben, als man ihn am besagten Pfingstmonat in Nürnberg aufgriff. Er war stark verängstigt, lichtscheu, stammelte nur wirres Zeug und zeigte Behinderungen, die auf mangelnde körperliche Bewegung schließen ließen. Auf dem Polizeirevier stellte sich heraus, dass er scheinbar nur mit Wasser und Brot aufgewachsen war. Alle anderen Speisen lehnte er angeekelt ab.

Als Kuriosum ausgestellt

Fortan wurde Kaspar Hauser von mehreren Pädagogen, Ärzten und Theologen beobachtet, in den üblichen Sitten und Gebräuchen sowie der menschlichen Sprache unterwiesen. Für die damalige Gesellschaft stellte er ein Kuriosum dar. Nie zuvor hatte man so hautnah miterlebt, wie ein Mensch die einfachsten Errungenschaften der Zivilisation erst im Erwachsenenalter kennenlernte. Nach zwei Jahren hatte der Findling seinen Bildungsrückstand aufgeholt. Er konnte sprechen, malen und fing sogar zu dichten an.

Zwölf Jahre Dunkelhaft

Doch der seelische Schaden, den der Junge in seiner Kindheit erlitten hatte, saß tief. Noch immer zeigte Kaspar allerlei merkwürdige Verhaltensweisen. Seine Betreuer waren inzwischen zu dem Schluss gekommen, dass er mindestens ab dem dritten oder vierten Lebensjahr in Dunkelhaft gehalten worden war und in dieser Zeit keinen Kontakt zu Menschen hatte. Diese Annahmen gaben Anlass zu allerlei Spekulationen über seine Herkunft, die noch immer fortdauern.

Die Prinzen-Theorie

Die bis heute spektakulärste und bekannteste Variante ist die sogenannte „Prinzen-Theorie“. Vertreter dieser These nehmen an, dass Kaspar Hauser ein Erbprinz des Hauses Baden war, der als Baby heimlich beiseitegeschafft wurde. Damit habe eine Seitenlinie des Adelsgeschlechts den unliebsamen männlichen Nachkommen loswerden und sich die Erbfolge kriminell erzwingen wollen.

Genanalyse

Das mögliche Verwandtschaftsverhältnis zum Hause Baden wurde so lange diskutiert, bis sich die noblen Nachfahren 1996 endlich zu einer Blutprobe bereit erklärten. Durch einen sogenannten genetischen Fingerabdruck sollte überprüft werden, ob die Prinzen-Theorie tatsächlich Bestand hat oder nur ein Hirngespinst ambitionierter Historiker ist. Bei diesem genanalytischen Verfahren wurden die DNS-Stränge von Kaspar Hauser und seinen potenziellen Verwandten untersucht. Durch den Vergleich der Oberflächenstruktur konnte überprüft werden, ob die Erbinformationen zusammenpassen oder nicht.

Unterhose als Beweisstück

Möglich wurde dieser Test übrigens nur durch eine Blutprobe, die bis heute von dem berühmten Findling konserviert ist. Als er am 17. Dezember 1833 in Ansbach an den Folgen eines heimtückischen Mordanschlags starb, wurden seine blutbefleckte Unterhose und die restliche Kleidung als wichtige Indizien aufbewahrt. Sie sind bis heute im Stadtmuseum von Ansbach unter Panzerglas zu sehen.

Legende entzaubert

Doch wie groß war die Enttäuschung, als das Testergebnis negativ ausfiel. Kaspar Hauser kann kein Prinz gewesen sein – zumindest aus dem Hause Baden stammt er offensichtlich nicht. Nicht ganz überraschend für nüchterne Forscher, die schon lange Zweifel an der Legende gehegt hatten. Die Spekulationen um Kaspar Hauser gehen nichtsdestotrotz weiter. Neueste Erkenntnisse gehen davon aus, dass der Findling ein abgeschobenes Besatzerkind aus Tirol sein könnte. Doch das ist wieder nur eine Vermutung.

(Kaspar Hauser, Rätselraten um einen Findling, aus: www.wasistwas.de; Nicola Schell)

1 Schreibe zehn Fragen auf, auf die der Text eine Antwort gibt, und beantworte diese Fragen stichwortartig.

2 Über welche Bereiche informiert der Text? Schreibe passende Oberbegriffe auf und ordne die einzelnen Informationen den Oberbegriffen zu, z. B.: Lebensdaten, Herkunft ...

3 Fasse die Informationen, die der Text enthält, in Form eines Lexikonartikels für ein Jugendlexikon zusammen. Der Textumfang sollte etwa eine halbe Heftseite umfassen.

Bewertungsbogen zur Leistungsüberprüfung/Klassenarbeit

Name:	
Schulhalbjahr/Datum:	
Klasse:	
Fachlehrer/in:	
Thema der Unterrichtsreihe:	Wir sprechen und spielen Theater
Thema der Klassenarbeit:	Kaspar Hauser – Einen Lexikonartikel verfassen
Aufgabe:	s. Arbeitsblatt 2 (Aufgabe 3)

A Inhaltliche Leistungen

	Die Schülerin/der Schüler informiert über	maximale Punktzahl	erreichte Punktzahl
1	das Thema des Lexikonartikels.	9	
2	wichtige Lebensdaten Kaspar Hausers.	9	
3	das Besondere an seiner Person.	10	
4	Reaktionen auf Kaspar Hauser.	8	
5	Spekulationen über seine Herkunft.	6	
A	**Gesamtpunktzahl**	**42**	

B Darstellungsleistungen

	Die Schülerin/der Schüler	maximale Punktzahl	erreichte Punktzahl
1	verleiht dem Text einen informativen Aufbau.	6	
2	berücksichtigt, dass nur ein begrenzter Umfang zur Verfügung steht (nicht zu viele Einzelheiten).	2	
3	schreibt sachlich und informativ.	5	
4	schreibt sprachlich richtig (Rechtschreibung, Zeichensetzung, Grammatik).	5	
B	**Gesamtpunktzahl**	**18**	
	Gesamtpunktzahl A und B	**60**	

Die Klassenarbeit wird mit der Note

______________________ **bewertet.**

____
Datum Unterschrift

Zuordnung der Punkte zu den Notenstufen

Note	Punkte
sehr gut	60 – 53
gut	52 – 45
befriedigend	44 – 37
ausreichend	36 – 29
mangelhaft	28 – 21
ungenügend	20 – 0

Reinhard Mey: Kaspar – Eine Inhaltsangabe überarbeiten

Kaspar – Eine Inhaltsangabe

In seiner Ballade „Kaspar“ schildert der Liedermacher die Geschichte eines Findelkindes. Es trägt den Namen Kaspar. Unvermittelt erscheint er auf einem Marktplatz. Am Ende wird er von Unbekannten umgebracht.
Kaspar erscheint an einem schönen Tag auf einem Marktplatz. Die Leute, die sich dort befinden, lehnen ihn ab. Er sieht nämlich sehr verwildert aus. Sie bezeichnen ihn sogar als Tier und sagen, dass er von einer Wölfin gesäugt sei, und alle wollen ihn fortjagen. Der Pfarrer gibt ihm etwas Milch. Er trinkt sie hastig aus.
Der Lehrer des Ortes war auch auf dem Marktplatz, sein Sohn ebenfalls. Sie nehmen Kaspar mit nach Hause. Dort wird er gewaschen und gekämmt. Der Lehrer bringt dem Jungen Lesen und Schreiben bei. Kaspar ist ganz gierig danach. Der Sohn des Lehrers freundet sich mit Kaspar an. Die beiden arbeiten gemeinsam auf dem Feld. Dafür werden sie von vielen Leuten vermaledeit.
An einem eiskalten Wintertag wartete die Familie auf Kaspar, doch es ist vergebens, denn er kommt nicht. Schließlich suchen sie ihn und finden ihn tot auf dem Feld, wo sie immer gespielt und gearbeitet haben. Er ist ermordet worden. Bei der Beerdigung hält der Pfarrer eine Rede. Als Erinnerung an Kaspar streut der Sohn des Lehrers Blumen auf die Stelle, wo Kaspar ermordet worden ist. Er ist sehr traurig über den Tod des Freundes.

Überarbeite die Inhaltsangabe zu Reinhard Meys Ballade „Kaspar“. Überlege vor allem,
- welche Informationen fehlen,
- welche Einzelheiten eher unwichtig sind,
- welche Ausdrücke unpassend sind,
- welche Zeitformen/Tempusformen du verbessern musst,
- wie du die vielen Hauptsätze besser verknüpfen kannst,
- wie du die Begründungen für das Verhalten der Personen genauer wiedergeben kannst.

Bewertungsbogen zur Leistungsüberprüfung/Klassenarbeit

Name:	
Schulhalbjahr/Datum:	
Klasse:	
Fachlehrer/in:	
Thema der Unterrichtsreihe:	Wir sprechen und spielen Theater
Thema der Klassenarbeit:	Reinhard Mey: Kaspar – Eine Inhaltsangabe überarbeiten
Aufgabe:	s. Arbeitsblatt 3

Inhaltliche Leistungen und Darstellungsleistungen

	Die Schülerin/der Schüler	**maximale Punktzahl**	**erreichte Punktzahl**
1	verfasst einen informativen (vollständigen) Einleitungsteil.	10	
2	gibt im Hauptteil das Geschehen in der richtigen Reihenfolge wieder.	18	
3	verwendet die richtigen Tempusformen.	6	
4	ersetzt unpassende Ausdrücke.	8	
5	verwendet sinnvolle Satzgefüge, um den zeitlichen und ursächlichen Zusammenhang der Handlungsteile zu verdeutlichen.	8	
6	schreibt sprachlich richtig (Rechtschreibung, Grammatik).	10	
	Gesamtpunktzahl	**60**	

Die Klassenarbeit wird mit der Note

bewertet.

Datum Unterschrift

Zuordnung der Punkte zu den Notenstufen

Note	Punkte
sehr gut	60–53
gut	52–45
befriedigend	44–37
ausreichend	36–29
mangelhaft	28–21
ungenügend	20–0

Loriot: Das Ei – Komische Elemente in einer Szene untersuchen

Loriot (1923 – 2011)
Das Ei

ER Berta!
SIE Ja …
ER Das Ei ist hart!
SIE (*schweigt*)
ER Das Ei ist hart!
SIE Ich habe es gehört …
ER Wie lange hat das Ei denn gekocht …
SIE Zu viel Eier sind gar nicht gesund …
ER Ich meine, wie lange dieses Ei gekocht hat …
SIE Du willst es doch immer viereinhalb Minuten haben …
ER Das weiß ich …
SIE Was fragst du denn dann?
ER Weil dieses Ei nicht viereinhalb Minuten gekocht haben *kann*!
SIE Ich koche es aber jeden Morgen viereinhalb Minuten!
ER Wieso ist es dann mal zu hart und mal zu weich?
SIE Ich weiß es nicht … ich bin kein Huhn!
ER Ach! … Und woher weißt du, wann das Ei gut ist?
SIE Ich nehme es nach viereinhalb Minuten heraus, mein Gott!
ER Nach der Uhr oder wie?
SIE Nach Gefühl … eine Hausfrau hat das im Gefühl …
ER Im Gefühl? … Was hast du im Gefühl?

SIE Ich habe es im Gefühl, wann das Ei weich ist ...

ER Aber es ist hart ... vielleicht stimmt da mit deinem Gefühl was nicht ...

SIE Mit meinem Gefühl stimmt was nicht? Ich stehe den ganzen Tag in der Küche, mache die Wäsche, bring deine Sachen in Ordnung, mache die Wohnung gemütlich, ärgere mich mit den Kindern rum, und du sagst, mit meinem Gefühl stimmt was nicht?

ER Jaja ... jaja ... jaja wenn ein Ei nach Gefühl kocht, dann kocht es eben nur *zufällig* genau viereinhalb Minuten!

SIE Es kann dir doch ganz egal sein, ob das Ei *zufällig* viereinhalb Minuten kocht ... Hauptsache, es *kocht* viereinhalb Minuten!

ER Ich hätte nur gern ein weiches Ei und nicht ein *zufällig* weiches Ei! Es ist mir egal, wie lange es kocht!

SIE Aha! Das ist dir egal ... es ist dir also egal, ob ich viereinhalb Minuten in der Küche schufte!

ER Nein-nein ...

SIE Aber es ist *nicht* egal, das Ei *muß* nämlich viereinhalb Minuten kochen ...

ER Das habe ich doch gesagt ...

SIE Aber eben hast du doch gesagt, es ist dir egal!

ER Ich hätte nur gern ein weiches Ei ...

SIE Gott, was sind Männer primitiv!

ER (*düster vor sich hin*) Ich bringe sie um ... morgen bringe ich sie um ...

(Loriot: das Frühstücksei
aus: Loriot: Gesammelte Prosa

1 Gib den Inhalt der Szene mit eigenen Worten wieder.

2 Wodurch wirkt die Szene komisch? In welcher Weise sind Situationskomik, Charakter- oder Figurenkomik und Sprachkomik enthalten? Hilfen zu den Begriffen erhältst du im Schülerbuch im Werkzeugkasten auf S. 307.

3 Übt die Szene zu zweit ein und spielt sie den anderen vor.

Bewertungsbogen zur Leistungsüberprüfung/Klassenarbeit

Name:	
Schulhalbjahr/Datum:	
Klasse:	
Fachlehrer/in:	
Thema der Unterrichtsreihe:	Wir sprechen und spielen Theater
Thema der Klassenarbeit:	Loriot: Das Ei – Komische Elemente in einer Szene untersuchen
Aufgaben:	s. Arbeitsblatt 4 (Aufgaben 1 und 2)

A Inhaltliche Leistungen

	Die Schülerin/der Schüler	**maximale Punktzahl**	**erreichte Punktzahl**
1	verfasst einen informativen Einleitungsteil für eine Inhaltsangabe.	8	
2	gibt den Verlauf der Szene in einem zusammenhängenden Text wieder, berücksichtigt dabei vor allem auch die Zuspitzung des Geschehens.	16	
3	nennt Beispiele für Situationskomik (Anlass des Streits: alltägliche Situation, die sich zuspitzt; Reaktionen der Frau und des Mannes am Schluss ...).	6	
4	nennt Beispiele für Charakter- bzw. Figurenkomik (penetrantes Verhalten des Mannes, Reaktionen der Frau ...).	6	
5	Sprachkomik (Reaktion der Frau: „Ich weiß es nicht ... ich bin kein Huhn!", Z. 16; Reaktion des Mannes am Schluss: „Ich bringe sie um ... morgen bringe ich sie um ...", Z. 42 ...)	6	
A	**Gesamtpunktzahl**	**42**	

B Darstellungsleistungen

	Die Schülerin/der Schüler	**maximale Punktzahl**	**erreichte Punktzahl**
1	verleiht dem Text einen informativen Aufbau.	3	
2	schreibt sachlich und informativ.	6	
3	umschreibt die wörtliche Rede oder verwendet die indirekte Rede.	4	
4	schreibt sprachlich richtig (Rechtschreibung, Zeichensetzung, Grammatik).	5	
B	**Gesamtpunktzahl**	**18**	

Gesamtpunktzahl A und B	**60**

Die Klassenarbeit wird mit der Note

bewertet.

Datum Unterschrift

Zuordnung der Punkte zu den Notenstufen

Note	Punkte
sehr gut	60–53
gut	52–45
befriedigend	44–37
ausreichend	36–29
mangelhaft	28–21
ungenügend	20–0

Leistungsüberprüfung – Selbstevaluation – Klassenarbeit

1. **Teste dein Wissen: Theatergeschichte – Theaterberufe**
   (Arbeitsblatt 1, S. 366 f., Lösung 1, S. 368)

2. **Kaspar Hauser – Einen Lexikonartikel verfassen**
   (Arbeitsblatt 2, S. 369 f., Bewertungsbogen 2, S. 371).

3. **Reinhard Mey: Kaspar – Eine Inhaltsangabe überarbeiten**
   (Arbeitsblatt 3, S. 372, Bewertungsbogen 3, S. 373).

4. **Loriot: Das Ei – Komische Elemente in einer Szene untersuchen**
   (Arbeitsblatt 4, S. 374 f., Bewertungsbogen 4, S. 376 f.).

5. **Reinhard Mey: Kaspar – Die Ballade in eine anschauliche Erzählung umschreiben**
   Aufgabe: Schreibe die Ballade „Kaspar" in eine anschauliche Erzählung um.
   Bewertungsbogen: Bewertungsbogen 5, S. 379 f.

6. **Reinhard Mey: Kaspar – Eine Inhaltsangabe zu der Ballade verfassen**
   Aufgabe: Schreibe zu der Ballade „Kaspar" eine Inhaltsangabe.
   Bewertungsbogen: Bewertungsbogen 6, S. 381 f.

7. **Reinhard Mey: Kaspar – Eine Szene verfassen**
   Aufgabe: Schreibe zu der Ballade eine weitere Szene auf mit dem Titel „In der Schule". Kaspar und der Sohn des Schulmeisters befinden sich während der Pause auf dem Schulhof. Noch immer wird der Junge von Mitschülerinnen und Mitschülern abgelehnt. Inzwischen hat er jedoch viel gelernt. Der Sohn des Schulmeisters verteidigt ihn.
   Bewertungsbogen: Bewertungsbogen 7, S. 383 f.

8. **„Kaspar Hauser" – Eine Rede schreiben**
   Aufgabe: Schreibe eine Ansprache auf, die an die Menschen auf dem Marktplatz gerichtet ist. Teile diesen mit, was du von ihrem Verhalten gegenüber Kaspar hältst, und versuche, sie von deiner Einstellung zu überzeugen.
   Bewertungsbogen: Bewertungsbogen 8, S. 385

Bewertungsbogen zur Leistungsüberprüfung/Klassenarbeit

Name:	
Schulhalbjahr/Datum:	
Klasse:	
Fachlehrer/in:	
Thema der Unterrichtsreihe:	Wir sprechen und spielen Theater
Thema der Klassenarbeit:	Reinhard Mey: „Kaspar" – Die Ballade in eine anschauliche Erzählung umschreiben
Aufgabe:	Schreibe die Ballade „Kaspar" in eine anschauliche Erzählung um.

A Inhaltliche Leistungen

	Die Schülerin/der Schüler	**maximale Punktzahl**	**erreichte Punktzahl**
1	entwickelt eine in sich schlüssige Erzählidee.	5	
2	verleiht der Erzählung einen Spannungsbogen.	6	
3	verfasst eine passende Einleitung.	6	
4	gestaltet den Hauptteil anschaulich und lebendig aus (wörtliche Rede, innere Handlung, Umgebungsbeschreibung ...).	16	
5	verfasst einen angemessenen Schlussteil.	5	
A	**Gesamtpunktzahl**	**38**	

B Darstellungsleistungen

	Die Schülerin/der Schüler	**maximale Punktzahl**	**erreichte Punktzahl**
1	verleiht dem Text – auch äußerlich – einen sinnvollen Aufbau.	2	
2	schreibt anschaulich und lebendig.	5	
3	wendet die Regeln der wörtlichen Rede sachgemäß an.	3	
4	verwendet die richtigen Tempusformen.	3	
5	schreibt sprachlich richtig (Rechtschreibung, Zeichensetzung, Grammatik).	5	
B	**Gesamtpunktzahl**	**18**	

Gesamtpunktzahl A und B	**56**	

Die Klassenarbeit wird mit der Note

bewertet.

Datum Unterschrift

Zuordnung der Punkte zu den Notenstufen

Note	Punkte
sehr gut	56–49
gut	48–41
befriedigend	40–33
ausreichend	32–25
mangelhaft	24–11
ungenügend	10–0

Bewertungsbogen zur Leistungsüberprüfung/Klassenarbeit

Name:	
Schulhalbjahr/Datum:	
Klasse:	
Fachlehrer/in:	
Thema der Unterrichtsreihe:	Wir sprechen und spielen Theater
Thema der Klassenarbeit:	Reinhard Mey: „Kaspar" – Eine Inhaltsangabe zu der Ballade verfassen
Aufgabe:	Schreibe zu der Ballade „Kaspar" eine Inhaltsangabe.

A Inhaltliche Leistungen

	Die Schülerin/der Schüler	**maximale Punktzahl**	**erreichte Punktzahl**
1	verfasst einen informativen Einleitungsteil für eine Inhaltsangabe (Autor, Titel, Textart, Handlungsüberblick ...).	8	
2	gibt die wesentlichen Handlungsteile sachgerecht wieder.	16	
3	berücksichtigt dabei den zeitlichen Zusammenhang der Handlungsteile.	9	
4	gibt die Gründe für das Verhalten der Personen an (ursächlicher Zusammenhang).	9	
A	**Gesamtpunktzahl**	**42**	

B Darstellungsleistungen

	Die Schülerin/der Schüler	**maximale Punktzahl**	**erreichte Punktzahl**
1	verleiht dem Text – auch äußerlich – einen sinnvollen Aufbau.	2	
2	schreibt sachlich und informativ.	5	
3	umschreibt die wörtliche Rede oder verwendet die indirekte Rede.	3	
4	verwendet die richtigen Tempusformen.	3	
5	schreibt sprachlich richtig (Rechtschreibung, Zeichensetzung, Grammatik).	5	
B	**Gesamtpunktzahl**	**18**	

Gesamtpunktzahl A und B	**60**

Die Klassenarbeit wird mit der Note

bewertet.

Datum Unterschrift

Zuordnung der Punkte zu den Notenstufen

Note	**Punkte**
sehr gut	60 – 53
gut	52 – 45
befriedigend	44 – 37
ausreichend	36 – 29
mangelhaft	28 – 21
ungenügend	20 – 0

Bewertungsbogen zur Leistungsüberprüfung/Klassenarbeit

Name:	
Schulhalbjahr/Datum:	
Klasse:	
Fachlehrer/in:	
Thema der Unterrichtsreihe:	Wir sprechen und spielen Theater
Thema der Klassenarbeit:	Reinhard Mey: „Kaspar“ – Eine Szene verfassen
Aufgabe:	Schreibe zu der Ballade eine weitere Szene auf mit dem Titel „In der Schule“. Kaspar und der Sohn des Schulmeisters befinden sich während der Pause auf dem Schulhof. Noch immer wird der Junge von Mitschülerinnen und Mitschülern abgelehnt. Inzwischen hat er jedoch viel gelernt. Der Sohn des Schulmeisters verteidigt ihn.

A Inhaltliche Leistungen

	Die Schülerin/der Schüler	**maximale Punktzahl**	**erreichte Punktzahl**
1	legt entsprechend der Aufgabenstellung der Szene eine interessante Idee zugrunde.	4	
2	wählt geeignetes Personal aus.	4	
3	verdeutlicht in den Sprechanteilen die ablehnende Haltung der Mitschüler.	8	
4	verdeutlicht das bereits bekannte freundschaftliche Verhalten des Schulmeistersohnes in dessen Sprechweisen.	10	
5	macht in den Reaktionsweisen Kaspars deutlich, dass dieser inzwischen gelernt hat, den Anfeindungen zu begegnen und sich im Gespräch zur Wehr zu setzen.	16	
A	**Gesamtpunktzahl**	**42**	

B Darstellungsleistungen

	Die Schülerin/der Schüler	**maximale Punktzahl**	**erreichte Punktzahl**
1	verleiht dem Text – auch formal – einen sinnvollen Aufbau.	6	
2	schreibt anschaulich und szenengerecht.	6	
3	schreibt sprachlich richtig (Rechtschreibung, Zeichensetzung, Grammatik).	6	
B	**Gesamtpunktzahl**	**18**	

Gesamtpunktzahl A und B	**60**	

Die Klassenarbeit wird mit der Note

bewertet.

Datum Unterschrift

Zuordnung der Punkte zu den Notenstufen

Note	Punkte
sehr gut	60–53
gut	52–45
befriedigend	44–37
ausreichend	36–29
mangelhaft	28–21
ungenügend	20–0

Bewertungsbogen zur Leistungsüberprüfung/Klassenarbeit

Name:	
Schulhalbjahr/Datum:	
Klasse:	
Fachlehrer/in:	
Thema der Unterrichtsreihe:	Wir sprechen und spielen Theater
Thema der Klassenarbeit:	„Kaspar Hauser“ – Eine Rede schreiben
Aufgabe:	Schreibe eine Ansprache auf, die an die Menschen auf dem Marktplatz gerichtet ist. Teile diesen mit, was du von ihrem Verhalten gegenüber Kaspar hältst, und versuche, sie von deiner Einstellung zu überzeugen.

Inhaltliche Leistungen und Darstellungsleistungen

	Die Schülerin/der Schüler	**maximale Punktzahl**	**erreichte Punktzahl**
1	entwickelt eine passende Idee für den Redetext.	5	
2	baut die Rede sinnvoll (adressatengerecht) auf.	8	
3	stellt die eigene Bewertung des Geschehens überzeugend dar.	13	
4	spricht die Personen auf dem Marktplatz adressatengerecht an.	13	
5	verwendet wirksame, überzeugende Formulierungen.	13	
6	schreibt sprachlich richtig (Rechtschreibung, Grammatik).	8	
Gesamtpunktzahl		**60**	

Die Klassenarbeit wird mit der Note

______________________ **bewertet.**

____

Datum Unterschrift

Zuordnung der Punkte zu den Notenstufen

Note	**Punkte**
sehr gut	60–53
gut	52–45
befriedigend	44–37
ausreichend	36–29
mangelhaft	28–21
ungenügend	20–0

Informiere mich, berichte davon, beschreib es mir ... – Mit Gliedsätzen/ Nebensätzen arbeiten (S. 312–329)

Vorüberlegungen zur Einheit

Dieses Kapitel greift auf die Ausführungen im Schülerbuch 6 zurück. Dort haben die Schülerinnen und Schüler bereits die Begriffe Satzreihe und Satzgefüge mit den entsprechenden Konjunktionen zu unterscheiden gelernt.
Hier geht es nun um eine systematische und differenzierte Kennzeichnung und Funktionalisierung der Adverbial-, Subjekt- und Objektsätze. Ausdifferenziert wird im Sinne eines Spiralcurriculums auch das Thema Attribute. Es schließen sich Erarbeitungsformen zu den Zeichensetzungsregeln in Satzgefügen und bei Infinitivgruppen an. Das Thema ist eingebettet in den situativen Zusammenhang, dass eine Lerngruppe der Jahrgangsstufe 7 eine einwöchige Fahrt zu einer Sportschule plant und durchführt.
Die in der Einheit zu erwerbenden Kompetenzen spielen eine große Rolle beim Abfassen von argumentativen und beschreibenden Texten, besitzen jedoch auch eine Relevanz für den mündlichen Sprachgebrauch. Schülerinnen und Schüler lernen, sich zunehmend komplexer auszudrücken und Texte stilistisch eleganter auszugestalten. Von Bedeutung ist dieses z. B. auch beim Abfassen von Inhaltsangaben, wenn der zeitliche und ursächliche Zusammenhang von Handlungsteilen wiedergegeben werden soll.

Im Einzelnen geht es um folgende Kompetenzen:

- die unterschiedliche Kennzeichnung von Gliedsätzen/Nebensätzen und deren Funktionsweisen,
- das Erkennen des Zusammenhangs von Gliedsatz/Nebensatz und einfachem Satzglied,
- die Überarbeitung eines Textes mithilfe von Satzgefügen,
- die Funktionsweisen von Attributen als Satzgliedteilen und von Relativsätzen/Attributsätzen,
- das Verfassen beschreibender Texte mithilfe von einfachen Attributen und Relativsätzen/Attributsätzen,
- die Anwendung der Zeichensetzungsregeln in Satzgefügen und bei Infinitivgruppen.

Mithilfe der Auftakt-Doppelseite kann in das Thema eingeführt werden. Das Vorwissen der Schülerinnen und Schüler sollte erfragt werden, die Kapitelüberschrift, die kurzen Texte und die Abbildungen verweisen explizit auf das Thema Nebensätze/Gliedsätze bzw. Attributarten.

Didaktische Aufbereitung der Unterkapitel

→WB

1. „... weil wir da ohne Lehrer wohnen." – Adverbialsätze

Aufgabe 1
S. 314

Das Gespräch findet im Klassenraum während einer Schulstunde zwischen Schülerinnen und Schülern und ihrem Lehrer statt. Thema ist die anstehende Klassenfahrt. Im Zentrum stehen dabei Aussagen, die einen näheren Begründungszusammenhang erfordern bzw. in denen die Umstände eines Geschehens erfragt und erläutert werden.

Aufgaben 2 und 3
S. 314

An einem Einzelbeispiel kann erneut noch einmal der Begriff des Satzgefüges erläutert werden. Sinnvoll ist es in jedem Fall, das Beispiel an die **Tafel** zu schreiben und entsprechend zu kennzeichnen. Die Schülerinnen und Schüler benennen dann die Funktion des Gliedsatzes/Nebensatzes im Sinne einer Begründung. Gleichzeitig kann auch der grammatische Stellenwert von Hauptsatz und Gliedsatz/Nebensatz verdeutlicht werden, indem besprochen wird, dass der Hauptsatz im Gegensatz zum Gliedsatz/Nebensatz allein stehen kann, der Gliedsatz/Nebensatz mit einer Konjunktion angeschlossen wird und das finite Verb am Ende steht.

Das Satzgefüge

Begründung

Ich finde die Idee gut, [weil] wir ohne Lehrer in unseren Holzhäusern wohnen.

Konjunktion

Hauptsatz → **Satzgefüge** ← Gliedsatz/Nebensatz

TAFELBILD

Aufgabe 4
S. 314

Hier geht es noch nicht um eine genaue fachsprachliche Beschreibung der Funktion von Adverbialsätzen; die Schülerinnen und Schüler sollen lediglich mithilfe von Alltagsbegriffen und den vorgegebenen Formulierungen die unterschiedlichen Funktionen erläutern.

Aufgabe 5
S. 315

Beispielhaft kann die (verkürzte) Aussage des Lehrers herangezogen werden (vgl. Z. 17 ff.) und ebenfalls an der **Tafel** bearbeitet werden.

Satzgefüge und Satzreihe

Begründung

Wir haben nicht so viel Zeit, [weil] ich noch die Hausaufgaben besprechen will.

unterordnende Konjunktion

Hauptsatz → **Satzgefüge** ← Gliedsatz/Nebensatz

Begründung

Wir haben nicht so viel Zeit, [denn] ich will noch die Hausaufgaben besprechen.

nebenordnende Konjunktion

Hauptsatz → **Satzreihe** ← Hauptsatz

TAFELBILD

Aufgabe 6
S. 315

Mit dieser und der folgenden Aufgabe wird das Thema „adverbiale Bestimmung" aus dem letzten Schuljahr wiederholt und gleichzeitig wird der Zusammenhang von einfachem Adverbiale und Adverbialsatz verdeutlicht, woraus im Übrigen der Begriff des Gliedsatzes (Aufgabe eines Satzgliedes) resultiert. Im Folgenden sind nur die adverbialen Bestimmungen markiert, die in einen Gliedsatz/Nebensatz umgewandelt werden können (vgl. Aufgabe 7). Natürlich ist es auch möglich, alle weiteren Adverbialien als Wiederholungsübung zu bestimmen.

- Nach unserer Ankunft empfing uns der Leiter der Sportschule. (Zeitpunkt)
- Leon schleuderte vor Übermut seine Reisetasche auf das Rasengelände. (Begründung)
- Zunächst gab es einige Probleme bei der Häuserverteilung und bei der Einteilung des Spüldienstes. (Zeitpunkt, evtl. auch Begründung)
- Trotz genauer Anweisungen durch seine Mutter benötigte Max eine halbe Stunde für das Beziehen der Betten. (Unwirksamer Grund, unwirksame Voraussetzung)
- Aus Spaß hatte Lukas ihm einen Knoten in sein Bettlaken gemacht. (Begründung)
- Die Schüler in Haus 7 mussten sich wegen des Tischdienstes besonders beeilen. (Begründung)
- Den anderen wurde von einer Sportlehrerin vor dem Essen die ganze Anlage gezeigt. (Zeitpunkt)
- Unter der Voraussetzung der Zustimmung ihres Lehrers wollte sie am Abend noch mit den Schülerinnen und Schülern eine Stunde Abenteuerturnen durchführen. (Voraussetzung, Bedingung)
- Die ganze Klasse klatschte vor Begeisterung. (Begründung)

Aufgabe 7
S. 315

Um den stilistischen Wert von Satzgefügen bzw. einfachen adverbialen Bestimmungen zu erkennen, sollten die Unterschiede in der Darstellung in jedem Einzelfall besprochen werden. Den Schülerinnen und Schülern dürfte auffallen, dass einfache adverbiale Bestimmungen die Darstellung einerseits sinnvoll verkürzen, andererseits jedoch gelegentlich auch umständlich erscheinen lassen (vgl. z. B. den vorletzten Satz). Im Zusammenhang mit dieser Übung kann auch die Stellung des Gliedsatzes/Nebensatzes zum Hauptsatz thematisiert werden (Vordersatz, Zwischensatz, Hintersatz), weil die Schülerinnen und Schüler automatisch unterschiedliche Varianten wählen werden (vgl. auch Aufgabe 12, S. 318).

- Nachdem wir angekommen waren, empfing uns der Leiter der Sportschule.
- Leon schleuderte, weil er so übermütig war, seine Reisetasche auf das Rasengelände.
- Als es um die Häuserverteilung und die Einteilung des Spüldienstes ging, gab es zunächst einige Probleme.
- Obwohl seine Mutter ihm genaue Anweisungen gegeben hatte, benötigte Max eine halbe Stunde für das Beziehen der Betten.
- Weil er Spaß machen wollte, hatte Lukas ihm einen Knoten in sein Bettlaken gemacht.
- Die Schüler in Haus 7 mussten sich besonders beeilen, weil sie Tischdienst hatten.
- Bevor gegessen wurde, wurde den anderen von einer Sportlehrerin die ganze Anlage gezeigt.
- Sie wollte am Abend noch eine Stunde Abenteuerturnen mit den Schülerinnen und Schülern durchführen, falls ihr Lehrer zustimmte (zustimmen würde).
- Die ganze Klasse klatschte, weil alle so begeistert waren.

Aufgabe 8
S. 316

Bei den Umformungen sollte im Einzelfall auch angesprochen werden, wie sich die Bedeutung der Sätze durch die Verwendung unterschiedlicher Konjunktionen ändert. Diese Umformungen sind neben weiteren Alternativen möglich:

- Weil es beim Essen sehr laut wurde, bat der Küchenchef um etwas mehr Rücksichtnahme. (Beim Essen wurde es sehr laut, sodass der Küchenchef um mehr Rücksicht bat.)
- Obwohl Paul eigentlich schon satt war, nahm er sich zum dritten Mal von den leckeren Bratkartoffeln.
- Zu viel durfte er nicht essen, weil er schließlich für das Abenteuerturnen fit bleiben musste (..., damit er für das Abenteuerturnen fit blieb).
- Bevor die Schülerinnen und Schüler den Essraum verließen, musste noch das Geschirr zurückgebracht werden.
- Anschließend holten alle schnell ihr Sportzeug, da keiner zu spät zum Abenteuerturnen kommen wollte.
- Bevor sie sich in der Turnhalle trafen, zogen sich alle um.
- Die Sportlehrerin ließ die Klasse zunächst einige Runden laufen, damit sich die Schülerinnen und Schüler zunächst aufwärmen konnten (oder mit veränderter semantischer Nuance: ..., weil sich Schülerinnen und Schüler zunächst aufwärmen sollten).

Erster Abend – Abenteuerturnen (S. 316–317)

Aufgaben 9 und 10 S. 317

Der Text der Schülerin besteht ausschließlich aus Satzreihen. Die Überarbeitung sollte vor allem mithilfe von Satzgefügen (Adverbialsätze und Relativsätze/Attributsätze) erfolgen. Möglich ist es natürlich auch, einzelne Hauptsätze durch einfache adverbiale Bestimmungen zu ersetzen.

Vorgeschlagen wird, den Text abschnittsweise in Partnerarbeit zu verbessern, um ein unmittelbares Korrektiv zu haben. Folgende Abschnitte bieten sich an:

1. Abschnitt: Z. 1–7
2. Abschnitt: Z. 7–17
3. Abschnitt: Z. 18–27
4. Abschnitt: Z. 27–37

Aufgabe 11 S. 318

Entscheidend für den Lernerfolg ist bei dieser Übung, dass die Schülerinnen und Schüler nicht formal entsprechend den verwendeten Konjunktionen die Adverbialsätze bestimmen, sondern jeweils nach der inhaltlichen Leistung fragen. Als weitere Übung können zusätzlich die Adverbialsätze im Gespräch auf S. 314 bestimmt werden.

- Bevor wir zum Sorpesee wanderten, trafen sich alle vor dem Hauptgebäude. (Temporalsatz)
- Aysun kam zu spät, weil sie ihren Rucksack nicht finden konnte. (Kausalsatz)
- Das war ihr so peinlich, dass sie rot anlief. (Konsekutivsatz)
- Alle mussten deshalb etwas schneller gehen, damit das Schiff am Anleger noch zu erreichen war. (Finalsatz)
- Während sich einige darüber beschwerten, beruhigten andere das Mädchen. (Adversativsatz, Temporalsatz)
- Obwohl der Klassenlehrer eine Wanderkarte mitgenommen hatte, hätten sie sich fast verlaufen. (Konzessivsatz)
- Schließlich erreichten jedoch alle pünktlich den Bootsanleger, nachdem der Lehrer einen Förster nach dem Weg gefragt hatte. (Temporalsatz)
- Er zeigte ihnen die Wegkreuzung, wo sie abbiegen mussten. (Lokalsatz)
- Das Boot wäre nicht ohne die Klasse gefahren, weil die Schüler nämlich die einzigen Passagiere waren. (Kausalsatz)
- Der Kapitän begrüßte die Schülerinnen und Schüler, indem er laut mit dem Schiffshorn hupte. (Modalsatz)
- Ella erschrak sich so sehr, dass sie beinahe ins Wasser gefallen wäre. (Konsekutivsatz)

- Sie sah aus, als ob ihr ein Gespenst begegnet wäre. (Komparativsatz)
- Da am Abend alle ziemlich müde waren, nahmen sie für den Rückweg den Linienbus. (Kausalsatz)
- Allerdings wussten sie zunächst nicht, wo sich die Haltestelle befand. (Lokalsatz)
- Sie fanden den Ort, nachdem sie eine Passantin gefragt hatten. (Temporalsatz)
- Anstatt dass sie wie geplant früh ins Bett gingen, machten die Mädchen die ganze Nacht durch. (Adversativsatz)
- Beim Frühstück am nächsten Morgen wären sie fast am Tisch eingeschlafen, weil sie so müde waren. (Kausalsatz)
- Obwohl ihr Lehrer auch nicht gut geschlafen hatte, erschien er äußerst fröhlich im Essraum. (Konzessivsatz)

Aufgabe 12
S. 318
Die Schülerinnen und Schüler sollen die Konstruktion eines Satzgefüges mit einem Gliedsatz/Nebensatz als Hinter-, Zwischen- oder Vordersatz erkennen und deren stilistische Bedeutung erfahren.

Aufgabe 13
S. 318
Die Aufgabe ermöglicht eine weitere Sicherung des Gelernten. Zunehmend sollten die Schülerinnen und Schüler mit den fachsprachlichen Begriffen arbeiten.

2. „Dass sie das darf, …" – Subjekt- und Objektsätze (S. 319–320)

Im Mittelpunkt dieses Unterkapitels stehen Subjekt- und Objektsätze. Im Sinne einer didaktischen Reduktion bezieht sich die Erarbeitung ausschließlich auf konjunktionale dass-Sätze. Indirekte Fragesätze in der Funktion eines Objektsatzes werden im Folgeband thematisiert.

Meine sehr verehrten Zuhörerinnen und Zuhörer (S. 319)

Aufgabe 1
S. 319
Mithilfe der Satzgliedfragen können die Schülerinnen und Schüler leicht erkennen, dass es um die Satzglieder Subjekt und Objekt geht, die durch einen Gliedsatz/Nebensatz gebildet werden.

Aufgabe 2
S. 319
Die Sätze können in eine Tabelle eingeordnet werden. Bei der Umformung sollte jeweils die stilistische Qualität der Formulierungen besprochen werden. Dafür gibt es kein objektives Beurteilungskriterium, die Schülerinnen und Schüler können jedoch mit ihrem Sprachgefühl argumentieren.

Subjektsatz	Objektsatz
• Dass die Sonne scheint, … • …, dass sie sich so verhält.	• Dass heute eine solche einmalige Stimmung in unserem Stadion ist, … • …, dass man ihn so behandelt …
Umformung:	
Subjektsatz	**Objektsatz**
• Das Scheinen der Sonne ist eine Seltenheit in dieser kalten Region. • Ihr Verhalten ist unglaublich.	• Die einmalige Stimmung in unserem Stadion haben wir den beiden überragenden Akteuren zu verdanken. • Schließlich kann sich der Kleine in keiner Weise gegen eine solche Behandlung wehren.

Aufgaben 3 bis 5 S. 320

Die Aufgaben dienen der Anwendung und Festigung des Gelernten.

3. „…, der ein zotteliges Fell hat, …“ – Attributsätze und andere Attributformen (S. 321–324)

Dieses Kapitel dient zum einen der Wiederholung der bereits im vorausgehenden Band thematisierten Attribute. In besonderer Weise geht es dabei um die Relativsätze/Attributsätze.

Aufgabe 1 S. 321

Die Bilddetails sind insgesamt sachgerecht beschrieben, die Schülerinnen und Schüler können dennoch einige Einzelheiten nach ihrer individuellen Sichtweise anders kennzeichnen. Möglich und sinnvoll ist es zudem noch, das Bildthema (Siegerehrung beim Wettkampf der Tiere, Disziplin: Brummen) anzugeben.

Aufgabe 2 S. 322

Mithilfe dieser einfachen Übung erfahren die Schülerinnen und Schüler noch einmal, dass Attribute keine eigenständigen Satzglieder sind, sondern Satzgliedteile.

Aufgabe 3 S. 322

Die Schülerinnen und Schüler sollten bei dieser Aufgabe darauf achten, dass innerhalb eines Attributs weitere Attribute stehen können.

Adjektivattribut	präp. Attribut	Genitivattribut	Apposition	Attributsatz
– dreistufige – winzige – zotteliges – riesengroßes – gebeugte – trauriger – kleine – spitze – schwarzem – angedeutete	– mit den Ziffern 1, 2, 3 – mit schwarzem Punkt – ohne Gesichter	– des Bären	– ein riesengroßes Tier	– …, die auf Platz 1 und 2 stehen – …, der ein zotteliges Fell hat und auf Platz 3 steht

Aufgabe 4 S. 322

Die Beschreibungen sollten anschließend ausgetauscht und beurteilt werden. Zudem können die verwendeten Attribute fachsprachlich gekennzeichnet werden.

Aufgabe 5 S. 323

Bei dieser Übung geht es sowohl darum, die einzelnen Hauptsätze durch die Umformung in Relativsätze/Attributsätze miteinander zu verknüpfen als auch weitere Attribute zur näheren Kennzeichnung der verwendeten Nomen/Substantive einzufügen.
Beispiel: In der linken Bildhälfte ist eine auffällig große Gans zu sehen, die mit ihrem Kopf in einem braunen Schnürschuh steckt.

Aufgabe 6 S. 323

Folgende Verknüpfungen sind möglich:

- Das Schwein, das auffällig klein ist, befindet sich am unteren rechten Bildrand.
- Das Schwein, das zur Gans hinaufschaut, denkt: „Toll!“
- Der Hintergrund, der schraffiert ist, ist in der Farbe der Flügel gezeichnet.
- Die Denkblase, die zur Gans gehört, ist auffallend groß.
- Die Gans steckt mit ihrem Kopf in einem Schuh, der etwa so groß wie das Schwein ist.

Im Unterrichtsgespräch sollte thematisiert werden, wie die Relativsätze/Attributsätze durch andere Attributarten ersetzt werden können und wie sich die Darstellungsform (vgl. die Verkürzung) dadurch ändert.

Aufgabe 7
S. 323

- das kleine Schwein – das Schwein, das klein ist
- die Gans, die im Schuh steckt
- der Mann, der einen Norwegerpullover trägt
- die Schneeflocken, die sich im Glas befinden
- die Fliege, die außergewöhnlich klein ist
- das Podest, das dreistufig ist
- die Zuschauer, die nur angedeutet sind
- der Bär, der eine spitze Schnauze besitzt
- die Ziffern, die aufgemalt sind
- die Karikatur, in deren Mitte ein Bär dargestellt ist

Auch bei diesen Beispielsätzen soll über die stilistischen Unterschiede im Einzelfall gesprochen werden.

Aufgabe 8
S. 323

Ziel der Überarbeitung soll es sein, die komplexen, unübersichtlichen Satzgefüge aufzulösen.

Aufgabe 9
S. 324

Die Texte sollen anschließend ausgetauscht werden, um ein Korrektiv zur Verfügung zu stellen. Zusätzlich können die verwendeten Relativsätze/Attributsätze gekennzeichnet werden.

4. ... und die Zeichensetzung (S. 325–328)

Im Zentrum dieses Unterkapitels steht die Zeichensetzung in Satzgefügen. Gleichzeitig kann das Übungsmaterial benutzt werden, um die Kenntnisse zu den Satzgefügen (Funktion, fachsprachliche Bezeichnung) zu festigen.
Außerdem wird die Kommasetzung bei einer Infinitivgruppe (vgl. die ehemalige Bezeichnung „erweiterter Infinitiv") thematisiert.

Aufgabe 1
S. 325

- Max strengte sich beim Abenteuerturnen so an, dass er rot anlief wie eine Tomate. (Konsekutivsatz)
- Luna, die immer die Erste sein will, wäre fast von der Mattenbahn gestürzt. (Relativsatz/Attributsatz)
- In der ersten Nacht bekamen einige überhaupt keinen Schlaf, weil sie so aufgedreht waren. (Kausalsatz)
- Obwohl der Klassenlehrer der 7c selbst kaum ein Auge zugemacht hatte, sah er am Morgen topfit aus, weil er fünf Minuten kalt geduscht hatte. (Konzessivsatz, Kausalsatz)
- Nachdem alle ihre Rucksäcke gepackt hatten und sich regenfeste Kleidung angezogen hatten, begann die Wanderung zum Sorpesee, auf dem sie eine Kanutour machen wollten. (Temporalsatz, Relativsatz/Attributsatz)
- Dass es ein besonders feuchtes Vergnügen werden würde, ahnte zu diesem Zeitpunkt noch niemand, obwohl einigen doch etwas mulmig zumute war. (Objektsatz, Konzessivsatz)
- Alle mussten während der Kanufahrt Schwimmwesten tragen, damit nichts passieren konnte. (Finalsatz)

Aufgabe 2
S. 325

Als Hilfe kann neben der unterschiedlichen farblichen Markierung auch exemplarisch ein Satzbauplan an die **Tafel** gezeichnet werden. Zum ersten Satz sieht er folgendermaßen aus:

Komplexes Satzgefüge

Weil wir am ...,	die sich ... befindet,	besuchen wollten,	mussten wir ... aufstehen.
Gliedsatz 1	***Gliedsatz 2***	***Gliedsatz 1***	***Hauptsatz***

TAFELBILD

- Weil wir am vorletzten Tag eine Tropfsteinhöhle, die sich in der Nähe des Sorpesees befindet, besuchen wollten, mussten wir sehr früh aufstehen.
- Am Eingang, der sich in der Nähe des Busparkplatzes befindet, empfing uns eine junge Dame, die uns, nachdem sie einige allgemeine Informationen zur Höhle gegeben hatte, durch das Innere führte.
- Drinnen froren wir, da sich in der Höhle, die weit verzweigt ist, an allen Orten nur eine Temperatur von 7° C messen lässt.
- Der Höhlengang ist so niedrig, dass man sich, wenn man nicht aufpasst, den Kopf stoßen kann.
- Als die Führung zu Ende war, kauften sich einige von uns noch Andenken, die allerdings ziemlich kitschig waren und dennoch viel Geld kosteten.

Aufgabe 3
S. 326

Die Übung sollte als Partnerübung durchgeführt werden, damit die Schülerinnen und Schüler sich über die Funktion der Gliedsätze/Nebensätze und die Zeichensetzung austauschen können.

Ein feuchtes Vergnügen (S. 326)
Am zweiten Tag unserer Klassenfahrt wanderten wir zum Sorpesee, der etwa 25 Kilometer von der Sportschule entfernt liegt. Nachdem wir uns einige Male verlaufen hatten, kamen wir schließlich nach drei Stunden am See, der einen Anleger für Kanus hat, an. Insgesamt zehn Schülerinnen und Schüler passten jeweils in ein Kanu. Natürlich trugen alle Schwimmwesten, die wir im Bootshaus ausleihen konnten. Außerdem fuhr auf jedem Boot ein Erwachsener mit Bootserfahrung mit.
Die Jungen wollten natürlich ihr eigenes Boot haben. Als sie mitten auf dem See waren, wurden sie von einem Surfer geärgert, der ziemlich dicht an ihnen vorbeifuhr und sie nassspritzte. Mit lautem Geschrei rutschten alle zu einer Seite hin und mussten im Nu erfahren, dass ihr Boot umzukippen drohte. Die Jungen retteten zunächst die Situation, indem sie auf die andere Seite rutschten. Doch da passierte es! Das Boot kenterte, sodass alle ins Wasser fielen. Dank der Schwimmwesten konnten sie nicht untergehen und ans Ufer schwimmen. Da war es natürlich gut, dass es so warm war. Denn die Jungen mussten einige Zeit warten, bis sie vom Leiter der Sportschule mit einem Kleinbus abgeholt wurden und sich trockene Sachen anziehen konnten.

Aufgaben 4
und 5
S. 326–327

In dieser Übung geht es zunächst nur darum, Infinitivgruppen zu bilden und die stilistische Qualität der Infinitivgruppe gegenüber dem vollständigen Gliedsatz/Nebensatz mithilfe des Sprachgefühls – durchaus subjektiv – zu bewerten. Da Infinitivgruppen entstehen, die nicht durch ein hinweisendes Wort angekündigt werden, spielt die Zeichensetzung zunächst nur eine untergeordnete Rolle.

- Die Hausordnung verlangt von jedem(,) die Sportgeräte nach der Benutzung wieder wegzuräumen.
- Gülben und Ella befürchteten(,) den Tischdienst allein machen zu müssen.

- Sie erwarteten(,) von den anderen unterstützt zu werden.
- Max bot Ella an(,) mit ihm zu tauschen.
- Paul hoffte(,) bei der Verteilung des Tischdienstes vergessen zu werden.
- Meike bedauerte(,) nicht am Abenteuerturnen teilnehmen zu können.
- Jonas bat Janna(,) ihm das Bett zu beziehen.

Aufgabe 6
S. 327

- Die Sportlehrerin forderte die Schülerinnen und Schüler dazu auf, sich vor dem Turnen aufzuwärmen.
- Die Schülerinnen und Schüler wünschten es sich sehr, die Stunde Abenteuerturnen noch einmal zu wiederholen.
- Der Leiter der Sportschule gab ihnen die Erlaubnis, den Tennisplatz zu benutzen.
- Im Verlauf der Klassenfahrt erhielten die Schülerinnen und Schüler die Chance, ihr Schwimmabzeichen in Bronze zu machen.
- Im Essraum wartete nicht jeder darauf, die Schüsseln angereicht zu bekommen.
- Jedoch verlangte es keiner, bedient zu werden.
- Einige mussten allerdings daran erinnert werden, sich zurückhaltend und höflich zu verhalten.
- Hannah machte den Vorschlag, eine Liste von Benimmregeln aufzustellen.
- Die Idee, alles aufzuschreiben, fanden die meisten jedoch nicht gut.
- Man einigte sich darauf, rücksichtsvoll miteinander umzugehen.
- Daran, die Tür zu schließen, hatte Eva am Abend nicht gedacht.
- Die Jungen machten sich deshalb einen Spaß daraus, als Gespenster in der Nacht zu erscheinen.

Aufgabe 7
S. 327

Exemplarisch kann ein Satz entsprechend an der **Tafel** bearbeitet werden.

Die Stellung der Infinitivgruppe zum Hauptsatz

1. Infinitivgruppe am Schluss
Einige mussten allerdings daran erinnert werden, sich zurückhaltend und höflich zu verhalten.
hinw. Wort **Infinitivgruppe**

2. Eingeschobene Infinitivgruppe
Daran, sich zurückhaltend und höflich zu verhalten, allerdings jedoch einige erinnert werden.
hinw. Wort **Infinitivgruppe**

TAFELBILD

Aufgabe 8
S. 327

Die Übung dient dazu, die Zeichensetzung bei eingeleiteten Infinitivgruppen systematisch an Einzelbeispielen zu sichern. Die entstandenen Sätze können abschließend auch partnerweise diktiert werden.

Aufgabe 9
S. 328

Um die Schülerinnen und Schüler nicht zu verwirren, sollte an dieser Stelle eher darauf verzichtet werden, Kommas, deren Setzung dem Schreiber überlassen bleibt, differenziert zum Thema zu machen. Sie sind im Folgenden in Klammern gesetzt.

Wie stichst du eine Stricknadel durch einen aufgeblasenen Ballon? (S. 328)

Blase einen Ballon auf(,) und binde ihn zu. Dann klebe ein Stück durchsichtigen Klebestreifen auf die eine Seite und ein anderes Stück auf die Seite gegenüber. Nimm eine Stricknadel(,) und wette mit deinen Freunden, dass du mit dieser Nadel den Ballon durchstechen kannst, ohne ihn dabei zum Platzen zu bringen.
Stich nun die Nadel durch den Klebestreifen in den Ballon und auf der anderen Seite wieder durch den Klebestreifen hindurch. Der Klebestreifen verhindert, dass der Ballon aufreißt und zerplatzt. Denk am Ende daran, deinen Wetteinsatz einzufordern.

Wie fängt man Münzen vom Ellenbogen? (S. 328)
Obwohl der Trick schwierig aussieht, ist er eigentlich ganz einfach. Strecke deine rechte Hand nach vorne aus. Nun biege den Unterarm zurück. Die Hand liegt jetzt in der Nähe des Ohres. Lege mit der anderen Hand eine Münze auf den ausgestreckten Ellenbogen. Fasse nun mit der rechten Hand blitzschnell nach vorne und versuche(,) die Münze zu ergreifen. Das geht deshalb ziemlich leicht, weil die Münze einen Bruchteil einer Sekunde in der Luft schwebt, wenn du den Ellenbogen wegziehst und mit der Hand zuschnappst. Bevor die Münze fällt, hast du sie schon.
Übe zuerst mit Radiergummis oder anderen weichen Dingen, die nichts kaputt machen können, falls du sie ungeschickterweise wegschleuderst. Wenn du besser trainiert bist, kannst du den Trick auch mit einem Stapel von mehreren Münzen versuchen. Lass dir von deinen Freunden das Geld auf den Ellenbogen stapeln(,) und mach ihnen den Vorschlag, es behalten zu dürfen, wenn du es schnappen kannst, ohne dass du die andere Hand benutzt.

Die Lösungen zu den **Übungen zur Lernkontrolle** (S. 329) befinden sich im Anhang des Schülerbandes auf der Seite 396.

Adverbialsätze

1 Bilde aus den folgenden Satzreihen Satzgefüge. Ein Hauptsatz soll jeweils zu einem Adverbialsatz werden. Achte auch auf die Zeichensetzung.

- Anna und Felix planen eine Tagestour mit dem Rad. Deshalb überprüfen sie die Verkehrstauglichkeit ihrer Räder.

  ____

  ____

- Das Wetter ist zwar nicht so gut, trotzdem lassen sie sich ihre gute Laune nicht nehmen.

  ____

  ____

- Sie starten morgens um 8 Uhr. Zuvor kaufen sie noch Reiseproviant ein.

  ____

  ____

- Die Reiseroute haben sie sich genau aufgeschrieben, sie wollen sich nämlich nicht verfahren.

  ____

  ____

2 Bilde aus den folgenden Hauptsätzen Satzgefüge, indem du die unterstrichenen adverbialen Bestimmungen zu Adverbialsätzen umformst.

- <u>Vor Freude</u> verabschiedet sich Anna von ihrem Dackel mit einem Kuss.

  ____

  ____

- Felix ölt <u>vor dem Start</u> noch schnell seine Fahrradkette.

  ____

  ____

- Trotz einiger Bedenken stimmen die Eltern der Fahrradtour zu.

- Bei der Abfahrt der Kinder wünschen sie ihnen „Hals- und Beinbruch“.

3 Unterstreiche in den folgenden Satzgefügen die Hauptsätze, versieh die Adverbialsätze mit einer Wellenlinie und setze die fehlenden Kommas. Bestimme anschließend die Adverbialsätze.

- Felix und Anna haben ihre Radtour so gut geplant dass sie sich nicht verfahren.

- Obwohl es am Morgen noch sehr kühl ist frieren sie überhaupt nicht.

- Zunächst fahren sie zu einer Burgruine wo die beiden bereits einmal mit ihrer Klasse gewesen sind.

- Damit ihre Räder nicht gestohlen werden schließen sie diese mit einem Bügelschloss zusammen.

- Nachdem sie sich gestärkt haben setzen sie ihre Fahrt fort.

- Während Felix bereits nach einer Stunde Fahrt eine weitere Rast einlegen möchte möchte Anna lieber noch eine halbe Stunde fahren.

- Felix ist einverstanden wenn sie die Fahrt etwas verlangsamen.

- Ihre Fahrt führt sie nun zu einem Badesee wo sie sich ausruhen und schwimmen gehen können.

  ___

- Das Schwimmen ist dort erlaubt da es eine Badeaufsicht gibt.

  ___

- Felix ärgert Anna im Wasser ein wenig indem er sie immer wieder nassspritzt.

  ___

- Sie „rächt" sich dadurch dass sie sein Handtuch versteckt.

  ___

- Die beiden kaufen sich an einem Kiosk noch ein Eis bevor sie die Rückfahrt antreten.

  ___

- Mit dem Handy kündigen sie ihre Heimfahrt an weil sich ihre Eltern immer so viele Sorgen machen.

  ___

- Am Abend sind sie so müde dass sie kaum noch etwas erzählen können.

  ___

Adverbialsätze

Aufgabe 1

- Weil Anna und Felix eine Tagestour mit dem Rad planen, überprüfen sie die Verkehrstauglichkeit ihrer Räder.
- Obwohl das Wetter nicht so gut ist, lassen sie sich ihre gute Laune trotzdem nicht nehmen.
- Bevor sie morgens um 8 Uhr starten, kaufen sie noch Reiseproviant ein.
- Die Reiseroute haben sie sich genau aufgeschrieben, damit sie sich nicht verfahren (weil sie sich nicht verfahren wollen).

Aufgabe 2

- Weil sie sich so freut, verabschiedet sich Anna von ihrem Dackel mit einem Kuss.
- Felix ölt, bevor er startet, noch schnell seine Fahrradkette.
- Obwohl sie einige Bedenken haben, stimmen die Eltern der Fahrradtour zu.
- Als die Kinder abfahren, wünschen sie (die Eltern) ihnen „Hals- und Beinbruch".

Aufgabe 3

- Felix und Anna haben ihre Radtour so gut geplant, dass sie sich nicht verfahren. Konsekutivsatz
- Obwohl es am Morgen noch sehr kühl ist, frieren sie überhaupt nicht. Konzessivsatz
- Zunächst fahren sie zu einer Burgruine, wo die beiden bereits einmal mit ihrer Klasse gewesen sind. Lokalsatz
- Damit ihre Räder nicht gestohlen werden, schließen sie diese mit einem Bügelschloss zusammen. Finalsatz
- Nachdem sie sich gestärkt haben, setzen sie ihre Fahrt fort. Temporalsatz
- Während Felix bereits nach einer Stunde Fahrt eine weitere Rast einlegen möchte, möchte Anna lieber noch eine halbe Stunde fahren. Adversativsatz, Komparativsatz
- Felix ist einverstanden, wenn sie die Fahrt etwas verlangsamen. Konditionalsatz
- Ihre Fahrt führt sie nun zu einem Badesee, wo sie sich ausruhen und schwimmen gehen können. Lokalsatz
- Das Schwimmen ist dort erlaubt, da es eine Badeaufsicht gibt. Kausalsatz
- Felix ärgert Anna im Wasser ein wenig, indem er sie immer wieder nassspritzt. Modalsatz
- Sie „rächt" sich dadurch, dass sie sein Handtuch versteckt. Modalsatz
- Die beiden kaufen sich an einem Kiosk noch ein Eis, bevor sie die Rückfahrt antreten. Temporalsatz
- Mit dem Handy kündigen sie ihre Heimfahrt an, weil sich ihre Eltern immer so viele Sorgen machen. Kausalsatz
- Am Abend sind sie so müde, dass sie kaum noch etwas erzählen können. Konsekutivsatz

Relativsätze/Attributsätze

1 Unterstreiche in den folgenden Ausdrücken das Bezugsnomen/Bezugssubstantiv und versieh die Attribute mit einer Wellenlinie. Forme anschließend die einfachen Attribute zu Relativsätze/Attributsätzen um.

- ein kleiner Hund mit einer rosafarbenen Schleife

  ____

- eine zahme und gut erzogene Katze

  ____

- der zu den Stachelhäutern gehörende Igel

  ____

- mehrere hundert Millionen Jahre alte Versteinerungen

  ____

2 Verbinde die Satzreihen so, dass Satzgefüge mit einem Relativsatz/Attributsatz entstehen. Schreibe die Satzgefüge in dein Heft.

Fossilien

- Fossilien sind Versteinerungen von Tieren und Pflanzen. Sie stammen aus den frühesten Zeiten der Erde.
- Fossilien geben den Wissenschaftlern Aufschluss über die Entwicklung der Erde. Sie erscheinen fast immer als Abdruck im Gestein.
- Die ältesten Fossilien sind etwa 700 Millionen Jahre alt. Sie wurden in unwegsamen, steinigen Gebieten gefunden.
- Es gibt auch viele Hobbysammler. Sie verwenden Fossilien zur Dekoration ihrer Wohnung.
- Vielleicht gibt es einen verlassenen Steinbruch in deiner Nähe. Dort kannst du selbst nach Fossilien suchen.

3 Versieh in dem Text „Was sind Wirbeltiere?" alle Relativsätze/Attributsätze mit einer Wellenlinie. Kreise die Relativpronomen ein. Unterstreiche die Nomen/Substantive, auf die sich die Relativsätze/Attributsätze beziehen. Setze die fehlenden Kommas.

Was sind Wirbeltiere?

Jene Tiere die ein festes Skelett haben nennt man „Wirbeltiere". Das Wort bezieht sich auf die Wirbelsäule die die knöcherne Achse unseres Skeletts bildet. Wirbeltiere werden im Gegensatz zu den Insekten die ihr Skelett außen haben und sozusagen in einer festen Rüstung stecken von innen zusammengehalten. Wirbeltiere können daher größer werden als Insekten deren Gewicht durch die Art ihres Außenskeletts sehr begrenzt ist. Wirbellos sind auch Weichtiere, Würmer und Stachelhäuter.

(Aus: Nikolaus Lenz: Das megadicke Buch des Wissens, Loewe Verlag, Bindlach 2005, S. 146, leicht geändert)

Relativsätze/Attributsätze

Aufgabe 1

- ein kleiner Hund mit einer rosafarbenen Schleife
  ein Hund, der klein ist und eine rosafarbene Schleife trägt
  mit einer rosafarbenen Schleife
  mit einer Schleife, die rosafarben ist
- eine zahme und gut erzogene Katze
  eine Katze, die zahm und gut erzogen ist
- der zu den Stachelhäutern gehörende Igel
  der Igel, der zu den Stachelhäutern gehört
- mehrere hundert Millionen Jahre alte Versteinerungen
  Versteinerungen, die mehrere hundert Millionen Jahre alt sind

Aufgabe 2

Fossilien

- Fossilien sind Versteinerungen von Tieren und Pflanzen, die aus den frühesten Zeiten der Erde stammen.
- Fossilien, die fast immer als Abdruck im Gestein erscheinen, geben den Wissenschaftlern Aufschluss über die Entwicklung der Erde.
- Die ältesten Fossilien, die in unwegsamen, steinigen Gebieten gefunden wurden, sind etwa 700 Millionen Jahre alt.
- Es gibt auch viele Hobbysammler, die Fossilien zur Dekoration ihrer Wohnung verwenden.
- Vielleicht gibt es einen verlassenen Steinbruch in deiner Nähe, in dem du selbst nach Fossilien suchen kannst.

Aufgabe 3

Was sind Wirbeltiere?

Jene Tiere, die ein festes Skelett haben, nennt man „Wirbeltiere". Das Wort bezieht sich auf die Wirbelsäule, die die knöcherne Achse unseres Skeletts bildet.
Wirbeltiere werden im Gegensatz zu den Insekten, die ihr Skelett außen haben und sozusagen in einer festen Rüstung stecken, von innen zusammengehalten. Wirbeltiere können daher größer werden als Insekten, deren Gewicht durch die Art ihres Außenskeletts sehr begrenzt ist. Wirbellos sind auch Weichtiere, Würmer und Stachelhäuter.

(Aus: Nikolaus Lenz: Das megadicke Buch des Wissens. Loewe Verlag, Bindlach 2005, S. 146, leicht geändert)

Gliedsätze/Nebensätze erkennen und bestimmen (1)

1 Ordne die Satzgefüge des folgenden Textes nach den drei Satzmustern. Schreibe die entsprechende Ziffer in die Klammer, die sich hinter dem jeweiligen Satz befindet. Setze auch die Kommas.

1	2	3
Gliedsatz – Hauptsatz	Hauptsatz – Gliedsatz	Hauptsatz – Gliedsatz – Hauptsatz

Ausstellungen

Damit in einem Museum Sonderausstellungen stattfinden können baut man die einzelnen Räume in besonderer Weise aus. ( ) Dort werden dann Videoanlagen installiert sodass sich die Besucher genauer über die Themen informieren können. ( ) Die Ausstellungsstücke die besonders wertvoll sind werden durch Panzerglas gesichert. ( ) Wenn ein Besucher zu nah an ein Ausstellungsstück herantritt ertönt ein Alarmsignal. ( ) Für Kinder und Jugendliche die sich für das Ausstellungsthema interessieren werden oftmals eigene Führungen angeboten. ( ) Die sind dann so gestaltet dass sie nicht nur zuhören müssen, sondem auch selbst etwas gestalten dürfen. ( ) Wenn z. B. eine Ausstellung zum Thema „Indianer" stattfindet, können die Kinder und Jugendlichen etwas zeichnen, kochen oder typischen Federschmuck herstellen. ( )

2 Der folgende Zeitungsbericht besteht nur aus Satzreihen. Schreibe ihn entsprechend um, indem du passende Satzgefüge verwendest. Achte auch auf die Zeichensetzung.

Indianer in der Stadt

Am Donnerstag wird die große Ausstellung zum Thema „Indianer" im Stadtmuseum eröffnet. Es befindet sich auf dem Domplatz. Gezeigt werden besonders seltene Ausstellungsstücke. Sie stammen aus aller Welt. Für Kinder und Jugendliche werden besondere Führungen angeboten. In deren Verlauf können Zeichnungen angefertigt werden und es kann Federschmuck gebastelt werden.

Die Ausstellung geht bis zum 11. November. Sie ist außer montags täglich von 9–18 Uhr geöffnet.

3 Unterstreiche in den folgenden komplexen Satzgefügen den Hauptsatz und setze die Kommas.

- Ausstellungsbesucher die sich für ein Thema das in den Museumsräumen gezeigt wird ganz besonders interessieren können sich ein Audio-Gerät mieten das wie eine Mischung aus Telefon und Walkman funktioniert.
- Wenn ein Besucher Informationen zu einem Ausstellungsstück das er besonders beeindruckend findet wünscht drückt er auf einer Tastatur die Nummer mit der das Exponat versehen ist.

4 Versieh in den folgenden Satzgefügen die Gliedsätze mit einer Wellenlinie, setze die Kommas und bestimme die Gliedsätze.

- Dass in Annes Heimatort vor einiger Zeit etwas Besonderes stattfand erkannte man bereits an der Menschenschlange auf dem Domplatz.
- Als die Indianer-Ausstellung im Museum zu sehen war war ihre Stadt in aller Munde.
- Die Schlange vor dem Museum war oft so lang dass viele über eine Stunde warten mussten bis sie eingelassen wurden.
- Die Ausstellung die in dieser Form einmalig war ging über mehrere Wochen.
- Obwohl der Ausstellungskatalog nicht gerade preiswert war war er ein Verkaufsschlager.

- Im Stadthaus wurden Videofilme gezeigt damit man sich vorbereiten konnte.

___

- Da gerade in den letzten Tagen der Andrang noch sehr groß war wurden die Öffnungszeiten verlängert.

___

- Auf diese Weise wurde verhindert dass viele Interessenten enttäuscht abgewiesen werden mussten.

___

- Annes Klassenlehrerin hatte eine Führung organisiert die alle so richtig spannend fanden.

___

- Am Schluss der Führung trafen sich noch einmal alle in einem Raum wo ihnen ein typisches Indianer-Essen serviert wurde.

___

- Die Organisatoren erwarten dass auch nach der Ausstellung das Interesse an der Stadt nicht nachlassen wird.

___

- Falls genügend Geld zur Verfügung steht sollen regelmäßig große Ausstellungen stattfinden.

___

Gliedsätze/Nebensätze erkennen und bestimmen (1)

Aufgabe 1

Ausstellungen

Damit in einem Museum Sonderausstellungen stattfinden können, baut man die einzelnen Räume in besonderer Weise aus. (1) Dort werden dann Videoanlagen installiert, sodass sich die Besucher genauer über die Themen informieren können. (2) Die Ausstellungsstücke, die besonders wertvoll sind, werden durch Panzerglas gesichert. (3) Wenn ein Besucher zu nah an ein Ausstellungsstück herantritt, ertönt ein Alarmsignal. (1) Für Kinder und Jugendliche, die sich für das Ausstellungsthema interessieren, werden oftmals eigene Führungen angeboten. (3) Die sind dann so gestaltet, dass sie nicht nur zuhören müssen, sondern auch selbst etwas gestalten dürfen. (2) Wenn z. B. eine Ausstellung zum Thema „Indianer" stattfindet, können die Kinder und Jugendlichen etwas zeichnen, kochen oder typischen Federschmuck herstellen. (1)

Aufgabe 2

Indianer in der Stadt!

Am Donnerstag wird die große Ausstellung zum Thema „Indianer" im Stadtmuseum, das sich auf dem Domplatz befindet, eröffnet.
Gezeigt werden besonders seltene Ausstellungsstücke, die aus aller Welt stammen. Für Kinder und Jugendliche werden besondere Führungen, in deren Verlauf Zeichnungen angefertigt werden können und Federschmuck gebastelt werden kann, angeboten.
Die Ausstellung, die außer montags täglich von 9–18 Uhr geöffnet ist, geht bis zum 11. November.

Aufgabe 3

- Ausstellungsbesucher, die sich für ein Thema, das in den Museumsräumen gezeigt wird, ganz besonders interessieren, können sich ein Audio-Gerät mieten, das wie eine Mischung aus Telefon und Walkman funktioniert.
- Wenn ein Besucher Informationen zu einem Ausstellungsstück, das er besonders beeindruckend findet, wünscht, drückt er auf einer Tastatur die Nummer, mit der das Exponat versehen ist.

Aufgabe 4

- Dass in Annes Heimatort vor einiger Zeit etwas Besonderes stattfand, erkannte man bereits an der Menschenschlange auf dem Domplatz.
  Objektsatz
- Als die Indianer-Ausstellung im Museum zu sehen war, war ihre Stadt in aller Munde.
  Temporalsatz

- Die Schlange vor dem Museum war oft so lang, dass viele eine Stunde warten mussten, bis sie eingelassen wurden.
  Konsekutivsatz, Temporalsatz
- Die Ausstellung, die in dieser Form einmalig war, ging über mehrere Wochen.
  Relativsatz/Attributsatz
- Obwohl der Ausstellungskatalog nicht gerade preiswert war, war er ein Verkaufsschlager.
  Konzessivsatz
- Im Stadthaus wurden Videofilme gezeigt, damit man sich vorbereiten konnte.
  Finalsatz
- Da gerade in den letzten Tagen der Andrang noch sehr groß war, wurden die Öffnungszeiten verlängert.
  Kausalsatz
- Auf diese Weise wurde verhindert, dass viele Interessenten enttäuscht abgewiesen werden mussten.
  Subjektsatz
- Annes Klassenlehrerin hatte eine Führung organisiert, die alle so richtig spannend fanden.
  Relativsatz/Attributsatz
- Am Schluss der Führung trafen sich noch einmal alle in einem Raum, wo ihnen ein typisches Indianer-Essen serviert wurde.
  Lokalsatz
- Die Organisatoren erwarten, dass auch nach der Ausstellung das Interesse an der Stadt nicht nachlassen wird.
  Objektsatz
- Falls genügend Geld zur Verfügung steht, sollen regelmäßig große Ausstellungen stattfinden.
  Konditionalsatz

Bewertungsbogen zur Leistungsüberprüfung/Klassenarbeit

Name:	
Schulhalbjahr/Datum:	
Klasse:	
Fachlehrer/in:	
Thema der Unterrichtsreihe:	Informiere mich, berichte davon, beschreib es mir ... – Mit Gliedsätzen/Nebensätzen arbeiten
Thema der Klassenarbeit:	Gliedsätze/Nebensätze erkennen und bestimmen
Aufgaben:	s. Arbeitsblatt 3

Aufgabe 1

	Die Schülerin/der Schüler	**maximale Punktzahl**	**erreichte Punktzahl**
1	kennzeichnet die Stellung der Gliedsätze/Nebensätze zum Hauptsatz richtig (1 Punkt für jede zutreffende Kennzeichnung).	7	
2	setzt die Kommas entsprechend den Regeln der Zeichensetzung (1 Punkt pro Komma).	11	
	Gesamtpunktzahl für Aufgabe 1	**18**	

Aufgabe 2

	Die Schülerin/der Schüler	**maximale Punktzahl**	**erreichte Punktzahl**
1	verknüpft die Satzreihen in Form sinnvoller Satzgefüge (2 Punkte pro Satzgefüge).	8	
2	setzt die Kommas entsprechend den Regeln der Zeichensetzung (1 Punkt pro Komma).	7	
	Gesamtpunktzahl für Aufgabe 2	**15**	

Aufgabe 3

	Die Schülerin/der Schüler	**maximale Punktzahl**	**erreichte Punktzahl**
1	markiert die Hauptsätze sachgerecht (3 Punkte für jede zutreffende Markierung).	6	
2	setzt die Kommas entsprechend den Regeln der Zeichensetzung (1 Punkt pro Komma).	9	
	Gesamtpunktzahl für Aufgabe 3	**15**	

Aufgabe 4

	Die Schülerin/der Schüler	**maximale Punktzahl**	**erreichte Punktzahl**
1	markiert die Gliedsätze/Nebensätze sachgerecht.	12	
2	setzt die Kommas entsprechend den Regeln der Zeichensetzung (1 Punkt pro Komma).	14	
3	benennt die Gliedsätze/Nebensätze sachgerecht (2 Punkte pro Benennung).	26	
	Gesamtpunktzahl für Aufgabe 4	**52**	
A	**Gesamtpunktzahl**	**100**	

Die Klassenarbeit wird mit der Note

bewertet.

Datum Unterschrift

Zuordnung der Punkte zu den Notenstufen

Note	**Punkte**
sehr gut	100–94
gut	93–87
befriedigend	86–78
ausreichend	77–65
mangelhaft	64–34
ungenügend	33–0

Gliedsätze/Nebensätze erkennen und bestimmen (2)

Versieh in dem folgenden Text alle Gliedsätze/Nebensätze mit einer Wellenlinie und einer kleinen Ziffer (von 1–10) am Ende. Schreibe anschließend die genaue Bezeichnung des jeweiligen Gliedsatzes/Nebensatzes unter den Text.

Welche Fallen gibt es im Wasser und auf der Erde?

Überall, wo es in der Natur Beutetiere gibt, lauern auch Räuber. Die Tapezierspinne etwa kleidet kleine Erdhöhlen mit einem schlauchförmigen Netz aus, das ein wenig aus dem Boden ragt. Darin fangen sich kriechende Insekten. Die Falldeckelspinne tarnt ihr Höhlennetz sogar mit einem Deckel, den sie wie eine Falltür heben und hinter ihrem Opfer wieder zuklappen kann. Eine Falle allereinfachster Art baut ein Insekt namens „Ameisenlöwe“ (das ist die Falle eines fliegenden Insekts, nämlich der Ameisenjungfer). Der Ameisenlöwe gräbt kleine Trichter im sandigen Boden und lauert am tiefsten Punkt auf Ameisen, die in den Trichter rutschen. Die Wasserspinne schließlich macht von ihrem Unterwasserversteck aus Jagd auf kleine Tiere. Dazu baut sie sich unter Wasser ein glockenförmiges Netz, das sie an Pflanzenhalmen verankert. Dann pendelt sie zwischen Wasseroberfläche und „Taucherglocke“ hin und her und befördert winzige Luftbläschen, die beim Herabtauchen zwischen ihren Körperhaaren kleben bleiben, in das Netz. Wenn die Taucherglocke voll ist, kann die Wasserspinne lange Zeit unter Wasser bleiben und von ihrem Unterschlupf aus auf Jagd gehen. Und dann gibt es noch ein Tier, das keine Fallen baut, sondern eine Falle ist. Die fleischfressende Raupe Eupithecia taurophragma sieht genauso aus wie ein kleiner Zweig. Sobald sich ein Tier draufsetzt, packt das „Zweiglein“ zu. Für den Menschen ist die Raupe ungefährlich, weil ihre Kraft viel zu gering ist.

(Aus: Nikolaus Lenz: Das megadicke Buch des Wissens, Loewe Verlag, Bindlach 2005, S. 156–157, leicht geändert)

1. ______________________ 2. ______________________

3. ______________________ 4. ______________________

5. ______________________ 6. ______________________

7. ______________________ 8. ______________________

9. ______________________ 10. ______________________

Gliedsätze/Nebensätze erkennen und bestimmen (2)

Aufgabe

Welche Fallen gibt es im Wasser und auf der Erde?
Überall, wo es in der Natur Beutetiere gibt (1), lauern auch Räuber. Die Tapezierspinne etwa kleidet kleine Erdhöhlen mit einem schlauchförmigen Netz aus, das ein wenig aus dem Boden ragt (2). Darin fangen sich kriechende Insekten. Die Falldeckelspinne tarnt ihr Höhlennetz sogar mit einem Deckel, den sie wie eine Falltür heben und hinter ihrem Opfer wieder zuklappen kann (3). Eine Falle allereinfachster Art baut ein Insekt namens „Ameisenlöwe“ (das ist die Falle eines fliegenden Insekts, nämlich der Ameisenjungfer). Der Ameisenlöwe gräbt kleine Trichter im sandigen Boden und lauert am tiefsten Punkt auf Ameisen, die in den Trichter rutschen (4).
Die Wasserspinne schließlich macht von ihrem Unterwasserversteck aus Jagd auf kleine Tiere. Dazu baut sie sich unter Wasser ein glockenförmiges Netz, das sie an Pflanzenhalmen verankert (5). Dann pendelt sie zwischen Wasseroberfläche und „Taucherglocke“ hin und her und befördert winzige Luftbläschen, die beim Herabtauchen zwischen ihren Körperhaaren kleben bleiben (6), in das Netz. Wenn die Taucherglocke voll ist (7), kann die Wasserspinne lange Zeit unter Wasser bleiben und von ihrem Unterschlupf aus auf Jagd gehen.
Und dann gibt es noch ein Tier, das keine Fallen baut (8), sondern eine Falle ist. Die fleischfressende Raupe Eupithecia taurophragma sieht genauso aus wie ein kleiner Zweig. Sobald sich ein Tier draufsetzt (9), packt das „Zweiglein“ zu. Für den Menschen ist die Raupe ungefährlich, weil ihre Kraft viel zu gering ist (10).

(Aus: Nikolaus Lenz: Das megadicke Buch des Wissens. Loewe Verlag, Bindlach 2005, S. 156–157, leicht geändert)

1. Lokalsatz
2. Relativsatz/Attributsatz
3. Relativsatz/Attributsatz
4. Relativsatz/Attributsatz
5. Relativsatz/Attributsatz
6. Relativsatz/Attributsatz
7. Konditionalsatz, Temporalsatz
8. Relativsatz/Attributsatz
9. Temporalsatz
10. Kausalsatz

Gliedsätze/Nebensätze erkennen und bestimmen (3)

Versieh in den folgenden Texten alle Gliedsätze/Nebensätze mit einer Wellenlinie und einer Ziffer am Ende. Schreibe anschließend die genaue Bezeichnung des jeweiligen Gliedsatzes unter den Text. Außerdem musst du die fehlenden Kommas in die Satzgefüge eintragen. Benutze dafür einen farbigen Stift.

Futter für magere Zeiten

In der Tierwelt ist das Sammeln von Vorräten gar nicht so selten. Eichhörnchen zum Beispiel sorgen vor indem sie eine Reihe von Vorratslagern mit Nüssen und Samen anlegen. Oft vergessen sie dann wo diese Speisekammern liegen; und so kommt es vor dass die vergrabenen Nüsse austreiben und sich zu Bäumen entwickeln.

(Aus: Nikolaus Lenz: Das megadicke Buch des Wissens, Loewe Verlag, Bindlach 2005, S. 154, gekürzt)

1. ______________________ 2. ______________________

3. ______________________

Leben auch Hauskatzen in Rudeln?

Unter den Hauskatzen gibt es Arten die (wie die Löwen) gesellig leben und solche bei denen sich die Tiere als Einzelgänger durchs Leben schlagen. Einzelgänger sind auch die Tiger und die kleinen Wildkatzen mit denen unsere Hauskatzen eng verwandt sind. Trotzdem sind Hauskatzen nicht immer Einzelgänger wie ihre wilden Ahnen. Auf Bauernhöfen wo es viele Katzen gibt leben Katzen in Rudeln. Zum Beispiel passen Katzenmütter auch auf die Jungen anderer Katzen auf wenn diese unterwegs sind. Etwas Ähnliches kennt man neuerdings auch aus sehr großen Städten.

(Nach: Nikolaus Lenz: Das Buch der 1000 Kinderfragen, Loewe Verlag, Bindlach 1995, S. 212–213)

1. ______________________ 2. ______________________

3. ______________________ 4. ______________________

5. ______________________

Hühnereier

Wusstest du dass die Schalen von Hühnereiern nicht dicht sind? Sie besitzen winzige Poren durch die Wasserdampf und Luft in das Innere des Eis eintreten können. Das ist notwendig damit sich der Embryo im Hühnerei entwickeln kann. Falls du ein Ei essen willst darf es natürlich nicht befruchtet sein. Obwohl befruchtete Eier durchaus genießbar sind isst man sie nicht weil das Innere unappetitlich aussieht.

1. ______________________ 2. ______________________

3. ______________________ 4. ______________________

5. ______________________ 6. ______________________

Gliedsätze/Nebensätze erkennen und bestimmen (3)

Aufgabe

Futter für magere Zeiten

In der Tierwelt ist das Sammeln von Vorräten gar nicht so selten. Eichhörnchen zum Beispiel sorgen vor, indem sie eine Reihe von Vorratslagern mit Nüssen und Samen anlegen (1). Oft vergessen sie dann, wo die Speisekammern liegen (2); und so kommt es vor, dass die vergrabenen Nüsse austreiben und sich zu Bäumen entwickeln (3).

(Aus: Nikolaus Lenz: Das megadicke Buch des Wissens. Loewe Verlag, Bindlach 2005, S. 154, gekürzt)

1. Modalsatz
2. Lokalsatz
3. Subjektsatz

Leben auch Hauskatzen in Rudeln?

Unter den Hauskatzen gibt es Arten, die (wie die Löwen) gesellig leben (1), und solche, bei denen sich die Tiere als Einzelgänger durchs Leben schlagen (2). Einzelgänger sind auch die Tiger und die kleinen Wildkatzen, mit denen unsere Hauskatzen eng verwandt sind (3).

Trotzdem sind Hauskatzen nicht immer Einzelgänger wie ihre wilden Ahnen. Auf Bauernhöfen, wo es viele Katzen gibt (4), leben Katzen in Rudeln. Zum Beispiel passen Katzenmütter auch auf die Jungen anderer Katzen auf, wenn diese unterwegs sind (5). Etwas Ähnliches kennt man neuerdings auch aus sehr großen Städten.

(Nach: Nikolaus Lenz: Das Buch der 1000 Kinderfragen, Loewe Verlag, Bindlach 1995, S. 212–213)

1. Relativsatz/Attributsatz
2. Relativsatz/Attributsatz
3. Relativsatz/Attributsatz
4. Lokalsatz
5. Konditionalsatz/Temporalsatz

Hühnereier

Wusstest du, dass die Schalen von Hühnereiern nicht dicht sind (1)? Sie besitzen winzige Poren, durch die Wasserdampf und Luft in das Innere des Eis eintreten können (2). Das ist notwendig, damit sich der Embryo im Hühnerei entwickeln kann (3). Falls du ein Ei essen willst (4), darf es natürlich nicht befruchtet sein. Obwohl befruchtete Eier durchaus genießbar sind (5), isst man sie nicht, weil das Innere unappetitlich aussieht (6).

1. Objektsatz
2. Relativsatz/Attributsatz
3. Finalsatz
4. Konditionalsatz
5. Konzessivsatz
6. Kausalsatz

Die Zeichensetzung bei Infinitivgruppen

1 Im Folgenden findest du Sätze mit einem Infinitiv mit **zu**, zu dem weitere Wörter hinzukommen. Diese Infinitivgruppen müssen durch Kommas abgetrennt werden, wenn ein Wort im übergeordneten Satz auf sie hinweist. Kreise dieses Wort jeweils farbig ein.

- Felix dachte nicht daran, sich bei seinem Freund zu entschuldigen.
- Darauf, ihre Freundin aus dem Sommerurlaub wiederzusehen, freute sich Ella ganz besonders.
- Während der Klassenfahrt hatten die Jungen den Plan, sich nachts als Gespenster zu verkleiden und die Lehrer zu erschrecken.
- Die Hausaufgabe zu erledigen, das hatte Jonas schon wieder vergessen.
- Ich mag es besonders, im Sommer faul in der Sonne zu liegen.
- Der Dieb vergaß es tatsächlich, sein Einbruchswerkzeug mitzunehmen.
- Er hatte nicht mit der Möglichkeit gerechnet, vom Wachdienst überrascht zu werden.

2 Arbeite wie in der Übung zuvor. Nun musst du jedoch zusätzlich die Kommas setzen.

- Erinnerst du mich daran die Fototasche mitzunehmen?
- Mit dem Ziel in jeder Klassenarbeit mindestens eine Zwei zu schreiben begann Lukas das Schuljahr.
- Du solltest die Chance dich in diesem Schuljahr deutlich zu verbessern unbedingt nutzen.
- Er kam nicht auf die Idee einen Schraubenzieher zu benutzen.
- Den Bus zu nehmen diese Möglichkeit zog er gar nicht in Betracht.
- Hast du Lust heute Abend mit ins Kino zu gehen?
- Daran dieses gesagt zu haben konnte er sich überhaupt nicht erinnern.

3 Infinitivgruppen, die mit den Wörtern **um** (zu), **ohne** (zu), **anstatt** (zu), **statt** (zu), **außer** (zu), **als** (zu) eingeleitet werden, müssen ebenfalls durch Kommas vom übrigen Satz abgetrennt werden. Trage in die folgenden Sätze die fehlenden Kommas ein. Zeichne das Einleitungswort mit einem farbigen Stift nach und unterstreiche den Infinitiv mit **zu**.

- Der Junge überquerte die Straße ohne auf den Verkehr zu achten.
- Der Autofahrer verließ den Unfallort ohne sich um den Verletzten zu kümmern.
- Für Pauline gibt es nichts Schöneres als gemütlich auf dem Sofa ein Buch zu lesen.
- Anne hat sich in einem Schachklub angemeldet um das Spiel noch besser zu beherrschen.
- Statt zu faulenzen solltest du dich lieber auf die Mathematikarbeit vorbereiten.
- Ohne anzugeben kannst du wohl nicht über dich sprechen!
- Wir sollten uns um auch wirklich rechtzeitig anzukommen nicht so lange an diesem Ort aufhalten.

4 Trage in die folgenden Witze die fehlenden Kommas bei Infinitivgruppen ein.

Im Fußballstadion

Der kleine Max sitzt im Fußballstadion auf den Schultern seines Vaters um besser sehen zu können. Er schreit abwechselnd: „Abseits!“ – „Elfmeter!“ – „Rote Karte!“ Plötzlich nimmt ihn der Vater herunter und schaut ihn böse an. „Was soll das? Warum schauen Sie ihren Sohn so böse an?“, will der Nachbar wissen. „Geht es um Fußball, hat er eine große Klappe. Ansonsten denkt er nicht einmal daran das Wort Pipi zu sagen!“

Die gute Tat

Die Religionslehrerin sagt zu ihren Schülern: „Es ist eure Pflicht in jeder Woche mindestens einen Menschen glücklich zu machen. Hast du das in dieser Woche schon getan, Alexander?“ Der Junge antwortet selbstbewusst: „Natürlich, Frau Berger.“ „Und auf welche Weise ist es dir gelungen dieser Pflicht nachzukommen?“, will die Lehrerin wissen. „Ich habe meine Tante besucht, und die war froh darüber mich am Abend nicht mehr zu sehen!“, antwortet Alexander.

Mit dem Finger in der Sahara

Der Schulleiter schimpft mit der Reinigungskraft: „Sie haben doch die Aufgabe alles gründlich zu säubern! Warum liegt hier auf dem Globus noch so viel Staub?“ „Na ja, wenn Sie mit dem Finger genau durch die Sahara fahren, brauchen Sie sich nicht zu wundern!“, entgegnet selbstbewusst die Reinigungskraft.

Die Zeichensetzung bei Infinitivgruppen

Aufgabe 1

- Felix dachte nicht daran, sich bei seinem Freund zu entschuldigen.
- Darauf, ihre Freundin aus dem Sommerurlaub wiederzusehen, freute sich Ella ganz besonders.
- Während der Klassenfahrt hatten die Jungen den Plan, sich nachts als Gespenster zu verkleiden und die Lehrer zu erschrecken.
- Die Hausaufgabe zu erledigen, das hatte Jonas schon wieder vergessen.
- Ich mag es besonders, im Sommer faul in der Sonne zu liegen.
- Der Dieb vergaß es tatsächlich, sein Einbruchswerkzeug mitzunehmen.
- Er hatte nicht mit der Möglichkeit gerechnet, vom Wachdienst überrascht zu werden.

Aufgabe 2

- Erinnerst du mich daran, die Fototasche mitzunehmen?
- Mit dem Ziel, in jeder Klassenarbeit mindestens eine Zwei zu schreiben, begann Lukas das Schuljahr.
- Du solltest die Chance, dich in diesem Schuljahr deutlich zu verbessern, unbedingt nutzen.
- Er kam nicht auf die Idee, einen Schraubenzieher zu benutzen.
- Den Bus zu benutzen, diese Möglichkeit zog er gar nicht in Betracht.
- Hast du Lust, heute Abend mit ins Kino zu gehen?
- Daran, dieses gesagt zu haben, konnte er sich überhaupt nicht erinnern.

Aufgabe 3

- Der Junge überquerte die Straße, ohne auf den Verkehr zu achten.
- Der Autofahrer verließ den Unfallort, ohne sich um den Verletzten zu kümmern.
- Für Pauline gibt es nichts Schöneres, als gemütlich auf dem Sofa ein Buch zu lesen.
- Anne hat sich in einem Schachklub angemeldet, um das Spiel noch besser zu beherrschen.
- Statt zu faulenzen, solltest du dich lieber auf die Mathematikarbeit vorbereiten.
- Ohne anzugeben, kannst du wohl nicht über dich sprechen!
- Wir sollten uns, um auch wirklich rechtzeitig anzukommen, nicht so lange an diesem Ort aufhalten.

Aufgabe 4

Im Fußballstadion

Der kleine Max sitzt im Fußballstadion auf den Schultern seines Vaters, um besser sehen zu können. Er schreit abwechselnd: „Abseits!“ – „Elfmeter!“ – „Rote Karte!“
Plötzlich nimmt ihn der Vater herunter und schaut ihn böse an. „Was soll das? Warum schauen Sie Ihren Sohn so böse an?“, will der Nachbar wissen.

„Geht es um Fußball, hat er eine große Klappe. Ansonsten denkt er nicht einmal daran, das Wort Pipi zu sagen!"

Die gute Tat

Die Religionslehrerin sagt zu ihren Schülern: „Es ist eure Pflicht, in jeder Woche mindestens einen Menschen glücklich zu machen. Hast du das in dieser Woche schon getan, Alexander?" Der Junge antwortet selbstbewusst: „Natürlich, Frau Berger." „Und auf welche Weise ist es dir gelungen, dieser Pflicht nachzukommen?", will die Lehrerin wissen. „Ich habe meine Tante besucht, und die war froh darüber, mich am Abend nicht mehr zu sehen!", antwortet Alexander.

Mit dem Finger in die Sahara

Der Schulleiter schimpft mit der Reinigungskraft: „Sie haben doch die Aufgabe, alles gründlich zu säubern! Warum liegt hier auf dem Globus noch so viel Staub?"
„Na ja, wenn Sie mit dem Finger genau durch die Sahara fahren, brauchen Sie sich nicht zu wundern!", entgegnet selbstbewusst die Reinigungskraft.

Die Zeichensetzung in Satzgefügen und bei Infinitivgruppen (1)

1 In den folgenden Texten fehlen alle Kommas. Es handelt sich dabei vor allem um Kommas in Satzgefügen und bei Infinitivgruppen. An einigen Stellen fehlen jedoch auch die Kommas zwischen den Teilen einer Aufzählung. Trage alle Kommas ein. Versieh als Hilfe alle Gliedsätze/Nebensätze mit einer Wellenlinie und kreise bei den Infinitivgruppen die hinweisenden Wörter oder die Einleitungswörter (um ..., anstatt ...) ein.

Benutzen Tiere auch Werkzeuge?

Früher hat man geglaubt dass ein Unterschied zwischen Menschen und Tieren darin besteht dass Menschen Werkzeuge benutzen Tiere jedoch nicht. Heute weiß man dass dies so nicht stimmt.

Zumindest Menschenaffen sind in der Lage Gegenstände als Werkzeuge zu benutzen. In einem berühmten Experiment bauten sich Schimpansen aus Kisten eine Art Leiter um an Bananen zu kommen die man hoch über ihnen aufgehängt hatte. Aber auch in freier Natur behelfen sich viele Tiere mit „Werkzeugen".

Affen machen sich kleine Zweige zurecht mit denen sie Termiten aus deren Bauten herausholen. Diese Zweige müssen eine ganz bestimmte Form und Größe haben und auf richtige Weise eingesetzt werden; zufälliges Herumstochern im Termitenbau bliebe erfolglos. Auch der Spechtfink besorgt sich Dornen mit denen er Insekten aus der Rinde von Bäumen hervorpickt.

An viele „Lebensmittel" können Tiere überhaupt nur dann herankommen wenn sie sie aufknacken. Seeotter schlagen mit Steinen Muscheln vom Fels und klopfen sie dann ebenfalls mit Steinen auf.

Viele Vögel zertrümmern Schneckenhäuser Eier und Muscheln auf Steinen oder lassen sie aus großer Höhe auf die Erde fallen. Geier transportieren Knochen in die Luft um sie auf Felsen zerschellen zu lassen und so an das Mark heranzukommen. Angeblich machen sie das auch mit Schildkröten; der griechische Tragödiendichter Aischylos soll so von einer Schildkröte erschlagen worden sein die ein Geier aus großer Höhe fallen ließ. Eine echte Tragödie falls es stimmt.

(Aus: Nikolaus Lenz: Das megadicke Buch des Wissens, Loewe Verlag, Bindlach 2005, S. 158–159)

Gibt es Tiere mit Rückstoß?

Meerestiere haben eine Reihe von Methoden entwickelt sich unter Wasser fortzubewegen. Fische und Wale schlagen mit den Schwanzflossen; viele kleine Wirbellose lassen sich mit der Strömung treiben; Pinguine auf Tauchfahrt verhalten sich so als schlügen sie mit ihren Stummelflügeln in der Luft.
Die seltsamste Methode unter Wasser voranzukommen haben aber wohl die Tintenfische und bestimmte Muscheln entwickelt: den Rückstoß. Tintenfische saugen Wasser ein und stoßen es so scharf aus dass sie sich dabei fortbewegen. Das geschieht ähnlich wie bei einem Luftballon dem die Luft ausgeht allerdings viel gezielter.
Die im Mittelmeer verbreitete Jakobsmuschel hingegen kann sich dermaßen kräftig zusammenklappen dass der Rückstoß sie bisweilen mehr als zehn Meter vorantreibt.

(Aus: Nikolaus Lenz: Das megadicke Buch des Wissens, Loewe Verlag, Bindlach 2005, S. 147–148, leicht geändert)

2 Wähle fünf verschiedene Gliedsätze/Nebensätze aus und bestimme sie, indem du die richtige Bezeichnung an den Rand schreibst.

Die Zeichensetzung in Satzgefügen und bei Infinitivgruppen (1)

Aufgaben 1 und 2

Benutzen Tiere auch Werkzeuge?

Früher hat man geglaubt, dass ein Unterschied zwischen Menschen und Tieren darin besteht (Objektsatz), dass Menschen Werkzeuge benutzen, Tiere jedoch nicht (Objektsatz). Heute weiß man, dass dies so nicht stimmt (Objektsatz).

Zumindest Menschenaffen sind in der Lage, Gegenstände als Werkzeuge zu benutzen. In einem berühmten Experiment bauten sich Schimpansen aus Kisten eine Art Leiter, um an Bananen zu kommen, die man hoch über ihnen aufgehängt hatte (Relativsatz/Attributsatz). Aber auch in freier Natur behelfen sich viele Tiere mit „Werkzeugen".

Affen machen sich kleine Zweige zurecht, mit denen sie Termiten aus deren Bauten herausholen (Relativsatz/Attributsatz). Diese Zweige müssen eine ganz bestimmte Form und Größe haben und auf richtige Weise eingesetzt werden; zufälliges Herumstochern im Termitenbau bliebe erfolglos. Auch der Spechtfink besorgt sich Dornen, mit denen er Insekten aus der Rinde von Bäumen hervorpickt (Relativsatz/Attributsatz).

An viele „Lebensmittel" können Tiere überhaupt nur dann herankommen, wenn sie sie aufknacken (Konditionalsatz). Seeotter schlagen mit Steinen Muscheln vom Fels und klopfen sie dann ebenfalls mit Steinen auf.

Viele Vögel zertrümmern Schneckenhäuser, Eier und Muscheln auf Steinen oder lassen sie aus großer Höhe auf die Erde fallen. Geier transportieren Knochen in die Luft, um sie auf Felsen zerschellen zu lassen und so an das Mark heranzukommen. Angeblich machen sie das auch mit Schildkröten; der griechische Tragödiendichter Aischylos soll so von einer Schildkröte erschlagen worden sein, die ein Geier aus großer Höhe fallen ließ (Relativsatz/Attributsatz). Eine echte Tragödie, falls es stimmt (Konditionalsatz).

(Aus: Nikolaus Lenz: Das megadicke Buch des Wissens, Loewe Verlag, Bindlach 2005, S. 158–159)

Gibt es Tiere mit Rückstoß?

Meerestiere haben eine Reihe von Methoden entwickelt, sich unter Wasser fortzubewegen. Fische und Wale schlagen mit den Schwanzflossen; viele kleine Wirbellose lassen sich mit der Strömung treiben; Pinguine auf Tauchfahrt verhalten sich so, als schlügen sie mit ihren Stummelflügeln in der Luft (Komparativsatz).

Die seltsamste Methode, unter Wasser voranzukommen, haben aber wohl die Tintenfische und bestimmte Muscheln entwickelt: den Rückstoß. Tintenfische saugen Wasser ein und stoßen es so scharf aus, dass sie sich dabei fortbewegen (Konsekutivsatz). Das geschieht ähnlich wie bei einem Luftballon, dem die Luft ausgeht (Relativsatz/Attributsatz), allerdings viel gezielter.

Die im Mittelmeer verbreitete Jakobsmuschel hingegen kann sich dermaßen kräftig zusammenklappen, dass der Rückstoß sie bisweilen mehr als zehn Meter vorantreibt (Konsekutivsatz).

(Aus: Nikolaus Lenz: Das megadicke Buch des Wissens, Loewe Verlag, Bindlach 2005, S. 147–148, leicht geändert)

Die Zeichensetzung in Satzgefügen und bei Infinitivgruppen (2)

1 In den folgenden Texten fehlen alle Kommas. Es handelt sich dabei vor allem um Kommas in Satzgefügen und bei Infinitivgruppen. An einigen Stellen fehlen jedoch auch die Kommas zwischen den Teilen einer Aufzählung.
Trage alle Kommas ein. Versieh als Hilfe alle Gliedsätze/Nebensätze mit einer Wellenlinie und kreise bei den Infinitivgruppen die hinweisenden Wörter oder die Einleitungswörter (um ..., anstatt ...) ein.

Welche Tiere fressen am meisten?

Wenn man die reine Nahrungsmenge betrachtet so fressen große Tiere natürlich am meisten. Ein Blauwal braucht täglich einige Tonnen Plankton. Und auch ein Elefant kann es auf bis zu 300 Kilogramm Grünfutter täglich bringen. In freier Wildbahn verbringt ein Elefant täglich achtzehn bis zwanzig Stunden damit sich Grünzeug zu verschaffen. Zum Schlafen bleibt da nicht mehr sehr viel Zeit.
Wenn man allerdings die Größe und das Gewicht eines Tieres in Betracht zieht so fressen kleinere Tiere verhältnismäßig mehr als große. Das wohl gefräßigste Säugetier ist die Zwergspitzmaus die ein winziger nur drei Gramm schwerer Insektenvertilger ist. Diese Maus muss täglich das Dreifache ihres Körpergewichts verzehren um nicht zu verhungern. (Zum Vergleich: Ein erwachsener Mensch müsste täglich vier Zentnersäcke Kartoffeln verspeisen um auf das gleiche Verhältnis von Eigengewicht und Nahrungsmenge zu kommen!) Die Zwergspitzmaus ist daher praktisch ohne Unterlass auf Nahrungssuche und frisst teilweise sogar im Schlaf. Schon nach ein paar Stunden ohne Nahrung wäre sie vom Hungertod bedroht.
Noch gieriger sind jedoch manche Insekten. Die Stechmücke von der Gattung Culex saugt sich täglich bis zu fünfzehnmal mit fremdem Blut voll ohne wirklich satt zu werden. Jedesmal verdoppelt sie dabei ihr eigenes Gewicht.

(Aus: Nikolaus Lenz: Das megadicke Buch des Wissens, Loewe Verlag, Bindlach 2005, S. 150–151, leicht geändert)

Wieso überstehen Katzen einen Sturz aus großer Höhe?

Eine Katze die aus größerer Höhe aus dem Fenster fällt tut sich meistens nicht weh. Sie hat im Fall genug Zeit sich geschickt in der Luft zu drehen und landet sicher auf allen Vieren. Oft haben Katzen schon Stürze aus Hochhäusern unbeschadet überstanden. Viel gefährlicher ist es wenn eine Katze aus einer Höhe von zwei oder drei Metern herabstürzt. Denn in diesem Fall besteht die Gefahr dass sie sich nicht mehr umdrehen kann und unter Umständen auf den Rücken fällt.

(Aus: Nikolaus Lenz: Das Buch der 1000 Kinderfragen, Loewe Verlag, Bindlach 1995, S. 199, leicht geändert)

2 Wähle fünf verschiedene Gliedsätze/Nebensätze aus und bestimme sie, indem du die richtige Bezeichnung an den Rand schreibst.

Die Zeichensetzung in Satzgefügen und bei Infinitivgruppen (2)

Aufgaben 1 und 2

Welche Tiere fressen am meisten?

Wenn man die reine Nahrungsmenge betrachtet (Konditionalsatz), so fressen große Tiere natürlich am meisten. Ein Blauwal braucht täglich einige Tonnen Plankton. Und auch ein Elefant kann es auf bis zu 300 Kilogramm Grünfutter täglich bringen. In freier Wildbahn verbringt ein Elefant täglich achtzehn bis zwanzig Stunden damit, sich Grünzeug zu verschaffen. Zum Schlafen bleibt da nicht mehr sehr viel Zeit.

Wenn man allerdings die Größe und das Gewicht eines Tieres in Betracht zieht (Konditionalsatz), so fressen kleinere Tiere verhältnismäßig mehr als große. Das wohl gefräßigste Säugetier ist die Zwergspitzmaus, die ein winziger, nur drei Gramm schwerer Insektenvertilger ist (Relativsatz/Attributsatz). Diese Maus muss täglich das Dreifache ihres Körpergewichts verzehren, um nicht zu verhungern. (Zum Vergleich: Ein erwachsener Mensch müsste täglich vier Zentnersäcke Kartoffeln verspeisen, um auf das gleiche Verhältnis von Eigengewicht und Nahrungsmenge zu kommen!) Die Zwergspitzmaus ist daher praktisch ohne Unterlass auf Nahrungssuche und frisst teilweise sogar im Schlaf. Schon nach ein paar Stunden ohne Nahrung wäre sie vom Hungertod bedroht. Noch gieriger sind jedoch manche Insekten. Die Stechmücke von der Gattung Culex saugt sich täglich bis zu fünfzehnmal mit fremdem Blut voll, ohne wirklich satt zu werden. Jedesmal verdoppelt sie dabei ihr eigenes Gewicht.

(Aus: Nikolaus Lenz: Das megadicke Buch des Wissens, Loewe Verlag, Bindlach 2005, S. 150–151, leicht geändert)

Wieso überstehen Katzen einen Sturz aus großer Höhe?

Eine Katze, die aus größerer Höhe aus dem Fenster fällt (Relativsatz/Attributsatz), tut sich meistens nicht weh. Sie hat im Fall genug Zeit, sich geschickt in der Luft zu drehen, und landet sicher auf allen Vieren. Oft haben Katzen schon Stürze aus Hochhäusern unbeschadet überstanden. Viel gefährlicher ist es, wenn eine Katze aus einer Höhe von zwei oder drei Metern herabstürzt (Konditionalsatz). Denn in diesem Fall besteht die Gefahr, dass sie sich nicht mehr umdrehen kann und unter Umständen auf den Rücken fällt (Subjektsatz).

(Aus: Nikolaus Lenz: Das Buch der 1000 Kinderfragen, Loewe Verlag, Bindlach 1995, S. 199, leicht geändert)

Eine Inhaltsangabe mithilfe von Satzgefügen überarbeiten

1. Überarbeite die folgende Inhaltsangabe zu der Ballade „John Maynard“ von Theodor Fontane. Versuche vor allen Dingen, die vielen Hauptsätze mithilfe sinnvoller Satzgefüge zu verknüpfen. Achte dabei besonders auf die Zeichensetzung. Du findest den Text im Schülerbuch auf S. 198.

Theodor Fontane: John Maynard – Eine Inhaltsangabe

Die Ballade „John Maynard“ wurde 1887 von Theodor Fontane geschrieben. Sie handelt von einem Steuermann. Er befördert ein brennendes Schiff ans Ufer. Damit rettet er alle Passagiere. Er selbst kommt jedoch ums Leben.
Die „Schwalbe“ ist ein Passagierschiff. Es befindet sich mit zahlreichen Passagieren auf der Strecke von Detroit nach Buffalo auf dem Eriesee. Zwanzig Minuten vor der Ankunft bricht im Schiffsinneren ein Feuer aus. Die Passagiere halten sich im vorderen Bereich des Schiffes auf. Dort ist nicht ganz so viel Qualm. Sie haben große Angst. Über ein Sprachrohr hält der Kapitän mit seinem Steuermann John Maynard Kontakt. Der Steuermann ist völlig von Rauch umgeben. Der Kapitän fordert ihn dazu auf, das Schiff auf den Strand zu setzen. Mit letzter Kraft gelingt dem Steuermann dieses. Das Schiff zerbirst dabei. Es können jedoch alle Passagiere gerettet werden. Nur John Maynard kommt ums Leben.
Als Dank für seine Rettungstat nehmen über zehntausend Menschen an der Beerdigung des Steuermanns teil. Ein Spruch auf seinem Grabstein erinnert an sein uneigennütziges Verhalten.

2. Wähle drei von dir verwendete Gliedsätze/Nebensätze aus, versieh diese mit einer Wellenlinie und am Ende mit einer Ziffer und schreibe die richtige Bezeichnung unter deinen Text.

Eine Inhaltsangabe mithilfe von Satzgefügen überarbeiten

Aufgabe 1

Theodor Fontane: John Maynard – Eine Inhaltsangabe

Die Ballade John Maynard, die 1887 von Theodor Fontane geschrieben wurde, handelt von einem Steuermann, der ein brennendes Schiff ans Ufer befördert, damit alle Passagiere rettet, selbst jedoch ums Leben kommt.

Die „Schwalbe" ist ein Passagierschiff, das sich mit zahlreichen Passagieren auf der Strecke von Detroit nach Buffalo auf dem Eriesee befindet. Zwanzig Minuten vor der Ankunft bricht im Schiffsinneren ein Feuer aus. Die Passagiere, die große Angst haben, halten sich im vorderen Bereich des Schiffes, wo nicht so viel Qualm ist, auf. Über ein Sprachrohr hält der Kapitän mit seinem Steuermann John Maynard, der völlig von Rauch umgeben ist, Kontakt. Der Kapitän fordert ihn dazu auf, das Schiff auf den Strand zu setzen, was dem Steuermann mit letzter Kraft gelingt, wobei das Schiff zerbirst. Es können jedoch alle Passagiere gerettet werden. Nur John Maynard kommt ums Leben. Als Dank für seine Rettungstat nehmen über zehntausend Menschen an der Beerdigung des Steuermanns, an dessen uneigennützige Tat ein Spruch auf seinem Grabstein erinnert, teil.

Bewertungsbogen zur Leistungsüberprüfung/Klassenarbeit

Name:	
Schulhalbjahr/Datum:	
Klasse:	
Fachlehrer/in:	
Thema der Unterrichtsreihe:	Informiere mich, berichte davon, beschreib es mir ... – Mit Gliedsätzen/ Nebensätzen arbeiten
Thema der Klassenarbeit:	Eine Inhaltsangabe mithilfe von Satzgefügen überarbeiten
Aufgaben:	s. Arbeitsblatt 9

Inhaltliche Leistungen und Darstellungsleistungen

Aufgaben 1 und 2

	Die Schülerin/der Schüler	**maximale Punktzahl**	**erreichte Punktzahl**
1	verfasst einen informativen Einleitungsteil.	8	
2	gibt im Hauptteil das Geschehen in der richtigen Reihenfolge wieder.	16	
3	verwendet sinnvolle Satzgefüge, um den zeitlichen und ursächlichen Zusammenhang der Handlungsteile zu verdeutlichen.	10	
4	wendet die Regeln der Zeichensetzung sachgemäß an.	8	
5	schreibt sprachlich richtig (Rechtschreibung, Grammatik).	6	
6	markiert in ihrem/seinem Text drei Gliedsätze/Nebensätze.	6	
7	benennt diese Gliedsätze/Nebensätze sachgerecht.	6	
	Gesamtpunktzahl	**60**	

Die Klassenarbeit wird mit der Note

_______________ **bewertet.**

Datum Unterschrift

Zuordnung der Punkte zu den Notenstufen

Note	**Punkte**
sehr gut	60 – 53
gut	52 – 45
befriedigend	44 – 37
ausreichend	36 – 29
mangelhaft	28 – 21
ungenügend	20 – 0

Leistungsüberprüfung – Selbstevaluation – Klassenarbeit

1. **Adverbialsätze**
   (Arbeitsblatt 1, S. 396 ff., Lösung 1, S. 399)
2. **Relativsätze/Attributsätze**
   (Arbeitsblatt 2, S. 400, Lösung 2, S. 401)
3. **Gliedsätze/Nebensätze erkennen und bestimmen (1)**
   (Arbeitsblatt 3, S. 402 ff., Lösung 3, S. 405 f., Bewertungsbogen 3, S. 407 f.)
4. **Gliedsätze/Nebensätze erkennen und bestimmen (2)**
   (Arbeitsblatt 4, S. 409, Lösung 4, S. 410)
5. **Gliedsätze/Nebensätze erkennen und bestimmen (3)**
   (Arbeitsblatt 5, S. 411, Lösung 5, S. 412)
6. **Die Zeichensetzung bei Infinitivgruppen**
   (Arbeitsblatt 6, S. 413 f., Lösung 6, S. 415 f.)
7. **Die Zeichensetzung in Satzgefügen und Infinitivgruppen (1)**
   (Arbeitsblatt 7, S. 417, Lösung 7, S. 417)
8. **Die Zeichensetzung in Satzgefügen und Infinitivgruppen (2)**
   (Arbeitsblatt 8, S. 420, Lösung 8, S. 421)
9. **Eine Inhaltsangabe mithilfe von Satzgefügen überarbeiten**
   (Arbeitsblatt 9, S. 422, Lösung 9, S. 423, Bewertungsbogen 9, S. 424)

Wenn ihr nicht hören könntet … – Der Spielfilm „Jenseits der Stille“ als Fenster zu einer fremden Welt (S. 330–345)

→WB

Vorüberlegungen zur Einheit

Das vorliegende Kapitel verfolgt zwei unterschiedliche Ansätze, die sich gegenseitig ergänzen. So sollen die Schülerinnen und Schüler zum einen an die Thematik „Gehörlosigkeit“ sowie die Probleme, die zwischen Hörenden und Nichthörenden entstehen können, mithilfe von Sachtexten, praktischen Übungen usw. herangeführt werden. Durch die Beschäftigung mit einzelnen ausgewählten Filmsequenzen können diese Ansätze vertieft bzw. ergänzt, darüber hinaus aber auch differenzierte Einblicke in die wichtigen filmsprachlichen Mittel „Ton“ und „Standbildanalyse“ und deren Funktion gegeben werden. Die Jugendlichen sollen so abschließend in die Lage versetzt werden, einen Film in einer selbst verfassten Kritik zu bewerten.
Die Unterrichtseinheit ist somit sowohl für Lehrkräfte geeignet, die aus zeitökonomischen, organisatorischen o. a. Gründen die intensive Auseinandersetzung mit dem Medium „Film“ scheuen, als auch für diejenigen, die sich differenzierter mit audiovisuellen Medien auseinandersetzen wollen. In beiden Fällen kann der theoretische und praktische Umgang mit dem Film „Jenseits der Stille“ die Jugendlichen im Sinne der Schülerorientierung motivieren, zu einem reflektierten Umgang mit dem Medium anregen und damit Medienkompetenz fördern. Im Sinne einer spiralcurricularen Anlage der Schülerbände werden in dieser Einheit Themen aus den letzten Jahrgangsstufen wieder aufgegriffen und ausdifferenziert.

Zentrale Kompetenzen, die in dieser Einheit geschult werden, sind:

- die Darstellung von Personenkonstellationen,
- das Erschließen von Sachtexten,
- die Analyse des filmsprachlichen Mittels „Ton“ und seiner Wirkung bzw. Funktion,
- die Analyse eines Standbildes und seiner Wirkung bzw. Funktion,
- die Erarbeitung und Anwendung von Kriterien für die Rezension eines Textes oder Films.

Eine Möglichkeit der Einführung in das Thema bietet der Einstieg über die Abbildungen der Auftaktdoppelseite (S. 330–331). Die Schülerinnen und Schüler erhalten hier die Gelegenheit, Vermutungen über den Film „Jenseits der Stille“ und seine Charaktere zu äußern und sich somit dem Thema „Gehörlosigkeit“ anzunähern. Im Mittelpunkt des Kinoplakats sowie der Standbilder stehen die Hauptfigur Lara und ihr Verhältnis zur hörenden und zur nichthörenden Welt, die durch die Eltern repräsentiert wird. Mithilfe der Gestik der dargestellten Figuren sowie der Untertitel können die Schülerinnen und Schüler darauf schließen, dass die Thematik des Nicht-Hören-Könnens in dem Film eine Rolle spielt. Lara ist dabei im Gegensatz zu ihren Eltern der Gruppe der Hörenden zuzuzählen, fungiert sie doch als Vermittlerin zwischen hörender und nichthörender Welt, zudem spielt sie Klarinette, was ganz offensichtlich zu Problemen führt, wirkt Lara doch auf keinem der Bilder wirklich glücklich. Das Filmplakat ist ganz in schwarz gehalten, das

Gesicht der Hauptdarstellerin liegt halb im Schatten, sie blickt sich ernst oder gar verängstigt um. Die Thematik des Hörens sowie die Verknüpfung mit dem Schicksal und dem Erwachsenwerden Laras klingt ferner auch durch den Text des Plakats an. Die Protagonistin ist dabei, auszubrechen aus der elterlichen Welt der Nichthörenden, auf der Suche nach ihrem eigenen Weg „Jenseits der Stille".
Alternativ ist natürlich auch ein motivierender Einstieg über die praktischen Übungen auf S. 332–333 möglich.

Didaktische Aufbereitung der Unterkapitel

1. Eine Welt ohne Geräusche? – Von Hörenden und Nichthörenden (S. 332–333)

„Geräusche raten", „Geräusche-Memory", „Geräusche-Werkstatt" (S. 332)

Aufgaben 1 bis 3 S. 332

Die hier beschriebenen spielerischen Übungen dienen der Sensibilisierung der Schülerinnen und Schüler für die große Bedeutung unseres Hörsinns. Dies bereitet die Jugendlichen auf motivierende Weise zum einen auf die Auseinandersetzung mit der Thematik „Gehörlosigkeit", zum anderen aber auch auf die sich anschließende differenzierte Analyse des „Tons" als filmsprachliches Mittel vor.

Aufgaben 4 bis 10 S. 333

In den folgenden Aufgaben geht es darum, die bedeutungstragende Funktion des filmsprachlichen Mittels „Ton" hervorzuheben. Um die oftmals komplexe Tonspur zu erfassen, hat es sich bewährt, zunächst die auditiven getrennt von den visuellen Gestaltungselementen zu untersuchen. Den Schülerinnen und Schülern wird beim ersten Hören bereits die Zweiteilung der Sequenz auffallen. Wichtig ist hierbei, möglichst vielfältige Beobachtungen der Jugendlichen aufzunehmen und nach Gruppen wie Musik, Geräusche, gesprochener Text usw. zu ordnen. Gerade im Bereich der Instrumentierung geht es im Zuge dessen nicht zwangsläufig um die fachwissenschaftlich richtigen Bezeichnungen des Gehörten, sondern vielmehr in einem zweiten Schritt um die damit transportierte atmosphärische Stimmung bzw. Wirkung der Sequenz.
Interessant ist in diesem Zusammenhang auch die Frage nach der möglichen Filmhandlung, die zu dem Gehörten passt. Die Schülerinnen und Schüler werden erstaunt sein, wie genau man die visuelle Ebene beschreiben kann, obwohl man nur den Filmton gehört hat. Zu einem ähnlichen Ergebnis führt auch der Ersatz des Originaltons durch eine andere Musik (z. B. Hardrock, Volksmusik o. Ä.). Die Wirkung der ganzen Sequenz geht dabei verloren bzw. wird in eine andere Richtung gelenkt. Die große Bedeutung des filmsprachlichen Mittels kann so auf eindrucksvolle Weise vor Augen geführt werden.
Die Regisseurin präsentiert bereits in der ersten Sequenz im Sinne der Exposition mithilfe des bewussten Einsatzes des Tons die Grundthematik des Films, nämlich die klare Trennung bzw. Gegenüberstellung der Welten von Hörbehinderten und Hörenden sowie die Neugier und (hier noch zögerliche) Aufbruchsstimmung der Hauptfigur Lara.

Folgende Ergebnisse können zusammengefasst und an der **Tafel** gesichert werden:

Ton als filmsprachliches Mittel – „Jenseits der Stille“, 1. Szene

Musik (Off-Ton) – Instrumente: Synthesizer – Tempo/Tonlage: tiefe, lang anhaltende, wenig variierende Töne – Lautstärke: eher leise im Hintergrund, gedämpft **Geräusche (weitgehend Off-Ton)** – Unterwassergeräusche – Schritte – in der Lautstärke variierende Kratzgeräusche – gedämpfte, unverständliche Stimmen	**Musik (On-Ton)** – Instrumente: Piano, Cello, Geigen – Tempo: variierend, vorwiegend schnell – Tonlage: dunkel bis hell – Lautstärke: laut im Vordergrund **Geräusche (On-Ton):** – Schlittschuhgeräusche – Schritte – Stimmen eines Mädchens und einer Frau – Lachen **Text (On-Ton)** Frau: „Na komm schon, komm doch ...“ Mädchen: „Toll, super ...“ (Erschrecken) „Hast du dir wehgetan?“
↓ **Wirkung**	**Wirkung** ↓
dumpf, verstörend, unheimlich, wie in einer unbekannten Unterwasserwelt **→ WELT DER NICHTHÖRENDEN**	**lebensfroh, dynamisch, fröhlich** **→ WELT DER HÖRENDEN**

Symbolische Gegenüberstellung der Welt der Nichthörenden, Hörbehinderten und der Hörenden

TAFELBILD

2. Zaubersprache Zeichensprache? – Lara als Vermittlerin zwischen der hörenden und der gehörlosen Welt (S. 334–336)

Aufgaben 1 und 2 S. 334

Lara und ihre Eltern leben in unterschiedlichen Welten. Dies wird bereits in der ersten Szene klar: Lara hat Angst vor dem tosenden Gewitter, ihre Eltern können den Donner nicht hören und wachen erst auf, als ihre Tochter zu ihnen ins Bett kommt und ihnen erklärt, was draußen vor sich geht. Die unterschiedlichen Einstellungen innerhalb der Familie werden auch in der Schulszene deutlich: Lara kann nur sehr mühselig lesen, ihr fehlt die Übung, die Eltern können ihr dabei nur wenig helfen. Für die Mutter spielt zudem die Schule eine untergeordnete Rolle. Sie hat schon mehrfach den Unterricht gestört, indem sie Lara zu früh abholen wollte. Für sie ist das Leben die Schule – und nicht umgekehrt.

Auffällig ist zudem die offensichtliche Abhängigkeit der Eltern von Lara, wenn es darum geht, mit der hörenden Welt in Kontakt zu treten (siehe etwa das Gespräch in der Bank). Beim Telefonieren wird die Eigenständigkeit der Eltern durch technische Hilfsmittel gewährleistet (Lichtsignal im Falle eines Anrufs, „Übersetzungscomputer“).

Die Zuschauer erfahren zudem etwas von einer Großmutter, zu der der Vater ein gespanntes Verhältnis zu haben scheint. Das Familienoberhaupt arbeitet in einer Druckerei, deren Mitarbeiter von Gehaltskürzungen betroffen sind. Die Familie steckt offensichtlich in finanziellen Schwierigkeiten.

Martina Gödel: Mit den Händen reden (S. 334–335)

Aufgabe 1
S. 335

Folgende Ergebnisse können zusammengefasst und in sprachlich verkürzter Form an der **Tafel** oder ausführlicher auf Folie gesichert werden:

Martina Gödel: Mit den Händen reden

1. Abschnitt (Z. 1–10): Vorstellung von Swantje und Marlene
   - Gemeinsamkeiten mit ganz normalen Jugendlichen, obwohl sie von Geburt an gehörlos sind
2. Abschnitt (Z. 11–21): Allgemeine Informationen zu Gehörlosen
   - 0,1% der Menschen sind gehörlos.
   - Hörverlust seit Geburt oder durch eine Krankheit im Jugend- oder Erwachsenenalter
   - Die meisten Kinder leben in hörenden Familien.
3. Abschnitt (Z. 22–45): Gebärdensprache
   - Neben den Betroffenen lernen oft Eltern, Betreuer, Lehrer oder Dolmetscher die Gebärdensprache.
   - Die Gebärdensprache hat sich über Jahrhunderte entwickelt und verändert; es gibt unterschiedliche Landessprachen und Dialekte.
4. Abschnitt (Z. 46–68): Wie spricht man Gebärdensprache?
   - Als Laie kann man nur wenige Begriffe verstehen.
   - Gebärdensprache entsteht durch Verbindung der Handzeichen mit Körperhaltung und Mimik.
   - Die Schnelligkeit der Ausführung der Gebärdensprache spielt ebenfalls eine Rolle.
     ➔ Fazit: Gebärdensprache als eigenständige Sprache, die mit den Sprachen der Hörenden vergleichbar ist und eine wichtige Verbindung zwischen Nichthörenden, aber auch Gehörlosen und Hörenden darstellt

TAFELBILD

Das hier vermittelte Grundwissen kann mithilfe des **Arbeitsblattes 1, S. 437 f.,** noch vertieft werden.

Aufgabe 2
S. 335

Ein vereinfachtes Prinzip der Gebärdensprache ist den Schülerinnen und Schülern u. a. in Form einer Art „Geheimsprache" bekannt, in der durch die Nachformung der einzelnen Buchstaben mit den Fingern beider Hände einzelne Wörter und Sätze über größere Distanz (oder Schulbänke hinweg) dargestellt bzw. übermittelt werden können.

Das deutsche Fingeralphabet (S. 335)

Aufgaben 3 bis 5
S. 335–336

Die Schülerinnen und Schüler lernen mithilfe der folgenden Aufgaben in vereinfachter Weise die deutsche Gebärdensprache in Form des Fingeralphabets kennen, sie probieren sie in verschiedenen Übungen aus und erahnen ihre Komplexität. Das Lösungswort in Aufgabe 4, S. 335, lautet „PAUL D".

Aufgabe 6
S. 336

Die Schülerinnen und Schüler sollen hier auf spielerische Weise für die Schwierigkeiten eines Gehörlosen, mit der „hörenden Welt" in Kontakt zu treten, sensibilisiert werden, um sich besser in die Situation Laras und vor allem ihrer Eltern hineinversetzen zu können. Die Problematik wird in den folgenden Aufgaben noch konkretisiert und vertieft.

Aufgaben 7 und 8
S. 336

Vor Problemen stehen die Eltern immer dann, wenn es darum geht, mit der „hörenden Welt" zu kommunizieren. Wo innerhalb des Hauses, wie beim Telefonieren, noch technische Hilfsmittel die Verständigung ermöglichen, wird Lara außerhalb des Hauses die Rolle der Übersetzerin und Vermittlerin zugeschrieben. Deutlich wird dies etwa am Arbeitsplatz des Vaters. Hier wird Lara von einem Kollegen gebeten, ihrem Vater die schlechte Nachricht der anstehenden Gehaltskürzung zu überbringen. In der Bank muss das junge Mädchen sogar mit einem Angestellten Verhandlungen führen bzw. die Bittgesuche ihrer Eltern übersetzen. Durch die Abhängigkeit der Eltern von Lara („Was wären wir ohne deine Ohren!“) wird das junge Mädchen schon früh in eine Erwachsenenrolle gedrängt bzw. es wird ihr ein Stück Kindheit geraubt. In der Schule gilt Lara so als Sonderling und Außenseiterin.

Aufgabe 9
S. 336

Nach einer ersten Einschätzung der Figuren Lara und ihrer Eltern und dem gemeinsamen Kennenlernen der Familie sowie ihrer Lebenswelt in den Anfangsszenen des Films sollen im Sinne einer Vertiefung bzw. Ergebnissicherung alle genannten Charaktere mithilfe des Werkzeugkastens auf S. 336 in einer Personenkonstellation dargestellt werden. Aufgrund der besseren Vergleichbarkeit der Untersuchungsergebnisse bietet sich hier die Arbeit in Gruppen sowie die Sicherung auf Plakaten oder OHP-Folien an.
Folgende Personenkonstellation stellt dabei eine Lösungsmöglichkeit dar:

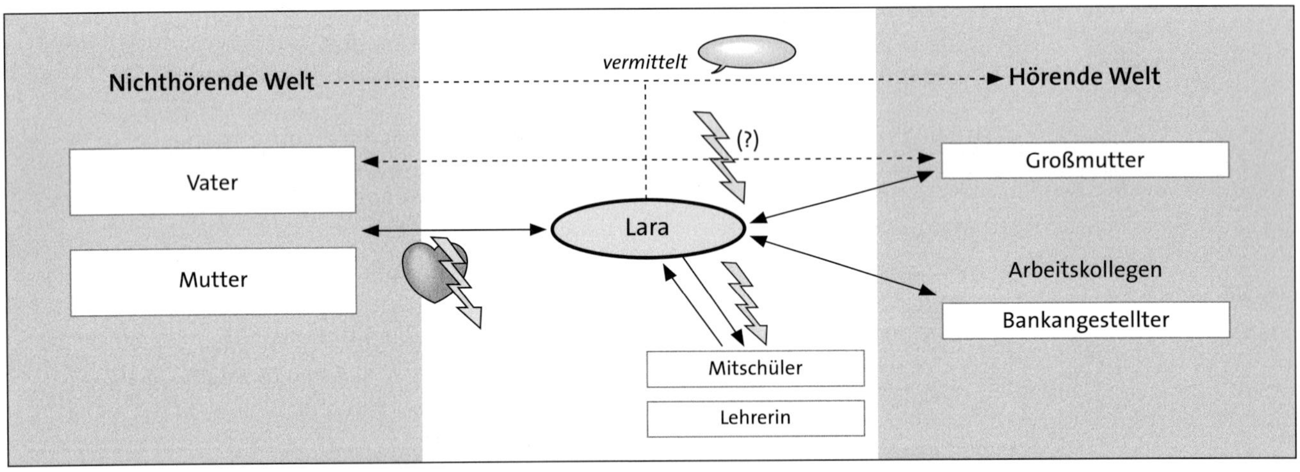

Aufgabe 10
S. 336

Vertiefend sollen nun die Schülerinnen und Schüler die Anordnung der Figuren auf den Standfotos mit ihren eigenen Personenkonstellationen vergleichen. Auch hier stehen sich hörende Welt (Bankangestellter, Laura) und nichthörende Welt (Vater, Mutter) getrennt durch einen Schreibtisch gegenüber. Die bereits thematisierte Vermittlerrolle Laras wird vor allem durch die Blickrichtung der Figuren und die Gebärdensprache des Mädchens in Richtung der Eltern deutlich. Die Schülerinnen und Schüler sollen so im Sinne einer Vorbereitung der Standbildanalyse erkennen, dass die Anordnung von Schauspielern oder anderen Bildelementen in einer Filmszene ganz bewusst gewählt wird, um bestimmte Botschaften zu vermitteln und zu verstärken.

Aufgabe 11
S. 336

Die abschließende Frage kann durchaus kontrovers diskutiert werden. Das Unterkapitel resümierend können die Schülerinnen und Schüler in diesem Zusammenhang z. B. anführen, dass es sich zum einen bei der Gebärdensprache um eine Sprache wie jede andere handelt, zum anderen durch die Zeichensprache jedoch erst eine Verständigung der beiden sonst weitgehend getrennten Welten der „Hörenden“ und der „Nichthörenden“ möglich ist.

→WB

3. Lara entdeckt eine neue Welt – Von den Schwierigkeiten des Erwachsenwerdens (S. 337–340)

Aufgaben 1 bis 3 S. 337

Zwischen den Eltern Laras, Tante Clarissa und den Großeltern herrscht offensichtlich ein angespanntes Verhältnis. Das friedliche Beisammensein ist laut Aussage der Großmutter auch an Weihnachten keine Selbstverständlichkeit. Das zerrüttete Verhältnis insbesondere zwischen Vater Martin und seiner Familie wird zudem dadurch deutlich, dass weder die Schwester noch seine Eltern die Gebärdensprache beherrschen. Eine Verständigung kann also nur sehr rudimentär erfolgen. Auch das Geldgeschenk des Großvaters und die Erwähnung der finanziellen Schwierigkeiten der Eltern lassen auf eine eher lieblose Beziehung schließen. Die Außenseiterrolle von Laras Eltern wird zudem unterstützt durch die Weigerung, die Nacht im Haus der Großeltern zu verbringen. Allein Onkel Christian versucht, die Stimmung etwa durch seinen Auftritt als Weihnachtsmann zu verbessern. Er ist der Einzige, der sich bemüht, mithilfe der Gebärdensprache mit Laras Eltern zu kommunizieren.
Lara bemerkt aus ihrer kindlichen Perspektive offensichtlich wenig von den Spannungen innerhalb der Familie. Sie scheint glücklich, muss nicht vermitteln, kann ganz Kind sein und wendet sich zunehmend der „hörenden Seite“ der Familie zu. Versinnbildlicht wird dies auch durch die Bitte Laras, noch eine Nacht mit Clarissa im Haus der Großeltern verbringen zu dürfen. Die Hauptfigur beginnt, sich von ihren Eltern zu lösen.
Folgende Ergebnisse können an der **Tafel** gesichert werden:

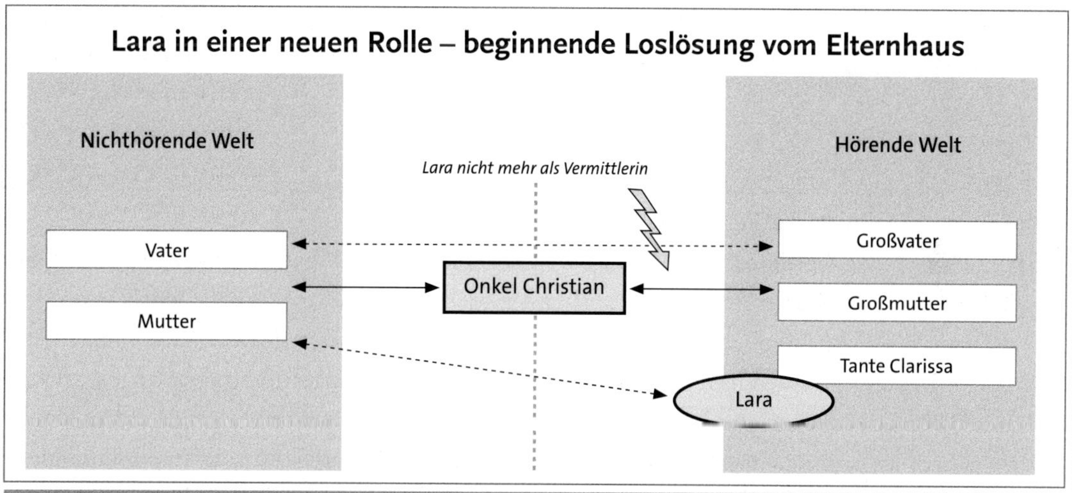

TAFELBILD

Um die neue Rolle Laras bzw. ihre beginnende Loslösung vom Elternhaus zu verdeutlichen, kann es sinnvoll sein, die neu erstellte Personenkonstellation mit der bereits unter Aufgabe 9, S. 336, angefertigten zu vergleichen.

Aufgabe 4 S. 337

Lara reagiert fasziniert und begeistert auf das kleine Kammerkonzert ihrer Tante und ihres Großvaters. Sie scheint die Welt um sich herum zu vergessen. Der Vater dagegen fühlt sich offensichtlich ausgeschlossen und reagiert ärgerlich, verletzt und eifersüchtig. Er möchte gerne die Aufmerksamkeit seiner Tochter wieder auf sich lenken, weg von einer Welt, an der er als Gehörloser nicht teilhaben kann. Die Abwendung Laras von ihrem Vater als Vertreter der „nichthörenden Welt“ und ihre beginnende Hinwendung zur „hörenden Welt“ sowie die zunehmende Außenseiterrolle des Vaters werden zudem noch verdeutlicht durch die Gestaltung des Szenenbildes (vgl. Aufgabe 5).
Die Ergebnisse können in einem **Tafelbild** z. B. wie folgt zusammengefasst werden:

Laras und Vater Martins Reaktionen auf das Kammerkonzert

Laras Reaktion	Vater Martins Reaktion
– ist begeistert/fasziniert – wendet sich vom Vater ab – vergisst alles um sich herum	– ist gekränkt/verärgert – ist eifersüchtig/fühlt sich ausgeschlossen – versucht, Laras Aufmerksamkeit zu bekommen

MUSIK

Persönliches Interesse, Begeisterung, Selbstverwirklichung ← MUSIK → **Ausschluss, Beschränkung**

Hinwendung zur „hörenden Welt“ ↯ Ausgrenzung: Teilhabe als Gehörloser nicht möglich

TAFELBILD

Aufgabe 5
S. 337

Um zeitökonomischer vorgehen zu können, bietet es sich an, die Klasse in Gruppen einzuteilen und einzelne Beobachtungsschwerpunkte (vgl. Lernbox im Schülerbuch, S. 338) zu verteilen. Die Ergebnisse können abschließend sprachlich reduziert an der **Tafel** oder etwas ausführlicher auf einer **OHP-Folie** gesichert werden:

Clarissas Klarinettenspiel – Standbildanalyse

Standbildanalyse	Wirkung/Intention
Blickfang: Lara und Vater	Beide Figuren und ihr Verhältnis zueinander stehen im Mittelpunkt des Interesses.
Kameraeinstellung: Nah	Erkennen von Gestik und Mimik als Ausdruck von Gefühlen
Perspektive: Normalsicht	Objektive Sichtweise
Licht und Schatten: Kombination zwischen – ausgeleuchteten Partien (Hand/Gesicht des Vaters, Hälfte von Laras Gesicht) – und Schattenflächen (weitgehend Körper des Vaters, Hälfte von Laras Gesicht, Klavier- bzw. Klarinettenspieler)	– Hervorheben von Gestik und Mimik der Figuren – Unterstreichen der negativen Gefühlslage des Vaters durch Schatten – innerer Zwiespalt der Figuren durch Zweiteilung der Gesichter in Schatten- und Lichtpartien
Farbe: – dunkle Kleidung des Vaters – bunte Kleidung Laras – hellerer Hintergrund des Zimmers	– Unterstreichen der negativen Gefühlslage des Vaters durch Schatten – Hervorhebung der Figuren vor dem helleren Hintergrund – gehörlose Welt verkörpert durch den Vater, tritt für Lara in den Hintergrund
Anordnung der Figuren: – Vater links im Hintergrund, Blick zum Klavier, fragende bzw. auffordernde Gestik – Lara in der Mitte des Bildes zwischen Vater und Klavier, Blick zum Klavier, Rücken zum Vater – Klavier- bzw. Klarinettenspieler angedeutet in der rechten Ecke des Bildes	– Laras Hin- und Hergerissenheit zwischen hörender und nichthörender Welt – Laras Loslösung vom Vater und Hinwendung zur Musik als Symbol der hörenden Welt

TAFELBILD

Aufgabe 6 S. 337

Der produktionsorientierte Schreibauftrag dient der Vertiefung des Gelernten.

Aufgaben 7 und 8 S. 338

Am Abend des fünfzigsten Geburtstags des Großvaters gibt die etwa 9-jährige Clarissa ihr erstes Klarinettenkonzert vor wichtigen Gästen. Sie hat viel geübt und der Großvater, der seine Tochter am Klavier begleitet, ist sehr stolz. Der gehörlose Bruder beobachtet das Konzert und bricht in lautes Lachen aus. Der musikalische Vortrag muss unterbrochen werden. Martin wird von den Eltern nicht erhört. Clarissa weigert sich von nun an, in Anwesenheit ihres Bruders Klarinette zu spielen, und Martin muss im Zuge dessen viele Abende allein in seinem Zimmer verbringen.

Die traumatische Erfahrung von Laras Vater in seiner Kindheit ist die Ursache für seine Reaktion auf das Interesse seiner Tochter am Klarinettenspiel. Er fühlt sich wieder von seiner Schwester und auch von Lara zurückgesetzt und hat Angst, seine einzige Tochter zu verlieren. Die Hörfähigkeit Laras und damit ihre – aus seiner Sicht – Andersartigkeit werden ihm schmerzhaft bewusst. Die Gefühle des Vaters werden hierbei wiederum durch die Gestaltung der Bildelemente unterstützt. Die Schülerinnen und Schüler sollten im Sinne der Einübung und Festigung des Gelernten die Standbildanalyse mithilfe des Werkzeugkastens auf S. 338 selbstständig durchführen.

Folgende Ergebnisse lassen sich in diesem Zusammenhang an der **Tafel** oder auf **Folie** festhalten:

Clarissas Klarinettenspiel – Ausschluss des Vaters aus der Welt der Hörenden

Standbildanalyse	Wirkung/Intention
Blickfang: Klarinette und Clarissa	Sichtweise des Bruders: volle Konzentration auf Clarissa und ihr Spiel
Kameraeinstellung: Nah	Unterstreichen der Größe und damit der Machtposition der Schwester in der Sequenz
Perspektive: Froschperspektive	Unterstreichen der Größe und damit der Machtposition der Schwester in der Sequenz
Licht und Schatten: Kombination zwischen – ausgeleuchteten Partien (Bildmittelpunkt mit Clarissa unterstützt durch Kerzenleuchter) – und Schattenflächen (Bildhintergrund mit Gast)	Hervorheben der Schwester, auf die sich alles konzentriert
Farbe: – helle Kleidung Clarissas – schwarze Klarinette – dunklerer Hintergrund	– Hervorheben der Schwester, auf die sich alles konzentriert – Hervorhebung der Klarinette als Anstoß der Auseinandersetzung vor dem weißen Hintergrund des Kleides
Anordnung der Figuren: – Clarissa mit Klarinette im Bildmittelpunkt – Gast in der rechten Ecke des Bildes	– Hervorheben der Schwester, auf die sich alles konzentriert – Konzentration der Gäste auf die Schwester – Hervorhebung des Erfolgs der Schwester

TAFELBILD

Aufgabe 10
S. 339

Die Außenseiterposition des Vaters wird hier unterstützt durch das filmsprachliche Mittel des Tons. Die Sequenz wird weitgehend aus Sicht des Vaters dargestellt. Man kann das Konzert von Clarissa und ihrem Vater folglich nicht hören. Stattdessen sind tiefe, lang anhaltende, wenig variierende und leise Synthesizer-Töne aus dem Off zu hören, die zum einen die verstörende Situation für den Bruder und dessen Ausgeschlossenheit von der Gesellschaft noch unterstreichen, zum anderen auch eine gewisse Identifikation des Zuschauers mit Martin ermöglichen. Die Musik wiederholt dabei zudem ein Thema, das in der Anfangssequenz von den Schülerinnen und Schülern analysiert worden ist. Sie verdeutlicht erneut als musikalische bzw. atmosphärische Untermalung der verstörenden, unbekannten Unterwasserwelt die Wahrnehmung von Gehörlosen.

Aufgabe 11
S. 339

Im Sinne der Vertiefung können die Schülerinnen und Schüler im Anschluss mithilfe eines Stegreifspiels alternative Handlungsweisen der Eltern entwickeln. Das Verhalten insbesondere des Großvaters wird im Zuge dessen wahrscheinlich kritisch gesehen.

Der große Streit – Ein Drehbuchauszug (S. 339–340)

Aufgabe 12
S. 339

Aufgrund der Komplexität des Textes bietet es sich hier zunächst an, den Drehbuchauszug in verteilten Rollen lesen zu lassen. Dabei sind insgesamt sechs Figuren zu besetzen (Clarissa, Großvater, Laras Schwester, Onkel, Vater, Großmutter). Im Sinne der Vertiefung kann die Szene im Anschluss an das Unterrichtsgespräch gesehen werden.

Aufgaben 1
bis 5
S. 340

Die vorliegende Sequenz ist von besonderer Bedeutung für den Film, da hier noch einmal die grundlegenden Konflikte zwischen den einzelnen Familienmitgliedern sowie der Zwiespalt, in dem Lara steckt, offen zutage treten.

Clarissa macht ihrem Bruder den Vorwurf, er habe Lara vereinnahmt und sie das Leben einer Behinderten führen lassen. Ihr Verhalten ist dabei differenziert zu bewerten: Auf der einen Seite nimmt Lara, wie bereits erarbeitet, eine Vermittlerrolle zwischen der nichthörenden Welt der Eltern und der hörenden Welt ein und wird sicherlich in der Entwicklung ihrer Individualität eingeschränkt, auf der anderen Seite führt sie jedoch kein Leben einer Behinderten, lernt sie doch Klarinette, geht mit anderen hörenden Jugendlichen zur Schule usw. Clarissas Aussage ist somit überzogen, verletzend und lässt sich auf die Eifersucht zwischen den Geschwistern zurückführen. In der Hitze des Gefechts lässt sich der Vater schließlich zu der Aussage hinreißen, dass er sich manchmal wünsche, seine Tochter wäre taub. Er registriert, dass seine Tochter eine eigene Individualität entwickelt und sich von ihm entfernt. Er hat Angst, Lara ganz zu verlieren, und macht das Leben in unterschiedlichen Welten, nämlich der hörenden und der nichthörenden, dafür verantwortlich.

Die Musik ist für ihn etwas, das er aufgrund seiner Behinderung nicht verstehen kann. Er ist auf diesem Gebiet nicht in der Lage, am Leben seiner Tochter teilzunehmen. Zudem stellt das Klarinettenspiel eine Verbindung zu seiner Schwester Clarissa her, zu der er ein gespaltenes Verhältnis hat. Die Musik steht somit aus seiner Sicht für den Verlust seiner geliebten Tochter an die hörende Welt und an Clarissa, seine Äußerung ist Ausdruck der Verzweiflung und Verbitterung.

Auch dies kann aus der Sicht der Schülerinnen und Schüler unterschiedlich bewertet werden: Für Lara ist die Musik eine Möglichkeit, sich in ihrer Welt auszudrücken und sich von ihren Eltern zu lösen.

Andererseits werden auch aus dem Gespräch Laras mit ihrem Vater ab Z. 34 die Liebe und Besorgnis um die Eltern deutlich. Die Beziehung zwischen Vater und Tochter scheint sich also lediglich im Zuge des Erwachsenwerdens von Lara zu verändern, von einem Verlust der Tochter kann hier keine Rede sein.

Das komplexe Streitgespräch und der damit verbundene Konflikt zwischen Laras Vater und seiner Schwester Clarissa können auch in Form eines **Tafelbildes** visualisiert werden:

Der große Streit – Laras Entscheidung, Musikerin zu werden

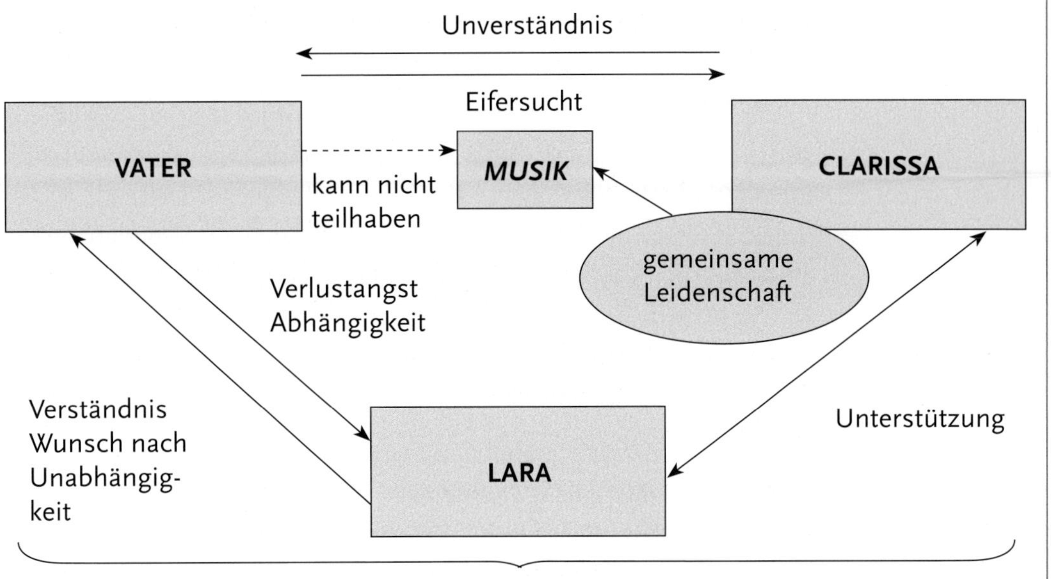

- Lara liebt ihren Vater, möchte aber auch unabhängig sein.
- Clarissa zeigt kein Verständnis für die schwierige Situation ihres Bruders; gleichzeitig möchte sie Lara unterstützen.
- Der Vater ist eifersüchtig, da er an den musikalischen Erfahrungen seiner Tochter und Schwester als Gehörloser nicht teilhaben kann; er interpretiert Laras Wunsch als Entscheidung für Clarissa und gegen ihn.

TAFELBILD

Aufgabe 6
S. 340

Die Schülerinnen und Schüler müssen hier im Sinne der methodischen Vertiefung mithilfe des Werkzeugkastens auf S. 338 ein passendes Standbild entwerfen. Zu jeder der angeführten Kategorien der Standbildanalyse sollten genaue Angaben in schriftlicher Form gemacht werden. Eine Möglichkeit der Präsentation ist die aus dem Literaturunterricht bekannte Methode des Standbildes vor der Klasse und die anschließende Einzelbewertung. Effektiver ist jedoch die Aufnahme des Bildes mit einer Fotokamera, lassen sich doch nur so die wirkungsvollen Aspekte wie Kameraeinstellung oder Perspektive adäquat zum Ausdruck bringen. Mit den Bildern kann in der Klasse eine Ausstellung bzw. eine Fotogalerie erstellt und die verschiedenen Entwürfe und ihre Wirkungen können direkt verglichen werden. Einen Kontrast bzw. eine weitere Übungsmöglichkeit bietet in diesem Zusammenhang das **Arbeitsblatt 2, S. 441**.

Aufgabe 7
S. 340

Darüber hinaus kann man an der Szene auf motivierende Art und Weise den Einsatz und die Wirkung von Filmmusik wiederholen. Die Schülerinnen und Schüler müssen sich so zunächst noch einmal ein Bild davon machen, welche Stimmung die Szene transportiert, und entsprechende Musik aussuchen. Wichtig ist hierbei, dass die Jugendlichen ihre Musik mithilfe des Infokastens auf S. 333 genau beschreiben und ihre Auswahl vor diesem Hintergrund differenziert begründen.

4. Daumen rauf oder runter? – Die Rezension eines Buches oder eines Films (S. 341–345)

Text A: Jenseits der Stille – Text B: Gerhard Heeke: Jenseits der Stille (S. 341–342)

Aufgaben 1 bis 3 S. 342

Bei Text A handelt es sich um einen Werbetext für die DVD-Veröffentlichung des Spielfilms. Die Schülerinnen und Schüler können dies vor allem an der sprachlichen Gestaltung des appellativen Textes erkennen. Auffällig sind hierbei u. a. die Verwendung ausdrucksstarker Adjektive (z. B. Z. 2), die Häufung von Superlativen (z. B. Z. 5–6), antithetischen Gegenüberstellungen (Z. 3–4) und der parataktische Sprachstil.
Die Sprache in Text B wirkt dagegen sachlich-neutraler. Adressaten sind offensichtlich jüngere Leser, verwendet der Autor doch umgangssprachliche Redewendungen (z. B. Z. 11 f.) sowie Anglizismen (z. B. Z. 36).

Aufgaben 4 und 5 S. 342

Die Texte machen allgemein und in der Regel sehr knappe Aussagen über folgende Aspekte: Handlung bzw. Themen des Films, Schauspieler, Filmmusik, Stimmung des Films, Zielpublikum, weitere Kritikermeinungen.

Ute Grundmann: Was macht eine gute Literaturkritik aus? (S. 342–343)

Aufgaben 1 und 2 S. 343

Folgende Kennzeichen einer Rezension lassen sich auf den Lernplakaten festhalten:

Kennzeichen einer Rezension
- Ziel: Empfehlung bzw. Entscheidungshilfe für den Leser
- Anregen zum Weiterlesen der Kritik durch originellen Einstieg
- Kritik meint positive, negative oder ausgeglichene „Beurteilung" bzw. „Bewertung"
- Knappe Inhaltsangabe der wichtigsten Handlungsschritte des Buches, ohne das Ende zu verraten
- Anschauliche Beschreibung der Besonderheiten des Buches (z. B. Thema oder Handlung des Buches, Aufbereitung der Handlung, Sprache des Autors)
- Darstellung der möglichen Absichten des Autors
- Vermeidung von „Unlust-Urteilen" durch Bewusstmachen der eigenen Stimmung beim Lesen
- Angabe von Autor, Titel, Verlag, Jahr, Preis, evtl. Anzahl der Seiten am Anfang oder Ende der Kritik

Für eine Filmkritik gelten annähernd gleiche Kriterien wie für eine Buchrezension. Hinzu kommen allein einige medienspezifische Aspekte wie die Beurteilung der schauspielerischen Leistung, der Musik und der filmsprachlichen Mittel. Die Angaben über den Film zu Beginn oder am Ende der Rezension sind dementsprechend abzuwandeln (Regisseur, Titel, Filmverleiher, Erscheinungsort und -jahr, eventuell Länge des Films).

Aufgabe 3 S. 343

Über die Originalität des Einstiegs der Rezension kann man sich sicherlich streiten. Heeke nimmt insgesamt eine positive Beurteilung des Films vor, wobei er jedoch das Zielpublikum für das die Empfehlung gilt, deutlich einschränkt (Z. 42 ff.). Der Autor liefert ferner eine knappe, weniger aussagekräftige Inhaltsangabe (Z. 7–17) sowie eine undifferenzierte Charakterisierung der Filmmusik (Z. 29 f.), die im Sinne der Information der Leser noch ausgebaut werden könnte.
Ausführlichere und interessante Bemerkungen macht Heeke dagegen zu den Schauspielern (Z. 18–29). Es erfolgen keinerlei Angaben zu den verwendeten filmsprachlichen Mitteln oder zu den allgemeinen Entstehungs- und Veröffentlichungsdaten des Films.
Im Sinne der Vertiefung können die Schülerinnen und Schüler die vorliegende Rezension schriftlich verbessern bzw. ausbauen.

Einen Sachtext untersuchen

Der Klang wirkt auf die Seele

Jeder kennt es aus dem Urlaub im Ausland oder von der Geschäftsreise – auch wenn wir die Sprache unseres Gegenübers nicht verstehen, können wir dessen Stimmung erkennen. Stimmlage, Tonfall, Lautstärke und Sprachrhythmus lassen uns Wohlwollen, Heiterkeit, Ärger oder Zorn erkennen. Die Bedeutung dieser Zeichen zu interpretieren, haben wir bereits als Baby begonnen. Auch sonst haben die Sprachen aller Kulturen eines gemeinsam: Wissenschaftler fanden heraus, dass Menschen beim Sprechen alle drei Sekunden für wenige Millisekunden eine Pause machen. Während dieser kurzen Zeit „plant" der Sprecher den Satzaufbau der folgenden drei Sekunden. Die Pause dient aber auch dem Zuhörer. Er braucht sie, um das Gehörte aufzunehmen und im Gehirn zu verarbeiten.

Gemeinsamkeiten bei den verschiedenen Kulturen gibt es auch in der Musik – bestimmte Harmoniemuster, die alle Menschen verstehen. Besonders Musik eignet sich dazu, bestimmte Emotionen bei Menschen hervorzurufen. Sie kann fröhlich, wehmütig oder aggressiv stimmen. Leise, langsame Musik kann unseren Puls beruhigen und unseren Körper entspannen. Als besonders angenehm und beruhigend empfinden wir einen Rhythmus, der mit unserer Atmung und unserem Herzschlag im Einklang ist. Andererseits versuchen wir, unseren Eigenrhythmus so gut wie möglich äußeren Taktgebern anzupassen. Manche Menschen können Musik zwar nicht hören, dafür aber fühlen. Die heute 22 Jahre alte Sarah Neef ist seit ihrer Geburt taub, trotzdem ist Tanzen ihre Leidenschaft. Töne nimmt sie als zarte Luftschwingung mit ihrem ganzen Körper wahr. Tiefe Töne spürt sie mit Beinen und Bauch, hohe mit dem Gesicht und der Haut. Auch den Rhythmus nimmt sie wahr. In ihrem Kopf entsteht daraus eine Melodie.

Martina Nikolai hatte es für Vorurteile gehalten, dass weniger zu hören die Seele beschädige und die Persönlichkeit verändere, einen völlig anderen Menschen aus einem mache. Dann erlitt sie im Alter von 22 Jahren einen genetisch bedingten Hörschaden – während ihres Musikstudiums. Sie musste erfahren, welch große Bedeutung das Gehör für einen Menschen hat. „Ich erinnere mich, dass es ganz schrecklich war", erzählt Nikolai. „Die Zielrichtung, die ich angesteuert hatte – das war auf einmal alles weg." Noch schwieriger scheint die Situation für Menschen wie Sarah Neef zu sein, die noch nie hören konnten. Denn der Hörsinn ist fast unentbehrlich, um sprechen zu lernen. Neef hat es trotzdem geschafft, weil sie seit ihrer Kindheit jeden Tag trainiert. „Beim Sprechen verlasse ich mich sehr auf das Fühlen, auf die inneren Schwingungen, die jeder Ton erzeugt", sagt sie. Die Worte liest sie ihrem Gegenüber von den Lippen ab.

Hörschäden sind heute keine Seltenheit – auch bei Jugendlichen. Bei einem Drittel aller 20-Jährigen diagnostizieren Mediziner bereits erhebliche Hörminderungen im Frequenzbereich der Sprache und der Musik. Oft wären diese Schäden vermeidbar gewesen. Denn was viele ihren Ohren zumuten, können diese auf Dauer nicht verkraften. Nicht selten kommt die Lautstärke in Discos nahe an die Schmerzgrenze von 120 Dezibel heran. Aber auch die Geräuschkulissen durch den Alltagslärm, die sich nicht einfach ausschalten lassen wie der Walkman oder die Stereoanlage, können uns krank machen. Mediziner machen ständige Lärmbelastung, etwa durch Straßen- oder Schienenlärm, für Konzentrationsstörungen, Nervosität, Schlafstörungen und letztlich auch Herz-Kreislauf-Erkrankungen verantwortlich.

Mit modernen Hörgeräten lassen sich heute viele Gehörschäden ausgleichen. Je nach gewähltem Programm dämpft das Gerät störende Nebengeräusche oder verstärkt, etwa in einem Konzert, alle Schallwellen. Besser ist es, die Hörkraft möglichst lange zu erhalten. Viele Hersteller arbeiten deshalb daran, Lärmquellen in ihren Geräten zu beseitigen. Doch bevor man ein Auto, einen ICE oder Hubschrauber leiser machen kann, muss man erst herausfinden, wo der Lärm genau entsteht. Das könnte in Zukunft wesentlich einfacher und exakter möglich sein als bisher. Gerd Heinz von der Gesellschaft zur Förderung angewandter Informatik kann mit seiner Erfindung sichtbar machen, wo Schallwellen herkommen und wie sie sich im Raum ausbreiten. Viele einzelne Mikrofone nehmen die Geräusche auf und liefern ihre Informationen an einen Computer, der die Schallwellen in Farbbilder umwandelt. Für die „akustische Kamera“ bekam Heinz den Innovationspreis Berlin/Brandenburg.

(www.br-online.de/umwelt-gesundheit/thema/sinne/hoeren-schaeden.xml; 2006)

1 Fasse die wesentlichen Informationen des Sachtextes „Der Klang wirkt auf die Seele“ zusammen, indem du eine Einleitung formulierst mit den wichtigsten Angaben zum Text und das Thema des Textes bestimmst. Erstelle dann eine Gliederung und fasse die wesentlichen Informationen der Abschnitte mit eigenen Worten zusammen.

2 Verfasse vor dem Hintergrund deiner Ergebnisse unter Aufgabe 1 einen Brief an einen Hersteller von MP3-Playern, mit dem du ihn davon überzeugen willst, eine Lautstärkenbegrenzung in seine Geräte einzubauen.

Bewertungsbogen zur Leistungsüberprüfung/Klassenarbeit

Name:	
Schulhalbjahr/Datum:	
Klasse:	
Fachlehrer/in:	
Thema der Unterrichtsreihe:	Jenseits der Stille
Thema der Klassenarbeit:	Einem Sachtext Informationen entnehmen und einen appellativen Text verfassen
Aufgaben:	s. Arbeitsblatt 1

A Inhaltliche Leistungen

Aufgabe 1

	Die Schülerin/der Schüler	maximale Punktzahl	erreichte Punktzahl
1	formuliert eine Einleitung mit den äußeren Daten zu dem Sachtext und bestimmt das Thema des Textes.	4	
2	fertigt eine sinnvolle Gliederung an.	8	
3	fasst die wichtigsten Aussagen der Abschnitte mit eigenen Worten zusammen.	15	
	Gesamtpunktzahl für Aufgabe 1	**27**	

Aufgabe 2

	Die Schülerin/der Schüler	maximale Punktzahl	erreichte Punktzahl
1	verfasst einen appellativen Text an den Hersteller von MP3-Geräten.	15	
	Gesamtpunktzahl für Aufgabe 2	**15**	

A	**Gesamtpunktzahl**	**42**	

B Darstellungsleistungen

	Die Schülerin/der Schüler	maximale Punktzahl	erreichte Punktzahl
1	baut den Sachtext schlüssig auf.	4	
2	schreibt sachlich und informativ.	5	
3	formuliert adressatengerecht.	3	
4	schreibt sprachlich richtig (Rechtschreibung, Zeichensetzung, Grammatik).	6	

B	**Gesamtpunktzahl**	**18**	

Gesamtpunktzahl A und B	**60**	

Die Klassenarbeit wird mit der Note

bewertet.

Datum Unterschrift

Zuordnung der Punkte zu den Notenstufen

Note	Punkte
sehr gut	60–53
gut	52–45
befriedigend	44–37
ausreichend	36–29
mangelhaft	28–21
ungenügend	20–0

Ein Standbild analysieren

Analysiere das vorliegende Standbild, indem du
- die Bildelemente beschreibst und
- die dahinterstehende mögliche Absicht (Intention) der Regisseurin herausstellst. Berücksichtige dabei auch, was du über das Verhältnis zwischen Lara und ihrem Vater weißt.

Bewertungsbogen zur Leistungsüberprüfung/Klassenarbeit

Name:	
Schulhalbjahr/Datum:	
Klasse:	
Fachlehrer/in:	
Thema der Unterrichtsreihe:	Jenseits der Stille
Thema der Klassenarbeit:	Ein Standbild analysieren
Aufgabe:	s. Arbeitsblatt 2

A Inhaltliche Leistungen

	Die Schülerin/der Schüler	maximale Punktzahl	erreichte Punktzahl
1	formuliert eine Einleitung mit den äußeren Daten zu dem Bild.	4	
2	beschreibt das Standbild entsprechend folgender Aspekte: – Blickfang (Laura und ihr Vater; nehmen den größten Teil des Bildes ein) – Kameraeinstellung (nah, der Zuschauer ist ganz nah an den Figuren) – Perspektive (zwischen Froschperspektive und Normalsicht) – Licht und Schatten (die beiden Figuren auf dem Bild sind als zentrale Figuren ausgeleuchtet, Hintergrund ist verschwommen) – Anordnung der Figuren (Laura lehnt sich an ihren Vater und blickt zu ihm auf. Der Vater schaut offensichtlich in den schneebedeckten Himmel und scheint das Naturgeschehen wie ein Wunder zu betrachten.)	20	
3	stellt eine mögliche Intention der Regisseurin heraus (Szene zeigt einen Moment des völligen Einverständnisses zwischen Laura und ihrem Vater, was angesichts ihrer Konflikte eine besondere Situation darstellt. Die völlige Konzentration der Kamera auf die beiden Figuren hebt die Bedeutung dieses Einverständnisses hervor.)	18	
A	**Gesamtpunktzahl**	**42**	

B Darstellungsleistungen

	Die Schülerin/der Schüler	maximale Punktzahl	erreichte Punktzahl
1	formuliert schlüssig und gedanklich klar.	4	
2	schreibt sachlich und informativ.	5	
3	formuliert präzise.	3	
4	schreibt sprachlich richtig (Rechtschreibung, Zeichensetzung, Grammatik).	6	
B	**Gesamtpunktzahl**	**18**	
	Gesamtpunktzahl A und B	**60**	

Die Klassenarbeit wird mit der Note

bewertet.

Datum Unterschrift

Zuordnung der Punkte zu den Notenstufen

Note	Punkte
sehr gut	60 – 53
gut	52 – 45
befriedigend	44 – 37
ausreichend	36 – 29
mangelhaft	28 – 21
ungenügend	20 – 0

Leistungsüberprüfung – Selbstevaluation – Klassenarbeit

1. **Einen Sachtext untersuchen**
   (s. Arbeitsblatt 1, S. 437 f., Bewertungsbogen 1, S. 439 f.)

2. **Ein Standbild analysieren**
   (s. Arbeitsblatt 2, S. 441, Bewertungsbogen 2, S. 442 f.)

Üben, wiederholen und mehr ...
(S. 346–385)

Vorüberlegungen zur Einheit

Dieses Schlusskapitel des Schülerbuchs greift Themen aus dem vorliegenden und vor allem aus dem vorhergehenden Band wieder auf, differenziert und vertieft sie und bietet auf diesem Weg die Möglichkeit, individuelle Defizite zu kompensieren und Lernergebnisse dauerhaft zu sichern. Im Einzelnen geht es um folgende Bereiche:

1. Den Inhalt eines Textes wiedergeben (S. 347–351)

2. Wortarten, Satzglieder und mehr ... (S. 352–362)
Wortarten
Das Nomen/Substantiv
Das Verb
Konjunktion und Interjektion
Satzglieder
Die Umstellprobe
Subjekt, Prädikat, Objekt
Die adverbiale Bestimmung
Das Attribut

3. Groß- und Kleinschreibung (S. 363–368)
Nominalisierungen/Substantivierungen
Zeitangaben
Mehrteilige Eigennamen, Orts- und Herkunftsbezeichnungen

4. Zusammen- und Getrenntschreibung (S. 369–372)

5. s-Laute (S. 373–376)

6. Lang gesprochene Vokale (S. 377–380)

7. Kurz gesprochene Vokale (S. 381–385)

Die einzelnen Übungen können im Unterricht besprochen werden oder aber je nach Bedarf von den Schülerinnen und Schülern selbstständig und unterrichtsbegleitend zu Hause ausgeführt und anschließend in Partnerarbeit abgeglichen werden. Die Übungen zur Zusammen- und Getrenntschreibung sollten in jedem Fall im Unterricht besprochen werden, weil das Thema in der Art der didaktischen Aufbereitung für die Schülerinnen und Schüler neu ist.

Didaktische Aufbereitung der Unterkapitel

1. Den Inhalt eines Textes wiedergeben (S. 347–351)

Saki (Hektor Hugh Munro): Die offene Tür (S. 347–349)

Die Erzählung von Saki erhält ihren Reiz dadurch, dass es einem 15-jährigen Mädchen gelingt, durch eine spontan erfundene Geschichte einen nervlich angegriffenen Mann in Angst und Schrecken zu versetzen. Sie erfordert von den Schülerinnen und Schülern ein sehr genaues Lesen, um den Inhalt sachgerecht wiedergeben zu können. Dementsprechend beziehen sich die Aufgaben 1–3, S. 349, zunächst auf das Textverständnis. Wird die Erzählung gemeinsam im Unterricht erarbeitet, bietet es sich an, zunächst nur den Schlusssatz zu präsentieren und die Schülerinnen und Schüler danach zu fragen, welche konkrete Fähigkeit gemeint und in welchen Zusammenhängen sie relevant sein könnte. Anschließend erfolgt die Textpräsentation mit einer Phase der Wiedergabe erster Verstehenseindrücke.

Aufgabe 1
S. 349

Dieses ist eine mögliche grobe Gliederung des Textes:

Saki: Die offene Tür – Textgliederung	
Z. 1–45:	Framton Nuttels Gründe für den Besuch und der Beginn des Gesprächs
Z. 46–94:	Die Geschichte des Mädchens (der „Roman")
Z. 95–123:	Das Erscheinen der Tante und die Darstellung der tatsächlichen Ereignisse
Z. 124–158:	Das Erscheinen der drei Männer
Z. 159–165:	Framton Nuttels Flucht
Z. 166–178:	Die Erklärungsversuche der Tante
Z. 179–193:	Die Fortsetzung und das Ende des „Romans"

Aufgabe 2
S. 349

Die Verunsicherung und nervliche Angespanntheit des Mannes und die Fantasiebegabtheit des Mädchens sind Voraussetzung für das Funktionieren der Geschichte. Im Einzelnen können folgende Eigenschaften aus dem Text herausgearbeitet und ggf. an der **Tafel** gesichert werden.

Saki: Die offene Tür – Eigenschaften der Hauptfiguren

Framton Nuttel	**das Mädchen**
– um Höflichkeit bemüht (Z. 5 ff.) – unsicheres Auftreten (Z. 5 ff., Z. 17 f.) – gutgläubig, beeinflussbar – Bedürfnis nach „nervliche[r] Ausspannung"/Erholung (Z. 12 f., Z. 124 ff.) – Bedürfnis, über seine Krankheit zu sprechen (Z. 127 ff.) – gerät zunehmend in Panik (Z. 147 ff.)	– selbstbewusst (Z. 2, Z. 38 f.) – kommunikativ (Z. 27 ff.) – fantasiebegabt, Geschichtenerzählerin (Z. 46 ff.) – schauspielerisches Talent (Z. 74 ff., Z. 137 ff., Z. 145 ff.)
↓ nervliche Anspannung	↓ Geschichtenerzählerin

↓

Voraussetzung für die Wirkung des „Romans"

TAFELBILD

Aufgabe 3
S. 349

Die Frage zielt auf die für eine Inhaltsangabe wichtige Motivierung des Handelns der Protagonisten ab. Auf der Seite des Mannes steht das Bedürfnis nach Erholung im Zentrum, das Mädchen will mit ihm „spielen" und ihn mit ihrem „Roman" verunsichern.

Aufgabe 4
S. 349

Vorschlag C beinhaltet einen Handlungsüberblick, in dem sowohl über den Beginn des Geschehens als auch seinen Ausgang informiert wird. Im Unterrichtsgespräch kann darauf verwiesen werden, dass je nach Verwendungszweck der Inhaltsangabe auch Informationen über die Lebensdaten des Autors und den Textzusammenhang, dem die Erzählung entnommen ist, in die Einleitung aufgenommen werden können (vgl. Vorschlag A).

Aufgabe 5
S. 350

Die richtige Reihenfolge der Abschnitte lautet: G, F, E, I, D, H ... Der noch zu verfassende Schlussteil müsste den fiktiven Erklärungsversuch des Mädchens enthalten und den Kommentar des Erzählers.

Aufgabe 6
S. 350

In der vorliegenden Inhaltsangabe wird an zahlreichen Stellen auf den ursächlichen und zeitlichen Zusammenhang der Handlungsteile verwiesen, z. B.:

- „Framton Nuttel besucht auf dem Lande ehemalige Bekannte seiner Schwester, weil er nervlich sehr angespannt ist und sich erholen möchte." (Teil G) = ursächlicher Zusammenhang
- „Als das Mädchen die Geschichte beendet hat, kommt die Tante ins Zimmer [...]" (Teil D) = zeitlicher Zusammenhang

Aufgabe 7
S. 350

Aussagen in indirekter Rede finden sich in den Teilen D, E, F, I.

Aufgabe 8
S. 351

Folgende Umformungen sind möglich:

- Nuttel antwortet, er kenne nur ihren Namen und ihre Adresse.
- Beiläufig erwähnt das Mädchen, dass er sich vielleicht schon gewundert habe, dass die Terrassentür selbst an einem Oktobertag noch so weit offen stehe.
- Der Mann entgegnet, es sei sehr interessant gewesen.
- Framton Nuttel weist ausdrücklich darauf hin, dass die Ärzte sich darin einig seien (sind), dass er restlose Ruhe brauche (braucht) und jede seelische Aufregung oder körperliche Anstrengung vermeiden müsse (muss).

Aufgaben 9 und 10
S. 351

Mit diesen stilistischen Übungen lernen die Schülerinnen und Schüler, die manchmal umständlich klingende indirekte Rede mithilfe einer Infinitivgruppe zu umschreiben und ihren Text eleganter zu gestalten. Folgende Lösungen zu Aufgabe 10 sind denkbar. Die indirekte Rede ist dabei jeweils als konjunktionaler Gliedsatz/Nebensatz bzw. als verkürzter Gliedsatz/Nebensatz aufgeführt.

- „Mit dir werde ich niemals gehen!", antwortete das Kind dem Gespenst.
  Das Kind antwortet dem Gespenst, dass es mit ihm niemals gehen werde.
  Mit ihm werde es niemals gehen, antwortet das Kind dem Gespenst.
  Das Kind versichert dem Gespenst, niemals mit ihm zu gehen.
- Der alte Mann sagte: „Das Geheimnis werde ich nicht preisgeben. Niemand kann dieses von mir verlangen."
  Der alte Mann sagt, dass er das Geheimnis nicht preisgeben werde. Niemand könne dieses von ihm verlangen.
  Der alte Mann sagt, er werde das Geheimnis nicht preisgeben. Niemand könne das von ihm verlangen.
  Der alte Mann lehnt es entschieden ab, das Geheimnis preiszugeben.

- Die Frau beruhigte den Jungen und bot ihm an: „Du kannst den Holzkahn nehmen und zu der Insel hinüberrudern.“
  Die Frau beruhigt den Jungen und bietet ihm an, dass er den Holzkahn nehmen und zu der Insel hinüberrudern könne.
  Die Frau beruhigt den Jungen und bietet ihm an, er könne den Holzkahn nehmen und zu der Insel hinüberrudern.
  Die Frau beruhigt den Jungen und bietet ihm an, den Holzkahn zu nehmen und zu der Insel hinüberzurudern.
- „Noch vor dem Morgengrauen werde ich zurück sein“, versprach der Junge treuherzig.
  Der Junge verspricht treuherzig, dass er noch vor dem Morgengrauen zurück sein werde.
  Noch vor dem Morgengrauen werde er zurück sein, verspricht der Junge treuherzig.
  Der Junge verspricht treuherzig, noch vor dem Morgengrauen zurück zu sein.
- Spottend sagte der Jüngste zu dem Geist: „Du bist ein klappriges, altes Nachtgespenst, welches mir keine Angst einflößen kann.“
  Spottend sagt der Jüngste, dass es ein klappriges, altes Nachtgespenst sei, welches ihm keine Angst einflößen könne.
  Spottend sagt der Jüngste, es sei ein klappriges, altes Nachtgespenst, welches ihm keine Angst einflößen könne.
  Der Jüngste verspottet den Geist und begegnet ihm furchtlos.

Aufgabe 11
S. 351

Mit dieser Aufgabe soll abschließend verdeutlicht werden, dass die Gestaltung einer Inhaltsangabe auch abhängt von dem Verwendungszweck. In diesem Fall ist es natürlich nicht sinnvoll, einen Ausblick auf das Ende zu geben.

2. Wortarten, Satzglieder und mehr ... (S. 352–362)

Diese Übungseinheit bietet den Schülerinnen und Schülern Gelegenheit, anhand leichter bis mittelschwerer Aufgaben die wichtigsten grammatischen Grundlagen, über die sie in den kommenden Schuljahren sicher verfügen müssen, zu wiederholen. Außerdem wird anhand der „kleinen“ Wortart der Interjektion der pragmatische Aspekt der Sprache (das Sprachhandeln) vertieft. Übungen zu den Konjunktionen erlauben darüber hinaus den Rückbezug auf die Kommasetzung.
Auch diese Einheit kann gemeinsam mit den Schülerinnen und Schülern im Rahmen des Unterrichts behandelt oder als Übungsmaterial in einem differenzierenden Lehrgang eingesetzt werden. Sowohl selbstständiges als auch kooperatives Lernen ist in beiden Formen möglich. Es mag auch sinnvoll sein, bei Bedarf bestimmte Aufgaben einzelnen Schülerinnen und Schülern als individuelle Hausarbeit aufzugeben. Wählt die Lehrkraft die Integration in den laufenden Unterricht, so bietet sich aufgrund ähnlicher Textinhalte eine Verknüpfung mit der Einheit „Experimente beschreiben, mal so, mal so – Aktiv und Passiv“ (S. 258–269) an.
Die in dieser Wiederholungseinheit behandelten Aspekte grammatischen Wissens sind:
- Wortarten unterscheiden und ihre Funktion erkennen,
- Satzglieder unterscheiden und ihre Funktion erkennen,
- die kommunikative Funktion von Interjektionen erfassen,
- syntaktische Funktionen von Konjunktionen erkennen und anwenden,
- Funktion und Formen des Attributs erkennen und anwenden.

Wortarten (S. 352–358)

Das Nomen/Substantiv (S. 352–353)

Ein Experiment mit Luft und Papier (S. 352)

Aufgabe 1
S. 352

Nomen/Substantiv	Verb	Adjektiv
Luft, Atmosphäre (2x), Mischung, Gase, Stickstoff, Fünftel (2x), Sauerstoff, Gase, Argon, Kohlendioxid, Luft (3x), Boden, Höhe, Gewicht, Lineal (2x), Tisch, Drittel, Tischkante, Stück, Papier (4x), Luftdruck, Blatt, Tischplatte	besteht, vertreten, sind, ist (3x), steigen, wird, kannst, spüren, lege, hinausragt, breite, schlage, versuche, wirbeln, wird gelingen, drückt (2x)	farbloser, viele, weitere, nahe, am dichtesten, am dicksten, dünner, kräftig, stark, größer

Die Ergebnisse dieser Aufgaben ermöglichen zunächst Vermutungen über die Häufigkeit der Wortarten im Deutschen. Bei näherer Betrachtung erlauben die gesammelten Beispiele die Reflexion grammatischer Besonderheiten einer Wortart, so z. B. zu den verschiedenen finiten und infiniten Formen des Verbs (u. a. Infinitiv, Partizip, Imperativform, Personalform) oder zur Steigerungsfähigkeit von Adjektiven. Darüber hinaus bietet das Wortkorpus die Gelegenheit, Abgrenzungen zwischen den Wortarten, etwa zwischen Adjektiv und Adverb/Partikel sowie Nomen/Substantiv und Pronomen, zu thematisieren und so zu den Kasusformen des Nomens/Substantivs (S. 352–353) überzuleiten.

Aufgabe 2
S. 352–353

Nominativ	Genitiv	Dativ	Akkusativ
das Experiment	des Experiments	dem Experiment	das Experiment
der Luftdruck	des Luftdrucks	dem Luftdruck	den Luftdruck
das Glas	des Glases	dem Glas	das Glas
der Rand	des Randes	dem Rand	den Rand
das Wasser	des Wassers	dem Wasser	das Wasser
die Luft	der Luft	der Luft	die Luft
das Gas	des Gases	dem Gas	das Gas
die Beobachterin	der Beobachterin	der Beobachterin	die Beobachterin

Möglich ist natürlich auch, die entsprechenden Formen im Plural bilden zu lassen.

Das magische Wasserglas (S. 353)

Aufgabe 3
S. 353

Der Luftdruck ist in allen Richtungen wirksam. Fülle **ein** Glas bis zum Rand mit [**ø**] Wasser, auch **der** Rand selbst soll feucht sein. Obenauf legst du **ein** Stück kräftigen Karton. Dreh **das** Glas mit dem Karton um – am besten über **dem** Spülbecken. Jetzt nimm **die** Hand weg ... **das** Wasser sollte im Glas bleiben.
Wie es funktioniert:
Die Luft drückt von unten her mit genügend Kraft auf **den** Karton, sodass **das** Wasser im Glas bleibt. Sobald wir jedoch **eine** Ecke vom Karton abheben, ist kein luftdichter Abschluss mehr gewährleistet und [**ø**] Blasen dringen ein. Dann drückt **die** Luft auch von oben und **das** Wasser läuft aus.

(Nach: Steve Parker: Experimente, Tricks und Tipps. Wetter, Südwest Verlag, München 1951, S. 5)

Aufgabe 4
S. 353

Um das grammatische Geschlecht festzustellen, muss jeweils der Nominativ Singular der verschiedenen Nomen/Substantive gebildet werden.
Femininum: *die Hand, die Richtung, die Luft, die Kraft, die Ecke, die Blase*

Maskulinum: *der Luftdruck, der Rand, der Karton, der Abschluss*
Neutrum: *das Wasserglas, das Glas, das Wasser, das Stück, das Spülbecken*

Das Verb (S. 353 – 355)

Das Frösteln (S. 353–354)

Aufgabe 1
S. 353

Die Anpassung an extreme Wetterverhältnisse **fällt** dem menschlichen Körper schwer. Dein Körper **fühlt** sich am wohlsten, wenn die Temperatur bei etwa 25° C **liegt**. Wenn es wärmer oder kälter **wird**, **passt** sich dein Körper entsprechend an. Wenn du **fröstelst**, **ziehen** sich alle deine Muskeln zusammen, dadurch **entsteht** Hitze, die dich **wärmt**. Mit anderen Worten: **Bewege** dich!

(Nach: Sonja Hartl (Hg.): Experimente Experimente! Arena Verlag, Würzburg 1993, S. 66)

Aufgabe 2
S. 354

Personalform						Infinitiv
Singular			Plural			
1. Person	2. Person	3. Person	1. Person	2. Person	3. Person	
ich fühle	du fühlst	sie/er/es fühlt	wir fühlen	ihr fühlt	sie fühlen	fühlen
ich falle	du fällst	sie fällt	wir fallen	ihr fallt	sie fallen	fallen
ich liege	du liegst	er liegt	wir liegen	ihr liegt	sie liegen	liegen
ich werde	du wirst	es wird	wir werden	ihr werdet	sie werden	werden
ich passe	du passt	sie passt	wir passen	ihr passt	sie passen	passen
ich fröstle	du fröstelst	er fröstelt	wir frösteln	ihr fröstelt	sie frösteln	frösteln
ich ziehe	du ziehst	es zieht	wir ziehen	ihr zieht	sie ziehen	ziehen
ich entstehe	du entstehst	er entsteht	wir entstehen	ihr entsteht	sie entstehen	entstehen
ich wärme	du wärmst	sie wärmt	wir wärmen	ihr wärmt	sie wärmen	wärmen
ich bewege	du bewegst	er bewegt	wir bewegen	ihr bewegt	sie bewegen	bewegen

Aufgabe 3
S. 354

Die geforderte Begründung wird auf die jeweils aus der Reihe fallende grammatische Kategorie aufbauen müssen: falsche Personalform, Singular statt Plural und umgekehrt, zum Verwechseln ähnliche Formen. Die jeweils falsch eingeordneten Formen sind im Folgenden kursiv gesetzt, die Begründung ist in Klammern angefügt:

- ich gebe, ich sage, *ihr schwitzt*, ich pfeife, ich fahre (2. Pers. Pl. statt 1. Pers. Sg.)
- *wir singen*, du spielst, sie schwimmt, er läuft, ich lache, du hustest (1. Pers. Pl. statt eine beliebige Personalform im Sg.)
- sie feiern, sie musizieren, sie lächeln, *sie wandert*, sie putzen (3. Pers. Sg. statt 3. Pers. Pl.)
- du träumst, ihr schlaft, ihr jubelt, du trödelst, *ich lese*, ihr lobt (1. Pers. Sg. statt 2. Pers. Sg. oder Pl.)
- es funktioniert, er fragt, *sie antworten*, es bewegt sich, sie liegt (3. Pers. Pl. statt 3. Pers. Sg.)

Coole Socken (S. 354)

Aufgabe 4
S. 354

Die heißen Tage im Hochsommer **können** einen ganz schön ins Schwitzen **bringen**. Wenn du gerne draußen **faulenzt**, brauchst du aber auch im prallen Sonnenlicht nicht Gefahr zu laufen, dass dir zu heiß wird. Ein Kniff aus der Trickkiste der Physik **hilft** dir, zumindest die Füße kühl zu halten. **Weiche** einen deiner beiden Socken in Wasser **ein** und **wringe** ihn anschließend leicht **aus**. Dann **begib dich** an ein sonniges Plätzchen, wo du dir beide Strümpfe **anziehst**. **Leg** dich so hin, dass die Sonne auf deine Füße scheint.

Der Fuß mit dem nassen Socken wird dir nach einiger Zeit kühler vorkommen als der mit dem trockenen. Grund dafür ist die sogenannte Verdunstungskälte. Wenn Wasser (oder jede andere Flüssigkeit) von einer Oberfläche **verdunstet**, **geht** es vom flüssigen in den gasförmigen Zustand **über** – und dieser Vorgang **verbraucht** Energie. Die wird in Form von Wärme aus der Umgebung abgezogen – also von der Haut an deinem Fuß, weshalb dir dort kalt wird.

(Nach: Gerald Bosch: 1000 spannende Experimente, Loewe, Bindlach 2000, S. 36 f.)

Aufgabe 5
S. 354

Schwitzen (S. 355)

Präsens	Präteritum	Perfekt	Plusquamperfekt	Futur I
sie liegt	lag	hat gelegen	hatte gelegen	wird liegen
er bricht aus	brach aus	ist ausgebrochen	war ausgebrochen	wird ausbrechen
es kommt	kam	ist gekommen	war gekommen	wird kommen
es trägt heraus	trug heraus	hat herausgetragen	hatte herausgetragen	wird heraustragen
es hat	hatte	hat gehabt	hatte gehabt	wird haben
du schwitzt	schwitztest	hast geschwitzt	hattest geschwitzt	wirst schwitzen
es hängt ab	hing ab	hat abgehangen	hatte abgehangen	wird abhängen
es ist	war	ist gewesen	war gewesen	wird sein
er klebt	klebte	hat geklebt	hatte geklebt	wird kleben
du fühlst	fühltest	hast gefühlt	hattest gefühlt	wirst fühlen

Aufgabe 6
S. 355

Der längere Schreibauftrag intendiert zweierlei: die korrekte Verwendung des Tempus (vorrangig des Futur I) und die Reflexion des bisher Gelernten.

Klein, aber „oho": die Wortarten Konjunktion und Interjektion (S. 356–358)

Die Konjunktion (S. 356–357)

Herzen aus Kresse? – Kein Kunststück für die Sonne (S. 356)

Aufgabe 1
S. 356

Die hervorgehobenen Konjunktionen lassen sich in zwei Gruppen zuordnen, den nebenordnenden (*aber, denn, und*) und den unterordnenden Konjunktionen (*weil, bis, wenn, damit, da*). Diese werden im Regelkasten auf der folgenden Seite eingehend erklärt. Zur Vertiefung der unterordnenden Konjunktionen in Satzgefügen kann sich ein Blick in das Kapitel „Informiere mich, berichte davon, beschreib es mir … – Mit Gliedsätzen/Nebensätzen arbeiten" (S. 312–329) anbieten.

Die Sonne wird ein weißer Zwerg (S. 357)

Aufgabe 2
S. 356

- Die Sonne wird nicht ewig scheinen, weil in fünf Milliarden Jahren ihr Brennstoffvorrat verbraucht sein soll.
- Forscher vermuten, dass die Sonne sich kurz zu einem riesigen roten Ball aufbläht.
- Da ihre Strahlung das 1000- bis 2000-Fache von heute betragen wird, erhöhen sich die Temperaturen auf der Erde ungefähr auf 1000 Grad.
- Nachdem alles Leben verglüht ist, erlischt die Sonne völlig und steht als kalter, weißer „Zwerg" am Himmel.

(Aus: www.geo.de (geolino 02/1998))

Kommasetzung und Konjunktionen (S. 357)

Aufgabe 1, links S. 357

- Felix und Janina gehen nicht nur auf die gleiche Schule, sondern auch in die gleiche Klasse.
- Janinas Lieblingsfach ist Mathe, während Felix Französisch bevorzugt.
- Sie treffen sich häufig, lernen zusammen und bereiten sich gemeinsam auf ihre Klassenarbeiten vor.
- Dieses gemeinsame Lernen macht sowohl Felix als auch Janina viel Spaß. (Kein Komma)
- Wenn einer nicht weiterweiß, kann der andere helfen.
- Die beiden sind ein eingespieltes Team, doch das war nicht immer so.
- Sie kennen sich zwar seit der fünften Klasse, aber sie mochten sich anfangs gar nicht.
- Weder ihre Lehrerin noch ihre Mitschüler können sich ihre Wandlung erklären. (Kein Komma)
- Wahrscheinlich haben sie eines Tages erkannt, dass der andere doch ganz nett ist.

Die Interjektion (S. 357)

Aufgabe 1, rechts S. 357

Die einzelnen Interjektionen können teilweise in mehrere Lücken gesetzt werden. Entscheidend ist hier, dass das Empfindungswort nicht sinnwidrig ist oder dem Sprachgefühl widerspricht.

Ein Gespräch (S. 357).
Felix: **Hallo**, Janina! Wir haben morgen ja wieder Deutsch. **Ach**, hatten wir da nicht eine Hausaufgabe?
Janina: **Oh**, das habe ich ganz vergessen! Worum ging es noch einmal?
Felix: **Mensch**, Janina, wie kann man nur so vergesslich sein? Wir wiederholen doch gerade die verschiedenen Wortarten. **Hm**, ich glaube, ich muss dir da ein bisschen auf die Sprünge helfen.
Janina: **Ach was**! Das hättest du wohl gerne! Ich schaff' das schon allein.
Felix: **Papperlapapp**! Wozu sind Freunde da? Wenn wir gemeinsam die Aufgaben lösen, ist uns doch beiden geholfen.
Janina: **O. k.!** Dafür kann ich dir das nächste Mal in Mathe helfen.
Felix: **Au ja**! Wenn ich nur an die Klassenarbeit denke, **igitt**!

Aufgabe 2 S. 358

Interjektionen verleihen dem Gespräch Lebendigkeit und Witz. Sie verdeutlichen spontan die Stimmung des Sprechers oder unterstützen seine kommunikative Strategie (z. B. Beschwichtigung, Zustimmung, Begrüßung ...).

Aufgabe 3 S. 358

Die Schülerinnen und Schüler werden bekannte und weniger bekannte Beispiele für jugendsprachliche Ausrufe und Gefühlsäußerungen nennen. Zu erwarten ist etwa die Nennung von umgangssprachlichen Interjektionen wie ey, yo, Alter oder hey.

Satzglieder (S. 358–362)

Die Umstellprobe (S. 358–360)

Aufgabe 1 S. 358

Die Umstellprobe dient hier der stilistischen Variation der Satzbaumuster, d. h., nicht jeder Satz muss verändert werden.

- Ich besorge mir zuerst die Materialien für das Experiment.
- Die Apparatur stelle ich dann wie beschrieben auf.

- Den Schlauch schließe ich am Wasserhahn an.
- Ich führe ihn in die Flasche ein.
- Daraufhin überprüfe ich noch einmal die Apparatur.
- Endlich kann ich mit dem Experiment beginnen.

Wie man einen Regenbogen macht (S. 359)

Aufgabe 2 S. 359

Subjekt	**Prädikat**	**Objekt**	**adverbiale Bestimmung**
Gespenster Die Anfangsbuchstaben des Satzes Die Farben des Regenbogens Die Menschen alle möglichen Geschichten Du die Sonne die Farben sie das Sonnenlicht die Sonnenstrahlen	bleiben bilden erscheinen kannst herausfinden enthält siehst	einen eigenen Regenbogen einen Schlauch mit einer Sprühdüse den Schlauch einen bogenförmigen Wasserstrahl einen Regenbogen	immer immer schon in deinem Garten am Nachmittag Normalerweise nicht einzeln

Aufgabe 3 S. 360

Akkusativobjekte: *dieses „archimedische Prinzip"; ein breites Einmachglas und ein Bauklötzchen; das Glas (2x); ein Bauklötzchen; das gleiche Gewicht wie das hinzugefügte Klötzchen; weniger Wasser als schwere*

Dativobjekte *Dem berühmten griechischen Wissenschaftler Archimedes; dir; ihrem Rauminhalt*

Genitivobjekt *einer Waage und Wasser*

Präpositionalobjekt: *mit Gegenständen, die nicht schwimmen, sondern untergehen (z. B. Gold)*

Ein Satzglied unter der Lupe: die adverbiale Bestimmung (S. 360–361)

Aufgabe 1 S. 360

Die adverbiale Bestimmung ist Gegenstand des Kapitels „Hier geht es um Genauigkeit – Die adverbiale Bestimmung" in P.A.U.L. D. 6 (dort S. 208–221). Die Behandlung dieses Kapitels im 6. Schuljahr vorausgesetzt, ist zu erwarten, dass einige Schülerinnen und Schüler die wichtigsten Formen dieses Satzglieds mit Beispielen benennen können. Von hier aus wären weiterführende Fragen zur Funktion der adverbialen Bestimmung sowie zu der Art und Weise zu stellen, wie diese gebildet werden (Wortarten der adverbialen Bestimmung).

Der Treibhauseffekt (S. 360)

Aufgabe 2 S. 360

Temporaladverbiale: *am Tage; nun; für eine Stunde; heute; In den vergangenen Jahrzehnten; immer*

Lokaladverbiale: *innerhalb eines Treibhauses; Im Innern; im Treibhaus; in beiden Gefäßen; in der Atmosphäre*

Modaladverbiale: *rasch; ungehindert; nicht mehr so leicht; auf einfache Weise; sorgfältig; immer häufiger; immer stärker*

Kausaladverbiale: *Deswegen*

Instrumentaladverbiale: *mit zwei gleichen Glasgefäßen; mit einer Plastiktüte*

Aufgabe 3 S. 361	Adjektiv:	*rasch; ungehindert; sorgfältig*
	Adverb:	*nun; heute; immer; Deswegen*
	Adverb + Adjektiv:	*nicht mehr so leicht; immer häufiger; immer stärker*
	Präposition + Nomen:	*am Tage; innerhalb eines Treibhauses; Im Innern; im Treibhaus; auf einfache Weise; mit zwei gleichen Glasgefäßen; mit einer Plastiktüte; für eine Stunde; in beiden Gefäßen; In den vergangenen Jahrzehnten; in der Atmosphäre*

Das Attribut, ein Satzgliedteil (S. 362)

Aufgabe 1 S. 362

In P.A.U.L. D. 6 beschäftigt sich das Kapitel „Ein Urlaub in Mexiko – Personen, Tiere, Gegenstände und Vorgänge beschreiben" u. a. mit dem Attribut (dort S. 152–157). Zu erwarten ist, dass einige Schülerinnen und Schüler zumindest Beispiele für das Adjektivattribut (z. B. „die heiße Sonne") benennen können.

Experimente mit Strom – Die Zitronenbatterie (S. 362)

Aufgabe 2 S. 362	Adjektivattribut:	*kleinen; unterschiedliche; chemischer; kurze; freien*
	Genitivattribut:	*der sauren Frucht; unserer gelben Batterie; der Zitrone; des Steckers*
	präpositionales Attribut:	*mit seiner Säure*
	Apposition:	*etwa Kupfer und Eisen; richtiger Strom; zum Beispiel Apfelsinen, Trauben oder Kartoffeln*
	Relativsatz/Attributsatz:	*die Strom leiten können*

Aufgabe 3 S. 362

- zwei unterschiedliche Metalle – zwei Metalle, die unterschiedlich sind
- ein chemischer Prozess – ein Prozess, der chemisch ist
- zwei kurze Drahtstücke – zwei Drahtstücke, die kurz sind
- die freien Drahtenden – die Drahtenden, die frei sind

3. Groß- und Kleinschreibung (S. 363–368)

Nominalisierungen/Substantivierungen (S. 363–364)

Aufgabe 1 S. 363

Bei dieser Aufgabe geht es darum, die Schülerinnen und Schüler in die Auseinandersetzung mit dem Thema Nominalisierungen/Substantivierungen einzuführen und gleichzeitig vorhandenes Regelwissen zu aktualisieren. Sie müssen beim Abschreiben der Texte die Groß- und Kleinschreibung umsetzen und werden dabei bereits mit verschiedenen Nominalisierungen/Substantivierungen konfrontiert.

Nässe ist für Mäuse kaum zu ertragen (S. 363)

Wenn ein Mensch duscht, trägt er nach dem Duschen im Allgemeinen rund ein halbes Kilogramm mehr an Gewicht mit sich, da das Wasser auf seiner Haut und in seinen Haaren sitzt. Dieses Mehr an Gewicht ist für den Menschen so gering, dass ein Spüren der zusätzlichen Menge nicht möglich ist. Fällt eine Maus ins Wasser, kann dies für das kleine Tier gefährlich werden. Nach dem Klettern aus dem Wasser befindet sich im Fell der Maus ein halbes Gramm Wasser. Während für uns ein halbes Gramm sehr wenig ist, bedeutet es für die Maus etwas Lebensbedrohliches. Die Maus selbst wiegt nur wenige Gramm, sodass das zusätzliche Gewicht für sie eine enorme Belastung darstellt. Etwas Vergleichbares für uns Menschen wäre eine Wanderung mit einem 50 bis 70 Kilogramm schweren Rucksack.

(Nach: Brockhaus-Kalender für Kinder, Bibliographisches Institut & F. A. Brockhaus, Mannheim 2004/2005)

Etwas Verräterisches – Die Körpersprache (S. 363–364)
Nicht nur in Situationen, in denen man aufgeregt ist, weiß man oft nicht, was man mit seinen Händen anfangen soll. Das Lösen dieses Problems besteht für Männer zum Beispiel darin, ihre Hände in die Hosentaschen zu stecken. Wenn man darauf achtet, kann man Ähnliches auch auf dem Schulhof oder an der Bushaltestelle beobachten. Für Frauen besteht das Lösen dieses Problems im Festhalten ihrer Tasche. Während Männer im Allgemeinen ihre Hände hinter dem Rücken verschränken oder diese auf den Rücken legen, ist dies für Frauen eher keine Alternative. Beide Geschlechter haben jedoch eine gemeinsame Körperhaltung: das Verschränken der Arme vor der Brust. Durch dieses Positionieren der Arme verdeutlicht man Macht. Das Verschränken der Arme vor der Brust während eines Gesprächs kann bedeuten, dass man mit dem, was der andere sagt, nicht einverstanden ist.

(Nach: Brockhaus-Kalender für Kinder, Bibliographisches Institut & F. A. Brockhaus, Mannheim 2004/2005)

Aufgabe 2
S. 364

Die bewusste Auseinandersetzung mit der Schreibweise der in den Texten enthaltenen Nominalisierungen/Substantivierungen wird durch die sich anschließende Aufgabe gefordert. Dabei sind die Lernenden aufgefordert, die Nominalisierungen/Substantivierungen herauszusuchen und deren ursprüngliche Wortart zu bestimmen sowie auf die verschiedenen Begleiter zu achten. Diese Aspekte werden in dem Regelkasten ausführlich erläutert.

Nässe ist für Mäuse kaum zu ertragen
dem Duschen – Verb
im Allgemeinen – Adjektiv
dieses Mehr – Adjektiv (1. Steigerungsstufe)
ein Spüren – Verb
dem Klettern – Verb
etwas Lebensbedrohliches – Adjektiv
etwas Vergleichbares – Adjektiv

Etwas Verräterisches – Die Körpersprache
etwas Verräterisches – Adjektiv
das Lösen – Verb
(etwas) Ähnliches – Adjektiv
das Lösen – Verb
im Festhalten – Verb
im Allgemeinen – Adjektiv
das Verschränken – Verb
dieses Positionieren – Verb
das Verschränken – Verb

Die sich anschließenden Übungen dienen der Festigung der Sicherheit im Umgang mit Nominalisierungen/Substantivierungen.

Aufgabe 3
S. 364

Verben und Adjektive – nominalisiert/substantiviert und in ihrer ursprünglichen Form:

- Timo erzählt einen **lustigen** Witz.
  Svenja hat im Urlaub etwas **Lustiges** erlebt.
- Das Klettern in großer Höhe erwies sich auch für den geübten Bergsteiger als **besonders** schwierig.
  Als das **Besondere** des Turniers wurde von allen Teilnehmern die Begeisterung der Zuschauer genannt.
- Kinder **klettern** gerne auf Bäume.

In vielen Sportzentren wird das **Klettern** an speziellen Wänden ermöglicht.
- Der Architekt **zeichnete** zunächst eine Skizze des Hauses.
  Das **Zeichnen** des endgültigen Entwurfs kostete den Architekten viele Stunden Arbeit.
- Im Sommer bleibt es abends lange **hell**.
  Das **Helle** der Sommerabende ist für viele Kinder ein guter Grund, spät schlafen zu gehen.
- Das Paar **tanzt** schon lange gemeinsam auf Turnieren.
  Das **Tanzen** ist ein Bestandteil der Schauspielausbildung.
- Hausaufgaben werden oft als **lästig** empfunden.
  Das **Lästige** an Sommerabenden sind die Stechmücken.
- Wir **lesen** in diesem Schuljahr viele neue Lektüren.
- Das **Lesen** fiel Rosalie am Abend sehr schwer, da sie müde war.
- Viele der Befragten gaben nur **allgemeine** und damit ungenaue Antworten auf die Fragen des Reporters.
- Im **Allgemeinen** fühlt sich Ella an ihrer neuen Schule wohl.
- Die Polizisten forderten den Fahrer auf, ihrem Wagen zu **folgen**.
- Das **Befolgen** von Regeln und Vereinbarungen wird von den Betreuern im Camp strikt eingefordert.

Aufgabe 4
S. 364

Womit vertreiben sich Delfine die Langeweile? (S. 364)

Delfine sind im **A**llgemeinen äußerst **s**pielfreudig. Die Meeressäuger, die in sogenannten Schulen **s**chwimmen, **v**ertreiben sich die Zeit durch das **E**rfinden immer neuer Spiele. Die **b**esonders **v**erspielten Tümmler, eine kleinere Delfinart, kann man hin und wieder dabei **b**eobachten, wie sie ihre **v**erbrauchte Atemluft, die sie aus dem Atemloch oben auf dem Kopf **a**usstoßen, zu Ringen **v**erwirbeln. Die Delfine **t**auchen durch diese Ringe und **e**rzeugen sogar mehrere davon, die sie mit **k**reiselnden Bewegungen ihrer Schwanzflosse durch das Wasser treiben. Dieser **a**ngeborene Spieltrieb der Delfine macht sie für den Menschen **b**esonders **a**ttraktiv, sodass sie **l**eider in großen Mengen in Aquazoos eingesperrt und für Vorführungen trainiert und eingesetzt werden. Das **G**ute ist, dass das **t**ägliche und **m**ehrstündige **T**rainieren dem Bedürfnis der Delfine zu **s**pielen entgegenkommt. Das **S**chwerwiegende und **P**roblematische ist jedoch, dass die Tiere in der Regel in sehr **k**leinen und nicht **a**rtgerechten Becken leben müssen, in denen nicht nur der Freiraum zum **S**chwimmen, **S**pringen und **T**auchen fehlt, sondern wo auch zu wenige Artgenossen zum **V**ertreiben der Zeit da sind.

(Nach: Brockhaus-Kalender für Kinder, Bibliographisches Institut & F. A. Brockhaus, Mannheim 2004/2005)

Zeitangaben (S. 365)

Die Übungen dienen der Festigung im sicheren Umgang mit Zeitangaben. Die wichtigsten Regeln sind auf S. 365 kurz vermerkt.

Aufgabe 1
S. 365

Die Klassenfahrt (S. 365)

Zeitangaben – großgeschrieben	Zeitangaben – kleingeschrieben
am Montag den ersten Abend jeden Morgen zwei Nachmittage Freitagnachmittag Am frühen Abend	morgens vormittags abends

Aufgabe 2
S. 365

- Am kommenden **S**amstag hat das Schwimmbad geschlossen.
- Im Sommer öffnet das Freibad **m**orgens immer um 6.00 Uhr.
- Jona geht **f**reitagabends zum Judo-Training.
- Mein Vater liest jeden **M**orgen die Zeitung.
- Hamster sind oft **n**achts aktiv und **m**orgens müde.
- Merle hat heute **M**orgen verschlafen und ist deshalb zu spät in die Schule gekommen.
- In der Fußgängerzone wurde am vergangenen **S**onntag eingebrochen. Seitdem kontrolliert die Polizei **a**bends und **n**achts die Eingänge und Fenster aller Geschäfte.

Mehrteilige Eigennamen, Orts- und Herkunftsbezeichnungen (S. 366–368)

Wer feiert die Vogelhochzeit? (S. 366)

Aufgabe 1
S. 366

Namen/Ortsbezeichnungen großgeschrieben	Namen/Ortsbezeichnungen kleingeschrieben
Deutschland Sorben Serben Balkan Sachsen Brandenburg Spreewald Berlin Oder Elbe Deutschen	slawische Völker sorbischer Brauch niedersorbischen Festtagstracht

Aufgabe 2
S. 367

Beispielhafte Kategorien:

Personen	Bauwerke	Straßen	Gebirge	Vereine	Anstalten	Zeitungen
Johann Wolfgang von Goethe, Karl der Große, Erich Kästner, Friedrich von Schiller	Brandenburger Tor, Kölner Dom, Chinesische Mauer, Nord-Ostsee-Kanal, Deutsches Museum	Unter den Linden	Kahler Asten, Teutoburger Wald	Deutscher Fußballbund, Deutscher Schwimmverband	Erstes Deutsches Fernsehen, Westdeutscher Rundfunk	Frankfurter Rundschau, Süddeutsche Zeitung

Scharfes Essen (S. 367)

Mit den beiden Beispielen wird auf die Schreibweise von Ortsbezeichnungen auf -isch als Eigennamen einerseits und als allgemeine Herkunftsbezeichnung andererseits hingewiesen (vgl. auch den Regelkasten auf S. 367).

- indisches Restaurant
- Indische Ozean

Wer ist der Wolpertinger? (S. 367)

Aufgabe 4
S. 367

Vergleiche hierzu auch den Regelkasten auf S. 367.

- Bayern

- bayrische Sage
- bayrische Wesen
- Tegernsee
- japanische oder amerikanische Touristen
- deutsche Urlauber

Aufgabe 5
S. 368

- Das **M**ünchner Oktoberfest ist für viele Besucher und Touristen eine besondere Attraktion.
- Franka mag gerne **s**panisches Essen.
- Sushi ist eine **j**apanische Spezialität.
- Die **C**hinesische Mauer ist ein sehr beeindruckendes Bauwerk.
- Die **M**ecklenburgische Seenplatte ist ein beliebtes Urlaubsziel.
- Mein Vater hat in seiner Schulzeit einige **S**chiller'sche Gedichte auswendig gelernt und kann sie noch heute aufsagen.
- Der **K**ölner Karneval ist sehr bekannt und lockt viele Besucher an.
- Auch im Winter kann man **h**olländische Gurken, Tomaten oder Paprika kaufen.
- Kaiserschmarren ist eine **ö**sterreichische Spezialität.
- Der **F**rankfurter Flughafen zählt zu den größten der Welt.
- Viele Menschen träumen von einem Urlaub auf einer **k**aribischen Insel.
- Die **S**panische Treppe ist eins der vielen berühmten Denkmäler Roms.
- Eine Besichtigung des **H**amburger Hafens mit einem Boot lohnt sich.
- Das **D**eutsche Museum in München wird von vielen Schulklassen besucht.
- Trotz der großen Hitze sind **g**riechische und **s**panische Inseln auch im Sommer beliebte Reiseziele.

Aufgabe 6
S. 368

Reisen (S. 368)
Fast alle Menschen verreisen gerne. Viele träumen von einem Urlaub in fernen, **e**xotischen Ländern. Sie fliegen auf **k**aribische Inseln oder in die **S**üdsee. Aber auch **s**panische Inseln, wie **M**allorca oder **T**eneriffa, oder **g**riechische Inseln, wie **K**reta oder **R**hodos, sind sehr beliebt und auch in wenigen Flugstunden zu erreichen. Viele Menschen lieben warmes Urlaubswetter und warmes Meerwasser. Andere dagegen mögen das raue Seeklima und fahren mit dem Schiff auf eine **N**ordseeinsel, wie **N**orderney oder **S**ylt. Aber auch die **O**stsee bietet vielfältige Erholungsmöglichkeiten. Andere Erholungs- und Urlaubsgebiete **D**eutschlands liegen zum Beispiel im Süden, wie der **B**ayerische Wald, der **S**chwarzwald oder der **B**odensee, oder im Osten, wie die **M**ecklenburgische Seenplatte oder der **T**hüringer Wald usw. Überall auf der Welt gibt es Reiseziele und damit Möglichkeiten, die Welt kennenzulernen und sich zu erholen. Jeder sollte das Ziel und das Fortbewegungsmittel wählen, das ihm gefällt.

4. Zusammen- und Getrenntschreibung (S. 369–372)

Dieser auch nach der erneuten Reform der deutschen Rechtschreibung sehr komplexe Bereich ist in diesem Unterkapitel in didaktisch reduzierter Form ausgearbeitet. Es geht ausschließlich um die Schreibweisen von Verbindungen mit einem Verb, die für die Schreibpraxis der Schülerinnen und Schüler besonders relevant sind. Eine umfassende Erarbeitung dieses Rechtschreibbereichs erfolgt im Schülerband 8.

Aufgabe 2,
links
S. 370

Mit der Aufgabe verschaffen sich die Schülerinnen und Schüler zunächst einmal einen Überblick über die Regeln, die im Folgenden angewandt werden sollen. Diese Beispiele aus dem Brief können den Regeln zugeordnet werden:

1. Verbindungen mit dem Hilfsverb sein: *zurück sein, hier sind, fertig sind, zufrieden sein, da bin, vorbei sein*
2. Verbindungen aus einem Nomen/Substantiv und einem Verb: *Inliner fuhren, Boot fahren, Fahrrad fahren, Ski laufen*
3. Verbindungen aus zwei Verben (Verbindungen aus einem Modalverb und einem Vollverb sind nicht aufgelistet): *spazieren gehen, besuchen kommen, fallen lassen, liegen bleiben, stehen bleiben*

Die im Regelkasten genannten Ausnahmen sollten im Unterrichtsgespräch zwar kurz thematisiert werden, im Zentrum des weiteren Erarbeitungsprozesses sollten jedoch die Grundregeln stehen, um Ähnlichkeitshemmungen zu vermeiden.

Verbindungen mit dem Hilfsverb *sein* (S. 370)

Aufgabe 1, oben S. 370

Zur Sicherung können die von den Schülerinnen und Schülern formulierten Sätze jeweils partnerweise diktiert werden.

Verbindungen aus Nomen/Substantiv und Verb (S. 370)

Aufgabe 1, Mitte S. 370

Um die Grundregel, dass Verbindungen aus Nomen/Substantiv und Verb getrennt geschrieben werden, gezielt einzuüben, können von der Lehrperson auch Satzanfänge vorgegeben werden, z. B.:

- In unserer Sportschule kannst du ...
- Möchtest du vielleicht auch ...
- Natürlich darfst du auch ...

Die Schreibweise der nominalisierten/substantivierten Formen kann ebenfalls durch vorgegebene Satzanfänge gezielt geübt werden, z. B.:

- Wir laden dich ein zum ...
- Besonders viel Spaß wirst du beim ... haben.

Verbindungen aus zwei Verben (S. 371)

Aufgabe 1 S. 371

Die Schülerinnen und Schüler arbeiten in jedem Fall regelkonform, wenn sie die Verbindungen aus zwei Verben getrennt schreiben. Die Unterscheidung zwischen ursprünglicher und neuer Bedeutung kann im Unterrichtsgespräch thematisiert werden und stellt damit eine semantische Übung dar (vgl. in der Schule sitzen bleiben/sitzenbleiben, jemanden links liegen lassen/liegenlassen ...).

Aufgabe 2 S. 371

- Am liebsten wäre ich immer auf der Bank **sitzen geblieben**.
  Während einer Zugfahrt ist das **Sitzenbleiben** nicht unbedingt notwendig.
- Das Schönste an einer Klassenfahrt ist das **Kennenlernen** von Schülerinnen und Schülern aus anderen Gruppen.
  Während der letzten Klassenfahrt habe ich viele Schülerinnen und Schüler aus anderen Gruppen **kennen gelernt**.
- Viele wollen morgens gern sehr lange im Bett **liegen bleiben**.
  Wegen der Frühstückszeiten ist das **Liegenbleiben** am Morgen leider nicht möglich.
- Wenn man mit dem Boot im Ufersumpf **stecken bleibt**, benötigt man Hilfe.
  Vor dem **Steckenbleiben** haben viele Autofahrer im Winter Angst.

Verbindungen aus ursprünglichen Präpositionen und Adverbien und einem Verb (S. 371 – 372)

Aufgabe 1
S. 372

Die im Regelkasten auf S. 371 formulierte Betonungshilfe gilt für die in der Aufgabe genannten Partikel. Es gibt jedoch auch Verbindungen aus ursprünglichen Präpositionen und Adverbien, bei denen diese Hilfsregel nicht funktioniert und die Betonung auf dem zweiten Wortbestandteil liegt (vgl. ein Hindernis umfahren, jemandem widersprechen ...). Bei diesen Ausdrücken stellt die Schreibweise in der Regel kein Problem dar. Diese Ausnahmen sollten nur thematisiert werden, wenn die Schüler sie von sich aus ansprechen.

→WB

5. s-Laute (S. 373 – 376)

Die Übungen zu den s-Lauten haben wiederholenden Charakter und dienen der Festigung des sicheren Umgangs mit den verschiedenen Schreibweisen. Die Sequenz ist so angelegt, dass die Lernenden anhand der Einstiegsaufgaben ihre Rechtschreibkompetenz in diesem Bereich überprüfen und eigenständig entscheiden können, inwieweit sie weiterüben sollten.

Aufgabe 1
S. 373

Schrumpfende Gebirge (S. 373)

Berge sind gar nicht so unveränderlich, wie man immer annimmt. Bei Frost gefriert z. B. das Wasser in den Ritzen des Gesteins, dehnt sich dabei aus und sprengt so Teile davon ab. Die Brocken rutschen anschließend ins Tal. Auch durch Sonne und Regen kommt es zu Verwitterungen des Gesteins. Wenn sich Lawinen lösen, reißen sie Boden- und Geröllmassen mit sich. Deshalb kann eine Bergspitze alle zehn Jahre ungefähr einen Millimeter an Höhe verlieren. Ein Menschenleben ist viel zu kurz, um deutliche Abtragungen oder sogar Einebnungen von Bergen zu beobachten. Geologen wissen jedoch, dass ehemalige Hochgebirge heute vollständig abgetragen sind. Demgegenüber wachsen jedoch auch einige Berge z. B. einige Vulkane bis zu mehreren Metern pro Jahr und die Alpen ca. einen Zentimeter.

(Nach: Brockhaus-Kalender für Kinder, Bibliographisches Institut & F. A. Brockhaus, Mannheim 2004/2005)

Beißt man sich an altem Brot die Zähne aus? (S. 373)

Altes Brot ist besser als sein Ruf. Wir glauben, dass altbackenes Brot trocken ist, doch das stimmt so nicht. Wenn Brot altert, geht zunächst kaum Wasser verloren. Das Brot enthält den gleichen Wasseranteil wie am Tag zuvor, aber das Wasser verteilt sich anders. Die Stärkemoleküle verlieren das angelagerte Wasser und kristallisieren, sodass die Brotkrume fester wird.

Das frei gewordene Wasser verbindet sich sehr fest mit den Zellulosefasern, was auch wieder dazu führt, dass sich das Brot härter anfühlt. Altbackenes Brot wird jedoch durch erneutes Backen wieder weich, da die Stärkemoleküle wieder Wasser aufnehmen und erneut quellen. Trotz dieser Erkenntnis schmeckt frisch gebackenes Brot natürlich am besten.

(Nach: Brockhaus-Kalender für Kinder, Bibliographisches Institut & F. A. Brockhaus, Mannheim 2004/2005)

Zum Weiterarbeiten (S. 374–376)

Vitamin C für die Gesundheit der Inuit (S. 374)

Aufgaben 1 und 2
S. 374

stimmhaft gesprochener s-Laut	stimmlos gesprochener s-Laut
Ge**s**undheit	Ob**s**t
Gemü**s**e	Leben**s**mittel
wach**s**en	problemlo**s**
die**s**e	tran**s**portiert
Sie	beide**s**
teilwei**s**e	gege**ss**en
die**s**er	Rohfleische**ss**er
Seeleute	au**s**reichend
So	i**s**t
die**s**em	die**s**
sollte	da**ss**
sauer	da**s**
	au**s**fielen
	schlie**ß**lich
	e**ss**en
	lu**s**tig

Aufgabe 3
S. 375

Wortverwandte mit stimmhaftem s-Laut:
der Bremsklotz – bremsen, die Bremse
sie verreist – Reisen, reisen
der Eisbecher – vereisen, eisig
das Losverfahren – losen, Verlosung
sie brausten – Brause, brausen

Aufgabe 4
S. 375

1. Person Singular Präteritum:
losen – ich loste
sausen – ich sauste
rasen – ich raste
speisen – ich speiste
fräsen – ich fräste

Aufgabe 5
S. 375

Bei dieser Übung sollte auf die Möglichkeit verwiesen werden, mit dem Wörterbuch zu arbeiten, um weitere Wortverwandte zu finden.
Wortverwandte mit stimmlosem s-Laut:
Floß – Floßfahrt, Flößerei, flößen, Flößer
heiß – Heißmangel, Heißmacherwürstchen, Heißhunger, Heißsporn
Spaß – spaßig, Spaßmacher, Späße
Strauß – Sträuße, Blumenstrauß, Straußenfarm, Straußenei, Straußenfeder
Kloß – Kloßsuppe, Hefekloß, Klöße
Gruß – Grüße, grüßen, Grußkarte
Fleiß – fleißig, Fleißarbeit, das Fleißige Lieschen
weiß – Weißblech, Weißbier, Weißbrot, weißen, Weiße
Soße – Soßenbinder, Soßenschüssel, Soßenlöffel
Geißel – geißeln, Geißelung, Geißeltierchen

Aufgabe 6
S. 375

ERTASERS – Terrasse
CHÄSLIRSG – grässlich
SÜKNES – küssen

GESBIS – Gebiss
ÄNSES – Nässe
SLÜGISF – flüssig
SNESERF – fressen
PESVASREN – verpassen

Aufgabe 7
S. 375

Infinitiv	**3. Person Singular Präsens**	**3. Person Singular Präteritum**
sprießen	es sprießt	es spross
gießen	er gießt	er goss
messen	sie misst	sie maß
zerreißen	sie zerreißt	sie zerriss
schießen	er schießt	er schoss

Aufgabe 8
S. 375

- Ein Sprichwort besagt: Hunde, die bellen, bei**ß**en nicht. – Hat dich jedoch einmal ein bellender Hund gebi**ss**en, wei**ß**t du es in Zukunft besser: Nicht alle Sprichwörter sagen die Wahrheit.
- Könnte ich heute schon wi**ss**en, was ich morgen wei**ß**, wäre ich heute so klug wie noch nie.
- Der Schwall aus der Gie**ß**kanne machte aus dem Spaziergänger einen bego**ss**enen Pudel.
- Mit dem richtigen Ma**ß** zu me**ss**en, ist eine Kunst, die nur wenige beherrschen.
- Nach dem äußerst heftigen Regengu**ss** flie**ß**t dort ein Flu**ss**, wo zuvor niemals einer flo**ss**.
- Der Mittelstürmer schie**ß**t dieses Mal den Elfmeter nicht, weil er ihn beim letzten Mal verscho**ss**en hat.

Aufgabe 9
S. 376

waagerecht: Flosse, Rüssel, Tasse, (Ass), fassen, (Fass), Rasse, Messe, Interesse, Delikatesse
senkrecht: passen, (Pass), Rasse, Lasso, Boss, Glosse, Gasse

Aufgaben 10 und 11
S. 376

sparen – Erspar**nis** – Ersparnisse
begraben – Begräb**nis** – Begräbnisse
kennen – Kennt**nis** – Kenntnisse
erlauben – Erlaub**nis** – Erlaubnisse
erleben – Erleb**nis** – Erlebnisse
sich ereignen – Ereig**nis** – Ereignisse
ergeben – Ergeb**nis** – Ergebnisse

Aufgabe 12
S. 376

Wortumrisse:

Bus 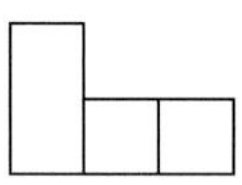
Hast 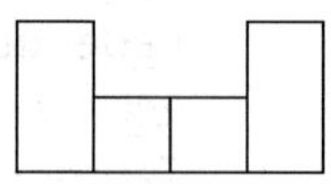
fast 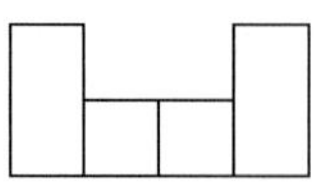
fest 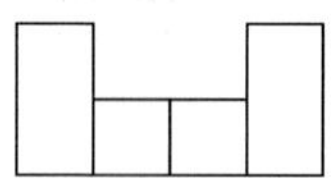
bis 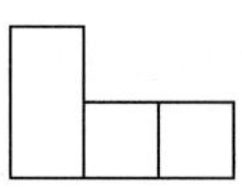
Kaktus 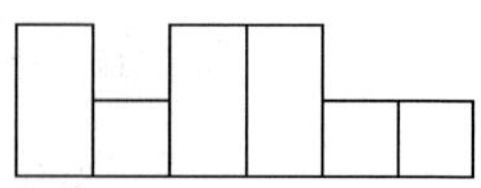
bereits 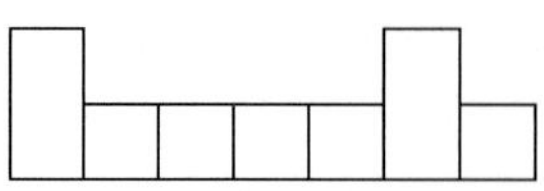
Atlas 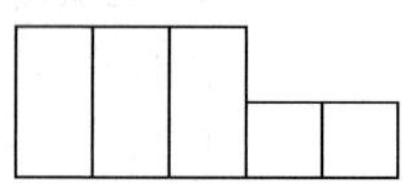
meistens 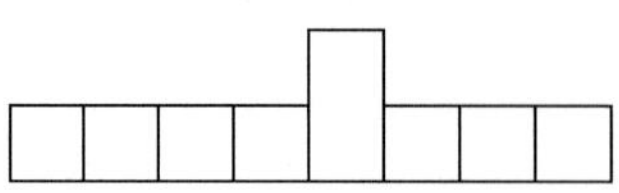
Zirkus 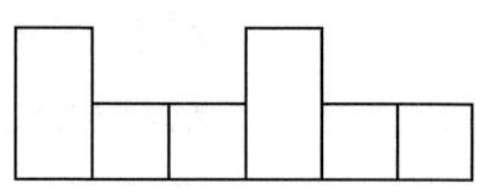

Aufgabe 13
S. 376

Die Erde kreist um die Sonne (S. 376)

Die Erde kreist um die Sonne, obwohl sich beide gegenseitig anziehen. Warum beide nicht ineinanderstürzen, kannst du selbst ausprobieren: Du befestigst an einer Schnur ein Gewicht: Das ist die Erde, du selbst bist die Sonne. Du wirfst nun die Erde in die Luft und lässt sie über deinem Kopf kreisen. Die Schnur wirkt dabei genauso wie die Anziehungskraft der Sonne: Sie zwingt die Erde in eine Umlaufbahn. Würde sich die Erde nicht bewegen, würde sie dir direkt auf den Kopf fallen. Da die Erde um die Sonne kreist, passiert dies nicht. Würde die Anziehungskraft der Sonne jedoch nur für einen kurzen Moment aussetzen, würde die Erde geradlinig wegfliegen und sich immer weiter von der Sonne entfernen. Probiere es selbst aus und lasse die Schnur los.

(Nach: Brockhaus-Kalender für Kinder, Bibliographisches Institut & F. A. Brockhaus, Mannheim 2004/2005)

6. Lang gesprochene Vokale (S. 377–380)

Die Übungen zu den lang gesprochenen Vokalen haben wiederholenden Charakter und dienen der Festigung des sicheren Umgangs mit den verschiedenen Schreibweisen. Die Einstiegsübung dient dazu, die Lernenden für die unterschiedliche Schreibweise zu sensibilisieren. Die folgenden Aufgaben ermöglichen eine etwas differenziertere Auseinandersetzung.

Aufgabe 1
S. 377

Warum haben kaltblütige Tiere wie Schlangen kein Fell? (S. 377)

Auswahl:

einfacher langer Vokal ohne Dehnungszeichen	h nach langem Vokal (Dehnungs-h)	verdoppelter Vokal	ie
kaltblütige Körpertemperatur wechselwarme Lebensvorgänge Körper langsamer extrem Gegenden gehören Vögeln Federkleid wärmen Temperatur	ihre kühlt auskühlen fehlt umgekehrt	Haare	Tiere wie Kriechtiere niedrigen diesem existieren Schwierigkeiten wieder Isolierschicht funktioniert garantiert

Wörter mit lang gesprochenem Vokal ohne Dehnungszeichen (S. 378)

Aufgabe 1,
oben links
S. 378

Verwürfelte Wörter:

KIMLA – Klima
NOKI – Kino
ZENNIB – Benzin
KNEINCHAN – Kaninchen
BINUR – Rubin

Aufgabe 2, links S. 378

Verben und Nomen/Substantive, die „wieder“ und „wider“ enthalten:

wieder: Wiederholung, wiedergeben, wiederherstellen, Wiedergeburt, Wiedergutmachung, Wiedersehen, Wiederwahl, Wiederverwertung, wiederkommen ...

wider: widernatürlich, Widerdruck, Widerhaken, widerfahren, Widerstand, Widerhall, widerlegen, widerrufen ...

Aufgabe 3, links S. 378

dämlich 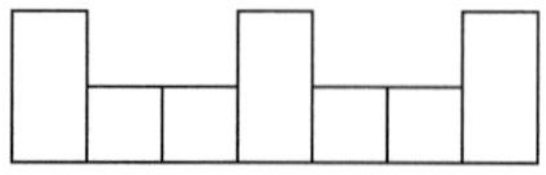 Quotient 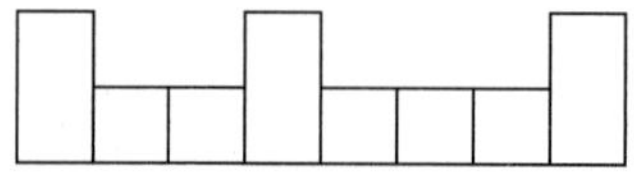

Flur 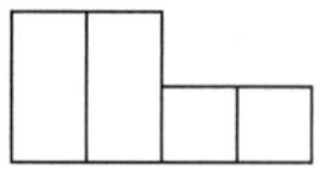 säen 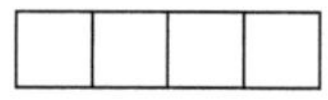

Kran 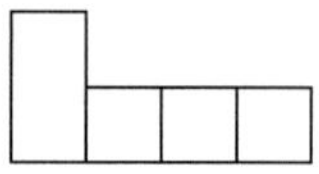 Schal 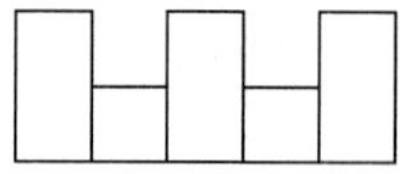

nämlich 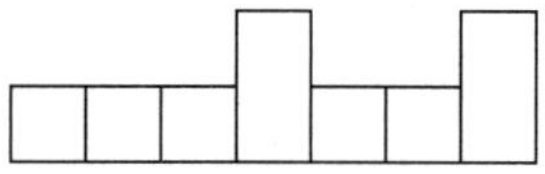 schwer 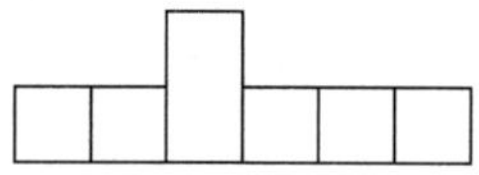

Planet 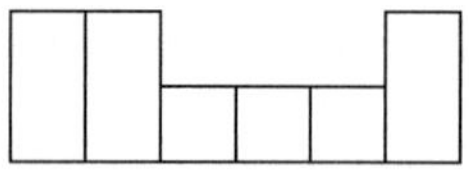 Tod 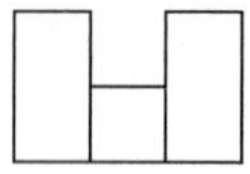

Qual 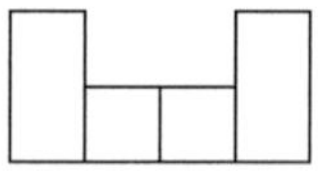 trüb 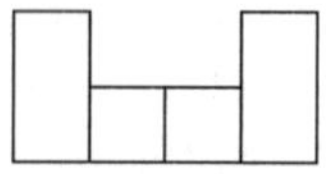

quer 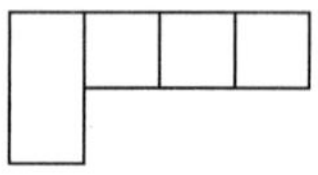 Wal 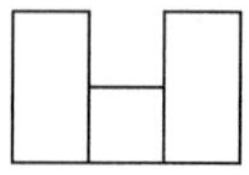

Der Buchstabe *h* als Dehnungszeichen (S. 378)

Aufgabe 1, unten links S. 378

Lösung: Geweih, Zahn, Uhr, Schuh, Ohr

Weitere mögliche Wörter: Sahne, Hahn, Benehmen, Zeh, dehnen, Möhre, Stuhl, Kahn, früh, Mohn, Reh, Rahm, fahren, lahm, Rahmen

Aufgabe 2, rechts S. 378

Infinitiv	1. Person Singular Präsens	1. Person Singular Präteritum
drehen	ich drehe	ich drehte
stehen	ich stehe	ich stand
ruhen	ich ruhe	ich ruhte
nähen	ich nähe	ich nähte
flehen	ich flehe	ich flehte
sehen	ich sehe	ich sah
fliehen	ich fliehe	ich floh
nehmen	ich nehme	ich nahm

Aufgabe 3, rechts S. 378

Pronomen:

- Mehmet ist gestürzt. Seine Freunde helfen **ihm**, nach Hause zu kommen.
- Katharina steckt **ihre** Bücher in **ihren** Rucksack.
- Jan freut sich über die Einladung zu Tills Geburtstagsfeier und kauft **ihm** eine neue CD, die er **ihm** schenken will.

Wörter mit doppeltem Vokal (aa, ee, oo) (S. 379)

Aufgabe 1, links S. 379

Lösungswörter:
- Orchidee
- Kakteen
- Püree
- Allee
- Moschee
- Klee
- Tournee
- Moos
- Kaffee

Aufgabe 2, links S. 379

- Im Theater wird es leise, denn in ein **paar** Minuten beginnt die Vorstellung.
- Im Schlussverkauf fand ich zwei **Paar** Schuhe, die mir gut gefielen.
- Im Tanzkurs fanden sich die **Paare** schnell zusammen.
- Auf dem Flohmarkt fand Melina ein **Paar** schöne Ohrringe.

Wörter mit ie (S. 379)

Aufgabe 1, rechts S. 379

Lösungswörter:
- niesen
- Niere
- Biene
- fliegen
- Schienen
- Stiel
- Liebe

Aufgabe 2, rechts S. 379

schreien: ich schrie, du schriest, er/sie/es schrie
rufen: ich rief, du riefst, er/sie/es rief
laufen: ich lief, du liefst, er/sie/es lief
schlafen: ich schlief, du schliefst, er/sie/es schlief
raten: ich riet, du rietst, er/sie/es riet
schreiben: ich schrieb, du schriebst, er/sie/es schrieb
fallen: ich fiel, du fielst, er/sie/es fiel

Texte zum Üben (S. 380)

Aufgabe 1 S. 380

Korallenriffe – Farbenfrohe Paradiese unter Wasser (S. 380)

Weil die Korallenriffe des tropischen M**ee**res ein so artenreicher Lebensraum sind, nennt man sie auch „Regenwälder der M**ee**re". Ein Korallenriff best**eh**t aus den Kalkabscheidungen unz**äh**liger kleiner Korallenpolypen. Es wächst st**ä**ndig nach und beherbergt unter anderem S**ee**sterne, S**ee**anemonen und leuchtend bunte tr**o**pische Fische. Für den Menschen sind s**ie** nicht nur faszin**ie**rend anzus**eh**en, sondern auch s**eh**r nützlich, d**a** s**ie** d**ie** Küsten zum Beispiel vor Sturmfl**u**ten schützen können. Leider sind d**ie** Korallenriffe durch Kl**i**maveränderungen, die auch zu einer Erw**ä**rmung des M**ee**rwassers f**üh**ren, gef**äh**rdet.

(Nach: Brockhaus-Kalender für Kinder, Bibliographisches Institut & F. A. Brockhaus, Mannheim 2004/2005)

Verändert sich der Salzgehalt des Meerwassers? (S. 380)
Man könnte glauben, dass sich der Salzgehalt des Meerwassers durch die einfließenden Flüsse verdünnt. Man hat zwar festgestellt, dass die Salzkonzentration des Meerwassers in der Nähe von großen Flussmündungen niedriger ist, man muss jedoch auch bedenken, woher das Wasser der Flüsse stammt. Meerwasser verdunstet, steigt als Dampf auf, wird in Form einer Wolke über das Festland getrieben und fällt dort als Niederschlag wieder zu Boden. Das Wasser sickert in das Grundwasser, tritt in Quellen wieder aus der Erde und fließt schließlich wieder in Richtung Meer. Das Salz verdunstet dabei jedoch nicht, es bleibt die ganze Zeit über im Meer. Da ungefähr so viel Wasser ins Meer fließt, wie wieder verdunstet, kann man davon ausgehen, dass der Salzgehalt der Meere konstant bleibt.

(Nach: Brockhaus-Kalender für Kinder, Bibliographisches Institut & F. A. Brockhaus, Mannheim 2004/2005)

Wann verlieren Vögel ihre Federn? (S. 380)
Vögel tauschen ihr Federkleid mindestens einmal jährlich komplett aus. Man nennt das die Mauser. Die neue Feder schiebt nach, die alte fällt aus. Manche Vögel kommen sogar zweimal jährlich in die Mauser. Bei ihnen sieht das Sommerkleid anders aus als das Wintergefieder. Meistens geschieht der Federwechsel nach und nach, sodass die Vögel immer noch genug Schwungfedern zum Fliegen haben. Manche Arten, wie Gänse und Enten, verlieren ihre Schwungfedern auf einmal. Sie können eine Zeit lang nicht fliegen und müssen sich im Sumpfdickicht verstecken, bis sie wieder fliegen können.

(Aus: Nikolaus Lenz: Das megadicke Buch der cleveren Antworten, Loewe Verlag, Bindlach 2005, S. 228 f.)

7. Kurz gesprochene Vokale (S. 381 – 385)

Die Übungen zu den kurz gesprochenen Vokalen sind wiederum so angelegt, dass die Schülerinnen und Schüler die Möglichkeit haben, anhand der Einstiegsübungen ihre Fähigkeiten einzustufen und das sich anschließende Aufgabenangebot individuell zu nutzen.

Aufgabe 1
S. 381

Was ist eine Glosse? (S. 381)
Man erwartet von Zeitungen vor allem, dass sie Nachrichten und Informationen in Wort und Bild über Ereignisse aus nah und fern liefern. Es gibt aber kaum eine Zeitung, die nur die nackten Tatsachen zusammenträgt und keine weiterführenden Texte ergänzt. Zu den Aufgaben der Journalisten gehört es auch, dass sie zu den wichtigen Nachrichten Stellung nehmen, indem sie den Lesern die Ereignisse erläutern und auch ihre Meinung dazu äußern. Dies geschieht in den sogenannten Meinungsartikeln, zu denen auch der Kommentar gehört, der sich hauptsächlich mit den politischen Themen beschäftigt. Eine besondere Form des Kommentars ist die Glosse. Die Glosse setzt sich mit den scheinbar unwichtigen Themen und Ereignissen am Rande auseinander und rückt dadurch das Nebensächliche ins kritische Licht. Bei der Glosse ist die Sprache zentral. Während die Sprache der Nachricht sachlich und die des Kommentars wertend ist, kann die der Glosse locker, witzig oder auch spöttisch sein. Saloppe Ausdrucksformen und Umgangssprache dürfen ebenfalls verwendet werden.

(Nach: dtv junior Literatur-Lexikon, hg. von Heinrich Pleticha, 9. Aufl., © 1986 Cornelsen Verlag, Berlin, und Deutscher Taschenbuch Verlag, München)

Der Kugelschreiber – Eine Alternative zum Füller (S. 381)
Mit Tinte schrieb man schon vor vielen Hundert Jahren. Zunächst benutzte man zum Schreiben Gänsefedern, später Stahlfedern und schließlich den Füllfederhalter. Ab ca. 1860 versuchten Erfinder immer wieder, Alternativen zum Schreiben mit einer Feder zu finden,

da das Schreiben mit dieser oft mit Tintenkle**ck**sen verbunden war. Erfolg ha**tt**en dabei zwei ungarische Brüder mit Namen Biro, die einen Stift mit einer Kugel an der Spitze entwi**ck**elten, die sich beim Schreiben i**mm**er weiterdreht und von i**nn**en mit einer zähflü**s**sigen Tinte bene**tz**t wird. Leider ko**nn**ten die ungarischen Brüder ihren Erfolg kaum feiern, weil ein amerikanischer Industrie**ll**er ihre Patentrechte umging und sich so den Erfolg und den Gewi**nn** sicherte. Ein bi**ss**chen unsterblich sind die beiden Brüder aber de**nn**och, de**nn** in einigen Ländern heißt der Kugelschreiber „Biro".

(Nach: Brockhaus-Kalender für Kinder, Bibliographisches Institut & F. A. Brockhaus, Mannheim 2004/2005)

Zum Weiterarbeiten (S. 382–384)

Aufgaben des Blutes (S. 382)

Aufgabe 1
S. 382

Wörter mit kurz gesprochenem Vokal	Wörter mit lang gesprochenem Vokal
alle	Aufg**a**ben
St**o**ffen	Bl**u**t
aufgen**o**mmenen	durchbl**u**teten
Sauerst**o**ff	K**ö**rperteile
Nährst**o**ffe	N**ä**hrstoffe
Abf**a**llprodukte	Horm**o**ne
k**ö**nnen	ausgesch**ie**den
sch**a**fft	G**a**s
L**u**nge	Ausscheidungsorg**a**nen
Z**e**llen	schl**ie**ßlich
Körperz**e**llen	z**ie**mlich
Inf**e**ktionen	F**ü**ße
Verl**e**tzungen	gen**ü**gend
Kr**a**tzer	Blutk**ö**rperchen
Schn**i**tte	Knochenm**a**rk
Sch**u**tz	Abw**e**hrkräfte
Gr**i**ppe	
v**ö**llig	

Aufgabe 2
S. 382

Neben den im Regelkasten genannten Schreibweisen (Konsonantenverdopplung und Konsonantenhäufung) können die Schülerinnen und Schüler noch folgende Schreibweisen identifizieren.

- ck nach kurzem Vokal
- tz nach kurzem Vokal
- k nach kurzem Vokal in Fremdwörtern (Infektionen)

Doppelter Konsonant nach kurzem, betontem Vokal (S. 383)

Aufgabe 1, links
S. 383

Abfallprodukte, alle, aufgenommenen, Grippe, können, Körperzellen, Nährstoffe, Sauerstoff, schafft, Schnitte, Stoffen, völlig, Zellen

Aufgabe 2, links
S. 383

Vgl. hierzu den Regelkasten (S. 383 oben).

Aufgabe 3, links
S. 383

- Kamm – Lamm
- Roller – voller
- Wolle – Rolle
- Puppen – Schuppen
- Pfanne – Tanne

Aufgabe 4
S. 383

Infinitiv	3. Person Singular Präsens	3. Person Singular Präteritum
stellen	sie stellt	sie stellte
kämmen	er kämmt	er kämmte
bellen	er bellt	er bellte
summen	sie summt	sie summte
wippen	er wippt	sie wippte
lallen	er lallt	er lallte
krallen	es krallt	es krallte
anschnallen	sie schnallt sich an	sie schnallte sich an

Die Laute *k* und *z* nach kurz gesprochenem Vokal (S. 383–384)

Aufgaben 1 und 2
S. 383

ck	tz
Mücke	Verletzung
Sack	Kratzer
backen	Schutz
spucken	Katze
	Hitze
	kratzen
	Tatze
	ritzen
	verdutzt

Aufgabe 3
S. 383

Vgl. hierzu den Regelkasten (S. 383 unten).

Aufgabe 4
S. 384

Die Schülerinnen und Schüler sollten auf die Möglichkeit hingewiesen werden, mit dem Wörterbuch zu arbeiten, um viele Wortverwandte zu finden.

- schützen: Schutz, Schutzmaske, Schutzraum, Schützenfest, Schützengraben, Atemschutz ...
- kratzen: Kratzer, Kratzbürste, Kratzwunde ...
- schmecken: Feinschmecker, geschmeckt ...
- hacken: zerhacken, Hackepeter, Hackfleisch, Hackebeil, Hackordnung ...
- packen: Päckchen, Verpackung, Packeis, Packesel ...

Die Laute *k* und *z* nach *l, m, n, r* (S. 384)

Aufgabe 1
S. 384

Vgl. hierzu den Regelkasten.

Aufgabe 2
S. 384

Kräfte der Natur gegen Krankheiten (S. 384)
Krankheiten, Ärzte, krank, ganz, Warzen

Verschiedene Konsonanten nach kurzem, betontem Vokal (S. 384)

Aufgabe 1
S. 384

Vgl. hierzu den Regelkasten.

Aufgabe 2
S. 384

Aufgaben des Blutes (S. 382)
Auswahl: versorgt, Körperteile, Lunge, Verdauungstrakt, erzeugten, transportiert, Hormone, sorgt, Krankheitserreger

Kräfte der Natur gegen Krankheiten (S. 384)
Auswahl: Krankheiten, Kräften, ganz, indem, gilt, Behandlungsverfahren, wird, weitergebildet

Texte zum Üben (S. 385)

Kochen im Schnellkochtopf (S. 385)
Ein Schne**ll**kochtopf arbeitet schne**ll**er und e**ff**ektiver als ein gewöhnlicher Kochtopf, da er mit einem fest verschließbaren De**ck**el ausgesta**tt**et ist, der beim Kochen einen höheren Dru**ck** entstehen lä**ss**t. Normalerweise kocht Wa**ss**er bei einer Temperatur von ca. 100° C, im Schne**ll**kochtopf kocht es dagegen erst bei ca. 130° C. Diese zusätzlichen 30° C bewirken, da**ss** da**s** E**ss**en in ungefähr einem Dri**tt**el der Zeit gar wird. Zudem werden die Vitamine durch die kürzere Garzeit schonender behandelt und bleiben erhalten. Damit einem der Topf bei zu starkem Dru**ck** nicht um die Ohren fliegt, hat jeder Dampfkochtopf ein Ventil, durch da**s** er überschü**ss**igen Dampf nach außen abgeben ka**nn**.

(Nach: Brockhaus-Kalender für Kinder, Bibliographisches Institut & F. A. Brockhaus, Mannheim 2004/2005)

Wie entsteht eine Versteinerung? (S. 385)
We**nn** der Körper eines toten Tieres Wind und We**tt**er ausgese**tz**t ist, zerfä**ll**t er sehr schne**ll**, er verwest. We**nn** er aber von Schla**mm** luftdicht eingeschlossen ist, da**nn** ka**nn** es pa**ss**ieren, da**ss** er im Verlauf von vielen Tausend Jahren versteinert. Stü**ck** für Stü**ck** wird das, was einmal Knochen oder auch Gräten waren, durch Steinmaterial und Mineralien ersetzt. So entsteht ein sogena**nn**tes Fo**ss**il. Die meisten Fo**ss**ilien sta**mm**en von Lebewesen, die im oder am Wa**ss**er gelebt haben. Dort he**rr**schen nämlich ganz besonders gute Bedingungen für das Entstehen von Versteinerungen. Wir wi**ss**en heute, da**ss** die Welt einige Milliarden Jahre alt ist. Dies haben Wi**ss**enschaftler unter anderem durch Fo**ss**ilien von Bakterien belegt, die vor rund dreieinhalb Mi**ll**iarden Jahren gelebt haben mü**ss**en. Aus Fo**ss**ilien lä**ss**t sich auch ablesen, wie sich eine Lebensform aus einer anderen entwi**ck**elt hat. Wi**ss**enschaftler kö**nn**en heute zudem anhand von Fo**ss**ilien ziemlich genau besti**mm**en, vor wie viel Mi**ll**ionen Jahren ein Tier gelebt hat, und sie kö**nn**en zum Teil sogar abschä**tz**en, wie alt die Tiere werden ko**nn**ten, wie schwer oder schne**ll** sie waren und ob sie sich a**ll**eine oder in Herden bewegten.

(Nach: TREFF-Schülerbuch 1993, Velber Verlag, Seelze 1992)